INTRODUCTION TO
POLICE SCIENCE

경찰학개론

이론과 실제

저자 | 최선우

도서출판 그린

서 문

경찰학(警察學, Police Science)은 경찰현상을 체계적·과학적으로 분석하여 경찰실무에 적용하기 위한 이론체계라 할 수 있다. 그런데, 경찰현상은 매우 복잡·다양하기 때문에 경찰학을 연구하는 사람은 이의 연구범위 및 방법이 다른 어떠한 학문보다 복잡하고 포괄적이라는 사실을 인식하고 있을 것이다.

경찰학은 단일의 학문적 성격을 갖기보다는 철학, 역사학, 법학, 행정학, 범죄학, 정치학, 사회학, 그리고 자연과학에 이르기까지 다른 여러 관련분야의 지식기반을 총체적으로 이용하는 복합학문적(interdisciplinary) 성격을 갖는다. 이러한 이유로 이의 학문적 정체성을 확립하는 것을 결코 쉬운 일이 아니다. 본인은 이 책을 통해서 경찰실무에 적용할 수 있도록 학문적으로 정립하고자 노력하였다. 경찰학에 관심 있는 사람들에게 다소나마 도움이 되기를 기대한다.

이 책은 크게 4편으로 구성하였다. 제1편에서는 경찰학의 학문적 기초로써 경찰의 의의와 이념·윤리, 경찰의 역사적 발전과정을 살펴보았다. 제2편에서는 경찰조직의 이론적 배경을 바탕으로 경찰조직구조·인사관리·예산관리 등을 살펴보았다. 제3편에서는 경찰현장운용에 필요한 경찰권한과 관련하여 의의·한계·기본체계, 기본적·표준적 경찰권한, 행정경찰권한, 사법경찰권한에 대해서 살펴보았다. 끝으로 제4편에서는 경찰현장운용을 생활안전·수사·교통·경비·정보·보안·외사경찰로 유형화하여 살펴보았다. 다만, 이러한 접근방법은 논의의 편의를 위한 것이며, 따라서 실제에 있어서는 각각의 요소들이 복합적·유기적으로 상호작용하기 때문에 이를 명확히 구분하는 것 자체가 쉬운 일이 아니라고 본다.

이 자리를 빌려 이 책에 많은 관심과 격려, 그리고 조언을 준 여러 교수님 및 주변 분에게 감사의 마음을 전한다. 특히, 동료 교수로서 오랜 세월 함께 해 온 김경태 교수님에게 감사의 마음을 전한다. 그리고 그동안 본인의 부족한 저술을 발간해준 그린출판사 윤덕우 사장님과 관계자분들에게도 감사의 마음을 전한다. 끝으로 사랑하는 아내와 아이들에게 늘 미안하고 감사하는 마음을 전한다. 모두에게 건강과 행운이 함께 하기를 기원한다.

2022년 가을날

연구실에서 최선우 씀

차 례

제1편 경찰학의 기초

제3편 경찰권한

제**1**편

경찰학의 기초

제1장 서 론

제2장 경찰의 의의와 이념·윤리

제3장 경찰의 역사적 발전과정

제1장 서 론

제1절 민주사회와 경찰

사람들은 경찰에 대해서 어떠한 생각을 하고 있는가? 경찰에 대한 인식은 개인마다 다르다고 본다. 권위적이고 냉소적인 경찰, 범죄대응을 제대로 하지 못하는 무기력한 경찰, 범죄세계의 일부로서 부패한 경찰, 그리고 위험에 처한 사람을 보호하는 이타적인 경찰 등 여러 모습을 떠올릴 것이다. 국민은 어떠한 경찰을 원하고 있는가? 아마도 정의롭고 공정하며, 사회적 약자를 보호해주는 경찰을 원할 것이다.[1]

사실, 범죄와 무질서 등의 문제는 인간의 사회적 상호작용 속에서 나타나는 자연스러운 결과물 가운데 하나라고 볼 수 있다. 인간은 혼자서 살아가는 존재가 아니라 사회구성원들과 상호작용하면서 함께하는 존재이다. 이러한 사회적 상호작용은 크게 협력, 경쟁, 그리고 갈등 등의 형태로 나타난다. 여기서 주목할 것은 협력 및 경쟁과 마찬가지로 갈등 역시 자연스러운 사회화과정의 한 부분이며, 범죄와 무질서 등의 문제는 이 가운데 갈등의 산물이라고 할 수 있다.[2]

따라서 범죄와 무질서 등으로부터 개인의 자유와 권리를 보호하고, 공공의 안녕과 질서를 유지하는 경찰활동은 그 정도의 차이가 있을 뿐 어느 시대에서나 요구되었고, 따라서 어떠한 형태로든 존재해 왔다고 볼 수 있다.

이와 관련하여 국가성립 이전의 고대사회 경찰활동은 주로 자경주의(自警主義, vigilantism)의 형태로 자신과 가족, 그리고 부족의 구성원들을 보호하기 위해 이루어졌다고 볼 수 있다. 자경주의는 인간의 본능적인 자기방어 메커니즘으로 존재하는 것이라 할 수 있다.

1) 최선우(2017), 커뮤니티 경찰활동: 경찰과 커뮤니티, 서울: 박영사, p. 105.
2) 최선우(2003), "형사사법의 역사성과 체제론적 접근," 한국공안행정학회보 제16호, pp. 206-207.

이러한 자경주의 차원의 경찰활동은 국가(國家)라는 실체가 등장하면서 제도적으로 정비되었다고 볼 수 있다. 국가가 성립됨으로써 통치질서가 정비되고, 국가체제의 유지를 위한 질서행정(秩序行政: 군과 경찰)은 그 핵심적인 요소가 된 것이다. 아울러 국가는 범죄와 무질서 현상을 보다 구체적으로 규정하고, 이를 제도적인 경찰활동을 통해서 통제하였다고 볼 수 있다.

그런데, 국가성립과 더불어 사회구조는 이전보다 훨씬 복잡해졌고, 따라서 범죄현상 역시 양적·질적으로 심화되었다. 법익(法益) 차원에서 볼 때에도, 개인적·사회적 법익에 대한 범죄(살인·방화 등) 뿐만 아니라 국가적 법익에 대한 범죄(내란죄·외환죄 등)가 등장한 것이다. 이는 경찰활동이 개인과 사회의 보호뿐만 아니라 국가권력의 유지 수단으로 작용하기 시작하였음을 의미하는 것이다.

그런데, 19세기 이후 근대국가(近代國家)가 등장함에 따라 경찰활동은 새로운 전환점을 맞이하게 되었다. 근대국가의 성립과 더불어 경찰활동이 제도적으로 전문화·독립화되고, 이념적으로 개인의 자유와 권리보호를 본질로 하는 근대경찰(近代警察, Modern Police)이 등장했기 때문이다.[3)]

근대경찰과 관련하여, 영미법계에서는 1829년에 탄생한 영국의 런던수도경찰을 이의 출발점으로 보고 있다. 또 대륙법계의 경찰개념에서 본다면, '실질적 의미의 경찰'에서 '형식적 의미의 경찰'로의 전환을 의미하는 것이다.

근대경찰의 등장과 더불어 경찰과 개인의 관계는 변화되었고, 이는 매우 큰 역사적 의미를 갖는다. 근대이전의 경찰의 국민에 대한 권위적·억압적인 관행이 적지 않게 개선되었기 때문이다. 그리고 법적으로는 오히려 관계가 역전되었음은 물론이다. 근대국가는 개인의 자유와 권리보호를 본질로 하는 민주주의(民主主義) 이념을 핵심가치로 내세우고 있기 때문이다. 우리나라 헌법에서도 "공무원은 국민전체에 대한 봉사자(奉仕者, servant)이며, 국민에 대하여 책임을 진다"고 규정(제7조 제1항)한 것은 이러한 시대정신을 반영한 것이라 할 수 있다.

한편, 클러카스(C.B. Klockars)는 근대경찰을 통해서 직업적으로 전문화된 경찰이 등장하게 되는 계기가 되었다는 것에 많은 의미를 두었다.[4)] 근대이전까지는 '병농일치'(兵農一致)와 같은 관념에 의해 경찰활동이 전문적인 직업인에 의해 이루어지지 못

3) 근대국가가 등장하기 전에는 비록 국가차원에서 경찰활동이 제도적으로 이루어지기는 했으나, 어떠한 제도적 전문성·독립성을 갖기보다는 군(軍)과 다른 형사사법기관, 그리고 일반행정 등과 미분화(未分化)된 상태에서 이루어졌다고 볼 수 있다.

4) Robert H. Langworthy, Lawrence F. Travis III.(1994), Policing in America, New York: Macmillan Publishing Company, p. 316 재인용.

했기 때문이다.

이것을 경제적 관점에서 본다면, 경찰과 국민의 관계는 피고용자와 고용자의 관계 속에서 접근할 수 있다. 국민이 경찰활동을 스스로 하기보다는 (비록 국가가 대행자이기는 하지만) 경찰이라는 전문인력을 선발하여, 이들에게 관련 업무를 수행하도록 하고, 세금을 통하여 이들의 활동에 대한 일정한 급여를 지불하는 형식이 된 것이다. 국민은 일종의 '치안서비스 고객 또는 수혜자'로 인식된 셈이다.

물론, 오늘날에도 경찰과 국민의 관계에 대한 이러한 인식은 단지 명목적인 선언에 불과한 면이 없지 않다. 현실적으로는 경찰의 권력적·권위적인 요소가 여전히 적지 않게 존재하기 때문이다. 이는 합법적으로 물리적 강제력을 행사하는 경찰활동의 본질에서 비롯된 것이기도 하다. 따라서 여전히 어떠한 것이 바람직한 '경찰상'(警察像, police status)인가 하는 것에 대한 국가적·사회적 합의가 도출되지 못한 부분도 없지 않은 것이 사실이다.

경찰상 정립문제는 오늘날 민주국가에서 공통으로 직면한 것이며, 각 나라가 처한 시대적·역사적 상황에 따라 상이하게 나타난다. 일반적으로 중앙집권적인 국가경찰을 기초로 하는 대륙법계에서 경찰의 국가지향성 내지 권력지향성은 보다 강하게 나타나고 있다고 생각하는 경향이 있다. 1948년 대한민국 정부수립 이후, 우리가 경험하였던 많은 역사적 사건은 이를 증명해주고 있다.

그런데, 이러한 현상이 비단 중앙집권적인 국가경찰에서만 나타나는 것이 아니다. 지방분권적인 자치경찰을 기초로 하는 영미법계에서도 국민에 대한 감시와 통제, 그리고 경우에 따라서는 부당한 인권침해가 빈번하게 발생해 온 것이 사실이다. 선진경찰이라 할 수 있는 20세기~21세기 영국, 미국경찰에서도 이러한 예는 얼마든지 찾을 수 있다.

민주주의의 본질은 개인의 자유와 권리의 보호 즉, 인권보장(人權保障)이라 할 수 있다. 이러한 이유로 우리 헌법에서도 "국민의 모든 자유와 권리는 국가안전보장·질서유지 또는 공공복리를 위하여 필요한 경우에 한하여 법률(法律)로써 제한할 수 있으며, 제한하는 경우에도 자유와 권리의 본질적인 내용을 침해할 수 없다"고 규정하고 있다(제37조 제2항).

그런데, 아이러니하게도 인권이 보장된 민주국가에서도 범죄 및 무질서 문제는 감소하고 있지 않다는 점이다. 이 문제는 우리나라뿐만 아니라 자유민주주의 이념이 오래 전부터 정착되어온 선진국에서도 마찬가지이다.

역설적이지만, 윌슨(J. Q. Wilson)은 범죄 및 무질서의 정도는 인권보장의 정도와 밀접한 관련성이 있다고 보았다.[5] 그는 국가가 개인의 '자기표현'(personnel expression)의 권리를 장려·보장해주는 것은 한편으로는 '자기방종'(self-indulgence)을 장려·보장하는 것과 '동일한 결과'를 가져다준다고 하였다.

바꿔 말하면, 개인이 자유롭게 무엇인가를 추구하고자 하는 것은 그것의 합법성(合法性) 또는 불법성(不法性)의 여부를 떠나서 자신의 권리를 자유롭게 행사하고자 하는 욕망의 표출을 의미한다고 본 것이다. 개인의 범죄행위 역시 자유로운 욕망을 실현하기 위한 결과물인 셈이다.

따라서 살인·강도·성범죄와 같은 강력범죄와 사기·횡령 등 재산범죄는 여전히 적지 않게 발생하고 있고, 교도소는 과밀수용 문제로 어려움을 겪고 있다. 가장 대표적인 민주국가이자 선진국이라 할 수 있는 미국도 마찬가지이다. 미국은 1990년대 후반에 이르러 이전보다 범죄통제에 대한 국가적 노력(조직규모 및 예산 확대 등)을 훨씬 많이 하고 있으나, 100만 명이 넘는 범죄자들이 교정기관에 수감되어 있다.[6]

이러한 상황에서 국가 또는 사회적 차원에서 일정한 수준으로 개인의 자유와 권리를 적절하게 통제할 필요성이 제기된다. 경찰은 범죄와 무질서 등 문제에 대응하는 대표적인 국가공권력(國家公權力)으로서, 이의 중추적인 역할을 하는 국가기관이라 할 수 있다.

그리고 아마도 수많은 국가조직 가운데 경찰만큼이나 사회문제에 직·간접적으로 대응하는 조직도 없을 것이다. 경찰은 거대한 조직규모를 갖추고 끊임없이 우리사회 내의 수많은 사람과 상호작용 하면서 범죄뿐만 아니라 비범죄적인 문제까지도 대응하고 있다. 비록 군(軍)은 조직적인 면에서 경찰보다 크지만 대외적으로 국가방어적 차원에서 치안을 담당하기 때문에 일반시민과의 직접적인 상호작용은 이루어지지 않는다. 마찬가지로 검찰·법원·교정과 같은 형사사법기관은 일반시민보다는 범죄자들과 상호작용을 한다.

한편, 경찰이 주어진 직무를 수행하는 과정에서 가장 어려운 문제가 바로 '인권'(人權)과 '질서'(秩序)라는 상충되기 쉬운 가치를 어떻게 하면 조화시킬 수 있느냐 하는 것이라 할 수 있다. 인권을 강조하다 보면 질서가 문제시되고, 반대로 질서를 강조하다 보면 인권침해 문제가 발생하는 경우가 적지 않기 때문이다.

그렇다면, 그 기준은 어디에 있는가? 이와 관련하여 밀(J. S. Mill)은 「자유론(On

---

5) James Q. Wilson and Susanne Washburn(1993.8), "A Rhythm to the Madness," Times, p. 31.
6) Samuel Walker(1998), Popular Justice: A History of American Criminal Justice, NY: Oxford University Press, p. 1.

Liberty」(1859)에서 "개인은 자기 자신의 행복을 각자의 방식에 따라 추구할 수 있는 자유(사상과 언론의 자유 등)를 가졌을 때, 참다운 의미의 자유라고 하였다. 그러나 다른 사람의 권리나 자유를 침해하거나 공동체(共同體, community)의 안전을 위협하는 때에는 그 자유를 억제해야 한다"고 하였다.[7]

밀은 보호해야 하는 자유와 제한해야 하는 자유를 구별하여 개인 또는 공중에게 분명한 가해의 위험이 있는 때에는 그것은 자유의 영역을 넘어선 방종(放縱, self indulgence)으로서 '법' 또는 '윤리'와 같은 '공적인 제약을 받아야 하는 영역'에 해당한다고 본 것이다. 따라서 관객으로 가득 찬 극장 안에서 '불이야!'(fire!)하고 크게 소리칠 수 있는 자유는 돌발적 사상자가 생길 위험 때문에 그 자유를 스스로 억제해야 한다는 것이다. 밀은 개인의 자유를 다른 사람의 권리와 공동체의 안전을 전제로 한 질서와의 관계에서 본 것이다.[8]

이러한 점에서 볼 때, 밀이 말하는 자유는 약육강식과 적자생존의 원리가 작용하는 자연질서(自然秩序, natural order)상의 자유가 아니라 강자로부터 약자가 보호되는 사회질서(社會秩序, social order)상의 자유를 논하였음을 알 수 있다. 그리고 이러한 사회질서상의 자유는 국가의 적절한 중재 또는 조정이 이루어질 때 가능한 것이다.

경찰과 같은 국가공권력이 존재하는 이유는 여기에 있다. 물론, 밀은 국가의 가치라는 것은 결국 그 국가를 구성하는 개인의 가치에 있으며, 따라서 개인을 경시하는 국가는 존립하지 못한다는 점을 분명히 하고 있다.

그런데, 경찰이 개입하는 데에 주의해야 할 점이 있다. 인권을 보호하면서도 한편으로는 질서유지를 하는 경찰활동은 원칙적으로 '가치중립적'(價値中立的)이어야 한다는 점이다. 헌법에서 보장하고 있는 개인의 기본권 보장(제10조~제37조)과 공공의 안녕과 질서유지를 위한 기본권 제한(제37조)은 이러한 가치중립적 관점을 전제로 한 것이라고 본다. 경찰은 전형적인 법집행기관으로서 그러한 법집행의 정당성은 가치중립적인 '적법절차'(適法節次, due process of law)에 의해서 실현되는 것이다.

경찰의 가치중립은 특히, 정치권력에 대한 객관적 태도를 의미한다. 경찰이 정치적으로 중립적이지 못하고, 자의적(恣意的)으로 또는 소수의 국가 지배권력집단의 의사를 반영하여 법집행을 하게 되면 인권은 후퇴할 수밖에 없다. 이렇게 되면, 범죄와 무질서보다 더욱 심각한 사태 즉, 독재권력(獨裁權力)이나 경찰국가(警察國家, Police State)를 조장하게 됨은 자명한 이치이다.

---

7) 이상안(2005), 인권과 질서, 서울: 대명출판사, pp. 53-54 재인용.
8) 위의 책, pp. 53-54 재인용.

생각건대, 개인이 자유를 추구하는 욕망이 범죄 및 무질서와 밀접한 관련성이 있다 할지라도 경찰의 존재가치는 1차적으로 집단보다는 개인 즉, 질서유지보다는 인권보장에 있다고 본다. 이는 헌법의 기본 정신에도 부합하는 것이다. 경찰이 진정으로 개인의 자유와 권리보호를 공정하고, 정당하게 공권력을 행사한다면, 국민으로부터 신뢰와 존경을 받게 됨과 동시에 범죄와 무질서 문제는 감소하게 될 것이다.

제복이 존경받는 사회

① 제복을 입은 공직자(MIU)

국가가 부르면 기꺼이 목숨을 바치고, 시민의 안전이 위협받으면 용감히 뛰어들어 자신을 희생하는 사람들이 있다. 바로 경찰, 군인, 소방관과 같은 '제복을 입은 공직자'(MIU: Men In Uniform)이다. 미국, 유럽에서는 국가와 국민을 위해 순직하거나 다친 MIU에게 존경과 신뢰를 보내고, 전 국민이 공유하는 애국심의 상징으로 내세우고 있다.

순직경찰의 이름은 미국 워싱턴 시내에 있는 국립법집행관기념관(National Law Enforcement Officers Memorial)에 있는 청회색 대리석에 새겨져 미국인들의 영웅이자 친구로 영원히 추앙받고 있다. 100m 길이의 두 개의 장벽에는 1792년 이래로 근무 중 순직한 1만 8,600여 명의 이름이 새겨 있다. 1년 365일 워싱턴을 찾는 사람들에게 개방되는 관광명소 중 하나인 이곳에는 연간 25만 명 이상의 방문객이 찾고 있다. 또 1962년 이래로 해마다 5월이면 워싱턴 시내 한복판에서 순직경찰을 추모하는 경찰행사가 열리고 있다. 케네디(J. F. Kennedy, 1961~1963) 대통령 시절 법으로 정해진 이 행사에서는 매년 2만 명 이상의 시민이 참석해 매년 순직 경찰관들의 명복을 기리고 시민들의 질서와 안전을 지키는 경찰에 감사를 표하고 있다.

미국은 경찰, 소방관 등이 근무 중 순직할 경우, 공공안전봉사관 연금법(1976년 제정)에 따라 지원을 받고 있다. 뿐만 아니라 순직자나 임무를 수행하다 장애를 가지게 된 사람들의 배우자나 자녀들에 대해서도 교육지원금을 지급하도록 하고 있다. 그리고 순직한 MIU들에 대한 시민들의 자발적인 성금은 특히 주목된다. 카운티별로 지역 신문이나 소식지 등에 모금계좌를 알리면 상당한 금액이 모금된다. 최소한 국가와 사회를 위해 봉사하다 숨진 MIU의 유가족이 생계를 걱정하지 않게 해야 한다는 사회적인 합의가 바탕이 되지 않으면 쉽지 않은 일이라 할 수 있다. 물론 경찰이 항상 사랑을 받는 것만은 아니다. 때로는 지나치게 무자비한 법집행으로 공포의 대상이 되기도 하고 소수인종들에게 편견을 갖고 있다는 비난도 받는다. 시민들의 사랑은 당연한 것은 아니며, 경찰이 시민들에게 희생·봉사 한 만큼 되돌아오는 것이다.[9]

9) 동아일보(2010. 04. 08).

② 살아있는 한국 경찰의 혼(魂)−차일혁 총경

차일혁(1920−1958)

경찰이 사회구성원들로부터 존경과 신뢰를 받기 위해서는 무엇보다도 올바른 경찰정신(警察精神, police spirits)의 함양이 되어있어야 한다고 본다.

이와 관련하여 경찰의 역사적 발전과정에서 면면히 흐르고 있는 올바른 경찰정신을 경찰조직과 경찰 개개인이 계승하였을 때 그 성과는 지대하다고 본다. 이러한 시점에서 한국경찰 역사에 있어서 경찰로서 타(他)의 모범이 될 만한 인물을 찾아 그의 행적과 정신을 고찰하는 것은 매우 의미가 있다.

그러한 인물을 역할모델로 하여, 경찰 개개인이 자아성찰(自我省察)하고 이를 뒷받침해 줄 수 있는 조직개혁이 이루어질 수 있다면, 그 성과는 매우 높기 때문이다.

한국경찰의 역사에서 타의 모범이 될 만한 경찰은 비록 우리에게 널리 알려지지 않았지만 적지는 않다고 본다. 그리고 이 가운데 차일혁(車一赫, 1920~1958) 총경은 단연 발군의 인물이라 할 수 있다. 그는 경찰조직 내에서도 역대 경찰공무원 가운데 가장 존경을 받고 있고, 조직 외적으로도 그의 행적은 많은 사람의 모범이 되고 있기 때문이다. 그는 2000년 조선일보사가 발표한 "20세기를 빛낸 위대한 인물"에 경찰로는 유일하게 선정되었고, 2008년에는 경찰로서는 최초로 보관문화훈장(1950년대 전란(戰亂) 중에 문화활동에 대한 특별공로를 인정)을 받았다.

경찰정신을 굳이 나누어 살펴본다면, ㉠ 민주주의에 대한 확고한 신념과 이를 바탕으로 한 호국·애국정신(護國·愛國精神), ㉡ 국민주권주의 원리에 바탕을 둔 애민·봉사정신(愛民·奉仕精神), ㉢ 경찰조직의 일원으로써 정치적 중립성을 갖고 주어진 사명에 충실할 수 있는 주인정신(主人精神), ㉣ 직무를 수행하는 과정에서 부정부패의 유혹을 과감히 뿌리칠 수 있는 청렴정신(淸廉精神) 등을 들 수 있다.

차일혁 총경은 일제강점기에 중국 황포군관학교(黃埔軍官學校, 1937) 및 조선의용대(朝鮮義勇隊, 1941)에 입대하여 항일투쟁을 하였으며, 해방 후에는 귀국하여 일본경찰을 처단하기도 하였다. 그는 1950년 6.25 동란시에 잠시 민간인 신분으로 유격대를 편성하여 전쟁에 참여하였고, 동년 12월 10일 경감(警監)에 임명되어 제18전투경찰대장으로 임무를 맡게 되었다.

이후 그는 빨치산토벌전쟁에 참여하여 많은 전공(칠보발전소 탈환과 최초의 경찰단독작전에 의한 고창전투 승리 등)을 세웠으며, 토벌전쟁 수행 도중 군·경에 의한 주민수탈이 빈번하게 자행되었던 당시의 상황에서도 그는 오히려 전란으로 피해를 입은 주민들의 위해 헌신하는 애민·봉사정신을 보여주었다. 심지어 당시 극단적인 이념대립을 초월하여 빨치산 동조자 및 빨치산까지도 동포로써 최대한의 예우를 다해주었다. 그리고 그는 당시 정치권력과 군의 정치적 압력에 굴복하지 않고, 경찰 본연의 자세를 가지고 주어진 임무에 충실하였다.

그는 공비토벌이 거의 끝나가는 1954년 9월 충주경찰서장으로 부임하여 충주직업청소년학교를 만들었다. 전쟁으로 부모와 집을 잃고, 갈 곳 없는 어려운 소년 소녀들이 학교공부와 직업교육을 병행할 수 있도록 한 것이다. 대한민국 정부수립 후에도 여전히 많은 친일경찰이 이승만정부와 결탁하여 국가정의(國家正義)를 혼탁하게 하였는데, 그는 이를 배격하고 독립운동의 전통성을 바탕으로 민족주의·민주주의적인 경찰로서 타의 모범이 되었다.

이처럼 차일혁 총경은 한국 근현대 경찰사(警察史)에서 뚜렷한 역사적 족적을 남긴 인물이라고 할 수 있다. 1950년대 좌우(左右)라는 이념대립을 초월한 그의 애국(愛國)·애민(愛民)정신은 우리에게 시사하는 바가 매우 크다고 본다. 시대는 다르지만 오늘날 우리사회가 안고 있는 세계화와 지방화의 갈등, 진보와 보수의 갈등, 국가·사회와 개인의 갈등, 개인과 개인의 갈등 속에서 경찰이 나아가야 할 방향을 재시해 주고 있기 때문이다. 그의 경찰정신을 재조명하는 것은 온고지신(溫故知新) 이자 법고창신(法故創新)의 의미가 있다.

차일혁 총경은 지난 2011년 8월에 경무관으로 추서되었다. 53년만의 일이다. 경찰청은 차일혁 총경과 함께 6.25 전쟁 중에 공을 세우고 전사하거나 위험한 직무를 수행하다 순직한 경찰관 709명도 한 계급씩 특진시켰다. 2009년에는 아산경찰교육원(현 경찰인재개발원)에 2,000석 규모의 「차일혁 홀」이 개관되었다.[10)]

제2절 경찰학의 학문성

1. 경찰학의 의의

경찰을 과학에 기초를 둔 하나의 독자적인 학문영역으로 인식하면서 체계적으로 접근하기 시작한 것은 최근의 일이다. 비교적 일찍 근대경찰이 등장한 서구에서도 경찰에 대한 학문적 접근은 20세기 중반에서야 비롯된 것으로 보기도 한다.[11)]

서구에서는 경찰학(警察學, police science)에 대해서 "이는 응용학문(應用學問)으로써 학문적 방법론 및 이론체계를 활용하여 공공의 질서유지와 경찰제도 그리고 경찰활

10) 차길진(1990), 빨치산 토벌대장 차일혁의 수기, 서울: 기린원.; 경찰종합학교(2008), 살아있는 한국경찰의 혼: 차일혁 총경 일대기.; 최선우(2012), "경찰정신(警察精神)에 관한 연구: 차일혁(車一赫)을 중심으로," 한국경찰연구 제11권 제4호, pp. 345-374.

11) 이상안(1999), 신경찰행정학, 서울: 대명출판사, p. 145.

동에 관련된 문제를 해결하기 위한 과학적 연구이다"라고 정의하고 있다.[12)]

이에 대해서 이황우교수는 "실정법상의 경찰조직 및 활동에 관한 학문적 연구성과의 총체라고 정의할 수 있으며, 철학·사회학·행정학, 기타 경험과학 분야를 포함하고 있다. 따라서 경찰학은 경찰실무와 동떨어진 공리공론(空理空論)이 아니며, 실무를 학문적으로 이론화한 것이다. 즉, '경찰'이라고 불리는 국가제도(지방제도 포함) 또는 공권력 행사와 관련된 제반 관념이나 현상 혹은 원리들을 체계적으로 규명한 지식의 총체를 일컫는 말이다. 그러므로 시각적으로 확인되는 경찰조직의 구조, 활동, 관리뿐만 아니라 경찰관들의 의식세계나 범죄와 같은 일탈행위까지도 연구영역에 포함된다"고 하였다.[13)]

그렇다면, 경찰현상을 하나의 학문(學問)으로 인식하고 오늘날 이에 관한 연구를 활발하게 하는 이유는 무엇인가?[14)] 경찰에 대한 학문적 논의는 이를테면 '이론(理論)과 실제(實際)'의 문제인데, 이의 접근은 실용주의적인 면이 강하다고 본다. 즉, 이왕이면 양질의 치안서비스를 좀 더 제공할 수 있는 경찰제도의운영 및 관리방법 등을 모색하기 위한 것이다.

경찰이론 정립의 필요성과 어려움

사람들은 '이론'(理論, Theory)이란 말을 처음 접할 때, 당장 저항감을 가진다. 그것은 이론이란 무언가 추상적인 것이어서 '현실세계'에 잘 들어맞지 않는다고 보기 때문에 일어나는 감정이다. 그러나 우리는 부지불식간에 항상 이론을 이용하고 있고, 이것은 곧 일상생활을 일부를 이루고 있다.

예컨대, 우리가 하늘의 '먹구름'(dark clouds)을 보고 곧 '비'(rain)가 올 것 같다고 말한다면, 이것은 바로 하나의 미래예측 즉, 이론을 말한 것이다. 이러한 이론은 아주 간단한 것일 수도 있고, 매우 복잡한 것일 수도 있다. 그것은 설명하고자 하는 대상 또는 관계의 복잡성 등에 달려있다. 이론은 또 구체적일수도 있고, 추상적일수도 있다. 사실, 우리가 세상을 살아가기 위해서는 이론이 필요하다. 어떠한 현상에 대한 일반화를 하지 못할 경우, 우리의 삶은 불편하고 또 경우에 따라서는 심각한 위험에 빠질 우려도 있다. 위의 예시와 같이 먹구름이 몰려오는 것을 인식한 상태에서 외출하는 경우, 우산 등을 챙기는 것이 바람직하다. 그리고 오늘날과 같이 범죄와 무질서의 문제가 양적·질적으로 심화되는 상황에서 이에 대한 효율적인 대응을 위한 경찰이론(조직구조, 인사, 예산, 권한, 현장운용 등)의 정립은 매우 중요한 의미를 갖는다.

12) Hans Gerd Jaschke etc.(2007), Perspectives of Police Science in Europe, European Police College. p. 24.; 김창윤(2012), "한국 경찰학의 성립과 기원에 관한 연구," 한국공안행정학회보 제47호, p. 93 재인용.
13) 위의 논문, p. 93 재인용.
14) 최선우(2007), "경찰학의 패러다임과 발전과제 연구," 경찰학논총 제2권 제1호, pp. 45-73.

요약건대, 이론은 일종의 '일반화'(一般化, generalization)이고, 그것은 둘 또는 그 이상의 사건 내지 현상들이 서로 어떻게 관련되어 있는가를 설명해주는 것이다. 물론, 자연과학은 100% 맞을 때 이론으로 정립되지만, 사회과학은 30% 수준에만 이르러도 이론으로 정립될 수 있다고 본다.[15] 상징적 상호작용을 하는 인간의 행태에서 일반성·법칙성을 발견한다는 것은 그만큼 어려운 일이다. 우리사회에서 발생하는 수많은 범죄와 무질서 문제는 모두 천차만별(千差萬別)이기 때문에 보다 과학적이고, 체계적인 접근이 요구된다.

현대 자유민주주의 국가에서 경찰은 지배권력집단의 의사를 반영한 것이 아니라 개인 또는 국민을 위해서 존재하는 경찰상을 정립하고, 이를 실천하기 위해 존재해야 한다. 경찰이 바람직한 방향으로 주어진 직무에 충실할 수 있도록 학문적으로 이의 정체성 및 역할을 정립해주고, 현장운용에 필요한 이론체계를 구축하는 것은 중요한 일이다.

이를 통해 경찰이 효율적으로 치안서비스를 제공하고, 부정부패를 저질렀을 때는 이를 적절하게 통제할 수 있는 방법 등을 강구하게 해준다. 또 경찰이 정치적 중립성을 지키지 못하고 지배권력의 유지수단으로 작용하게 되면, 그에 대한 시대적 고발도 기꺼이 해야 한다.

따라서 경찰학에 대한 학문적 요구는 우리사회가 요구하는 경찰을 조직화하여 운영하고, 이를 통해 최적의 치안서비스를 시민들에게 제공하기 위한 일종의 '사회적 기반'(social infra)을 구축하기 위한 것이다. 이러한 관점에서 볼 때, 경찰에 대한 학문적 논의는 바로 우리사회의 '진보'(進步)를 지향하기 위한 과정이라고 할 수 있을 것이다.

2. 경찰학의 연구대상

경찰학에 관심이 있는 사람이라면, 이의 연구대상이 다른 어떠한 인접학문보다 복잡하고 포괄적이라는 사실을 인식하고 있을 것이다. 위에서 언급한 바와 같이 경찰학은 단일의 학문적 성격을 갖기보다는 철학, 법학, 행정학, 정치학, 범죄학(심리학·생물학·사회학), 역사학, 그리고 자연과학에 이르기까지 다른 여러 관련분야의 지식기반을 총체적으로 이용하는 복합학문적(interdisciplinary) 성격을 가지고 있다.

경찰학이 많은 주변 학문을 포괄적으로 응용해야 하는 이유는 연구의 대상이 되는 경찰현상(警察現象)이 매우 복잡·다양하고, 따라서 이에 대응하는 경찰활동 역시 그에 비례하여 복잡·다양하게 나타나기 때문이다. 예컨대, 발생하는 수많은 개별 범죄를 해

15) Frank P. Williams, Marilyn D. McShane/박승위 역(1994), 사회문제론, 서울: 민영사, p. 11.

결하기 위해서는 그에 상응하는 전문지식을 갖추지 않으면 안된다. 이 때문에 학문적 정체성을 확립하는 것을 결코 쉬운 일이 아니다.

생각건대, 경찰은 범죄 및 무질서 등의 위험으로부터 개인의 자유와 권리의 보호하고, 공공의 안녕질서를 유지하기 위해 존재하는 대표적인 국가기관이라 할 수 있다. 경찰은 이를 위해 거대한 조직체계를 갖추고 사전예방적 차원에서 그리고 사후대응적 차원에서 권한(기본적·표준적 경찰권한, 행정경찰권한, 사법경찰권한) 또는 재량권(裁量權)을 적지 않게 행사하고 있다. 그리고 경찰은 이러한 권한을 행사하는 과정에서 이를 오남용하여 인권침해를 하기도하고, 또 특정정치집단의 권력유지 수단으로 악용되기도 하였다.

이러한 점에서 경찰활동의 정당성(正當性)은 국가이념·경찰이념 차원의 형이상학(形而上學)에서 시작되어, 현장대응의 합법성·적절성 관련된 법적·기술적 수단 차원의 형이하학(形而下學)에까지 이르는 과정에서 찾아야 한다는 어려움이 있다.

이러한 점에서 경찰학의 기본체계를 정립하고, 그에 따른 연구대상을 제시할 필요가 있다고 본다. 이 책에서는 경찰학의 기본체계를 아래와 같이 정립하고, 그 속에서 관련 연구영역을 크게 ㉠ 경찰의 정체성 형성 영역, ㉡ 경찰조직구조 및 관리 영역, ㉢ 경찰권한과 현장운용 영역으로 나누고자 한다.

이러한 경찰학의 기본체계는 인간의 신체에 비유할 수 있을 것이다. 인간의 신체는 크게 머리, 몸통, 그리고 팔다리로 나눌 수 있다. 이러한 인간의 신체 각 요소는 저마다 기능이 있으며, 상호 유기적인 작용을 하게 된다.

여기에서 주의할 것은 인체의 각각의 부분이 불균형을 이룰 때(즉, 머리가 지나치게 크거나, 몸통이 지나치게 비대하거나, 손발이 지나치게 왜소할 때 등)에는 정상적인 기능을 하기가 어렵다는 점이다. 바꿔 말하면, 예컨대, 경찰 스스로가 자신들의 정체성을 확립하고 있지 못한다거나(머리), 조직구조가 불균형하고 및 인사관리에서 지나치게 특정집단의 영향력이 집중되어 있거나(몸통), 일선경찰의 역량이 떨어져 있을 때(팔다리), 주어진 목표를 달성하는 것에 한계가 있을 것이다. 경찰학은 이러한 각 영역을 체계적으로 정립하여, 실제상황 적용하여 그 성과를 높일 수 있는 이론적 토대를 제공하는 것에 있다.

〈경찰학의 기본체계〉

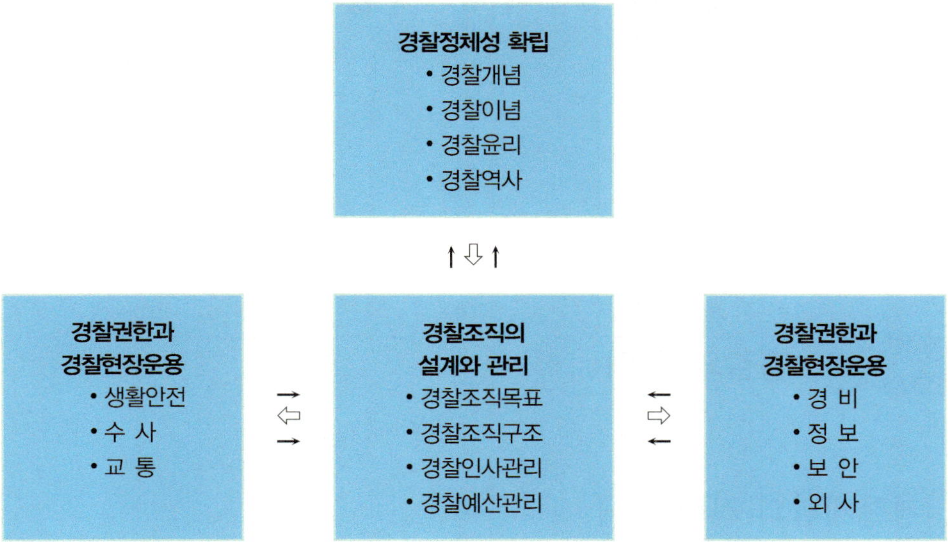

그런데, 이상과 같이 경찰학의 기본체계를 제시하였지만, 그 연구대상은 너무나 광범위하기 때문에 쉬운 일이 아니다. 따라서 이 책에서는 경찰학 연구의 출발점이라 할 수 있는 경찰개념 영역을 다음과 같이 설정하고, 관련논의를 전개하고자 한다.

첫째, 형식적·제도적 의미의 경찰을 중심으로 접근하고자 한다. 형식적·제도적 의미의 경찰이라는 것은 일반경찰법상의 경찰(즉, 통일된 제복을 입은 경찰)을 의미하는 것이다.

둘째, 이러한 일반경찰법상의 경찰은 (육상)경찰과 해양경찰로 구분되는데, 이 책에서는 「국가경찰과 자치경찰의 조직 및 운영에 관한 법률」(약칭: 경찰법)상의 경찰 즉, (육상)경찰을 중심으로 하였다.

셋째, 따라서 이 책에서는 종래 행정법에서 다루는 실질적 의미의 경찰에 해당하는 부분은 가능한 한 제외하였다. 현행 일반경찰법상의 경찰이 아닌 다른 국가행정 즉, '특별사법경찰'(예: 영업, 건축, 보건, 삼림, 해사, 전매, 세무, 군수사기관 등)에 의해 이루어지는 활동은 제외함으로써, 경찰학 고유의 학문적 영역을 구축하고자 하였다.

제2장 경찰의 의의와 이념·윤리

제1절 경찰의 의의

1. 경찰개념의 정립 문제

1) 경찰개념 정립의 어려움

경찰개념에 관한 논의에 앞서, '경찰'(警察)이라는 용어에 대해서 살펴보기로 하자. 일반적으로 '경찰'(警察)이라는 용어를 제도적으로 사용한 것은 1894년 갑오개혁 시기에 조선시대의 포도청(捕盜廳)을 폐지하고 경무청(警務廳)을 설치하면서 시작한 것으로 알려져 있다.[1] 이렇게 보면 우리가 제도적으로 경찰이라는 용어를 사용한지 약 130년이 되는 셈이다. 사실, '警察'이라는 한자어는 일본에서 차용한 것이다.

갑오개혁에 많은 영향을 끼친 일본은 1868년 메이지유신(明治維新) 이후, 당시 근대국가의 역할모델을 서구 유럽국가에서 찾은 바 있다. 이와 관련하여 '일본경찰의 아버지'라 불리는 가와지 도시요시(川路利良)는 1872년 유럽의 경찰조직에 대한 시찰보고서를 작성하였는데, 그는 프랑스·독일 등의 경찰을 '게이사쯔'(警察, けいさつ)라고 번역하여 일본에 소개한 것이다. 같은 한자권 국가라도 중국과 북한은 경찰이라는 용어 대신 '공안'(公安) 또는 '인민보안'(人民保安) 이라는 용어를 사용하고 있다.[2]

---

1) 갑오개혁 이전인 1885년 10월 29일의 정부의 공식문서에는 '경찰'이라는 용어가 이미 사용되었다. 그러나 당시에 제도적으로 독립된 경찰기관이 설치된 것은 아니다. 김상호 외 8인(2004), 경찰학개론, 서울: 법문사, p. 415.

2) 이황우·조병인·최응렬(2001), 경찰학개론, 한국형사정책연구원, p. 3.

Police 어원과 의미의 변천

오늘날 영어권 국가에서는 경찰을 'Police'라 부르고 있고, 우리도 이를 일상적으로 사용하고 있다. 이 Police라는 단어의 어원에 대해서는 여러 가지 견해가 있는데, 일반적으로 고대 그리스어의 'Polis'(또는 'Politeia') 라는 단어를 그 기원으로 보고 있다.[3] 당시의 Polis는 소규모의 '도시국가'로서의 의미뿐만 아니라 '시민의 합의로 조직화 된 도시국가를 총체적으로 관리하는 체계'로서의 의미도 가졌다. 즉, Polis는 본래 사회구성원의 생존과 행복 및 질서유지를 총괄하는 개념이었기 때문에 '도시를 통치하는 기술'(the art of governing the city)의 의미도 가진 것이다.

물론, 당시의 Polis의 책임자들은 공공질서(公共秩序)·안전(安全)·도덕·식량공급·복지 등 시민생활과 관련된 일체의 도시업무를 총괄적으로 관리하였기 때문에 경찰기능 역시 그 속에 포함된 것으로서 어떠한 제도적 분리가 이루어진 것은 아니었다고 본다. 그러나 인류역사의 발전으로 국가권력의 분화 및 국가작용의 전문화가 이어지면서 이의 개념은 분화·발전하였다고 할 수 있다.[4] 즉, Polis라는 개념은 이후 Politics(정치), Policy(정책), Police(경찰) 등으로 분화되었다.

따라서 우리가 경찰개념을 이해하는데, '경찰'이라는 용어가 가지고 있는 시대적 배경을 이해하는 것은 중요한 일이지만 그것이 전부는 아니라고 본다. 경찰이라는 용어 자체는 나라마다 서로 다르기 때문에 그것만 가지고서는 경찰개념을 이해하는데 한계가 있다.

더욱이, 경찰이라는 존재는 국가마다 다르고, 또 동일 국가일지라도 시대에 따라 다르다는 점이다. 미국경찰, 일본경찰, 한국경찰이 각각 다르고, 또 한국경찰이라 할지라도 삼국시대, 고려시대, 조선시대, 대한민국시대의 경찰이 각각 다르다. 그리고 대한민국시대의 경찰이라 할지라도 1948년 정부수립 이후, 오늘에 이르기까지 그 정체성이 변화하고 있다.

이처럼 경찰이라는 존재는 역사성과 가변성을 내포하고 있는 개념으로써, 국가마다 고유의 정치이념과 전통문화 등이 반영되는 것이어서 이에 대한 정의(定義)를 내리는 것이 결코 쉬운 일이 아님은 알 수 있다.[5]

따라서 경찰개념 정립을 위해서는 경찰이 어떠한 시대적 배경 속에서 제도화되었고, 어떠한 법적인 권한과 역할을 하고 있는지 등을 역사적·비교론적 관점에서 접근해야 일정부분 이에 대한 윤곽을 그릴 수 있다고 본다. 이렇게 함으로써 경찰의 '정체성'(正

3) J. L. Sullivan(1977), Introduction to Police Science, N. Y.: McGraw-Hill Co, pp. 1-2.
4) Brian Chapman(1970), Police State, London: Pall Mall Press, pp. 11-12.
5) 이상안(2005), 경찰행정학, 서울: 대명출판사, p. 3.

體性)을 파악할 수 있고, 경찰개념은 추상적 관념에서 구체적인 실체로 정립이 된다고 본다.

2) 경찰수단을 통한 경찰개념의 이해

경찰개념을 정립하기 위해서는 무엇보다도 시대와 장소를 초월하여 경찰에 내재하는 어떠한 '공통적인 요소'를 찾는 일은 중요하다고 본다. 이는 경찰의 '보편성'(普遍性)을 의미하는 것이다. 그리고 여기에 시대와 장소에 따른 '특수성'(特殊性)을 함께 살펴본다면, 경찰개념은 어느 정도 정립될 수 있다고 본다.

그렇다면, 어느 시대를 막론하고 경찰이라는 존재가 주어진 목표를 달성하기 위해서 공통적으로 사용하는 수단(手段, means)은 무엇인가? 이는 프랑스경찰, 독일경찰, 미국경찰, 영국경찰, 일본경찰, 그리고 한국경찰을 막론하고 우리사회에 존재해 온 모든 경찰에 공통된 것이어야 한다고 본다.[6] 사실, 경찰은 범죄와 같은 위험의 방지 및 제거, 그리고 공공의 질서유지 등의 목표를 달성하기 위해 일정한 '공통적인 수단'을 행사하고 있다.

(1) 물리적 강제력의 행사

경찰이 주어진 목표를 달성하기 위해 사용하는 공통적인 수단은 바로 '물리적 강제력'(物理的 强制力, coercive force)을 의미한다. 동서고금을 막론하고 시대가 요구하는 어떠한 경찰목표를 달성하기 위하여 타인에 대해 이러한 물리적인 강제력을 행사할 수 있는 권한을 가지고 있지 않은 경찰은 존재하지 않는다고 본다.

바꿔 말하면, 그러한 물리적인 강제력을 행사할 수 있는 권한을 갖지 못한다면 그것은 경찰이라고 부를 수 없을 것이다('물리적 강제력'의 문제는 경찰의 개념과 관련하여 이른바 '실질적 의미의 경찰'을 이해하는 중요한 기준이 된다).

이러한 점에서 경찰은 '물리적 강제력을 행사할 수 있는 권한을 가지고 있는 개인(individual) 또는 조직(organization)'이라고 할 수 있다. 그러나 단지 물리적 강제력에만 초점을 두게 된다면 예컨대, 은행강도, 격투사, 교도관, 교사, 군인, 부모 역시 이를 행사할 수 있기 때문에 좀 더 세부적으로 살펴볼 필요가 있다.

(2) 물리적 강제력 행사의 합법성

물리적인 강제력을 행사할 수 있는 권한을 가지고 있는 경찰과 은행에 침입하여 물

6) Carl. B. Klockars(1985), The Idea of Police, New Delhi: Sage Publications, Inc, pp. 9-13.

리적인 강제력을 행사하는 강도(强盜)의 차이는 무엇인가? 물론, 은행강도는 물리적인 강제력을 행사할 수 있는 '권한'을 가지고 있지는 않다. 어느 사회를 막론하고 강도 등 범죄자에 의해 개인의 사유재산이 침해당하는 것을 허용하지는 않기 때문이다.

따라서 여기에서 논의하고자 하는 것은 물리적 강제력 자체가 아닌 그것을 행사할 수 있는 '합법성'(合法性, legitimacy)에 관한 것이다. 경찰은 때로는 타인의 자유와 권리를 침해할 수 있는 물리적 강제력을 합법적으로 행사할 수 있는 권한을 국가가 부여했다는 점이다.

이처럼 오늘날 경찰과 은행강도는 모두 물리적 강제력을 행사한다는 점에서는 동일하지만, 법적인 차원에서 국가에 의해 행위의 정당성이 인정되는지의 여부에서 차이가 있음을 알 수 있다. 이러한 점에서 경찰은 '국가에 의해 합법적으로 물리적 강제력을 행사할 수 있는 개인 또는 조직'이라 할 수 있다.

(3) 경찰과 다른 집단과의 차이

그런데, 이러한 물리적 강제력 행사와 그에 대한 국가의 합법성 인정은 단지 경찰에 국한되는 것이 아니다. 격투사, 교사, 교도관, 군인, 부모 등도 일정부분 합법적으로 물리적 강제력을 행사할 수 있기 때문이다. 그렇다면, 합법적으로 물리적 강제력을 행사할 수 있는 다른 집단의 권한과 경찰의 권한은 어떠한 차이가 있는가?[7)]

① 경찰의 활동영역: 상대적 광역성

이와 관련하여 먼저, '관할'(管轄, territory)을 이해할 필요가 있다. 관할이라는 것은 '권한이 미치는 범위 또는 권한을 행사할 수 있는 범위'를 말한다.

이러한 관할은 경찰과 격투사, 교사, 교도관 등을 구분하는데 명백하게 차이가 있다고 볼 수 있다. 예컨대, 지역적 관할의 관점에서 봤을 때, 격투사, 교사, 교도관들이 행사할 수 있는 물리적 강제력은 지역적으로 극히 제한된 영역 내에서만 행사가 가능하다는 점이다. 물론, 국가경찰이 아닌 자치경찰의 경우 일정하게 제한된 관할구역 내에서 직무를 수행하지만, 위의 대상들과의 차이는 명확하게 나타난다고 볼 수 있다.

② 경찰활동의 대내성

다음으로 군(軍)과 경찰의 관계도 살펴볼 필요가 있다. 군대의 존재이유는 대외적(對外的)인 적(敵)의 공격에 대한 방어 및 대응을 목적으로 한다면, 경찰은

---

7) Ibid., pp. 11-13.

대내적(對內的)인 개인 또는 국민을 대상으로 범죄예방과 수사, 그리고 공공의 안녕과 질서유지 등을 목적으로 한다고 볼 수 있다.

다만, 군대도 심각한 국가비상사태 발생시 일정부분 경찰의 역할을 할 수도 있다.[8] 마찬가지로 경찰 역시 평상시에 대외적인 활동(예: 외사, 보안경찰 등)도 수행하고 일정한 비상사태의 경우 군인과 같은 역할도 담당할 수 있음은 물론이다. 그러나 오늘날 경찰의 대내성과 군대의 대외성은 일정부분 정형화되었다고 볼 수 있다.

③ 경찰활동의 보편성

이상과 같이 물리적 강제력을 행사하는 주체의 지역적 관할의 차이, 그리고 군인과의 역할관계를 통해서 경찰의 정체성은 어느 정도 확인된다고 본다. 그런데, 여기에서 물리적 강제력의 보편성과 특수성을 이해할 필요가 있다.

이러한 물리적 강제력의 보편성과 특수성은 예컨대, 경찰과 부모의 차이에서 찾아볼 수 있다. 부모가 자신의 어린 자녀에 대해 행사하는 물리적 강제력은 다른 주체(격투사, 교사, 교도관, 그리고 심지어는 경찰과 비교해 볼 때에도)와 비교할 때, 지역적으로 제한을 적게 받는다. 부모는 집안 내뿐만 아니라 길거리, 쇼핑몰, 더 나아가 외국과 같은 곳에서도 버릇없는 자녀의 행동에 대해서는 일정부분 통제를 할 수 있기 때문이다.

그런데 부모가 행사하는 물리적 강제력은 단지 '자신들의 자녀'(their own children)에 대해서만(이 경우에도 국가가 법적으로 부모의 양육권을 인정한 경우에 한함) 가능하다는 점이다. 따라서 다른 부모의 아이(비록, 품행이 극도로 불량하여 훈육을 받는 것이 당연한 경우라 할지라도)에 대해서 체벌을 하게 되면 형사상 그리고 민사상 책임을 져야 하는 경우도 있다.

④ 경찰개념 관련 두 가지 관점

이상과 같은 논의를 바탕으로 한다면, 경찰에 대한 정의를 내리기 위해서는 다음과 같은 두 가지 관점을 고려할 필요가 있을 것이다.[9]

첫째, '물리적 강제력을 행사하는 권리 또는 권한'(right to use coercive force)이라는 개념을 가지고 설명할 때, '일반적인'(General)이라는 용어를 추가

8) 대통령은 전시·사변 또는 이에 준하는 국가비상사태에 있어서 병력으로써 군사상의 필요에 응하거나 공공의 안녕질서를 유지할 필요가 있을 때에는 법률이 정하는 바에 의하여 계엄을 선포할 수 있다(헌법 제77조).
9) Carl. B. Klockars(1985), op. cit., p. 12.

해야 한다는 점이다.

여기에서 '일반적인'이 갖는 의미는 경찰이 행사하는 물리적 강제력은 특정한 사람이나 특정한 장소에 국한되지 않고, 보편적으로 행사될 수 있다는 것을 의미한다. 우리가 경찰을 표현할 때, '보통경찰 또는 일반경찰'(General Police)이라고 하는 것은 이러한 까닭이다(이는 특별경찰 또는 특별사법경찰과는 비교되는 개념이다).

둘째, 경찰개념을 정립하는데 '국가 내의 관할구역 안에서'(within the state's domestic territory)라는 의미를 고려할 필요성이 있다(국가경찰이냐 자치경찰이냐에 따라 관할구역의 범위는 차이가 있음은 물론이다).

이러한 두 가지 관점을 가지고 경찰개념을 접근한다면 "경찰은 국가 내의 관할구역 안에서 국가가 부여한 물리적 강제력을 행사할 수 있는 일반적 권한을 가지고 있는 개인 또는 기관"이라 할 수 있다."[10)]

2. 국가정체성에 따른 경찰개념의 접근

경찰개념은 국가의 정체성과 밀접한 관련성을 가지고 있다. 경찰은 국가질서를 유지하는 매우 중요한 수단 가운데 하나이며, 따라서 국가가 지향하는 이념 또는 정체성은 경찰이념과 제도의 근간이 되기 때문이다.

여기서 주의할 것은 국가가 지향하는 가치가 고정불변의 것이 아니라 시대에 따라 변화한다는 점이다. 또한 하나의 국가체제라 할지라도 국가형성 초기와 국가발전기, 그리고 국가쇠퇴기에 따라 다르다는 점이다.

아래에서 논의하고자 하는 국가정체성에 따른 경찰개념은 근대 서구유럽을 중심으로 접근하고자 한다. 서구유럽의 경찰개념 및 이의 발전과정을 근원적으로 거슬러 올라간다면, 앞에서 언급한 고대 그리스에서부터 살펴볼 수 있을 것이다. 그러나 여기에서는 근대국가를 전후해서 형성된 개념 즉, ㉠ 경찰국가시대의 경찰개념, ㉡ 법치국가시대의 경찰개념, ㉢ 복지국가시대의 경찰개념을 중심으로 살펴보고자 한다.

1) 경찰국가시대의 경찰개념

경찰국가(警察國家, Police State)라는 것은 17~18세기 유럽에서 발달한 관방학(官

---

10) "Police are institutions or individuals given the general right to use coercive force by the state within the state's domestic territory." Ibid., p. 12.

房學, Cameralism)이론에 입각한 절대국가시대를 배경으로 한다(행정사에 있어서 절대국가는 경찰국가로 불리기도 한다).[11]

절대국가는 봉건세력의 지방분권화를 막고, 귀족들이 차지한 공권력의 분화를 극복하고 국왕 한 사람에게 권력을 집중시키는 정치체제로서, 강력한 전제정치(專制政治, despotic government)를 수반한 것을 특징으로 한다.[12] 절대국가는 곧 중세 봉건시대에 약화되어 있었던 왕권을 다시 회복하는 과정이라고 할 수 있다. 따라서 왕권을 잡은 국왕은 자신들의 권력을 유지하기 위한 노력을 하지 않을 수 없었던 것이다. 이를 위해 군대 및 경찰과 같은 물리적 강제수단이 동원되는 것은 당연한 현상이라고 본다.

물론, 절대국가시대에 통치체제가 정비되었고, 따라서 국가행정은 제도적으로 분화가 이루어졌다. 이에 따라 경찰로부터 외무행정, 재무행정, 군사행정이 분리되었고, 마지막으로 사법행정이 경찰로부터 독립하였다.

이러한 점에서 볼 때, 경찰의 활동영역은 '양적'(quantitative)으로는 축소되었다고 할 수 있다. 그러나 '질적'(qualitative)으로 오히려 강화되어 경찰개념에 포함되는 국가의 활동은 '공공복리의 증진'에까지 확장되었다.[13]

당시에 절대군주들은 강력한 국가권력을 배경으로 중상주의(重商主義) 경제정책을 통한 국부(國富)의 증대를 도모하였는데, 이를 위해 강력한 경찰권이 동원된 것이다. 절대군주는 표면적으로 공공복리의 증진 내지 국민복지의 증진이라는 이념을 내세웠지만, 그 이면에는 자신의 권한을 실질적으로 강화하고자 한 것이다.

따라서 절대국가시대에 있어서 경찰은 '모든 국민의 공공복리 증진을 위한 권한을 포함한 내무행정(內務行政)의 전 영역'을 의미하였다. 당시 경찰은 절대군주의 권력유지 수단 또는 행정 수단으로 사용되었다. 즉, 절대군주는 공공복리의 증진을 위하여 자기 마음대로 행동하고, 신민의 사회생활 전체를 규율하며, 또한 자신의 명령을 강제할 수 있는 거의 '무제한'의 경찰권(警察權)을 가지고 있었다. 이 시대의 경찰개념의 특징은 아무런 법적 제한을 받지 않는 경찰의 효력영역이 인정되었다는 것에서 찾을 수 있다. 이러한 점에서 이 시대의 경찰은 마치 '만능의 대명사'처럼 생각되었다.

---

11) 관방학(官房學, Cameralism)은 국가 경영의 학문으로서 관리들에게 국가통치에 필요한 행정기술과 지식을 제공하기 위한 목적에서 형성된 학문체계로서 일종의 국가경영학이라고 볼 수 있다. 이는 절대군주제를 유지하는데 필요한 정치적, 경제적, 사회적 활동에 관한 모든 문제를 다루었다. 따라서 농업, 임업, 재정학, 경제학, 경찰학(警察學), 사회과학이 미분화된 상태로 혼재되어 있었으며, 특히 재정학적 성격을 강하게 띠고 있다. 이황우(2005), 경찰행정학, 경기: 법문사, p. 6.

12) 김상호 외 8인(2004), 앞의 책, pp. 383-384 재인용.

13) 서정범(1992), "경찰권발동에 관한 연구: 그의 요건, 대상 및 정도를 중심으로," 고려대학교 박사학위논문, pp. 7-10 재인용.

2) 법치국가시대의 경찰개념

18세기 후반에는 계몽주의(啓蒙主義)와 자연법론(自然法論)의 영향으로 법치국가(法治國家)의 관념이 대두되었다. 법치국가라는 것은 경찰을 비롯한 국가행정이 국왕 및 지배권력집단의 임의적·자의적인 판단에 따라 이루어지는 것이 아니라 일정한 절차에 의해 제정된 법(法)에 근거하여 이루어져야 한다는 것을 의미한다.

이 시기에 들어 자유주의적·개인주의적인 성향을 가진 계몽주의 사상가들은 광범위한 영역에서 물리적 강제력을 행사하는 주체로서의 의미를 갖는 실질적 경찰개념과 그에 상응하는 절대군주의 광범위한 경찰권행사에 대해 반론을 제기하였다.

이전의 경찰국가시대에는 경찰이 적극적인 공공복리의 증진에까지 개입하면서, 많은 권한을 오남용하였는데, 이 시대에 들어 그러한 경찰의 적극적 개입은 경찰의 본래의 직무가 아니란 점을 인식하게 된 것이다.

이 시기에 서구유럽은 사회계약론과 자연법사상을 바탕으로 영국의 청교도혁명(1640~1660)과 명예혁명(1688)을 비롯하여 미국의 독립선언(1776), 프랑스의 대혁명(1789) 등 자유주의적 법치국가사상을 발전시키는 계기가 되었다. 이러한 법치국가원리에 따라 국가의 목적과 임무를 제한하고, 권력분립의 원칙을 제도화한 것이다.

특히, 경찰국가시대에 인정되던 '적극적 복리경찰'(積極的 福利警察) 개념이 제외되고 경찰권의 행사는 오직 '소극적 질서유지'(消極的 秩序維持)에 국한하게 하였다. 이는 국가작용(비록 그것이 비권력적인 경우에도)은 국가의 존립과 공공질서의 유지를 위하여 필요한 범위 내에서 한정되어야 한다고 주장되던 당시의 시대를 반영한 것이었다.

이러한 법치주의 영향을 받은 영국은 근대경찰의 발전과정에서 1829년 런던수도경찰법을 제정하여, 근대경찰로 발전시키는 계기를 마련하였다. 한편, 독일은 제2차 세계대전 이후에는 소방, 영업, 도로, 위생, 건축 등의 행정경찰사무를 경찰로부터 분리하여 일반 질서행정으로 이관시키는 이른바 '탈경찰화'(脫警察化)작업을 단행하였다.

야경국가

17세기 중엽부터 19세기 중엽의 서구 유럽에서는 이른바 '야경국가'(夜警國家, Night-Watchman State)라는 관념이 등장하기도 하였다. 이는 국방과 외교, 치안 유지 등 개인의 자유와 사유재산을 보호하기 위한 최소한의 활동으로 국가의 임무를 한정하는 국가관(國家觀)을 말한다.

여기에서 '야경'(夜警)이란 밤에 순찰활동을 하는 경찰을 뜻하는데, 국가는 야간에만 순찰활동을 하는 것처럼 여러 형태의 이해관계가 자유롭게 얽히도록 내버려 두는 것이 사회·경제 질서유지에 도움이 된다고 보는 것이다. 즉, 국가의 간섭 없는 자본의 자유경쟁만이 최대 다수의 최대 행복을 보장하는 최적 배분을 가져온다는 국가관이다. 이 야경국가라는 용어는 독일의 사회주의자 라살(F. Lassalle, 1825~1864)이 그의 저서 「노동자 강령」(1862)에서 영국 부르주아지의 국가관을 비판하는 뜻으로 쓴 말이다.
한편, 애덤 스미스(Adam Smith, 1723~1790)는 그의 저서 「국부론(國富論)」(1776)」에서 모든 경제 주체가 건전한 사회제도하에서 사전 조정 없이 경쟁하면 시장이라는 '보이지 않는 손'(invisible hand)에 의해 경제질서를 가져오고 부와 번영을 이루게 된다고 보았다.[14)]

3) 복지국가시대의 경찰개념

이상과 같이 국민의 자유와 권리보호를 바탕으로 하는 법치국가론의 등장으로 이전의 경찰국가론은 자취를 감추게 되었다. 물론, 20세기에 들어와 독재정권이 등장하면서 특히, 사상경찰(思想警察) 관련 활동이 강화되고 공권력을 남용하는 경우가 발생하기도 하였다. 이와 관련하여 제2차 세계대전 직전의 일본을 비롯하여 독일, 이탈리아 등을 비판할 때 다시 경찰국가라는 말이 사용되기도 하였다. 그러나 이러한 현상은 국가체제 불안기의 일시적인 현상에 불과한 것이며, 오늘날에 이르러 법치국가를 토대로 한 경찰개념은 확고한 자리를 잡아가고 있다.

그런데, 지난 20세기 이후 오늘에 이르기까지 범죄와 무질서 문제는 양적·질적으로 심화되어 가고 있다. 우리사회가 과거와는 달리 산업화·과학과·도시화 등으로 인해 복잡·다양해지고, 이로 인한 역기능 또는 부작용이 범죄 문제로 표출되고 있다. 그리고 국민의 권리의식이 향상됨에 따라 국가에 대해 요구하는 사항이 증대하고 있고, 또 어떤 경우에는 개인 및 집단이기주의로 인해 많은 무질서 문제가 팽배하고 있다. 아울러 자본주의 체제하에서 '빈익빈 부익부'의 양극화는 국민의 '삶의 질'(quality of life)을 위협하고 있고, 이로 인한 사회·경제적 약자는 많은 어려움을 겪고 있는 것이 현실이다.

한편, 공무원은 국민에 대해 군림하는 자가 아닌 봉사자라는 헌법적 요구에 의해 경찰공무원 역시 법집행과 질서유지뿐만 아니라 봉사자로서의 역할을 요구하고 있다.

이러한 시대적 상황 속에서 경찰이 과거 법치주의 원리에 따른 '소극적 질서유지' 차원의 접근만으로는 한계에 직면하고 있다. 복지주의(福祉主義)는 사회적 강자로부터 약자를 보호하고, 배분적 정의(配分的 正義)가 실현될 수 있도록 하는 것을 기본 전제로

14) 이극찬(1993), 정치학, 서울: 법문사, p. 34.; 다음백과(https://100.daum.net/).

하고 있으며, 따라서 경찰은 소극적 질서유지 개념만으로는 소기의 성과를 기대하기 어려운 것이 현실이다. 이에 따라 경찰은 다시 '적극적 공공복리 증진자'로서 역할재정립이 요청되고 있다.

그러나 이러한 경찰의 적극적 역할요구는 과거 경찰국가시대의 경찰개념은 결코 아니다. 복지국가의 경찰은 근본적으로 법치주의에 근간을 두고 있고, 그러한 법치주의의 한계를 극복하기 위해서 경찰권 행사에 있어서 이른바 '조리(條理)상의 한계'(소극목적의 원칙, 공공의 원칙, 비례의 원칙, 평등의 원칙, 책임의 원칙 등)를 사법적 판단에서 적용하고 있기 때문이다.

복지국가시대는 경찰에게 적극적인 공공복리 증진자로서의 역할을 요구하면서도, 동시에 입법부에 의한 사전적 통제와 사법부에 의한 사후적 통제를 통한 경찰권의 오남용 문제를 해결하고자 하는 것이다.

3. 경찰개념의 유형화

경찰개념의 유형화는 ㉠ 실질적 의미의 경찰과 형식적 의미의 경찰, ㉡ 행정경찰과 사법경찰, 그리고 ㉢ 국가경찰과 자치경찰, ㉣ 공경찰과 민간경찰 등을 들 수 있다.

이러한 유형화가 보편성을 갖는 것은 물론 아니다. 이 가운데, '㉠ 과 ㉡' 은 대륙법계(大陸法系)의 분류방식이며, 따라서 영미법계(英美法系)의 경찰개념에서는 이러한 구분의 의미는 없으며, 이 대신 '㉢ 및 ㉣'과 같은 분류를 하고 있다.[15]

1) 실질적 의미의 경찰과 형식적 의미의 경찰

'실질적 의미의 경찰'과 '형식적 의미의 경찰'이란 무엇인가? 이들 양자의 차이와 특성을 이해하기 위해서는 '실질적'(實質的)이라는 의미와 '형식적'(形式的)이라는 의미 자체를 이해하고 있어야 한다. 그리고 이러한 경찰 분류방법은 특히, 독일에서 정립된 것이라고 할 수 있다.

(1) 실질적 의미의 경찰: 물리적 강제력

국가활동이라는 것은 국가가 지향하는 목적(예: 체제유지, 경제성장, 개인의 자유와 권리보호 등)을 달성하기 위한 제반활동이라고 할 수 있다. 이러한 국가목적을 위한 국가작용은 그 성질상 소극적으로 이루어질 수도 있고, 적극적으로 이루어질 수도 있다.

15) Robert H. Langworthy, Lawrence F. Travis Ⅲ.(1994), Policing in America: A Balance of Forces, N.Y.: Macmillan Publishing Company, pp. 8-10.

또한 그러한 목적달성을 위하여 권력적 수단도 사용할 수 있고, 비권력적 수단도 사용할 수 있다. 비권력적인 수단과 관련하여 예컨대, 국가작용 가운데 사회복지(社會福祉)는 성질상 적극적인 복리증진을 위한 것이라 할 수 있으며, 그 수단으로는 비권력성을 가지고 있다고 본다.

일반적으로 실질적 의미(實質的 意味)의 경찰이라는 것은 "공공의 안녕과 질서를 위협하는 위험으로부터 개인이나 공중을 보호하거나, 공공의 안녕이나 질서에 대한 위해의 제거를 목적으로 하는 국가기관의 '권력적 작용'(權力的 作用)"을 말한다.[16]

법에서는 경찰이 이러한 위험·위해를 예방하고 제거하기 위해서 수단적으로 타인에 명령·강제할 수 있는 권한을 부여하고 있다. 앞에서 경찰수단으로 설명한 '물리적 강제력'이 바로 그것이다.

그런데, 경찰이 개입하는 위험·위해는 추상적이라기보다는 구체적·직접적이며, 긴박성을 띠고 있을 때 가능한 것이다. 즉, 경찰에게 불확실한 장래에 발생할 위험·위해까지 적극적으로 예방·제거할 수 있는 권한까지 부여한다면, 경찰의 권한 오남용 문제가 제기될 것이며, 이는 비례원칙에도 위배된다. 따라서 경찰은 성질상 '소극적 위험방지 및 제거'에 개입하게 되며, 그 수단으로 명령·강제할 수 있는 권력작용을 기본적으로 갖는다고 보는 것이다.

여기에서 특히, 국가의 이름으로 타인에 대해서 명령 강제할 수 있는 '물리적 강제력'(物理的 强制力)은 실질적 의미의 경찰을 이해하는데 중요한 의미가 있다. 바꿔 말하면 실질적 의미의 경찰이라는 것은 수많은 국가작용 가운데, '경찰'이라는 명칭으로 불리는 것과는 관계없이 위험·위해의 방지라는 국가목적의 달성을 위하여 타인에게 명령·강제할 수 있는 물리적 강제력을 행하는 모든 활동이 이에 포함된다는 것을 의미한다. 따라서 여기에는 경찰뿐만 아니라 소방, 보건, 건축, 영업 등 제반 국가작용 가운데 위해의 방지를 위한 권력작용은 실질적 의미의 경찰에 해당한다고 할 수 있다.

나라마다 차이는 있지만, 근대국가의 출현과 더불어 근대경찰이 탄생하였고, 이러한 과정에서 경찰은 제도적으로 전문화·독립화가 진행되었다. 경찰의 제도적 전문화·독립화는 무엇을 의미하는가? 그것은 경찰을 다른 국가작용과 분리하여 고유한 영역으로 정착시켰다는 것을 의미한다. 즉, 〈경찰 = 통일적인 제복을 입은 경찰〉이라는 등식이 성립된 것이며, 오늘날 일반시민이 생각하는 경찰은 바로 이러한 제복을 입은 경찰을 의미한다.

바꿔 말하면, 실질적 의미의 경찰개념에 대한 논의는 경찰이 제도적으로 전문화·독

16) 홍정선(2007), 경찰행정법, 서울: 박영사, p. 4.

립화되지 못한 전(前)근대적 경찰과 근대화의 과도기적 상황에서 실익이 있다고 본다. 그러나 19세기 전후하여 근대경찰이 탄생하여 경찰이 제도적으로 전문화·독립화가 지속되어 21세기를 맞이한 현 상황에서 실질적 의미의 경찰개념에 특별한 의미를 부여하여 논의하는 것은 실익이 없다고 본다.[17)] 이미 경찰개념은 형식적 즉, 제도적으로 전문화·독립화되어 고유한 영역을 확립한 까닭이다.

따라서 현재 시점에서는 경찰학(警察學)의 학문영역으로서 후술하는 형식적 의미(形式的 意味)의 경찰을 중심으로 하여 이에 내재하는 특성 및 관련 문제들을 중심으로 접근하는 것이 타당하다고 본다.

(2) 형식적 의미의 경찰: 제도적 의미의 경찰

형식적 의미(形式的 意味)의 경찰이라는 것은 위에서 살펴본 실질적인 성질 또는 수단(즉, 위험방지와 관련된 권력작용)을 불문하고, 제도적 의미의 경찰기관이 관장하는 모든 사무와 관련된다.

이는 현행법(국가경찰과 자치경찰의 조직 및 운영에 관한 법률, 경찰청과 그 소속기관 직제 등)에 따른 경찰청과 그 소속기관(시·도경찰청, 경찰서, 지구대·파출소 등)이라는 경찰조직에 의해 수행되는 제반활동을 의미하는 것이다. 이러한 점에서 '형식적 의미의 경찰'과 '제도적 의미의 경찰'은 동일한 의미이다.

제도(制度)와 형식(形式)이라는 것은 입법작용에 의해 경찰이라는 조직(제도)을 만들고, 그 조직이 수행하는 업무를 규정한 것(형식)을 의미하는 것이기 때문이다.

형식적 의미의 경찰은 법으로 제도화된 경찰기관이 수행하는 모든 업무와 관련된 것으로서, 그 내용이 무엇인가를 가리지는 않는다. 바꿔 말하면, 실질적 의미의 경찰에서 말하는 '위험발생 방지'를 위한 '물리적 강제력'을 수반한 권력작용뿐만 아니라 법에서 규정하고 있는 다른 경찰활동 역시 형식적 의미의 경찰개념에 포함된다는 의미이다.

따라서 경찰이 수행하는 비권력적인 활동(예: 순찰활동, 청소년선도·보호, 주취자 보호, 헤어진 가족 찾아주기, 교통계몽·안내·지도 등)도 형식적 의미의 경찰개념에 포함된다. 더 나아가 위험발생의 방지와 관련된 행정경찰작용뿐만 아니라 범죄수사와 같은 사법경찰작용 역시 경찰이 수행하고 있기 때문에 이 또한 형식적 의미의 경찰개념에 포함된다(그리고 이러한 범죄수사에서도 물리적 강제력을 수반하지 않는 임의수사가 원칙임은 물론이다).[18)]

17) 최영규(2005), 경찰행정법, 서울: 법문사, p. 14.

18) 실질적 의미의 경찰개념을 정립한 독일과 같은 대륙법계 관점에서 본다면, 사법경찰 즉, 수사경찰은 말 그대로 사법작용의 일부이기 때문에 실질적 의미의 경찰개념에 해당하지 않는다. 우리나라 실정법은 사법경찰관

그리고 21세기 복지국가에 이르러 비권력적인 경찰의 대민봉사(對民奉仕)활동은 매우 중요한 비중을 차지하고 있다고 볼 수 있다.[19] 예측할 수 없는 위험 및 어려움에 처한 국민이 1년 365일, 1일 24시간 '마지막으로 의지할 수 있는 기관'(the agency of last resort)이 바로 경찰인 까닭이다.[20]

요약건대, 오늘날 경찰은 다른 국가작용과 제도적으로 전문화·독립화되어 있으며, 그 활동영역이 범죄 등에 대한 위험방지에 국한된 것이 아니라 범죄수사, 그리고 비권력적인 대민봉사활동 역시 활발하게 수행하고 있음을 알 수 있다.

〈형식적 의미의 경찰 임무〉

구분	관련내용	근거법 등
한 국	•국민의 생명·신체 및 재산의 보호 •범죄의 예방·진압 및 수사 •범죄피해자의 보호 •경비, 요인경호 및 대간첩·대테러 작전 수행 •공공의 안녕에 대한 위험의 예방과 대응을 위한 정보의 수집·작성 및 배포 •교통의 단속과 위해의 방지 •외국 정부기관 및 국제기구와의 국제협력 •그 밖의 공공의 안녕과 질서유지	국가경찰과 자치경찰의 조직 및 운영에 관한 법률 제3조 경찰관직무집행법 제2조
일 본	•경찰은 개인의 생명, 신체 및 재산의 보호를 위하여 범죄의 예방, 진압 및 수사, 피의자의 체포, 교통의 단속, 기타 공공의 안전과 질서유지를 담당하는 것을 그 책무로 한다.	일본경찰법 제2조 제1항
독 일	•경찰은 공공의 안녕 또는 질서에 대한 위험을 방지하는 것을 그 직무로 한다. 경찰은 이러한 직무의 범위 내에서 범죄행위에 대한 수사 준비를 하고, 범죄행위를 예방해야 하며, 장래의 위험을 방지할 수 있어야 한다. •경찰은 다른 행정청에 대한 집행원조를 행한다.	통일경찰법 모범초안 제1조 제1항, 제3항
미 국	•법집행 및 범죄예방(순찰 및 지도 등) •질서유지 •대민봉사 및 보호(범죄피해자, 제보자 등)	17,000개의 미국 자치경찰(local police)의 기본적 임무[21]

(경무관, 총경, 경정, 경감, 경위)은 범죄혐의가 있다고 사료하는 때에는 범죄수사를 하도록 하고 있고, 사법경찰리(경사, 경장, 순경)는 수사 보조자의 지위를 인정하고 있다(형사소송법 제197조 단서). 이는 형식적 의미의 경찰개념에 해당한다.

19) J.Q. Wilson(1968), Varieties of police behavior: The management of law and order in eight communities, M.A.: Harvard University Press, pp. 4-5.

20) Robert H. Langworthy, Lawrence F. Travis III.(1994), op. cit., p. 10.

21) Robert H. Langworthy, Lawrence F. Travis III.(1994), op. cit., pp. 10-14.; U.S. Department of Justice (1998.6), "Census of State and Local Law Enforcement Agencies, 1996," Bureau of Justice

2) 행정경찰과 사법경찰

경찰을 행정경찰(行政警察)과 사법경찰(司法警察)로 구분하는 방법은 1795년 프랑스 공화국법에서 그 기원을 찾을 수 있다.[22] 행정경찰은 범죄예방과 같은 위험의 방지를 위한 행정작용을 의미한다면, 사법경찰은 이미 발생한 범죄에 대한 사법작용 특히, 범죄수사를 의미한다고 볼 수 있다.

이러한 대륙법계 관점에서 본다면, 사법경찰은 말 그대로 사법작용의 일부이므로 '실질적 의미'(實質的 意味)의 경찰에 해당하지 않는다고 보고 있다.[23] 그러나 영미법계 관점에서 본다면, 범죄예방뿐만 아니라 범죄수사 역시 경찰의 고유한 활동영역으로 구분하고 있으며, 따라서 행정경찰과 사법경찰로 구분하는 것 자체가 무의미한 것이다.

프랑스에서 행정경찰과 사법경찰을 엄격하게 구분하고 있는 것은 권력분립론(權力分立論)에 근거를 두고 있다고 볼 수 있다.[24] 중앙집권적인 국가경찰체제(國家警察體制)하에서 경찰이 범죄예방뿐만 아니라 범죄수사권까지 보유하게 되었을 경우, 그 순기능보다는 역기능이 더 크다고 우려한 까닭이다. 반면, 지방분권적인 자치경찰체제(自治警察體制)를 근간으로 하는 영미법계 경찰에서는 이러한 경찰의 권한 오남용 문제가 상대적으로 적다고 볼 수 있다(이러한 관점에서 본다면, 한국경찰의 수사권독립 문제는 실질적인 자치경찰제도의 도입 등과 함께 논의되어야 할 필요성이 있다고 본다).

이러한 프랑스 경찰의 영향을 받아 독일과 일본에서도 행정경찰과 사법경찰을 구분하고 있다. 그리고 우리나라에서도 이를 일정부분 제도적으로 수용하고 있다. 즉, 행정경찰과 구분되는 사법경찰개념이 현행 형사소송법의 범죄수사와 관련된 규정(제195조~제245조의10)에서 일반적으로 사용되고 있다.

3) 국가경찰과 자치경찰

국가경찰(國家警察)은 경찰사무를 수행하기 위해 국가가 경찰조직을 운영하는 것을 의미하고, 자치경찰(自治警察)은 경찰사무를 수행하기 위해 지방자치단체가 이를 운영하는 것을 의미한다.

바꿔 말하면, 국가경찰은 국가 즉, 중앙정부가 경찰조직·인사·재무 등 전반에 걸쳐

Statistics Bulletin, p. 1; Kenneth J. Peak(2003), Policing America: Methods, Issues, Challenges, N. J.: Prentice Hall, pp. 53-59.

22) 서재근(1995), "일본 행정경찰과 사법경찰에 관한 연구," 공안행정학논총(서재근박사 정년기념), 서울: 진명문화사, p. 294 재인용.

23) 홍정선(2007), 앞의 책, p. 29.

24) 서재근(1995), 앞의 논문, p. 296.

관리하는 형태를 말하며, 자치경찰은 지방자치단체가 이를 담당하는 것을 말한다. 자치경찰은 다시 광역자치단체(특별시, 광역시, 도 등)에 둘 수도 있고, 기초자치단체(시, 군, 구 등)에 둘 수도 있다. 이러한 국가경찰과 자치경찰의 존재 방식은 해당 국가의 역사적인 발전 배경을 전제로 한 것이다.

그리고 국가경찰과 자치경찰은 관할(管轄)에 있어서 큰 차이가 있다. 관할이라는 것은 '경찰권한이 미치는 범위'와 관련되는데, 지역적 차원에서 볼 때, 국가경찰은 국가 전체의 행정구역이 지역관할(地域管轄)이 된다. 반면, 자치경찰은 지방자치단체의 행정구역 내에서만 경찰권한을 행사할 수 있다.

그런데, 국가경찰과 자치경찰은 각각은 일정한 장단점을 가지고 있기 때문에,[25] 어느 하나가 보다 좋은 체제라고 단정 짓기는 어렵다. 그리고 경찰활동의 성과는 제도적 특성뿐만 아니라 그 나라의 정치·경제·사회문화적인 상황과 조직 운영상의 민주성과 합법성 정도 등에 따라 다르게 나타나기 때문이다.

국가경찰과 자치경찰의 장점과 단점

국가경찰의 장점은 자치경찰의 단점이 되고, 국가경찰의 단점은 자치경찰의 장점이 된다고 볼 수 있다. 아래에서는 국가경찰의 장점과 단점을 중심으로 살펴보기로 한다.

① 국가경찰의 장점

㉠ 중앙집권적인 경찰력을 바탕으로 강력하고 광범위한 집행력(대규모 집회시위, 광역범죄 대응 등)을 행사할 수 있음
㉡ 통일적인 조직운영(인사, 교육, 시설, 장비 등)을 할 수 있음
㉢ 타행정부처와 긴밀한 협조체계를 구축할 수 있으며, 국가비상사태시에 특히 유리함
㉣ 지방 정치세력의 정치적 개입 등을 방지할 수 있음

② 국가경찰의 단점

㉠ 중앙정부의 국가권력의 영향하에 이른바 '정치경찰'의 폐해가 우려됨
㉡ 조직운영이 기본적으로 전국에 걸쳐 공통적으로 적용되므로, 지방실정에 부합한 치안정책 및 대응이 쉽지 않음
㉢ 관료주의적 성격이 강하며, 지역주민에 대한 공복(公僕)의식이 낮을 수 있음
㉣ 인사관리 등에 있어서 중앙의 이해관계가 많이 작용하고, 유능한 인재의 지방기피 등의 현상이 우려됨

---

25) 정진환(2006), 비교경찰제도, 서울: 백산출판사, pp. 43-47 재구성.

최근 각국의 경찰제도 운영형태를 보면, 국가경찰제도를 유지하고 있는 나라는 자치경찰의 특성을 가미하고 있고, 반대로 자치경찰제도를 유지하는 나라는 국가경찰의 특성을 가미하는 등 양자의 장점을 취하는 형태로 발전하고 있다고 볼 수 있다. 이러한 점에서 오늘날에는 가히 국가경찰(대륙법계)과 자치경찰(영미법계)의 혼합·융화의 시대라 할 수 있다.[26]

4) 공경찰과 민간경찰

경찰은 공경찰(public police)과 민간경찰(private police)로 구분할 수 있다.[27] 여기에서 민간경찰은 특히, 민간경비(民間警備, private security)를 의미하는 것이다. 영미법계 국가에서는 대륙법계보다 전통적으로 '모든 주민에게 치안유지 책임이 있다'는 인식이 강하여,[28] 지방분권적인 자치경찰이 형성 및 발전되었음은 주지의 사실이다. 아울러 이러한 사적자치의 원칙하에 민간차원에서 이루어지는 치안활동 역시 하나의 경찰활동으로 간주하고 있다.

실제로, 미국은 지난 18세기에서 21세기에 이르는 동안 경찰 못지않게 민간경비가 중요한 비중을 차지하면서 성장·발전해 왔다고 볼 수 있다. 이러한 민간경비는 과거에는 자경주의(自警主義) 차원에서 이루어진 것이라면, 오늘날에는 자본주의와 연계되어 하나의 산업으로 성장·발전하고 있다. 그리고 오늘날의 민간경비는 미국뿐만 아니라 일본, 한국 등 전 세계에서 빠른 속도로 성장하고 있으며, 이미 공경비의 규모를 넘어서고 있다.

그러나 우리나라와 같은 대륙법계의 영향을 받은 국가들 역시 민간경비가 산업으로 크게 성장하고 있지만, 법적인 관점에서 경찰과 민간경비의 관계를 본다면, 상호간의 수직적 관계가 강하다고 볼 수 있고, 또 영미와 같이 민간경비를 하나의 경찰 유형으로 간주하는 경향은 상대적으로 약하다고 본다. 다만, 최근 경찰을 포함한 형사사법 영역에서 민간참여가 빠르게 진전되고 있으며, 이러한 논의 속에서 치안서비스의 민영화(民營化, privatization) 및 공동생산(共同生産, coproduction)의 논리는 민간경비의 역할확대 및 역할재정립에 있어서 의미하는 바가 크다고 할 수 있다.[29]

---

26) 서재근(1963), 경찰행정학, 서울: 삼중당, p. 43.
27) Robert H. Langworthy, Lawrence F. Travis Ⅲ.(1994), op. cit., p. 9.
28) 무기휴대의 권리(미국수정헌법 제2조, 1791 제정): '잘 규율된 민병대(Militia)는 자유로운 주(州)의 안전에 필수적이다. 따라서 무기를 소장하고 휴대하는 시민의 권리는 침해될 수 없다'(A well regulated militia being necessary to the security of a free State, the right of the People to keep and bear arms shall not be infringed).
29) 이에 대한 자세한 논의는 최선우(2002), 치안서비스 공동생산론, 서울: 대왕사.; 최선우(2021), 민간경비론, 인천: 진영사, pp. 143-148 참조.

물론, 경찰을 공경찰과 민간경찰로 유형화하는 것도 쉬운 일이 아니다. 공경찰과 민간경찰의 '중간영역'이 적지 않게 존재하기 때문이다.[30] 미국의 경우, 경찰조직이 민간경비와 계약을 체결하여 경찰업무 가운데 적지 않은 부분(예: 시설경비, 회계, 전산, 주차관리, 범죄감식, 신원조사, 순찰활동 등)을 민간경비에 '위탁'(委託)하고 있다. 또 경찰이 근무시간 이후에 민간경비회사에 취업하여 '부업'(part time)으로 경비업무를 수행하는 경우도 적지 않다.

우리나라의 경우에는 경찰업무의 민간위탁이 제한적이고, 경찰공무원의 영리행위는 법(국가공무원법 제64조)으로 금지되어 있다. 그러나 민간경비와 같은 민간차원에서의 경찰활동 참여는 향후 보다 활발하게 이루어질 것으로 보인다.

제2절 경찰이념

1. 경찰이념의 의의

1) 경찰이념의 개념

우리사회에 경찰이 왜 필요한가? 경찰은 어떻게 존재해야 하는가? 전자는 경찰의 존재이유(存在理由), 후자는 경찰의 존재방식(存在方式)에 관한 것이다. 이러한 경찰의 존재이유와 존재방식에 관한 질문이 바로 '경찰이념'(警察理念, Police Ideology)과 관련된 것이다.

일반적으로 '이념'(理念, Ideology)이라는 것은 '어떤 사회의 정치적·사회적 구성원들이 가지고 있는 일반적인 생각'을 뜻한다. 즉, 어떤 집단에 의해 사실 또는 진리로 받아들여진 '가치체계' 또는 '신념체계'를 의미하는 것으로, 이는 그것을 믿는 사람들에게는 자신들이 살아가는 세계에 관한 사실적이면서 당위적(當爲的)인 청사진을 제시해준다. 그렇게 함으로써 매우 복잡한 이 세계를 아주 단순하게 이해할 수 있는 것으로 재구성해준다.[31]

30) Robert H. Langworthy, Lawrence F. Travis III.(1994), op. cit., p. 9.
31) 이대희 외(2001), 한국의 행정사, 서울: 대영문화사, p. 35 재인용.

따라서 어떠한 나라가 민주국가(民主國家, democratic state)라고 한다면, 그 나라의 경찰은 민주주의의 본질 즉, 개인의 자유와 권리의 보호를 존재해야 한다. 민주주의를 지향하는 국가에서 경찰이 과거의 경찰국가(警察國家, police state)시대와 같이 지배집단의 권력유지수단으로서 초법적이며, 인권침해적인 역할을 하게 되면, 그 정당성을 잃게 됨은 분명하다. 따라서 뒤에서 살펴보겠지만 경찰이념은 경찰조직 및 개인의 행동강령이라 할 수 있는 경찰윤리(警察倫理)와도 밀접한 관계가 있다.

2) 경찰이념의 다원성과 가치상충 문제

(1) 경찰이념의 다원성

경찰이념은 단지 하나만 존재하는 것은 아니다. 우리사회의 수많은 가치와 신념체계를 설명하기 위해서는 이념 역시 다양한 관점에서 논의될 수밖에 없다. 과거에서 현대로 올수록 사회구조가 복잡·다양해진 것과 같이 이념 또한 현대사회에 다원화되는 것이 사실이다.

경찰이념에는 어떠한 것들을 들 수 있는가? 사실, 경찰이념이라는 것은 국가이념(國家理念)과 별개의 것이 아니다. 오늘날 경찰이라는 존재는 국가를 전제로 한 것이며, 따라서 국가이념 속에 경찰이념이 존재한다고 할 수 있다. 국가가 어떠한 정치적·사회적 지향성을 갖느냐 하는 것은 경찰의 존재이유와 존재방식에 있어서 매우 중요한 의미가 있다.

그렇다면, 국가이념에는 어떠한 것이 있는가? 현대 자유민주주의 국가는 입헌주의원리(立憲主義原理)에 따라 국가가 나아갈 방향을 제시해 주고 있다.[32] 입헌주의원리에 따라 헌법에서 제시하고 있는 국가이념은 논자에 따라 약간의 차이는 있지만, 민주주의, 복지주의, 문화국가주의, 국제적 평화주의, 법치주의 등이 제시되고 있다. 그리고 이러한 이념들은 명확히 구분되는 것은 아니며, 상호 유사한 맥락으로 해석될 수도 있다.

헌법에서 제시하고 있는 국가이념 가운데 경찰이념에 적용할 수 있는 대표적인 것으로는 민주주의, 복지주의, 그리고 법치주의 등을 들 수 있다.[33] 그런데 국가이념상의 경찰이념이라 할지라도 모두 동일한 가치 또는 위상을 가지고 있는 것은 아니다. 이 가운데에는 본질적인 이념이 있는가 하면 수단적인 이념이 있다고 본다. 예컨대, 민주주

32) 입헌주의(立憲主義)라는 것은 국민의 자유와 권리가 국가권력으로부터 침해당하지 않도록 보호하기 위하여 통치관계를 헌법(憲法)에 규정하고, 국가가 국민에 대하여 행하는 권력작용을 헌법에 구속되도록 하는 '헌법에 의한 통치'의 원리를 말한다. 권영성(1991), 헌법학원론, 서울: 법문사, pp. 102-122.; 김철수(2006), 헌법학개론, 서울: 박영사, p. 3.

33) 위의 책, pp. 102-122.

의와 복지주의는 본질적 이념이라면 법치주의는 이를 실현하기 위한 수단적 이념으로 볼 수 있을 것이다.

한편, 국가이념상의 경찰이념 이외에도 경찰조직 운영상에 내재하는 경찰이념이 있다. 국가이념상의 경찰이념이 거시적·관념적이라면, 경찰조직 운영상에 내재하는 경찰이념은 미시적·실천적인 특성을 가진다. 경찰조직 운영상의 내재하는 경찰이념으로 정치적 중립성, 능률성, 효과성, 전문성 등을 들 수 있다.

〈경찰이념〉

국가이념상의 경찰이념
민주주의, 복지주의, 법치주의

경찰조직 운영상의 경찰이념
정치적 중립성, 능률성, 효과성, 전문성

(2) 경찰이념의 가치상충 문제

경찰이념이 지향하는 가치가 조화되기보다는 상충되는 경우도 적지 않다. 예컨대, 국가이념 차원에서 개인의 자유와 권리의 보호를 본질로 하는 민주주의를 강조하다 보면, 사회경제적 강자로부터 약자의 보호 또는 사회적 형평성을 본질로 하는 복지주의가 후퇴하기 마련이다. 반대로 사회적 형평성을 강조하다 보면, 개인의 자유와 권리는 후퇴하기 마련이다.

또한 법치주의를 본질적 이념으로 내세워 엄격한 '법적인 정의'(legal justice)의 잣대를 강조하게 되면, 오히려 민주주의와 복지주의가 희석되어 목표와 수단이 전도될 수도 있게 된다. 이러한 문제는 경찰조직 운영상의 이념이라 할 수 있는 능률성과 효과성에서도 나타날 수 있다.

그리고 이러한 문제는 인권과 질서유지라는 경찰활동의 실제에서 구체적으로 나타난다. 국민 또는 개인 생명과 재산을 보호하고 아울러 공공의 안녕과 질서를 유지해야 하는 상황에서 상호간의 가치 충돌은 항상 존재하고, 또 불가피한 것이 현실이다. 민주국가는 개인의 자유와 권리보호를 본질로 하고 있지만, 공공의 안녕과 질서 역시 경시될 수 없는 중요한 가치임에는 분명한 사실이다.

이러한 두 가지의 가치에 대해 헌법의 태도는 어떻게 보면 지극히 원론적이다. '국민의 자유와 권리는 헌법에 열거되지 아니한 이유로 경시되지 아니한다'고 하면서도 '국민의 모든 자유와 권리는 국가안전보장·질서유지 또는 공공복리를 위하여 필요한 경우에 한하여 법률로써 제한할 수 있으며, 제한하는 경우에도 자유와 권리의 본질적인 내용을 침해할 수 없다'고 규정(제37조)하고 있기 때문이다. 그만큼 이들 두 가치가 충돌했을 경우, 이의 우선순위와 조화를 모색하는 것은 어렵다는 것을 의미한다.

결국은 이러한 경찰이념간의 가치가 상충하는 때에는 경찰조직의 차원을 넘어 국가의 정치·경제·사회 등 전체적인 상황을 고려해야 한다. 그리고 종국적으로 정치적 중립성을 바탕으로 직업적 전문성과 양심에 따라 올바른 판단을 해야 한다고 본다.[34] 그러나 경찰관이 정치권력집단의 이해관계에 흔들리지 않고, 법과 양심에 따라 최선의 가치판단을 하는 일은 결코 쉬운 일이 아니라고 본다.

2. 국가이념상의 경찰이념

근·현대 자유민주주의 국가는 입헌주의원리에 따라 국가가 나아갈 방향을 제시해 주고 있다. 입헌주의(立憲主義)라는 것은 국민의 자유와 권리가 국가권력으로부터 침해당하지 않도록 보호하기 위하여 통치관계를 헌법(憲法)에 규정하고, 국가가 국민에 대하여 행하는 권력작용을 헌법에 구속되도록 하는 '헌법에 의한 통치'의 원리를 말한다.[35]

물론, 이러한 헌법에 국가기능 또는 기본원리가 구체적으로 명시된 것은 아니다. 그러나 헌법은 첫째, 모든 법령의 해석의 척도가 되고, 둘째, 입법과 정책입안의 방향제기가 되며, 셋째, 공직자와 모든 국민의 행동지침이 된다는 점이다. 이를 경찰이념의 관점에서 본다면, 경찰 관계법령의 척도가 되고, 경찰정책의 기준이 되며, 경찰공무원의 행동지침이 된다는 것을 의미한다.

헌법의 기본원리와 관련하여 논자에 따라 약간의 차이는 있지만, 민주주의, 복지주의, 문화국가주의, 국제적 평화주의, 법치주의 등이 제시되고 있다. 이러한 기본원리들이 명확히 구분되는 것은 아니며, 상호 유사한 맥락으로 해석될 수도 있다. 아래에서는 헌법의 기본원리를 토대로 경찰이념에 적용할 수 있는 국가이념으로서 ㉠ 민주주의, ㉡ 복지주의, ㉢ 법치주의를 중심으로 살펴보기로 한다.[36]

34) 경찰대학(2002), 경찰학개론, p. 39.
35) 권영성(1991), 앞의 책, pp. 102-122.; 김철수(2006), 앞의 책, p. 3.
36) 권영성(1991), 앞의 책, pp. 102-122.

1) 민주주의

(1) 국민주권의 원리

헌법(憲法)은 국가형태로서, 그리고 정치영역에 적용되는 기본원칙으로서 민주주의(民主主義)를 채택하고 있으며, 이에 따라 주권(主權)은 국민에게 있고, 따라서 모든 권력은 국민에게서 나온다는 것을 천명하고 있다(헌법 제1조).

여기에서 주권이라는 것은 국내에서 최고의 권력, 국외에 대하여 독립의 권력이며, 그 속성이 절대적이고 항구적인 권력을 의미한다. 이러한 주권개념은 통치권(統治權)의 개념과 혼용되기도 하지만 일정한 차이가 있다.

주권이라는 것은 국가의사를 전반적·최종적으로 결정할 수 있는 최고권력(즉, 헌법제정권력)을 의미한다. 반면, 통치권은 구체적인 국가목적을 수행하기 위한 현실적인 국가권력(입법권·행정권·사법권)을 총괄하는 것으로서, 주권에서 도출된, 그리고 주권이 위임한 권력을 총괄적으로 지칭하는 것이다.

민주국가에서 주권은 국민에게 귀속되고, 통치권은 최고국가기관으로서의 국민 또는 국민에 의하여 선출된 각급 국가기관에 의하여 행사된다. 주권은 단일불가분(單一不可分)·불가양(不可讓)의 권력인데 반하여, 통치권은 분할이 가능하다.

이러한 주권이론에서 핵심이 되는 것은 주권의 담당자 즉, 주권의 주체가 누구냐 또는 누구라야 하느냐 하는 문제이다. 이는 국가이념상의 문제로써 이에 따라 국가관(國家觀)에 따라 달라질 수 있다. 우리나라의 국가이념은 민주주의이고, 민주주의는 1인 또는 소수의 권력집단에 의한 통치가 아닌 국민에 의한 통치를 기본으로 하고 있다. 민주국가에서 주권의 주체는 국민이라는 의미이다.

(2) 기본적 인권 보장

따라서 민주국가는 국민의 한 개체인 개인의 자유와 권리의 보호를 본질로 하는 것이다.[37] 인간의 존엄성과 인격의 존중을 바탕으로 하는 개인의 기본적 '인권'(人權, individual rights)의 보장은 민주주의 내용 중에서도 가장 중요한 핵심적인 요소라 할 수 있다.

이에 대해 헌법에서는 '모든 국민은 인간으로서의 존엄과 가치를 가지며, 행복을 추구할 권리를 가진다. 국가는 개인이 가지는 불가침의 기본적 인권을 확인하고 이를 보장할 의무를 진다'라고 규정하고 있다(제10조 이하 관련 규정). 또한 이를 바탕으로 경

37) Patricia D. Netzley(2000), Issues In Crime, San Diego, Lucent Books, p. 9.

찰법에서도 경찰의 권한남용 금지를 분명히 규정하고 있음은 물론이다.

그런데, 헌법에서는 특히, 경찰과 검찰 등 형사사법기관에 의한 형사절차상의 국민의 기본적 인권의 침해 여지를 우려하여 이에 대한 적지 않은 규정을 두고 있다. 바꿔 말하면, 국민의 기본적 인권의 침해 가능성은 형사절차에서 가장 많이 내재해 있다는 의미이다.

헌법에서 명시하고 있는 형사절차상의 인권보호 규정

- 제12조 ① 모든 국민은 신체의 자유를 가진다. 누구든지 법률에 의하지 아니하고는 체포·구속·압수·수색 또는 심문을 받지 아니하며, 법률과 적법한 절차에 의하지 아니하고는 처벌·보안처분 또는 강제노역을 받지 아니한다.
  ② 모든 국민은 고문을 받지 아니하며, 형사상 자기에게 불리한 진술을 강요당하지 아니한다.
  ③ 체포·구속·압수 또는 수색을 할 때에는 적법한 절차에 따라 검사의 신청에 의하여 법관이 발부한 영장을 제시하여야 한다. 다만, 현행범인인 경우와 장기 3년 이상의 형에 해당하는 죄를 범하고 도피 또는 증거인멸의 염려가 있을 때에는 사후에 영장을 청구할 수 있다.
  ④ 누구든지 체포 또는 구속을 당한 때에는 즉시 변호인의 조력을 받을 권리를 가진다. 다만, 형사피고인이 스스로 변호인을 구할 수 없을 때에는 법률이 정하는 바에 의하여 국가가 변호인을 붙인다.
  ⑤ 누구든지 체포 또는 구속의 이유와 변호인의 조력을 받을 권리가 있음을 고지받지 아니하고는 체포 또는 구속을 당하지 아니한다. 체포 또는 구속을 당한 자의 가족 등 법률이 정하는 자에게는 그 이유와 일시·장소가 지체 없이 통지되어야 한다.
  ⑥ 누구든지 체포 또는 구속을 당한 때에는 적부의 심사를 법원에 청구할 권리를 가진다.
  ⑦ 피고인의 자백이 고문·폭행·협박·구속의 부당한 장기화 또는 기망 기타의 방법에 의하여 자의로 진술된 것이 아니라고 인정될 때 또는 정식재판에 있어서 피고인의 자백이 그에게 불리한 유일한 증거일 때에는 이를 유죄의 증거로 삼거나 이를 이유로 처벌할 수 없다.
- 제13조 ① 모든 국민은 행위시의 법률에 의하여 범죄를 구성하지 아니하는 행위로 소추되지 아니하며, 동일한 범죄에 대하여 거듭 처벌받지 아니한다. ② 생략.
  ③ 모든 국민은 자기의 행위가 아닌 친족의 행위로 인하여 불이익한 처우를 받지 아니한다.
- 제16조 모든 국민은 주거의 자유를 침해받지 아니한다. 주거에 대한 압수나 수색을 할 때에는 검사의 신청에 의하여 법관이 발부한 영장을 제시하여야 한다.
- 제17조 모든 국민은 사생활의 비밀과 자유를 침해받지 아니한다.
- 제18조 모든 국민은 통신의 비밀을 침해받지 아니한다.

• 제27조 ① 모든 국민은 헌법과 법률이 정한 법관에 의하여 법률에 의한 재판을 받을 권리를 가진다. ② 생략.
③ 모든 국민은 신속한 재판을 받을 권리를 가진다. 형사피고인은 상당한 이유가 없는 한 지체 없이 공개재판을 받을 권리를 가진다.
④ 형사피고인은 유죄의 판결이 확정될 때까지는 무죄로 추정된다.
⑤ 형사피해자는 법률이 정하는 바에 의하여 당해 사건의 재판절차에서 진술할 수 있다.
• 제28조 형사피의자 또는 형사피고인으로서 구금되었던 자가 법률이 정하는 불기소처분을 받거나 무죄판결을 받은 때에는 법률이 정하는 바에 의하여 국가에 정당한 보상을 청구할 수 있다.
• 제30조 타인의 범죄행위로 인하여 생명·신체에 대한 피해를 받은 국민은 법률이 정하는 바에 의하여 국가로부터 구조를 받을 수 있다.

(3) 권력분립의 원리

민주국가는 사회의 구성원인 '국민의, 국민에 의한, 국민을 위한'(of the people, by the people, for the people) 정치가 이루어져야 한다. 따라서 국가권력이 특정집단 또는 개인에 집중되어서는 진정한 의미의 민주국가를 실현하기는 불가능한 일이다.

이러한 권력분립의 원리에 따라 국가의 통치기능을 입법·행정·사법으로 3분하고, 이들 기능을 각기 분리·독립된 입법부·행정부·사법부에 귀속시킴으로써 기관 상호간의 견제와 균형을 유지하고 있다. 이와 같은 권력분립의 원리는 민주국가에서 국민의 자유를 확보하기 위하여 요청되는 통치구조의 기본원리라 할 수 있다. 권력분립의 본질은 권력의 분할, 권력상호간의 견제와 균형, 권력의 통제에 있다고 할 수 있다.

이러한 권력분립의 원리가 경찰에도 적용됨은 물론이다. 근대프랑스에서 경찰을 행정경찰(行政警察)과 사법경찰(司法警察)로 구분한 것도 바로 이러한 권력분립 사상이 이면에 깔려 있음은 주지의 사실이다.

경찰조직 및 작용 등에 관한 법은 입법부인 국회에서 만들어지고, 실질적인 조직체계 및 경찰권 행사는 행정부에서 이루어진다. 아울러 경찰권 행사의 적합성 및 적법성 문제가 제기되는 때에는 사법부의 통제를 받도록 하고 있다. 이러한 점에서 경찰은 행정부에 속해 있으면서도 입법부와 사법부의 견제와 조정을 받지 않을 수 없는 상황에 놓여 있는 것이다.

권력의 견제와 균형의 원리는 경찰인사과정에서도 나타난다. 예컨대, 2003년 12월에 경찰법을 개정하여 경찰청장 임명과정에 '국회의 인사청문'을 받도록 한 것이다. 그리고 경찰청장이 그 직무집행에 있어서 헌법이나 법률을 위배한 때에는 국회는 탄핵의 소추를 의결할 수 있도록 하고 있다(현행 경찰법 제14조 제2항, 제5항 참조).

2) 복지주의

(1) 국가의 적극적 기능 강조

근대 자유민주주의 국가에서 입헌주의는 개인의 자유와 권리를 보장하기 위하여 개인의 자유롭고 자율적인 활동을 보장하고, 국가는 최소한의 안전과 질서유지에 국한하여 활동하는 '소극적 국가'(消極的 國家)의 원리를 기초로 하고 있었다.

그러나 오늘날에 이르러 국가는 단순히 소극적 질서유지의 기능뿐만 아니라 국민의 실질적인 권리향상을 위한 '적극적 국가'(積極的 國家)의 기능이 강조되고 있다. 적극적인 국가는 바로 '복지국가'(福祉國家)를 의미하는 것이다.

복지국가라는 것은 모든 국민에게 생활의 기본적 요건을 충족시켜 줌으로써 건강하고 문화적인 생활을 유지 할 수 있도록 하는 것이 정부의 책임인 동시에, 그것이 국민의 권리로서 인정된 국가를 말한다. 복지주의(福祉主義)는 민주주의 입장에서 개인의 자유를 존중하고 법치국가의 방법으로 모든 국민의 복지를 실현하려는 국가적 원리를 말한다.

20세기에 들어오면서, 사회적 생산의 분배를 둘러싼 노사 간의 갈등과 대립이 심화되고, 노동자집단의 생존을 위협하는 사회적 빈곤이 일반화되자, 빈곤의 구제와 부의 공정한 배분을 위하여 자본주의 질서에 대한 수정을 의미하는 정부의 정책과 사회적 개혁이 불가피하게 되었다. 이에 따라 종래 시장경제의 자율 또는 자동조절기능에 대한 신뢰를 바탕으로 하는 경제적 자유방임주의에서 벗어나, 국민의 생존을 배려하기 위한 소득의 평준화와 적정한 배분을 목표로 하는 부의 재분배정책이라든가, 국가에 의한 투자계획화의 필요성을 주장하는 이론들이 등장하고 있다.

이와 같은 복지국가의 실현을 위해서는 인간다운 생활권(생존권)을 비롯한 일련의 사회적 기본권의 보장, 재산권의 사회적 기능의 강조, 기회균등의 보장과 적정한 소득의 배분 등 경제민주화, 사회보장제·사회복지정책의 추진, 경제질서에 대한 규제와 조정 등이 요구된다.

(2) 경찰의 적극적 활동 요구

경찰활동에 있어서도 복지주의 이념이 적용되고 있다. 피상적으로는 민주주의 또는 자본주의가 발전함에 따라 개인의 자유와 권리가 확대되고 실현되는 것처럼 보이지만 그 이면에는 계층간의 '양극화'(兩極化)가 심화되고, 이러한 과정에서 정치·경제·사회적 권력집단이 자신들의 기득권 유지를 위해 법치질서를 위반하는 일들을 적지 않게 자행하고 있다. 이러한 과정에서 경찰은 사회적 약자의 입장에서 '정의'(Justice)를 실현하는 역할을 할 수 있어야 할 것이다.

한편, 오늘날 경찰의 역할은 단순히 법집행과 질서유지에 국한되지 않고 시민에 대한 봉사자로서 기능할 것을 요구하고 있다. 1년 365일 1일 24시간 범죄 및 무질서 등을 포함하여 수많은 위험에 처한 국민이 의지할 수 있는 최후수단은 경찰이기 때문이다. 그리고 법집행에서 경찰의 적극적인 개입(예: 학원폭력, 성범죄, 가정폭력·아동학대, 실종사건 등)을 요구하는 경우가 점차 늘고 있다.

전반적으로 볼 때, 오늘날 국가나 국민이 경찰에게 기대하는 수준은 점차 증가하고 있음을 알 수 있다. 이러한 상황에서 경찰은 과거의 소극적 질서유지 차원에서 접근하는 것은 한계가 있다. 치안환경이 급변하기 때문에 어떠한 범죄와 무질서 문제는 걷잡을 수 없는 상황으로 전개될 가능성이 높은데, 그에 대해 경찰이 소극적으로 개입하다 보면, 소기의 성과를 거두기가 어렵기 때문이다.

3) 법치주의

(1) 법치주의의 의미

근대국가 이후 국가는 통치원리의 하나로서 '인(人)의 지배'나 '폭력(暴力)의 지배'가 아닌 '법(法)의 지배'(rule of law)를 기본원리로 하고 있다. 법치주의(法治主義)에서 말하는 법의 지배는 '국가가 국민의 자유와 권리를 제한하든가, 국민에게 새로운 의무를 부과하려 할 때에는 국민의 의사를 대표하는 국회가 제정한 법률에 의하거나 법률에 근거가 있어야 한다. 또 법률은 국민만이 아니고 경찰과 같은 국가권력의 담당자도 규율해야 한다'는 원리를 말한다.[38]

법치주의가 '법에 의한 통치' 또는 '법에 의한 지배'를 의미한다고 할 때, 그 법은 두 가지 기능 즉, 적극적(積極的)으로는 국가권력 행사의 근거로서 기능을 수행하고, 소극적(消極的)으로는 국가권력을 제한하고 통제하는 기능을 수행한다.

법이 국가권력 행사의 근거로서 기능한다는 의미에서의 법치주의는 전제군주국가나 전체주의국가를 포함한 모든 국가에서 볼 수 있다. 그러나 법이 국가권력을 제한하고 통제한다는 의미에서의 법치주의는 자유주의국가에서만 볼 수 있다. 이러한 점에서 자유민주국가의 법치주의는 후자의 의미에 보다 비중을 두고 있음을 알 수 있다.

38) 김철수(2006), 앞의 책, p. 191.

형식적 법치주의의 문제와 실질적 법치주의의 요구

① 형식적 법치주의의 문제

법치주의는 형식적 법치주의(形式的 法治主義)와 실질적 법치주의(實質的 法治主義)로 구분할 수 있다. 형식적 법치주의는 국회와 같이 합법적인 기관에서 제정한 법은 정당한 것이기 때문에, 그러한 법에 따라 지배되어야 한다는 것이다. 이는 법의 내용보다는 법 제정 과정의 형식적 절차를 중시하고, 그 절차가 합법적으로 이루어지기만 하면 정당성(正當性)이 인정된다는 논리이다.

이처럼 형식적 법치주의는 '행정과 사법이 의회가 제정한 법률에 적합하도록 행해지는 것을 요구할 뿐, 그 법률의 목적이나 내용을 문제로 삼지 않는 것'의 의미하는 것이다. 쉽게 말하면 형식적 법치주의 논리에서는 '악법(惡法)도 법(法)'이 되는 셈이다.

따라서 형식적 법치주의 논리 아래에서는 법률을 개인의 권리보호를 위한 수단이 아니라 억압의 수단으로 악용되기도 하였다. 그래서 의회 다수당의 입법횡포(立法橫暴)나 독재권력(獨裁權力)를 견제하지 못하고 오히려 통치권을 강화하는 수단으로 작용하기도 하였다. 이 경우 법치주의는 '법의 지배'가 아닌 법률을 도구로 이용한 '합법적 지배'를 의미할 뿐이다. 미국의 흑인 인권운동가로 유명한 루터 킹(Martin Luther King, 1929~1968)은 "(제2차 세계대전을 일으키고 유대인 등 수많은 사람을 학살한) 히틀러의 만행이 합법이었다는 것을 잊지 말아야 한다"(Never forget that everything Hitler did in Germany was legal)고 하며, 형식적 법치주의의 문제를 상기시켰다.

② 실질적 법치주의의 요구

따라서 오늘날에는 형식적 법치주의뿐만 아니라, 법률의 목적과 내용도 정의에 합치하는 정당한 것이 아니면 안 된다고 하는 실질적 법치주의가 요청되고 있다.

실질적 법치주의에서는 법 제정의 형식적 절차만이 아니라 법 내용이 국민의 뜻을 반영하느냐 반영하지 않느냐의 문제도 중요시한다. 통치의 정당성은 법 제정 과정의 합법적 절차에서 나오는 것이 아니라 법의 실질적 내용에서 나온다는 의미이다. 따라서 국민의 의사에 반하거나 법의 목적과 내용이 정의롭지 않은 법은 아무리 합법적 절차를 통해서 제정되었다 하더라도 정당한 법이 아니라는 입장이다.

이러한 실질적 법치주의를 실현하기 위해 우리나라를 비롯한 대부분의 민주국가에서 예컨대, 위헌법률심사(違憲法律審査, Review of the constitutionality) 등을 제도적으로 채택하고 있다. 위헌법률심사는 헌법재판소의 헌법재판에 의해 해당 법률이 헌법에 위배된다고 생각하는 경우에는 효력을 상실하게 하거나 그 법률의 적용을 거부하는 것을 말한다.

이러한 점에서 실질적 법치주의라는 것은 '법적 안정성'의 유지와 더불어 '인간의 존엄성 존중' 또는 '실질적 평등'과 같은 정의의 실현을 내용으로 하는, 그러한 법에 의한 통치의 원리를 의미한다고 볼 수 있다.

(2) 법치주의의 실현

법치주의의 실현을 위해서는 기본적으로 성문헌법주의(成文憲法主義)가 요구된다. 그리고 이러한 헌법에 따른 기본권보장의 선언과 적법절차의 보장, 권력분립의 확립, 위헌법률심사제의 채택, 집행부에 대한 포괄적 위임입법의 금지, 행정의 합법률성과 사법적 통제, 국가권력행사에 대한 예측가능성의 보장 등이 규정되어 있어야 할 것이다.

사실, 경찰업무는 국민에게 명령·강제하는 권력작용과 적지 않게 관련되어 있기 때문에 때문에 국민의 자유와 권리를 침해할 가능성(특히, 형사절차 등)이 없지 않다. 따라서 헌법에서는 "국민의 모든 자유와 권리는 국가안전보장·질서유지 또는 공공복리를 위하여 필요한 경우에 한하여 '법률'(法律)로써 제한할 수 있으며, 제한하는 경우에도 자유와 권리의 본질적인 내용을 침해할 수 없다"(제37조 제2항)고 규정하고 있다. 이는 경찰활동에 있어서 법치주의의 내용과 한계를 규정한 것이라 할 수 있다.

마찬가지로 경찰법에서 "경찰은 그 직무를 수행할 때 헌법과 법률에 따라 국민의 자유와 권리 및 모든 개인이 가지는 불가침의 기본적 인권을 보호하고, 국민 전체에 대한 봉사자로서 공정·중립을 지켜야 하며, 부여된 권한을 남용하여서는 아니 된다"고 규정하고 있다(제5조).

경찰은 그 업무의 특성상 많은 재량권(裁量權)을 가지고 있다. 그러나 이러한 재량권이 인정될지라도 법치주의 범위 내에서 허용되며, 이를 일탈·남용해서는 안 된다. 그리고 특별히 중요한 법익(예: 생명, 신체 등)이 직접적으로 위험에 처하거나, 중대한 피해 발생이 불가피한 경우에는 재량권이 '영'(零, zero)으로 수축된다. 경찰은 법률이 정한 절차에 따라 최선을 다해 주어진 의무를 이행해야 한다는 의미이다.

물론, 모든 경찰활동에 있어서 법치주의가 반드시 필요한 것은 아니다. 국민에게 의무를 부과하지 않는 활동과 수혜를 제공하는 활동은 법률의 근거규정 없이도 행할 수 있다.

(3) 법치주의의 제한

이상과 같이 헌법은 법치주의 또는 법치국가의 원리를 다양하게 채택하고 있지만, 국가가 위기나 비상사태의 경우에는 일정한 범위 안에서 법치주의가 제한적으로 적용될 수 있다.

따라서 헌법은 국가가 위기나 비상사태에 처한 경우, 대통령에게 긴급명령권과 긴급재정·경제명령권과 계엄선포권을 인정하고 있다(제76조, 제77조). 국가적 위기나 비상사태하에서는 대통령이 긴급명령, 긴급재정·경제명령이나 계엄선포를 할 수 있게 함으로써 일정한 범위 안에서 법치주의가 제한될 수 있도록 한 것이다.

그러나 국가적 위기나 비상사태 하에서의 법치주의 적용의 제한은 극히 한정된 경우에 국한되어야 하고, 그것도 헌법적 질서를 유지하기 위한 최소한의 범위에 그쳐야 한다는 점에서 일정한 한계가 없는 것은 아니다.

3. 경찰조직 운영상의 경찰이념

이상에서 국가이념상의 경찰이념(민주주의, 복지주의, 법치주의)을 살펴보았다. 아래에서는 경찰조직 운영상의 이념으로서 ㉠ 정치적 중립성, ㉡ 능률성, ㉢ 효과성을 중심으로 살펴보기로 한다.

국가이념상의 경찰이념은 거시적 차원에서 논의되기 때문에 다소 추상적인 면이 강하며, 경찰조직 운영상의 이념은 이보다는 구체화 된 형태로 구현된다고 본다. 한편, 능률성, 효과성 등을 '생산성'(生産性, productivity) 개념으로 설명하기도 한다. 생산성 개념은 원래 민간부문에서 제기된 것인데, 근래에 들어 경찰을 포함한 공공부문에서 이를 새롭게 개념 정의하여 접근방법을 모색하고 있다.[39)]

1) 정치적 중립성

(1) 정치적 중립의 의의

경찰이념으로서 '정치적 중립성'(政治的 中立性)이라는 것은 경찰이 정치적 이해관계에 의해서 직무를 수행해서는 안 된다는 것을 의미한다. 이는 정권의 교체와 관계없이 경찰의 정치적 중립이 보장되고 이에 따라 경찰활동의 영속성·안정성이 지속되어야 한다는 것이다.

이에 대해 헌법은 "공무원은 국민전체에 대한 봉사자이며, 국민에 대하여 책임을 진다. 공무원의 신분과 '정치적 중립성'은 법률이 정하는 바에 의하여 보장된다"고 규정(제7조)하고 있다. 이에 따라 국가공무원법에서는 공무원의 정치적 행위를 금지하고 있다(제65조). 그리고 직접적으로는 경찰법에서는 권한남용의 금지를 규정을 두어 공정하고, 중립적으로 직무를 수행하도록 하고 있다(제5조).

---

39) Jeffrey L. Brudney & David R. Morgan(1988), "Local Government Productivity: Efficiency and Equity, in Rita Mae Kelly(ed.), Promoting Productivity in the Public Sector: Problems, Strategies and Prospects, N.Y.: St. Martin's Press, pp. 163-164.; 최선우(2010), 앞의 책, pp. 269-275.

(2) 경찰업무의 현실

그러나 경찰이 정치적 중립성을 확립하는 것은 결코 쉬운 일이 아니다. 중앙집권적인 국가경찰체제를 유지하고 있는 경찰은 시민을 상대로 강력한 공권력을 행사할 수 있기 때문에 과거부터 정권유지 및 재창출의 수단으로 악용되어 왔던 것이 사실이다.

예컨대, 자유당 시절 경찰은 부정선거(1960년 3월 15일)에 개입하고 권위주의 하의 독재정권의 연장을 위한 도구로 사용되어 국민으로부터 신뢰를 잃고 경찰의 정치적 중립성에 대한 심각한 비판이 제기된 바 있다.[40] 이러한 문제는 현재에도 끊임없이 계속되고 있다. 지난 2012년 대통령선거 과정에서 국가정보원의 부정선거 개입 및 그에 대한 경찰수뇌부의 수사조작(사건축소, 증거인멸 등) 혐의가 제기된 바 있고, 이에 대해 일반시민은 물론이고 일선경찰 및 퇴직경찰들도 비난의 목소리가 제기되기도 하였다. 또 2020년 이후 코로나19라는 국가비상사태 속에서 보수단체와 진보단체가 주도하는 집회시위에 대한 경찰의 정치편향적 태도 역시 많은 비난을 받은 것도 사실이다.

(3) 경찰의 정치적 중립성 확립의 한계

경찰의 정치적 중립성 확립을 위한 노력은 꾸준히 이루어져 왔다. 그러나 이러한 노력에도 불구하고 완전히 정치와 독립되고 분리될 수는 없다고 본다.[41]

경찰은 근본적으로 정치와 밀접하게 연계되어 있기 때문이다. 따라서 정치(입법과정)를 통해서 경찰의 활동범위가 설정되며, 경찰을 통해서 정치적 가치(민주주의·복지주의·법치주의 등)가 실현된다.[42] 또 경찰인사관리 과정에서도 고위직 경찰의 임용은 엽관주의·정실주의 등 정치적 이해관계를 바탕으로 하고 있기 때문이다. 이는 역설적이지만 경찰이 정치적 중립성을 확보한다는 것은 결코 쉬운 일이 아니라는 것을 반증하는 것이라고도 할 수 있다.

2) 능률성

능률성(能率性, efficiency)은 경찰활동에 대해 투입된 비용의 정도를 말하는 것으로, 치안서비스의 제공 주체인 경찰이 무엇을 수행하였는가 하는 것보다는 얼마나 비용을 절감하였는가에 중점을 둔다.

능률성은 특정한 산출목표를 달성하기 위하여 얼마만큼의 시간과 비용이 투자되어야 하는가의 문제가 주요 관심사항이 된다.[43] 따라서 경찰이 능률적이기 위해서는 조직은

40) 김충남(2008), 경찰학개론, 서울: 박영사, p. 34.
41) 신정현(1998), 정치학, 서울: 법문사, p. 343.
42) 백완기(1999), 행정학, 서울: 박영사, pp. 53-54.; 김상호 외 8인(2004), 앞의 책, p. 14 재인용.

산출목표를 시간과 비용의 감소를 통해 달성하거나, 같은 비용으로 더 큰 산출효과를 얻어야 한다는 결론이 나온다.

능률성과 관련하여 린드(Lind)와 립스키(Lipsky)는 경찰활동의 산출 및 측정을 네 가지 유형으로 제시하고 있다.[44] ㉠ 경찰 1인당 지출예산액, ㉡ 검거율과 출동시간(response time)과 같은 중간생산물의 범위, ㉢ 실제범죄율이나 희생률 등의 최종산출물, ㉣ 생산된 이익(편익)의 금전 가치가 바로 그것이다.

그리고 경찰의 능률성은 개인용 컴퓨터의 보급을 통한 전산화, 보고서의 수를 줄이는 방법, 내구연한이 긴 장비를 구입하는 방법, 지휘체계를 재구성하는 방법, 계급의 수를 줄이는 방법, 낮은 보수의 시민을 고용하여 고임금의 경찰인력과 대치하는 방법 등을 통해 어느 정도 이루어질 수 있다.

경찰조직이 능률적이기 위해서는 이러한 미시적이고 기술적인 개혁보다는 거시적이고 혁신적인 개혁이 함께 이루어져야 한다.[45] 이는 전문가적 관리기법의 발전, 기획과 조사연구의 개선, 지휘의 분권화 등의 방법으로 논의될 수 있다. 한편, 능률성과 관련하여 불필요한 감독계층에 의한 명령체계를 간소화시키는 방법도 또한 중요하게 인식되고 있다.[46] 이밖에도 비용절감을 통한 경찰활동의 능률성 향상방안으로서 민간부문의 활용, 경찰직무와 직접 관련 없는 부수적 업무의 제거 등을 들 수 있다.

3) 효과성

효과성(效果性, effectiveness)은 경찰이 제공하는 치안서비스의 영향 및 질(quality)과 관련된 것이다. 효과성은 일종의 '만족도'로서 경찰활동이 국민 또는 특정 개인에게 이루어졌을 때, 그에 대한 긍정적(positive)인 결과뿐만 아니라 부정적(negative)인 결과까지도 평가대상으로 삼게 된다.[47] 이러한 효과성은 더 나아가 거시적으로는 공공의 안녕과 질서유지 정도가 여기에 해당하며, 단순한 범죄의 감소도 효과성에 영향을 미친다고 볼 수 있다.

따라서 효과성 차원에서 볼 때, 기본적으로 모든 경찰활동의 결과는 국민의 태도(예: 범죄에 대한 안전도 내지 두려움 정도, 시민의 경찰에 대한 평가 등)와 행위(예: 범죄행위에 대한 적극적인 시민협력 정도 등)와 관련되어 있다.

---

43) Charles R. Swanson et al.(1998), Police Administration, New Jersey: Prentice Hall, p. 599.
44) 이상안(1999), 범죄경제학, 서울: 박영사, p. 400 재인용.
45) Roy R. Roberg & Jack Kuykendall(1997), Police Management, L.A.: Roxbury Publishing Company, p. 10.
46) Ibid., pp. 84-91.
47) Charles R. Swanson et al.(1998), op. cit., pp. 599-600.

제3절 경찰윤리

1. 경찰윤리의 의의

경찰이념은 국가적·조직적 차원에서 경찰이 나아갈 방향을 제시하는 것이라면, 경찰윤리(警察倫理, police ehtics)는 경찰관 개개인에게 요구하는 실천덕목이라고 할 수 있다.

사전적인 의미로 윤리(倫理)라는 것은 '사람들이 마땅히 지켜야할 당위규범'이라 할 수 있다. 따라서 경찰윤리라는 것은 '경찰관으로서 지켜야할 당위규범'인 것이다. 이는 경찰이라는 하나의 직업으로서 경찰관이 지켜야 할 '직업윤리'(職業倫理)를 의미하는 것이다.

이러한 점에서 윤리의 보편성과 특수성이 제기된다. 윤리의 보편적인 면은 '인간으로서 지켜야 할 도리'를 말하는 것이고, 특수적인 면은 '경찰공무원으로서 지켜야 할 도리'를 의미하는 것이다.[48] 다만, 윤리의 보편성과 특수성이 명확히 구분되는 것이 아니라 보편적인 것이 동시에 특수적임을 인식할 필요가 있다.

앞에서 살펴본 경찰이념간의 가치 상충 있을 때에는 종국적으로 경찰관 개인의 윤리의 문제 즉, 법의 테두리 내에서 양심에 따른 가치판단의 문제로 귀결된다고 본다. 더욱이 경찰관이 권한을 오남용하여 법치주의를 벗어나는 행태를 하는 경우에는 경찰관의 윤리문제는 중요한 사회문제로 대두된다.

경찰윤리는 크게 두 가지 관점에서 접근할 수 있다. 거시적인 접근방법으로서 사회환경 및 제도적·구조적 관점에서 처방과 평가를 하는 것이고, 다른 하나는 미시적 접근방법으로서 개인에 초점을 두어 이들의 행태에 대한 도덕적 평가와 지도를 하는 것이다.[49] 따라서 예컨대, 경찰에 대한 사회적 인식변화, 제도적 보완, 정책적 지원, 사법(司法)적 태도 등은 거시적인 개선방안이라고 할 수 있다. 반면, 경찰에 대한 교육훈련, 엄격한 관리감독, 근무여건 및 복지수준의 개선 등은 미시적인 방안이라고 할 수 있다.

---

48) 국가공무원법, 경찰공무원법, 공직자윤리법 등에서는 경찰공무원이라는 특수한 신분을 고려하여 의무규정을 두고 있는데, 이는 경찰윤리와 밀접한 관련성을 갖고 있다. 이러한 경찰윤리 문제는 단순히 도덕적 비난의 차원을 넘어선 법적 책임(징계·형사·민사책임)을 수반하게 된다.

49) 경찰대학(1998), 경찰윤리론, pp. 2-3.

2. 경찰의 일탈행위: 부정부패

경찰윤리 문제로서 경찰의 일탈행위 즉, 부정부패는 후진국은 물론이고 미국, 일본, 프랑스, 독일 등 선진국가에서도 직면하고 있는 문제이다. 이러한 현상은 사회 변혁기에 더욱 빈번하게 발생하며, 정도의 차이는 있지만 거의 공통된 속성처럼 되어있어 그 원인과 유형 및 결과에서도 거의 유사한 양상을 보인다.[50)]

많은 공공조직 가운데 경찰조직은 관료사회의 복합적인 제반 문제들을 가장 많이 내포하고 있다. 경찰은 사회 일선에서 합법적으로 위임 받은 법을 집행하면서 여타 어떠한 공공기관들보다도 많은 재량권을 행사하면서, 국민의 삶에 직·간접적으로 영향을 미치고 있기 때문이다. 물론, 그동안 경찰조직 내외의 환경개선으로 부정부패 문제는 적지 않게 감소하였지만, 여전히 사회문제로 인식되고 있는 것이 현실이다.

오늘날과 같이 매스미디어가 발달한 상황에서 일부 경찰공무원의 부정부패 문제가 언론의 도마 위에 오르게 되면, 경찰의 권위는 땅에 떨어지고 이로 인해 나머지 전체 경찰의 근무 의욕에 악영향을 미치게 된다. 특히, 경찰개혁을 강조하는 경찰청장, 시·도경찰청장, 경찰서장 등 경찰수뇌부가 부정부패와 연루될 경우에는 이의 부정적 여파는 이루 말할 수 없다.

1) 경찰 부정부패의 유형

경찰 부정부패의 형태는 매우 복잡·다양하여 설명하기가 쉽지 않다. 경찰 부정부패 형태를 개괄적으로 살펴보면, 조직 내적으로는 경찰관들은 보직의 결정·승진 등을 위하여 금품을 제공하기도 하고, 경리·회계부서에서 외부 용역계약이나 물품구매과정에서 대가를 받기도 하고 장부를 조작할 수도 있다. 또 전문성을 고려하지 않은 지역자문위원회를 구성하여 본래의 목적은 형식적으로 처리하고, 그보다는 그들에게 관할구역 내에서 일정한 편의를 제공해주고 그에 해당하는 대가를 받기도 한다.

조직 외적으로는 각 경찰기능(생활안전, 수사, 교통, 경비, 정보, 보안, 외사 등)이 현장에서 주어진 직무를 수행하는 과정에서 부정부패를 저지르기도 한다.[51)] 이러한 경

---

50) 부정방지대책위원회(1997), 경찰부조리 실태 및 방지대책, p. 5.

51) 바커(Thomas Barker)는 경찰 부정부패 유형으로 ① 권위에 의한 부패(경찰관이라는 이유만으로 이익을 얻는 행위, 예컨대, 공짜 식사·술·성상납·향응 등), ② 리베이트(Rebate; 경찰관이 다양한 사건·사고와 관련하여 변호사, 병원, 견인회사, 구급차, 차량정비업소를 소개해주는 대가로 받는 재화·서비스를 받는 행위), ③ 사건현장에서의 절도(살인·강도·화재 현장, 밀수품 압수과정, 풍속사범 단속시 압수과정 등에서의 절도행위 등), ④ 갈취(경찰관이 범죄행위 도중 적발된 범죄자들을 검거하지 않는 대가로 뇌물을 받는 행위), ⑤ 불법보호활동(경찰관이 유흥업소 등을 보호해 주는 대가로 뇌물을 받는 행위), ⑥ 기타 경찰관들의 비윤리적·위법한 행위로 구분하였다. Thomas Barker(1966), Police Ethics: Crisis in Enforcement, Charles C.

찰 부정부패는 보는 관점에 따라 다양한 특징을 가지고 있다.[52)]

(1) 권력형 부정부패

후진국 모형으로 분류되는 권력형 부정부패(權力型 不正腐敗)는 집권자 또는 집권여당의 정통성 결여, 권력에 대한 민주적 통제 또는 견제 수단이 없는 상황에서 정권유지를 위하여 고위관료 및 정치인들에 의해 저질러지는 부정한 행위로 나타난다.

이들 정치권력집단들은 경찰조직을 이용하여 그들의 권력유지에 장애가 되는 제반요소들을 직·간접적으로 제거 또는 형태를 취한다. 더 나아가 경찰뿐만 아니라 대부분의 정부 사정기관(국가정보원, 검찰, 국세청 등)을 이용하고 있다. 권력형 부정부패는 대한민국의 헌정질서(憲政秩序)의 근간을 위협하는 문제이기 때문에 이에 대한 대책 마련은 매우 절실하다고 본다.

그런데, 이러한 권력형 부정부패는 집권세력 스스로가 '반성하고 척결'하지 않는 한 그 실체를 파악하고, 책임을 묻는 것은 결코 쉬운 일이 아니다. 또 비록 반대세력이 집권했다 할지라도 자신들 역시 그러한 행태를 자행하고 있고, 또한 정치적 암묵관계를 형성하고 있기 때문에 해결의 실마리를 찾기는 어려운 것이 현실이다.

따라서 과거 정부의 많은 반부정부패(反不正腐敗) 노력은 권력형 부정부패 사건들을 끝까지 추적하거나 공정하게 조사 및 처벌하는데 실패하였으며, 이로 인해 국민으로부터 많은 비난을 받아 왔다. 그리고 경찰 집권세력의 권력유지를 위해 제1차적으로 활동을 하기 때문에 국민으로부터 가장 많은 비난을 받는 것도 사실이다.

(2) 구조적 부정부패

구조적 부정부패(構造的 不正腐敗)의 특징 가운데 하나는 특정인에게 그 책임을 묻기 어렵다는 점이다. 그 이유는 부정부패의 원인이 특정한 개인에게 있다기보다는 경찰조직과 같은 국가 공공기관 전체 혹은 우리사회의 구조적 모순, 제도 또는 절차의 비현실성·불합리성에 있기 때문이다.

따라서 부정부패는 이미 형성되어 있는 조직구조에 만연되어 있어서 소수 개개인의 의사만으로는 변화를 모색하는 것에 한계가 있다. 이러한 부도덕한 조직구조 속에서 개인의 도덕적 결함은 부차적 문제이다.

결국, 부정부패에 연루된 당사자들의 부정부패 척결의지는 낮을 수 밖에 없다. 구조적 부정부패의 통제는 부정부패에 대한 책임이 공동체와 그 구성원 모두에게 있어서

Thomas Publisher, pp. 26-36.; 조철옥(2010), 경찰학총론, 경기: 21세기사, pp. 148-150 재인용.

52) 이하 부정방지대책위원회(1997), 앞의 책, pp. 14-18 재구성.

전체사회의 구조적 개혁을 통해서만이 가능하다고 본다. 따라서 부패한 개인에 대한 도덕적 접근만으로 부정부패 문제를 해명하고자 하는 방법으로는 그 유용성이 극히 낮다고 할 수 있다.

(3) 비공식적으로 제도화된 부정부패

경찰의 부정부패는 비공식적(非公式的)으로 제도화된 부정부패에 의해 관행적으로 일어나기도 한다. 비공식적으로 제도화된 부정부패는 위에서 설명한 구조적 부정부패 하에서 불가피하게 나타난다.

이의 특징은 부정부패가 정기적 또는 부정기적으로 반복하여 발생하고, 그러한 전례를 조직구성원들이 부담 없이 수용한다는 점에 있다. 따라서 이러한 부정부패는 조직구성원들 사이에 어느 정도 일반화된 즉, 반공개적으로 이루어진다고 볼 수 있다.

이와 관련하여 예컨대, 경찰은 관할지역 업소로부터 받는 뇌물의 금액이 일정비율로 정해져 있고, 이 수입의 총액은 조직 내에서 상납(上納)·평납(平納)·하납(下納)으로 분배되는 등 그 방법이 비공식적으로 정착되어 있다. 따라서 비공식적으로 제도화된 부정부패의 관행은 공식적 절차와 규범을 대체하고, 결국은 통상적인 업무처리에까지 영향을 미치게 된다. 이러한 비공식적으로 제도화된 부정부패는 특정인에게 국한되지 않는다. 조직의 구성원은 물론이며 일반시민들 사이에서도 많은 사람이 그러한 부패과정의 실체를 잘 알고 있다. 따라서 부정부패에 연루된 사실이 밝혀진 소수의 관료를 대체하는 것만으로는 소기의 성과를 거둘 수 없다. 이는 또 다른 부정부패의 시작일 뿐이다.

한편, 이러한 부정부패 문제에 대한 조직 자체의 통제나 저항은 거의 없다고 본다. 많은 경우 조직 또는 그 구성원들 간의 암묵적 지지나 수용 분위기에 의하여 관행화되기 때문이다. 그렇기 때문에 오히려 그러한 부정부패 관행을 거부하는 사람은 조직생활에 크고 작은 어려움을 겪게 된다.

(4) 문화적 부정부패

문화적 부정부패(文化的 不正腐敗)는 우리사회에 문제시되는 부정부패 현상의 기초를 이룬다. '맨손이나 빈손의 실례(失禮)'라는 옛 전통이 부정부패의 발생을 만연되게 하거나 쉽게 허용한다는 것이다. 문화적 부정부패의 두드러진 특징은 부정부패의 발생영역이 매우 넓으며, 부정부패에 대한 일반인들의 부정적 이미지나 견제심리가 쉽게 희석된다는 것이다.

이와 관련하여 ㉠ 보험형 부정부패(保險型 不正腐敗)나 ㉡ 정실형 부정부패(情實型

不正腐敗)는 모두 문화적 부정부패의 변형이라 할 수 있다.

먼저, 보험형 부정부패는 특정한 편익을 전제로 한 금품수수, 일시적인 현장거래와 같은 즉시성 부정부패와는 달리, 평상시의 지속적인 과분한 부조나 접대 등으로 우의(友誼)를 다지면서 향후에 발생 될 문제에 대해 사전대비한다는 점에서 일종의 보험적 의미를 가지고 있다.

그리고 정실형 부정부패는 자신과 관련이 있는 사람을 위하여 부당한 결정을 통하여 혜택을 베푸는 것이고, 이러한 혜택의 대가는 금품 혹은 반대급부로 나타나기도 한다. 이러한 정실형 부정부패의 거래는 주로 혈연·지연·학연 등과 같은 요인을 통하여 이루어진다.

이상과 같은 문화적 부정부패는 평상시에 일상적으로 이루어지기 때문에 특정사건에 대한 부당한 배려와 뇌물 사이의 인과관계를 명확히 입증하기가 곤란하기에 사법적 조사에는 어려움이 따른다. 그리고 이와 같은 부정부패는 내부고발자의 폭로 또는 고발의 의지를 크게 떨어뜨리는 결과를 가져올 수도 있다.

2) 경찰 부정부패의 원인

경찰이 부정부패를 저지르는 원인은 무엇인가? 우리사회 전체가 직면하고 있는 문제인가? 경찰조직의 구조적인 문제인가? 아니면 경찰공무원 개개인의 문제인가? 경찰의 부정부패 원인은 다양하지만, 이들은 상호 독립적이라기보다는 일정부분 연계되어 있다고 보아야 할 것이다.[53)]

경찰 부정부패 원인의 접근방법

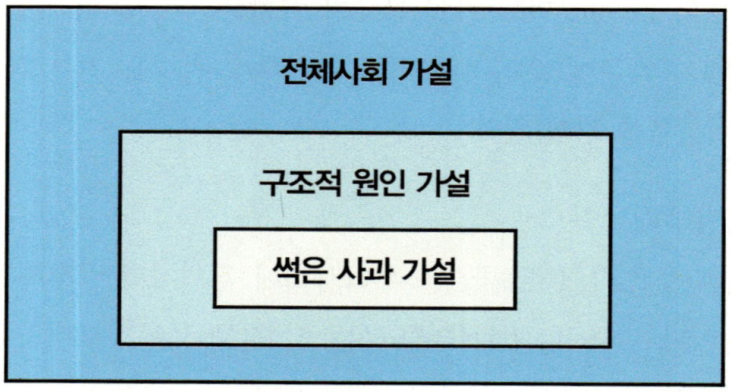

53) Edwin J. Delattre(1996), Character and Cops: Ethics in Policing, The AEI Press, pp. 71-78.; 조철옥(2010), 앞의 책, pp. 151-153 재인용.

(1) 전체사회가설

공직사회 역시 전체사회의 일부분을 차지하고 있다. 따라서 전체사회의 문화와 정서는 공직사회에 직접적인 영향을 미치게 된다.

이러한 관점에서 본다면, 전체사회가 정의로우면 공직사회도 정의로운 방향으로 가고, 사회에 비도덕적인 부패현상이 만연되어 있으면, 공직사회도 마찬가지로 부패하게 된다. 결과적으로 전체사회의 문화는 경찰관의 부패를 촉진하는 요인으로 작용한다는 의미이다.

따라서 전체사회가설(the Society at large Hypothesis)은 우선 사회 전체가 경찰관의 부패를 묵인하거나, 일정부분 어떠한 계기(契機, occasion)를 조장할 때 경찰관은 자연스럽게 부패행위를 하게 된다는 주장을 내세운다.

① 작은 호의

전체사회가설에서는 경찰의 부정부패는 다양한 계층의 사람들이 개인이나 조직의 부당(不當)한 이득을 위해 경찰관에게 '작은 호의'(gratuity)를 베푸는 것에서부터 시작하여 점점 부패의 규모가 커지는 부패관행으로 발전한다고 보고 있다.

또 처음부터 부당한 이득을 위하지 않더라도 예컨대, 시민에게 도움을 준 경찰에게 커피 한잔을 주게 되면, 그것을 받은 경찰은 그러한 작은 호의에 익숙해져서 나중에는 명백한 부정부패 행위로 발전하게 된다는 것이다.[54)]

② 미끄러지기 쉬운 경사로

사실, 부당한 목적을 가지고 경찰에게 접근하는 경우가 아니라면, 도움을 받은 경찰에게 작은 호의를 베푸는 것 자체가 문제가 되는 것은 아니라고 본다. 사람은 살아가면서 누군가로부터 어떠한 도움을 받게 되면, 그에 대한 보답의 뜻으로 일정한 답례(答禮)를 하고 싶은 마음이 생기는 것이 인지상정(人之常情)이다.

그러나 문제는 작은 호의 수준을 넘어서 답례를 하거나, 또는 작은 호의가 계기가 되어 그 수준이 점차 커졌을 때이다. 이러한 문제는 작은 호의와 유사한 논리

---

54) 1960년 시카고 경찰국장 윌슨(O.W. Wilson)은 "경찰은 시카고의 시민들에 의해서 부패되었다. 문지기, 기사, 하녀, 요리사, 배달원에게 조그만 선물과 호의를 베푸는 것은 관례적인 일이었다. 사람들은 서비스의 수준이 이 작은 호의에 달려있다고 생각한 것이다. 따라서 이와 같은 사적인 심부름꾼에 대한 생각이 공적인 심부름꾼에게로 적용되는 것은 어렵지 않은 일이었다. 그리고 그러한 공적인 심부름꾼에는 경찰이 포함되었다. 불행하게도 이러한 관행이 합법적이지 않은 작은 일들을 해주는 경찰관들에 대한 작은 호의의 제공으로 발전하는 것은 쉬운 일이었다. 사람들은 경찰관이 이제 작은 호의를 기대하고 있음을 알게 되었다"고 하였다. 경찰대학(1998), 앞의 책, p. 249 재인용.

인 '미끄러지기 쉬운 경사로'로 설명된다.

경찰조직에서 발생하는 부정부패 문제는 아주 사소한 행위로부터 시작해서 점차 큰 부패로 이어지며, 작은 호의의 수용은 미끄러운 경사로 위에 행위자를 올려놓는 것과 같아 점점 깊이 빠져들게 함으로써 나중에는 그 속에서 빠져나오지 못하고 부패하게 된다는 것이다.

이처럼 전체사회가설에서는 부정부패는 처음에는 비교적 해악이 적고, 좋은 의도를 가진 관행으로부터 시작하여 시간이 지남에 따라 명백한 부패유형으로 발전하게 되는데 이는 전체사회가 그 원인을 제공한 결과로 보고 있다.

(2) 조직구조 또는 조직에 소속된 것이 원인이라는 가설

니더호퍼(A. Niederhoffer)는 '조직구조 또는 조직에 소속된 것이 원인이라는 가설'(Structural or Affiliation Hypothesis)을 가지고 경찰 부정부패의 원인을 설명하였다. 그는 경찰부패의 원인을 기존의 부패한 경찰문화에서 찾고, 젊은 경찰관들은 선배 경찰관들의 부패행위에서 학습된다고 하였다.[55] 따라서 젊은 신임 경찰관들은 선배 경찰관들에 의해 조직의 부패문화에 사회화(社會化) 즉, 학습되어 부패의 길에 들어서게 되며, 이러한 부패의 관행은 경찰관들 사이에 침묵의 규범 등에 의해 보호되고 조장 된다.

이러한 경찰의 구조적 부정부패는 상대적 박탈감이나 사회적 부패문화와 밀접한 관련이 있다고 볼 수 있다. 경찰공무원은 다른 공무원들과 마찬가지로 일반 기업체의 사원들에 비해 보수 등 근무여건이 낮아 상대적 박탈감을 느낄 경우, 또는 사회의 부패문화가 만연되어 있을 경우, 경찰조직의 구조적 부패문화는 자연스럽게 형성될 수 있다. 그러나 구조적 원인가설은 인간의 개별적인 윤리관의 차이를 무시하고, 모든 사람이 부패의 규범에 따라 행동하게 된다고 주장하고 있다는 점에서 비판을 받고 있다.

(3) 썩은 사과가설

사과 상자 속의 사과 가운데 처음부터 상태가 안 좋은 사과가 썩듯이, 경찰로서 자질이 없는 사람이 경찰이 됨으로써 부패의 원인이 된다. 따라서 썩은 사과가설은 경찰의 부정부패라는 것은 경찰관으로 채용되기 전의 부정직하고 부도덕한 사람이 경찰관이 되고 나서도 부패경찰이 된다는 측면을 강조하고 있다. 즉, 부패의 원인이 조직구조적인 특성에 있는 것이 아니라 개인 자체에 있다는 것이다.

이러한 관점에서 본다면, 자질 없는 경찰관들을 모집·채용과정에서 적절하게 배제

---

55) 위의 책, p. 250 재이용.

하는 것은 매우 중요한 의미가 있다. 경찰관으로서 자질이 없는 사람은 선천적으로 또는 성장과정에서 형성된 개인적 특성 즉, 인성 면에서 경찰관이 되기에는 부적합한 사람을 말한다.

그러나 썩은 사과가설은 왜 특정 조직 또는 특정 부서에 부정부패가 많이 발생하는지를 설명하지 못하고 있다. 이는 개인에 대한 사회환경이나 조직구조적인 영향을 무시하고, 조직의 상사가 조직의 부정부패 문제를 특정 개인에 대한 처벌로 끝냄으로서 책임을 회피하려고 하는 경우 악용될 소지가 크다고 본다. 또한 도덕적 인간과 비도덕적 인간이 별도로 존재하는지도 분명하지 않다.

제3장 경찰의 역사적 발전과정

제1절 경찰역사의 의의와 접근방법

1. 경찰역사의 의의

한국경찰의 역사적 발전과정을 살펴보기에 앞서 경찰역사가 가지고 있는 의의에 대해서 간단히 살펴보고자 한다. 이를 통해 역사연구의 중요성 또는 필요성을 인식할 수 있기 때문이다.

경찰을 역사적으로 접근하는 것은 경찰현상과 관련된 역사적인 '사실'(事實, fact)을 확인하고 이를 '해석'(解釋, interpretation)하는 과정이라고 할 수 있다. 개인에게는 이력서(履歷書), 집안에는 족보(族譜), 나라에는 국사(國史), 그리고 경찰에는 경찰사(警察史)가 존재한다.

사실, '역사'(歷史, history)라고 하면, '지나버린 일들', '오래된 것', '현재와는 무관한 과거', '고리타분한 것' 등으로 치부해버리는 경우가 있다. 그러나 우리가 현대경찰의 정체성을 제대로 파악하기 위해서는 경찰이 어떠한 역사적 발전과정을 거쳐서 현재에 이르렀는지를 이해해야 한다.

이는 경찰학뿐만 아니라 정치학, 사회학, 행정학 등 모든 학문적 영역과 실천적 영역에서 본질을 이루고 있다. 이와 관련하여 영국의 정치학자 라스키(H. Laski)는 "현재는 과거의 자식이며, 현재의 우리들은 미래의 어버이다"라고 하면서 역사의 중요성을 강조하였다.[1] 과거 없는 현재는 존재할 수 없기 때문이다. 또 현재 없는 미래는 존재할 수 없기 때문이다.

카(E. H. Carr)는 "역사는 과거와 현재와의 대화"(History is a dialogue between past

---

1) 이극찬(1994), 정치학, 서울: 법문사, pp. 170-171 재인용.

and present)라고 하였다. 역사적 의식을 가지고 있는 사람들은 단순히 지나간 과거를 재현 또는 재구성하려는 것이 아니라 그것을 받아들여 이를 분석함으로써, 그 속에서 역사적 의의를 찾아보려는 것이라고 하였다.[2] 역사적 접근을 통해 현재의 성찰과 미래에 대한 올바른 방향제시를 할 수 있다는 의미이다.

생각건대, 인간은 과거에서 현재에 이르기까지 본능적으로 '진보'(進步, progress)를 지향하고 있다고 본다. 여기에서 진보란 기준이 되는 상태보다 나아진 것이라는 비교적 단순한 개념을 의미한다.[3] 예컨대, 인간이 누리는 기본권(基本權)의 범주가 확대되어 가는 것도 역시 진보의 한 기준이 된다.

이러한 점에서 본다면, 경찰은 역사적으로 진보하고 있는가? 아니면 퇴보를 하고 있는가? 경찰역사는 근대국가 형성 이후 거시적으로는 전진과 상승을 하고 있지만 특정한 시기나 상황 속(특히, 국가체제의 혼란기)에서는 하향곡선을 그리고 있는 경우도 존재한다고 본다.

그렇다면 거시적인 차원에서 21세기 한국경찰의 진보 요소는 무엇인가? 여기에는 경찰의 민주화, 정치적 중립화, 수사구조의 합리화, 인사관리의 합리화, 자치경찰의 실질적 도입 등을 제시할 수 있다. 이는 한국경찰이 직면하고 있는 단기적·장기적인 과제로써 이러한 문제들이 해결 또는 개선되었을 때 진보하고 있다고 말할 수 있을 것이다.

2. 경찰역사의 접근방법

경찰의 역사적 접근을 위해서는 모든 역사적 시기에 적용할 수 있는 경찰의 개념정립(概念定立)이 먼저 이루어지고 나서 이를 토대로 이에 대한 논의가 전개될 필요가 있다. 그리고 역사적 접근은 현재의 시점에서 해석하는 것이기 때문에, 오늘날에 수용되고 있는 경찰개념을 하나의 분석기준으로 삼을 수 있을 것이다(다만, 현재의 경찰개념이라는 것도 보는 관점에 따라 다양하고 상대적이라는 점을 인식하고 접근할 필요가 있다).

그러나 모든 역사적 시기에 적용할 수 있는 경찰개념의 정립은 결코 쉬운 일이 아니라고 본다. 경찰개념 자체가 역사성(歷史性) 즉, 가변성을 띠기 때문이다. 시대적 상황이 다르고, 따라서 과거의 경찰기능 및 제도는 현재와 서로 다르다는 의미이다. 또한 근대이전의 경찰역사는 일반행정사(一般行政史), 법제사(法制史), 군사(軍史), 형벌사(刑罰史) 등 다른 국가행정과 미분화된 부분이 적지 않다는 점이다.

---

2) 최선우(2004), "한국경찰의 역사적 접근에 관한 서설적 연구," 한국공안행정학회보 제18호, p. 502 재인용.
3) 진보에 대한 다양한 논의는 윤명철(1992), 역사는 진보하는가, 서울: 온누리 참조.

따라서 중요한 것은 이러한 역사적 접근의 한계를 인식하고, 거시적·포괄적인 관점에서 분석할 수 있는 수준이면 충분하다고 본다. 여기에서 말하는 거시적·포괄적 인식틀은 특히, '국가의 성립'과 이의 '근대국가의 정체성'과 관련된 것이다.[4] 즉, 경찰의 역사는 크게 국가의 성립 이전과 이후로 구분하고, 국가성립 이후는 다시 근대국가 이전과 이후로 구분하여 살펴보는 방법이다.

먼저, 경찰활동을 국가성립 이전과 이후로 구분하는 것은 자경주의에 의한 '기능적 경찰활동' 단계에서 국가에 의한 '제도적 경찰활동' 단계로의 변화를 말한다. 다음으로 국가성립 이후는 다시 국가의 '근대성'을 기준으로 근대국가 이전의 경찰의 공식화·제도화 단계에서 근대국가 이후의 경찰의 전문화·민주화 단계로의 변화를 말한다.

제2절 국가성립 이전의 자경주의 중심의 경찰

1. 자경주의의 의의

자경주의(自警主義, vigilantism)라는 것은 개인 및 집단이 생명과 재산 등을 '스스로 방어·보호하기 위한 제반활동'이라 할 수 있다. 이는 학습 등에 계승되는 것도 있지만, 본질적으로 경험 이전의 본능적인 방어·보호활동이라고 할 수 있다.

그리고 자경주의는 단지 사전예방적인 활동뿐만 아니라 '옳고 그름'(right or wrong)을 판단하여 사후에 적극적으로 '정의'(正義, Justice)를 실현하고자 하는 활동도 포함하고 있다. 사후대응적 자경주의의 전형적인 형태는 근대국가 이전에 널리 행해진 '복수'(復讐, revenge)를 들 수 있다. 복수는 개인과 집단의 갈등과 원한을 물리적인 힘으로 해결하는 전통적인 방법이라 할 수 있다.

한편, 자경주의는 국가성립·발전되어 감에 따라 그 활동영역은 크게 축소되었다. 특히, 근대 이후 복수와 같은 사후대응적 자경주의는 대부분 사라졌다고 볼 수 있다. 국가가 성립함으로써 공식적으로 제도화된 국가기관(예: 경찰, 검찰, 법원, 교정과 같은 형사사법기관 등)이 이를 대신하였기 때문이다.

4) 최선우(2004), 앞의 논문, p. 499.

다만 오늘날에도 개인 및 집단은 사적으로 물리적 강제력을 수반하지 않는 범죄예방 활동을 하고 있음은 물론이다. 그리고 비록 제한적이지만 물리적 강제력의 행사를 수반하는 형법상의 정당방위, 긴급피난, 자구행위 등은 법적으로 허용된다.[5)]

2. 원시공동체사회의 경찰

원시공동체사회 즉, 군사회(群社會, Bands; 구석기시대)와 씨족·부족사회(신석기시대)의 경찰이 어떠한 형태로 존재했는지를 파악하기는 어렵다. 다만, 당시의 경찰활동이라는 것이 제도적으로 공식화되어 이루어졌다기보다는 개인 및 집단의 자기방어 본능 차원에서 시작되었다고 볼 수 있다.

먼저, 군사회의 사람들은 천재(天災)나 인간·동물 등 외부의 침입에 대하여 스스로의 힘으로 자기 또는 그 가족을 지키는 외에는 달리 수단이 없었을 것이다. 이와 같은 방어적 차원의 자경주의가 오늘날 말하는 바로 일종의 경찰활동이라 할 수 있다.

씨족·부족사회의 경찰 역시 군사회와 마찬가지로 자경주의의 범주에서 크게 벗어나지는 않는다고 본다. 그러나 씨족사회에 이르러 정착생활을 하게 되고, 혈족을 중심으로 씨족공동체를 형성하게 되었다. 이것이 확대되어 부족사회를 이루고, 부족 간에 전쟁이 전개되었다는 점은 군사회와는 다른 새로운 경찰기능이 부여되었음을 알 수 있다. 이 시대에는 특히 종교적인 요소가 사회통제에 있어서 중요한 기능을 하였다.

씨족·부족사회의 생활을 규율하는 규범의 대부분은 관습법(慣習法)·불문법(不文法)이며, 정치·종교·도덕이 일체가 되어 아직 분화되지 않았고, 사회통제력은 종교적 색채가 농후한 주술적 규범이 주를 이루었다고 볼 수 있다.[6)] 따라서 토테미즘(Totemism), 타부(Taboo) 자체가 그 사회의 법질서 기능을 수행하였을 것이다. 또한 샤머니즘도 널리 행해져서 씨족 구성원들에게 피해를 준다고 생각되는 악귀를 주술적인 방법으로 물리침으로써 이들을 어떠한 재난에서 구제할 수 있는 것으로 믿었다.

한편, 부족사회의 구성원들은 하나의 공동체(共同體, Community)를 이루어 생산활동과 신앙생활을 공동으로 하면서 다른 씨족의 영역을 침범할 경우, 처벌을 받는 관습

---

5) ① 정당방위: 현재의 부당한 침해로부터 자기 또는 타인의 법익(法益)을 방위하기 위하여 한 행위는 상당한 이유가 있는 경우에는 벌하지 아니한다(형법 제21조 제1항). ② 긴급피난: 자기 또는 타인의 법익에 대한 현재의 위난을 피하기 위한 행위는 상당한 이유가 있는 때에는 벌하지 아니한다(제22조 제1항). ③ 자구행위: 법률에서 정한 절차에 따라서는 청구권을 보전(保全)할 수 없는 경우에 그 청구권의 실행이 불가능해지거나 현저히 곤란해지는 상황을 피하기 위하여 한 행위는 상당한 이유가 있는 때에는 벌하지 아니한다(제23조 제1항).

6) 중앙문화연구원(1975), 한국문화사신론, 서울: 중앙대학교출판국, pp. 339-340.; 김형중(1991), 한국고대경찰사, 서울: 수서원, p. 35.

이 있었다. 예컨대, 동예(東濊)에서는 산천에 각기 구분이 있어서 서로 함부로 들어가지 못했으며, 혹은 읍락이 서로 침범하면 소, 말, 노비 등을 벌로 물어야 하는 책화(責禍)의 습속이 있었다.[7)]

3. 고조선시대의 경찰

고조선은 크게 단군조선(BC 2333), 기자조선(BC 1122~195), 위만조선(BC 194~108) 시대로 구분할 수 있다. 이 시대를 도구문명(道具文明)으로 본다면, 신석기 말기에서 청동기, 청동기에서 철기시대에 이르는 과정에서 형성·발전되었다고 본다.[8)] 이는 정치·사회구조적으로는 씨족·부족사회(氏族·部族社會), 군장·성읍국가(君長·城邑國家), 연맹국가(聯盟國家) 단계에 해당한다고 볼 수 있다.

이 시대의 경찰활동 역시 기본적으로 자경주의에 바탕을 두었다고 볼 수 있으며, 연맹국가 단계에 이르러 일정부분 '제도적 경찰활동'(制度的 警察活動)이 이루어졌다고 볼 수 있다.[9)] 그러나 고조선시대에 경찰활동과 관련된 어떠한 법규정이 있었는지 또는 그것이 보호하고자 하는 법익이 어떠한 형태로 존재하였는지는 문헌상으로 뚜렷이 기록되어 있지 않기 때문에 명확하지는 않다.[10)]

1) 군장·성읍국가시대의 경찰

이와 관련하여 고조선에 8조금법(八條禁法)이 존재한 것으로 나타나 있다. 우리에게 널리 잘 알려진 고조선의 8조금법은 기원전 1122년 중국 은나라의 기자(箕子)가 고조선에 전해온 것으로 알려져 있다.

중국 주나라 무왕(武王)은 기자에게 나라를 다스리는 경략을 전수 받았는데, 『서경』(書經)에 전하는 홍범9주(洪範九疇)가 바로 그것이다. 이후 기자는 중국을 떠나 고조선에 들어와 이를 토대로 8조금법을 만들어 시행하였다고 전한다. 이 가운데 3개의 조만

7) 한영우(2004), 다시 찾는 우리역사, 서울: 경세원, p. 63.

8) 고고학 상으로 기원전 2천 년경에는 만주지방에 청동기문화가 시작되었으므로, 이 시기에 소규모 성읍국가(城邑國家)가 탄생 되었을 가능성은 있다. 그 후 기원전 8~7세기경에 요동지방의 강상(崗上)에서 100여 명을 순장한 무덤이 발견되어 한층 규모가 큰 연맹국가(聯盟國家)가 탄생 되었을 가능성이 있다. 위의 책, p. 79.

9) 경찰의 제도화 정도는 나라마다 다르다고 본다. 정치적 관점에서 볼 때, 인류역사에서 주변국가가 아닌 중심국가 즉, 고대 중국, 이집트, 그리스, 로마 등은 일찍이 제도화된 경찰조직을 운용하였다. James J. Fyfe, et al(1997), Police Administration, N.Y.: McGraw-Hill Co., p. 4.

10) 고조선이 중국의 기록에 처음 나타나기 시작한 것은 기원전 7세기 제(齊)나라에서 편찬된 『관자』(管子)라는 책이며, 이후 기원전 3세기 『사기』(史記), 『한서』(漢書), 『함허자』(涵虛子) 등의 책에는 은(殷)나라(BC 17~16세기~BC 11세기)가 주나라에 의해 망하자 은나라 귀족이던 기자(箕子)가 5,000명의 그 일족들을 데리고 조선에 와서 왕이 되었다고 한다. 한영우(2004), 앞의 책, p. 79.

이 전하는데, 그 내용은 다음과 같다.

8조금법(八條禁法)

① 사람을 죽인 자(살인죄)는 사형에 처한다.
② 남에게 상해를 입힌 자(상해죄)는 곡물로 배상한다.
③ 남의 물건을 훔친 자(절도죄)는 노비로 삼으며, 속죄하려는 자는 1인당 50만 전(錢)을 내야 한다.

오늘날의 시각에서 본다면, 당시의 8조금법은 일정한 역사적 발전단계의 모든 민족과 집단에서 보편적으로 인식되는 일종의 '자연법'(自然法)의 성격을 가진 것으로 볼 수 있다. 따라서 성문법(成文法)이라기보다는 관습법(慣習法)·불문법(不文法)이라고 보아야 할 것이다.

관습법

관습법(慣習法, customary Law)이라는 것은 사회의 자연발생적인 규범을 말하는데, 일정한 조직을 갖게 된 국가체계 아래서 법원(法源)으로서 하나의 지위를 차지하게 된다. 그러므로 관습법이라 하는 것은 성문(成文)화되지 않고 불문(不文)적인 모습으로 국가에 의해서 법으로 승인을 받고 강제규범으로서 국가법체계에 참여하는 것을 말한다.
다시 말하면, 국가의 입법기관이 제정한 법이 아니고 국가사회 안에 관행(慣行, custom)의 형태로서 존재하는 것이 그대로 법으로 된 것을 말한다. 관습 가운데 어느 것은 국가적 입장에서 국가의 질서유지를 위하여 그에 대한 준수가 절대로 필요하다고 인정되는 것이며, 그러한 종류의 관습이 국가의 힘에 의해 보장됨으로써 관습법이 되는 것이다.[11)]

따라서 이러한 8조금법을 경찰활동과 연결하여 살펴본다면, 사회구성원들 사이에서 8조금법에 적용되는 상황이 발생하게 된다면, 일정한 경찰활동을 통해 그 문제를 발견하고 대응 내지 해결하기 위한 일정한 조치가 이루어졌다는 것은 분명하다고 본다.

물론, 군장국가시대의 군장을 정점으로 하는 지배체제는 오늘날 생각하는 국가와는 비교하기가 어렵다. 다만, 이전 씨족·부족사회의 평등구조가 붕괴되고, 서서히 계급구조가 발생하는 과정에서 일정한 소규모지역을 영도하는 지배계층이 등장하였다는 정도로 파악해야 할 것이다.

그리고 오늘날 보기에 8조금법이라고 하니까 이름은 그럴듯하게 들릴지 모르지만 실

11) 최종고(1994), 법학통론, 서울: 박영사, p. 79.

상 그 내용은 지극히 평이 한 점이 없지 않다. 비록 수천 년 전의 옛날이라 해도 불과 여덟 개의 형법 조항으로 고조선사회의 치안을 유지할 수 있었다면, 아마 당시 군장국가인 고조선은 상당히 단순한 사회였고, 세력권도 그리 넓지 않았을 것으로 추정된다.

따라서 군장국가시대의 경찰활동이라는 것은 제도적 의미의 경찰이라기보다는 기능적 의미의 경찰활동 즉, 자경주의적 성격이 강하게 나타나 있다고 볼 수 있다. 8조금법의 기록이 모두 남아있지는 않지만, 남아있는 3조만 가지고도 적어도 당시까지는 국가적 법익(國家的 法益)이 등장하지 않았다는 점을 알 수 있다. 만약 군장국가시대에 사회지배계급인 군장의 지배권력이 강력했다면, 그리고 국가체제가 보다 완성되었다면, 국가적 법익이 개인적·사회적 법익에 선행하여 명시되어야 할 것이다.

오늘날의 형법체계 관점에서 살펴보면, 우선 국가적 법익과 관련된 범죄(예: 내란죄, 외환죄 등)가 규정되고, 그다음에 사회적 법익과 관련된 범죄(예: 방화와 실화죄, 교통방해죄 등)가 규정되어 있다. 그리고 마지막으로 개인적 법익(예: 살인죄, 상해죄, 강도죄 등)이 규정되어 있다. 따라서 군장국가시대에 국가적 법익에 관한 범죄가 규정되어 있다면 8조금법에서 가장 먼저 규정되었을 것이다.

2) 연맹국가시대의 경찰

만주 및 한반도 지역에서 연맹국가(聯盟國家)로 발전한 것은 고조선 외에 부여, 옥저(沃沮)와 동예(東濊), 고구려(高句麗), 삼한(三韓) 등이 연맹국가로 발전하면서 지배계층의 정체성이 뚜렷해지고 한편으로는 사회구조의 복잡성으로 인해 치안환경이 변함으로써 종래의 8조금법과 같은 질서체계로는 대응하기 어려운 상황에 놓이게 되었다고 볼 수 있다.

이와 관련하여 예컨대, 기원후 3세기경의 부여는 사방 2천리, 인구는 8만 호에 이르렀다고 한다. 반면, 부여족의 한 갈래인 옥저와 동예지역에는 기원후 3세기경까지 강력한 연맹국가는 성립되지 못하였다(군장국가의 형태는 벗어난 미약한 연맹국가 형태였다고 볼 수 있음). 옥저는 오늘날의 함경도에 위치한 총 5천 호의 연맹국가로서 각 부락(部落)에는 소족장들이 있었으나 이들을 통솔할 수 있는 보다 큰 정치세력이 성립하지는 못하였다. 동예는 지금의 강원도 북부에 위치하여 총 호수 약 2만을 헤아리는 국가였다.[12)]

연맹국가시대에 이르러서도 기능적 경찰활동 즉, 자경주의 중심 경찰활동이 적지 않게 이루어졌다고 볼 수 있다. 따라서 개인적·사회적 법익은 중요한 위치를 차지하고

12) 한영우(2004), 앞의 책, pp. 87-88.

있다. 예컨대, 연맹국가시대의 부여에는 개인적·사회적 법익에 관한 경찰활동 이루어졌음을 알 수 있다.

부여의 형벌을 보면, 살인자는 사형에 처하고 그 가족은 노비로 만든다. 도둑질한 자는 그 물건의 12배를 보상한다. 간음한 여자는 사형에 처한다 등이 기록되어 있다. 또 남편에 대하여 질투하는 아내는 죽였다고 한다. 그리고 부여에서는 부녀자의 간음과 투기에 대해서는 더욱 증오하여 모두 이를 극형에 처하고 그 시체를 서울 남쪽 산 위에 버려 썩게 하였다. 다만, 그 여자의 집에서 시체를 가져가려고 할 때에는 우마(牛馬)를 바쳐야 한다고 하였다.[13)]

그런데, 연맹국가시대에는 단순한 부족 간의 결합이 아닌, 연맹체의 국왕을 정점으로 하여 일정한 관료제(官僚制)가 형성되기 시작하였다고 볼 수 있다. 예컨대, 연맹국가시기의 고조선에는 상당한 정도의 관료조직을 갖추고 있었던 것으로 나타나고 있다. 관명으로는 국왕 이외에 상(相), 경(卿), 대부(大夫), 대신(大臣), 장군(將軍), 박사(博士) 등이 보인다. 이 중에서 상(相)의 세력은 상당했던 것으로 보인다.[14)]

이처럼 연맹국가시대에 이르러 서서히 국가체제가 만들어지고, 이에 따라 오늘날의 국가적 법익(國家的 法益)에 대한 경찰활동이 서서히 나타나고 있음을 알 수 있다. 예컨대, 부여의 위거왕(位居王) 때, 계부(季父: 아버지의 막내동생) 우가(牛加)가 반역의 마음을 품고 있어, 왕이 계부의 부자를 사형에 처하고, 그 재물을 몰수하였음을 보아 당시의 경찰권 행사가 모반(謀叛)에 대하여 특히 가혹하였고, 연좌제(緣坐制)를 적용하여 실시했음을 알 수 있다.[15)]

연맹국가시대에 이르러 비록, 성문법(成文法)에 의해 법규정이 구체적으로 명시되고 있지는 않지만, 사회통제에 있어서 지배계층의 이해관계가 반영되고 있다는 의미이다. 연맹국가시대 이전까지는 경찰활동이 개인적 법익 또는 사회적 법익을 목적으로 이루어졌다면, 연맹국가시대 이후에는 국가적 법익을 목적으로 이루어졌다는 것은 제도적 의미의 경찰활동이 시작되고 있음을 의미하는 것이다.

그러나 이때까지도 관련 법규정이 명문으로 되어있다기보다는 하나의 역사적 사건형식으로 기록되어 나타나고 있기 때문에 명확하지 않다. 국가적 법익에 관한 명문 규정은 연맹국가시대 이후 고대국가시대(고구려, 백제, 신라)에 이르러 구체적으로 나타나게 된다.

---

13) 허남오(1998), 한국경찰제도사, 서울: 동도원, p. 78.
14) 한영우(2004), 앞의 책, p. 83.
15) 김형중(1991), 앞의 책, p. 51.

제3절 국가성립과 경찰의 공식화·제도화

1. 국가성립의 의의

국가가 성립하면서 경찰활동에 있어서 변화가 이루어졌다고 볼 수 있다. 종래의 자경주의 차원의 기능적 경찰활동을 대신하여 국가차원에서 경찰활동이 공식화·제도화되고, 이를 통해서 사회구성원들을 통제함으로써 자경주의적 요소는 서서히 감소하게 된 것이다.

이러한 점에서 경찰역사를 논의하는데 '국가'(國家)라는 실체의 등장은 매우 큰 의미가 있다. 국가의 등장으로 인해 정치·경제·사회적으로 지배계층과 피지배계층의 구분이 구체화되고, 이전의 자경주의 중심의 기능적 경찰활동에서 국가차원의 공식적·제도적 경찰활동이 점차 중요한 비중을 차지하였기 때문이다. 그리고 국가통치체제의 유지를 위해서 특히, 국가적 법익의 공식화는 매우 중요한 의미가 있다. 이는 고조선의 8조금법과 같이 개인적·사회적 법익에 초점을 둔 이전의 시대와는 차이가 있다.

물론, 국가의 성립 기원과 이의 정체성에 대한 논의는 다소 모호한 측면이 없지 않으며, 따라서 이에 대한 논의 역시 다양한 관점에서 이루어지고 있는 것이 사실이다. 일반적으로 국가라는 실체는 ㉠ 시원적(始原的) 지배권(支配權)으로서의 국가권력(주권·통치권)이 있고, ㉡ 일정한 인간의 집단 즉, 국민(國民)을 그 구성요소로 하며, ㉢ 공간적으로 한정된 지역의 일부 즉, 영토(領土)·영역(領域)이 있어야 한다.[16)]

따라서 국가라는 실체는 이러한 3요소(주권·통치권, 국민, 영토)가 갖추어졌을 때 성립되는 것이다. 이를 토대로 했을 때, 한반도에서의 국가는 삼국시대에서 비로소 시작된다고 볼 수 있다.

역사적으로 국가라는 실체가 등장한 이래로 정치권력집단은 자신들의 권력의지를 관철하기 위해 근본적으로 중앙집권(中央集權)을 지향해 왔다고 볼 수 있다. 이러한 중앙집권화 현상은 근대이전 국가의 형성·발전과정에서 뚜렷하게 나타난다. 바꿔 말하면, 삼국시대(三國時代), 고려시대(高麗時代), 조선시대(朝鮮時代)는 정치적으로 국왕을 정점으로 하는 통치체제가 완성되는 과정이라고 볼 수 있다.

16) 권영성(1991), 헌법학원론, 서울: 법문사, p. 128.

2. 삼국시대의 경찰

한반도 각지에서 성장한 정치세력 가운데 초기국가(일종의 연맹국가와 고대국가의 과도기적 단계를 말한다)를 성립하는데 성공한 것은 고조선, 부여, 고구려, 백제, 신라였다. 옥저나 동예, 그리고 삼한지역의 여러 정치세력은 국가형태로 발전하지 못한 채 소멸하고 말았다.

그러나 초기국가를 이룬 이들 여러 나라도 모두 순조롭게 발전을 거듭한 것은 아니었다. 고조선은 B.C 108년 한의 침략으로 멸망하였고, 부여는 인접한 고구려에 병합됨으로써 마침내 고구려, 백제, 신라만이 고대국가로 발전할 수 있었다.

1) 국가통치체제의 정비

삼국시대는 '율령'(律令)이라는 성문법규(成文法規)에 의해서 국가통치체제가 정비되었다. 연맹국가를 탈피하여 하나의 지배적인 국가체제를 구축하기 위해서는 필연적으로 중국의 관료제적·전제적 국가체제의 법적 기초인 율령을 수용하지 않을 수 없었던 것이다.

오늘날의 관점에서 본다면, '율령'에서 '령'(令)이라는 것은 국가조직을 제도적으로 정립하는 행정법규(行政法規)에 해당하는 것이라 할 수 있다. 이에 따라 예컨대, 백제는 중앙에 12부, 지방에 10부를 합하여 22개의 관부(官府)를 둘 정도로 관료제가 정비되었다. 그리고 여러 등급의 관료를 두었는데, 고구려는 대략 14등급, 백제는 16등급, 신라는 17등급으로 구분하고 복색(服色)도 구별하였다.

삼국시대에 이르러 지방행정조직도 정비되었다. 삼국은 규모가 커지면서 지방의 행정단위를 정비하였는데, 고구려의 5부(五部), 백제의 5방(五方), 신라의 주(州)가 그것이다. 여기에 파견된 장관을 고구려는 욕살(褥薩), 백제는 방령(方領), 신라는 군주(軍主)라고 불렀다.

2) 삼국시대 경찰의 특징

(1) 법익의 다원화에 따른 국가통제력 강화

율령(律令)에서 '율'(律)이라는 것은 국가의사에 반하는 행위를 한 경우 처벌을 하는 형벌법규(刑罰法規)라 할 수 있다. 여기에서 개인적·사회적 법익뿐만 아니라 국가적 법익이 중요한 위치를 차지하고 있음에 주목할 필요가 있다. 국가적 법익에 대한 명문화는 고구려, 백제, 신라 모두의 중요한 사항이었다고 본다.

이와 관련하여 예컨대, 고구려의 법에서는 "모의(謀議)·반란자(叛亂者) 즉, 반역자는 사람들을 모아 횃불을 가지고, 서로 다투어 태우고, 그 몸이 타서 문드러진 다음에 목을 베고, 가산을 모두 몰수한다. 성을 지키다가 적에게 항복하거나 전쟁에 임하여 패주한 자, 살인하여 빼앗은 자는 참형(斬刑)에 처한다. 그리고 물건을 훔친 자는 12배로 배상하고, 우마(牛馬)를 죽인 자는 노비로 삼는다"고 규정하고 있다.[17] 여기에서 국가적 법익의 침해는 그 처벌에 있어서 엄격하였음을 알 수 있다.

앞에서 살펴본 고조선의 8조금법에서는 기본적으로 개인적 법익이 우선적으로 등장하고 있는데, 삼국시대에 이르러 국가적 법익을 우선시하고 있다. 이것은 무엇을 의미하는가? 명문상으로 국가체제의 유지를 최우선시한 것이며, 이러한 국가체제에 반하는 제반활동 등에 대한 국가적 통제수단이 어느 정도 마련되었다는 것을 의미한다. 그리고 경찰은 이러한 국가통제수단의 전형인 것이다.

(2) 경찰기능의 제도화와 다른 국가행정과의 미분화

① 중앙경찰

삼국은 국가통치체제의 정립과정에서 경찰기능을 담당하는 제도를 두고 이를 공식적으로 운용하였다. 이와 관련하여 예컨대, 백제의 최고위층에 속하는 관료(6좌평) 가운데 위사좌평(衛士佐平)은 중앙의 숙위(宿衛) 즉, 오늘날의 경비경찰 기능을 하였고, 조정좌평(朝廷佐平)은 형옥(刑獄) 즉, 형사사법 사무를 담당하였는데, 여기에 사법경찰의 기능도 가지고 있었다고 본다.

그러나 삼국시대에 이르러 경찰이 제도적으로 공식화되었지만 그것이 다른 국가행정(군사행정, 사법행정, 일반행정 등)과 구분되어 독립적으로 이루어진 것은 아니라는 점이다. 또 형식적 의미의 경찰로서 오늘날과 같은 일반경찰기관으로서 경찰행정 전반에 관한 업무를 수행하는 독립된 경찰제도가 마련된 것도 아니었다.

② 지방경찰

삼국시대 지방행정조직은 기본적으로 군사조직(軍士組織)의 성격이 뚜렷했으며, 따라서 지방의 경찰행정은 군사행정과 밀접한 관련성이 있다고 본다.[18] 삼국시대는 아직 국가체제가 안정적으로 정비되지 못한 까닭에 지방에서 전쟁 등이

---

17) 김형중(1991), 앞의 책, pp. 67-68.

18) 고구려는 북방의 요수(遼水)를 건너는 사람을 경계·경비하기 위하여 국경지역에 무여라(武厲邏)를 설치하였다. 경찰의 관점에서 본다면, 이는 경비경찰(警備警察)에 해당하는 것이라 할 수 있다. 이는 일종의 국경수비대로서 군사조직과도 밀접한 관련성을 갖는다고 본다.

많이 발생하였고, 이에 대해 왕이 직접 군대를 이끌고 직접 전투에 참여하는 일이 많았다.

이러한 특징은 고려나 조선시대와 상대적으로 차이가 있다고 본다. 삼국시대는 이러한 군대를 통해 나라를 지키고, 또 지방주민들을 지배했기 때문에 그만큼 주민에 대한 강압과 통제가 클 수밖에 없었다고 본다.[19)]

(3) 사적 경찰활동에 의한 주민통제

그러나 한편으로는 삼국시대가 비록 중앙집권화된 국가체제를 갖추었다고는 하지만 실질적으로 지방 말단에까지 그 영향력이 미쳤다고 보기는 어렵다. 따라서 지방에 대한 경찰활동이 이루어졌다면, 주로 국가적 법익을 침해하는 범죄 등을 중심으로 한 것이며, 개인적·사회적 법익침해에 대한 경찰활동은 상당 부분 사적 자치(私的 自治) 차원에서 이루어졌다고 본다. 특히, 지방의 토착세력(土着勢力)에 의한 자경주의에 크게 의존하였다고 볼 수 있다.[20)]

그리고 지방의 모든 군현(郡縣)에 지방관이 파견된 것은 아니고 규모가 큰 곳에만 파견되었으며, 나머지 작은 지방이나 촌은 지방세력가들의 자치가 그대로 인정되었기 때문에, 이곳의 주민들은 간접적으로 국가의 지배를 받는 느슨한 예민(隷民)으로 귀속되었다. 이는 그만큼 중앙권력이 지방권력에 미치지 못하였다는 것을 의미한다. 이처럼 지방관이 파견되지 못한 지역을 '속현'(屬縣)이라고 하였는데, 이 속현은 지방관이 파견된 주현의 간접통치를 받는 형식이었다.

따라서 실제에 있어서 이들 속현의 경찰기능을 포함한 사적 자치는 매우 방대하게 이루어졌다고 본다. 이러한 현상은 통일신라시대에도 계속되었으며, 따라서 중앙정부는 경주 인근에만 지배력을 행사했을 뿐 나머지 지역에서는 일종의 '사적인 지방자치'가 이루어지고 있었다.

3. 고려시대의 경찰

1) 국가통치체제의 정비

고려시대(918~1392)는 왕건(王建, 재위 918~943)이 고려를 세운 이후 후삼국을 통일하면서 시작된 것으로, 이 시대를 크게 구분하여 고려전기, 무신정권기, 고려후기로

---

19) 한영우(2004), 앞의 책, p. 122.
20) 위의 책, pp. 121-122.

구분하고 있다. 고려전기의 통치체제는 처음에는 궁예(弓裔)가 세운 태봉(泰封)의 관제를 주축으로 하고, 신라의 관제가 병행되다가 성종(成宗) 2년(983) 때 당과 송의 제도를 참고하여 새로 정비하기 시작하여 문종(文宗) 30년(1076) 때에 완성되었다.[21]

이러한 고려 중앙관제의 핵심은 당(唐)나라의 제도를 참고한 3성과 6부였다. 그런데 당의 3성은 중서성(中書省)·문하성(門下省)·상서성(尙書省)을 말하는데, 고려는 이를 고려 실정에 맞게 조정하여 중서성과 문하성을 합하여 중서문하성(中書門下省)으로 만들고, 그 장관인 문하시중(門下侍中)을 수상으로 삼아 국정을 총괄하게 하였다. 그리고 중서문하성 밑에 실무부서로 이부(吏部)·호부(戶部)·예부(禮部)·병부(兵部)·형부(刑部)·공부(工部)의 6부를 두었다.

그리고 지방행정조직도 중앙관제가 정비된 성종 2년(983)부터 시작하여 현종 9년(1018)에 일단락되었다. 이에 따라 전국을 5도와 경기, 그리고 양계(兩界: 군사 중요지역)로 크게 나누었다. 한편, 군사제도로서 중앙에는 2군 6위(二軍 六衛)의 중앙군을 두었고, 지방에는 주현군(州縣軍)이 있어 주요 지역과 양계에 주둔하여 국방을 담당하였다.

고려는 건국 후 약 200년간 중앙집권제도를 확립해 나아가는 과정에서 유교적인 통치기구를 정비하고 과거제도를 실시하여 문신의 지위가 높아졌다. 이에 대하여 무신의 지위는 격하되고 그들의 불만이 높아져 결국 난(亂)을 일으켜 집권하여 무단전제정치(1170~1270)를 실시하였다. 무신의 난 이후에도 3성6부의 공식적인 정부기구는 그대로 유지되었지만, 이는 형식화되었고 대신 무신정권은 독자적인 지배기구를 만들어 무인정치를 하였다. 한편, 충렬왕(1274~1308) 이후 원나라의 지배를 받으면서 중앙의 최고행정기구인 중서문하성과 상서성을 합하여 첨의부(僉議府)라 하였고, 6부는 통폐합되어 4사(四司)가 되었다.

2) 고려시대 경찰의 특징

(1) 고려의 형벌과 경찰활동

고려시대에 형사법(刑事法)과 관련하여 고려율(高麗律) 등을 들 수 있다. 고려율은 당율(唐律)과 삼국시대의 율령을 토대로 하여 체계화된 법률이라고 할 수 있다.[22]

고려율에 경찰에 대한 특별한 규정은 없지만, 당시에 범죄로 규정하고 있는 내용 등을 토대로 경찰활동을 간접적으로 판단할 수 있을 것이다. 고려시대에는 삼국시대보다

21) 한영우(2004), 앞의 책, pp. 198-199.
22) 한용근(1999), 고려율, 서울: 서경문화사, p. 83.

범죄에 대한 형벌규정이 더욱 분화되었으며, 따라서 경찰활동(특히, 사법경찰과 관련하여) 역시 훨씬 다양한 형태로 이루어졌음을 알 수 있다.

고려시대에 들어오면서 범죄에 대한 형벌규정은 더욱 분화되어 모반·대역죄, 살인죄, 절도죄 등 전통적인 범죄 외에 공무원 범죄, 문서에 관한 범죄, 무고죄, 도주죄, 방화죄·실화죄, 간통 등 성범죄, 도박죄, 유기죄, 인신매매에 관한 범죄, 장물죄 등이 새롭게 처벌되었다.[23)]

(2) 경찰기능의 제도화와 다른 국가행정과의 미분화

① 중앙경찰

고려 초기 중앙의 경찰기능을 수행했던 제도로서 순군부(巡軍部)·내군부(內軍部) 등을 들 수 있다. 국가형성 초기는 경찰국가(警察國家)로서 군사행정이 곧 경찰행정인 것이 일반적이다. 바꿔 말하면, 경찰업무는 여전히 군인이 담당하였고 볼 수 있다.[24)] 이와 관련하여 성종대에 이르러 관제가 정비되었고, 이에 따라 6부 가운데 병부(兵部)는 경비업무, 형부(刑部)는 사법경찰업무를 수행하였다. 또 중앙군인 2군과 6위도 경찰기능을 일정부분 수행하였다.

한편, 무신정권시대에는 야별초(夜別抄)라는 특별군대가 창설되어 군대이면서 경찰고유의 업무인 순찰, 포도(捕盜), 금란(禁亂)의 업무를 담당하였다. 고려후기에 이르러서는 중앙경찰기관으로써 원나라의 영향을 받아 설치한 순군만호부(巡軍萬戶府) 등을 들 수 있다.

그러나 고려시대에 이르러서도 삼국 및 통일신라시대와 마찬가지로 경찰은 아직도 독자적인 지위를 차지하지 못하고 군사행정 등 다른 국가행정작용에 혼합되어 있었다. 또 독립된 관청으로서 일반경찰사무를 수행하는 경찰기관도 존재하지 않았다.

② 지방경찰

고려시대에는 지방관으로서 안찰사(按察使), 병마사(兵馬使), 수령(守令) 이외에도 주현군(州縣軍)도 일정부분 경찰기능을 수행하였다. 이러한 국가행정의 미분화 현상은 특히 지방행정에 있어서 더욱 두드러지게 나타났다. 이와 관련하여 예컨대, 고려시대의 수령5사(守令五事)는 이를 단적으로 보여준다.

---

23) 경찰대학(2002), 한국경찰사, p. 86.
24) 위의 책, pp. 52-53.

고려시대에서 수령은 5가지 임무를 수행하였는데, 이는 ㉠ 전야벽(田野闢: 농토의 개간·확대), ㉡ 부역균(賦役均: 공평한 부역균등과 세금징수), ㉢ 호구증(戶口增: 인구증대), ㉣ 사송간(詞訟簡: 공정한 재판), ㉤ 도적식(盜賊息: 치안유지)을 말한다. 이처럼 지방 기초행정조직의 지방관인 수령은 사실상 국가행정 전반에 걸친 업무를 수행하였음을 알 수 있다.

(3) 사적 경찰활동에 의한 주민통제

삼국시대보다 통치체제가 정비된 고려시대에도 모든 지방의 군·현에 지방관 즉 수령이 파견된 것은 아니고, 중요한 지역에만 선별적으로 파견되어 이를 주군(主郡)과 주현(主縣)이라 부르고 나머지 군현은 속군(屬郡)과 속현(屬縣)이라 하여 주군이나 주현의 간접지배를 받았다.

그런데 주군과 주현보다 속군과 속현이 더 많아 그만큼 중앙의 지방통제력이 한계를 지니고 있었다.[25] 속군과 속현은 실질적으로 향리(鄕吏)들이 조세, 공물 등의 징발을 맡고 있어 이들의 영향력이 컸다.

따라서 비록 행정구역상으로는 전국이 단일한 권력 아래에 편제되어 있었지만, 각 지역에서는 그 지방의 토착세력들이 독자적인 경제적 기반과 사병(私兵)조직까지 거느리고 경찰활동 등에 있어서 사실상 전권을 행사하였다고 볼 수 있다.

4. 조선시대의 경찰

1) 국가통치체제의 정비

조선왕조는 1392년 태조 이성계(재위 1392~1398)에 의해 건국된 이래로 성종(成宗, 재위 1469~1494)에 이르러 통치체계가 정비되었다고 볼 수 있다. 따라서 성종 5년(1474)에 만들어진 경국대전(經國大典)은 시대의 변화에 따라 다소 간의 변동은 있었지만, 갑오개혁(1894) 때까지 기본법전으로 시행되었다. 조선시대는 삼국시대, 고려시대보다 훨씬 체계화된 통치질서를 바탕으로 중앙과 지방을 다스렸다고 볼 수 있다.[26]

---

25) 『고려사』 (高麗史) 지리지(地理志)에는 고려 전기에 주현 130개, 속현 374개를 기록하고 있는데, 이 같은 속현의 존재는 고려 지방제도의 미숙성을 보여준다. 이에 대해서 예종 1년(1106)에 27개의 속현에 감무(監務)를 파견한 이래 국가에서는 계속해서 속현의 수를 줄이는 노력을 시도하였다. 이후 속현은 조금씩 줄어갔으나 완전히 소멸하는 것은 조선시대의 일이다. 이와 관련하여 중종 25년(1530)에 편찬된 『신증동국여지승람』 (新增東國輿地勝覽)에는 2개의 속현이 기록되었다. 속현은 17세기경에 모두 소멸되어 개별화된 군현들을 바탕으로 구조적·지역적으로 일원화된 지배질서가 성립되게 되었다.

26) 한영우(2004), 앞의 책, pp. 287-294.

조선은 통치조직으로서 중앙에 의정부(議政府)와 이조(吏曹)·호조(戶曹)·예조(禮曹)·병조(兵曹)·형조(刑曹)·공조(工曹)로 이루어진다. 이 밖에도 왕명을 시행하는 승정원(承政院), 왕명에 따라 재판을 수행하는 의금부(義禁府), 관리들을 감찰하고 풍속경찰의 일을 수행하는 사헌부(司憲府), 그리고 서울의 행정과 치안을 담당하는 한성부(漢城府) 등으로 구성되어 있다.

한편, 지방행정조직은 초기에 고려의 지방관제를 답습하다가, 다시 정리하여 8도(八道)로 확립되었다. 즉, 지방을 8도로 나누어 각 지역에 관찰사(觀察使)를 임명하였고, 그 밑에 부·목·군·현(府·牧·郡·縣)에 수령을 두어 관할구역을 통할하게 하였다.

2) 조선시대 경찰의 특징

(1) 경찰기능의 제도화와 다른 국가행정과의 미분화

조선시대에 이르러서도 경찰기능을 담당하는 조직은 제도화되었지만 다른 국가행정조직과 여전히 분리되지 못한 형태로 존재하였다. 경찰은, 일반행정과 사법, 그리고 군사행정과 분리되지 못하였고, 따라서 순찰과 포도, 사법경찰업무를 담당하는 관청은 다양하였다. 바꿔 말하면, 각 행정기관은 그 소관업무에 위배되는 것을 단속하고 처벌하는 권한을 행사하였다. 조선시대의 경찰을 경찰개념상으로 본다면, 형식적 의미의 경찰이라기보다는 실질적 의미의 경찰이라고 본다. 이는 경찰의 제도적 미분화를 의미하는 것이다.

① 중앙경찰

범죄자의 체포(순찰 및 금란을 포함하여)와 관련된 경찰기능을 조선초기에는 순군(巡軍)이 담당하였으나 태종 14년(1414)에 그 명칭이 의금부(義禁府)로 개칭되었고, 이 가운데 의금부의 도부외(都府外)가 순찰기능을 담당하였다.

그런데 이후 의금부가 사실상 순찰업무를 병조의 5위 및 한성부 등에 넘기고, 왕명에 따라 죄인을 심문하는 일과 국왕의 행차를 호위하는 일을 담당하게 되었다. 즉, 의금부는 왕권이 확립되어가는 태종 때부터는 군사적인 성격의 순군체제에서 벗어나 사법기능을 수행하는 전문기관이 되었다고 볼 수 있다.

따라서 순군이 의금부로 개칭되고 의금부가 일종의 특별사법기관으로 변모하고, 순군이 맡았던 경찰기능을 5위 및 한성부 등이 분장하게 되어, 이후 포도청(捕盜廳)이 상설되기 전까지는 전문적인 경찰기능을 수행하는 기관이 정식관제에서 나타나고 있지 않다(포도청에 대해서는 뒤에서 살펴보기로 한다). 이 밖에도 순청(巡廳), 사헌부(司憲府), 형조(刑曹) 등도 관련 경찰업무를 수행하였다.

② 지방경찰

고려시대와 마찬가지로 경찰을 포함한 국가행정의 미분화 현상은 지방에서 더욱 뚜렷하게 나타났다고 볼 수 있다. 고려시대에는 지방수령의 업무가 다섯 가지였으나, 조선시대에는 7가지 임무를 수행하였다. 이를 수령7사(守令七事)라고 한다.

수령7사는 ㉠ 농상성(農桑盛: 농업진흥), ㉡ 부역균, ㉢ 호구증, ㉣ 사송간, ㉤ 간활식(奸猾息: 교활하고 간사한 것을 금함 즉, 치안유지)에 추가하여 ㉥ 군정수(軍政修: 군대정비)와 ㉦ 학교흥(學校興: 교육장려)을 말한다. 이렇게 본다면, 지방수령의 업무는 국가행정 전반에 걸쳐 포괄적으로 수행하고 있음을 알 수 있다. 특히 지방에 있어서 경찰기능이 다른 국가행정과 분리되지 못하였다는 점을 의미하는 것이다.

그런데, 조선시대에 이르러 전국의 주민을 중앙정부가 일원적으로 통치하기 위하여 전국의 모든 군현에 수령을 파견하였다. 고려시대까지만 하더라도 수령이 파견되지 못한 속현이 많아서 국가의 공권력이 전국 골고루 미치지 못하여 지방 토호들이 마음대로 백성을 지배하는 일이 많았다.

요약건대, 조선시대에서도 고려와 마찬가지로 경찰기능이 다른 국가행정과 미분화된 것은 사실이지만, 적어도 표면적으로는 중앙에서 지방에 이르기까지 제도화된 경찰활동이 이루어졌다고 볼 수 있다.

직수아문

직수아문(直囚衙門)이라는 것은 죄인을 직접 체포·구금하는 '관청'[衙門]을 말한다. 오늘날의 사법경찰업무를 담당하는 기관으로 볼 수 있다. 직수아문 개념은 조선시대에 등장한 특별한 상황이 아니라 삼국시대, 고려시대에도 보다 광범위하게 존재해 온 것이라 할 수 있다.

조선시대의 형사사법체계와 관련하여, 태조 이성계는 그의 즉위 조서에서 "형조(刑曹)는 형법(刑法)·청송(聽訟: 재판을 위하여 당사자로부터 소송사유를 듣는 일)·국힐(鞫詰: 죄인을 신문하는 일)의 업무를 관장하고, 순군(巡軍)은 순작(巡綽: 야간 순찰)·포도(捕盜: 범죄자 체포)·금란(禁亂: 질서유지)의 업무를 관장"하도록 하였다.[27] 이렇게 볼 때, 형조의 재판업무와 순군의 범죄예방 및 수사업무는 구분된 것으로 볼 수 있다. 그러나 각 관청에서는 자신들의 직무에 속하는 피의자를 자의적으로 체포·구금하였다.

27) 서일교(1974), 조선왕조의 형사제도 연구, 서울: 박영사, p. 8.

이러한 폐단을 없애기 위하여 범인을 직접 체포하여 감금할 수 있는 관청인 직수아문을 법으로 정하였다. 즉, 중앙의 병조·형조·한성부·사헌부·승정원·장예원(掌隷院: 노비관리), 종부시(宗簿寺: 왕실관리), 지방의 관찰사·수령 등이 이에 해당한다. 조선후기에는 비변사(備邊司), 포도청(捕盜廳) 등이 추가되었다. 그리고 나머지 관청은 범죄자를 직접 체포·구금하지 못하고, 이를 형조로 이관하여 체포·구금하도록 법으로 정하였다.[28)]

이처럼 조선시대에 이르러서도 범죄자 체포·구금과 관련하여 오늘날의 경찰과 같은 독립된 전문적인 기관에 의해 일원화되기보다는 국가행정과 관련하여 해당업무를 수행하는 관청에서 관련 위반사범에 대한 체포·구금을 하였음을 알 수 있다. 그런데, 문제는 법에서 정한 직수아문조차 제대로 지켜지지 못하였다는 점이다. 법에 규정되어 있지 않은 궁방(宮房: 왕족)이나 권문(權門: 문벌귀족) 또는 서원(書院)과 같은 곳에서도 사적으로 관련 범죄자를 구속하고 형벌을 과하는 일들이 자주 발생하였던 것이다.[29)]

(2) 제도적으로 독립화·전문화된 경찰의 등장: 포도청

포도청은 그 이름에서 의미하는 것처럼 '도적 또는 범죄자의 체포'[捕盜]를 주요 임무로 하는 경찰기관이라 할 수 있다. 조선시대의 치안상황을 살펴보면, 세조(수양대군, 재위 1455~1468) 때까지도 전국적으로 극성을 떨치던 도적의 횡포를 종전의 경찰기능을 담당하던 의금부 등에서는 감당할 수 없는 지경이었다.[30)]

이러한 문제를 해결하기 위하여 포도청제도를 도입하였는데, 이의 성격이 경찰뿐만 아니라 군사행정과도 관련이 있지만, 경찰 차원에서 접근했을 때 경찰기능이 타 관청으로부터 분리되어 제도적으로 독립화·전문화된 것으로서 그 역사적 의의가 있다.

① 포도에 대한 유시와 사목의 제정

세조 이후, 성종(成宗, 재위 1469~1494)은 '포도'(捕盜)에 대한 지대한 관심을 보였다. 이에 즉위한 해(1469)에 전국 관찰사에게 포도에 관한 '유시'(諭示: 국왕의 칙령)를 내려 도적의 횡포를 근절토록 하였다. 그리고 이들 도적의 발생 원인을 규명하고 예방과 체포에 만전을 꾀하기 위해 '포도사목'(捕盜事目)을 제정·시행(1470)하였다. 포도사목은 관할, 인원 배치, 포상 등에 관한 일종의 '현장직무수행'이라 할 수 있다.

---

28) 대전회통(大典會通) 형전(刑典) 수금편(囚禁篇).; 내무부치안국(1972), 한국경찰사(1), p. 229 재인용.
29) 위의 책, p. 229.
30) 허남오(1998), 앞의 책, pp. 127-133.

② 포도장제의 실시

그러나 이상과 같은 노력에도 불구하고 도적의 발호는 날로 심해져, 그 대책으로 포도장제(捕盜將制)를 실시하게 되었다.

단순히 지방의 관찰사에게 포도의 임무를 맡기는 수준으로는 도적을 근절할 수가 없기 때문에 별도의 포도장(捕盜將)을 임명하여, 이들에게 포도업무를 수행하도록 한 것이다. 이이 따라 지방 관찰사는 포도장의 지휘 아래 도적 등에 대한 토벌업무를 수행하였다.

그런데, 이때의 포도장은 전국적으로 도마다 임명한 것이 아니고 특히, 도적의 발호가 극심한 지역에만 파견한 것이며, 따라서 포도장은 항구적인 것이 아니라 임시로 설치한 것에 불과하였다.

③ 포도청의 설치

이러한 포도장제는 중종 23년(1528)에 이르러 포도대장(捕盜大將)으로 직제의 승격을 보게 되었다. 한편, 포도청이라는 명칭은 중종 39년(1544)에 처음 보이고, 명종 7년(1562) 및 그 이후에도 계속 보인다.

이러한 점에서 볼 때, 포도청은 성종대에 임시로 설치되어 중종대에 이르러 항구적으로 설치되었다고 볼 수 있다.[31] 그런데, 이때 상설화된 포도청의 관할은 수도인 한성(漢城: 오늘날의 서울)이라고 할 수 있다(포도제도는 초기에는 전국을 대상으로 하다가 점차 수도인 서울을 중심으로 재정비되었다고 볼 수 있다). 이후 지방에도 설치되어 이를 중영청(中營廳)이라 하였고, 그 조직은 중앙의 포도청을 토대로 하여 운영하였다. 이렇게 해서 설치된 포도청은 고종 31년(1894) 7월 경무청(警務廳)으로 개편될 때까지 지속되었다.

포도청은 숙종대(1674~1720)로 오면서 기강이 문란해졌다. 이로 인해 도성 내에서 도적의 횡포가 극심하였고, 심지어는 무덤을 발굴하여 매장품을 공공연하게 매매하기도 하였다.

한편, 조선 후기 순조대(1800~1834)에 이르러 포도청은 그 본연의 직무인 범죄대응보다는 천주교 탄압에 주력하였으며, 이를 위하여 오가작통(五家作統)을 활용하기도 하였다.[32]

31) 내무부치안국(1972), 앞의 책, p. 236.; 다만, 포도청이 설치된 시기 및 상설화된 것과 관련 하여 정확하게 파악하는 것은 한계가 있다. 이에 대한 여러 논거에 대해서는 차인배(1998), "조선후기 포도청 연구: 기능변천을 중심으로", 동국대학교 대학원, 석사학위논문, pp. 8-9 참조.

32) 현규병(1955), 한국경찰제도사, 민주경찰연구회, p. 55.

(3) 사적 경찰활동에 의한 주민통제

조선시대에 이르러 전국의 주민을 중앙정부가 일원적으로 통치하기 위하여 전국의 모든 군현에 수령을 파견하였다는 점은 위에서 설명한 바와 같다. 그러나 지방행정조직 말단인 면(面)에까지 지방관이 파견된 것은 아니다. 또 면 밑에는 리(里)가 있다. 이들 면과 리 단위에서는 여전히 지역 토호세력 등에 의한 사적 경찰활동을 통한 주민통제가 이루어졌다고 볼 수 있다.

이는 조선시대에 지방에 설치된 유향소(留鄕所)와도 밀접한 관련성이 있다. 조선시대의 지방관청인 부·목·군·현에는 수령의 자문기관으로서 유향소(후기에는 이를 향청이라 함)이라는 것이 설치되어 있다. 유향소의 구성원들은 지역의 덕망이 높고 명망이 있는 양반들로 이루어졌는데, 이들은 지방수령을 보좌하여 풍속을 교정하고, 일정부분 치안에 대한 책임을 지고, 경우에 따라서는 형벌권(刑罰權)도 행사하였다. 그리고 실제 민생범죄에 대한 이들의 영향력과 폐단은 적지 않았던 것으로 보인다.

제4절 근대국가의 성립과 경찰의 전문화·민주화

1. 근대경찰의 의의

근대국가의 성립으로 등장한 근대경찰은 제도적으로 다른 국가기능과 분리되어 전문화·광역화되고, 이념적으로 소수의 지배권력집단이 아닌 개인 또는 국민의 자유와 권리를 보호하는 경찰을 말한다. 이는 이전의 삼국시대, 고려시대, 조선시대에 존재했던 경찰과는 다른 모습이다.[33]

1) 제도적 근대경찰

제도적 근대경찰은 경찰의 제도적 전문화, 그리고 광역화(廣域化) 등과 관련된다. 경찰의 전문화라는 것은 기본적으로 경찰 관련법령이 제정되고 경찰기능이 다른 국가기능

33) 근대경찰에 대한 세부적인 논의는 최선우(2006), "한국경찰의 '근대성'(近代性)에 관한 연구," 한국공안행정학회보 제23호 참조.

(예: 일반행정·사법·군사 등)과 분리되어 단일기관에 의해 독립적으로 이루어지는 것을 의미한다. 그리고 광역화는 전문화된 경찰제도가 그 나라의 수도와 같은 어느 특정지역에 국한되어 제한적으로 적용되고 있는지, 아니면 전국에 걸쳐서 그와 유사한 수준으로 이루어지는지와 관련된다. 이는 중앙의 지방에 대한 통제수준을 의미하는 것이다.

오늘날의 자치경찰이라는 의미도 중앙정부를 전제로 한 것이며, 따라서 실질적으로 중앙정부의 통제를 받지 않는 자치경찰은 존재하기 어렵다. 따라서 제도적 근대경찰의 정도는 중앙정부의 통제를 받지 않는 이른바 '사적(私的) 자치경찰'이 어느 정도의 수준으로 존재하고 있는지를 파악하면 알 수 있을 것이다.[34]

이를 위해서는 그 시대의 지배권력구조가 어떻게 이루어졌는가에 대한 이해가 선행되어야 한다. 한 사회의 권력구조의 양상을 파악하는 것은 그 사회의 경찰을 이해하는 데 중요하다. 경찰제도의 구체적인 존재 방식은 그 사회의 권력구조와 긴밀하게 얽혀 있고, 특히 국가의 발달과 평행하게 전개되어 왔기 때문이다.[35]

2) 이념적 근대경찰

이념적 근대경찰은 경찰의 존재이유와 관련된다. 경찰이 본질적으로 국가와 사회의 보호를 위해서 존재하는 것인지, 아니면 개인의 자유와 권리보호를 위해서 존재하는지를 살펴보아야 한다는 의미이다. 더 나아가 경찰이 소수의 지배권력집단의 이해관계를 반영하고 있는지, 아니면 다수의 사회구성원의 이해관계를 반영하고 있는가에 대해 살펴볼 필요가 있다.

따라서 이념적 근대경찰은 특히, 민주주의와 관련된다고 볼 수 있다. 근대라는 의미가 개인 및 시민의 자유와 권리를 지향하는 것이라면 그에 내재하는 이념적 가치가 바로 민주주의라 할 수 있기 때문이다. 따라서 이념적으로 민주주의에 대한 사회적 인식 및 사회구성원들 가운데 그러한 혜택을 어느 정도 실제도 받았는지를 살펴볼 필요가 있다. 사실, 이념적인 민주주의를 현실화하기 위해서는 실질적인 관련 제도적 장치가 어느 정도 마련되어 있느냐를 전제로 하는 것이기 때문에 양자(즉, 제도적 근대경찰과 이념적 근대경찰)는 동전의 양면과 같은 것이다.

생각건대, 경찰의 존재이유가 국가와 사회보호를 전제로 한 것인지, 아니면 개인의

---

34) 베일리(David Bayley, 1990)는 근대경찰의 특성을 '공적'(public), '단일화'(specialized), 그리고 '전문화'(professional)라는 개념으로 설명하고 있다. 최경준(2002), "식민지 경찰과 근대성: 일제 강점기 경찰을 통한 근대성과 식민지 국가특성 연구," 서울대학교 석사학위논문, p. 11 재인용.

35) Cyril D. Robinson, and Richard Scaglion(1987), "The Origin and Evolution of Police Function in Society: Notes Toward a Theory," Law and Society Review, Vol. 21, No. 1., p. 10.

권리보호를 전제로 한 것인지에 대한 일치된 견해를 이끌어 내기는 어렵다. 그러나 국가와 사회의 권리보호를 전제로 한다면, 개인의 자유와 권리보호에 대한 최후의 방어장치는 취약해질 수밖에 없다. 따라서 경찰권한 행사의 근거는(비록 선언적 의미에 불과할지라도) 개인의 자유와 권리보호에 기초를 둔 것에서 찾아야 한다고 본다.

서구의 근대경찰

'서구 최초 근대경찰의 탄생'과 관련하여 테릴(R. Terril)은 1829년 영국 내무성장관인 필(R. Peel, 1788~1850)에 의해 만들어진 영국수도경찰을 제시하고 있다.[36] 마찬가지로 랭워디(R. Langworthy) 등은 로버트 필에 대해 '근대경찰의 아버지'(the Father of Modern Police)라고 표현하였다.[37]

이러한 관점에서 본다면, 당시에 제정된 「런던수도경찰법」(London Metropolitan Police Act, 1829)이 최초의 근대경찰법이 되는 셈이다. 사실, 필이 제시한 경찰의 개혁안은 주목할만하다. 제도적으로 경찰의 전문성·독립성뿐만 아니라 아울러 이념적으로 국왕이나 소수의 귀족이 아닌 다수의 일반시민을 위한 경찰을 제시한 것이다. 필이 제시한 경찰개혁의 원칙을 보면, 경찰제도적인 정비뿐만 아니라 이전과는 달리 시민의 입장에서 경찰이 존재할 것을 명확히 하고 있다는 점이다. 이는 당시의 절대권력에 대한 거부반응, 그리고 소수 부르주아계급의 이해관계 반영에 불과할지도 모르지만, 그래도 표면적으로는 경찰의 존재성, 활동과 행태, 더 나아가 경찰권한 자체가 시민의 승인 아래 부여된 것이라는 점을 분명히 하고 있다.[38]

영국수도경찰의 근대경찰모델이 곧바로 영국 전역에 적용된 것은 아니며, 1930년대에 이르기까지 서서히 적용·시행되었다. 영국수도경찰은 근대경찰의 완성이 아니라 출발인 셈이다. 마찬가지로 근대경찰이 부르주아계급과 결부되어 발전되었다 할지라도, 이 시점에서 시민지향적 경찰이념이 형성되었다는 점에서 의미가 있으며, 분명한 것은 이후 개인 및 시민지향적 가치체계는 더욱 확대되어 오늘에 이르고 있다는 점이다.

아래에서는 대한민국정부 수립 이전의 근대경찰의 형성 및 발전과정과 관련하여 ㉠ 문호개방(1876) 이후의 개항장(開港場) 경찰, ㉡ 갑오개혁(1894) 이후의 경찰, ㉢ 대한제국시대(1897~1910)의 경찰, ㉣ 일제강점기(1910~1945)의 경찰, ㉤ 미군정시대(1945~1948)의 경찰을 중심으로 살펴보기로 한다.

---

36) Richard J. Terril(1999), World Criminal Justice System, Cincinnati: Anderson Publishing Company, pp. 11-13.

37) Robert H. Langworthy, Lawrence F. Travis Ⅲ.(1994), Policing in America: A Balance of Forces, N.Y.: Macmillan Publishing Company, p. 58.

38) 로버트 필이 제시한 경찰활동의 원칙에 대해서는 James J. Fafe, et al.(1997), Police Administration, N.Y.: McGraw-Hill Companies, p. 8 참조.

2. 문호개방과 개항장경찰

1) 문호개방에 따른 개항장 감리서의 설치

1876년 조선정부는 일본과 '병자수호조약'(丙子修好條約)을 체결한 이래로 일본과 통상을 위하여 항구 등에 개항장(開港場, Open port)을 두게 되었다. 개항장은 새로운 사상과 문물, 그리고 제도가 가장 먼저 유입되는 곳이라고도 할 수 있다. 한편, 일본을 포함한 서구열강들과의 통상이 활발해지면서 개항장과 같이 항구에만 한정되지 않고 내륙에도 개시장(開市場)·개방지(開放地)·잡거지(雜居地) 등의 형태로 설정되었다.

이들 개항장 등에 감리서(監理署)를 두었다. 감리서는 외국영사와 교섭을 담당하고, 외국인 거주지역[租界]과 관련된 모든 사무를 관장하도록 하였다. 인천과 부산은 1883년 8월, 의주개시장은 동년 12월, 경주개시장은 1889년 8월에 감리서가 설치되었다. 감리서의 최고책임자인 감리(監理)는 관찰사(觀察使)와 동격의 지위에 있었다.

2) 감리서에 경찰관 배치

한편, 조선정부는 감리서에 경찰관(警察官)을 배치하였다. 개항장 등에 설치된 감리서에 경찰관을 배치한 것과 관련하여, 1885년 10월에 부산과 원산에 배치하였다는 기사가 있고, 이에 앞서 인천에 배치되었다고 기록(1884)되어 있다. 통상적으로 '경찰'(警察)이라는 단어가 등장한 것은 보통 1894년 갑오개혁 이후라고 하지만 이미 1885년 10월 29일의 구한말 정부공식문서 내용을 통해 '경찰'이라는 용어가 사용되었음에 주목할 필요가 있다.[39)]

감리서가 개항장 등에서 외국인을 상대로 국제적인 업무를 수행하였으며, 개항장 내에서 자국인 및 외국인에 의한 범죄가 발생한 때에는 이에 대한 대응을 위하여 경찰관을 배치한 것이다. 따라서 감리서에 배치된 경찰관들은 감리서의 보호 및 개항장 내의 치안유지와 관련된 업무를 수행하였음 알 수 있다. 한편, 영사사무관계가 많은 개항장에는 각국이 영사관을 두어 자기 나라의 권익확보와 보호에 힘썼는데, 이곳의 외국인 범죄자에 대해서는 국내법이 미치지 못하는 치외법권(治外法權)을 허용하였다.

이처럼 개항장은 조선의 다른 지역과는 달리 근대화를 먼저 경험한 서구사상과 제도의 접견지이고, 따라서 경찰활동 역시 그러한 분위기를 반영하였다고 본다. 이러한 점

39) 승정원일기(承政院日記) 고종 22년(1885) 10월 29일; 고종실록(高宗實錄) 고종 22년 10월 29일; 통리교섭통상사무아문일기(統理交涉通商事務衙門日記) 고종 22년 10월 28일 등에 개항장에 경찰관(警察官)을 배치한다는 내용이 기록되어 있다. 김상호 외 8인(2004), 경찰학개론, p. 415.

에서 개항장 경찰은 '근대경찰'의 단면을 일부 보여주고 있다고 볼 수 있다.[40]

3) 제도적으로 독립된 경무서의 설치

그러나 당시 개항장 등에 배치된 경찰관이 관련 업무를 어떻게 수행하였는지가 기록상으로 명확하지 않다. 또 개항장 등에 배치된 경찰이 하나의 독립된 관청으로서 존재한 것이 아니고 감리서에 소속된 일원으로 배치되었다. 개항장 등에 독립된 관청으로서 경무서(警務署)를 설치한 것은 한참 후인 1897년(광무 원년) 9월에 가서야 이루어지게 된다.[41]

그리고 '개항장'이라는 '특수한 장소'에 경찰관이 제한적으로 배치된 것이며, 따라서 다른 일반지역은 배치되지 않았다는 점이다. 아울러 경찰관의 배치가 조선정부 독자적인 의지에 의하였다기보다는 국제관계상 필요한 불가피한 조치였다고 볼 수 있다.

3. 갑오개혁과 근대경찰의 태동

1) 갑오개혁의 의의

개항 이후 조선정부는 서구열강의 계속적인 침투와 국내의 불안정한 정세 속에서 근대국가를 확립할 여력이 없었다.

이러한 상황에서 1894년 동학농민혁명을 계기로 청일전쟁이 발생하였고, 일본이 승리하게 되었다. 전쟁에서 승리한 일본은 조선의 내정을 개혁한다는 취지 아래 동년 6월 9일 일본의 오도리 게이스케(大鳥圭介)공사를 통해서 일본에 유리하도록 조선의 개혁을 강요하였다. 이에 따라 흥선대원군이 다시 집정하게 하고, 신정권의 기구가 정비될 때까지 임시특별기구를 잠정적으로 설치하여 내정개혁을 착수하고자 하였는데, 동년 6월 26일에 설치된 군국기무처(軍國機務處)가 바로 그것이다.

군국기무처는 영의정 김홍집이 총재관이 되고, 오도리공사가 고문(顧問)이 되어 6월 23일에는 청나라와 조선의 조약을 폐기하고 군국기무처 관제를 제정하였다. 그리고 6월 28일에는 정부관제와 직장(職掌: 사무의 분장)을 편성하여 이를 '갑오신정부'(甲午新政府)라 칭하였으니 갑오개혁은 이로부터 전개된 것이다.

---

40) 내무부치안국(1972), 앞의 책, p. 323.
41) 위의 책, p. 323.

2) 제1차 갑오개혁과 경찰: 수도경찰의 근대화

제1차 갑오개혁에서 중점적으로 다루어진 것은 정치와 경제의 개편이었다. 특히, 이 시기에 내무아문 산하에 '경무청'(警務廳)이라는 강력한 경찰기관을 설치하였다. 정치적 격변기에 경찰은 정치적으로 가장 중요한 개혁대상 가운데 하나였으며, 따라서 일본이 우선으로 관심을 기울인 부분이라고 볼 수 있다.

이러한 갑오개혁에 의해 탄생한 경무청은 또 하나의 '근대경찰'(近代警察)의 출발점으로 인식되고 있다.[42] 이 개혁에 따라 1894년 8월 15일에 「경무청관제직장」(警務廳官制職掌)과 「행정경찰장정」(行政警察章程)이 제정되었기 때문이다.

(1) 경무청관제직장의 제정

경무청관제직장은 오늘날의 경찰법(국가경찰과 자치경찰의 조직 및 운영에 관한 법률)과 같은 경찰조직을 규정한 법이라고 할 수 있다. 경무청관제직장에 의해 조선시대의 전문적 경찰기능을 수행했던 좌·우 포도청(捕盜廳)이 폐지되고, 수도인 한성부에 경무청(오늘날의 서울경찰청)이 신설되었다. 이러한 경무청의 설치는 경찰기능을 수행하는 조직의 제도적 전문화·독립화를 의미하는 것이다.

경무청의 등장을 계기로 조선시대에 가장 대표적인 경찰기능을 담당하였던 포도청(捕盜廳)이 폐지되고, 그동안 제도적으로 시행해 왔던 각 부(府)·아문(衙門)·군문(軍門)·사(司) 등의 경찰권 행사를 금지하고, 군(軍)의 순찰활동도 금지하게 되었다. 이로써 조선초기의 이른바 '직수아문'(直囚衙門) 제도에 의해 여러 관청이 실시하던 범인 체포 및 구금업무가 경무청으로 어느 정도 '일원화'(一元化) 되었다고 볼 수 있다.

그리고 이때 설치된 경무청은 군무아문(軍務衙門: 兵曹의 새 이름) 소속이 아닌 내무아문(內務衙門: 오늘날의 행정안전부)에 소속되어 내무대신의 지휘를 받도록 하였다는 점은 주목할 필요가 있다. 이를 계기로 비로소 공식적으로 문관경찰제도가 도입되었기 때문이다.

한편 경무청은 관장사무로써 경찰사무뿐만 아니라 감옥사무(監獄事務)까지 관장하였다. 그동안 형조(刑曹)에 속하였던 수도의 감옥사무를 경무청에 소속시켰으며, 이러한 감옥사무는 1907년의 경시청관제(警視廳官制)에 이르러서야 경찰업무 가운데서 제외되었다.[43]

42) 허남오·이승주(2005), 한국경찰제도사, 서울: 지구문화사, p. 60.
43) 내무부치안국(1972), 앞의 책, p. 320.

(2) 행정경찰장정의 제정

행정경찰장정(行政警察章程)은 오늘날의 경찰관직무집행법 등의 성격을 갖는 '경찰작용법'이라 할 수 있다.

행정경찰장정은 경찰의 업무와 관련하여 ㉠ 백성의 위험방지(위민방해의 방호사무), ㉡ 위생사무(건강을 보호하는 일), ㉢ 풍기단속(방탕·음란한 행위를 제지하는 일), ㉣ 범법자의 수사(국법을 범하고자 하는 자를 은밀한 가운데 탐지·체포하는 일)로 구분하였다. 그리고 이러한 직무수행과 관련하여 경찰관리자인 총순(總巡)과 일선경찰에 해당하는 순검(巡檢)의 직무규정을 세부적으로 두었다. 물론 이러한 행정경찰장정의 내용은 오늘날의 경찰업무와 비교하면, 업무영역이 좀 더 포괄적이며 다른 질서행정과도 미분화된 측면이 적지 않다.[44]

한편, 행정경찰장정은 '경찰관 임용에 관한 규정', 즉 순검선용(巡檢選用)에 관한 규정을 별도로 두어 채용과 징계 등 임용에 관한 내용도 두고 있다. 이러한 점에서 행정경찰장정은 오늘날의 경찰공무원법의 성격도 가지고 있었다고 본다.

끝으로 행정경찰장정은 위경죄즉결(違警罪卽決)에 관한 내용도 규정하고 있다. 이에 따라 일선 경찰지서장 등은 위경죄 즉, 경범죄(輕犯罪)를 범한 자가 있으면, 재판을 거치지 않고 즉시 처벌 할 수 있도록 하였다(물론, 이에 대한 불복시 정식재판을 청구할 수 있도록 하였다).

3) 제2차 갑오개혁과 경찰: 지방경찰의 근대화

그런데, 제1차 갑오개혁을 통해 좌우포도청을 합쳐서 만든 경무청은 전국에 관한 경찰사무를 담당한 것이 아니라 수도인 한성부(漢城府)의 치안을 담당하도록 한 것이며, 아직 지방의 경찰사무는 여전히 종래의 체제(즉, 관찰사 등 지방수령의 지휘를 받아 관할지역 내의 경찰활동을 하도록 함)에 의해 이루어졌다. 따라서 경무청의 탄생은 '수도경찰의 근대화'를 의미한다고 볼 수 있다.

근대경찰의 지방화는 다음 해인 제2차 갑오개혁(1894.12.17~1895.7)에서 지방제도를 종래의 8도(道)에서 23부(府)로 세분하고, 비로소 경무관 이하의 경찰(경무관보·총순·순검 등)을 배치함으로써 가능해졌으나, 여전히 그 이하 지방행정구역인 군(郡) 단위까지는 이러한 새로운 경찰을 배치하지는 못했다.

44) 위의 책, pp. 326-330.

또한 지방에 경찰을 파견·배치했다 할지라도 이들은 경무청의 지휘감독을 받지 않고, 지방 관찰사의 지휘감독을 받았다는 점, 그리고 지방에 전문화된 경찰관청이 설치되지는 않았다는 점 등 한계를 안고 있다.[45)]

4) 갑오개혁 경찰의 의의와 한계

갑오개혁(1894~1895)시기에 제정된 경무청관제직장과 행정경찰장정은 역사적으로 경찰조직 및 경찰작용 등에 관한 최초의 개별법이라 할 수 있다.[46)] 갑오개혁을 통해서 경찰에 관한 조직법적·작용법 등의 근거가 마련되었다는 점에서, 비록 서구의 실질적 법치주의 사상의 발전에 따른 것은 아닐지라도, 적어도 외형상으로는 근대적 경찰제도가 갖추어졌다는 측면은 의의가 있다.[47)]

그러나 경무청은 여전히 경찰기능면에서 전문화되지 못한 부분이 있으며, 특히 개인의 자유와 권리의 보호를 본질로 하는 민주주의 이념을 충분히 반영하지 못하였다고 본다. 갑오개혁 당시에도 경찰권한의 행사는 신분에 따라 차별적이었기 때문이다.

이와 관련하여 행정경찰장정의 총순집무장정(總巡執務章程) 제5조에서 "칙임(勅任)·주임(奏任) 등 고위관리에게 신문할 때는 그 집사자(執事者, 하인)를 소환하여 조사하고, 판임관 이하 사족 및 평민은 그 당사자를 직접 불러들여 조사한다"고 규정하고 있는 것은 단적인 예라 할 수 있다.[48)] 이를 통해 당시 신분에 따른 차별 현실을 엿 볼 수 있다.

더욱이 당시 조선정부 스스로에 의한 내재적 근대화과정을 거쳤다기보다는 일본에 의한 타율적·종속적 요소가 많이 작용한 결과의 산물이었다고 볼 수 있을 것이다. 따라서 갑오개혁의 경찰은 여전히 미완의 근대경찰인 것은 분명하다. 일본에 의한 타율적이고 정치적인 의도 속에서 이루어진 경찰의 근대화라면 그 역사적 의의는 감소할 수밖에 없다.

---

45) 위의 책, p. 307.
46) 이황우·조병인·최응렬(2001), 앞의 책, p. 69.
47) 경찰대학(2002), 앞의 책, p. 137.
48) 내무부치안국(1972), 앞의 책, p. 328.

4. 대한제국시대 경찰의 개혁과 한계

1) 대한제국의 성립

1895년 일본의 국모시해 만행[을미사변(乙未事變)]과 일본이 주도하는 갑오개혁 이후의 일련의 급진적 제도개혁은 백성들의 크나큰 반발을 샀다. 이에 항거하여 의병운동이 일어나고, 반일(反日) 정서가 팽배하였다. 특히, 갑오개혁과 을미사변으로 위축된 국가의 자주독립과 고종의 위상을 높여야 한다는 여론이 높아갔다. 이에 고종은 1897년 2월 20일 러시아 공사관에서 경운궁(뒤의 덕수궁)으로 환궁하였다.

이어 고종은 8월 16일 연호를 '광무'(光武)로 고쳐 부국강병의 기치를 내세우고, 국호는 삼한[삼국]을 모두 아우른다는 뜻으로 '대한'(大韓)으로 바꾸었다. 이어 1899년 8월 17일에 교정소(校正所)라는 특별입법기구를 통해 헌법이라 할 수 있는 「대한국국제」(大韓國國制)를 발표하여 만국공법(즉, 국제법)상 근대국가의 모습을 갖추게 되었다.[49] 이로써 500여 년의 조선(朝鮮)이라는 국호가 막을 내리게 되었다.

2) 대한제국의 경찰개혁

(1) 갑오개혁 당시의 경무청체제의 유지

일본에 의해 타율적으로 이루어진 갑오개혁 이후 일련의 급진적 제도개혁은 국민의 크나큰 반발을 샀으며, 이러한 분위기 속에서 대한제국시대(1897.10~1910.8)에는 이를 다시 개혁(엄밀하게 말하면 기존체제로 환원 성향이 뚜렷함)하게 되었다.

그런데, 갑오개혁에 의해 만들어진 경무청관제(警務廳官制)는 대한제국시대에 이르러서도 특별한 변동 없이 한동안 계속되었다.[50] 일본의 조선지배를 용이하게 하기 위해 우선적으로 정비된 경찰제도임에도 불구하고 대한제국으로서는 체제유지적 차원에서 이전보다 제도화된 강력한 경찰은 여전히 필요했던 까닭이다.

한편, 갑오개혁에 의해 정비된 23부제의 지방행정은 폐지되고, 종전의 것을 수정하여 13도제가 확립되었다. 이 제도는 그 후에 일제 식민시대에도 변경되지 않고 지속되었다. 그리고 대한제국 초기의 지방경찰은 이전과 마찬가지로 전문화된 단일 관청으로 설치되지 못하고 지방관찰사의 지휘감독을 받아 관할구역 내의 경찰업무를 수행하는 수준이었다.

49) 한영우(2004), 앞의 책, pp. 489-491.
50) 내무부치안국(1972), 앞의 책, p. 398.

(2) 경무청이 경부로 승격

주목할 만한 것은 갑오개혁 이후 지속되어온 경무청이 1900년 6월에 경부(警部)로 개편되어, 1902년 2월에 이르는 1년 8개월 동안 우리나라에서 처음으로 경찰이 내무행정기관에서 하나의 국무부서로 독립하여 위상이 높아졌다는 점이다.[51)]

경부관제(警部官制)에 의하면 경찰이 감옥사무까지 관장하여 행형(行刑)을 포함하는 것은 전과 다름없으나, 이전까지 내부대신의 지휘감독 아래에 있던 경찰이 부(部)로 승격되어 전국의 경찰을 관할하게 되고, 또 수도인 한성(漢城)과 각 개항장(開港場)의 경무서(警務署) 및 각 개시장(開市場)의 경무서를 관할하도록 하였다.

(3) 경부의 경무청으로의 환원과 전국관할

그러나 경부는 얼마 지나지 않아(1년 8개월 존속) 폐지되었는데, 그 이유는 분명하지 않다. 따라서 1902년 2월에 다시 경무청으로 개편되었다. 다만 갑오개혁 당시의 경무청은 수도인 한성부만을 관할하였으나, 새로 개편된 경무청은 전국경찰을 관리하였다는 점에서 차이가 있다. 그러나 이때까지도 경찰업무를 수행하는 단일관청이 지방에 설치되지는 못하였다.[52)]

(4) 경무청의 수도경찰로의 환원과 지방경찰관청의 설치

전국을 관장하는 경무청체제는 1905년 2월에 다시 수도경찰로 환원시켰다. 그리고 1906년에 이르러서야 비로소 지방의 경찰관청이 독립적으로 조직·설치되었다. 즉, 지방 각 도에 서울과 같이 경무서와 경무분서를 창설하는 법적 조치(지방 13도 각 관찰부 경무서 및 분서 설치에 관한 건)가 이루어진 것이다.[53)]

갑오개혁에 의해 설치된 경무청을 제도적으로 독립화·전문화된 근대경찰의 출발이라 할 때, 비록 근대경찰이 수도에 국한되었다면, 1906년의 경찰개혁을 통해 비로소 점차 각 지방을 대상으로 이러한 제도적 근대경찰이 확대되었다고 볼 수 있을 것이다(현대적 관점에서 본다면 각 지방에 시·도경찰청, 경찰서 등의 조직체제를 갖추기 시작했다는 것을 의미한다).

이러한 경찰조직은 전국적으로 오늘날의 경찰과 제도상 비슷하게 완성시킨 시대라고 할 수 있다.[54)] 각 지방에 대한 경찰관서의 설치는 1910년 6월 국권을 상실할 때까지 계속 증가하였다.

---

51) 위의 책, p. 432.
52) 이황우·조병인·최응렬(2001), 경찰학개론, 한국형사정책연구원, pp. 69-70.
53) 내무부치안국(1972), 앞의 책, p. 521.
54) 허남오·이승주(2005), 앞의 책, p. 183.

(5) 경시청체제로의 전환

1907년에 이르러 종래의 경무청을 다시 경시청(警視廳)으로 고치게 되었다. 새로운 경시청관제(警視廳官制)의 특징은 첫째, 갑오개혁 이래로 경무청이 담당해온 감옥사무가 빠지고, 둘째로 경시청의 관할구역이 한성 5부에다 황궁과 경기도까지 포함되었다는 것이다. 경기도는 7개월 후인 각 도에 경찰부(현대의 시·도경찰청)가 창설될 때까지 경시청에서 관할하였다.

그러나 당시에도 산간벽지에는 여전히 경찰력이 미치지 않는 이른바 '무경찰'(無警察) 지역이 존재하였으며, 경찰은 본연의 업무 외에도 산림·토목·징세·재판의 강제집행·집달리 업무, 심지어 우편호위까지 담당하는 등 조장행정업무가 적지 않았다.[55)]

대한제국 경찰의 한계

이상에서 살펴본 것처럼 대한제국시대의 경찰은 여러 차례 축소와 확대를 하는 등 일관된 발전과정을 보여주지 못하고 있다. 이는 경찰이 어떠한 근대적인 발전계획 속에서 정비된 것이 아니라 단지 정치적인 이해관계에 따라 그 외형을 바꾸는 수준에 그쳤다는 것을 의미한다. 더욱이 대한제국을 한국근대화의 '내재적 발전'이라는 측면에서 본다면 그 위상을 찾을 수 있으나, 대한제국의 정체성 자체는 오히려 서구 근대국가 또는 근대경찰과 역행하는 면이 없지 않다.[56)]

이러한 점은 대한제국의 헌법이라 할 수 있는 「대한국국제」(大韓國國制)는 황제에게 육해군 통수권, 입법권, 행정권, 관리임용권, 조약체결권과 사신임용권 등 모든 권한을 집중시켰다는 점에서도 나타난다. 그리고 황제권한을 제약할 가능성이 있는 의회나 국민의 참정권, 그리고 사법권 등에 대해서는 규정을 두지 않았다.

더욱이, 일본은 영·일동맹(1902)년 이후, 러·일 전쟁(1904~1905)에서 승리하고, 미국과 카스라·테프트 밀약(1905)을 체결함으로써 대한제국에 대한 지배력을 공고히 하였다. 이후 을사조약(1905)과 정미조약(1907)이 체결되면서 대한제국의 정체성은 더욱 불투명해졌고, 일본의 침략 의도는 더욱 노골화되었음은 주지의 사실이다.

갑오개혁(1894) 당시의 경찰조직의 법적 근거가 된 경무청관제직장에 의한 경무청(警務廳)은 일본의 경시청관제(警視廳官制)에 의한 경시청(警視廳)을 모방한 타협적인 명칭이라고 할 수 있다. 일본은 1900년대 초에 이르러 서구열강으로부터 조선에 대한 식민통치를 잠재적으로 승인받고, 경찰조직 역시 일본을 그대로 모방하여 경시청체제로 전환시킨 것이다. 이처럼 일본은 일본식으로 경찰조직을 완성함으로써 식민통치의 기초를 마련한 셈이다.

55) 현규병(1955), 앞의 책, pp. 135-136.
56) 내무부치안국(1972), 앞의 책, p. 401.

요약한다면, 대한제국의 존립을 위한 경찰은 시간이 지날수록 유명무실해졌고, 일본의 침략의도에 따라 경찰조직은 향후 식민통치를 위한 방향으로 변질되어 갔다고 볼 수 있다.[57] 1907년 7월 출범한 경시청을 통해서 한국 내에 있는 일본경찰과 한국경찰은 통합되고, 1910년에 경찰권은 일본에 의한 강제병합(1910.08.22) 직전에 완전히 박탈되었다. 1907년 이후 일제에 의한 한국경찰권 침탈과정을 살펴보면 다음과 같다.

① 「경찰사무에 관한 취극서」(1908.08): 재한국 일본인에 대한 경찰사무의 지휘감독권을 일본관헌이 지휘감독 하도록 함
② 「재한국 외국인민에 대한 경찰에 관한 한일협정」(1909.03): 재한국 외국인에 대한 경찰사무의 지휘감독권을 일본관헌이 지휘감독 하도록 함
③ 「한국사법 및 감옥사무 위탁에 관한 각서」(1909.11): 한국의 사법경찰권을 포함하는 사법과 감옥사무가 일본에 위탁하도록 함
④ 「한국경찰사무 위탁에 관한 각서」(1910.06): 한국의 경찰사무를 일본에 완전히 위탁하도록 함

5. 일제강점기 경찰의 제도적 근대화와 한계

1) 조선총독부의 설치와 총독의 제령권

일제는 1910년 합병조약을 체결하여 대한제국을 강제병합하였다(일제는 대한제국의 국호를 개정하여 '조선'으로 함). 그리고 1905년 을사조약에 따라 설치된 통감부(統監府) 대신 조선총독부(朝鮮總督府)를 설치하고, 데라우치가 초대 총독을 맡았다.

조선총독의 조선에 대한 억압적 식민통치는 제령권(制令權: 의회가 구성되지 않는 식민지에서는 법률적 효력을 갖는 법규명령권)에 의해 실현되었다. 이와 관련하여 조선형사령, 범죄즉결례, 조선태형령이 대표적이다.[58]

(1) 조선형사령

조선형사령(朝鮮刑事令)은 검사 및 사법경찰관리에게 예심판사에 준하는 고유의 강제수사권을 부여하였다.

이에 따라 검사와 사법경찰관리는 법관의 영장을 일체 필요로 하지 않고 언제든지 피의자의 인신을 구속하거나 물건을 압수·수색하여 수사를 할 수 있었다. 따라서 당시에는 강제수사(强制搜査)가 수사의 기본원칙이 되었다.

57) 경찰대학(2002), 앞의 책, p. 153.
58) 김창윤·이창한·최선우 외 13인(2012), 경찰학, 서울: 다해, p. 111 재인용.

(2) 범죄즉결례

범죄즉결례(犯罪卽決例)를 통하여 식민지 헌병·경찰은 피의자를 수사한 다음, 징역 3월 이하의 형벌을 형사범 일부 및 행정범 사건(선고형 기준)에 대하여 즉결로 선고할 수 있었다.

여기에서 '즉결'(卽決)이라는 것은 검사의 공소제기 및 법원의 심판을 기다릴 필요 없이 즉시 판결을 선고한다는 의미이다. 이러한 즉결재판제도 아래에서는 수사기관이 소추기관임과 동시에 재판기관이 되었다.

(3) 조선태형령

일제는 조선태형령(朝鮮笞刑令)에 따라 3월 이하의 징역이나 벌금형을 선고하는 경우, 종래의 전근대적 형벌유형의 하나인 태형(笞刑)으로 환형처분 할 수 있도록 하였다. 헌병·경찰이 3월 이하의 징역이나 벌금형을 선고할 경우, 그 형을 태형으로 환형하여 즉시 집행할 수 있도록 한 것이다.

조선태형령은 일제가 조선을 강제로 합병한 직후에 실시한 무단통치의 전형적인 도구요 상징물이라 할 수 있다.

2) 무단통치와 헌병경찰제도

(1) 헌병경찰에 의한 경찰조직의 단일화

조선총독부는 총독 아래 경찰최고기관으로 경무총감부(警務總監部)에 경무총감을 두고 전국의 경찰사무를 총괄하고 경찰관서의 전 경찰관을 지휘하도록 하였다. 데라우치 총독은 조선인의 저항이 워낙 강한 것을 알고 헌병이 경찰업무를 맡도록 하는 이른바 '헌병경찰제도'를 실시하였다.

따라서 강제병합 한 후 조선에서 시행한 경찰제도는 이전보다 훨씬 조직적이고 체계적이었다. 즉, 총독을 정점으로 한 '단일화'된 경찰기구가 수립되고, 전국적인 조직망을 갖추어 지방에까지 국가에 의한 통제력을 마련하게 된 것이다. 다만 초기 헌병경찰제도는 헌병경찰과 일반경찰이 이원적으로 공존 한 채 경무총감의 일원적인 지시를 따르며 상호보완적인 역할을 하여 조선에 대한 지배력을 강화하였다.

강제병합 후 총독부의 헌병경찰체제는 앞의 통감부 경찰체제의 일부만 수정되어 발전된 것인데, 헌병과 경찰의 두 조직체계가 연립한 상태에서 헌병이 최고 치안책임자로서 이 두 조직의 장을 겸하여 일원적인 명령체계를 이룬 것이다. 이에 따라 조선주차헌병대사령관이 총독 직속의 경무총감부 총감을 겸임하고, 각 도의 경무부장을 도 헌

병대장이 취임하여 중앙과 지방의 경찰을 관할하였다.[59)]

또한 지방 각 요소에는 경찰서를 설치하고 경찰서가 없는 지방에는 헌병분대, 분견소를 두어 관할하였는데, 경찰은 주로 개항지 및 철도연선 등 질서유지가 필요한 도시에 배치되어 행정경찰 및 사법경찰의 업무를 수행하였고, 헌병은 국경지대, 의병이 출몰하는 지방 등에 주로 배치되어 양자의 운영상의 특성을 살렸다.

그리고 각 도의 헌병대장은 경무부장으로서는 행정관이었고, 따라서 규정상 도장관의 명에 따라 도행정의 집행을 돕고, 지방경찰사무에 관해 도장관의 명령을 받들어 필요한 명령을 발포·처분하도록 하였다. 그러나 도장관이 명령계통이 전혀 다른 현역 육군에게 명령하는 것은 사실상 불가능하였고 도장관은 경찰권에 관여할 수 없었다. 오히려 이들 헌병경찰이 지방행정까지 장악하여 지방행정을 주관하였다.

(2) 헌병경찰의 특징

1910년대 헌병경찰은 치안업무뿐만 아니라 대단히 포괄적이고 다양한 기능을 수행하였다. 헌병경찰은 치안업무와 관련된 행정경찰과 사법경찰의 업무뿐만 아니라 사법권과 행정권 자체도 행사한 것이다.

먼저, 사법사무와 관련하여 헌병경찰은 지방법원 가운데 검사가 배치되지 않은 곳에서 경시 또는 경부가 검사사무를 대신 취급하였다. 그리고 재판소가 없는 지역의 경찰서장은 주택·건물 또는 물품의 인도, 부동산의 경계 및 2백 원 이하의 금전채권에 대해 조정할 수 있었다. 조선 전체에 재판소가 있는 곳은 55개 군에 불과했으며, 따라서 재판소가 없는 나머지 161개 군에서는 경찰이 검사는 물론 판사의 역할까지 수행하였다.

그리고 행정사무와 관련하여 헌병경찰에게 '조장행정원조사무'(助長行政援助事務)라는 행정기능이 부여되었다. 이에 따라 헌병경찰은 도로 수축(修築), 임야 단속, 국경지방의 관세사무, 세금징수의 원조, 농업지도, 해충구제, 산업 장려, 부업 및 저금장려, 어업 단속 등 행정기관의 사무를 원조하는 형식으로 이를 겸행하였다. 또한 헌병경찰은 호구조사를 실시함으로써 조선 민중에 대한 감시체제를 강화하였다. 이러한 점에서 볼 때 이 시기는 가히 '헌병경찰국가'(憲兵警察國家)라 불러도 손색이 없을 것이다.

---

59) 경무일보(警務日報), 제1호, 1910. 8.; 최선우(2008), 앞의 논문, p. 319 재인용.

3) 문화통치와 보통경찰제도

(1) 3.1운동과 문화통치

1910년 한일강제병합 이후 일제의 야만적 탄압통치를 경험하면서 그 분노와 각성은 계층적으로나 지역적으로 한층 확장되면서 민족의 역량이 하나로 집결되어 갔다. 이에 따라 1919년 3월 1일 전세계를 깜짝 놀라게 한 평화적 만세운동이 전국 각지에서 일어났다.[60)]

이에 따라 일제는 무단통치를 문화통치로 전환하고 몇 가지 개량적인 조치를 하였다. 즉, 헌병경찰제도(憲兵警察制度)를 보통경찰제도(普通警察制度)로 바꾸고, 관리나 교원의 제복과 칼 차기를 폐지하였으며, 언론·출판·집회·결사의 자유를 제한적으로 허용한 것이다.

그러나 일제의 문화통치는 우리 민족을 기만하면서 민족 분열을 부추기기 위한 고도의 술책에 지나지 않았다. 예컨대, 총독을 무관에서 문관으로 바꾼다는 약속도 지켜지지 않았다. 3·1운동 이후 새로 총독으로 온 사이토 마토(齋藤實) 이후 6명의 총독은 모두 육·해군 대장이었다.

(2) 보통경찰제도의 특성

보통경찰(즉, 일반경찰)로의 제도 개편을 통해 우선 헌병이 경찰에서 분리되어 헌병은 군사경찰의 업무만을 수행하도록 제한되었다.[61)] 그리고 조선총독부 본부관제와 지방관관제의 개정과 함께 중앙에는 총독부 경무국(警務局)을 두고, 지방은 도지사(제도 개편 이전의 도장관) 밑에 경찰부(警察部)를 두어 도지사가 경찰권을 행사하게 되었다.

이는 이전 각 도경무부장이 헌병사령관이 겸임하는 경무총감의 지휘를 받고 지방에서는 형식적으로 도장관의 명령을 받아 집행을 돕는 것과는 달리, 지방 차원에 있어서 경찰의 지휘권을 도지사에게 위임하고 경찰이 문민 행정관의 지휘를 받는다는 것을 명시적으로 규정한 것이었다. 따라서 헌병과 경찰이 혼용되어 헌병사령관인 경무총감의 지휘를 받는 헌병경찰제도는 폐지되어 단일화되고 전문화된 경찰기구가 출현하게 된 것이다. 이러한 체제는 1930년 외사경찰과와 경제경찰과가 신설되는 약간의 변동 외에는 식민지체제 종식 때까지 그 골격이 그대로 유지되었다.[62)]

이러한 과정을 거치면서 '공적'이고, '단일화·전문화'된 실질적인 경찰기구가 완성되

---

60) 한영우(2004), 앞의 책, pp. 527-528.

61) 松田利彦(1991), "日本統治下の朝鮮における警察機構の改編: 憲兵警察制度から普通警察制度への轉換をめぐって," 史林 74, 東京: 京都帝國大學 史學硏究會, pp. 75-80.

62) 최선우(2006), 앞의 논문, p. 428.

게 된 것이다. 일제는 이러한 경찰기구를 통하여 식민사회 말단에 이르기까지 강력하고 세밀한 통제력의 행사가 가능해지게 되었다. 이러한 단일화되고 전문화된 경찰기구와 사회에 대한 세밀한 통제력을 행사하는 국가는 이전에 외형상 근대적인 형태로 나아갔다고 볼 수 있을 것이다.

대한민국임시정부의 경찰

백범 김구(1876~1949)

3·1운동을 전후하여 독립운동가들 사이에서는 임시적인 형태로서 근대적인 정부를 세워야 한다는 인식이 확산되었다. 독립 후의 국가를 미리 준비하고, 독립운동을 효과적으로 실시하기 위함이다. 이에 따라 1919년 3월부터 4월 사이에 국내·국외에 민주공화국(民主共和國) 건설을 목표로 하는 7개의 임시정부가 수립되었다.

이들 7개 임시정부 가운데 상해정부(1919.04.13 수립)가 중심이 되어 단일정부수립운동을 전개하였다.[63] 이렇게 해서 새로 헌법을 만들고, 내각과 의정원을 구성하여 형성된 단일정부가 대한민국임시정부(大韓民國臨時政府, 1919.09.11)이다.

임시정부는 대한민국원년인 1919년 11월 5일에 「대한민국임시관제」를 제정하여 내무부에 경무국(警務局)을 두고 내무부장관이었던 안창호(安昌浩)는 초대 경무국장(警務局長)으로 김구(金九)선생을 임명하였다.

당시 경무국의 소관사무는 ㉠ 행정경찰에 관한 사항, ㉡ 고등경찰에 관한 사항, ㉢ 도서출판 및 저작권에 관한 사항, ㉣ 일체(一切)의 위생에 관한 사항 등을 관장하는 것이었다. 그러나 정식정부가 아닌 해외에 세운 임시정부의 경찰이었기 때문에, 영토고권(領土高權)을 가지고 있지 않았고, 따라서 그 실효성을 확보하기가 어려웠다.

임시정부 경찰의 실제 기능과 관련하여 김구선생의 백범일지(白凡逸志)에 의하면, “경무국의 임무는 기성국가에서 하는 일반경찰행정이 아니요, 왜(倭)의 정탐활동을 방지하고, 독립운동자가 왜에 투항하는 것을 감시하며, 왜의 마수가 어느 방면으로 들어오는가를 감시하는데 있다. 이를 위하여 정복과 사복의 경호원(경찰관) 20명을 임용하였다. 그리하여 상해의 왜영사관과 대립하여 암투(暗鬪)를 하는 것이 경무국의 임무였다”고 하였다. 김구선생은 5년 동안 경무국장으로 복무하면서, 경찰업무뿐만 아니라 검사·판사로서의 형집행업무까지 담당하였다.[64]

---

63) 4월 13일(2019년부터는 4월 11일)은 대한민국임시정부 수립 기념일(記念日)이다. 정부는 1989년 임시정부 수립을 선포했다는 역사자료를 근거로 임시정부 수립일을 4월 13일로 정하고 해마다 국가보훈처에서 주관하여 기념식을 거행했다. 그러나 1919년 4월 11일 국호가 제정되고, 임시헌장 반포와 국무원 선임이 이루어졌다는 반론이 제기되었다. 국가보훈처에서는 임시정부 수립 기념일에 대한 정책연구와 학계 의견수렴을 거쳐 4월 11일이 역사적 사실에 부합한다고 판단하고, 임시정부 수립 100주년이 되는 2019년부터는 4월 11일로 기념일을 변경하기로 2018년 4월 확정 발표했다. 다음백과(https://100.daum.net/).

64) 김구(1995), 백범 김구 자서전, 서울: 서문당, pp. 263-267.; 대한민국은 미군정 경무국(警務局) 창설일

그러나 1920년대의 보통경찰제도는 경찰이 군에서 완전히 분리됨과 동시에 지방에 대규모의 경찰서와 주재소(駐在所: 오늘날의 파출소)를 확장하여 조선사회 구석구석에 대한 세밀한 통제망을 구축하였다.[65] 일제는 보통경찰제 실시 이후, 전국의 경찰관서와 경찰관을 3배 이상 늘리고 부와 군마다 한 개의 경찰서, 면마다 한 개의 주재소를 설치하여 거미줄 같은 탄압망을 짜 놓았다.

그리고 언론·집회·결사의 자유를 허용하는 것도 허위와 기만에 가득 찬 것이었다. 일제는 「치안유지법」(治安維持法, 1925)이라는 것을 만들어 자기들의 비위에 거슬리는 언론·집회·결사를 철저히 통제 및 탄압하였기 때문이다.

4) 일제말기의 경찰: 경찰의 사회통제력 강화

일제는 만주사변 이후 조선을 대륙침략의 병참기지로 활용하고자 하였고, 그 후 내선일체(內鮮一體), 황국신민화(皇國臣民化)의 민족말살정책을 강도 높게 추진하였다. 일제의 식민경찰은 이러한 식민지 내외의 정치적·경제적 상황 변화에 따른 역할변화가 이루어졌고, 이 과정에서 사회통제력은 더욱 강화되었다.

예컨대, 1932년 일제에 의해 착수된 농촌진흥운동의 일환으로 경찰은 일정한 지역마다 경찰지도 부락(部落)을 선정하여 위생시설의 환경개선 등을 추진하였다. 그리고 각 지역에 교풍회(矯風會)·자경단(自警團) 등을 조직하여, 폐습의 교정 또는 자위경찰 정신을 확립하는 등의 노력을 하였다. 그러나 이러한 일제의 조치는 진정한 환경개선 및 시민의식 등을 확립하려는 것은 결코 아니었다. 이는 일제에 우호적인 친일분자를 중심으로 조선 전체에 친일화(親日化)를 확대하려는 의도 속에서 이루어졌기 때문이다.

일제말기에 이르러 경찰의 조장행정기능은 1920년에 비해 더욱 확대되었다. 일제가 주도한 농촌진흥운동은 부락 단위가 아닌 개별 농가 단위로 진행되었는데, 이러한 과정에서 경찰은 개별 농가의 경제 상태를 파악한다는 명분 아래 철저한 호구조사(戶口調査)를 실시하였다. 경찰의 이러한 철저한 호구조사 활동 등을 통해 조선인 개개인에 대한 실태파악이 더욱 세밀하게 이루어지고, 결과적으로 이에 따른 일제의 감시 및 통제력은 강화되었음은 물론이다.

(1945.10.21.)을 '경찰의 날'로 기념하고 있다. 그런데, 당시에 출범한 경무국은 한국경찰의 역사적 전통성 및 자주성과는 특별한 상관이 없다고 볼 수 있다. 따라서 대한민국임시정부에 경무국이 설치된 1919년 11월 5일을 '경찰의 날'로 새롭게 정하자는 견해는 진지하게 검토할 필요가 있다고 본다. 이에 대한 자세한 논의는 김창윤(2014), "경찰의 날에 대한 역사적 고찰과 변경 가능성에 관한 연구," 한국민간경비학회보, 13(3), pp. 26-54 참조.

65) 한영우(2004), 앞의 책, p. 532.

외사경찰과 경제경찰의 신설

1937년 중·일전쟁이 시작되고 총동원체제로 재편되면서 경찰기구의 조직과 역할도 강화됨과 동시에 다양화되었다. 이에 따라 1937년에는 외사경찰과(外事警察課)가 설치되어, 예컨대, 경기도와 함경북도에 신설되어 국외에서의 공산주의자의 조선 내 잠입을 경계하고, 항공경비 및 금의 밀수출 단속을 담당하였다.
또한 전시체제가 수립되고 경제면에서 군수산업을 위주로 하는 통제경제정책이 실시되자, 이와 관련된 문제를 해결하고 경제통제를 위한 경찰조직의 필요성이 제기되었다. 이에 따라 1938년에는 경제경찰(經濟警察)이 창설되었고, 1940년에는 경제경찰의 위상이 강화되어 본부와 각 도에 경제경찰과를 설치하여 경제경찰의 업무를 독립으로 수행하도록 하였다. 경제경찰은 물가 단속, 물자배급 등의 경제통제의 업무와 경제정보의 수집과 민심통제의 역할을 하였다.[66]

6. 미군정기 경찰의 제도적·이념적 근대화와 한계

1) 미군정의 성립

1945년 8월 15일 우리민족은 36년간의 일제의 압제에서 벗어나 해방의 감격을 맞이하였다. 이후 남한에 진주한 미군은 하지(J. R. Hodge) 중장을 사령관으로 하여 곧바로 군정(軍政, Military Government)을 실시하였다. 이후 1948년 8월 15일에 대한민국이 수립될 때까지 3년 동안 우리나라는 정부수립의 과도기적 기간으로 미군정(美軍政) 아래에 있었다.

2) 미군정기의 경찰제도의 정비과정

(1) 임시적인 경무국 체제

1945년 10월 21일 미군정청에 경무국(警務局, The Police Bureau)이 창설되었다.[67] 이것이 비록 군정법령에 근거를 둔 군정경찰(軍政警察)의 성격을 띠고 있었으나 경찰조직의 유지 및 운영이 일정부분 한국인 손으로 이루어졌다는 점에서 의의가 있다.

물론, 엄밀한 의미에서 이날 경무국이 창설되었다고 보는 것은 다소 한계가 있다. 경무국은 일제강점기 조선총독부에 설치되어 있었고, 미군정에서도 이날 새로이 창립되었다는 기록은 없기 때문이다. 사실 미군정은 일제강점기의 경무국체제를 그대로 존속

66) 김상범(1997), "일제말기의 경제경찰의 설치와 활동," 한국민족운동사연구 17, pp. 105-113.
67) 경찰청(1995), 경찰 50년사, pp. 29-32.

시켰다고 볼 수 있다. 이러한 점에서 미군정의 경무국은 진정한 의미의 국립경찰이라고 보기는 어렵다. 우리의 주권 아래에서 유지·운영된 경찰이 아니라 미국의 군정권에 근거를 둔 경찰이기 때문이다. 다만, 이러한 미군정기의 경찰은 이후 대한민국 정부수립과 함께 민주경찰로 성장·발전할 수 있는 계기가 되었다고 볼 수 있다.

경무국체제는 중앙에 경무국을 두고, 각 8개 지방에는 도지사 소속하에 경무부(警務部)를 설치하였다.[68] 여기에서 조병옥(趙炳玉)은 경무국 국장, 장택상(張澤相)은 경기도 경찰부장에 임명되었다.[69]

(2) 경무부체제로의 전환

그런데, 이러한 경무국체제가 얼마 지나지 않아 경무부(警務部)체제로 개편되었다. 경무국은 1945년 10월 21일에 발족하여 1946년 1월 16일에 이르러 경무부로 바뀌었으므로 불과 3개월에 못 미치는 단기간 내에 존속하였다. 이러한 점에서 볼 때 경무국체제는 다소 정비되지 않은 과도기적 경찰조직체제이며, 따라서 경무부체제로 정착되었다고 볼 수 있다.

중앙경찰의 개편과 맞물려 지방경찰 역시 1946년 4월 11일 개편작업이 이루어졌는데, 종전의 각 8개 도경찰부가 8개 관구경찰청(管區警察廳)으로 개칭되었다. 그리고 경기도경찰부(즉, 제1관구경찰청)에서 수도의 치안사무를 관장하였는데, 1946년 9월 18일에 서울은 '서울특별시'라는 별도의 행정구역으로 탄생하였고(미군정법령 제106호), 이에 따라서 수도관구경찰청이 탄생하였다. 이로써 미군정기에 남한 지역에 9개의 관구경찰청(현재의 시·도경찰청)이 설치된 것이다.

3) 미군정기 경찰의 특징

미국은 개인의 자유와 권리보호를 기초로 하는 민주주의 이념에 따라 전형적으로 지방분권화 된 자치경찰제도를 중심으로 운영되고 있는 나라이다. 따라서 한반도 역시 미군정체제 아래에 있었기 때문에 당연히 민주적이고, 지방분권화 된 자치경찰을 고려할 수도 있었을 것이다.

그러나 당시의 우리나라가 직면하고 있는 치안환경(좌·우 사상의 대립)과 지리적인 여건(협소한 국토), 빈약한 지방재정 상태 등을 고려하여 미군정 당국과 우리의 민정 당국이 논의한 결과 국가경찰(國家警察)의 형태를 취하는 것이 오히려 우리 실정에 부

---

68) 위의 책, pp. 29-32.
69) 이에 대한 내용은 최선우(2010), "미군정기 수도경찰청장 장택상 연구," 경찰학논총 제5권 제1호 참조.

합된다고 판단하였다.

그리고 우리나라의 역사나 일본의 식민지 수탈과정을 정확히 알지 못하는 미국의 시각에서 볼 때 한반도는 일본과 같은 전범국(戰犯國)으로 간주하였다는 점 역시 인식할 필요가 있다. 미군이 '해방군'이 아닌 '점령군'의 자격으로 온 것이라면, 군정청(軍政廳)을 수립하고 식민지지배 형식(중앙집권화된 통치구조)을 취한 것이다. 아울러 미군정 경찰의 역할은 미점령군의 안전과 그 병력의 유지 및 군사업무와 밀접한 관련이 있다고 볼 수 있다.[70]

(1) 행정경찰의 탈경찰화

일제강점기의 조선총독부 경찰은 치안유지라는 경찰 본래의 기능 외에 정치, 경제, 출판, 보건위생, 군사, 소방, 사법 등 광범위한 권한을 행사하고 있었다. 이는 우리나라를 강제적으로 지배하고 우리민족의 독립투쟁을 억압하기 위한 수단으로 경찰을 활용했기 때문이다.

따라서 미군정 당국은 남한의 경찰권을 접수한 이후 본래의 경찰영역을 넘어선 비정상적인 부분을 경찰관할에서 회수하여 다른 관서로 이관시켜 '탈경찰화'(脫非察化)를 단행하였다.

이와 관련하여 예컨대, ㉠ 1945년 9월 24일 미군정법령 제1호 「위생국 설치에 관한 건」에 의해서, 위생국이 설치되어 종래에 경찰에서 담당하던 위생업무를 이관하였다. ㉡ 동년 10월 24일 미군정법령 제17호에 의해서 경찰의 경제경찰과를 폐지하였다(일제시대부터 경제경찰과는 경제경찰, 노무자 모집·단속 등에 관한 업무를 담당하고 있었다). ㉢ 1946년 4월 10일 미군정법령 제66호에 의해서 독립된 소방부를 창설하여 종래 경찰에서 담당하던 소방업무를 이관하였다. ㉣ 기타 출판물 등의 검열업무 이관(1946.4.12.), 각종 허가권의 이관 및 폐지(1947.12.30.), 선박 및 선원의 단속업무 이관(1948.6.21.) 등이 이루어졌다.[71] 이는 경찰업무의 제도적 전문화·독립화 차원에서 매우 중요한 의미를 갖는 것이다.

(2) 독자적 경찰수사권 확보

그리고 미군정에 의해 경찰의 독자적 수사권이 인정되었다. 미군정이 실시되기 전에 일제강점기 검찰은 단순한 소추기관으로서의 지위뿐만 아니라, 범죄수사기관으로서의 사법경찰관에 대한 지휘감독권을 가지고 있었다.

70) 경찰대학(2002), 앞의 책, pp. 204-209.
71) 위의 책, pp. 204-205.

그러던 것이 미군정 실시 후, 1945년 12월 29일 법무국의 검사에 대한 훈령 제3호에 의해서 '검사의 기본직무는 법원에 공소를 제기하는 것으로서 세부적인 범죄조사는 검사의 직무가 아니며, 경무국이 조사하여야 할 사항은 경무국에 의뢰하도록' 하였다.

(3) 민주경찰상 정립

미군정에 의해 경찰의 민주적 운영을 위한 개혁이 일정부분 이루어졌다. 1947년 11월에 미군정법령 제157호에 의해 중앙경찰위원회(中央警察委員會)의 설치규정이 제정되었고, 12월에 6명의 위원으로 구성된 중앙경찰위원회를 설치하였다. 이는 영미식 전통에 따른 경찰의 민주화 및 정치적 중립화를 위한 노력의 일환이라고 볼 수 있다.[72)]

한편, 일제강점기의 일제는 한국인의 자유로운 정치활동 및 독립운동을 통제·탄압하기 위한 각종 악법(惡法)을 제정하여 경찰이 이를 집행하도록 하였다. 미군정에서는 이러한 민주주의 이념에 위배되는 각종 악법들을 폐지함으로써 경찰의 반민주적 활동의 근원을 제거하였다.

미군정법령 제11호(1945. 10. 9)에 의해서 조선총독부시대 한국인의 정치개혁 시도를 금지하는 「정치범처벌법」(1919. 4. 15 제정), 공산당의 활동 및 한국인의 독립운동을 금지하는 「치안유지법」(1925. 5. 8 제정), 치안유지법 위반자의 관찰과 한국독립운동 혐의자를 감시하는 「정치범보호관찰령」(1936. 12. 12 제정), 정치범의 감독 및 예비검속(豫備檢束)에 관한 「예비검속법」(1941. 5. 15 제정) 등이 폐지되었다.[73)] 그리고 이러한 법규위반자를 다루는 이른바 '고등경찰업무'를 담당하였던 경무국 보안과(保安課)가 1945년 9월 29일 폐지되었다.

그리고 형사소송법규를 개정, 영미법계의 장점을 도입하여 형벌불소급(刑罰不遡及) 등 죄형법정주의 원리와 불법 구금·처벌의 금지조항을 규정함으로써 일제하의 비민주적인 관행을 타파하고자 하였다.

(4) 봉사경찰상의 구현

일제강점기의 경찰은 식민통치의 목적달성을 위하여 권력적·강압적인 수단을 사용

72) 위의 책, p. 202.; 1946년 5월 5월 15일에 최초로 여자경찰관을 채용하여 국립경찰학교에서 교육을 하여 동년 7월 16일 졸업하게 되었다. 이들이 졸업하기에 앞서 7월 1일에는 경무부 공안국(公安局)에 여자경찰과(女子警察課)를 신설하였고, 다음 해인 1947년 2월 17일에는 수도관구경찰청에 여자경찰서(女子警察署)를 창설하였다. 이후 서울, 부산, 대구, 인천 등에 여자경찰서가 창설되었다. 서기영(1981), 한국경찰행정사, 서울: 법문사, p. 354.

73) 일제강점기의 경찰작용법인 치안유지법, 정치범처벌법, 예비검속법 등을 비롯한 치안악법(治安惡法)이 일부 폐지되었지만, 나머지 일제강점기의 법령 대부분이 미군정법령 제21호(법률 제명령의 존속)에 따라 그 효력을 유지하고 있었다. 윤성의(2008), "경찰관직무집행법상의 경찰활동의 문제점과 개선방안에 관한 연구," 호남대학교, 박사학위논문, pp. 9-10.; 김창윤·이창한·최선우 외 13인(2012), 앞의 책, p. 125 재인용.

하였다. 예컨대, 경찰은 민중들에게 위협·위력적인 이미지를 심어주기 위해 패검(佩劍)하고 직무를 수행하였다. 미군정기에 이러한 폐단 역시 개선되었다. 즉, 1945년 11월 8일을 기해 이를 폐지하여 칼 대신 경찰봉을 휴대하고 근무하도록 한 것이다.

그리고 일제강점기 경찰의 억압적인 이미지를 쇄신하기 위하여, 경찰의 표어를 '봉사와 질서'로 채택하고 그 정신을 함양하기 위하여 그 표어의 마크를 경찰제복 상의 좌측 가슴의 위쪽에 착용하도록 하였다. 비록 당시에 경찰의 역할과 관련하여 '봉사'의 의미는 선언적인 것에 불과할 수도 있지만, 역사적인 의미가 있음은 분명하다.

미군정기 경찰의 한계

① 일제시대 경찰의 재임용

미군정이 한반도에 수립되었을 때 한국의 민주화 또는 경찰의 민주화는 제대로 이루어지지 못했던 부분 역시 적지 않게 지적되고 있다. 미군정경찰은 일제강점기라는 암울했던 식민경찰 및 정치경찰 등의 역사를 극복하고, 민주경찰이라는 새로운 경찰역사가 시작되는 계기를 마련하는데 기여한 것은 분명한 사실이다.

그러나 우리 스스로 경찰개혁이 아닌 미국이라는 타율적인 요소에 의해서 개혁이 이루어졌다는 점, 그리고 일제강점기의 경찰 출신자들이 미군정 및 지배세력과 결탁하여 생존하였던 점 등은 당시 경찰개혁의 한계를 보여주고 있다. 따라서 불행하게도 일제강점기의 경찰관들이 그대로 미군정경찰의 고위간부가 되었다.

1946년 현재 남한의 경위급 이상의 경찰관 1,157명 가운데 949명(약 82%)이 일제강점기의 경찰출신 이었다. 여기에서 미군정청 및 군정경찰 수뇌들이 일제강점기 경찰출신자들에 대해 갖고 있던 인식과 태도에서도 발견할 수 있다. 이와 관련하여, 당시의 미군정과 경찰수뇌부들은 경찰을 치안유지를 위한 기술직으로만 보고 국가형성기에 이들이 가지고 있는 정치적 의미는 중요시하지 않았다는 점으로 분석하기도 한다.[74)]

② 경찰의 정치적 예속화

오늘날에도 한국경찰이 극복해야 할 과제 가운데 하나가 바로 정치적 중립성 확보라고 할 수 있다. 이러한 문제는 미군정에서부터 이미 깊숙이 내재해왔다. 당시 미군정과 연계된 한국 지배권력 집단(이승만-한국민주당 세력)은 자신들이 차후 권력을 장악하기 위해서 경찰력을 필요로 하였고, 경찰(일제강점기 경찰출신자) 역시 자신들의 생존을 위해서 이들과 정치적 결탁하는 모습을 보인 것이다.

결과적으로 이러한 미군정경찰과 한국민주당(약칭 한민당) 상호간의 유착은 1946년 11월 과도입법의원 선거 당시, 경찰의 간섭 또는 불법활동으로 한국민주당이 승리하게 하였다. 또 경찰은 1948년 5월 10일 총선에서는 전면에 나서서 선거에 등록을 강요하고

74) 김왕식(1994), "미군정경찰의 정치적 위상," 한국문화연구원논총, 제65집(제1-2호), pp. 213-214.

거부자를 모략, 협박, 구타, 검거하는 강제수단을 동원하였으며, 심지어 대리투표, 무더기 투표, 선거시간 연장 등을 강행함으로써 선거과정에 깊숙이 개입하는 폐단을 보여주었다.
이처럼 미군정시대의 경찰은 제도적으로 정비되었음에도 불구하고 또 다른 지배권력집단의 이해관계 속에서 많은 문제점을 야기하였고, 그것으로 인해 경찰의 근대성은 여전히 미완의 것으로 남아 오늘에 이르고 있다.

제5절 현대 민주경찰의 발전과 과제

1. 대한민국 정부수립과 건국·호국경찰

1) 대한민국 정부수립과 치안국 설치

1948년 7월 17일 초대 국회의 제헌의원들은 「헌법」을 공포하고 대통령에 이승만(李承晩, 재임 1948.07.~1960.04.)을 선출하였고, 같은 해 8월 15일 대한민국 정부의 성립을 내외에 선포함으로써 제1공화국이 출범하였다. 그리고 국회에서는 대한민국 정부의 근간이 되는 「정부조직법」(7.17)을 제정하였다.

당시의 경찰조직의 법적 근거는 정부조직법에 두고 있다. 그런데, 경찰은 정부조직법상 하나의 독립된 관청이 아닌 내무부(內務部) 산하에 있는 하나의 국(局)인 치안국(治安局)으로 편제되었다. 미군정 당시에는 경찰조직이 경무부(警務部, 1946.01.~1948.08.)라는 명칭을 가지고 하나의 독립된 국가행정부서였던 것에 반해 정부수립 후에는 내무부 산하의 치안국으로 축소되었다.

2) 정부수립과 건국경찰

대한민국 정부수립 이후 설치된 경찰조직 즉, 치안국은 건국경찰(建國警察)로서 미군정경찰과는 근본적으로 다른 자주경찰(自主警察)이었다는데, 그 역사적 의미를 부여할 수 있다.

그런데 대한민국 정부수립 초기의 혼란스러운 시대상황에 비추어 볼 때, 경찰조직위상의 축소는 다소 의외의 조치였다고 볼 수 있다.[75] 사실, 대한민국 정부수립 이후, 경찰조직을 독립부서로 존속시킬 것이냐 아니면 축소할 것이냐에 관한 문제는 정부조직법이 국회에 제정될 때부터 논쟁이 벌어졌다. 경찰조직의 축소를 주장하는 측은 법치주의·민주주의·국제적 위신과 같은 대의명분을 들고나왔으며, 기존대로 하나의 독립부서로 둘 것을 주장한 측은 주로 반공(反共) 관련 이유를 내세웠는데, 표결 결과 축소안이 받아들여졌다.

이처럼 경찰조직이 축소된 가장 큰 원인은 미군정시대에 경찰조직의 규모가 확대되는 과정에서 친일경찰(親日警察)의 재임용과 수준 낮은 경찰의 갑작스러운 채용, 그리고 이로 인한 경찰의 권력 오남용 문제가 적지 않게 제기되었기 때문이다. 따라서 경찰에 대한 반감은 이념적으로 좌익뿐만 아니라 중간노선을 갖는 사람들에게도 영향을 미쳤던 것으로 보인다. 당시 경찰조직의 축소론자들 사이에서는 경찰의 횡포를 막기 위해서는 이들의 질적 향상과 근무조건의 향상을 꾀하는 방법보다는 예산과 인원 등 기구의 축소를 통해 이를 통제해야 한다는 인식이 지배적이었다.

그런데, 한편으로는 내무부 소속으로 경찰기구가 축소되었다고 해서 경찰력 자체가 약화되었다고 단정 짓기는 어렵다고 본다. 당시의 혼란스러운 치안환경 속에서 지방경찰관서의 수가 증가한 것을 보면, 경찰의 조직규모 및 역량은 확대된 것으로 볼 수도 있기 때문이다(미군정기인 1945년 147개 경찰서로 출발한 국립경찰은 정부수립 이후 1949년 말에 170개 경찰서로 증설되었다).

1945년 미소군정에 의해 남북이 분단된 이래로 1948년 대한민국 정부수립이 된 시기는 우리 민족이 다시금 남북국 시대로 돌아간 비극의 해였다. 이해 8월 15일 38선 이남에는 '대한민국'(大韓民國)이 수립되고, 9월 9일에 38선 이북에서는 '조선민주주의 인민공화국'(朝鮮民主主義 人民共和國)이 수립되었다. 그리고 이에 앞선 1948년 5월 10일 남한에서는 총선거가 실시되었다.

이에 대해 좌익은 격렬한 선거 반대투쟁을 벌이고, 김구·김규식 등이 이끄는 중도우파에서는 선거불참을 선언하였다. 북한은 남한선거에 대한 보복으로 전기 공급을 중단하여 공장의 조업이 중단되는 사태가 발생하기도 하는 등 극심한 치안혼란 상황이었다.[76]

또 1948년 2월 7일 남로당(남조선노동당)의 지령에 따라 전평(조선노동조합전국평의회) 산하 노조 30만 명이 총파업을 단행하여 통신, 운수, 송전이 중단되었다. 또한 이

75) 이하 경찰청(1995), 앞의 책, pp. 101-111 재인용.
76) 이하 위의 책, pp. 574-575 재인용.

해 4월 3일 제주도에서는 단독선거 반대운동이 일어났는데, 이를 과잉 진압하는 과정에서 수만 명의 무고한 인명 피해가 나타났다. 이 사건으로 인하여 5월 중순 연대병력의 군대가 출동하여 진압작전에 나섰으나, 현지의 경찰과 극우청년단체, 그리고 토벌군대의 가혹행위에 의해 사태가 더욱 악화되었다.

제주 4·3사건은 정부수립 이후에도 계속되어 1948년 10월 여수에 있는 14연대를 투입하려고 하였으나, 출동군인들이 반란을 일으키고 여수·순천 등지의 양민들까지 가세하여 이 지역에 계엄령이 선포되고 군대가 파견되어 진압되었다. 그 후 반란군인과 반란에 가담 양민들은 지리산, 태백산, 오대산 등지로 들어가 인민유격대[빨치산]을 조직하고, 일부 지역에서는 북한에서 파견한 훈련된 게릴라의 지도를 받으면서 한국전쟁 이후에도 저항을 계속하다가 1955년 4월에 군과 경찰 토벌대에 의해 소탕되었다.

이처럼 경찰은 대한민국 정부수립 전후에 건국경찰(建國警察)로써, 극심한 남북대립으로 인한 정치·경제·사회문화적인 혼란 상황에서 국민의 생명과 자유, 그리고 재산의 보호라는 본래의 사명 이외에 좌익 극렬분자들의 반란·파업·폭동·공비 진압이라는 시대적 과제를 안고 있었다.

한편, 이승만정부와 자유당(自由黨)은 1948년 12월 「국가보안법」(國家保安法)을 제정하여 반공정책(反共政策)을 더욱 강화하였다. 이후 국가보안법에 의한 국가적 법익보호라는 미명하에 경찰은 국민의 인권과 사상을 탄압하는 수단으로 악용되어 많은 논란이 되기도 하였다.[77)]

3) 6.25전쟁과 호국경찰

대한민국 정부수립을 전후하여 국가체제는 좌익과 우익의 갈등과 경제난, 그리고 이로 인한 폭동 등 국가소요사태로 인해 매우 혼란스러운 상황이었다. 이러한 상황에서 1950년 5·30 총선거에서 이승만대통령의 지지 세력은 210명의 의석 중에서 겨우 30석을 차지하였다. 설상가상으로 미군이 1949년 6월 군사고문단만 남겨놓고 철수하고, 중국은 1949년 10월 장개석의 국민당이 모택동의 공산당에 패퇴하고 중화인민공화국(中華人民共和國)이 수립되었다.

이러한 상황에서 미국 국무장관 애치슨(D. G Acheson)은 1950년 1월 태평양지역의 방위선에서 한국과 대만을 제외한다고 선언하였다. 모든 사태가 한국에 불리하게 전개되고 있었다.[78)] 이처럼 남한의 어려운 사정과는 반대로 북한의 국력은 급속도로 성장하

77) 김창윤·이창한·최선우 외 13인(2012), 앞의 책, p. 124 재인용.
78) 한영우(2004), 앞의 책, pp. 578-580.

고, 소련의 스탈린과 중국의 모택동이 김일성 정권을 강력하게 지원하였다. 이러한 강력한 정치적·군사적 기반을 바탕으로 북한은 1950년 6월 25일 일요일 새벽에 남침을 감행한 것이다.

6.25전쟁은 건국경찰이 민주경찰로서의 기반을 다지기도 전에 좌익 공산주의와 대처해야 하는 시련의 시기였다. 건국 전후의 반란·폭동·파괴는 상대적으로 국지적·지엽적인 것이었으나, 6.25전쟁은 전면전으로 발전한 것이라 할 수 있다. 이러한 전시상황에서 경찰의 주요 임무는 호국경찰(護國警察)로서 전투에 참여하고, 치안유지를 하는 것이었다.

이를 위해 경찰조직은 일반경찰조직과는 별도로 전투경찰대조직을 이원적으로 운영하면서, 군과 함께 막강한 화력을 가지고 남하하는 공산군에 대항하여 수차례 방어전선을 구축하고 많은 희생자를 내면서 호국경찰로서 사명을 다하였다.[79] 당시 국민의 자유와 권리보호라는 최소한의 경찰 본연의 임무를 수행하기도 어려운 실정이었다.

한편, 전쟁이 끝난 이후에도 여전히 상당수의 공비가 남한 산간지역 등에 잔존 하면서 치안을 교란하였다. 1953년 7월 27일 판문점에서 휴전협정이 체결된 후에도 경찰에 의한 공비토벌은 계속되었는데, 이러한 과정에서 수많은 경찰이 국가와 민족을 위해 희생되었다.[80]

〈6. 25전쟁 전후 순직 및 상이 경찰관 현황〉

연도	순직	상이	계	연도	순직	상이	계
1948	639	182	821	1955	94	57	151
1949	732	344	1,076	1956	49	36	85
1950	5,450	2,499	7,949	1957	41	31	72
1951	2,317	2,859	5,176	1958	34	43	77
1952	976	866	1,842	1959	30	44	74
1953	554	308	862	1960	37	190	227
1954	155	155	310	총계	11,108	7,614	18,722

4) 전쟁 후 치안혼란과 경찰의 제도적 정비와 한계

전쟁 후 전투임무가 끝나자 경찰의 제도적 정비가 이루어지면서, 경찰 본연의 임무

79) 이황우(2005), 경찰행정학, 경기: 법문사, p. 74.
80) 경찰청(1995), 앞의 책, p. 184.

를 위한 노력이 이루어졌다. 당시 전쟁 후유증으로 범죄는 심각한 사회문제로 대두되었다.[81)]

전쟁 이후 민생사범이 증가하였는데, 이는 전쟁의 여파로 인한 경제적 불황이 빚은 결과였다. 그리고 전국 각처에서 빈발하는 살인·강도 등 강력범 중에는 군복을 착용하여 군인을 가장하고 무기를 휴대한 자들이 많았고, 1953년에 들어서는 이들 중 일부는 무장 강도단으로 변모하여 갔다.

그리고 당시 특이한 현상의 하나는 밀수사건의 늘어났다는 점이다. 불안한 시기를 노리는 악질 무역상들은 배후에서 밀수업자와 결탁하여 국가경제를 좀먹는 범죄행위를 서슴지 않고 자행하였다.

이 시기에 범죄문제에 대응하기 위해 경찰활동의 기본법이라 할 수 있는 「경찰관직무집행법」(警察官職務執行法, 1953)과[82)] 국민의 기초질서(특히, 걸인·부랑아들에 의한 잠재적 범죄위험성 대응)을 확립하기 위하여 「경범죄처벌법」(輕犯罪處罰法, 1954)이 제정되었다.

한편, 범죄수사의 현대화·과학화를 위하여 국립과학수사연구소(1955년)를 신설하였다. 또한 1957년 7월 치안국은 체신부의 협조를 얻어 서울시경과 부산시경에 '112 범죄신고 전화'를 설치하였다. 이듬해에 이 112 전화는 전국적으로 확대되어 범죄예방 및 수사·검거에 있어서 많은 기여를 하였다.[83)]

그런데, 당시 경찰은 민생치안(民生治安)보다는 시국치안(時局治安)에 치중한 것은 사실이다. 전쟁 이후, 경찰조직은 제도적 정비가 어느 정도 완성되어 강력한 기능을 발휘하기도 전에 집권당의 정권유지 수단으로 이용되었다. 또 타행정부처에 대한 조장행정업무가 확대되면서 경찰 본연의 역할이 정립하는 것도 한계가 있었다.

한편, 당시 경찰조직의 부정부패 문제는 심각한 수준이었다. 이는 여러 가지 요인들이 있겠지만, 일선경찰의 낮은 보수체계, 부족한 조직운영 경비문제, 상납관행(上納慣行) 등이 주요한 원인으로 지적되었다. 따라서 예컨대, 교통경찰은 검문소 등에서 세금 아닌 세금을 관행적으로 받아들이는 등 적지 않은 사회적 민폐를 끼쳤다. 경찰의 민폐는 교통경찰이 그 상징적인 것으로 국민의 눈에 비친 것이다.[84)]

---

81) 이하 위의 책, pp. 209-212 재인용.

82) 경찰관의 직무집행에 관한 일반적인 근거법이 정부수립 이후에도 마련되지 못하여 직무수행상 많은 문제점이 제기되었다. 따라서 휴전 후인 1953년 12월 일본의 경찰관직무집행법을 사실상 모방한 경찰작용의 일반법인 경찰관직무집행법을 제정함과 동시에 시행하게 되었다. 윤성의(2008), 앞의 논문, pp. 9-10.; 김창윤·이창한·최선우 외 13인(2012), 앞의 책, p. 125 재인용.

83) 경찰청(1995), 앞의 책, p. 213.

84) 위의 책, p. 189.

5) 4.19혁명과 경찰의 위기

한국전쟁 이후, 이승만정부는 실정(失政)을 거듭하면서 민심에서 멀어져 갔다. 농지개혁으로 농촌사회는 어느 정도 안정되고, 미국 등에 의한 원조경제에 의해 경공업은 비교적 활기를 찾았으나 자립기반이 취약하여 남북간의 경쟁에서 열세에 놓였다. 특히, 도시의 지식인층을 실망시킨 것은 장기집권을 위한 잇따른 부정선거 등에서 비롯되었고, 이에 따른 이승만정부에 대한 국민의 불신은 갈수록 높아졌다.

1960년 3월 15일에 치러진 제4대 정·부통령 선거는 이승만정권의 종말을 가져오게 한 최악의 부정선거였다. 민주당 후보인 조병옥(趙炳玉)이 선거 10일을 앞두고 급사하여 단일후보가 되었음에도 자유당 충성파들은 40%의 사전투표를 하는 등 공무원과 관변단체를 동원하여 온갖 부정을 자행하였다. 개표과정에서 부통령 이기붕의 표가 100%에 육박하는 결과가 나오자 이를 79%로 하향 조정하는 희극도 연출되었다.[85)]

이러한 부정선거에 항의하는 국민시위가 대구, 부산, 서울, 마산 등 전국의 대도시에서 벌어지는 가운데, 마산에서 시위 도중 경찰이 쏜 최루탄을 맞고 숨진 김주열(金朱烈)군의 시체가 바다에서 발견되자 국민의 분노는 절정에 달했다.

이제 시위목적은 부정선거에 항의에서 독재정권 타도로 바뀌어 갔다. 4월 18일 고려대학교에서 학생의 시위에 이어 4월 19일에는 서울의 주요 대학과 고등학생까지 시위에 참가하고, 시민들이 합세하여 광화문 앞거리가 시위 군중으로 가득 찼다. 그중 일부는 대통령관저인 경무대(현, 청와대)를 향하여 돌진하다가 경찰의 총격으로 100여 명이 목숨을 잃었다. 드디어 유혈사태가 벌어진 것이다.

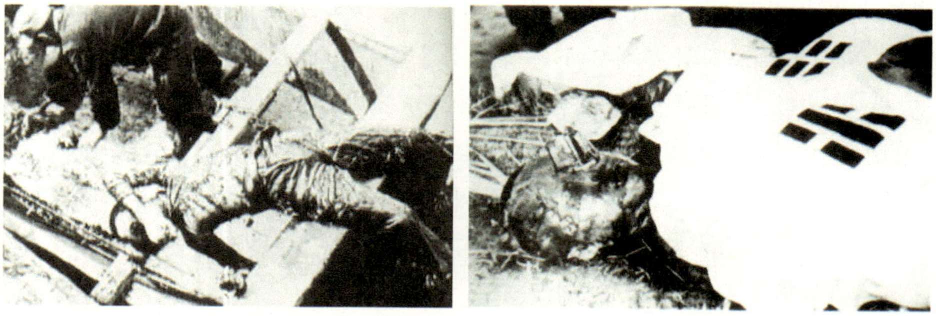

마산 앞바다에 떠오른 김주열군(당시 마산상고생)의 시체는 눈에 경찰이 쏜 최루탄이 박힌 채 처참한 모습을 하고 있었다. 이에 격분한 시민들이 대거 시위에 가세하면서 3·15부정선거 규탄시위가 4.19혁명으로 이어졌다(60.04.11).

---

85) 한영우(2004), 앞의 책, pp. 589-590.

유혈사태로 국민정서는 크게 격앙되고, 4월 25일에는 "학생들의 피에 보답하라"는 서울시내 대학교수단의 시위가 일어나고 미국 측도 이승만의 퇴진을 권유했다. 이에 이승만은 4월 26일 "국민이 원한다면 대통령직에서 물러나겠다"는 성명서를 내고 하야하였다. 이로써 12년간에 걸친 독재정권이 무너지게 되었다.

6) 제2공화국 출범과 체제의 불안정

4.19혁명 이후, 사태의 수습을 위하여 허정(許政)을 내각 수반으로 하는 과도정부가 구성되었다. 과도정부는 1960년 6월 15일 내각책임제와 양원제를 골자로 하는 개헌안을 통과시키고, 7월 29일 신헌법에 따라 총선거를 실시하였다.

그 결과 대통령에 민주당(民主黨) 구파의 윤보선(尹潽善, 재임 1960.08.~1962.03.)이 선임되고, 국무총리에 민주당 신파의 장면(張勉)이 임명되었다. 실권은 장면총리가 장악하였다. 이로써 제2공화국이 수립되었다.

제2공화국은 4.19혁명 전후의 정치·경제·사회문화적 무질서를 안정시켜 국가안보체계를 확립하고, 동시에 민족의 숙원인 평화통일을 위한 국력신장 및 경제활성화 등을 적지 않은 과제를 안고 출발하였다.

당시에 민족주의(民族主義) 운동이 뜨겁게 일어 평화통일에 대한 기대가 한층 높았으며, 경제적으로 궁핍한 민중들은 많은 어려움을 겪고 있었다. 1950년대 말 이후의 경기침체로 실업자는 240만에 이르고, 1960년 말 현재 경인지역 공장의 80%가 조업 중단에 들어갔다. 그리고 200만의 농민이 '보릿고개'라 하여 봄철의 식량난에 허덕였다. 그야말로 쌀만 가지고 있어도 부자로 불렸다.[86)]

그러나 집권의 기회를 얻게 된 민주당은 신·구파로 나누어지게 되어 당내의 심각한 정치적 갈등으로 인하여 국민의 성원과 기대에 부응하지 못하였다. 일부의 정치세력들은 자유를 내세우면서 자기주장을 요구하는 가운데 크고 작은 시위가 자주 일어났다. 이렇게 시위가 지속됨으로써 사회혼란이 심각해졌으나, 정부는 치안질서유지를 위한 정치력과 국가공권력을 제대로 행사하지 못하였다. 4.19혁명을 통해 얻게 된 자유이념의 구현을 위한 어떠한 쇄신정책도 펴지 못하였고, 자유당정권시절의 반민주적 행위자나 부정축재자에 대해서도 아무런 조치를 하지도 못하였다.[87)] 그러나 1961년 이후에는 정부와 민주당의 지도력이 차츰 강화되면서 사회가 안정을 찾아가고 있었다.

---

86) 위의 책, pp. 591-592.
87) 경찰청(1995), 앞의 책, pp. 256-257.

2. 군사정권시대의 경찰의 역할 한계와 시련

1) 5.16 군사정변과 경찰의 군 예속화

민주당 정부는 불안정한 국정 운영 속에서 집권한지 9개월 만에 끝나고 말았다. 1961년 5월 16일 새벽 4시에 육군소장 박정희(朴正熙)를 중심으로 한 군부가 군사정변(軍事政變)을 일으킨 것이다. 한국전쟁을 치르면서 가장 강력한 조직체로 성장한 군부는 이미 군사정변을 통해 권력을 장악하려는 의도가 있었다고 볼 수 있다.

군부는 4·19 이후의 정치 흐름을 관망하다가 1961년 5월 초 남북회담이 확정되고 북한에서도 대대적인 지지를 보내오는 등 통일을 위한 시위가 극에 달하자 마침내 정변에 의해 권력을 장악하기로 결심한 것이다. 그 이면에는 민주당정부의 군대축소 정책도 하나의 불만 요인이었다고 볼 수 있다.[88)]

군사정변의 주체들은 '군사혁명위원회'를 조직하여 정권을 장악하고, '혁명공약'을 발표하여 개혁의지를 천명하였으며, 그해 초헌법적인 최고통치기구로서 '국가재건최고회의'(國家再建最高會議, 5.18)와 그 직속기관으로 '중앙정보부'(中央情報部, 6.10)를 설치하여 본격적인 군정(軍政)을 실시하였다. 국가재건최고회의 의장에는 박정희, 중앙정보부장에는 김종필(金鍾必)이 취임하였다.

혁명정부는 우선 경찰조직을 정비하였다. 이는 경찰조직을 제도적으로 발전시키기 위한 것이라기보다는 혼란스러운 민심을 수습·통제하기 위한 것이라 할 수 있다. 따라서 이에 따른 어느 정도의 범죄통제 및 질서유지의 성과는 거두었으나, 정치적 반대세력 등에 대한 탄압 등의 문제는 계속 발생하였다.[89)] 따라서 자유당 정권 아래에서 정치적 예속화된 경찰을 다시 한번 군사정권 하에서 예속화시킴으로써 경찰의 정치적 중립성과 자주성을 위협하는 심각한 요인이 되었다고 할 수 있다.

군장교 출신의 경찰간부 특별채용 문제

군사정권하에서 특히, 경찰인사에 있어서 많은 문제가 발생하였다. 당시 120명에 달하는 군장교 출신이 경찰간부직으로 특별채용된 것이다.

혁명 첫날인 1961년 5월 16일자로 내무부 치안국장에 육군준장 조흥만(6월 23일 이소동 육군준장으로 경질), 서울특별시 경찰국장에 육군대령 이광선, 경기도 경찰국장에 육군중령 정수남을 임명하였다. 이어 6월 16일자로 강원도 경찰국장에 육군대장 박영수 이하 모든 경찰국장을 국군 영관급으로 임명하여 혁명정부의 경찰조직을 장악하였

88) 한영우(2004), 앞의 책, p. 592.

89) 위의 책, p. 593.

다. 7월 25일에는 치안국 정보과장(육군대령 조창대) 등 주요 과장급도 영관장교로 보임하였다.[90)]
이들이 경찰조직 운영상의 정책결정이나 집행에 있어서 관여함으로써 기존 경찰조직의 구성원들에게 적지 않은 좌절감 및 박탈감을 안겨주었다.

2) 군사정권시대의 경찰정비와 한계

군사정부는 혁명공약에서 2년 후에 정권을 민정으로 이양할 것을 약속하며 1962년 12월 대통령중심제와 국회단원제를 골자로 하는 새 헌법을 제정하였다. 그러나 중앙정보부가 중심이 되어 비밀리에 민주공화당(民主共和黨, 약칭 공화당)을 조직함으로써 민정이양 후에도 계속 집권할 것을 시도하였다.

이때 박정희 의장(육군대장)은 원대복귀와 대통령 출마를 놓고 몇 차례 의견을 바꾸는 것을 거듭하여 물의를 일으키다가 결국 민주공화당 후보로 출마하여 윤보선을 15만표 차이로 근소하게 이기고 대통령에 당선되었다. 곧이어 치러진 국회의원 선거에서도 온갖 부정이 자행된 가운데 공화당이 압도적으로 승리하였다. 이렇게 하여 군부에 기반을 둔 제3공화국(1963.12.16.~1972.10.)이 탄생하였다.[91)]

제3공화국의 태생상의 한계로 인해 경찰조직이 정치적으로 중립성을 확보하였다거나 민주주의를 바탕으로 민생치안이 이루어졌다고 볼 수는 없다. 다만 '군대식 관리기법'이 도입되었다는 점을 들 수 있다.

한편, 경찰인사제도에 있어서 주목할 만한 것으로 1969년 1월에 「경찰공무원법」(警察公務員法)이 제정되었다는 점이다. 경찰공무원의 특수성에 비추어 볼 때, 종래 제정되어 있었던 「국가공무원법」(1949.08)에 따라 경찰공무원의 인사관리를 하는 데에는 한계가 있었다. 경찰조직은 그 업무의 특성상 강력한 지휘체계를 바탕으로 한 엄격한 상명하복의 계급구조가 요청되기 때문에 그에 상응하는 별도의 인사관리 법이 필요했던 것이다.[92)]

3) 유신체제하의 경찰의 역할 한계

1972년 「7·4 남북공동성명」 이후, 남북 간에는 처음으로 대화의 문이 열렸다. 이러한 남북 간의 해빙무드가 국민의 기대를 모으는 가운데 10월 17일 대통령은 비상계엄을 선포하여 국회를 해산시키고, 비상국무회의에서 이른바 '유신헌법'(維新憲法)을 제

90) 경찰청(1995), 앞의 책, pp. 258-259.
91) 한영우(2004), 앞의 책, p. 593.
92) 경찰청(1995), 앞의 책, pp. 272-273.

정한 다음 이해 11월에 국민투표로 확정하였다.[93] 유신헌법의 골자는 '통일주체국민회의'라는 새로운 주권수임기구를 만들어 대통령을 간접 선거하도록 하고, 대통령의 중임 제한을 없애며, 대통령이 의회와 사법부를 통제할 수 있도록 하여 대통령의 권한을 무소불위로 보장하는 것으로서 독재정치의 극치를 이루는 것이었다.

이러한 새 헌법에 따라 이해 12월 15일 '통일주체국민회의' 대의원 선거가 실시되고, 이어 12월 23일 장충체육관에서 모인 대의원회의에서 박정희를 제8대 대통령(12월 27일 취임)으로 선출하였다.[94] 이로써 제4공화국(1972.10.~1979.10.) 시작된 것이다.

1970년대 이후의 정치적 불안정과 함께 정부 주도의 경제개발 정책은 노사 간의 갈등 및 도시와 농촌의 불균형 등을 심화시켜 이로 인한 치안수요는 증대되었다. 이러한 상황에서 1974년 8월 15일 광복절 기념행사에서 '육영수 여사 저격사건'이 발생하였다. 사건의 주범 문세광(文世光)은 북한과 조총련의 지령을 받고 8월 15일 오전 9시경 광복절 기념식장인 장충동 국립극장에 들어가 경축사를 낭독하던 박정희 대통령에게 권총 4발을 쏘아 그중 1발이 대통령부인 육영수 여사에게 맞아 숨지게 한 것이다.

정부는 이 사건을 계기로 경찰 고유의 치안유지 기능을 살리기 위해 경찰조직에 대한 개선안(특히, 경호·경비업무의 강화)이 검토되었고,[95] 치안국장에는 박현식 육군 중장이 예편과 동시에 임명되었다. 그리고 그해 12월에는 정부조직법을 개정하여 내무부 치안국(治安局)을 치안본부(治安本部)로 격상시켰다. 이에 따라 치안국장도 치안본부장으로 명칭이 바뀌고 차관급 대우로 격상되었으며, 초대 치안본부장에 박현식이 임명되었다.

이러한 일련의 조치는 1948년 정부수립 이후, 경찰조직의 인적 규모나 업무의 중요성 등과 비교해 볼 때, 경찰 최고책임자인 치안국장의 직위가 타부처에 비해 낮은 비정상적인 상황을 시정하였다는 점에서는 의미가 있다고 본다. 그러나 당시 육군 중장이 전역하여 경찰 최고책임자가 된 일은 경찰조직의 위상과 정체성 확립에 한계요인으로 작용하였다.

4) 신(新)군사정변과 경찰의 시련

1979년 10월 26일 당시의 정권 하에서 건설부 장관과 중앙정보부장을 지낸 김재규(金載圭)가 박정희대통령을 시해한 사건이 발생하였다. 이로써 제4공화국의 유신체제

93) 한영우(2004), 앞의 책, pp. 594-595.
94) 위의 책, p. 596.
95) 이 사건에서 경찰이 경호에 실패한 책임을 물어 8월 26일 서울 중부경찰서장 등 경찰관 28명을 파면 또는 면직시켰다. 경찰청(1995), 앞의 책, pp. 291-299.

는 막을 내렸다.

박정희대통령이 피살된 후, 전국에는 비상계엄이 선포되었고, 12월 6일 최규하(崔圭夏) 국무총리가 통일주체국민회의 대의원회에서 대통령(제10대)으로 당선되었다. 국민은 최규하 대통령을 매개로 하여 장차 유신체제와 군사통치가 종식될 것으로 기대하였다. 그러나 최규하 대통령이 당선 된지 6일 만인 12월 12일 국군보안사령관 전두환(全斗煥)소장, 9사단장 노태우(盧泰愚)소장, 그리고 보안사령부 장교들이 중심이 되어 쿠데타(이른바 '12·12사태')가 일어났다.[96)]

이러한 불안정한 정치적 상황 속에서 1980년 5월 14일부터 서울에서는 '민주화 대행진'을 표방한 대규모 학생시위가 벌어져 서울 시내가 시위대로 가득 찼다. 그러나 신군부는 5월 17일 전국에 계엄령(戒嚴令)을 선포하고, 모든 정치활동을 정지·통제하였다. 그리고 각 대학에는 무장 군인들이 진주하였고, 신군부는 5월 31일 이어 '국가보위 비상대책위원회'를 설치하였다. 한편, 이상과 같은 상황 속에서 민주화의 기대가 좌절되자 국민은 실망이 커지는 가운데 1980년 5월 18일 전라남도 광주에서 대규모 학생시위가 일어났다.

신군부는 이를 진압하기 위해 계엄군을 투입하였다. 그러나 계엄군의 과잉진압으로 많은 사상자가 발생하자 흥분한 학생들과 광주시민들은 무기를 탈취하여 계엄군과 시가전을 벌이는 사태까지 나타나고, 다른 인근으로 시위가 확산되었다. 결국, 계엄군의 무력진압으로 광주는 5월 27일 평온을 되찾았으나, 수많은 사상자(사망 240명, 행방불명 409명, 상이 2,052명)를 낸 비극의 상처는 쉽게 아물지 않았다.[97)]

인권경찰의 표상: 안병하

5.18 광주 민주화운동이 국가기념일로 지정되어 폭도들의 난동이 아니라 전 국민적인 열망을 실은 민주화운동이었음을 인정받기까지 17년의 세월이 걸렸듯이, 당시 사건에 연루된 한 사람의 명예가 제대로 회복되기까지는 장장 26년이라는 기나긴 시간이 걸렸다.

2012년 8월 서울지방보훈청은 5.18 광주민주화운동 당시 시민들에 대한 강경진압을 거부하여 직무유기를 이유로 해임되어 고문 후유증으로 사망한 안병하(安炳夏, 1928~1988) 전(前) 전남도경국장을 순직경찰로 등록하였다. 이에 앞서 2005년 11월 24일 경찰청은

96) 한영우(2004), 앞의 책, pp. 604-605.
97) 5.18기념재단(http://www.518.org).

과거사 진상 조사 결과를 토대로 안병하 전국장의 순직 사실을 확인하고 유해를 국립현충원 경찰묘역에 안장시켰다.
5.18 광주 민주화운동 당시 전남도경국장을 지낸 그는(당시 52세) 5월 14일 도청 분수대의 집회현장을 찾아가 학생대표와 만났다. 그는 평화적인 집회와 질서유지를 요구하고, 시위 중에 경찰에 연행된 학생 11명을 보내달라는 학생들의 요구를 흔쾌히 수락하였다. 16일에도 박관현 당시 전남대학교 총학생회장과 면담하여, 평화적인 시위를 한다는 약속을 전제로 야간 횃불시위 요구를 허락하였다.
당시 경찰로서는 파격적인 조치로서 시위대는 폭력시위를 자제하고, 경찰은 시위대를 보호하며 질서유지 활동을 펼친 것이다. 만약 계엄군이 투입되지 않았다면 1980년 5월의 광주는 더 이상의 충돌과 희생 없이 끝날 수 있었다. 안병하국장은 자신의 비망록에 당시의 집회시위 방침으로 "절대 희생자가 발생하지 않도록 할 것(경찰 희생자가 있더라도 일반시민 피해 없도록). 주동자 외에는 연행하지 말 것(교내에서의 연행 금지). 경찰봉 사용에 유의할 것(반말·욕설 금지), 주동자 연행시 지휘보고할 것(식사 등에 유의)"라고 기록해 놓았다. 그러나 5월 18일 공수부대가 투입되어 여론 및 사태가 악화되자 시민들의 희생을 막기 위해 시위대에 대한 발포명령과 강경진압을 거부하고, 시민과의 충돌에 따른 불상사를 우려하여 시위진압 경찰관의 총기를 회수하는 등의 조치를 하였다.
이 때문에 안병하국장은 지휘권 포기를 이유로 강제 해임된 뒤 보안사로 끌려가 심한 고문을 받게 되었다. 그리고 광주청문회가 시작되기 바로 전인 1988년 10월 고문의 후유증으로 사망하였다.
1997년 5.18 민주화운동이 국가기념일로 인정되었음에도 안병하국장은 5.18 당시에 사망하지 않았다는 이유로 순직이 인정되지 않았으며, 2006년에서야 최종적으로 순직경찰로 등록되었다. 경찰청은 경찰청 과거사진상규명위원회의 조사를 근거로 안병하국장이 국민의 생명과 재산을 보호하고 공공의 안녕과 질서를 유지한 인권경찰(人權警察)의 표상으로 삼고 그의 업적을 기리고자 노력하고 있다.[98]

한편, 신군부는 사회안정을 이유로 정치인의 정치활동을 규제하고, 언론을 통폐합하였으며, 민주화에 앞장선 교수와 기자들을 직장에서 추방하였다. 그리고 1980년 5월 17일 비상계엄이 발표된 직후 국가보위 비상대책위원회가 사회정화정책의 일환으로 군부대 내에 '삼청교육대'(三淸敎育隊)를 설치하였는데, 이는 제5공화국(1981.03.~1988.02.) 전두환정권 초기 대표적인 인권침해 사례로 꼽힌다.

삼청교육대는 1980년 8월 4일 '사회악 일소 특별조치'와 당시의 이희성 계엄사령관의 '계엄포고령 13호' 발표에 이어 '삼청 5호 계획'이라는 이름하에 진행되었다. 폭력범과 사

98) 이재의(1994. 05), 5.18 발포거부 전남도경국장의 광주비망록.; http://avenuel.tistory.com.

회풍토 문란사범을 소탕하기 위함이라는 명분이었지만 실상은 무자비한 인권탄압이 이루어졌다. 1988년 국회의 국방부 국정감사 발표에 의하면, 삼청교육대 현장 사망자가 52명, 후유증으로 인한 사망자 397명, 정신장애 등 상해자 2,678명이 발생하였다고 보고하였다.[99)]

1980년 8월 마침내 최규하 대통령이 신군부의 압력으로 사퇴하고, 9월 1일 전두환이 통일주체국민회의에서 대통령으로 선출되었다. 이후의 시기를 제5공화국으로 부른다.

전두환대통령은 취임 후 재야, 학생운동에 대해 강온 양면의 정책을 썼다. 학원의 시위현장에는 직접 정사복 경찰을 캠퍼스 안에 투입하여 가차 없이 진압하였으며, 1984년 3월까지 사복경찰이 대학에 상주하였다. 이 때문에 80년대의 학원은 전보다 더 살벌하였고, 최루탄가스가 그칠 날이 없었다. 또한 여러 언론매체를 통폐합하고, 반정부성향 기자를 대거 해직시켜 언론을 장악하였다.

이처럼 경찰은 대한민국정부 수립 이후, 이승만정부와 박정희정부, 그리고 전두환정부를 거치는 과정에서 경찰 본연의 목적을 달성하기보다는 집권세력의 권력유지 수단으로 크게 부각 되었다. 1980년대의 경찰은 가히 격동의 시대라고 부를 수 있을 것이다.

이러한 상황에서 1982년 4월에 발생한 경남 의령경찰서 궁유지서 우범곤(禹範坤, 당시 27세) 순경의 총기사건은 경찰의 악재이자 시련이었다. 우범곤은 술에 취한 상태에서 궁유지서와 예비군무기고에서 수류탄 7발과 카빈소총 2정, 실탄 1백80발을 들고 나와 궁유면 4개 마을 주민들에게 무차별 난사하였다. 이로 인해 56명이 사망하고, 34명이 중경상을 입었다.

1980년대 중반부터 민주화운동은 학생뿐만 아니라 정치권과 사회 각계각층으로 넓게 확산되었다. 특히, 1987년 1월에 거국적인 민주항쟁의 도화선이 되는 사건이 발생하였다. 서울대학교 박종철(朴鍾哲)군이 경찰의 고문을 받다가 사망한 사건(14일)이 알려지면서 국민의 분노가 치솟았다.

이에 더하여 이해 6월 9일에 연세대학교 이한열(李韓烈)군이 시위 도중 경찰의 최루탄에 맞아 사망하는 사건이 발생하자 시위는 전국으로 확산되었다. 이해 6월 26일에는 전국 37개 도시에서 백여만 명이 시위에 참가하였으며, 서울에서는 시가전을 방불케 하는 격렬한 시위가 심야까지 계속되었다.

전두환정부는 더 이상 버틸 수 없음을 깨닫고, 6월 29일 차기대통령 후보로 지명된 노태우 민정당대표에게 '대통령 직선제'개헌을 골자로 하는 시국수습방안을 발표하게 하였

99) 경찰청(1995), 앞의 책, p. 335.; http://blog.daum.net/toogary2.

다. 이것이 이른바 「6.29선언」이다.[100)]

제5공화국 말기가 가까워지면서부터 시작된 민주화의 물결은 1987년도에 그 정점에 달하였다고 볼 수 있다. 군사정권에 탄압을 받은 국민은 정권에 대한 불신과 불만을 경찰을 상대로 표출하였고, 이로 인해 경찰은 설 땅을 잃어버리게 되었다. 민생치안(民生治安)이라는 경찰의 본연의 업무는 시국치안(時局治安)의 논리에 밀려 제 기능을 하지 못한 부분이 적지 않았던 것이 사실이다.

그러나 1980년대 급변하는 치안환경 속에서 범죄와 무질서에 대응하는 수많은 경찰이 부상을 당하고, 과로로 순직(1987년 56명의 경찰이 순직함)는 경우도 비일비재하였지만, 이는 제대로 평가받지 못하고 역사 속에 묻히게 되었다.[101)]

3. 경찰청시대의 경찰의 중립화·민주화와 과제

1) 극심한 사회혼란과 경찰의 위기

1987년 「6·29 선언」 이후, 12월 16일에 대통령직선제에 의해 선거가 실시되어, 노태우 후보가 대통령에 당선되었다. 이로써 제6공화국(1988.03.~1993.02.)이 출범하였다. 노태우대통령은 직선제 대통령의 정통성을 지녔으나 신군부출신의 전력에다가 제5공화국 세력(민정당)을 여당으로 가져 과감한 개혁에 착수하지 못하였다.

노태우정부시대에는 그동안 비민주체제에 억눌려 있던 국민의 민주화 욕구가 한꺼번에 터져 나오는 동시에, 제5공화국 세력의 비리척결이라는 시대적 사명을 안고 있었다. 따라서 국민 각자의 불만이 집단적인 행동으로 표출되어 운동권학생이나 노동자에 국한되지 않고, 농민, 도시빈민 등 전 계층으로 확대되었다.[102)]

또 이 시기에는 사회적 모순점이 표출되는 사건도 적지 않게 발생하였다. 1987년 8월에는 거액의 사채를 빌려 쓰고 잠적한 충남 대전시 가수원동 오대양 대표 박순자씨가 오대양 사원, 공장종업원 등 31명과 함께 경기도 용인의 회사 소유 공예품 공장식당 천정에서 집단으로 자살한 시체로 발견되어 충격을 던져주었다. 또 1988년 10월 호송 중이던 지강헌 등 12명의 미결수가 탈출하여 8박 9일간 서울 시내를 누비고 다니다가 결국 자살한 사건이 발생하여 수도권 일대를 공포로 몰아넣었다. 이 사건은 '유전무죄 무

---

100) 6월 민주항쟁으로 얻어진 6·29선언으로 1987년 10월 직선제개헌안이 국민투표로 확정되고, 이해 12월 16일 대통령선거가 실시되어 1971년 이후 16년 만에 직선으로 대통령을 뽑을 수 있게 되었다. 한영우(2004), 앞의 책, pp. 609-610.

101) 이황우(2005), 앞의 책, p. 77.

102) 경찰청(1995), 앞의 책, pp. 432-435.

전유죄'(有錢無罪 無錢有罪)라는 유행어를 만들어 내면서 사회 일각의 구조적 모순을 드러냈다.

또 1989년 5월 3일 부산 동의대 도서관 세미나실 복도에 학생들이 시너(sinner)를 뿌리고 방화하여 전날 납치된 전경을 구출하기 위해 진입한 경찰관 6명이 순직하고 11명이 중상을 입는 참사가 발생하였다. 이는 학생시위 사상 최악의 사건으로 학생시위의 양상이 과격의 극단으로 치닫고 있음을 보여주었다. 그리고 1991년 4월 26일 학내 문제로 계속된 시위 도중 명지대학교 학생 강경대(姜慶大)군이 5명의 기동대원에게 집단폭행 당하여 사망하는 사건이 발생하였다. 이 사건을 계기로 63일 동안 각종 규탄대회와 국민대회, 노제 등이 연이어 개최되어 352회의 시위에 337,735명의 시위 인원이 가담하였으며, 경찰관 901명이 중경상을 입고 수많은 물적 피해가 발생하였다.[103)]

2) 경찰청의 설립과 경찰개혁의 추진

1990년 10월 13일 노태우대통령은 모든 경찰관을 무장시켜 범죄와 폭력에 정면 대응할 것이라는 '범죄와의 전쟁'을 선포하여 범죄에 대한 전면적인 소탕을 선언하였다.

1980년대 후반의 잇따른 집단시위와 노사분규로 치안역량이 민생분야로 전환되지 못하면서 강력범죄가 잇달아 발생하는 등 사회의 불법과 무질서가 팽배하였기 때문이었다. 그동안 정당성이 취약한 정권 속에서 경찰력이 대외적으로 무기력 및 왜소화되어 있었는데, 이를 극복하고자 '범죄와의 전쟁'이라는 강도 높은 표현으로 범죄척결을 선포한 것이다.

(1) 경찰청의 설립

이상과 같은 시대적 상황 속에서 1990년 12월 13일 행정개혁위원회의 '경찰의 중립성 보장에 관한 건의'를 토대로 여러 차례의 여론 수렴 과정을 거쳐 정부·여당의 경찰법안이 국회에 상정되었다. 그리고 1991년 5월에 「경찰법」(警察法)이 국회를 통과하여 경찰청(警察廳)이 정식 설립되었다. 이로써 내무부 산하의 치안본부(治安本部)에서 내무부의 외청으로 독립함으로써 '경찰청시대'(警察廳時代)가 열린 것이다.

경찰조직의 형태는 내무부 '외청'(外廳) 형식으로 '경찰청'을 두도록 함으로써 내무부장관(현 행정안전부장관)의 보조기관이 아닌 독립적인 관청 형태를 취하였고, 경찰청장은 치안총감으로 보하되 경찰위원회의 동의를 얻어 내무부장관의 제청으로 국무총리를 경유하여 대통령이 임명하도록 하였다.

103) 위의 책, pp. 436-437.

2003년 2월 4일 경찰법 개정으로 경찰청장의 임명과정에서 국회의 인사청문(人事聽聞)을 거치도록 하였다. 그리고 동년 12월 31일에 법개정으로 경찰청장의 임기를 2년으로 하고, 중임할 수 없도록 하였다. 경찰조직은 전형적인 권력조직으로서 그동안 정치적 역학관계 속에서 존재해 온 부분이 적지 않았던 것이 사실이다. 이러한 법개정은 경찰의 정치적 중립성을 확립하고자 하는 의지의 표현으로 해석될 수 있다. 그러나 이러한 노력에도 불구하고 오늘날까지도 정치적 중립성 확보는 쉬운 일이 아니다.[104)]

한편, 2020년 12월 22일 경찰법이 「국가경찰과 자치경찰의 조직 및 운영에 관한 법률」(약칭: 경찰법)로 전부 개정되었다. 이렇게 하여 2021년 7월 1일부터 전국 시·도경찰청에 일정부분 자치경찰제도가 도입되는 역사적 계기가 되었다. 그러나 이의 한계 또한 적지 않은 것이 사실이다(이에 대해서는 제4장에서 자세히 살펴보기로 한다).

(2) 경찰위원회의 설치

또 내무부에 7명으로 구성된 경찰위원회(警察委員會)를 설치하도록 하였다. 경찰위원회의 설치는 무엇보다도 경찰의 정치적 중립성(政治的 中立性)을 확보하기 위한 것이라 할 수 있으며, 따라서 위원의 자격과 임명에서도 이점이 특히 강조되었다. 경찰위원회는 경찰청장의 임명 동의, 경찰의 인사·예산·장비·통신 등에 관한 주요정책 및 인권보호 등 경찰업무 개선에 관한 정책 관련 심의·의결권을 가지고 있다.

그러나 현재에 이르기까지 경찰위원회가 정치적으로 중립하여 제기능을 하기에는 적지 않은 한계가 있음은 물론이다. 경찰위원회는 2020년 12월 경찰법 전부개정으로 국가경찰위원회(國家警察委員會)로 명칭이 변경되었다.

(3) 경찰의 개혁 방향

경찰청시대 이후 경찰은 많은 변화와 발전을 거듭해 왔다고 본다. 경찰의 민주화가 진전되어, 경찰의 인권보장과 정치적 중립을 위한 제도마련과 경찰관의 행태개선을 위한 노력이 이루어져 왔다. 특히, 임권침해의 사각지대였던 범죄수사 영역에서 적지 않은 개혁과 개선을 하고자 하였다.[105)]

이와 관련하여, 과거 수사과정에서 자행되었던 피의자에 대한 고문과 폭행을 없애고, 과학적인 증거에 의해 범죄행위를 입증하려는 노력이 이루어졌다. 피의자신문에 앞서 진술거부권 고지 여부를 조서에 기록하게 하고, 구속영장 실질심사제도를 통해

---

104) 지난 2003년 경찰청장의 임기제(2년) 도입 이후 2020년 현재에 이르기까지 경찰청장에 임명된 11명 가운데 3명만이 법정 임기제를 채우고 나머지는 중도에 퇴진하였다. 정권의 교체 또는 정치적 이해관계와 관계없이 경찰의 정치적 중립성을 보장하는 인사관리를 실천하는 것은 요원한 일이다.

105) 최응렬(2013), 경찰조직론, 서울: 박영사, p. 108.

인신구속에 신중을 기하였다. 또 피의자 신문과정에서 변호인을 참여할 수 있게 함은 물론, 지구대와 형사과 등에 CCTV를 설치하여 피의자 신문과정을 녹화하고 청문감사관실을 신설하여 수사이의에 대한 조사를 엄격하게 하였다. 그리고 인권보호 시민참관단을 구성하여 경찰수사의 외부통제방안을 마련하였으며, 긴급체포 위주의 수사관행을 체포영장을 발부받는 합리적인 인권보호절차를 따르도록 개선하였다.

그러나 경찰의 이와 같은 개혁을 위한 노력에도 불구하고 많은 과제가 있다. 경찰의 정치적 중립성 문제는 여전히 중요한 이슈 가운데 하나이며, 검·경의 역할 정립을 통한 수사구조의 합리화(그리고 여전히 남아 있는 수사경찰의 인권침해 관행 개선),[106] 진정한 의미의 자치경찰제도의 도입, 그리고 경찰인사관리의 개혁 등은 경찰발전을 위한 중요한 과제라고 할 수 있다.

106) 2020년 2월 4일 형사소송법이 개정되어, 종전의 검사의 사법경찰관에 대한 수사지휘감독권 행사 대신 상호협력관계로 재정립되었다. 즉, "검사와 사법경찰관은 수사, 공소제기 및 공소유지에 관하여 서로 협력하여야 한다"고 규정된 것이다(형사소송법 제195조 제1항). 이는 2018년 6월 21일 법무부장관과 행정안전부장관이 발표한 「검·경 수사권 조정 합의문」의 취지에 따른 것이다. 검찰과 경찰은 국민의 안전과 인권 수호를 위하여 서로 협력하고, 수사권(搜査權)을 국민을 위해 민주적이고 효율적으로 행사하게 하려는 입법적 의지라 할 수 있다.

제2편

경찰조직

제4장 경찰조직의 이론적 배경

제5장 경찰조직의 구조

제6장 경찰조직의 인사관리

제7장 경찰조직의 예산관리

제4장 경찰조직의 이론적 배경

제1절 경찰조직의 의의

1. 경찰조직의 개념

현대를 조직의 시대라고 한다. 현대조직은 일반적으로 대규모성과 복잡성 등을 그 특징으로 하고 있다. 오늘날 인간은 태어나면서부터 조직의 구성원이 되며, 하루도 조직에서 벗어나서는 생활하기가 어려운 것이 현실이다. 따라서 인간은 특정 조직에 소속되어 삶을 영위하고 있으며, 조직을 통하여 국가나 사회의 제반 문제들을 해결해 나가고 있다.[1)]

조직(組織, organization)이라는 단어의 개념을 정의해 보면, 이는 '과정'(過程, process)과 '구조'(構造, structure)라는 두 가지 개념을 동시에 포함하고 있다. 과정이라는 관점에서 보면, '조직한다'는 것은 혼돈된 상황에 '질서를 부여함'을 의미한다. 조직 내에 있는 구성원들의 행위를 예측할 수 있으면 질서가 있는 것이고, 예측할 수 없으면 혼돈이 있는 것이다. 즉, '조직한다'는 것은 구성원의 행위를 예측할 수 있도록 질서를 부여하는 과정이고, 이러한 과정의 결과로서 구조적인 측면에서 '조직'이 만들어지게 된다.[2)]

조직의 개념과 관련하여 종래에 논의된 것을 통합하여 경찰조직의 정의를 내리면, 경찰조직이란 "㉠ 공동의 목표를 가지고 있으며, ㉡ 이를 달성하기 위하여, 의도적으로 정립한 체계화된 구조에 따라 구성원들이 상호작용하며, ㉢ 일정한 경계(즉, 환경)를 가지고, ㉣ 외부환경에 적응하는, ㉤ 인간들의 사회적 집단"이라고 할 수 있다.[3)] 요약

---

1) 최선우(2011), "경찰조직의 진단과 건강성 연구," 한국공안행정학회보 제44호, p. 309.

2) 유종해(1996), 현대조직관리, 서울: 박영사, p. 3.

3) R. Daft(1992), Organization theory and Design, MN: West Publishing Co., pp. 7-8.; 이창원·최창현

한다면, 경찰조직은 '경찰구성원의 집합체로써 경찰조직의 목표를 추구하기 위해 의식적으로 구성된 사회적 단위'라고 할 수 있다.

경찰조직에 대한 개념정의를 어떠한 특정 조직개념에 의한 정형화된 틀 속에서 접근하기보다는 다양한 관점에서 접근할 필요가 있다고 본다. 정도의 차이는 있지만, 경찰조직뿐만 아니라 모든 조직은 이러한 요소들을 모두 포함하고 있다. 경찰조직은 정치·경제·사회문화적인 시대적 배경에 의해서 특징 지워진다. 경찰조직은 폐쇄적인 특성과 개방적인 특성을 모두 갖고 있다. 그리고 합리적인 특성과 비합리적인 특성도 갖고 있다.

2. 경찰조직의 특성

국가와 사회의 존립·유지라는 관점에서 보면 경찰조직은 강한 조직일 필요가 있으나 국민의 자유와 권리의 보호라는 관점에서 보면 경찰조직은 약화되어야 한다고 본다. 물론, 강력한 경찰이라고 해서 국민의 자유와 권리가 제한된다고 단정하기는 어렵고, 반대로 약한 경찰이라고 해서 국민의 자유와 권리가 보장되는 것은 아니다.

그러나 경찰조직에 지나치게 많은 권한이 집중되어 있으면, 국민의 자유와 권리는 위축되기 마련이다. 이는 역사적으로도 이미 경험한 바 있다. 또 국가질서가 혼란스러운 상황에도 불구하고 경찰조직이 지나치게 약화되어 있으면, 국민의 자유와 권리를 보호해줄 수 없기 때문에 오히려 강력한 경찰이 요구되기도 한다.

국가와 사회의 존립·유지와 개인의 자유와 권리 양자 간에는 상호 조화되기 어려운 상충되는 면이 적지 않다. 국가와 사회의 질서유지를 위해서는 개인의 자유와 권리가 침해·제한되기도 하며, 개인의 자유와 권리를 보호하기 위해서는 국가와 사회의 권리가 제한되기 때문이다. 이 때문에 버클리(G. E. Berkley)는 "민주주의와 경찰 간에는 이처럼 양립하기 어려운 관계가 있다"고 말하고 있다.[4)]

경찰조직은 국가와 사회의 존립·유지 및 개인의 자유와 권리보호라는 특수한 목표를 가지고 있기 때문에 일반조직과는 여러 가지 면에서 다른 성격을 갖는다. 따라서 아래에서는 이와 관련하여 통합조직, 강제적 조직, 정치·체제유지 조직, 봉사조직과 공공복리조직이라는 차원에서 살펴보기로 한다.[5)]

(1998), 새조직론, 서울: 대영문화사, pp. 31-37.; 신유근(1998), 조직론, 서울: 다산출판사, pp. 20-30.

4) G. E. Berkley(1969), The Democratic Policeman Boston: Beacon Press, p. 1.; 이황우(2005), 경찰행정학, 경기: 법문사, p. 19.

5) 위의 책, pp. 113-114 재인용.

1) 통합조직

파슨스(T. Parsons)는 조직이 사회적 필요성을 충족시키기 위해서 어떠한 기능을 하느냐 하는 관점에 따라 경제조직, 정치조직, 통합조직, 사회조직으로 구분하였다. 이러한 조직유형 가운데 '사회의 안정을 유지하고 일탈을 예방하는 조직'을 통합조직(統合組織)이라 하였고, 경찰조직은 여기에 속한다고 보았다. 따라서 경찰과 같은 통합조직은 사회 내의 갈등을 해결하고 사회의 각 부문이 공존·협동할 수 있게 하는 기능을 수행한다고 보았다.[6)]

사회간접자본

경찰조직이 제공하는 치안서비스는 사회간접자본(社會間接資本, SOC: Social Overhead Capital)가운데 하나로서, 범죄와 무질서 대응이라는 매우 본질적인 사회적 욕구를 충족시키는 역할을 한다고 볼 수 있다.[7)]
사회간접자본은 재화와 서비스의 생산에 직접 사용되기보다는 간접적으로 생산활동을 지원하며 촉진하는데 필요불가결한 자본을 말한다. 이것은 보통 정부가 소유하거나 개인이나 기업이 소유하더라도 정부의 규제를 받는 사회적 성격을 띤 자본이다.
이 개념을 협의로 사용할 때는 수송, 통신, 전력, 용수 등 자본시설을 지칭하며, 광의로 사용할 때는 이에 추가하여 국방, 치안(治安), 보건, 의료, 후생, 교육 등 산업의 생산활동과 일상생활에 필수불가결한 모든 공공적 성격을 띤 시설을 포함한다.

2) 강제조직

에치오니(A. Etzionni)는 조직을 복종관계의 기초가 되는 권력과 관여의 유형에 따라 강제조직, 공리조직, 규범조직으로 나누었다. 이 가운데 강제조직(强制組織)은 조직의 주된 통제의 수단이 강제적이며, 이로 인해 조직구성원들이 소외감·고립감·좌절감 속에서 업무를 수행하는 경향도 있다고 보았다. 대표적으로 군대나 경찰조직 등이 이에 해당한다고 하였다.[8)]

3) 정치 현상유지조직

캇츠(D. Katz)와 칸(Kahn)은 조직의 기능을 기준으로 생산·경제조직, 정치조직, 그리고 현상유지조직 등으로 구분하였다. 여기서 경찰을 포함한 형사사법기관은 법의 집

6) T. Parsons(1960), Structure and Process in Modern Society, N.Y.: Free Press, pp. 45-46.
7) 이상안(2005), 경찰행정학, 서울: 대명출판사, p. 68.
8) A. Etzioni(1964), Modern Organization, N.J.: Prentice-Hall, p. 72.

행수단이라는 점에서 정치조직(政治組織)이며, 아울러 사회화 기능 및 규범적 기능을 수행한다는 점에서 현상유지조직(現狀維持組織)에 해당한다고 하였다. 이러한 조직은 사회구조와 질서가 무너지지 않도록 규범적 통합을 유지하려고 노력한다고 하였다.[9)]

4) 봉사조직과 공공복리조직

블라우(P. Blau)와 스콧(R. Scott)은 조직활동의 주된 수혜자가 누구냐를 기준으로 사업조직, 봉사조직, 공공복지조직 등으로 구분하였다. 범죄피해자를 주요 수혜자로 볼 때는 경찰은 봉사조직(奉仕組織)이 될 수 있다고 보았다. 한편, 각종 봉사활동 등 국민을 주요 수혜자로 할 때는 공공복리조직(公共福利組織)이 된다고 보았다.[10)] 다만 경찰이 적극적 공공복리 증진자로서 활동할 때는 과연 그 범위를 어디까지로 할 것인가 하는 한계 문제가 제기될 수 있다.[11)]

5) 다른 치안조직과의 비교

치안서비스를 제공하는 공식적(公式的)인 조직에는 경찰뿐만 아니라 군, 검찰·법원·교정기관 등 국가조직, 그리고 경비업법상의 민간경비 등 민간조직이 있다.

이러한 조직들은 개인의 자유와 권리보호, 공공의 안녕과 질서유지 등과 관련된 다양한 치안서비스를 제공하고 있다. 여기에서 국방서비스를 제외한다면, 경찰조직을 포함한 형사사법기관은 일반적으로 특정지역에 지방공공재나 국가 공공재로 공급되는데, 영미법계는 주로 전자에 해당하며, 대륙법계에서는 주로 후자 중심으로 이루어지고 있다.

치안서비스를 제공하는 조직의 특징을 살펴본다면, 먼저 군은 거시적으로 국가방위와 관련된 것이며, 형사사법은 전체적으로 범죄통제와 관련된 것이다. 그런데 경찰조직은 형사사법(Criminal Justice)적 관점에서 볼 때, 범죄통제의 기능(범죄예방, 수사·체포)을 일부 담당하지만, 이에 국한되지 않고 비범죄적 업무 또는 순수한 형태의 서비스(예: 교통질서유지, 노약자보호 등)를 제공하고 있다. 이러한 특성은 경찰을 형사사법기관의 일부로 포함하면서도, 한편으로는 이와 구별되는 성향을 갖는 것으로 보게 한다.

그리고 경찰조직만큼이나 범죄 등을 포함한 수많은 사회문제에 직·간접적으로 대응

9) D. Katz and Robert L. Kahn(1966), The Social Psychology of Organization, N.Y.: John wiley and Sons, pp. 112-113.
10) Peter M. Blau and R. Scott(1962), Formational Organization, San Francisco: Chandler Publishing Co., pp. 42-52.
11) 이에 대한 자세한 내용은 김상호 외 8인(2004), 경찰학개론, 서울: 법문사, pp. 456-460 참조.

하는 조직도 없을 것이다. 경찰조직은 거대한 조직규모를 갖추고 끊임없이 일반시민 또는 범죄자들과 범죄적 요소뿐만 아니라 비범죄적 요소들을 다루면서 직접적으로 시민과 상호작용하고 있기 때문이다.

실제로 군은 조직적인 면에서 경찰보다 그 규모가 크지만, 대외적으로 국가방어적 차원에서 치안을 담당하기 때문에 일반시민과의 직접적인 상호작용은 이루어지지 않는다. 형사사법기관으로서 검찰·법원·교정은 일반시민을 대상으로 하기보다는 범죄자와 밀접한 관련성을 가진 사람들과 상호작용을 한다. 최근 많은 관심의 대상이 되는 민간경비(Private Security) 역시 일반시민을 대상으로 하는 것이 아니라 세금 이외의 별도의 비용을 부담하는 특정고객(special clients)을 대상으로 관련 치안서비스를 제공하게 된다.

3. 경찰조직의 목표

1) 경찰목표의 개념

모든 조직은 목표(目標, Goals)를 가지고 있다. 경찰조직의 목표는 '경찰조직이 실현하고자 하는 바람직한 상태'를 말한다. 목표 없는 조직은 존재할 수 없으며, 목표가 불명확하면 나침반 없이 조난된 배와 같다.

경찰조직의 목표라는 것은 경찰이념(警察理念)에서 도출된다고 본다. 경찰목표는 하위목표인 경찰목적이 도출되고, 경찰목적에서 세부적인 경찰업무가 배분(경찰현장운용의 실행)되고, 이는 결과적으로 경찰관 개개인의 행태(行態)로 이어진다.[12)]

이러한 경찰목표는 단일적·일원적인 것이 아니라 다원적·복합적인 구조를 가지고 있다. 특히, 오늘날과 같이 범죄와 무질서 등 각종 사회적 문제의 양적·질적 심화 속에서 경찰의 역할은 더욱 증대되고 있는 상황에서는 더욱 그러할 수밖에 없다고 본다.

경찰조직이 추구하는 목표가 많다는 것은 그만큼 경찰의 역할이 증대되고 그에 따른 위상이 높아진다는 것을 의미한다. 반면, 경찰활동의 구심점을 흩트리고 경찰조직의 이념구현과 성과(능률성, 효과성, 형평성 등)를 달성하는데 장애가 될 수도 있다는 점을 고려해야 한다.

생각건대, 경찰목표에 대한 개인 내지 집단의 인식 차이가 크면 클수록 목표달성 정도는 낮아질 것이며, 상호화합과 통합을 통한 인식의 공유는 목표달성 정도를 보다 높

12) Gary W. Cordner(1999), Police Administration, Cincinnati: Anderson Publishing Co., p. 46.

여줄 것이다. 경찰목표는 그 성격이 미래지향적이지만 현재의 조직활동에 강력한 영향을 미친다는 것은 분명한 사실이다. 그리고 경찰목표는 경찰활동의 방향을 제시하거나 정당성을 부여하며, 경찰활동에 대한 평가기준을 제공하기도 한다.

2) 경찰목표의 유형

경찰목표는 여러 가지 관점에서 다양하게 접근할 수 있기 때문에 이를 명확하게 이해하는 것은 쉬운 일이 아니다. 여기에서는 이와 관련하여 ㉠ 공식성, ㉡ 계층성, ㉢ 유형성 여부 등 3가지 기준에 따라 이를 살펴보기로 한다.[13)]

(1) 공식적 목표와 실질적 목표

경찰목표를 공식성의 유무를 기준으로 분류하면 공식적 목표와 실질적 목표로 나눌 수 있다. 여기에서 공식적 목표(公式的 目標, formal goals)라는 것은 정부와 경찰조직이 공식적으로 설정하여 추진하는 목표이며, 이는 경찰법 및 관계법령, 그리고 대통령, 경찰청장 등 기관장의 훈령, 지시 등에 의해서 밝혀진다.

이와 관련하여 예컨대, 「국가경찰과 자치경찰의 조직 및 운영에 관한 법률」(약칭: 경찰법) 제3조는 국가경찰의 임무(任務)를 규정한 것인데, 이는 경찰목표를 의미하는 것이라고 본다. 경찰목표라는 것이 하나의 결과라면, 임무 또는 역할은 하나의 과정이라고 본다. 그러나 양자는 불가분의 관계에 있기 때문에 임무 또는 역할을 곧 목표로 간주할 수도 있다고 본다.

공식적 목표: 경찰의 임무(경찰법 제3조)
① 국민의 생명·신체 및 재산의 보호
② 범죄의 예방·진압 및 수사
③ 범죄피해자 보호
④ 경비·요인경호 및 대간첩·대테러 작전 수행
⑤ 공공안녕에 대한 위험의 예방과 대응을 위한 정보의 수집·작성 및 배포
⑥ 교통의 단속과 위해의 방지
⑦ 외국 정부기관 및 국제기구와의 국제협력
⑧ 그 밖에 공공의 안녕과 질서유지

13) 김영종 외 3인(1998), 행정학, 서울: 법문사, pp. 231-233 재구성.

실질적 목표(real goals)라는 것은 정부와 경찰조직이 현실적·직접적으로 추구하는 목표로서 '운영적 목표' 또는 '비공식적 목표'(非公式的 目標)라고도 한다. 이들 공식적 목표와 실질적 목표는 일치될 수도 있고, 상반·대립할 수도 있는데, 일치되는 것이 가장 이상적임은 물론이다.

그리고 경찰조직의 공식적 목표는 다른 목표(예: 권력집단의 권력유지 및 재창출 등)를 은폐하기 위하여 의도적으로 사용되는 경우도 있다. 그리고 이들 두 목표가 차이가 나는 것은 환경의 변화나 정치적 이해관계, 그리고 조직구성원들의 개인적 인식 차이에서 비롯된 것일 수도 있다.

(2) 상위목표와 하위목표

경찰조직의 목표는 상위목표와 하위목표로 구분할 수 있다. 상위목표는 정부 및 경찰조직 전체의 차원에서 추구하는 목표로서 범죄 및 무질서로부터 자유로운 자유민주주의 사회의 건설, 공공의 안녕과 질서유지 등을 들 수 있다.

이러한 상위목표는 보통 하위목표보다 추상적이고 일반적인 성격을 띠고 있다. 반면, 하위목표는 상위목표를 기본으로 하되, 보다 구체적이고 특정적인 성격을 띠고 있다. 경찰조직은 각 기능에 따라 생활안전, 수사, 교통, 경비, 정보, 보안, 외사 등으로 구분되는데, 하위목표는 이들 기능별 부서가 추구하는 목표와 관련된다. 이와 관련하여 경찰법 제3조에서 규정한 경찰의 임무를 다시 계층화시켜보면 다음과 같다.

〈상위목표와 하위목표의 설정〉

상위목표	① 국민의 생명·신체 및 재산의 보호 ② 공공의 안녕과 질서유지
	⇩
하위목표	① 범죄의 예방·진압 및 수사 ② 범죄피해자의 보호 ③ 경비·요인경호 및 대간첩·대테러 작전 수행 ④ 공공안녕에 대한 위험의 예방과 대응을 위한 정보의 수집·작성 및 배포 ⑤ 교통의 단속과 위해의 방지 ⑥ 외국 정부기관 및 국제기구와의 국제협력

경찰조직의 목표는 바람직한 미래상을 구현할 수도 있고 그렇지 못할 수도 있다. 그러나 가능한 그 미래상에 가장 가깝게 접근하려고 노력하며, 일단 정해진 목표가 달성되면 그 이후부터 그것은 목표로서의 효용을 상실하게 된다. 예컨대, 어떤 지역에서 발생한 '연쇄살인사건의 해결'과 같이 일정기간에 구체적으로 설정된 목표는 목표 달성 이후, 그 의미를 상실하게 된다.

여기에서 '의미를 상실한다는 것'은 그에 투입된 인적·물적 자원의 변동을 의미한다. 그러나 이러한 것은 경찰목표 가운데 하위목표라고 할 수 있으며, 범죄통제를 통한 국민의 생명·신체·재산의 보호 및 공공의 안녕과 질서유지라는 상위목표는 여전히 거시적인 가치로서 어느 정도의 영속성(永續性)을 가지고 있음은 물론이다.

경찰이 추구하는 목표는 나라마다 다소 간의 차이가 있지만, 일정한 공통점을 가지고 있으며, 이를 위해 다양한 경찰활동을 수행하고 있다고 볼 수 있다.[14] 더욱이 오늘날과 같이 사회적 통합보다는 분열과 갈등이 첨예화되고 있는 현실에서 경찰의 역할은 세분화·전문화될 것을 요구하고 있음에 주목할 필요가 있다. 이러한 하위목표는 상위목표의 달성을 위한 수단으로서 기능을 한다고 볼 수 있다.

(3) 무형의 목표와 유형의 목표

경찰이 수행하는 목표의 유형성 여부와 정도를 기준으로 무형의 목표와 유형의 목표로 분류할 수 있다. 무형의 목표는 위에서 설명한 상위목표와 유사하게 그 성격이 추상적이며 일반성을 띠고 있을 뿐만 아니라 행동의 융통성을 확보하고, 다양한 이해관계나 의견대립을 극복할 수 있고, 구성원의 자발적 참여를 확보하기 쉽다는 장점이 있다.

반면 유형의 목표는 위의 하위목표의 성격을 가지므로 구체성을 많이 내포하고 있다. 이는 어떠한 사건·성과·기술이나 단기적 목표와 관련이 있으며, 목표달성도의 측정이 쉽다. 일반적으로 유형의 목표는 구체적이고 명백하며, 계량화(計量化)가 가능하므로 업적의 기준으로 사용할 수 있다.

그러나 항상 무형의 목표가 상위목표이고, 유형의 목표가 하위목표인 것은 아니라고 본다. 경찰이 제공하는 치안서비스는 국가가 제공하는 공공서비스의 한 형태로서 근본적으로 '서비스'(Service) 자체에 내재하는 추상적인 특성을 갖는다. 다만, 이러한 추상적인 특성만 가지고는 그 성과를 측정하여 평가하기가 어렵기 때문에 일정한 계량화를 전제로 한 구체적인 측정·평가기준을 마련하기도 한다.

---

14) Gary W. Cordner(1999), Police Administration, Cincinnati: Anderson Publishing Co., pp. 47-52.

3) 경찰목표의 설정과 갈등, 변화

(1) 경찰목표의 설정과 갈등

바람직한 경찰조직의 목표는 어떻게 설정할 것인가? 경찰조직의 목표는 법으로 명시할 수도 있고, 통치권자 및 치안책임자의 가치관 및 정책결정 등에 의해서도 설정될 수 있다. 다만, 경찰조직의 목표설정은 비록 그것이 조직이 달성해야 할 미래상이라 할지라도 독단적으로 설정될 성질의 것은 아니라고 본다.

민주국가에서 경찰목표는 보다 많은 사람과 집단들이 참여하는 민주적 과정을 통해서 설정하는 것이 바람직하다고 본다. 특히, 개방체제에서 환경과 유관하게 상호작용하여 국가 및 지역실정에 맞는 목표를 설정할 필요가 있기 때문이다.

이러한 과정에서 치안활동의 전문집단인 경찰이 적극적으로 참여해서 자신의 입장을 밝히는 것은 중요한 일이다. 가장 이상적인 경찰목표의 설정이라는 것은 조직 외적으로 개인과 국가질서유지에 모두 부합하고, 아울러 조직 내적으로 조직구성원들의 이해관계를 충분히 반영하는 방향으로 설정되는 것이 바람직하다고 본다.

그런데, 설정된 경찰목표가 항상 바람직한 방향으로 추진되는 것은 아니다. 특히, 조직 내외적인 정치권력집단의 이해관계에 의해 설정된 목표가 왜곡될 가능성도 적지 않기 때문이다. 물론, 경찰활동이라는 것이 국가권력을 전제로 한 것이기 때문에 이러한 문제는 항상 내재하는 한계요인이라고 본다.

따라서 예컨대, 정치지도자의 가치관이나 정국의 안정성 정도, 정치와 경찰과의 관계 여하에 따라 목표의 내용은 물론 그 수준의 결정에 있어서 지대한 영향을 미치게 된다.

또 경찰조직 내의 특정계층 또는 특정집단의 이해관계에 의하여 목표설정에 영향을 미치게 될 수 있다. 아울러 경찰목표는 사회 내의 특정계층, 특정지역, 특정집단에 유리하거나 불리하게 작용할 수도 있다. 그리고 사회적으로 어떠한 변화나 갈등이 야기될 때, 예측하지 못한 사태가 전개될 때 경찰목표는 이들을 해결하는 쪽으로 설정되기도 한다. 이러한 과정에서 시민의 이성을 잃은 집단행동과 경찰의 과잉대응이 문제 되어 또 다른 사회적 갈등을 야기하기도 한다.

(2) 경찰목표의 설정 기준

경찰목표를 설정하고 이를 추구하는 과정에서 직면하는 본질적인 어려움은 경찰목표의 양면성에서 비롯된다고 본다. 개인의 자유와 권리보호 및 공공의 안녕과 질서유지라는 양 가치는 항상 조화되지 않고, 경우에 따라서는 가치상충이 될 수도 있는 것이기 때문이다.

따라서 경찰목표는 경찰조직에 의해 달성되어야 할 과제이기 때문에 사회적 여건, 조직의 역량 등을 고려하여 설정함으로써 야기될 수 있는 문제를 최소화해야 한다. 아래에서는 어떠한 기준을 가지고 경찰목표를 설정할 것이가에 대해서 살펴보기로 한다(이는 추상적인 경찰의 상위목표라기보다는 구체적인 하위목표와 관련성이 있다).[15]

경찰목표의 설정 기준

① 경찰목표는 가능한 한 명료하고, 현실적이어야 한다. 애매모호하거나 비현실적인 것은 지양되어야 한다.
② 경찰목표는 그 시기가 적절하고, 설정된 목표 간의 우선순위가 분명해야 한다.
③ 경찰목표는 실현가능성과 결과의 확실성이 높아야 한다. 실현 가능성도 불분명하고, 실현 결과의 내용도 불확실한 목표는 배제되어야 한다.
④ 경찰목표는 상황변동에 대한 적응 가능성이 높아야 한다. 일반적으로 경찰목표의 달성에는 막대한 인적·물적 자원이 동원된다. 따라서 상황변동에 대한 적응력을 높이지 못할 경우, 국가적 자원낭비 문제를 가져다준다.
⑤ 경찰목표는 목표달성을 통하여 경찰조직 스스로는 물론이고 국민의 욕구 충족이 동시에 가능해야 한다.

(3) 경찰목표의 변화

현대사회는 매우 빠르게 변화를 거듭하고 있다. 따라서 치안환경이라는 것도 그러한 시대변화에 맞게 변화하기 마련이다. 이와 관련하여 거시적·본질적 차원에서의 경찰목표 즉, 개인의 자유와 권리의 보호 및 공공의 안녕질서유지라는 두 가지의 '가치'(價値)를 가지고 살펴보자.

정치·경제·사회적으로 안정되어 일정수준의 사회적·국가적 통합이 이루어질 때는 범죄와 무질서 문제 역시 그와 비례해서 감소한다고 본다. 이러한 상황에서 경찰은 개인의 자유와 권리보호에 보다 초점을 두고 목표를 설정하여 주어진 임무를 수행할 수 있을 것이다.

반면, 정치·경제·사회적 불안정으로 인해 수많은 이해관계가 상충되어 사회적·국가적 갈등이 심화되어 있을 때, 경찰은 무엇보다도 공공의 안녕질서에 초점을 두고 경찰활동을 하지 않을 수 없다. 이 경우 개인의 자유와 권리라는 가치는 일정 수준 후퇴할 수밖에 없다고 본다.

15) 김영종 외 3인(1998), 앞의 책, p. 236 재구성.

제2절 경찰조직이론의 발전

1. 경찰조직이론의 기본논의

경찰조직이 추구하는 목표를 달성하기 위해서 구체적으로 어떻게 해야 하는가? 이와 관련하여 경찰관 개개인의 역량, 조직력, 지휘관의 리더십, 적절한 예산지원, 적절한 권한과 재량, 그리고 국민적 관심과 기대 등은 모두 중요한 요소가 된다. 조직이론(組織理論, Organization Theory)은 바로 이러한 구성요소들을 적절하게 운용하여 조직목표를 달성할 수 있는 일반적 원리를 제시하는 것이다.

1) 일반조직이론의 발전

조직에 관한 연구는 오랜 과거까지 거슬러 올라가 살펴볼 수 있으나, 이에 대한 과학적·체계적인 연구와 이론적 틀의 형성은 20세기에 이르러서야 비로소 시작되었다고 볼 수 있다. 그런데, 지난 100년간의 조직이론의 형성·발전과정을 살펴보면, 각 시대가 처한 상황에 따라 접근방법에서 차이가 있다는 점을 알 수 있다. 시대를 초월한 절대적인 조직이론은 존재하지 않는다는 의미이다.

조직에 대한 인식 및 접근방법에 따라서 시대별 조직이론의 변화 및 발전과정을 단계별로 구분할 수 있을 것이다. 다만, 조직이론의 변화·발전은 단절적(斷絶的)이라기보다는 연속적(連續的)인 성격을 가지고 있다.

그리고 과거의 생각이나 주장이 전혀 잘못되었고, 현재에 대두된 주장이 전적으로 옳다는 식의 이분법적 구분이 아니라 어느 한 시대에 유행했던 이론이 일정 시점에 이르러서는 퇴보되고, 이에 대한 보완 또는 수정, 그리고 더 나아가서 반대되는 새로운 이론이 서서히 등장하면서 '이론의 세대교체'가 자연스럽게 이루어짐을 알 수 있다. 이는 쿤(T. Kuhn)이 제시한 '패러다임의 전환'(Paradigm shift)과도 일맥상통하는 것이라 할 수 있다.

조직이론에 대해 국내외의 수많은 관련 학자는 이에 대한 적절한 기준과 근거를 제시하고 있다. 이와 관련하여 역사적 관점에서 현대 조직이론을 3단계로 구분하는 경우가 많다. 대표적으로 왈도(D. Waldo, 1969)는 고전이론, 신(新)고전이론, 현대이론 등으로 구분하였다.[16] 그리고 조직이론을 가장 잘 체계적으로 정리한 것 가운데 스콧(W. R. Scott)의 조직이론 분류를 들 수 있다.[17] 그는 두 가지 차원에서 접근하였다. 첫째,

조직환경과의 관계에서 조직을 폐쇄체제(閉鎖體制, Closed System)로 또는 개방체제(開放體制, Open System)로 생각하는지의 여부, 둘째, 조직과 인간을 합리적(合理的, rational) 존재 또는 자연적(自然的, natural) 존재로 생각하는지의 여부를 기준으로 하여 조직이론을 4가지로 분류하였다.[18)]

여기에서 조직과 조직구성원을 합리적인 존재로 보는 관점은 주로 경제성을 추구하는 것과 관련된다. 그리고 자연적 존재로 보는 관점은 조직구성원의 심리 및 사회적 욕구를 강조하고, 조직의 목표달성보다는 조직의 생존과 조직 속에 흐르는 비공식성, 비합리성 등에 중점을 두고 있다.

스콧의 이러한 조직이론의 분류방법 역시 크게는 시대적 전후 관계를 기준으로 한 것이며, 따라서 기존의 접근방법과 상충되는 것은 아니니다. 다만 스콧은 조직이론의 발전을 추상적으로 고전이론, 신고전이론, 현대이론이라는 용어를 사용하지 않고, 당시 크게 논의되었던 이론들이 가지고 있는 기본적 특성, 즉 환경과의 관계(환경에 개방적인 조직과 폐쇄적인 조직)와 인간에 관한 인식 방법(합리적 인간과 자연적·비합리적 인간)을 기준으로 접근하였다는 점에 특색이 있다. 또한 개방-합리적 이론(체제이론과 상황이론 등)에서 한 단계 더 나아가 개방-자연적 이론(학습이론, 혼돈이론 등)을 제시하였다는 점에 의의가 있다.

2) 경찰조직이론의 특징

경찰조직이론은 경찰조직에 고유한 이론이라기보다는 행정학·경영학 등의 영역에서 각 시대적 상황에 따라 체계화된 이론들을 원용하여 발전시킨 것이라 할 수 있다. 경찰조직 역시 이러한 시대적 배경을 전제로 하기 때문에 이들 조직이론을 경찰조직에 적용할 수 있을 것이다. 물론, 이들 일반조직이론을 경찰조직이론에 적용할 때, 어떻게 경찰조직이 가지고 있는 특수성을 반영하느냐가 관건일 것이다.

그런데, 경찰 및 군대와 같은 조직은 다른 공공부문과 민간부문과는 달리 업무의 특성상 체제유지적이고 보수성이 강하다. 이는 경찰조직이 사회변화에 민감하게 변화하기 어렵다는 것을 의미한다. 따라서 어떤 면에서는 다른 부문의 조직이 이미 새로운 조직이론에 기초를 두고 변화·발전하고 있는 시기에 경찰은 여전히 기존의 조직이론의 틀(예: 전통적 관료제론 등) 속에서 운영되는 성향이 있는 것도 사실이다.

---

16) 박연호(1988), 조직관리론, 서울: 법문사, pp. 29-53.; 유종해(1996), 앞의 책, pp. 37-67.; 오석홍(2009), 조직이론, 서울: 박영사, pp. 10-63.

17) T. Peter and R. Jr. Waterman(1982), In Search of Excellence, NY: Harper & Row, p. 91.

18) W. R. Scott(1987), Organization: Rational, Natural, and Open System, NJ: Prentice-Hall.

따라서 경찰조직 역시 하나의 '조직'으로서 동시대에 등장하는 공공부문과 민간부문의 일반조직이론의 기본원리를 수용하면서도, 한편으로는 경찰이 갖는 업무의 특성을 반영하여 경찰조직의 목표달성에 가장 부합되는 조직이론을 정립하는 것이 필요하다고 본다.

3) 경찰조직이론의 체계화

그동안 논의되어 온 일반조직이론을 토대로 경찰조직이론의 역사적 발전과정을 다음과 같이 정립할 수 있을 것이다.

이는 거시적으로 ㉠ 왈도(D. Waldo) 등이 제시한 기존의 일반조직이론의 3단계 분류기준(고전이론, 신고전이론, 현대이론)에 포스트 현대(post-modern)이론을 첨부하고, 이를 ㉡ 스콧(W. R. Scott)이 제시한 4단계 분류기준(폐쇄-합리적 조직이론, 폐쇄-자연적 조직이론, 개방-합리적 조직이론, 개방-자연적 조직이론)에 절충하여 체계화시킨 것이다.

왈도식 접근방법은 시간적 차원에서 조직이론의 역사적 발전과정을 조명할 수 있으며, 스콧식 접근방법은 그러한 과정에서 환경관계(폐쇄·개방체제)와 인간관계(합리적·자연적 인간)를 분석·정리하는데 유용하다.

그런데, 오늘날 현대조직이론(스콧의 기준에 의하면 개방-합리적 조직이론과 개방-자연적 조직이론이 여기에 해당)이라 칭하는 조직이론이 이미 1960년대 이전까지 거슬러 올라가기 때문에, 현대조직이론 속에서도 더욱 현대적인 이론(시기적으로 최근에 해당하는)으로 구분할 필요가 있다.

이러한 접근을 위해서 오늘날 인문과학 및 사회과학 영역에서 널리 쓰이고 있는 이른바 '포스트 현대'(post-modern) 개념을 사용하여 현대조직이론을 다시 재분류하고자 하였다. 물론, 이 역시 어떠한 새로운 조직이론의 제시라는 측면도 있지만, 더 나아가 조직이론을 분류하는 하나의 기준으로 사용하고자 하는 의도에서 제시한 것이다.

여기서 한 가지 주의할 것은 어떤 이론의 학문적 위치와 조직사회의 실제에서 차지하는 '시장점유율'이 반드시 부합되는 것만은 아니라는 사실이다. 예컨대, 인간관계론이 학문적으로 가장 우세한 때에도 고전이론의 처방들이 실천적으로 조직의 설계와 운영에 더 많은 영향을 미치고 있었다. 현대 경찰조직 역시 여전히 관료주의적 성향이 매우 강하게 나타나고 있음은 부인하기 어렵다.

그리고 비록 이러한 각각의 접근방법들은 개인 및 조직행태에 대해서 서로 다른 관점에서 출발하고 있으며, 그 결과 관리자들이 어떻게 조직문제를 정의하고 해결하고자 하는가에 대해서도 서로 다른 견해를 가지고 있지만, 이를 토대로 실천적이고 미래지향적인 조직이론의 발전을 기대할 수도 있을 것이다.

〈경찰조직이론의 체계〉

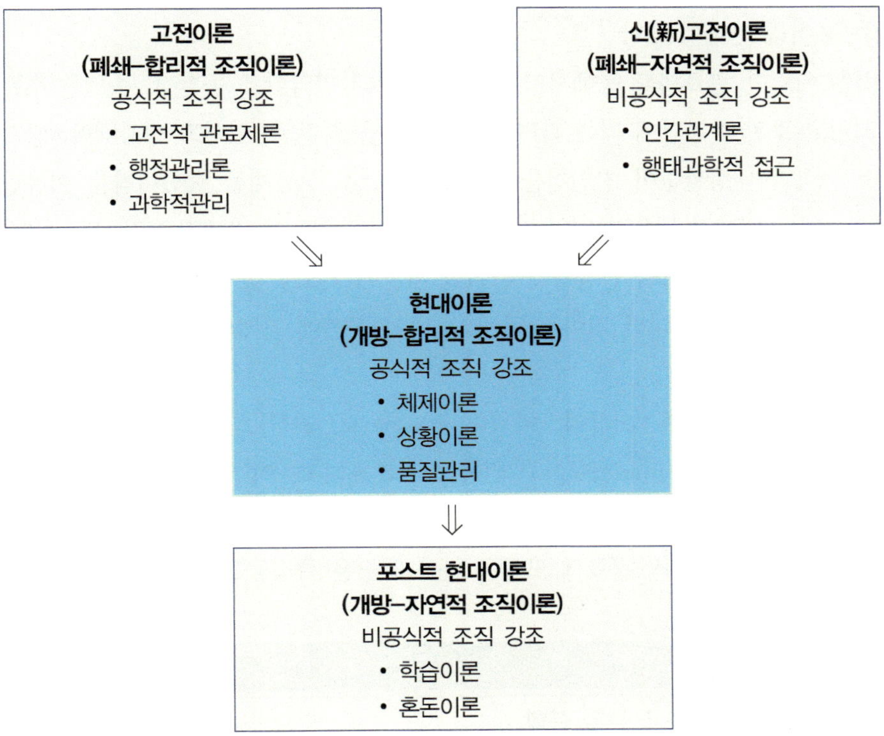

2. 고전적 조직이론: 폐쇄-합리적 조직

조직이론에 관한 고전적 또는 전통적 접근은 1900년 이후 오늘날에 적지 않은 영향을 미치는 이론으로 관료제론, 행정관리론, 과학적관리론의 세 가지 주요 영역으로 구분되어 논의 할 수 있다.

여기에서 ㉠ 관료제론이 조직 전체의 구조적 특성에 대하여 포괄적인 관심을 가졌다면, ㉡ 행정관리론은 조직의 상층부에 초점을 두고 하향적 방식에 의한 조직의 합리화를 추구하였다고 평가할 수 있다. 그리고 ㉢ 과학적관리론은 하위수준(하위계층)의 조직생산성에 관심을 가졌다. 따라서 우리는 이들 세 가지 고전적 조직이론을 통해서 경찰조직의 전체적인 구조적 특성과 경찰조직 관리층의 관리방식, 일선경찰의 생산성 향상 등과 관련하여 기본적인 지식을 쌓을 수 있을 것이다.

1) 고전적 관료제론

관료제(官僚制, Bureaucracy)라는 개념은 현대 사회학에 지대한 영향을 미친 베버(Max Weber)의 연구와 관련된다. 그는 19세기 후반 유럽의 사회적 변화의 결과를 연구하는 과정에서 합리성에 기초를 두고 운영되는 복잡한 조직을 이해하기 위하여 '관료제'라는 용어를 만들어 냈다.[19)]

베버는 이러한 관료제를 통해서 산업혁명 초기의 열악한 노동환경, 족벌주의(族閥主義), 그리고 주관적 판단에 의한 관리자들의 관행을 줄일 수 있다고 생각했다. 당시에는 객관적 능력과는 상관없이 친인척을 고용하고, 단지 상류계급 출신이라는 이유만으로 정부와 산업체 내에서 높은 지위의 직책을 맡게 되는 일들이 관행적으로 이루어졌다.

베버의 관료제는 조직의 권한구조에 관한 이론에 기초를 둔 것이라 할 수 있다. 따라서 베버의 조직이론에 대한 기여는 합리적·법적 권한에 근거한 관료제를 제시한 데서 찾아볼 수 있다.

베버는 권한의 유형을 ㉠ 카리스마적(charismatic) 권한, ㉡ 전통적(traditional) 권한, ㉢ 합리적·법적(rational-legal) 권한으로 분류하고, 이 가운데 합리적·법적 권한에 기초를 둔 관료제 모형이 근대사회의 대규모조직을 설명하는데 가장 적합한 것이라고 하였다. 베버의 이상적 관료제 모형은 다음과 같은 특징들을 가지고 있다.[20)]

베버의 관료제 특징

① 전문화에 기초를 둔 노동의 분화
② 하위직이 상위직의 통제와 감독을 받도록 하는 계층적 구조
③ 조직전체에 적용되는 일련의 규칙
④ 구성원 간에 공식적·기계적인 관계의 유지: 합리적인 의사결정은 객관적이고, 감정이 개입되지 않는 상황에서만이 이루어질 수 있다고 봄
⑤ 능력에 기초를 둔 선발과 승진

베버가 제시한 고전적 관료제 모형에 있어서 기본적인 가치기준은 능률성(efficiency)이라고 볼 수 있다. 직위를 관할과 계층에 관련하여 규정하고, 그 해당 직위에 전문직원을 배치하며, 활동유형에 관한 규칙을 제정하고, 보수와 승진 등에 의하여 전문성·신속성·명확성·통일성을 기하고, 부하들의 철저한 복종, 마찰의 감소, 인적·물적 비용의

---

19) Roy R Roberg, Jack Kuykendall(1997), Police Management, L.A.: Roxbury Publishing Company, p. 26.

20) 오석홍(2001), 조직이론, 서울: 박영사, p. 21.

감소 등을 보장함으로써 능률성을 제고 할 수 있다고 믿었던 것이다. 물론, 이러한 사고 방식은 환경에 대한 폐쇄체제(閉鎖體制, Closed system)의 관점에 입각한 것이다.

베버는 관료제가 자본주의사회에서 개인적 목표와 사회적 목표를 동시에 달성할 수 있도록 해주는 가장 합리적인 수단이라고 생각한 것이다. 그러나 이러한 접근방법이 비록 그 당시에는 진보적인 단계로서 고려될 수 있었지만, 고도의 형식화되고 비인격화된 조직관리를 초래하게 되었다. 베버의 관료제론에 대한 주요 비판 가운데 하나는 관료제 내에서 조직구성원들은 단지 '기계 속의 톱니바퀴' 정도로 파악했다는 점에 있다. 그리고 이러한 베버의 관료제는 후술하는 테일러의 과학적관리론과 많은 유사성을 갖고 있음을 알 수 있다.

2) 행정관리론

(1) 페욜의 행정관리론

20세기 초 조직의 '관리'(管理, management) 분야에 크게 관심을 가진 사람 가운데 하나는 프랑스 사업가인 페욜(H. Fayol) 이었다. 그는 조직관리에 있어서 이론과 실제의 발전과 교육의 필요성을 인식하였다. 그는 "오늘날 신규(관리자)자들은 관리이론뿐만 아니라 관리방법도 알고 있지 않으며, 이러한 이유로 관리자들은 평생 초보자로 남게 된다"고 하였다. 그는 자신이 석탄과 철강산업 분야에서 일하는 동안 가장 자주 적용하였던 14가지의 효율적인 조직관리의 원리에 대한 정의를 내렸다.[21] 이를 통해 그는 집권화되고, 기능적으로 전문화된 조직구조, 그리고 주도면밀한 감독과 통제를 강조하였다.

페욜의 관리원칙		
① 업무의 분화	② 권한과 책임	③ 규율
④ 명령의 통일성	⑤ 지휘의 통일성	⑥ 조직이익의 우선
⑦ 구성원에 대한 보상	⑧ 집권화·분권화	⑨ 계층적 구조
⑩ 질서	⑪ 공평성	⑫ 재직의 안전성
⑬ 창의성	⑭ 단결성(애사심)	

페욜은 자신이 내린 각각의 관리원칙은 보편성을 가지고 있기 때문에 산업조직뿐만 아니라, 종교, 군대, 경찰(警察), 그리고 여러 다른 형태의 조직에도 적용될 수 있다고

21) Roy R Roberg, Jack Kuykendall(1997), op. cit., p. 27.

믿었다. 그는 개발되는 관리원칙의 수나 그것이 적용될 수 있는 방법에는 한계가 없다고 하였다. 흥미로운 것은 페욜은 엄격성·경직성이라는 고정관념을 깨기 위해 '규칙'(rules)이나 '법'(laws)이라는 용어보다는 '원리 또는 원칙'(principles)[22]라는 용어를 선택·사용하였다.

비록 최근의 연구에서 어떤 특정한 조건 아래에서는 페욜이 제시한 관리원칙에 예외가 있다는 점이 발견되고 있지만, 이러한 일반적인 원칙들은 오늘날에도 여전히 광범위하게 적용되고 있다.

(2) 귤릭과 어윅의 행정관리론

미국에서는 1930년대에 이르러 조직관리의 기능, 조직관리의 원리 등에 관한 연구가 이루어졌다. 여기에 해당하는 대표적인 행정관리론자들 중에는 귤릭(L. Gulick)과 어윅(L. Urwick) 등을 들 수 있다.[23]

귤릭은 'POSDCORB'라는 두문자어(頭文字語)를 사용함으로써 행정의 주요기능을 묘사한 논문을 기고한 바 있다. POSDCORB는 ㉠ 계획(Planning), ㉡ 조직화(Organization), ㉢ 참모조직(Staffing), ㉣ 지시(Direction), ㉤ 협력(Coordinating), ㉥ 보고(Reporting), ㉦ 예산(Budgeting)을 의미하는 것이다.

그리고 어윅은 행정의 원리로서(the elements of administration) ㉠ 명령의 통일성 유지, ㉡ 권한과 책임의 범위를 동일하게 유지, ㉢ 통솔범위를 제한할 것 등을 강조함으로써 페욜의 연구를 확대하였다.[24]

① 명령통일의 원리

행정관리론자들은 직원들이 한 사람의 감독관으로부터만 명령을 받아야 한다는 명령통일(命令統一, unity of command)의 원리가 엄격하게 지킴으로서 조직이 능률적이고 효과적으로 통제되고 운영될 수 있다고 보았다.

그리고 이러한 원리에 대해서 예외가 발생하는 경우에 대해서는 명문화된 정책적 요구가 강조되어야 한다고 보았다. 이는 '기능적 통제'(functional control)로 알려진 것인데, 예컨대, 특수한 살인사건과 같은 경찰현장 상황에서는 그 기능 즉, (업무)와 관련하여 더 많은 경험과 지식을 가지고 있는 다른 감독자에게 그 일을 위임할 수 있다는 것이다.

---

22) H. Fayol/C. Storrs(trans.)(1949), Industrial and General Management, London: Pitman & Sons, p. 19.
23) L. Gulick and L. Urwick (eds.)(1937), Papers on the Science of Administration, N.Y.: Institute of Public Administration.
24) Roy R Roberg, Jack Kuykendall(1997), op. cit., pp. 28-29.

② 권한과 책임의 범위를 동일하게 유지

권한과 책임의 범위를 동일하게 유지한다는 것은 '책임에 상응하는 권한'(authority commensurate with responsibility)을 주어야 한다는 것을 의미한다. 어떤 직원에게 관련 업무를 수행하도록 하는 책임을 주었다면, 그 사람에게는 그 업무를 수행하는데 필요한 권한을 아울러 주어야 한다는 것이다.

이와 관련하여 예컨대, 만약 어떤 사법경찰관이 특정 범죄사건을 해결하는 책임을 부여받았다면, 그 사건에 대한 수사가 행해지는데 필요한 지시와 관련하여 중요한 결정을 내릴 수 있도록 그 사람에게 적절한 권한을 함께 부여해야 한다는 것이다(이는 형사사법상의 수사구조의 합리화와 밀접한 관련성을 갖는다).

또 예컨대, 만약 외근경찰관들이 자신들의 담당구역 내의 범죄예방 및 단속하는 책임을 부여받았다면, 자신들이 가장 적절하다고 생각하는 방법으로 문제해결을 해 나갈 수 있는 권한도 가져야 한다는 의미이다.

③ 통솔범위의 원리

통솔범위(統率範圍, span of control)의 원리는 상관에게 직접적으로 보고하는 부하직원들의 규모로 정의된다.

고전적 조직관리에서는 작은 통솔범위를 강조하고 있는데, 이는 한 감독관이 모든 부하직원과의 밀접한 접촉관계를 유지할 수 있도록 하면서, 이들 모든 직원을 통제할 수 있게 하기 때문이다. 이에 대해 일부는 "아무리 유능한 감독관이라도 관련업무에 5명 또는 아무리 많아도 6명 이상은 동시에 직접적으로 관리할 수 없다"는 결론을 내리기도 하였다.

역설적이지만, 행정관리론자들은 자신들이 제시한 원리 때문에 많은 비판을 받아왔다. 그들이 주장한 원리들은 인간이 경제적 욕구만 지녔다든지, 일을 싫어한다든지, 지시받기를 원한다든지 하는 '의심스러운 가정' 전제에 바탕을 두고 있기 때문이다. 그러나 행정관리론자들은 조직이론의 출범 초기에 그 초석을 놓는데 많은 기여를 한 것은 사실이다. 이들의 이론은 후대의 이론발전에 준거의 틀을 제시해 주었기 때문이다. 따라서 이들이 제시한 이론적 원리들이 비록 보편적인 것이 아닐지라도 오늘날에도 조직설계와 운영의 실제에서 중요한 기준을 제시해 주고 있음은 물론이다.[25)]

25) 오석홍(2001), 앞의 책, p. 23.

3) 과학적관리론

테일러(F. W. Taylor) 등의 조직관리에 관한 연구는 19세기 후반부터 시작하여 20세기 초반까지 진행되었다. 이들은 당시 공장과 같은 대규모 산업시설에서 발생하는 비능률성(inefficiency)에 관심을 가지고 접근하였다.

테일러는 산업시설내의 노동자들의 생산성을 증가시키는 방법에 초점을 두었다. 그에 의하면, 노동자들은 주로 '경제적 보상'에 의해서 동기가 부여되고 있다고 믿었다. 따라서 조직의 생산성을 높이기 위해서는 조직의 운영이 고도의 전문화된 종업원으로 구성된 명확한 '권위주의적인 계층구조'(hierarchy of authority) 속에서 이루어져야 한다고 믿었다.

테일러가 제시한 과학적관리는 종업원이 어떤 특정한 작업을 수행하는데 최상의 방법이 있으며, 따라서 이를 발견하고자 한 것이다. 이와 관련하여 그는 미국 필라델피아 지역에 있는 철강회사에 관한 연구를 통해 노동자들이 하루에 얼마나 많은 양의 물건을 실을 수 있고, 떠 담을 수 있는가 하는 속도를 측정하였다. 그러고 나서 똑같은 노동 강도를 가지고 주어진 시간 내에 노동자들이 더 많은 일을 할 수 있도록 하는 움직임 즉, '동선'(動線)을 발견하고자 하였다.

테일러는 만약 작업량에 따라서 임금을 지급하도록 하고, 노동자들이 가장 좋은 절차(process)를 배우게 된다면, 그들은 시간과 동선에 의해서 계산된 육체적으로 가능한 최대한의 노동량을 산출해 낼 것이라고 믿었다. 이러한 접근방식을 통해서, 테일러는 노동자들이 이전에는 상호간의 비난, 의심, 경계, 그리고 때로는 공개적인 다툼에 많은 시간을 허비하였던 것을 지양하도록 하고, 그 대신 고용주와 자신의 모든 작업상황에 대해서 긍정적이고, 전문적인 태도를 가질 수 있도록 하는 방법을 찾고자 한 것이다.

과학적관리는 이전의 주먹구구식 방법에서 벗어나 노동자들을 과학적으로 선발하고 훈련하여 계발시키며, 모든 업무가 과학적 원리에 의해 행해지도록 하는 것이다. 과학적관리가 공식적인 조직구조와 조직운영규칙에 강하게 적용되기 시작한 것이다.

한편, 테일러의 접근법에 대한 주요비판은 조직구성원 개개인에 대한 배려의 결여와 경제적 동기유발에 지나치게 의존하였다는 점에 있다. 그러나 그의 연구는 당시 산업조직을 이해하는데 적지 않은 공헌을 하였으며, 조직관리에 거시적·일반적 접근을 할 수 있는 바탕을 제공하였다.

4) 고전이론의 경찰조직 적용

19세기 말 또는 20세기 초기의 미국 경찰조직은 이상에서 살펴본 고전적 조직이론의 영향을 크게 받았다. 물론, 이러한 당시의 시대적 배경이 우리와는 상이하지만, 현대 경찰조직의 이론적 기초가 되기 때문에 이를 이해하는 것은 많은 의미가 있다.

이러한 영향은 계층적 권위와 통제를 강조하는 베버의 관료제, 행정관리자들이 강조하는 조직관리의 보편적 원리, 그리고 능률성을 강조하는 테일러의 과학적관리 등에 의해 분명하게 나타나고 있다.

경찰이론가들은 이러한 고전적 조직이론들을 통해, 전문적인 경찰조직의 확립을 시도하였다는 점에 주목할 필요가 있다. 그 결과 경찰을 '당파성'(黨派性)을 갖는 정치로부터 독립시키고자 하는 노력 속에서 고전적 군대식 특성에 따라 조직화된 고도의 관료제 경찰조직을 탄생하게 한 것이다. 이러한 준군대식(paramilitary) 경찰모델은 범죄통제를 향상하고, 부정부패 관행을 줄이기 위해서 법집행기능과 경찰의 행태를 통제하는 관리적 절차를 강조하였다.[26]

경찰 관련자들은 1900년대 초기부터 1950년대 초기에 이르기까지 이러한 고전이론의 조직원리를 미국 경찰조직의 개혁 기초로 활용하고자 하였으며, 더 나아가 1990년대 이후에도 이의 적용 가능성을 모색하고자 하였다. 따라서 관료제 및 준군대식 경찰모델, 그리고 엄격한 권위주의적 관행과 통제는 오늘날에 이르기까지 경찰 조직설계 및 관리에 있어서 영향을 미치고 있음을 알 수 있다. 이러한 연구의 성과물 가운데 하나인 윌슨(O. W. Wilson)의 「Police Administration」(1950)은 고전적 경찰이론의 성립에 지대한 영향을 끼쳤다.

이상과 같이 고전학파에서 말하는 조직의 '원리'는 경찰의 업무수행과 관련하여 관련되는 정치적 영향력 및 부정부패를 감소·제거해야 한다는 '역사적 필연성'(歷史的 必然性)을 인식하고 있는 여러 경찰개혁론자가 추구하는 바와 일치되었다.

3. 신고전이론: 폐쇄-자연적 조직

1) 인간관계론: 행태과학의 시작

고전주의 조직이론가들은 조직관리에 있어서 '인간적 요소'들은 기본적으로 경시하면서 조직의 '공식적 측면' 등을 강조하였음을 알 수 있다. 그러나 조직관리자들은 근

26) Roy R. Roberg, Jack Kuykendall(1997), op. cit., pp. 29-30.

로자들이 항상 합리적으로 행동하거나 예견된 행동 모형을 따르는 것은 아니라는 사실을 인식하게 되었다.

조직에 있어서 '인간적 측면'에도 관심을 가져야 한다는 사실을 깨닫게 된 것이다. 이러한 배경 속에서 이른바 '인간관계운동'(人間關係運動, Human Relations Movement)이 등장하게 되었으며, 이 운동에서는 조직의 공식적 측면보다는 비공식적 측면을 강조하였다. 초기 인간관계 연구자들은 그들의 연구에 과학적인 방법을 도입하였는데, 이를 통해 조직행태에 대한 접근을 더욱 정교하게 할 수 있었다.[27)]

인간관계운동은 하버드대학의 엘튼 메이요(E. Mayo)와 그의 동료들의 연구에서 시작되었다. 이들의 연구는 1920년대 후부터 1930년대 초 사이에 웨스턴 전기회사의 호손(Hawthorne) 공장에서 실시되었다. 이 호손실험의 결과는 고전이론가들이 강조한 원리 또는 원칙과는 상반되었고, 이후 근로자에 관한 관심을 강조하는 행태주의적 접근으로 발전하였다.

(1) 1차 실험

호손연구는 1924년~1927년 사이에 행해진 '조도실험'(照度研究, Illumination Studies)이라고 알려진 연구가 계기가 되었다.[28)] 조도라는 것은 '빛의 밝기를 나타내는 정도'를 말한다. 메이요 연구팀이 개입하기 이전의 호손공장의 연구자들은 조도가 근로자와 작업결과에 미치는 영향을 여러 차례 연구하였다.

이 연구는 근로자들을 두 집단으로 나누어, 한 집단[통제집단, control group]에는 조도의 변화를 주지 않고, 다른 집단'[실험집단(experimental group)]에는 조도에 변화를 주는 방법으로 진행하였다. 빛의 밝기 정도가 생산성에 영향을 미칠 것이라고 가정한 것이다.

조도를 높이자 예상했던 대로 실험집단의 생산성은 증대되었다. 그러나 뜻밖에도 통제집단에 대해서는 전혀 조도의 변화를 주지 않았는데도 생산성이 역시 증대된 것이다. 더욱이 실험집단의 조도를 낮추었는데도 생산성이 증대되었고, 근로자들이 적절하게 보지 못할 정도로 낮아진 후에야 감소하였다. 이러한 결과는 조도와 같은 물리적 변수 외의 다른 변수들이 생산성에 영향을 끼쳤을 수도 있다는 점을 의미하는 것이었다.

(2) 2차 실험

메이요와 그의 동료들은 이전보다 개선된 연구방법을 통하여 작업환경에 있어서 어

27) Roy R. Roberg, Jack Kuykendall(1997), op. cit., pp. 30-33.
28) 오석홍 외(2002), 조직학의 주요이론, 서울: 법문사, pp. 237-238.

떠한 변수들이 노동자들에게 영향을 끼치고 있는지를 발견하고자 하였다. 두 번째 실험은 1927년~1932년 사이에 행해졌는데, 그중에서 가장 유명한 실험은 '계전기조립실험'(Relays assembly study)라고 불렸다. 이 연구는 계전기를 조립하는 5명의 여성 근로자들을 선발하여, 작업환경을 변경하면서 장기간(약 1년 6개월)에 걸쳐 진행되었다. 작업환경의 변화는 임금 인상, 주당 근무시간의 감소, 회사에서의 식사제공, 휴가기간의 증가, 감독 방법, 그리고 의사결정에 참여하는 정도 등의 포함되어 있었다.

그런데, 근로자들에 대해 감독대행자로서 참여한 연구조사자들은 어떻게 작업조건을 바꾸든 간에 생산성이 증대되었다는 사실을 발견하였다. 더 나아가서 휴식기간이 없어지고, 원래의 긴 근무기간이 다시 도입된 후에도 생산량은 지속적으로 증대되었다는 사실을 발견하였다. 따라서 연구자들은 작업실의 생산성 증대는 근로자 집단 내의 복잡한 감정적 역학관계 따라 좌우되며, 외적인 작업조건들과는 관련이 없다고 결론지었다.

이 연구의 결론은 회사의 경영진이 근로자들에게 특별한 관심을 가질 때, 그리고 근로자들에게 재량과 자유를 많이 부여할 때, 직무만족도가 높아졌고, 직무만족도의 향상이 생산성의 제고를 가져왔다는 것이다. 이는 외적인 작업조건의 변화(예: 임금 인상, 근무시간 감소, 휴가 증대 등)에 관계없이 생산성이 증대될 수 있다는 것을 보여준 것이다. 이러한 현상은 '호손효과'(Hawthorn Effect)라고 명명되었다.

요약건대, 5명의 근로자가 하나의 '사회집단'(社會集團)화 되어 스스로 작업기준과 작업목표를 가지게 되었을 때, 집단응집력이 향상되고, 결과적으로 생산성이 증대된 것이다. '사회적 요소'(社會的 要素)가 근로의 만족도와 노동의 생산성에서 중요한 역할을 한다는 점을 보여준 것이다.

(3) 3차 실험

마지막 실험은 1931년~1932년 사이에 행해졌는데, 그 가운데 하나는 뱅크선 작업실 실험(Bank wiring room experiment)이라고 알려졌다. 이 연구에서 14명의 노동자는 6개월 동안 하나의 별도의 방안에서 작업단위로 관찰되었다. 이들은 성과급체계(piece work system) 즉, 자신들이 이루어낸 작업량에 의해서 봉급을 받도록 하였다.

그런데, 이 실험에 참여한 노동자들은 고전이론적 관점에서 기대할 수 있는 최대한 많은 양을 생산해 내려고 하지 않고 오히려 '적절한 하루치 작업'에 대한 '생산표준'(生産標準, output norm)을 세웠다. 그리고 그 조직구성원의 일원으로 용납되기 위해서는, 각각의 근로자들은 자신들이 공동으로 세운 생산표준 내에서만 머물러야 했다. 즉,

과도한 생산성을 낸 노동자들은 '속도파괴자'(rate busters)라는 명칭이 붙었고, 기준 이하의 생산성을 낸 자는 '사기꾼'(chiselers)이라고 하였다.

주목할만한 점은 실험기간 내내, 생산성 평균은 놀라울 정도로 그 집단이 결정했던 '생산표준'에 가까웠다는 점이다. 이점은 조직구성원의 일원이 되는 것이 생산성과 관련하여 금전적 보상보다도 더 중요하다는 것을 암시하는 것이다.

(4) 호손연구의 의의

호손연구는 기본적으로 연구방법상의 결함(특히, 변수의 변경) 때문에 비난을 받기는 하였지만, 행태론적 연구가 조직의 형태에 적용되는 계기가 되었다는 점에서 의미가 있다. 그리고 이러한 연구결과의 파급효과는 엄청나게 컸다. '인간관계'와 '비공식적인 조직'이 조직관리에 있어서 매우 중요한 요소로 간주하기 시작한 것이다.

이후 조직 연구자들은 행태과학, 특히 심리학과 사회학 등을 통해 더욱 체계화되었고, 더욱 개선된 연구방법을 적용하기 시작하였다. 작업환경을 연구하는데 체계화된 과학적 엄격성을 지향하는 일련의 후속 연구들은 행태과학적 접근이라고 알려지게 되었다.

2) 행태과학적 접근

행태과학(行態科學, Behavioral Science)적 접근이 되기 위해서는 ㉠ 인간의 행태를 연구대상으로 하고, ㉡ 과학적인 방법을 사용해야 하며, ㉢ 이러한 접근방법을 통해 인간 행태에 대한 '일반화'(一般化)가 가능해야 한다.

행태과학적 연구는 1920년대 중반에 호손연구와 더불어 시작되었다고 볼 수 있다. 그리고 1950년대 초반에 이르러서야 비로소 본격적으로 활용되기 시작하였다.[29] 인간관계론적 관심과 연구기법이 확대·개편되고 발전됨에 따라 행태과학이 성립된 것이다.

행태과학의 인간행태에 관한 가설은 인간관계론의 가설보다 훨씬 더 세련되고 복잡해졌다. 행태과학은 동료 간의 관계나 상관과 부하의 관계뿐만 아니라 인간과 직무의 관계가 인간행태에 미치는 영향에까지 관심의 폭을 넓히는 등 연구대상을 확대해 나아갔다.

(1) 매슬로우의 욕구단계론

매슬로우(A. H. Maslow)는 인간의 욕구(human needs)에 대한 피라미드형 계층구

29) Ibid., pp. 33-35.

조를 제시하였다. 이와 관련하여 그는 인간의 생래적(生來的)·내재적(內在的) 욕구에 주안점을 두어 인간의 보편적인 욕구를 분류하고 그 상호관계를 설명한 것이다.

그는 인간의 욕구를 다섯 가지 계층으로 분류하여 접근하였는데, 이는 ㉠ 생리적 욕구(Physiological Needs), ㉡ 안전의 욕구(Safety Needs), ㉢ 애정의 욕구(Belongingness and Love Needs), ㉣ 존경의 욕구(Esteem Needs), ㉤ 자기실현의 욕구(Need for Self-actualization Needs)를 의미한다.[30]

욕구의 계층과 특징

① 생리적 욕구: 의식주에 대한 욕구, 성적 욕구, 수면 욕구 등 생리적 균형을 유지하는데 요구되는 기본적 욕구라 할 수 있다. 생리적 욕구는 모든 욕구 가운데 가장 우선순위가 높다.

② 안전의 욕구: 육체적 안전과 심리적 안정에 대한 욕구이다. 이는 조직구성원들은 직업적 안전성, 산업재해로부터의 보호, 생계보장 등에 관한 관심으로 나타난다.

③ 애정의 욕구: 대인관계를 통해 서로 신뢰하는 마음 등을 교환하고, 해당 조직의 구성원으로 소속되기를 바라는 사회적 욕구이다. 이는 친분, 우정, 소속감 등에 관한 관심으로 나타난다.

④ 존경의 욕구: 조직내에서 자존감을 가지고, 다른 사람들로부터 인정과 존경을 받고 싶은 욕구이다. 이는 명예, 신망, 위신, 지위 등에 관한 관심으로 나타난다.

⑤ 자아실현 욕구: 조직내에서 자신의 잠재적 역량을 최대한 실현하고, 성장하고 싶은 요구이다. 이는 자신이 하는 일에 대한 보람, 성취, 능력발전 등에 관한 관심으로 나타난다.[31]

그리고 하급의 욕구로부터 고급의 욕구에 이어지는 욕구의 계층은 '우성의 원리'(principle of relative potency)에 따라 형성된다고 보았다. 즉, 하급의 욕구가 선행적으로 충족되고 나서 다음 단계인 상위욕구를 추구하게 된다는 것이다. 이때 충족된 욕구는 약해지며 동기 유발요인으로서의 의미를 상실한다는 것이다. 따라서 조직관리자들은 근로자들의 생산성을 높여주기 위해서는 이러한 단계별 욕구를 인식하고 충족시켜주어야 한다는 것을 의미한다.

이러한 욕구계층구조는 조직관리자들에게 노동자들은 작업장에서 그들에게 중요한 것으로서 순전히 경제적인 욕구 이외의 다른 욕구도 있다는 점을 분명하게 보여주었다

30) Jay M. Shafritz, J. Steven Ott(ed.)(1996), Classics of Organization Theory, N.Y: Wadsworth Publishing Company, pp. 163-175.

31) 오석홍(1996), 조직이론, 서울: 박영사, pp. 292-297.

는 점에서 중요한 의미가 있다. 다만, 이러한 욕구계층구조가 모든 사람에게 적용된다고 보지는 않는다. 따라서 욕구계층의 고정성에 대한 예외, 욕구충족의 상대성, 그리고 동기 유발요인의 복합성 등과 관련하여 기본적인 욕구단계론이 보완될 필요성은 있다.

(2) 맥그리거의 X·Y이론

맥그리거(D. McGregor)는 X이론과 Y이론을 인간의 행태와 관련된 가설로서 정의를 내렸다.[32] 기본적으로 ㉠ X이론의 관점에서는 인간은 야망이 없고, 일을 싫어하기 때문에 생산성을 높이기 위해서는 처벌 등으로 근로자들을 통제해야 한다고 가정하고 있다. 반면, ㉡ Y이론의 관점에서는 인간은 태어날 때부터 일을 싫어하지 않기 때문에 적절한 보상체계를 갖추면 특히, 자신의 자부심과 자기실현의 욕구를 만족시켜줌으로써 업무수행을 더욱 잘할 것이라고 가정하였다.

① X이론 가설

㉠ 일반적으로 인간은 태어날 때부터 일하기를 싫어해서, 일을 피하려고 노력할 것이다.

㉡ 일반적으로 인간은 억압, 통제, 지시, 처벌위협 등을 받았을 때 조직목표 달성을 위해서 일을 하게 된다.

㉢ 일반적으로 인간은 지시받기를 원하고, 책임을 피하기를 원하며, 비교적 야심이 없고, 무엇보다도 안전을 추구한다.

② Y이론의 가설

㉠ 일반적으로 일이라는 것은 육체적 또는 정신적이든 간에 놀이나 휴식처럼 자연스러운 것이어서 인간들은 태어날 때부터 싫어하지 않는다.

㉡ 외부통제와 처벌위협이 조직목표를 달성하도록 하는 유일한 수단은 아니다. 일반적으로 인간은 임무가 주어지면, 자기관리 및 자기통제를 하게 될 것이다.

㉢ 조직목표에 전념하도록 해주는 것은 특히, 일에 대한 자부심과 자기실현의 욕구를 충족시켜주는 보상기능 가운데 하나이다.

㉣ 일반적으로 인간은 적절한 조건 아래에서 책임을 수용할 뿐만 아니라 추구하는 방법을 학습하게 된다.

㉤ 일반적으로 인간은 문제해결을 위한 비교적 높은 수준의 지적 능력과 창의력을 발휘할 수 있는 능력을 전반적으로 가지고 있다.

맥그리거는 X이론을 지향하는 조직관리자들은 엄격한 통제를 설정하고, 철저한 경

---

32) D. McGregor(1960), The Human Side of Enterprise, N.Y.: McGraw-Hill, pp. 33-34, pp. 47-48.

제적 보상(incentive)제도를 통해서 노동자들에게 동기를 부여하려고 할 것이라고 보았다. 이러한 관리방법을 사용한 결과, 근로자들은 미숙하고 수동적인 태도로 반응하는 결과를 가져다주었다.

반면에 Y이론을 지향하는 조직관리자들은 통제를 최소화하고, 창의력과 기술혁신을 권장하고, 더 높은 수준의 욕구들을 충족시켜주는 등 근로자들을 보다 성숙한 방법으로 관리하고자 할 것이라고 보았다. 그리고 이 Y이론 가설에 초점을 둔 관리방식은 인적 자원을 잘 활용하고, 결과적으로 조직의 생산성(능률성과 효과성)을 모두 향상시킨다고 보았다.

(3) 행태과학의 경찰조직 적용

미국의 경찰조직이론가들은 1970년대 초에 계급구조, 권위주의적 관리자 태도, 그리고 법집행 중심의 제한된 경찰역할 등을 강조한 고전적 경찰관료주의 방식에 문제를 제기하였다.

노동자의 참여와 직무만족 등에 많은 관심을 가졌던 1950년~1960년대의 행태연구조사 결과를 반영하여, 경찰이론가들은 경찰관리에 있어서 좀 더 민주적인 접근, 유연성을 가진 계급구조, 그리고 복잡·다양한 경찰역할의 본질을 인식해야 한다는 점을 강조한 것이다.[33)]

이러한 연구 결과, 상당부분의 경찰업무가 법집행(범죄수사·체포 등)과는 직접적으로 관련되기보다는 오히려 질서유지 및 대민봉사와 관련되어 있다는 점을 인식하게 되었다. 경찰조직이 직무수행과 관련하여 관료적 형식주의나 단순한 기술적 접근방법을 고수하는 것은 비효율적이라는 점을 지적하였고,

이러한 논의를 바탕으로 경찰업무에 대한 새로운 시각을 제시해 준 것이다. 이와 관련하여 예컨대, 경찰이 복잡·다양한 치안상황에 직면하여 관련 업무를 효율적으로 수행하는데 필요한 재량권을 적절하게 행사하기 위해서는 유능한 경찰공무원이 임용되어야 한다는 것이다.

그리고 경찰조직에 뿌리 깊이 박혀있는 '준군사적 모형'(Para Military Model)이 심각성을 인식하게 되었다. 이에 대해 비트너(E. Bittner)는 다음과 같이 언급하였다.[34)] "기본적으로 경찰조직의 직무수행상의 명령·강제는 군사조직의 그것과는 많은 차이가 있다. 이러한 점에서 볼 때, 경찰조직의 군사관료주의적 특성은 경찰조직에 있어서 심

---

33) Roy R. Roberg, Jack Kuykendall(1997), op. cit., pp. 35-37.
34) E. Bittner(1970), The Function of the Police in Modern Society, Washington, D.C.: U.S. Government Printing Office, pp. 51-55.

각한 장애요인이 된다"고 하였다.

더 나아가 그는 경찰의 적절한 재량권 행사는 경찰전문가주의의 발전에 중요하다고 하였으며, 따라서 지나치게 법규정과 관료주의적 일상업무에 의존하는 것은 문제가 있다고 지적하였다. 물론, 준군사적 모형이 경찰조직 내부규율을 확립해준다는 점에 대해서는 일정부분 도움이 도지만, 경찰의 역할 정립 및 발전에는 장애가 된다는 것이다. 경찰활동이라는 것은 조직 내부의 업무처리로 이루어지는 것이 아니라 조직 외적으로 시민과의 상호작용에서 이루어지는 것이기 때문이다.

4. 현대이론: 개방-합리적 조직

현대이론에서는 고전이론(폐쇄-합리적 조직)과 신(新)고전이론(폐쇄-자연적 조직이론)을 통합하려고 하였다. 이러한 통합이론에 의해 ㉠ 체제이론(體制理論, System Theory), ㉡ 상황이론(狀況理論, Contingency Theory), 그리고 ㉢ 종합품질관리(TQM: Total Quality Management) 등이 제시되었다.

체제이론은 조직을 거시적 관점에 접근할 수 있는 개념적 토대를 제공하고, 상황이론은 조직을 미시적 관점에서 접근할 수 있는 틀을 제공한다. 이러한 이론들은 총체적 품질관리를 위한 토대가 되었다.

1) 체제이론

(1) 체제의 의미

버털란피(L. Bertalanffy)에 의해 개념 정립된 '일반체제이론'(General System Theory)은 여러 학문영역에 걸쳐서 과학적인 지식을 통합하는 기초로서 제시되었다.[35)] 그는 과거의 연구자들이 어떠한 하나의 '복합체'(複合體, complex whole)를 단순한 부분(部分, parts)으로 나눈 것과는 달리 '통합적 분석'(synthetic analysis) 방식을 사용하여 복잡한 시스템으로 연구하기 시작한 것이다.

버털란피는 부분만이 아닌 전체의 중요성을 강조하였으며, 전체는 단순한 부분의 집합이 아니라는 것을 강조하였다. 체제론적 관점에서 본다면 '1+1'은 단순히 '2'가 아니라는 것이다.

35) Ludwing von Bertalanffy(1950), "The Theory of Open System in Physics and Biology," Science, Jan., 1950, pp. 23-29.; Ludwing von Bertalanffy(1951) "General System Theory: A New Approach to Unit of Science," Human Biology, December, pp. 302-361.; 신유근(1998), 앞의 책, pp. 72-73 재인용.

그리고 어떤 체제(여기에서는 하나의 조직)의 모든 구성요소가 전체를 형성하기 위해서 내적으로 상호연관 되어 있고, '상호 의존적'이라는 점이다. 하나의 체제(system)는 상호 연관되어 있고, 의존하는 하위 체제(sub-systems)로 구성되어 있다. 그리고 이러한 하위조직들이 상호작용을 할 때, 그것들은 하나의 단일한 전체 즉, 체제를 형성하게 된다.

따라서 조직관리자의 관점에서 본다면, 조직을 전체로서 보기 위해서는 그리고 한 부서의 행동이 다른 부서의 행동에 영향을 끼친다는 것을 이해하기 위해서 체제이론을 사용하는 것은 매우 필요하다. 바꾸어 말하자면, 조직관리자들은 그들의 부서 내에서 이루어지는 어떠한 변화라도 다른 부서에 상응(相應)하는 결과를 가져다줄 수 있다는 점을 인식해야 한다. 조직관리자들은 자신들의 부서활동이 조직 전체적인 필요와 목표와 조화를 이루기 위해서는 긍정적·지속적으로 상호작용 할 수 있도록 노력해야 한다는 의미이다.

그리고 체제이론은 특히, 환경에 대해서 개방적일 것을 강조하고 있다. 조직이 생존하기 위해서는 환경과 끊임없는 상호작용이 이루어져야 한다는 것이다.

(2) 하위체제의 구분과 조화

체제론적 관점에서 조직을 ㉠ 목표, ㉡ 구조, ㉢ 관리·과정, ㉣ 인간행태, ㉤ 환경이라는 하위체제로 구분하고 이들 간의 유기적 연계성을 모색하고 있다. 이러한 관점에서 조직의 개념을 정의한다면, '일정한 목표를 달성하기 위하여 구조·관리·인간이라고 하는 부분 요소(하위시스템)들이 유기적인 관련성을 맺으면서 환경과 끊임없이 상호작용하는 실체'라고 볼 수 있을 것이다.

예컨대, 경찰조직을 체제론적 관점에서 접근한다면, '범죄 및 무질서로부터 국민의 생명·신체·재산의 보호'라는 거시적인 목표를 달성하기 위한 하나의 실체 즉, '유기체'(有機體, an organic body)로 볼 수 있을 것이다. 체제이론에서는 조직을 구성하는 모든 상·하위요소들이 조직 내에서 그리고 외부 환경과 끊임없이 상호작용하는 것으로 본다면, 이는 곧 살아있는 유기체와 같은 생존원리에 의해 조직이 작용한다는 것을 의미한다.[36)]

한편, 체제이론에서는 조직의 공식적인 역할 또는 기능이 강조된다. 조직 내의 각 부서의 적절한 권한구조의 설정과 통제 및 조정이 강조되고, 부서 구성원들의 행태를 강조하고 있다. 그리고 더욱이 중요한 것은 조직은 외부환경(정치·경제·사회·문화) 및

---

36) 최선우(2003), "형사사법의 역사성과 체제론적 접근," 한국공안행정학회보 제16호, pp. 217-219.

내부 환경(각 부서)의 영향을 받고 또한 영향을 미친다는 점이다. 조직은 폐쇄체제가 아닌 환경과 영향을 주고받는 개방체제(Open System)인 것이다.

(3) 체제이론의 경찰조직 적용

경찰조직은 범죄 및 무질서 등으로부터 국민의 생명·신체·재산의 보호라는 목표를 가지고 있다. 기본적으로 경찰조직의 목표를 달성하기 위해서는 이를 명확히 설정하고, 조직을 적절하게 구조화하고, 일선경찰을 체계적으로 관리하고, 아울러 일선경찰은 현장에서 주어진 권한을 적절하게 행사할 수 있어야 한다. 체제이론에서 조직 각 구성요소의 '견제와 균형'(check and balance)은 중요한 일이다. 어느 한 부분이 비대화되면, 인간의 신체와 마찬가지로 정상적인 기능을 할 수 없기 때문이다.

따라서 이러한 일련의 요소들이 체계적으로 구축되어 있지 않으면 안 된다. 이러한 요소들 가운데 어느 한 부분이라도 문제(예: 인사관리의 문제 등)가 발생하면 경찰업무수행에 있어서 소기의 성과를 거두기는 어렵게 된다. 살아 있는 생물체의 어느 한 부분이 손상되어 있으면 생존이 어려운 것처럼 경찰조직도 어느 한 부분에 결함이 있으면, 그것으로 인해 나머지 기능이 제구실을 하지 못하는 것과 같다. 따라서 어느 한 경찰관의 부정부패 문제가 경찰조직 전체의 이미지에 끼치는 영향은 오늘날과 같이 대중매체가 발달한 상황에서는 엄청난 것이다.

경찰조직을 구조적으로 다시 보면, 그 기능은 생활안전·수사·교통·경비·정보·보안·외사 등으로 구분되어 있다. 체제이론에서 보면, 이러한 업무를 담당하는 각각의 경찰기능은 하나의 하위시스템으로서 상호 밀접한 관련성이 있고, 따라서 '상호의존'(相互依存, interdependence)적이다.[37)]

예컨대, 범죄수사 업무의 성과를 높이기 위해서는 다른 기능 즉, 생활안전·교통·정보부서 등으로부터 적절한 의사소통(意思疏通)을 통한 정보의 전달은 필수 불가결한 요소가 된다는 의미이다. 정보의 전달과 관련하여 환경 즉, 시민의 경찰에 대한 협조는 매우 중요하다. 시민의 직·간접적인 협조 없이, 경찰 스스로 사건을 해결하는 것은 쉬운 일이 아니기 때문이다.[38)]

한편, 체제이론적 관점에서 경찰과 다른 형사사법기관과의 관계도 생각할 수 있다. 예컨대, 경찰이 「성매매 알선 등 행위의 처벌에 관한 법률」(약칭: 성매매처벌법)상의

---

37) 경찰조직의 어느 한 부서의 성과가 매우 높다고 해서 그것이 나머지 문제를 상쇄시켜줄 수는 결코 없다. 민간기업은 생산한 제품 가운데 한두 가지의 제품판매의 이익이 나머지 수많은 제품판매의 손실을 상쇄시킬 만큼 높다면 적어도 망하지는 않을 것이다. 그러나 경찰은 어느 특정 기능 예컨대, 수사부서의 범죄사건 해결율이 아무리 높다 한들 교통사고, 불법폭력시위, 테러위협 등의 문제를 상쇄시켜 줄 수는 없는 것이다.

38) 최선우(2010), 앞의 책, pp. 142-144.

성매매 사범에 대한 전면적인 단속을 한다면, 검찰·법원·교정기관에 끼치는 잠재적 영향은 어떻게 될 것인가?

이러한 법규위반 사범들을 단속하는 것은 법집행이라는 본연의 역할수행 차원에서 바람직한 일이다. 그러나 형사사법체계의 다른 구성요소들의 업무가 증가하여 사법처리는 말할 것도 없고, 행정목적을 달성하는데도 어려움이 발생할 수도 있을 것이다.[39)]

2) 상황이론

(1) 상황이론의 의의

조직을 체제론적 관점에서 접근하게 되면, 자칫 피상적인 논의에 그칠 우려가 있다. 체제모형의 특성상 전체적 접근이 이루어지기 때문에 개별적 상황을 간과할 우려가 있기 때문이다. 어떻게 보면, 조직이라는 것 자체가 전체적인 관점에서 접근하기가 쉽지 않다는 것을 의미하는 것이기도 하다. 그리고 전체적인 접근방법이 다분히 탁상공론(卓上空論)에 흐르는 경향이 있기 때문이기도 하다.

물론, 조직을 단순한 전체가 아닌 각 구성요소의 유기적인 연계와 상호작용을 강조하는 체제론적 관점에서 접근하는 것은 주어진 조직목표를 설정하고, 조직을 구성하는 각 부서간의 불균형성을 바로잡아주기 때문에 궁극적으로 조직이 나아가야 할 방향을 제시하는데 유용할 것으로 보인다.[40)]

따라서 체제론적 접근방법과 함께 상황적 접근방법을 함께 고려되어야 할 것이다. 상황이론(Contingency Theory)은 개별적인 상황에 따라 당시의 조직이 직면한 구체적인 문제점을 인지·분석·대응하는데 유용하게 사용될 수 있기 때문이다. 이러한 점에서 본다면 상황적 접근은 체제이론을 구체화하는 역할을 한다고 볼 수 있다.[41)]

체제이론은 조직 각 부서간의 상호작용 및 조직과 외부환경과의 상호작용의 중요성을 강조하고 있다. 상황이론 역시 이와 동일한 관점 즉, 조직 내외간의 상호작용이 강조된다. 다만, 상황이론에서는 조직구조와 관리방식에 영향을 미치는 내적 외적 요소의 중요성을 다시 재정립하고 있다.

조직관리에 있어서 어떠한 방법과 관행이 특정 상황에서는 효과적일 수 있지만, 다른 상황에서는 전혀 그러한 결과를 가져다줄 수도 없다는 점을 인식한 것이다. 예컨대, 특정 리더십과 직무설계가 어느 부서에서는 효과가 있는데, 다른 부서에서는 그렇지

39) Roy R. Roberg, Jack Kuykendall(1997), op. cit., p. 45.
40) 최선우(2003), 앞의 논문, pp. 219-220.
41) 신유근(1998), 앞의 책, p. 88.

못하다는 것이다. 그 대답은 매우 간단하다. 주어진 상황이 다르기 때문이다. 바꾸어 말하자면, 모든 상황에 적용될 수 있는 보편적인 원리란 없다는 의미이다.

(2) 상황이론의 경찰조직 적용

아마도 공공조직 가운데 가장 예측이 어려운 업무를 수행하는 조직 가운데 하나가 바로 경찰조직이라고 본다. 일선경찰이 처리하는 업무 가운데 상당부분은 예측 불가능한 일이다. 경찰이 처리하는 사건이라는 것은 위험성, 돌발성, 기동성, 시급성, 직접성 등의 특성을 가지고 있기 때문이다.

따라서 정형화된 경찰대응 방식에 의해 살인·강도·방화·강간 등 강력범죄의 발생을 예측하는 것은 불가능 한 일이다. 또 범죄가 발생했을 때, 적절한 대응을 하는 것 역시 쉬운 일이 아니다. 이러한 점 때문에 경찰은 적절한 직무수행을 하지 못했다는 이유로 빈번하게 여론의 비난을 받는 것이 현실이다. 이러한 문제를 해결하기 위해 적절한 표준운영절차(SOP: Standard Operational Procedures)를 마련하고, 그에 따른 평상시의 체계적이고 지속적인 교육훈련을 실시하는 것은 의미 있는 일이다. 표준운영절차는 체계화된 현장대응 매뉴얼이라 할 수 있다.

이러한 과정을 통해 경찰관들은 (경우에 따라서는 위험회피와 같은 본능에 반하는 행동을 극복할 수 있는) 대응방법을 '체득'(體得)하고, 이를 직면한 상황에 적절하게 적용하여 대응할 수 있어야 할 것이다(물론, 모든 상황이 다르기 때문에 이 역시 한계가 있다).

상황적 접근방법은 많은 내적 그리고 외적 환경변수들이 조직행태에 영향을 끼친다는 점을 인정하고 있다. 이러한 변수들은 특정한 상황에 따라서 다르기 때문에 다양한 형태의 조직을 구성하고 관리하는데 가장 좋은 방법이란 없다는 것이다. 따라서 상황적 접근방식에서 강조되는 핵심은 '사건 하나하나가 모두 특정한 상황'이라는 점을 분명하게 인식해야 한다는 점이다. 여기에서 관리자들이 해야 할 일이란 어떤 상황과 어떤 시기에 어떤 방법이나 기술이 가장 효과적인가를 결정하는 것이다.

상황적 접근은 조직과 관련이 있는 내적 변수와 외적 변수 사이의 관계를 결정하려고 시도하며, 그 관계의 본질에 관련된 조사결과를 기초로 하여 적절한 관리관행과 조직구조를 지향하는 것이다. 이러한 면에서 상황이론은 조직행태에 관하여는 체제이론보다 더 실용적·현실적이며 아울러 체제의 개념을 통합·적용하는 경향이 있다고 본다. 다만, 상황적 접근방식은 가장 적절한 관리관행이나 방법들이 상황에 따라서 적용될 수 있도록 해주기 때문에, 그것은 고전적 이론과 행태이론 모두에 적용되는 기본개념 및 요소들을 등한시할 우려가 있다.

3) 품질관리

(1) 품질관리의 의의

종합품질관리(TQM: Total Quality Management)는 전통적 조직관리 접근방법에서 벗어나 기획·조직·지휘 등을 보다 중시하는 것으로서 고객만족을 위한 전략이면서, 통합적 관리체제라고 할 수 있다. 1980년대 민간 분야에 도입된 이후 이 접근방법은 경찰을 포함한 공공분야에 빠르게 확산되고 있다.[42)]

이러한 품질관리는 '고객 지향적'(customer oriented)이며 끊임없는 개선을 실현하기 위해 인적자원과 양적 방법론(quantitative methods) 양자의 중요성을 강조하고 있다. 그리고 이러한 고객 지향적 기업경영철학 역시 진화를 거듭하고 있다. 즉, '고객지향→고객만족→고객감동→고객행복'까지도 내세우고 있다.

품질관리는 인적자원의 활용을 극대화하기 위해서, 조직구성원들 참여의 중요성, 공동작업(team works), 그리고 이들에 대한 지속적인 학습과 능력개발 등을 강조하고 있다. 양적인 방법론은 과학적 방범과 통계적 기술을 이용하여 조직관리과정을 평가·향상시키고, 그러한 과정을 결과에까지 연계시키는 것을 의미한다. 일반적으로 어떤 조직에서 품질관리이론을 적용하기 위해서는 다음과 같은 사항들이 고려되고 있다.[43)]

품질관리 적용시 고려사항
① 모든 과정, 생산, 그리고 서비스의 지속적인 향상을 위한 항구적인 목적을 제시할 것 ② 시스템적 접근을 하고 과학적 사고를 할 것 ③ 통제에 의한 관리방식을 지양하고 이보다 효과적인 리더십을 개발하여 사용할 것 ④ 조직구성원들이 창의적이고, 위험을 감수하고, 전문가로서의 자부심, 그리고 자기 스스로 목표달성을 했다는 성취감을 느낄 수 있는 조직환경을 만들 것 ⑤ 조직의 수직적·수평적 구조 속에서 정직하고 개방적인 의사소통이 이루어질 수 있도록 할 것 ⑥ 조직구성원들은 고객 지향적인 사고방식을 가질 것

42) Roy R. Roberg, Jack Kuykendall(1997), op, cit., p. 42.
43) C. Greebler-Schepper(1990), "Total Quality Management: The Road to Continus Improvement," pamphlet. Lucerne, C.A.: TQM Plus, p. 7.

(2) 품질관리의 경찰조직 적용

전통적 폐쇄체제에서는 고객의 성향과 반응과는 관계없이 제품을 생산해도 특별한 문제가 없었다. 당시의 시대적 배경(생산의 독과점체제, 보호무역정책 등)에서는 가능했다. 그러나 오늘날과 같은 무한경쟁 개방체제에서는 제품의 질과 이에 대한 고객의 평가는 기업의 생존과 직결된다. 또 제품의 질이 아무리 좋아도 기업이 비윤리적인 행태를 하게 되면, 고객의 평가는 낮아지게 된다.

과거에는 경찰조직 역시 형식적으로는 국민에 대한 봉사자이었지만, 실질적으로는 국민에 대한 감시·통제 기능을 수행해 왔던 것이 사실이다. 더욱이 경찰조직은 그 업무의 특성상 국민에 대해 명령·강제하는 공권력을 행사해 왔기 때문에 품질경영이라는 것은 전혀 생소한 것이라고 할 수 있다. 그러나 민주주의가 진전될수록 경찰의 역할은 재정립되었고, 따라서 국민의 이해관계를 반영하지 않는 경찰조직은 그 정당성을 잃고 있다. 이러한 배경에는 의사소통의 쌍방향성을 가지고 있는 인터넷, 스마트폰 등이 대중화도 적지 않은 공헌을 했다고 본다.

한편, 경찰조직에서는 종합품질관리(TQM)라는 용어 대신 '종합품질서비스'(TQS: Total Quality Service)라는 용어를 사용하기도 한다. TQM은 서비스의 양적인 측면보다 질적인 측면을 보다 강조한 것이라 할 수 있다. 그런데, TQM이 민간부문의 생산성을 최대화하기 위한 전략으로 개발되었기 때문에 서비스지향을 본질로 하는 공공부문에서는 이를 적용하는데 한계가 있음을 발견하고, 이를 응용하여 새롭게 TQS전략으로 발전시키고 있다.[44)]

이러한 품질관리 방식을 경찰조직이 활용하게 됨에 따라 구체적으로는 경찰활동의 평가에 반영되고 있다. 종래의 투입비용에 대한 양적인 산출을 가지고 조직 내적으로 평가하는 능률성뿐만 아니라 고객인 시민의 만족도를 평가기준으로 하여 경찰생산성에 반영하기 시작했기 때문이다.

다만 치안서비스의 질인 시민만족도를 가지고 경찰활동을 평가하기 위해서는 적절한 평가방법이 개발되어야 하나 한계가 있는 것이 사실이다. 따라서 여전히 계량화하기 쉬운 종래의 방식 즉, 양적인 평가(예: 검거 건수, 구속 건수, 단속 건수 등)에 여전히 의존하고 있는 것이 현실이다.

---

44) TQS에 대한 자세한 내용은 Paul M. Whisenand, R. Fred Ferguson(1996), The Managing of Police Organization, New Jersey: Prentice Hall, pp. 198-222 참조.

5. 포스트(Post) 현대이론: 개방-자연적 조직

오늘날 조직들은 고도로 분화하고 급속히 변동하는 환경에 둘러싸여 있으며, 지식·기술의 고도화, 인적 전문화, 개인적 자율성과 조직 내 민주주의에 대한 요청의 증대, 조직 내외의 불확실성 증대 등이 제기하는 여러 가지 어려운 문제에 직면해 있다.[45]

이러한 점에서 종래의 조직이론에 대한 새로운 시각이 논의되고 있다. 현대사회에 살고 있으면서도, 그것을 극복하기 위한 시도로서 '포스트'(Post) 즉, '탈(脫)현대' 또는 '후기(後期) 현대이론'을 제시하고 있다. 다만, 포스트 현대이론은 기존의 접근방식을 철저히 부정한다는 의미라기보다는 기존의 방법을 계승하여 새로운 것을 발견하는 '온고지신'(溫故知新)의 의미가 있다.

포스트(Post) 현대이론에서는 조직을 완전한 개방체제(Open System)로 간주하는 동시에 조직구성원들은 자연적·비합리적인 존재로 생산활동에 참여할 것을 강조하고 있다.

조직목표를 달성하기 위해서는 무엇보다도 중요한 것이 바로 '예측가능성'(豫測可能性)이라고 본다. 가까운 미래와 먼 미래에 대한 단기적, 그리고 중·장기적 계획을 수립하고 대응해 나아가기 위해서는 예측가능성은 매우 중요한 것이다.

그런데, 포스트 현대이론의 관점에서는 조직이 완전한 개방체제로서 외부환경으로부터 끊임없이 문제와 정보가 유입되고, 구성원들 역시 자연적·비합리적인 존재로 바라보기 때문에 이의 실체를 정형화하기가 쉽지 않다. 조직의 성패에 관한 예측가능성 역시 마찬가지이다. 어떻게 보면, 인간의 삶과 마찬가지로 조직 역시 미래의 불확실성에서 생존해야 하는 시대에 직면하였다고 본다.

역설적이지만, 이와 같은 미래에 대한 불확실성에 대해 어떻게 대응하느냐 하는 문제가 조직의 생존에 직결되기 때문에 조직이 살아남기 위해서는 철저하게 환경에 대해서 개방적이고, 구성원들이 기계적·합리적 사고방식이 아닌 자연적·비합리적인 사고방식으로 능동적으로 대처해야 한다는 것을 강조하고 있다고 볼 수 있다.

경찰조직은 전통적인 관료제에 기반을 두고 있지만, 오늘날 복잡·다양해지는 치안환경에 대응하기 위해서는 외부환경에 대한 능동적 대응을 할 수 있는 '학습조직'(學習組織, Learning Organization)으로 변화될 필요성은 있다고 본다.

이러한 관점은 조직목표달성에 필요한 지식과 정보를 획득·창출·확대하는데 능숙한 조직, 새로운 지식과 정보를 토대로 통찰력을 가지고 조직구성원들의 행동을 수정하고

---

45) 오석홍(2006), 행정개혁론, 서울: 박영사, p. 128.

잘못된 지식·정보를 폐기하는데 유리한 조직을 의미하는 것이다.

이를 위해서는 무엇보다도 기존의 하향식 의사소통구조가 아닌 상향식 의사소통구조로 바뀌어야 한다고 본다. 경찰조직의 하층부인 일선경찰이 외부와 직접적으로 상호작용하기 때문에 외부로부터 오는 정보를 끊임없이 받아들이고, 이를 조직상층부에 전달함으로써 조직상층부는 이를 토대로 하여 적절한 판단과 전략을 수립할 수 있는 것이다.

제5장 경찰조직의 구조

제1절 경찰조직의 구조 의의

1. 경찰조직의 구조 개념

경찰조직의 실체를 파악하는데 '구조'(構造, Structure)라고 하는 개념을 이해하는 것은 매우 중요하다. 어떤 의미에서는 구조론(構造論)적 접근은 모든 조직연구에 있어서 '지배적인 틀'(framework)을 제공하고 있기 때문이다.

따라서 어떠한 조직연구이든 간에 '구조적 접근'은 가장 1차적인 연구대상이 될 수밖에 없다. 조직목표를 달성하기 위해서는 기본적으로 그에 적합한 조직을 만들고, 그다음에 조직구성원들에 대한 인사 문제, 관리·과정상의 문제, 예산 문제, 환경 문제 등을 고려하게 된다. 이러한 점에서 조직의 구조화라는 것은 일차적으로 바로 '무'(無)에서 '유'(有)를 만드는 과정인 것이다.

여기서 말하는 구조란 단순히 위와 같은 조직의 권한 및 직위의 서열적 할당이나 관리기능의 배분을 나타내는 조직기구표만을 의미하는 것은 아니다. 예컨대, 경찰서장-과장-계장과 같은 권한 및 직위의 배분이나 생활안전·수사·교통·경비·정보·보안·외사와 같이 업무의 배분을 나타내는 것이 구조의 실상의 전부는 아니라는 점이다.

그 이면에는 조직목표를 달성하는데 필요한 전문화된 활동을 결정하고 이 활동을 어떤 논리적인 유형에 따라 집단화시키고, 이러한 집단화된 활동을 어떤 직위나 개인의 책임하에 배분하는 것을 내포하고 있다. 바꿔 말하면, 구조는 단순히 외형적인 업무 배분을 뜻하는 것이 아니라 각각의 업무의 특성을 고려하여 사무를 분장하는 것을 의미한다. 따라서 구조는 조직구성원의 '유형화된 상호작용'(patterned interaction)을 의미하며, 일시적인 것이 아니라 비교적 안정적·지속적인 형태를 갖는다.

2. 경찰조직의 구조화 변수

경찰조직은 하나의 거대한 국가조직이다. 이러한 거대한 조직을 구조화하는 것은 결코 쉬운 일이 아니다. 따라서 조직구조 형성과 관련하여 ㉠ 기본요소, ㉡ 상황요소를 살펴볼 필요가 있다.[1)]

(1) 경찰조직 구조화의 기본요소

① 업무의 분화

경찰조직의 구조를 형성하는 요인으로서는 먼저 업무의 분화를 들 수 있다. 경찰조직의 목표달성을 위해서 경찰업무를 경찰청, 시·도경찰청, 경찰서 등으로 계층화하고, 그 속에서 경찰기능을 생활안전·수사·교통·정보·보안·외사 등으로 전문화하여 분화시키는 것을 말한다.

이는 앞에서 설명한 바와 같이 단순히 외형적인 업무 배분을 뜻하는 것이 아니라 각각의 업무의 특성을 고려하여 사무를 분장하는 것을 의미한다.

② 권한의 배분

경찰업무 또는 기능의 분화와 함께 관련 책임이 부여되는데, 중요한 것은 고전이론(古典理論)에서 강조한 바와 같이 '책임에 상응하는 권한의 배분' (authority commensurate with responsibility)이 이루어져야 한다는 점이다.

경찰업무를 분화하고, 그에 따른 일정한 역할을 하도록 책임을 부여했다면, 반드시 그에 상응하는 권한을 주어져야 한다. 그렇지 않다면, 적절한 업무수행이 이루어질 수 없기 때문이다. 업무에 대한 책임만 잔뜩 부여하고, 권한을 주지 않다면 어느 누구라도 책임지고 소신 있게 직무를 수행할 수 없을 것이다. 예컨대, 경찰의 핵심적 업무 가운데 하나인 수사업무를 경찰에게 부여하였다면, 그와 관련된 권한이 반드시 적절하게 배분되어야 한다는 점이다.

③ 공식화

경찰조직의 구성원들인 경찰관들은 같은 부서 내에 근무할지라도 주어진 업무를 다양한 방식으로 수행하게 된다. 따라서 경찰조직 전체의 입장에서 볼 때, 하나의 일관된 관리체계를 필요로 하기 때문에 일정한 공식화(公式化)가 이루어져

---

1) 신유근(1998), 조직론, 서울: 다산출판사, pp. 22-24 재구성.; 최선우(2003), "형사사법의 역사성과 체제론적 접근," 한국공안행정학회보 제16호, pp. 222-223.; 최선우(2004), "수사구조의 합리화에 관한 연구," 한국경찰학회보 제8호, pp. 280-282 재구성.

야 한다.

공식화라는 것은 누가, 언제, 어떻게 업무를 수행해야 하는가를 지시하는 조직상의 기법으로서 조직참여자들의 행위를 규제하는 규칙과 규정, 혹은 직무지침과 관련된다고 볼 수 있다. 이러한 규정과 지침이 체계적으로 개발되지 않으면 소기의 성과를 기대하기가 어렵다.

④ 통합 및 조정

경찰업무의 분화 및 권한의 배분, 그리고 공식화 등만으로는 성과를 기대하기가 어려운 면이 있다. 경찰계층구조 및 각 부서 간의 역할갈등은 상존하기 때문이다. 따라서 통합 및 조정의 원활하게 이루어지도록 하는 것은 중요하다.

그런데 경찰조직의 구조가 계층화되고, 분화될수록 의사소통의 장애가 발생하고, 결과적으로 문제는 보다 심화될 수 있다. 따라서 기본적으로 의사소통이 활발하게 이루어질 수 있도록 시스템화하고, 아울러 경찰 계층구조의 축소 및 부서통합을 할 수 있는 방법을 검토해야 할 것이다.

(2) 경찰조직 구조화의 상황적·환경적 변수

경찰조직의 구조는 나라마다 모두 상이하다. 경찰이라는 존재가 역사성을 갖고, 따라서 각 나라가 처한 시대적 상황에 따라서 조직구조가 서로 다르다는 것은 당연하다고 본다(조직구조뿐만 아니라 행태, 관리방식 역시 상이함은 물론이다).

경찰조직의 구조형성에 영향을 미치는 요인으로서 서재근교수는 일반행정제도, 국민의 전통적 성격, 인구의 증대나 교통·통신의 발달, 치안환경 등을 들고 있는데, 이황우교수와 정진환교수 등은 이의 견해를 따르고 있다.[2)]

그러나 주의할 것은 이러한 요소들이 절대적인 것은 아니며, 일부는 설득력이 약한 부분도 없지 않다. 그리고 이 밖에도 여러 가지 요소들을 고려할 수 있을 것이다.

① 일반행정제도

경찰은 일반행정기관에 대한 특별행정기관(特別行政機關)의 성격을 가지고 있는데, 양자는 상호 밀접한 관계가 있다. 따라서 일반행정이 중앙집권적이라면 경찰행정 역시 중앙집권적이고, 일반행정이 지방분권적이라면 경찰행정 역시 지방분권적인 것이 바람직하다고 본다.

---

2) 서재근(1963), 경찰행정학, 서울: 삼중당, pp. 50-52.; 정진환(1998), 경찰행정론, 서울: 대영문화사, pp. 35-36.; 이황우(2005), 경찰행정학, 경기: 법문사, pp. 47-48.

바꿔 말하면, 일반행정은 지방분권적으로 이루어지고 있는데, 경찰행정이 중앙집권적으로 이루어진다면, 치안과 같은 공공서비스 제공에서 비효율성 문제가 증가할 수도 있다고 본다. 특히, 중앙과 지방의 정치적 이해관계가 상충되는 경우, 일관된 경찰행정을 하기가 쉽지 않다고 본다.

우리나라는 1988년 지방자치법이 제정되고, 1992년 지방의회선거가 실시되고, 1995년에 지방의회선거 및 지방자치단체장에 대한 선거가 이루어짐으로써 본격적으로 지방자치시대를 맞이하고 있다. 따라서 일반행정의 지방자치가 이루어지고 있기 때문에 특별행정기관으로서 경찰행정 역시 일정부분 지방자치가 이루어지는 것이 양질의 치안서비스를 제공하는데 효율적일 것이다.

② 치안환경

한 나라의 범죄와 무질서 수준은 치안환경에 매우 중대한 영향을 미친다. 이와 관련하여 지방분권적인 자치경찰은 제한된 관할(管轄)에서 활동하기 때문에 광역화된 범죄와 무질서 대응에 있어서 취약한 면이 있다. 반대로 국가경찰은 강력한 집행력을 가지고 광범위한 관할영역에서 임무를 수행하기 때문에 자치경찰보다 상대적으로 유리하다(반면, 지역의 치안수요에 맞는 경찰활동에 있어서는 오히려 자치경찰이 효과적이라고 본다).

우리나라에서 그동안 정치적 역학관계에서 논의되어 온 이른바 '시국치안'(時局治安)의 논리가 경찰조직 운용과정에서 크게 작용해 왔다. 대한민국정부의 수립을 전후한 체제의 불안정, 이후 군사정권을 거치는 과정에서 지배권력집단은 자신들의 권력유지 수단으로 경찰력을 활용하기 위하여 강력한 국가경찰을 선호하였다고 볼 수 있다. 이러한 시국치안의 논리로 인해 '민생치안'(民生治安)은 항상 차선으로 고려되는 부분이 없지 않았다.

생각건대, 경찰조직의 구조형성에서 무엇보다도 중요한 것은 특정 정치세력의 의도가 아닌 '일반시민의 기대'를 반영하는 것이라 할 수 있다. 파슨스(Talcott Parsons, 1965)의 말을 인용한다면, "경찰조직의 가치는 사회의 가치(국민의 기대)와 조화되어야만 조직목표를 정당화한다"는 점을 상기할 필요가 있다.[3]

③ 국민의 전통적 성격

국민의 전통적 성격이 지도와 통제와 익숙하고 관권을 신뢰하는 국가에서는 국

3) 신유근(1998), 앞의 책, p. 30 재인용.

가경찰이 발달하고, 자치공동체의 신념이 굳고 관권의 강압에 반발하는 경향이 있는 국가에서는 자치경찰이 발달한다고 보기도 한다.

그러나 현대 민주사회에서 이처럼 이분법적으로 국민 또는 시민의 정서를 구분하는 것은 어려운 일이다. 그보다는 민주국가라 할지라도 역사적 발전과정에서 국가보다 시민사회가 먼저 형성된 영미국가(英美國家)의 전통과, 시민사회가 형성되지 못하고 국가체제가 먼저 형성된 대륙국가(大陸國家)의 전통에서 국가와 경찰에 대한 시민의 가치와 신념이 어떻게 형성되었는지를 고려하는 것이 바람직하다고 본다.

④ 인구의 증대나 교통·통신의 발달 정도

인구의 증대나 교통·통신의 발달 정도도 관련 요인으로 보기도 한다. 자치경찰은 상대적으로 작은 지역을 관할하는 것이 보통이므로, 인구의 증대나 교통·통신의 발달에 따라 국가경찰이 필요성이 생겨난다고 보는 것이다.

지방분권적인 자치경찰에서 기본적으로 출발한 미국의 경우에는 국가적 필요성에 의해 광역화된 범죄나 대규모 소요사태 등에 대응하기 위해 19~20세기에 주경찰(State Police) 및 FBI 등과 같은 연방법집행기관(Federal Law Enforcement Agency)이 탄생한 것을 들 수 있다.

제2절 경찰조직의 3가지 구조모델

1. 경찰조직구조의 기본논의

오늘날 지구상에는 200개가 넘는 독립국가가 존재하는 것으로 나타났으며, 이들 국가는 자신들의 실정에 맞는 경찰제도를 가지고 있다. 각국의 경찰조직이 어떠한 형식으로 구조화되었느냐와 관련하여 일반적으로 권한(權限)의 소재를 기준으로 ㉠ 중앙집권적 국가경찰(國家警察)과 ㉡ 지방분권적 자치경찰(自治警察)로 구분하는 방식이 가장 많이 사용되고 있다. 그리고 ㉢ 국가경찰과 자치경찰 양 요소가 혼합된 절충형경찰

(折衷型警察)이 있다.

일반적으로 국가경찰은 프랑스·독일 등 대륙법계(大陸法系) 국가의 전통으로 인식되고, 자치경찰은 영국·미국 등 영미법계(英美法系) 국가의 전통으로 인식되고 있다. 전통적으로 중앙집권화된 경찰조직은 국가지향적이며, 지방분권화 된 경찰조직은 국민 또는 시민지향적인 특성을 가진 것으로 인식되고 있다.

민주국가에서 경찰조직은 국민 전체에 대한 봉사자로서 존재하지만, 본래 경찰조직이라는 것은 권력조직의 속성을 가지고 있다. 따라서 중앙집권적인 국가경찰의 경우에는 경찰권을 오남용하여 개인의 이해관계보다는 국가의 이해관계를 반영할 가능성이 없지 않다. 이 경우 경찰의 민주성과 정치적 중립성 문제가 제기되기도 한다. 한편, 지방분권적인 자치경찰의 경우, 지역 토착세력과의 유착관계 및 경찰서비스의 질적 저하 등의 문제가 제기될 수 있다.

바커(T. Baker) 등에 의하면, 중앙집권화된 경찰조직의 구조를 채택하고 있는 국가는 한국, 프랑스, 이태리, 핀란드, 이스라엘, 대만, 아일랜드, 덴마크, 스웨덴 등을 들고 있다. 그리고 지방분권화 된 경찰조직의 구조를 채택하고 있는 국가는 미국, 캐나다, 네덜란드, 스위스, 벨기에 등을 들고 있다. 그리고 중앙집권과 지방분권의 절충형 경찰조직의 구조를 채택하고 있는 국가로는 일본, 영국, 통일독일, 호주, 브라질 등을 들고 있다.[4)]

그러나 이러한 견해는 절대적인 것이 아니라 상대적인 기준에 불과한 것이다. 보는 관점에 따라 국가경찰이라고 규정한 나라에도 자치경찰이 존재(예: 한국의 자치경찰)하고, 자치경찰이라고 규정한 나라에도 국가경찰이 존재(예: 미국의 주경찰과 연방경찰)하기도 한다. 그리고 절충형경찰이라고 해도 그 형식이 동일한 것은 아니다. 예컨대, 영국경찰과 일본경찰의 존재형식이 다르다.

경찰제도상의 양대 체계(대륙법계의 국가경찰, 영미법계의 자치경찰)의 이러한 차이점 또는 특색은 조직구조적인 차원 외에도 경찰임무 또는 권한 등 여러 가지 점에서 나타난다. 그러나 중요한 사실은 양대 체계의 특색은 개괄적이고 유형적인 것에 불과해지고 있다는 점이다.[5)] 이상과 같은 경찰제도상의 양대 체계의 구별은 이에 상응하는 조직구조·역할·권한 등에서 원칙적으로 차이가 있다는 것이지, 대륙법계 국가에서는 국가경찰 일색이며, 그 기능은 전면적으로 광범위하고, 영미법계 국가에서는 자치경찰 외에는 다른 경찰이 존재할 수 없고, 그 기능은 반드시 좁게 국한되어 있어야 한다는 것은 아

4) T. Baker, R.D. Hunter, J.P. Rush(1997), Police System & Practice: An Introduction, N.J.: Prentice Hall.; 이황우(2005), 앞의 책, p. 50 재인용.

5) 정진환(1978), “대륙법계 국가의 경찰제도,” 건국대학교 대학원 논문집 제8집, p. 157.

니라는 점이다.[6)]

특히, 20세기에 들어와서 이러한 현상은 더욱 두드러져서, 대륙법계 국가인 독일이나 프랑스가 영미법계의 제도를 계수하고 반면, 영미법계의 여러 나라가 독일과 프랑스의 제도를 계수하는 등 상호간에 제도상의 장점을 채택하고 있다. 이러한 현상은 후진국일수록 더욱 현저하며, 선진국의 각종 우수제도를 혼합계수하고 있어 오늘날은 가히 영미법계와 대륙법계의 혼합·융화시대라 할만하다.[7)] 아래에서는 국가경찰을 집권화모델, 자치경찰을 분권화모델, 그리고 혼합형경찰은 절충형모델로 구분하여 살펴보기로 한다.[8)]

2. 집권화모델

1) 집권화모델의 개념

집권화모델(Centralized Model)은 국가경찰에 해당하는 것으로 경찰력이 중앙정부의 직접적인 통제하에 놓여 있는 체제를 말한다. 따라서 국가(중앙정부)가 경찰활동의 성공과 실패에 대한 책임을 지게 된다.

한국경찰은 집권화모델의 전형적인 예라고 볼 수 있다. 물론, 경찰법의 개정으로 2021년 7월부터 전국 시·도경찰청에 일정부분 자치경찰 요소가 도입되었지만, 조직근간은 중앙집권적인 국가경찰 형식을 취하고 있음은 분명한 사실이다(한국경찰의 조직구조적 특성에 대해서는 뒤에서 살펴보기로 한다).

2) 집권화모델의 특징

중앙집권적인 경찰조직은 과거의 전체주의나 오늘날 사회주의 또는 공산주의 국가에만 특징적으로 나타나는 것은 아니다. 또 중앙집권적 경찰조직이 민주주의와 반드시 대립하는 것도 아니다. 오늘날 여러 민주국가에서도 중앙집권적인 국가경찰을 운영하고 있음에 주목할 필요가 있다.

국가경찰조직 역시 국가의 기본적 통치이념과 운영방식 그리고 조직구성원들의 행태에 따라 국민의 자유와 권리를 충실히 보장할 수 있다는 의미이다. 아마도 전체주의나 사회주의 국가의 국가경찰과 민주주의 국가의 국가경찰의 차이는 이러한 점에 있다고

6) Donald O. Schultz(1979), Modern Police Administration, Huston: Gulf Publishing Co., pp. 5-7.
7) 서재근(1963), 앞의 책, p. 43.
8) 경찰대학(2002), 비교경찰론, 경찰공제회, pp. 12-14.

볼 수 있다.

중앙집권적인 국가경찰을 유지하는 국가는 지방분권적인 자치경찰을 유지하는 국가와 비교해 볼 때, 상대적으로 국가 및 사회의 권리가 더 중요시되는 경향이 있다고 볼 수 있다. 또 중앙집권적 국가경찰과 지방분권적 자치경찰의 조직구조 자체를 놓고 볼 때는 집권화된 국가경찰이 권력적이고 따라서 권력남용의 여지가 많다고 본다. 진보나 보수 여부를 떠나서 정치권력집단은 자신들의 지배권력을 강화하고, 기득권을 지속시키기 위해서 강력한 국가경찰을 적절하게 통제 및 이용하고자 할 것이며, 이는 필연적인 현상이라고 본다.

프랑스와 독일과 같은 대륙법계 국가는 전통적으로 집권화된 경찰조직의 구조를 유지하고 있는데, 이들 경찰은 전형적인 경찰업무뿐만 아니라 다른 행정청의 사무까지 경찰활동 영역으로 보았다.[9] 따라서 경찰의 활동영역은 매우 포괄적이었다고 볼 수 있다. 오늘날에도 경찰은 고유한 업무 외에도 다른 국가행정기관에 대한 집행원조(이른바 '조장행정업무')를 하고 있기 때문에 그 활동영역이 여전히 넓은 것이 사실이다. 예컨대, 독일의 통일경찰법모범초안 제1조(경찰의 직무) 가운데, '경찰은 다른 행정청에 관한 집행원조를 행한다'고 규정되어 있음은 이를 반영하고 있다.[10]

이러한 문제로 인해 대륙법계에서는 경찰개념상에서 실질적 의미의 경찰과 형식적 의미의 경찰, 협의의 행정경찰과 보안경찰, 그리고 행정경찰의 탈경찰화(脫警察化) 등을 시도하면서 경찰의 고유영역을 정립하고자 한 것이다. 그리고 이처럼 경찰조직의 구조가 집권화되어 있기 때문에 권력의 오남용 문제가 제기될 수 있으며, 따라서 이의 대안으로 프랑스에서는 경찰을 행정경찰(行政警察)과 사법경찰(司法警察)로 구분한 것도 바로 이러한 까닭이다. 우리나라도 근대화과정에서 이러한 대륙법계 영향을 많이 받아 중앙집권적인 국가경찰을 기본으로 하고 있다.

3. 분권화모델

1) 분권화모델의 개념

분권화모델(Decentralized Model)은 자치경찰에 해당하는 것으로 경찰력이 지방자치단체의 관리하에 놓여 있는 체제를 말한다. 따라서 지방정부(자치단체)가 경찰활동의 성공과 실패에 대한 책임을 지게 된다.

9) 김형만 외 8인(2003), 비교경찰제도론, 서울: 법문사, p. 530.
10) 볼프 R. 쉔케/서정범 역(2001), 독일경찰법론, 서울: 세창출판사, p. 313.

2) 분권화모델의 특징

분권화모델을 취한 나라들의 경우, 비록 상대적이지만 역사적으로 권력이 중앙에 집중되면 경찰력이 오남용되는 것을 우려하여 이에 대한 대안으로 많은 지방분권적 자치경찰을 만들었다고 볼 수 있다. 뿐만 아니라 이러한 국가에서는 경찰권한의 행사(특히, 대륙법계 관점에서 보는 행정경찰의 영역)에서도 많은 제한을 하고 있다.

그러나 주의할 것은 자치경찰을 운용하고 있는 국가의 행정경찰권한은 국가경찰을 운용하고 있는 국가에 비하여 제한적이지만, 사법경찰권한 즉, 범죄수사권(犯罪搜査權: 수사개시·진행·종결권)은 훨씬 광범위하게 행사하고 있다는 점이다. 이러한 점에서 국가경찰과 자치경찰의 권한문제는 상대적인 관점에서 접근해야 할 것이다.

미국과 같이 지방분권화된 자치경찰을 기본구조로 하는 나라는 경찰이 개인의 자유와 권리를 보호하기 위해서 존재하는 것으로 인식되었기 때문에 개인의 자유와 권리는 보다 중요시되고 있는 것도 사실이다. 그러나 자치경찰 역시 국가경찰과 마찬가지로 '물리적 강제력'을 수단으로 사용하고 있으며, 따라서 부적절한 공권력 행사로 인한 개인의 자유와 권리(즉, 인권)의 침해 가능성은 상존한다는 점이다. 이러한 문제는 경찰의 지방분권화가 가장 보편적으로 이루어진 미국도 마찬가지이다.[11]

3) 분권화모델의 예: 미국경찰

(1) 미국경찰의 지방분권화

미국(美國, United States of America)은 북아메리카 대륙의 48개주(州, state)와 알래스카·하와이의 2개 주로 구성된 50개 국가로 이루어진 연방국가라 할 수 있다. 국토면적은 미국 영토에 속하는 오대호 지역까지 포함하여 약 950만㎢이고, 인구는 약 3억 3천만 명에 이른다.

미국은 지리적으로 매우 광대하고, 각 지역의 역사적 발전과정이 상이하고, 또 기후풍토 등이 현저하게 다르기 때문에 획일적인 지방정부제도를 확립·운영하는 것은 불가능하다고 해도 과언이 아니다. 미국의 정부 수준은 크게 연방정부, 50개의 주정부, 그리고 주정부 산하의 수많은 자치단체인 지방정부로 나눌 수 있다. 미국의 경찰 역시 이러한 정부 수준에 따라 수많은 경찰조직이 존재하고 있다. 이 가운데서 미국경찰의 전형은 각각의 50개 주에 자치적으로 존재하는 수많은 지방경찰(Loacl Police)이라 할 수 있다.

---

11) 이에 대해서는 P. D. Netzley(2000), Issues in Crime, CA: Lucent Book, pp. 9–13 참조.

(2) 미국의 자치경찰조직

미국의 자치경찰은 기초자치단체 수준에 이르기까지 복잡·다양하게 존재하고 있다. 미국의 자치경찰의 문제점을 든다면, 아이러니하게도 자치경찰이 지나치게 분권화되어 있고, 비체계적으로 설치·운영되어 있다는 점이다.[12)]

미국의 경찰규모(연방 및 주경찰 포함)와 관련하여 1967년 대통령범죄위원회(the President's Crime Commission)의 잘못된 조사보고에 따르면, 약 40,000여 개가 존재한다고 하였으며 한동안 이 자료가 사용되기도 하였다. 그러나 보다 정확한 조사에 의하면, 2000년 현재, 약 18,000개의 경찰조직이 존재하는 것으로 나타났다.[13)] 이 가운데 자치경찰조직으로서 지방경찰(Local Police)이 12,666개, 군보안관서(Sheriff's Department)가 3,070개 존재하는 것으로 나타났다. 지방경찰은 시(市, municipal)와 군(郡, county)의 기초자치단체 경찰을 의미한다.

〈미국의 자치·주·연방·특별경찰 규모〉

자치경찰		국가경찰		특별 경찰기관
지방경찰기관	보안관서	주경찰기관	연방 법집행기관	
12,666개	3,070개	49개	19개	1,376개

* 연방법집행기관의 경우에는 조직원 500명 이상의 기관 대상.

* 특별경찰기관(SDP: Special District Police)은 각 지역의 특성에 따라 공항경찰, 공원경찰, 유료도로경찰, 교량 및 터널경찰, 주택지구경찰, 지하철경찰, 캠퍼스경찰 등이 있음.

이러한 수많은 경찰조직 가운데, 상당부분이 매우 소규모 조직형태를 띠고 있다. 자치경찰(지방경찰 및 보안관서) 가운데 경찰관의 수가 50명 미만인 경찰조직이 약 78%이며, 경찰관 50~100명 수준의 경찰조직이 약 13%로서 100명 미만의 경찰관을 가진 자치경찰이 90%를 넘어서고 있다.

그리고 단지 1명을 고용하고 있는 자치경찰도 482개나 된다(그 이전에는 이보다 훨씬 많았는데, 통폐합하면서 점차 줄어들고 있다). 반면, 미국의 최대 규모의 도시인 뉴욕경찰(NYPD)의 경우에는 약 40,000명의 직원을 고용하고 있는 것처럼 대도시는 경찰은 조직규모가 매우 큰 곳도 존재한다.

---

12) 이황우(2005), 앞의 책, p. 51.

13) 이러한 법집행기관에는 약 71만 명의 정규경찰과 약 31만 명의 비정규경찰(민간인)로 총 110만 명의 조직원이 근무하는 것으로 나타났다. Walker, C.M. Katz(2005), The Police in America, N.Y.: McGraw-Hill, pp. 63-64.

(3) 미국경찰의 국가경찰적 요소

미국경찰은 지방분권적 사상에 기초하여 자치경찰제도를 적절하게 운용하고 있으나 한편으로는 복잡·다양한 범죄와 무질서 문제에 대응하는 데 일정한 한계를 안고 있다. 따라서 이에 대응하기 위하여 주 또는 연방적 차원에서 '국가경찰' 형태의 경찰조직을 운용하고 있다.

국가경찰 형태라 할 수 있는 주(州)차원의 경찰조직(State Police)과 연방(聯邦)차원의 경찰기능을 가진 연방법집행기관이 자치경찰의 한계를 극복하기 위하여 일정부분 존재하고 있다. 예컨대, 주경찰로써 고속도로 순찰대(Highway Patrol), 연방경찰로서 우리에게 친숙한 연방범죄수사국(FBI: Federal Bureau of Investigation) 등을 들 수 있다. 물론, 이들이 엄밀한 의미에서 '일반경찰' (General Police)는 아니다.

4. 절충형모델

1) 절충형모델의 개념

절충형모델(Integrated Model)은 중앙정부와 지방정부가 경찰에 대한 관리 및 통제를 분담하는 체제를 말한다. 이러한 절충형체제는 분권화된 자치경찰이 가지고 있는 단점(비능률성 등)과 집권화된 국가경찰이 갖는 단점(정치성·권력성 등)을 일정부분 극복할 수 있다는 장점이 있다.

2) 절충형모델의 예: 일본경찰

(1) 일본경찰의 특징

일본(日本, Japan)은 국토면적 약 38만㎢이고, 인구는 약 1억 3천만 명에 이르는 입헌군주국(立憲君主國)이다. 일본의 행정구역은 광역자치단체인 도도부현(都道府縣)과 기초 자치단체인 시정촌(市町村, 특별구 포함)으로 구성되어 있다.[14)]

어떻게 보면, 일본경찰은 국가경찰과 자치경찰이 결합한 절충형모델의 전형이라고 할 수 있다. 일본에서는 전반적인 경찰업무는 광역자치단체인 도도부현(都道府縣)에서

14) 일본의 지방행정체계는 크게 도도부현(都道府縣)으로 구분된다. 여기에서 도(都)는 동경도(東京 都, 도쿄도), 도(道)는 북해도(北海道, 홋카이도), 부(府)는 대판부(大阪府, 오사카부)와 경도부(京都府, 교토부)를 의미하며, 현(縣)에는 지정현(指定縣, 인구 50만 이상의 시를 지정시라고 하며 이를 포괄하는 현을 지정현이라 함)과 이외의 현을 포함하여 43개(2003년 현재)가 있다. 김형만 외 8인(2003), 앞의 책, pp. 191-192.; 정진환(2006), 앞의 책, p. 257.

처리하는 것을 원칙으로 하고, 중앙정부인 국가는 긴급사태를 선포한 경우를 제외하고는 경찰권한을 직접적으로 행사하지 않도록 하고 있다.

다만, 경찰업무의 성격상 국가적 이해관계와 지방적 이해관계가 함께 있는 것으로서 도도부현에서 처리하는 것보다는 국가가 전국적으로 통일하여 행하는 것이 한층 효율적인 특정사항에 대해서는 도도부현 자치경찰에 대하여 국가경찰이 지휘·감독권을 행사하도록 하고 있다.[15]

아래 표에서 보는 바와 같이 일본경찰은 2020년 현재 전체 경찰직원의 정원은 296,412명에 이르고 있다. 이 가운데 288,417명(약 97.0%)은 광역자치경찰인 도도부현 경찰본부 소속이고, 7,995명(약 3.0%)은 국가경찰인 경찰청 소속이다.[16]

〈일본경찰 현황(2020)〉

(단위: 명, %)

구분	국가경찰(경찰청)				광역자치경찰(도도부현경찰)				합계
	경찰관	황궁경찰	일반직원	소계	경무관	경찰관	일반직원	소계	
정원	2,179	932	4,884	7,995 (3.0)	630	259,369	28,418	288,417 (97.0)	296,412 (100.0)

(2) 국가경찰조직: 경찰청과 관구경찰국

일본은 국가경찰로 내각총리대신의 소할(所轄: 조직상 상하관계이지만 독립성이 강한 소속관계를 표현하는 것으로서, 지휘감독보다 더욱 약한 관계를 의미함)하에 국가공안위원회(國家公安委員會)를 설치하고, 그 관리하에 경찰청(警察廳)을 두고 있다. 경찰청에는 생활안전국, 형사국, 교통국, 경비국, 정보통신국 5개 국(局)이 있고, 부속기관으로는 경찰대학, 과학경찰연구소, 황궁경찰본부가 있다.[17]

그리고 국가경찰인 경찰청의 지방기관으로서 일본 전국적으로 7개의 지방에 관구경찰국(管區警察局)과 2개 통신부를 두고 있다.[18] 이들 관구경찰국은 지역적인 대규모 소요사태, 재해, 광역범죄에 대한 대응, 그리고 자치경찰의 업무조정 등에 관한 경찰청 소관사무의 일부를 분장하고 있다.

15) 위의 책, pp. 272-282.
16) 치안정책연구소(2020), 외국 자치경찰제도 연구, 범신사, pp. 112-113.
17) 정진환(2006), 앞의 책, pp. 275-276.
18) 위의 책, p. 277.

(3) 자치경찰조직: 경시청과 경찰본부

광역자치경찰은 도도부현(都道府縣)에 공안위원회(동경도공안위원회, 북해도공안위원회, 대판부공안위원회, 경도부공안위원회)를 설치하고 그 관리하에 동경도 경시청(警視廳), 북해도 경찰본부(警察本部), 그리고 45개 부현에 경찰본부를 두고 있다.

도도부현경찰은 각 관할구역 안에서 경찰업무를 수행하고 국가에서 지원하는 일정한 경비(지방재정법상 국고보조금)를 제외한 필요경비는 자치단체 스스로 부담하는 자치경찰이라 할 수 있다(다만, 동경경시청은 그 특성상 자치경찰이면서도 국가경찰의 성격이 강하다고 할 수 있다).

이러한 각 도도부현경찰은 상호협력할 의무가 있다. 도도부현경찰은 상호 독립하고 있어 상하의 지휘명령관계는 없으나 경찰업무의 광역적 성격으로 말미암아 상호협력하지 않으면 경찰운영의 능률화는 기대할 수 없으므로 상호협력하도록 하고 있다.

한편, 도도부현경찰은 해당 도도부현의 관할구역에 내에서 경찰의 업무를 수행하며, 따라서 경찰권한의 행사는 지역적으로 해당 경찰의 관할구역 내에 제한됨이 원칙이다. 다만, 경찰활동의 범위를 엄격하게 한정하는 것은 경찰의 업무수행을 어렵게 하기 때문에 도도부현경찰은 그 관할구역 내의 범죄의 진압 및 수사, 피의자의 체포, 기타 공안의 유지에 관련하여 필요한 한도 내에 그 관할구역 외에서도 권한이 미칠 수 있도록 하고 있다.

제3절 경찰조직의 법적 근거와 구조적 특징

1. 경찰조직의 법적 근거

우리나라 일반행정조직의 구조는 1990년대에 이르러 지방분권화가 되었지만, 경찰조직은 경찰조직의 구조모델 가운데 집권화모델 즉, 중앙집권화된 국가경찰을 기본으로 하고 있다.

경찰은 1945년 10월 21일 국립경찰로 출범한 이래 1991년 「경찰법」이 공포(법률 제4369호)됨으로써 46년 만에 내무부장관의 보조기관에서 내무부 소속의 외청(外廳)인

경찰청(警察廳)으로 독립하여 경찰행정의 책임성과 독자성을 행사할 수 있는 체계를 갖추게 되었다.

오늘날 경찰조직의 근거가 되는 법은 기본적으로 헌법(憲法), 정부조직법, 그리고 「국가경찰과 자치경찰의 조직 및 운영에 관한 법률」(약칭: 경찰법) 등을 들 수 있다. 이 가운데 경찰조직의 구조와 관련된 대표적인 법이 바로 '경찰법'이라 할 수 있다.

1) 헌법

현행법상으로 경찰권은 행정권의 일부이기 때문에 대통령을 수반으로 하는 정부에 속한다(헌법 제66조 제4항). 따라서 경찰권은 대통령의 통할(統轄) 하에서 행사되어 짐은 물론이다. 우리나라는 헌법상 기본적으로는 대통령제를 택하고 있으며, 정부를 구성하는 기본요소인 대통령·국무회의·국무총리·행정각부의 장관 등에 관하여 규정하면서, 이들에 관한 보다 세부적이고 구체적인 것은 법률로 정하도록 하고 있다(헌법 제96조).

2) 정부조직법

헌법에 근거하여 제정된 기본법이 「정부조직법」(政府組織法)이다. 국가행정조직의 기본법률로서 정부조직법의 기본 구성도 대통령, 국무회의, 국무총리 및 행정각부장관을 대상으로 규정하고 있음은 물론이다.

따라서 정부조직법은 국가행정사무의 통일적이고도 능률적인 수행을 위하여 국가행정기관의 설치·조직과 직무범위의 대강을 정하는 국가행정조직에 관한 일반법(一般法)의 성격을 갖는다. 정부조직법은 입법조직법인 국회법 및 사법조직법인 법원조직법과 더불어 우리나라의 국가조직을 정하는 가장 기본적인 조직법을 구성하고 있다.

정부조직법에 따라 대통령은 정부의 수반으로서 법령에 따라 모든 중앙행정기관의 장을 지휘·감독하도록 하고 있고, 국무총리는 대통령의 명을 받아 각 중앙행정기관의 장을 지휘·감독하도록 하고 있다(정부조직법 제11조 제1항, 제18조 제1항).

행정안전부장관은 국무회의의 서무, 법령 및 조약의 공포, 정부조직과 정원, 상훈, 정부혁신, 행정능률, 전자정부, 정부청사의 관리, 지방자치제도, 지방자치단체의 사무지원·재정·세제, 낙후지역 등 지원, 지방자치단체간 분쟁조정, 선거·국민투표의 지원, 안전 및 재난에 관한 정책의 수립·총괄·조정, 비상대비, 민방위 및 방재에 관한 사무를 관장하도록 하고 있다(제34조 제1항).

한편, 치안에 관한 사무를 관장하기 위하여 행정안전부장관 소속으로 경찰청(警察

廳)을 두도록 하고 있다(정부조직법 제34조 제4항). 그리고 경찰청의 조직·직무범위 그 밖에 필요한 사항은 따로 법률(예: 경찰법 등)로 정하도록 하고 있다(제34조 제5항).[19]

3) 국가경찰과 자치경찰의 조직 및 운영에 관한 법률

「국가경찰과 자치경찰의 조직 및 운영에 관한 법률」 (약칭: 경찰법)은 경찰의 민주적인 관리·운영과 효율적인 임무수행을 위하여 경찰의 기본조직 및 직무범위와 그 밖의 필요한 사항을 규정하고 있다(제1조).[20] 경찰조직의 구조에 관한 법으로써 이러한 경찰법 외에도 「의무경찰대 설치 및 운영에 관한 법률」, 「경찰대학 설치법」 등이 있다.

2. 경찰조직의 구조적 특징

1) 중앙집권적인 국가경찰

우리나라 경찰은 기본적으로 중앙집권적인 국가경찰로 이루어져 있음을 특징으로 한다. 이러한 국가경찰은 일반경찰기관(一般警察機關, General Police)으로서 치안에 관한 사무를 관장하고 있다.

일반경찰기관이라는 것은 경찰개념으로 볼 때, 형식적·제도적 의미의 경찰(즉, 통일적인 제복을 입은 경찰)로서 법집행·질서유지·대민봉사와 같은 전반적인 업무를 수행하는 경찰을 의미한다고 볼 수 있다.

이러한 국가경찰은 경찰청을 정점으로 하여 시·도경찰청, 경찰서, 지구대·파출소 등의 하위체계를 이루고 있다. 그리고 규모와 정도의 차이는 있지만, 경찰청, 시·도경찰청, 경찰서의 소관업무라 할 수 있는 경찰기능(경무·생활안전·수사·교통·경비·정보·보안·외사 등)은 대동소이하다고 본다.

지구대·파출소 등은 이러한 경찰기능이 세분화되지는 않았지만, 제1차적으로 이와 관련된 업무를 전반적으로 수행한다고 본다. 그리고 지구대·파출소는 특히, 생활안전기능과 밀접하게 관련되어 관할구역 내에서 범죄예방 및 위험발생의 방지와 관련된 제반활동을 수행하고 있다.

---

19) 참고적으로 ① 해양에서의 경찰 및 오염방제에 관한 사무를 관장하기 위하여 해양수산부장관 소속으로 해양경찰청을 두도록 하고 있다. 그리고 해양경찰청에 청장 1명과 차장 1명을 두되, 청장 및 차장은 경찰공무원으로 보하도록 하고 있다(정부조직법 제43조 제2항 및 제3항). ② 그동안 해양경찰은 조직에 관한 별도의 개별법 없이 정부조직법에 근거를 두고 운영되어 오다가, 2019년 8월 20일 「해양경찰법」이 제정(시행, 2020.02.21)되어 법적인 기반이 마련되었다.

20) 이황우(2005), 앞의 책, p. 138.

이상과 같은 경찰청 산하의 시·도경찰청, 경찰서, 지구대·파출소의 규모는 다음과 같다. 한편, 2004년에 2~3개의 파출소를 통폐합하여 설치한 것이 지구대이다. 지구대 운영은 이후, 시행착오를 거치면서 어느 정도 정착단계에 이르렀다고 볼 수 있다.[21)]

〈경찰조직 변화 추이(단위: 개소)〉

구 분	2003	2004	2005	2010	2011	2012	2013	2014	2015	2016	2017	2018	2019	2020
지방청	14	14	14	16	16	16	16	16	16	17	17	17	18	18
경찰서	233	233	234	248	249	249	250	250	251	252	254	255	255	257
지구대	–	871	872	423	428	427	512	515	514	516	518	582	585	585
파출소	2,945	119	200	1,517	1,517	1,524	1,436	1,438	1,463	1,473	1,486	1,433	1,436	1,437

2) 국가경찰조직의 구조적 2원화

우리나라 경찰은 기본적으로 중앙집권적인 국가조직으로 구조화되어 있음을 특색으로 한다. 국가경찰조직의 구조는 1948년 대한민국 정부수립 이후 단일체제(1948년 치안국, 1974년 치안본부, 1991년 경찰청)로 운영되었다.

그러다가 1996년 8월에 경찰기능에서 해양경찰기능이 분리되어 독립적인 해양경찰청(海洋警察廳)이 이를 맡도록 함으로써 국가경찰은 이원화(二元化: 육상경찰과 해양경찰)되었다고 볼 수 있다.[22)] 즉, 이 해에 정부조직법의 개정으로 '해양에서의 경찰 및 오염방제에 관한 사무를 관장'하기 위하여 해양수산부장관 소속으로 해양경찰청을 두도록 한 것이다. 해양경찰조직의 구조 역시 기본적으로 해양경찰청, 지방해양경찰청, 해양경찰서, 파출소 등의 체제로 구성되어 있다.

이러한 상황에서 지난 2014년 4월 전남 진도 앞바다에서 세월호가 침몰하여 학생을 포함한 300명 이상의 승객이 사망한 사건에 대한 책임을 물어 해양경찰청을 해체하였다. 이후 졸속(拙速)으로 그해 11월에 국민안전처(國民安全處)를 설치하고, 그 소속으로 소방업무를 담당하는 '중앙소방본부'와 해양경찰사무를 담당하는 '해양경비안전본부'를 두도록 하였다. 이 해양경비안전본부로의 체제 개편 이후, 특별하게 해양경찰기능이 개선된 것도 없으며, 또 조직위상은 오히려 크게 떨어진 것이 사실이다. 이러한 우여곡절 끝에, 2017년 7월 정부조직법의 개정으로 종전과 같이 해양경찰청이 다시 부

21) 사이버경찰청(http://www.police.go.kr) 통계자료 참조.

22) 김남진(2002), 경찰행정법, 서울: 경세원, p. 22.; 홍정선(2007), 앞의 책, pp. 104-105.; 조철옥(2008), 경찰학개론, 서울: 대영문화사, p. 206.

활하였다.

(육상)경찰은 대한민국 정부수립 이후 조직에 관한 별도의 개별법 없이 정부조직법에 근거를 두고 운영되어 오다가, 「경찰법」(警察法)이 1991년에 제정되어 제도적 독립화·전문화가 되는 계기가 되었다. 한편, (육상)경찰에서 분리된 해양경찰은 오랜 동안 개별법 없이 정부조직법에 근거를 두고 운영되어 오다가, 2019년 8월 20일 「해양경찰법」(海洋警察法)이 제정(시행, 2020. 02. 21)되어 법적·제도적 기반이 마련되었다.

3) 지방분권적 자치경찰의 존재

(1) 시·도자치경찰위원회의 설치와 국가경찰사무의 일부 자치화

우리나라 경찰은 중앙집권적인 국가경찰을 기본으로 하고 있다. 다만, 2021년 7월부터 부분적으로 자치경찰제도가 일정부분 되입되었다. 이를 위해 2020년 12월 경찰법이 전부 개정되었고, 법 명칭 역시 「국가경찰과 자치경찰의 조직 및 운영에 관한 법률」(약칭: 경찰법)로 되었다.

이에 따라 시·도지사 소속으로 시·도자치경찰위원회가 설치되었고, 경찰사무의 일부가 자치경찰사무로 되었다. 그러나 큰 틀에서는 국가경찰조직의 기본구조 즉, 경찰청, 시·도경찰청, 경찰서, 지구대·파출소체제를 그대로 유지하고 있다는 점은 변함이 없다. 이러한 점에서 현행 도입된 자치경찰은 지극히 형식적인 수준에 그치고 있은 상황이다.

자치경찰의 도입

① 시·도자치경찰위원회의 설치

자치경찰사무를 관장하게 하기 위하여 특별시장·광역시장·특별자치시장·도지사·특별자치도지사(이하 '시·도지사' 함) 소속으로 시·도자치경찰위원회를 둔다. 다만, 시·도에 2개의 시·도경찰청을 두는 경우 시·도지사 소속으로 2개의 시·도자치경찰위원회를 둘 수 있다(경찰법 제18조 제1항)

시·도자치경찰위원회는 합의제 행정기관으로서 그 권한에 속하는 업무를 독립적으로 수행한다(제2항).

② 자치경찰사무

경찰법 제3조에서 정한 '경찰의 임무'범위에서 관할 지역의 생활안전·교통·경비·수사 등에 관한 다음의 사무를 자치경찰사무로 한다(경찰법 제4조 제1항 제2호).

㉠ 지역 내 주민의 생활안전 활동에 관한 사무

㉡ 지역 내 교통활동에 관한 사무
㉢ 지역 내 다중운집 행사 관련 혼잡 교통 및 안전 관리
㉣ 일정한 수준의 수사사무[23)]

(2) 제주특별자치도 자치경찰

① 제주특별자치도 자치경찰의 설치

참여정부(노무현 대통령 재임기)에서는 '분권과 자율'이라는 국정지표에 따라 지방분권 정책을 중점적으로 추진해왔으며, 이에 따라 지난 2005년에 제주특별자치도 기본구상에 따라 제주도에 자치경찰을 도입할 것을 밝힌 바 있다.

이러한 노력으로 2006년 2월에 「제주특별자치도 설치 및 국제자유도시 조성을 위한 특별법」(약칭: 제주특별법)을 제정하였으며, 이 법에 제주특별자치도에 자치경찰을 설치할 수 있는 근거(시행 동년 7월 1일)가 마련되었다. 그리고 이 법에 따라 제주특별자치도의 자치경찰사무를 처리하기 위하여 제주도지사 소속으로 자치경찰단(自治警察團)이 설치 및 운영 등에 관한 규정(제87조~제119조)이 마련되었다.

물론, 제주특별자치도에 제주지방경찰청(현 제주경찰청)이라는 국가경찰이 종전과 마찬가지로 제주지역 치안에 관한 전반적인 책임을 지고 있다. 다만, 제주특별자치도라는 지역적 특성을 고려하여 국가경찰체제하에서 일정부분 자치경찰제도 즉, 자치경찰단을 설치한 것이다.

제주자치경찰의 규모는 국가경찰에 비교할 때 매우 미미한 수준이다. 2006년 출범 당시 자치경찰단 소속 자치경찰공무원의 정원은 38명에 불과하였고, 2020년 현재 156명에 이르고 있다.[24)]

이들은 자치경찰공무원 신분으로 관련 직무를 수행하며, 임용권은 도시자사 행사하도록 하고 있다. 즉, 도지사는 소속 자치경찰공무원의 임명·휴직·면직과 징계를 할 권한을 가진다(제주특별법 제107조). 또 자치경찰의 직무 및 법적 권한 역시 국가경찰에 비해 상대적으로 제한적임은 물론이다.

1948년 정부수립 이후, 우리나라 전체에 걸쳐 국가경찰체제를 유지하여 오다

23) 자치경찰이 담당하는 수사사무는 다음과 같다. ① 학교폭력 등 소년범죄, ② 가정폭력, 아동학대 범죄, ③ 교통사고 및 교통 관련 범죄, ④ 「형법」 제245조에 따른 공연음란 및 「성폭력범죄의 처벌 등에 관한 특례법」 제12조에 따른 성적 목적을 위한 다중이용장소 침입행위에 관한 범죄, ⑤ 경범죄 및 기초질서 관련 범죄, ⑥ 가출인 및 「실종아동등의 보호 및 지원에 관한 법률」 제2조 제2호에 따른 실종아동 등 관련 수색 및 범죄(경찰법 제4조 제1항 제2호 라목 이하).

24) 허경미(2021), 경찰학, 서울: 박영사, p. 68 재인용.

가 2006년에 제주특별자치도에 유일하게 자치경찰제도가 일정부분 도입·운영되었다는 점에서 그 역사적 의의를 찾을 수 있다. 국가경찰과는 별개의 독립된 조직으로써 제주특별자치도에 의해 자치경찰단이 운영되었기 때문이다.

② 제주특별자치도 자치경찰의 조직개편

경찰법 전부개정으로 2021년 7월부터 전국 18개 시·도경찰청에 걸쳐 일정부분 자치경찰제가 도입되었음은 위에서 설명한 바와 같다. 이에 따라 2006년에 설치된 제주특별자치도 자치경찰제도(즉, 자치경찰단) 역시 조직개편이 이루어지게 되었다.

2006년 자치경찰 도입 당시에는 자치경찰단은 제주자치도에 두도록 하였다(제주특별법 제106조). 그러나 2020년 12월 「국가경찰과 자치경찰의 조직 및 운영에 관한 법률」(약칭: 경찰법) 제18조에 따라 설치되는 제주특별자치도 자치경찰위원회 소속으로 자치경찰단을 두도록 한 것이다(제주특별법 제88조 제1항). 제주특별자치도 자치경찰위원회 역시 제주특별자치도지사 소속으로 되어 있기 때문에 큰 변화는 없다고 본다. 다만, 중간에 관리기구로서 '자치경찰위원회'가 설치되었다는 점에서 차이가 있다.

〈국가경찰(경찰·해양경찰)과 자치경찰의 조직화 과정〉

국가경찰과 자치경찰

치안국(治安局, 1948.11 ~ 1974.12)
- 정부조직법 제정(1948.7.17, 법률 제1호)
- 정부조직법에 근거하여 내무부장관 소속하에 치안국 설치(48.11)
  : 치안국에 해양경찰대 신설(53.12)

⇩

치안본부(治安本部, 1974.12 ~ 1991.7)
- 정부조직법 개정으로 치안국을 치안본부로 개편(74.12)

⇩

경찰청(警察廳, 1991.07 ~ 현재)
- 경찰조직의 근거법인 경찰법 제정(91.05)
- 경찰청과 그 소속기관 직제 제정(대통령령, 91.07)
- 정부조직법 개정, 경찰법에 근거하여 치안본부를 경찰청으로 개편(91.07)
  - 경찰청 소속 해양경찰대를 해양경찰청으로 개편(91.07)
  - 경찰청의 해양경찰에 관한 사무폐지(96.08)
- 경찰법을 「국가경찰과 자치경찰의 조직 및 운영에 관한 법률」로 전부개정(2020.12)

해양경찰청(1996.8 ~ 2014.11)
- 정부조직법에 근거하여 해양수산부장관 소속하에 해양경찰청 설치(96.08)
- 해양경찰청과 그 소속기관 직제 제정(96.08)
- 해양경찰청 폐지(14.11)

⇩

해양경비안전본부(2014.11 ~ 2017.07)
- 정부조직법에 근거하여 국민안전처 소속하에 해양경비안전본부 설치(14.11)
- 국민안전처 폐지(17.07)

⇩

해양경찰청 부활(2017.07 ~ 현재)
- 정부조직법에 근거하여 해양수산부장관 소속하에 해양경찰청 설치(17.07)
- 해양경찰법 제정(2019.08)

제주자치경찰의 도입(2006)
- 제주특별자치도 설치 및 국제자유도시 조성을 위한 특별법 제정(2006.02)
  - 도지사 소속 자치경찰단 설치(2006.07 ~ 현재)
  - 도지사의 자치경찰공무원 임용

자치경찰의 전국적 도입(2021.07)
- 경찰법을 전부개정하여 국가경찰과 자치경찰의 조직 및 운영에 관한 법률로 명칭 변경(2020.12)
  - 시·도지사 소속 시·도자치경찰위원회 설치
  - 국가경찰사무의 일부 자치경찰사무로 전환
- 자치경찰제도의 전국(18개 시·도경찰청) 시행(2021.07)
- 제주특별자치도 자치경찰단 역시 제주특별자치도 자치경찰위원회 소속하에 둠(제주특별법 제88조, 2020.12)

제4절 경찰조직의 구조유형: 경찰기관

경찰조직의 구조는 경찰기능 또는 경찰업무를 담당하는 각 단위로 하여 경찰기관(警察機關)이라는 용어를 사용하여 유형화할 수 있다. 이러한 경찰기관은 그 법률상의 지위, 권한, 업무의 종류 및 내용 등을 기준으로 하여 여러 가지로 나눌 수 있다.

이를 구분하면, 경찰기관은 크게 ㉠ 경찰의사 심의·의결기관: 경찰의결기관(국가경찰위원회, 시·도자치경찰위원회), ㉡ 경찰의사 표시기관: 경찰관청(경찰청장, 시·도경찰청장, 경찰서장 등), ㉢ 경찰의사 집행기관: 경찰집행기관(순경~치안총감에 이르는 경찰공무원)으로 나눌 수 있다. 이밖에도 경찰의사 관련하여 자문기관 등을 들 수 있다.

1. 경찰의결기관

1) 국가경찰위원회

(1) 국가경찰위원회의 성격

국가경찰행정에 관한 주요 안건을 심의·의결(審議·議決)하기 위하여 행정안전부에 국가경찰위원회를 두도록 하고 있다(경찰법 제7조 제1항). 1991년 제정된 경찰법에 의해 경찰위원회(警察委員會)가 설치되었고, 2020년 12월 법 개정으로 국가경찰위원회(國家警察委員會)로 명칭이 변경되었다.

국가경찰위원회는 합의제(合議制) 심의·의결기관으로서, 독임제(獨任制) 경찰관청인 경찰청장의 단독 의사결정의 단점을 보완하는 기능을 수행한다. 아울러 국가경찰위원회는 경찰의 정치적 중립성 확보, 정책결정과 집행의 민주성과 공정성을 확보하기 위한 합의제 의결기관이라 할 수 있다.

(2) 국가경찰위원회의 조직

① 국가경찰위원회의 구성

국가경찰위원회는 위원장 1명을 포함한 7명의 위원으로 구성하되, 위원장 및 5명의 위원은 비상임(非常任)으로 하고, 1명의 위원은 상임(常任)으로 하고 있다.[25] 위원 중 상임위원은 정무직으로 하고 있다(경찰법 제7조 제2항 및 제3

25) ① 위원장은 위원회를 대표하며, 위원회의 사무를 총괄한다. ② 위원장은 비상임위원중에서 호선(互選: 특정한 범위 안의 사람들끼리 투표하여 그 구성원 중에서 어떤 사람을 뽑음)한다. ③ 위원장이 사고가 있을 때에는 상임위원, 위원 중 연장자순으로 위원장의 직무를 대리한다(국가경찰위원회 규정 제2조).

항).[26)]

② 국가경찰위원의 임명과 결격사유

위원의 임명은 행정안전부장관의 제청(提請: 공식적 요청)으로 국무총리를 거쳐 대통령이 임명하도록 하고 있다(경찰법 제8조 제1항). 여기에서 행정안전부장관이 위원 임명을 제청할 때 경찰의 정치적 중립이 보장되도록 하여야 한다.

그리고 위원 중 2명은 법관의 자격이 있는 사람이어야 하며, 특정 성(性)이 6/10을 초과하지 아니하도록 노력해야 한다(제3항 및 제4항). 성적 구성이 6/10을 초과하지 않도록 한다면, 위원이 7명이라면 성비가 4:3 정도 수준이 되어야 한다는 의미이다.

한편, 일정한 결격사유에 해당하는 사람은 위원이 될 수 없으며, 위원이 결격사유에 해당하는 경우에는 당연퇴직(當然退職)한다(제8조 제5항).

국가경찰위원의 결격사유
① 정당의 당원이거나 당적을 이탈한 날부터 3년이 지나지 아니한 사람 ② 선거에 의하여 취임하는 공직에 있거나 그 공직에서 퇴직한 날부터 3년이 지나지 아니한 사람 ③ 경찰, 검찰, 국가정보원 직원 또는 군인의 직에 있거나 그 직에서 퇴직한 날부터 3년이 지나지 아니한 사람 ④ 「국가공무원법」 제33조(공무원의 결격사유) 각 호의 어느 하나에 해당하는 사람. 다만, 「국가공무원법」 제33조 제2호 및 제5호에 해당하는 경우에는 같은 법 제69조 제1호 단서에 따른다.

③ 국가경찰위원의 임기·신분보장, 의무

㉠ 국가경찰위원의 임기·신분보장

위원의 임기는 3년으로 하며, 연임(連任)할 수 없다. 이 경우 보궐위원의 임기는 전임자 임기의 남은 기간으로 한다(제9조 제1항).

그리고 위원은 중대한 신체상 또는 정신상의 장애로 직무를 수행할 수 없게 된 경우를 제외하고는 그 의사에 반하여 면직(免職)되지 아니한다(제2항).

26) 정무직공무원은 경력직공무원 외의 공무원(특수경력직)의 하나로서 여기에는 ① 선거로 취임하거나 임명할 때 국회의 동의가 필요한 공무원, ② 고도의 정책결정 업무를 담당하거나 이러한 업무를 보조하는 공무원으로서 법률이나 대통령령(대통령실의 조직에 관한 대통령령만 해당 됨)에서 정무직으로 지정하는 공무원이 이에 해당한다(국가공무원법 제2조 제3항 제1호).

㉡ 국가경찰위원의 의무

위원의 의무와 관련해서는 「국가공무원법」 제60조(비밀엄수 의무) 및 제65조(정치운동 금지)를 준용하도록 하고 있다(경찰법 제8조 제6항).

(3) 국가경찰위원회의 권한: 경찰행정에 관한 심의·의결권

위원회는 경찰의결기관으로서 경찰행정에 관한 심의·의결 권한을 가지고 있다. 따라서 다음과 같은 사항에 대해서는 위원회의 심의·의결을 거치도록 하고 있다(경찰법 제10조 제1항 각호).

국가경찰위원회의 심의·의결사항
① 국가경찰사무에 관한 인사, 예산, 장비, 통신 등에 관한 주요정책 및 경찰업무 발전에 관한 사항 ② 국가경찰사무에 관한 인권보호와 관련되는 경찰의 운영·개선에 관한 사항 ③ 국가경찰사무 담당 공무원의 부패 방지와 청렴도 향상에 관한 주요 정책사항 ④ 국가경찰사무 외에 다른 국가기관으로부터의 업무협조 요청에 관한 사항 ⑤ 제주특별자치도의 자치경찰에 대한 경찰의 지원·협조 및 협약체결의 조정 등에 관한 주요 정책사항 ⑥ 경찰법 제18조에 따른 시·도자치경찰위원회 위원 추천, 자치경찰사무에 대한 주요 법령·정책 등에 관한 사항, 제25조 제4항에 따른 시·도자치경찰위원회 의결에 대한 재의 요구에 관한 사항 ⑦ 경찰법 제2조에 따른 시책(치안정책 등) 수립에 관한 사항 ⑧ 경찰법 제32조에 따른 비상사태 등 전국적 치안유지를 위한 경찰청장의 지휘·명령에 관한 사항 ⑨ 그 밖에 행정안전부장관 및 경찰청장이 중요하다고 인정하여 국가경찰위원회의 회의에 부친 사항

(4) 국가경찰위원회의 운영

① 국가경찰위원회의 심의·의결 방법

이상에서 살펴본 국가경찰위원회의 사무는 경찰청에서 수행하고, 회의는 재적위원 과반수의 출석과 출석위원 과반수의 찬성으로 의결하도록 하고 있다(경찰법 제11조).

이 밖의 경찰법에 규정된 것 외에 국가경찰위원회의 운영 및 제10조 제1항 각호에 따른 심의·의결 사항의 구체적 범위, 재의 요구 등에 필요한 사항은 대통령령(즉, 경찰위원회 규정)으로 정하도록 하고 있다(경찰법 제11조 제2항).

② 국가경찰위원회의 회의

이 위원회의 회의는 정기회의와 임시회의로 구분한다. 정기회의는 특별한 사유가 있는 경우를 제외하고는 매월 2회 위원장이 소집한다(국가경찰위원회 규정 제7조 제1항 및 제2항).

그리고 위원장은 필요한 경우 임시회의를 소집할 수 있으며, 위원 3인 이상과 행정안전부장관 또는 경찰청장은 위원장에게 임시회의의 소집을 요구할 수 있다(제3항). 제3항의 규정에 의한 임시회의소집 요구가 있는 경우에는 위원장은 특별한 사유가 없는 한 회의를 소집하여야 한다(제4항).

2) 시·도자치경찰위원회

(1) 시·도자치경찰위원회의 성격

위에서 국가경찰행정에 관한 주요 안건을 심의·의결(審議·議決)하기 위하여 설치된 국가경찰위원회에 대해서 살펴보았다. 이와는 별도로 2020년 12월 법 개정으로 시·도자치경찰위원회(市·道自治警察委員會)가 설치되었다.

시·도자치경찰위원회 역시 국가경찰위원회와 마찬가지로 합의제(合議制) 심의·의결기관으로서, 자치경찰사무를 민주적이고 중립적으로 관리하기 위해 설치한 것이라고 볼 수 있다.

(2) 시·도자치경찰위원회의 조직

① 시·도자치경찰위원회의 구성

시·도자치경찰위원회는 위원장 1명을 포함한 7명의 위원으로 구성하되, 위원장과 1명의 위원은 상임(常任)으로 하고, 5명의 위원은 비상임(非常任)으로 한다(경찰법 제19조 제1항).

위원은 특정 성(性)이 6/10을 초과하지 아니하도록 노력하여야 한다(제2항). 성적 구성이 6/10을 초과하지 않도록 한다면, 위원이 7명이라면 성비가 4:3 정도 수준이 되어야 한다는 의미이다. 한편, 위원 중 1명은 인권문제에 관하여 전문적인 지식과 경험이 있는 사람이 임명될 수 있도록 노력하여야 한다고 규정하고 있다(제3항).

② 시·도자치경찰위원의 임명

시·도자치경찰위원회 위원은 다음의 사람을 시·도지사가 임명하도록 하고 있다(경찰법 제20조 제1항).

㉠ 시·도의회가 추천하는 2명
㉡ 국가경찰위원회가 추천하는 1명
㉢ 해당 시·도 교육감이 추천하는 1명
㉣ 시·도자치경찰위원회 위원추천위원회가 추천하는 2명
㉤ 시·도지사가 지명하는 1명

한편, 시·도자치경찰위원회 위원장은 위원 중에서 시·도지사가 임명하고, 상임위원은 시·도자치경찰위원회의 의결을 거쳐 위원 중에서 위원장의 제청으로 시·도지사가 임명하도록 하고 있다. 이 경우 위원장과 상임위원은 지방자치단체의 공무원으로 한다(제20조 제3항).

③ 시·도자치경찰위원의 자격요건

시·도자치경찰위원회 위원은 다음의 어느 하나에 해당하는 자격을 갖추어야 한다(경찰법 제20조 제2항).

㉠ 판사·검사·변호사 또는 경찰의 직에 5년 이상 있었던 사람
㉡ 변호사 자격이 있는 사람으로서 국가기관 등에서 법률에 관한 사무에 5년 이상 종사한 경력이 있는 사람
㉢ 대학이나 공인된 연구기관에서 법률학·행정학 또는 경찰학 분야의 조교수 이상의 직이나 이에 상당하는 직에 5년 이상 있었던 사람
㉣ 그 밖에 관할 지역주민 중에서 지방자치행정 또는 경찰행정 등의 분야에 경험이 풍부하고 학식과 덕망을 갖춘 사람

시·도자치경찰위원의 결격사유

다음의 어느 하나에 해당하는 사람은 위원이 될 수 없다. 위원이 재직 중에라도 다음의 어느 하나에 해당하는 경우에는 당연퇴직(當然退職)한다.

① 정당의 당원이거나 당적을 이탈한 날부터 3년이 지나지 아니한 사람
② 선거에 의하여 취임하는 공직에 있거나 그 공직에서 퇴직한 날부터 3년이 지나지 아니한 사람
③ 경찰, 검찰, 국가정보원 직원 또는 군인의 직에 있거나 그 직에서 퇴직한 날부터 3

년이 지나지 아니한 사람

④ 국가 및 지방자치단체의 공무원(국립 또는 공립대학의 조교수 이상의 직에 있는 사람은 제외함)이거나 공무원이었던 사람으로서 퇴직한 날부터 3년이 지나지 아니한 사람. 다만, 제20조 제3항 후단에 따라 위원장과 상임위원이 지방자치단체의 공무원이 된 경우에는 당연퇴직하지 아니한다.

⑤ 「지방공무원법」 제31조(결격사유)의 어느 하나에 해당하는 사람. 다만, 「지방공무원법」 제31조 제2호 및 제5호에 해당하는 경우에는 같은 법 제61조 제1호 단서에 따른다(이상 경찰법 제20조 제7항 각호).

④ 시·도자치경찰위원의 임기·신분보장, 의무

㉠ 시·도자치경찰위원의 임기·신분보장

시·도자치경찰위원회 위원장과 위원의 임기는 3년으로 하며, 연임(連任)할 수 없다. 보궐위원의 임기는 전임자 임기의 남은 기간으로 하되, 전임자의 남은 임기가 1년 미만인 경우 그 보궐위원은 제1항에도 불구하고 한 차례만 연임할 수 있다(경찰법 제23조 제1항).

그리고 위원은 중대한 신체상 또는 정신상의 장애로 직무를 수행할 수 없게 된 경우를 제외하고는 그 의사에 반하여 면직되지 아니한다(제23조 제2항).

㉡ 시·도자치경찰위원의 의무

위원은 정치적 중립을 지켜야 하며, 권한을 남용하여서는 아니 된다(경찰법 제20조 제4항). 공무원이 아닌 위원에 대해서는 「지방공무원법」 제52조(비밀엄수의 의무) 및 제57조(정치운동의 금지)를 준용하도록 하고 있다(제20조 제5항).

한편, 공무원이 아닌 위원은 그 소관 사무와 관련하여 형법이나 그 밖의 법률에 따른 벌칙을 적용할 때에는 공무원으로 본다(제20조 제6항).

(3) 시·도자치경찰위원회의 권한

시·자치경찰위원회는 경찰의결기관으로서 소관사무에 심의·의결권(審議·議決權)을 가지고 있다. 따라서 다음과 같은 소관사무에 대해서 위원회의 심의·의결을 거치도록 하고 있다(경찰법 제24조 및 제25조).

시·도자치경찰위원의 심의·의결사항

① 자치경찰사무에 관한 목표의 수립 및 평가

② 자치경찰사무에 관한 인사, 예산, 장비, 통신 등에 관한 주요정책 및 그 운영지원

③ 자치경찰사무 담당 공무원의 임용, 평가 및 인사위원회 운영
④ 자치경찰사무 담당 공무원의 부패 방지와 청렴도 향상에 관한 주요 정책 및 인권침해 또는 권한남용 소지가 있는 규칙, 제도, 정책, 관행 등의 개선
⑤ 제2조에 따른 시책(치안정책 등) 수립
⑥ 제28조 제2항에 따른 시·도경찰청장의 임용과 관련한 경찰청장과의 협의, 제30조 제4항에 따른 평가 및 결과 통보
⑦ 자치경찰사무 감사 및 감사의뢰
⑧ 자치경찰사무 담당 공무원의 주요 비위사건에 대한 감찰요구
⑨ 자치경찰사무 담당 공무원에 대한 징계요구
⑩ 자치경찰사무 담당 공무원의 고충심사 및 사기진작
⑪ 자치경찰사무와 관련된 중요사건·사고 및 현안의 점검
⑫ 자치경찰사무에 관한 규칙의 제정·개정 또는 폐지
⑬ 지방행정과 치안행정의 업무조정과 그 밖에 필요한 협의·조정 등

이상과 같이 위원회가 심의·의결권을 가진다는 것은 이를 통해서 자치경찰사무와 관련하여 경찰관청 즉, 시·도경찰청장에 대해서 관리기관(管理機關)의로서의 지위를 갖는다는 의미이다. 다만, 현행 경찰조직의 구조 및 경찰공무원의 신분이 종전과 같이 국가경찰을 기본으로 한 상황에서 위원회가 관련업무와 관련하여 관리기관으로서 심의·의결기능을 수행하는 것은 적지 않은 한계가 있다고 본다.

(3) 시·도자치경찰위원회의 운영

① 시·도자치경찰위원회의 심의·의결 방법

시·도자치경찰위원회는 소관사무에 대해서 심의·의결한다. 시·도자치경찰위원회의 회의는 재적위원 과반수의 출석과 출석위원 과반수의 찬성으로 의결한다(경찰법 제25조 제1항 및 제2항).

한편, 시·도지사는 제1항에 관한 시·도자치경찰위원회의 의결이 적정하지 아니하다고 판단할 때에는 재의를 요구할 수 있다(제25조 제3항).

② 시·도자치경찰위원회의 회의

시·도자치경찰위원회의 회의는 정기적으로 개최하여야 한다. 다만 위원장이 필요하다고 인정하는 경우, 위원 2명 이상이 요구하는 경우 및 시·도지사가 필요하다고 인정하는 경우에는 임시회의를 개최할 수 있다(경찰법 제26조 제1항).

2. 경찰관청

1) 경찰관청의 의의

경찰관청 또는 경찰행정관청은 법적으로 주어진 권한의 범위 내에서 경찰업무에 관한 의사를 결정(決定)하고, 이를 외부에 표시(表示)할 수 있는 권한을 가진 기관을 의미한다.[27] 아울러 경찰관청은 소속 경찰공무원들에게 직접적인 지휘·감독권을 행사하는 기관을 의미한다.[28]

이러한 경찰관청은 ㉠ 중앙경찰관청, ㉡ 지방경찰관청으로 구분된다. 정부조직법 및 경찰법 등에 따라 중앙경찰관청은 경찰청장과 국가수사본부장 등이 있고, 지방경찰관청으로는 시·도경찰청장·경찰서장이 있다. 그리고 주의할 것은 지구대장이나 파출소장 등은 경찰서장의 보조기관이지 경찰관청은 아니라는 점이다.[29]

2) 경찰관청의 유형

(1) 중앙경찰관청

① 경찰청장

국가경찰조직으로서 치안에 관한 사무를 관장하게 하기 위하여 행정안전부장관 소속으로 경찰청(警察廳)을 두고 있다(경찰법 제12조).

경찰청의 최고책임자인 경찰청장(警察廳長)은 국가경찰사무를 총괄하고 경찰청 업무를 관장하며, 소속 공무원 및 각급 국가경찰기관의 장(시·도경찰청장, 경찰서장 등)을 지휘·감독하도록 하고 있다(경찰법 제14조 제3항). 경찰청장은 치안총감(治安總監)으로 보(補)하도록 하고 있다(제14조 제1항).

이러한 경찰청장은 국가경찰위원회의 '동의'(同意)를 얻어 행정안전부장관의 '제청'(提請)으로 국무총리를 거쳐 대통령이 '임명'(任命)하도록 하고 있다(제14조 제2항). 경찰청장의 임기는 2년으로 하고 '중임'(重任)할 수 없다(제14조 제4항). 그리고 경찰청장

27) 홍정선(2007), 앞의 책, pp. 103-104.

28) 경찰조직 운영 및 주요활동에 대한 심의·의결권은 국가경찰위원회와 시·도자치경찰위원회에서 행사하도록 되어 있다. 그러나 이들 위원회가 현실적으로 모든 경찰활동에 구체적·직접적으로 심의·의결권을 행사하는 것은 한계가 있다. 위원회의 의사결정은 거시적·정책적 차원에서 경찰활동의 방향을 제시하는 역할을 한다고 본다. 반면, 경찰청장 등 경찰관청의 의사결정은 상대적으로 미시적·현실적 차원에서 소속 경찰공무원을 직접적으로 지휘·감독하는 수단으로 이루어지고, 이를 통해 경찰목표를 달성하는 역할을 한다고 볼 수 있다.

29) 경찰관직무집행법 등에서 경찰서장뿐만 아니라 지구대장과 파출소장, 출장소장을 '경찰관서의 장(長)'으로 규정하고 있다. 그러나 이것만으로 지구대장, 파출소장, 출장소장을 경찰관청이라고 보기는 어렵다. 홍정선(2007), 앞의 책, p. 108.

이 직무를 집행하면서 헌법이나 법률을 위배하였을 때에는 탄핵소추(彈劾訴追)를 의결할 수 있도록 하고 있다(제14조 제5항).

> ① **중임과 연임**
>
> 공무원 임용과 관련하여 중임(重任)과 연임(連任)이 있다. 중임과 연임은 임기가 정해진 직위(職位)에 임기가 만료된 후에 다시 취임·선임 될 수 있다는 점에서 같다. 그러나 연임은 연속성을 의미하는 개념이라면, 중임은 연속적이든 단속적이든 그 직위를 가지는 것을 말한다. 따라서 중임의 개념이 포괄적이라 할 수 있다.
>
> ② **탄핵소추**
>
> 국회가 특정한 공무원의 위헌 또는 위법한 행위에 대해 탄핵을 발의하여 '파면'(罷免)을 요구하는 것을 의미한다. 국회는 대통령, 국무총리, 국무 위원 헌법재판소 재판관 등 형벌 또는 보통의 징계로 처분이 곤란한 고위 공무원이나 특수직 공무원 등이 직무를 행하면서 헌법이나 법률에 어긋나는 행위를 한 때에 그 공무원의 탄핵소추를 의결할 수 있다(헌법 제65조 제1항).

한편, 경찰청에 차장을 두며, 차장은 치안정감(治安正監)으로 보하도록 하고 있다(경찰법 제15조 제1항). 차장은 경찰청장을 보좌하며, 경찰청장이 부득이한 사유로 직무를 수행할 수 없을 때에는 그 직무를 대행(代行)하도록 하고 있다(제15조 제2항). 직무의 대행은 법정대리(法定代理)를 의미하는 것으로서 뒤에서 살펴보기로 한다.

② 국가수사본부장

경찰청에 국가수사본부(國家搜查本部)를 두며, 국가수사본부장은 치안정감(治安正監)으로 보하도록 하고 있다(경찰법 제16조 제1항). 국가수사본부장은 「형사소송법」에 따른 경찰의 수사에 관하여 각 시·도경찰청장과 경찰서장 및 수사부서 소속 공무원을 지휘·감독하도록 하고 있다(제16조 제2항).

국가수사본부의 설치와 경찰청장의 수사 지휘·감독 한계

> ① **국가수사본부의 설치**
>
> 2020년 12월 경찰조직의 개편을 위해 기존의 경찰법이 「국가경찰과 자치경찰의 조직 및 운영에 관한 법률」(약칭: 경찰법)로 전부개정되었다. 이 법에 의해 국가경찰과 자치경찰제를 도입하는 한편, 수사경찰업무를 총괄하는 경찰청 산하의 독립부서인 국가수사본부를 신설(2021. 01)한 것이다. 국가수사본부는 형사소송법의 개정(2020. 02)으로 검사의 수사지휘권 폐지되고, 1차 수사종결권이 경찰로 이관되면서,

경찰수사의 독립성·전문성, 그리고 수사역량을 높이기 위한 목적으로 설치되었다고 볼 수 있다.

② **경찰청장의 수사 지휘·감독 한계**

경찰청장은 경찰의 수사에 관한 사무의 경우에는 개별 사건의 수사에 대하여 구체적으로 지휘·감독할 수 없다(경찰법 제14조 제6항).

다만, 국민의 생명·신체·재산 또는 공공의 안전 등에 중대한 위험을 초래하는 긴급하고 중요한 사건의 수사에 있어서 경찰의 자원을 대규모로 동원하는 등 통합적으로 현장 대응할 필요가 있다고 판단할 만한 상당한 이유가 있는 때에는 국가수사본부장을 통하여 개별 사건의 수사에 대하여 구체적으로 지휘·감독할 수 있다(제14조 제6항 하단). 경찰청장은 개별 사건의 수사에 대한 구체적 지휘·감독을 개시한 때에는 이를 국가경찰위원회에 보고하여야 한다(제14조 제7항, 이하 생략).

경찰의 수사를 총괄하는 국가수사본부장의 정치적 중립성 등을 확보하기 위하여 임용에 있어서 보다 엄격한 기준을 규정하고 있다.

즉, 국가수사본부장의 임기는 2년으로 하며, 중임(重任)할 수 없으며, 그리고 국가수사본부장은 임기가 끝나면 당연히 퇴직하도록 하고 있다(경찰법 제16조 제3항 및 제4항). 이에 더하여 국가수사본부장이 직무를 집행하면서 헌법이나 법률을 위배하였을 때에는 국회는 탄핵소추를 의결할 수 있도록 하였다(제16조 제5항).

(2) 지방경찰관청

① 시·도경찰청장

㉠ 시·도경찰청장의 임용

시·도경찰청에 시·도경찰청장을 두며, 시·도경찰청장은 치안정감(治安正監)·치안감(治安監) 또는 경무관(警務官)으로 보하도록 하고 있다(경찰법 제28조 제1항). 2020년 현재 전국에 18개 시·도경찰청이 설치되어 있다.

경찰공무원법 제7조(임용권자)에도 불구하고,[30] 시·도경찰청장은 경찰청장이 시·도자치경찰위원회와 협의(協議)하여 추천한 사람 중에서 행정안전부장관의 제청으로 국무총리를 거쳐 대통령이 임용하도록 하고 있다(경찰법 제28조 제2항).

시·도경찰청장의 임용에 있어서 시·도자치경찰위원회와의 협의 규정을 둔 것은 자치경찰제의 시행과 더불어 일정부분 동 위원회에 인사권한을 부여한 것이라 할 수

30) 총경 이상 경찰공무원은 경찰청장 또는 해양경찰청장의 추천을 받아 행정안전부장관 또는 해양수산부장관의 제청으로 국무총리를 거쳐 대통령이 임용한다(경찰공무원법 제7조).

있다. 그러나 이러한 협의 규정이 실질적인 의미를 가지고 있는지는 의문이다.

㉡ 시·도경찰청장의 지휘·감독권 등

시·도경찰청장은 소관 사무와 관련하여 국가경찰사무, 자치경찰사무, 수사에 관한 사무로 구분하여 지휘·감독권을 행사하도록 하고 있다(경찰법 제28조 제3항).

시·도경찰청장의 지휘·감독권 행사 방법

① 국가경찰사무: 경찰청장의 지휘·감독을 받아 관할구역의 소관 사무를 관장하고 소속 공무원 및 소속 경찰기관의 장을 지휘·감독
② 자치경찰사무: 시·도자치경찰위원회의 지휘·감독을 받아 관할구역의 소관 사무를 관장하고 소속 공무원 및 소속 경찰기관의 장을 지휘·감독
③ 수사관련사무: 국가수사본부장의 지휘·감독을 받아 관할구역의 소관 사무를 관장하고 소속 공무원 및 소속 경찰기관의 장을 지휘·감독(이상 경찰법 제28조 제3항)

그런데, 이들 각각의 경찰사무라는 것이 획일적으로 명확하게 구분되는 것이 아니며, 상호복합적으로 적용되는 경우도 적지 않기 때문에 지휘·감독 계통을 위와 같이 구분하는 것은 오히려 업무수행의 혼선을 불러일으킬 우려도 있다. 따라서 실질적인 지휘·감독은 현행 규정과 같이 구분되어 운영되기는 어렵다고 본다. 특히, 자치경찰사무에 대한 시·도자치경찰위원회의 지휘·감독권은 지극히 형식적인 수준에 불과하다고 본다.

한편, 시·도경찰청에 차장을 둘 수 있도록 하고 있다. 차장은 시·도경찰청장을 보좌하여 소관 사무를 처리하고 시·도경찰청장이 부득이한 사유로 직무를 수행할 수 없을 때에는 그 직무를 대행하도록 하고 있다(경찰법 제29조 제1항 및 제2항).

② 경찰서장

경찰사무를 지역적으로 분담하여 수행하기 위하여 시·도경찰청 산하에 경찰서를 두고 있다. 이 경찰서에 경찰서장을 두며, 경찰서장은 경무관, 총경(總警) 또는 경정(警正)으로 보하고 있다(경찰법 제30조 제1항).

경찰서장은 시·도경찰청장의 지휘·감독을 받아 관할구역의 소관 사무를 관장하고 소속 공무원을 지휘·감독하도록 하고 있다(제30조 제2항). 그리고 시·도자치경찰위원회는 정기적으로 경찰서장의 자치경찰사무 수행에 관한 평가결과를 경찰청장에게 통보

하여야 하며 경찰청장은 이를 반영하도록 하고 있다(제30조 제4항).

한편, 경찰서장 소속으로 지구대 또는 파출소를 두고, 그 설치기준은 치안수요·교통·지리 등 관할구역의 특성을 고려하여 행정안전부령으로 정하도록 하고 있다. 다만, 필요한 경우에는 출장소(出張所)를 둘 수 있도록 하고 있다(제30조 제3항).

3) 경찰관청의 권한행사 범위: 관할

경찰관청의 관할(管轄, Jurisdiction)이라는 것은 경찰이 권한을 행사할 수 있는 업무의 범위나 지역적 범위, 대상 등을 말한다. 사실, 경찰관할이라는 것은 경찰권한 자체를 의미하는 것이라고도 할 수 있다. '권한'(權限)이라는 용어 자체에 이미 '한계'(限界) 즉, 관할이 내포되어 있기 때문이다.

따라서 경찰권한은 경찰기관인 경찰관청이 국가의 행위로써 유효하게 사무를 처리할 수 있는 능력 또는 사무의 범위라 할 수 있다.

(1) 사물관할

사물관할(事物管轄) 또는 사항관할(事項管轄)이라는 것은 경찰기관이 처리할 수 있고 또는 처리해야 하는 사무(직무, 임무, 책무)의 범위를 말한 것이다. 따라서 사물관할 또는 사항관할은 아래와 같은 경찰법 제3조(경찰의 임무)를 말한다.

㉠ 국민의 생명·신체 및 재산의 보호

㉡ 범죄의 예방·진압 및 수사

㉢ 범죄피해자 보호

㉣ 경비·요인경호 및 대간첩·대테러 작전 수행

㉤ 공공안녕에 대한 위험의 예방과 대응을 위한 정보의 수집·작성 및 배포

㉥ 교통의 단속과 위해의 방지

㉦ 외국 정부기관 및 국제기구와의 국제협력

㉧ 그 밖에 공공의 안녕과 질서유지

이러한 경찰기관의 사물관할은 법령에서 정해진다. 그리고 특별법이 일반법에 우선한다는 원칙에 따라 특별경찰기관의 사물관할이 일반경찰기관의 권한에 우선한다. 예컨대, 의회경찰이나 법정경찰이 그 관할 내에서는 일반경찰기관에 우선한다.

(2) 지역관할

지역관할(地域管轄)이라는 것은 경찰기관이 자신의 직무상의 권한(사물관할)을 행사할 수 있는 공간적·지리적인 영역을 말한다.

이와 관련하여 경찰청장은 최고 경찰관청으로서 대한민국 모든 지역을 관할한다(다만, 이는 육상에 제한되며, 해양에서의 경찰활동은 해양경찰청장이 관할한다). 그리고 하급 경찰관청인 시·도경찰청장과 경찰서장의 지역관할은 제한되어 있다. 즉, 경찰청장의 관할하에 각 시·도경찰청장별로 관할구역이 분화(2020년말 현재 18개)되고, 시·도경찰청장의 관할하에 각 경찰서장의 관할구역으로 분화(257개)되어 있다.

따라서 예컨대, 각각의 경찰서장은 자신의 관할구역에서 범죄 등 위험발생의 방지 및 제거 역할을 하게 된다. 여기에서 주의할 것은 관할구역의 판단에 있어서 범죄자 내지 가해자(즉, 위험을 야기한 자)의 주소지나 거주지가 결정적인 것은 아니라는 점이다. 경찰상 보호해야 하는 이익이 침해되거나 위협을 받는 사람 내지 지역이 기준이 된다.

한편, 다른 행정관청이나 삼권분립의 원칙, 그리고 국제법적 근거 등에 의해 (육상) 경찰의 지역관할은 일정한 한계가 있다.

① 해양경찰사무에 대한 한계

법적으로는 우리나라 치안에 관한 사무를 관장하게 하기 위하여 경찰청을 두고(경찰법 제12조 제1항), 경찰청장은 국가경찰에 관한 사무를 총괄하도록 하고 있다(제14조 제3항 단서).

다만 이러한 사정에도 불구하고, 경찰청 외에 해양경찰청이 설치되어 있고, 이에 따라 '해양에서의 경찰 및 오염방제에 관한 사무를 관장'하기 위하여 해양경찰청을 두고 있다(정부조직법 제43조 제2항). 아울러 해양경찰청장은 해앙경찰에 관한 사무를 총괄하도록 하고 있다(해양경찰법 제11조 제3항).

따라서 경찰청장은 육상에서의 치안에 관한 사무를 총괄하고, 해양경찰청장은 해양에서의 경찰사무를 총괄하고 있다고 볼 수 있다.

② 삼권분립의 원칙에 따른 한계

삼권분립(三權分立)의 원칙상 국회와 법원에 대한 국가경찰의 활동은 제한된다.

이에 따라 국회에서의 경찰작용은 정부가 아니라 국회에 의해서 원칙적으로 이루어진다. 따라서 '회기'(會期) 중 국회에서의 질서유지를 위하여 국회의장(國會

議長)은 경찰권이라 할 수 있는 경호권(警護權)을 행사한다(국회법 제143조). 그리고 국회의 경호를 위하여 국회에 경위(警衛: 일종의 국회 담당 경찰관)를 두도록 하고 있다(제144조 제1항).

법원의 경찰작용도 정부가 아니라 법원에 의해서 이루어진다. 이에 따라 법정의 질서유지는 재판장(裁判長)이 이를 행하도록 하고 있고, 따라서 재판장은 법정의 존엄과 질서를 해칠 우려가 있는 사람의 입정(入廷) 금지 또는 퇴정(退廷)을 명할 수 있고, 그 밖에 법정의 질서유지에 필요한 명령을 할 수 있다(법원조직법 제58조 제1항 및 제2항).

③ 치외법권 지역에 의한 한계

외교공관과 외교관의 개인주택은 국제법상 치외법권(治外法權) 지역이므로 경찰권이 개입될 수는 없는 불가침 영역이다. 이를 '관사(官舍)의 불가침'이라고 한다.

따라서 경찰은 외교사절의 요구나 동의가 없는 한 직무수행을 위해 그 영역에 들어갈 수 없다. 외교관의 관사에 대한 불가침에 준하여 외교사절의 승용차, 보트, 비행기 등 교통수단도 불가침의 특권을 가진다.[31)]

다만, 화재나 전염병의 발생 등과 같이 공공의 안전을 유지하기 위하여 긴급을 요하는 경우가 있다. 이 경우에는 외교사절의 동의가 없어도 공관에 들어가 필요한 조치를 할 수 있다. 이는 국제적 관습(慣習)으로 인정되고 있다.

④ 주한미군 지위협정에 의한 한계

「주한미군 지위협정」(한미 SOFA)은 미군 당국이 부대 영 내외에서 경찰권을 행사함으로써 자체적으로 질서와 안전의 유지를 위하여 필요한 조치를 할 수 있도록 규정하고 있다.

따라서 미군 당국은 그 시설 및 구역 내에서 범죄를 행한 모든 자를 체포할 수 있다. 대한민국 경찰은 미군 당국이 동의하는 경우가 아니면 미군시설이나 구역 내에서 사람이나 재산에 관하여, 또는 시설 및 구역 내외를 불문하고 미국재산에 관하여 압수·수색·검증을 할 수 없다.[32)] 그러나 한국경찰이 미군시설이나 영내

31) 조철옥(2010), 앞의 책, p. 198 재인용.

32) 다만, 미군 당국이 동의한 경우, 그리고 살인·강도·강간 등 중대한 죄를 범하고 도주하는 현행범인을 추적하는 때에는 대한민국 경찰도 미군 시설 및 구역 내에서 범인을 체포할 수 있다. 한편, 한국경찰이 체포하려고 하는 자로서 SOFA 협정 대상이 아닌 자가 미군시설이나 영내에 있을 때에는 한국경찰이 요청하는 경우에 미군 당국은 그자를 즉시 체포하여 한국경찰에 인도해야 한다. 위의 책, p. 198 재인용.

에서의 압수·수색·검증을 요청하는 경우에는 미군 당국은 필요한 조치를 해야 한다.

(3) 인적 관할

인적 관할은 넓은 의미에서 경찰기관의 권한이 어떠한 사람에게 적용되는가와 관련된다. 경찰기관의 권한은 원칙적으로 자연인, 법인, 내국인, 외국인을 불문하고 모든 사람에게 적용된다. 그러나 국내법적으로는 대통령과 국회의원, 국제법적으로는 외교사절과 주한미군에 대한 일정한 한계가 있다.

① 대통령·국회의원에 대한 한계

대통령은 '내란 또는 외환의 죄를 범한 경우를 제외하고는 재직 중 형사상의 소추를 받지 아니한다'고 하여 불소추특권을 인정하고 있다(헌법 제84조).

그리고 국회의원은 '현행범인인 경우를 제외하고는 회기 중 동의 없이 체포 또는 구금되지 아니한다. 그리고 국회의원이 회기 전에 체포 또는 구금된 때에는 현행범인이 아닌 한 국회의 요구가 있으면 회기 중 석방된다'고 하여 불체포특권을 인정하고 있다(제44조 제1항 및 제2항). 또 '국회의원은 국회에서 직무상 행한 발언과 표결에 관하여 국회 외(外)에서 책임을 지지 아니한다'고 하여 면책특권을 인정하고 있다(제45조).

② 외교사절 등과 주한미군에 대한 한계

대사·공사와 같은 외교사절(外交使節)은 국가를 대표하는 외교교섭과 함께 자국민에 대한 보호와 감독의 임무를 수행한다. 이들은 「외교관계에 관한 비엔나협약」(1961)에 의해 일정한 외교특권(공간과 주거의 불가침, 신체의 불가침, 재판관할권으로부터의 면제 등)을 가진다.

영사는 국가를 대표하는 기관은 아니지만, 자국민을 보호하는 중요한 임무를 수행한다. 영사는 「영사관계에 관한 비엔나협약」(1963)에 의해 일정한 특권이 인정된다. 다만, 영사는 본국을 대표하는 외교사절은 아니기 때문에 특권과 면제가 다소 제한적이다.

한편, 주한미군은 앞에서 설명한 「주한미군 지위협정」에 의해서 형사재판권 및 재판전의 형사절차(체포, 구금 등 수사)에 있어서 일정한 특권이 인정된다.

4) 경찰관청의 권한행사 방법

경찰관청은 자기에게 주어진 권한을 자기 스스로 법이 정한 바에 따라 행사하는 것이 원칙이다.

그러나 예외적으로는 업무처리의 효율성이나 기관구성자의 사고 등을 이유로 다른 기관이 관련 권한을 행사하게 하는 경우가 있다. 이에는 ㉠ 권한의 위임(委任)과 ㉡ 권한의 대리(代理)가 있다.[33]

(1) 경찰관청의 권한위임

① 권한위임의 의미

권한의 위임(委任, delegation)은 행정관청이 자기에게 주어진 권한을 스스로 행사하지 않고 법령(法令)에 근거하여 타관청 등에게 '사무처리 권한의 일부'를 '실질적으로 이전'하여 그의 이름과 권한과 책임으로 특정 사무를 처리하게 하는 것을 말한다.

이러한 관점에서 경찰관청의 권한위임이라는 것은 경찰관청이 법령에 근거하여 사무처리 권한의 일부를 하급경찰관청 또는 보조기관에 이전하고, 수임기관이 그 위임받은 권한을 자기의 이름과 책임으로 행사할 수 있게 하는 것을 의미한다. 한편, 현행법상 타행정관청이나 사인(私印)에 대해서도 권한의 위임이 행해지기도 한다. 이 경우에는 보통 위탁(委託)이라고 한다.

뒤에서 살펴보겠지만, 권한의 대리는 대리관청이 피대리관청의 권한을 대행할 뿐 행정관청의 권한에 변동을 가져오지 않는데, 권한의 위임은 행정관청의 권한 자체를 수임자(受任者)에게 이전한다는 점에 주의할 필요가 있다.

따라서 예컨대, 경찰청장이 일정한 경찰공무원의 임용권을 시·도경찰청장에게 위임하였다면, 시·도경찰청장은 자신의 이름과 권한과 책임으로 임용권을 행사하게 된다.

그리고 경찰관청의 권한을 위임받은 기관은 위임받은 권한의 일부를 하급관청 또는 보조기관에 재위임(再委任)할 수 있다. 경찰청장은 경찰공무원의 임용에 관한 권한의 일부를 시·경찰청장에게 위임할 수 있고, 또 시·도경찰청장은 다시 경찰서장에게 위임할 수 있다는 의미이다.

---

33) 이하 김남진(2002), 앞의 책, pp. 35-48. 홍정선(2007), 앞의 책, pp. 123-132 재구성.

임용권한의 재위임 예

경찰공무원 임용령 제4조 제3항 등에 따라 임용권을 위임받은 시·도경찰청장은 소속 경감 이하 경찰공무원에 대한 해당 경찰서 안에서의 전보권을 경찰서장에게 다시 위임할 수 있다(경찰공무원 임용령 제4조 제6항).

② 권한위임의 한계

그런데 주의할 것은 권한위임은 '일부의 위임'을 하는 것이지, 전부의 위임을 하는 것은 아니다. 왜냐하면 권한 전부의 위임은 사실상 위임한 행정관청의 권한 자체의 폐지를 뜻하는 것이 되기 때문이다. 따라서 규정의 유무를 불문하고 권한위임은 권한 일부의 위임으로 해석해야 한다.

③ 권한위임의 효과

권한위임의 사항에 관해 수임기관(受任機關: 위임을 받은 기관)은 자기의 권한으로 이를 행사하는 것이므로 수임기관의 이름으로 처리하지 않으면 안 된다. 따라서 수임기관의 권한행사의 효과는 수임기관 자체에 귀속한다.

위임된 사항에 관해서는 행정소송법상의 피고도 수임기관이 됨은 물론이다. 따라서 수임기관이 처리한 수임사항에 대해서는 수임기관이 책임을 지며, 그것을 위임한 상급경찰관청은 직접적인 책임을 지지 않는다.

(2) 경찰관청의 권한대리

① 권한대리의 의의

권한의 대리(代理, proxy)란 일정한 사유에 의해서 행정관청이 자신의 권한의 '전부' 또는 '일부'를 타기관으로 하여금 행사하게 하는 경우를 말한다.

이때 대리관청(代理官廳, 예: 경찰청 차장)은 '피대리관청(被代理官廳, 예: 경찰청장)을 위한 것임을 표시'하면서 대리관청 자신의 이름으로 행위 하되, 그 효과는 피대리관청에 구속하게 하는 제도를 말한다. 이를 권한의 대행 또는 직무대행이라 부르기도 한다. 대리관청이 대리권에 속한 사항에 관하여 행한 행위는 피대리관청의 행위로서의 효과가 발생한다.

경찰관청에서도 권한대리가 이루어질 수 있음은 물론이다. 권한대리의 관계는 경찰관청과 그의 보조기관 사이에서 이루어지는 것이 보통이다. 이러한 권한대리는 다시 법정대리(法定代理)와 임의대리(任意代理)로 구분할 수 있다.

② 법정대리

법정대리는 법정사실이 발생하는 경우에 직접 법령의 규정에 근거하여 이루어지는 대리를 말한다. 따라서 법정대리에는 후술하는 임의대리와 같은 수권행위(授權行爲)의 문제가 생기지 않는다.

㉠ 법정대리의 법적 근거 여부

법정대리는 말 그대로 법령의 근거를 바탕으로 하는 것이다. 이러한 법정대리의 법적 근거로 헌법 제71조, 정부조직법 제7조 제2항 등이 있다. 마찬가지로 경찰관청의 법정대리는 경찰법에 근거를 두고 있다.

이와 관련하여 예컨대, 경찰청에 차장(次長)을 두고 있는데, 차장은 경찰청장을 보좌하며, 경찰청장이 '부득이한 사유'로 직무를 수행할 수 없을 때에는 그 직무를 대행하도록 하고 있다(경찰법 제15조).

㉡ 법정대리의 대리권 범위

법정대리는 피대리관청이 부득이한 사고가 있는 경우에 생기는 것이므로 피대리관청의 권한 전부에 미침이 당연하다. 따라서 후술하는 임의대리와는 달리 포괄적 대리가 가능하다.

㉢ 대리관청과 피대리관청의 지위

법정대리에서는 대리관청(예: 경찰청 차장)은 피대리관청(예: 경찰청장)의 권한을 '자기의 책임'하에 행사한다. 그러나 피대리관청은 대리관청의 선임·지휘·감독에 대한 책임을 지지 아니한다.

대리관계가 피대리관청의 의사가 아니라 법령에 강제된 것이기 때문이다. 예컨대, "경찰청 차장은 경찰청장을 보좌하며, 경찰청장이 '부득이한 사유로 직무를 수행할 수 없을 때'에는 그 직무를 대행한다"와 같이 법으로 명시하고 있다(경찰법 제15조 제2항).

㉣ 복대리 문제

아래에서 살펴보는 임의대리와는 달리 법정대리에서는 복대리가 가능한 것으로 본다.

③ 임의대리

임의대리는 법정대리와 달리 경찰관청이 "자신의 '의사'(意思)"에 의해 하급기관에게 대리권을 부여함으로써(즉, 수권행위(授權行爲)를 통해서) 이루어지는 대리를 말한다. 이를 수권대리라고도 한다. 수권행위는 상대방의 동의를 필요하지 않는 일방적 행위라 할 수 있다.

㉠ 임의대리의 법적 근거 여부

임의대리는 권한의 일시적 대리행사의 문제로서 권한의 이전을 가져오는 것이 아니므로, 반드시 법적 근거를 요구하는 것은 아니다. 따라서 명문의 규정 유무를 불문하고 임의대리는 원칙적으로 가능하다고 본다(다수설).

㉡ 임의대리의 대리권 범위

임의대리는 권한의 '일부에 한해서' 가능함이 이치상 당연하다. 즉, 피대리관청이 그의 권한에 관하여 포괄적으로 대리권을 부여하는 것은 법령에 의하여 정해진 권한을 사실상 포기하는 것이 되기 때문에 금지된다.

㉢ 대리관청과 피대리관청의 지위

임의대리에서 대리관청은 피대리관청의 권한을 피대리관청의 책임하에 자기 이름으로 행사하게 되며, 이때 대리관청의 행위는 바로 피대리관청의 행위로 된다. 한편, 피대리관청은 대리관청에 대한 선임·지휘·감독권을 행사할 수 있고, 또 그에 대한 책임을 부담하게 된다. 이는 '임의'에 의한 대리가 이루어진 까닭이다.

㉣ 복대리 문제

임의대리에서 대리관청이 대리권을 다시 다른 기관에 대해서 행사하게 할 수 있는가 하는 것이다. 이것이 복대리(復代理)의 문제인데, 임의대리에서는 신뢰관계(信賴關係)가 기초가 되므로, 복대리는 원칙적으로 부인된다(일반적 견해).

5) 경찰관청의 상호관계

국가행정관청은 행정부 수반인 대통령을 정점으로 하는 피라미드형의 계층조직을 이루면서 상·하 및 대등의 관계에서 타행정관청과 관계를 맺고 있는데, 이는 경찰청장을 정점으로 하는 경찰조직도 마찬가지라 할 수 있다.[34]

(1) 상·하 경찰관청 간의 관계

경찰법에서 '경찰청장은 국가경찰에 관한 사무를 총괄하고 경찰청 업무를 관장하며

34) 이하 김남진(2002), 앞의 책, pp. 48-59. 홍정선(2007), 앞의 책, pp. 132-138 재구성.

소속 공무원 및 각급 경찰기관의 장을 지휘·감독한다'라고 규정하고 있다(제14조 제3항). 그리고 '시·도경찰청장은 국가경찰사무에 대해서는 경찰청장의 지휘·감독을 받아 관할구역의 소관 사무를 관장하고 소속 공무원 및 소속 경찰기관의 장을 지휘·감독한다'라고 규정하고 있다(제28조 제3항).

따라서 앞에서 살펴본 바와 같이 경찰관청은 자기의 권한 일부를 하급경찰관청에 위임하여 그 이름(명의)과 책임하에 처리하게 하는 경우가 많이 있다. 그리고 상급경찰관청이 하급경찰관청의 권한의 행사를 지휘하여 그의 적법성과 타당성을 확보하기 위하여 일정한 '감독권'(監督權)을 가지고 있다.

상급경찰관청이 하급경찰관청에 대한 감독의 범위는 경찰관청의 종류와 사무의 성질에 따라 다르다고 할 수 있는데, 일반적으로 감시권, 인가권, 그리고 행정명령권 등과 같은 수단이 인정되고 있다.

① 감시권

감시권은 상급관청이 하급관청을 감독하기 위하여 사무를 감사하고 보고를 받는 등의 권한을 말한다.

상급관청은 필요한 때에 경찰공무원을 파견하여 하급관청의 집무상황을 시찰하고, 서류·장부 등을 검열하며, 또한 하급관청에 명하여 집무상의 보고서를 제출하게 할 수 있다. 이러한 행위는 법적 근거가 있음을 필요로 하지는 않는다. 이러한 감시권은 사전예방적 감독수단인 것이 원칙이나 사후 교정적 감독수단으로 행사될 때도 있다.

② 인가권

인가권(승인·동의권)은 하급관청이 명령을 발하거나 처분을 하기 전에 미리 이에 대한 상급관청의 동의를 구하게 하는 것을 말한다.

하급관청이 그 권한을 행사함는데 미리 상급관청의 인가(또는 승인)를 받는 것을 명문으로 법에 규정하는 경우도 있다. 그러나 법령에 근거가 없는 경우에도 상급관청은 감독권의 내용으로써, 하급관청의 일정한 권한행사에 미리 인가를 받게 할 수 있다는 것이 일반적인 견해이다.

③ 훈령권

훈령(訓令)이란 상급관청이 하급관청의 권한행사를 지휘하기 위하여 발하는 명령(命令)을 말한다. 이러한 훈령을 발할 수 있는 권한이 훈령권(訓令權)이다.

훈령권은 다른 말로 지휘권(指揮權)이라고도 한다.[35)]

훈령권은 법령상 명문으로 규정되는 경우가 있으나, 반드시 명문의 근거가 있어야만 훈령권이 인정되는 것은 아니다. 훈령권은 상급관청이 하급관청에 대한 정상적인 감독권을 행사하기 위해 당연히 요구되는 것이기 때문이다.

그리고 훈령권은 경찰조직 내부에서의 작용으로 하급관청을 구속할 뿐 국민을 구속하는 것은 아니라는 것이 통설·판례의 입장이다.

(2) 대등 경찰관청의 간의 관계

대등 경찰관청 상호간(예: 시·도경찰청장 상호간 또는 경찰서장 상호간)에는 서로 그 권한을 존중할 것이 요구되며, 자기의 권한이 다른 기관에 의해 침해되는 것을 배제하는 동시에 타경찰관청의 권한을 침범하지 않도록 배려하지 않으면 안 된다. 경찰관청의 권한은 경찰관청 스스로가 정하는 사항이 아니라 법령상 정해지는 것이기 때문이다.

경찰관청 상호간에 분쟁이 있는 경우, 이를 해결하고 결정하는 절차를 '주관쟁의'(主管爭議)라고 한다. 그리고 일반적으로 상급관청은 하급관청 상호간의 권한분쟁이 있는 경우에 이를 결정하는 권한을 가진다. 이를 '주관쟁의 결정권'이라고 한다.

한편, 대등 경찰관청은 주어진 업무를 효율적으로 수행하기 위해 권한의 상호협력, 위탁, 행정응원 등의 방법으로 유기적인 상호작용을 해야 한다.

3. 경찰집행기관

경찰집행기관(警察執行機關)이라는 것은 경찰업무를 일선현장에서 직접적으로 수행하는 경찰기관을 말한다. 경찰업무는 경찰관직무집행법 및 관계법령에 구체적으로 명시되어 있다.

경찰집행기관은 법치주의 원칙하에서 관련업무를 일반적·직접적으로 집행하게 된다. 그리고 이러한 범위 내에서 특정한 사안의 경우에는 절차적으로 경찰의결기관인 국가경찰위원회 및 시·도자치경찰위원회의 심의·의결과정을 거쳐서, 경찰관청인 경찰청장, 시·도경찰청장, 경찰서장의 대외적인 의사표시 및 명령에 따라 집행이 이루어지

35) 훈령의 종류는 크게 네 가지로 나눌 수 있다. ① 좁은 의미의 훈령: 상급관청이 하급관청에 대하여 장기간에 걸쳐 그 권한의 행사를 일반·추상적으로 규율하는 명령을 말한다. 재량권 행사의 기준을 정하는 재량준칙이 대표적이다. ② 지시: 상급관청이 하급관청에 대하여 개별적·구체적으로 발하는 명령이다. ③ 예규: 행정사무의 통일을 기하기 위한 반복적 행정사무의 처리기준을 말한다. ④ 일일 명령: 당직·출장·각종 휴가 등 일일 사무에 관하여 발하는 명령이다.

게 된다. 이러한 경찰집행기관은 그의 직무의 일반성 여부에 따라 일반경찰집행기관과 특별경찰집행기관으로 나눌 수 있다.

1) 일반경찰집행기관

경찰공무원은 경찰집행기관으로서 계급은 순경, 경장, 경사, 경위, 경감, 경정, 총경, 경무관, 치안감, 치안정감, 치안총감으로 구분된다(경찰공무원법 제3조). 이들은 특정직 국가공무원으로서 일반적으로 제복을 착용하고 직무수행을 위하여 필요한 경우 무기를 휴대할 수 있다(경찰공무원법 제26조 제1항 및 제2항).

일반경찰집행기관을 구성하는 경찰공무원은 경찰법 제3조(경찰의 임무) 및 경찰관직무집행법 제2조(직무의 범위), 그리고 구체적으로는 수많은 개별법에 근거하여 직무를 수행하고 있다. 이러한 경찰공무원의 직무는 크게 예방적 차원의 행정경찰직무와 사후대응적 차원의 사법경찰직무, 그리고 이들 양자의 성격을 모두 갖는 기본적·표준적 직무로 구분할 수 있다.

한편, 사법경찰직무를 수행하는 일반경찰집행기관은 특징이 있다. 형사소송법 제197조에서는 일반경찰집행기관인 경찰공무원이 사법경찰에 관한 직무 즉, 범죄수사를 담당하도록 하고 있는데, 이들을 '사법경찰관리'(司法警察官吏)라고 부른다. 사법경찰관리는 순경에서 경무관까지를 말한다.

여기에서 경위·경감·경정·총경·경무관은 '사법경찰관'(司法警察官), 순경·경장·경사는 '사법경찰리'(司法警察吏)라 부른다. 그리고 사법경찰관(경위·경감·경정·총경·경무관)은 수사의 주체로서 범죄의 혐의가 있다고 사료하는 때에는 범인, 범죄사실과 증거를 수사하도록 하고 있다(형사소송법 제197조 제1항). 그리고 사법경찰리는 수사의 보조자로서 관련업무를 수행하도록 하고 있다(제2항).

2) 특별경찰집행기관

특별경찰집행기관은 위에서 설명한 바와 같이 범죄 등 위험발생 방지 및 제지와 관련된 전반적인 업무를 수행하는 일반경찰집행기관(즉, 경찰공무원법상의 순경~치안총감)과는 달리 특별한 분야의 관련 직무를 담당하는 기관을 말하는데, 여기에는 ㉠ 협의의 행정경찰(특별사법경찰), ㉡ 청원경찰, ㉢ 비상경찰 등을 들 수 있다.

(1) 협의의 행정경찰: 특별사법경찰

특별경찰기관으로서 '협의의 행정경찰기관'은 타행정작용에 부수하여, 그 영역에서 일어나는 안녕질서에 대한 위해를 방지하는 임무를 담당하고 있는 기관을 말한다. 협의의 행정경찰은 현행 특별사법경찰을 말한다.

사실, 국가행정기관에서 수행하는 모든 행정업무(예: 산림·영업·보건·건축·소방·군 등)와 관련하여 이를 위반하는 일들이 빈번하게 발생하기 마련이다. 이들 소관부처의 업무와 관련된 위반행위는 해당 기관에서 일차적으로 통제하는 것이 바람직하다고 본다. 해당 기관이 관련 업무의 특성을 가장 잘 알고 있고, 따라서 위반행위에 대한 대응 역시 적절하게 할 수 있기 때문이다.

물론, 이들 국가행정기관의 본연의 업무가 통제 및 규제는 아니다. 국가행정기관은 해당업무와 관련된 국민의 복리증진을 위해 존재하는 것이기 때문이다.

특별사법경찰의 예: 산림경찰

산림보호법은 '산림보호구역을 관리하고 산림병해충을 예찰(豫察)·방제(防除)하며 산불을 예방·진화하고 산사태를 예방·복구하는 등 산림을 건강하고 체계적으로 보호함으로써 국토를 보전하고 국민의 삶의 질 향상에 이바지함을 목적'으로 하고 있다(산림보호법 제1조).

그런데, 이러한 산림보호법상의 목적에 반하는 위법행위가 존재하기 마련이다. 예컨대, 산림보호구역 또는 보호수(保護樹)에 불을 지르는 경우를 들 수 있다. 이러한 위반행위 경우, 7년 이상 15년 이하의 징역에 처하도록 하고 있다(산림보호법 제53조 제1항).

이러한 위법행위가 발생한 경우, 산림보호 관할 행정청(산림청 등)은 소관업무의 위반사항에 대해 '물리적 강제력' 즉, 범죄수사권을 행사할 수 있다는 의미이다. 이러한 점에서 산림청 등은 '소관업무'에 한(限)하여 특별경찰기관으로서 기능한다고 볼 수 있다.[36)]

그리고 산림보호에 관하여 다른 법률에 특별한 규정이 있는 경우를 제외하고는 이 법에서 정하는 바에 따르도록 하고 있다(산림보호법 제5조). 산림보호에 대해서는 산림보호법이 특별법(特別法)으로서 우선 적용된다는 의미이다.

우리나라 대부분의 중앙 및 지방행정기관은 특별사법경찰을 운용하고 있다. 이와 관련하여 2009년 현재 중앙행정부처 및 지방자치단체의 932개 기관에 17,613명이 특별사법경찰로서 관련업무를 수행하고 있는 것으로 나타났다(2017년 기준으로는 19,469명 관련업무를 수행하고 있음). 따라서 형사소송법(제245조의10)에서 규정하고 있는

36) 협의의 행정경찰 즉, 특별사법경찰은 경찰학에서 중점적으로 다루는 형식적·제도적 의미의 일반경찰집행기관과는 개념, 목적, 법적 근거, 조직, 역할과 권한 등에서 차이가 있다. 따라서 일반경찰집행기관을 주요 연구대상으로 하는 경찰학의 영역에서 이 특별경찰기관에 관한 논의를 크게 할 필요는 없고, 단지 비교론적 관점에서 접근하면 족하다고 본다.

특별사법경찰의 종류는 일종의 '예시적 규정'이라고 볼 수 있고, 그 종류는 매우 많음을 알 수 있다.[37] 이러한 상황이다 보니 전체 특별사법경찰의 업무에 대한 실태 파악도 쉽지 않은 상황이다.

(2) 청원경찰

청원경찰(請願警察)은 다음의 어느 하나에 해당하는 기관의 장 또는 시설·사업자 등의 경영자가 경비(經費, cost)를 부담하는 조건으로 경찰의 배치를 신청하는 경우에, 그 기관·시설 또는 사업장 등의 경비(警備, security)를 담당하게 하기 위하여 배치하는 경찰을 말한다(청원경찰법 제2조).

㉠ 국가기관 또는 공공단체와 그 관리하에 있는 중요시설 또는 사업장

㉡ 국내 주재 외국기관

㉢ 기타 행정안전부령으로 정하는 중요시설·사업장 또는 장소

청원경찰의 배치결정을 받은 자(즉, 청원주)와 배치된 기관·시설 또는 사업장 등의 구역을 관할하는 경찰서장의 감독을 받아 그 경비구역만의 경비를 목적으로 필요한 범위 안에서 '경찰관직무집행법'(警察官職務執行法)에 따른 경찰관의 직무를 수행하도록 하고 있다(청원경찰법 제3조).

이처럼 청원경찰은 제한된 근무지역(즉, 국가중요시설) 내에서 경찰관직무집행법상의 직무를 수행한다는 점에서 특별경찰집행기관의 성격을 가지고 있다고 볼 수 있다. 그리고 청원경찰이 비록 경찰관직무집행법상의 직무를 수행하도록 하고 있지만, 사법경찰작용에 대해서는 일정부분 한계를 두고 있다. 즉, "청원경찰은 경찰관 직무집행법에 따른 직무 외의 수사활동 등 사법경찰관리의 직무를 수행해서는 아니 된다"고 규정하고 있기 때문이다(청원경찰법 시행규칙 제21조 제2항)

(3) 비상경찰집행기관

전국 또는 일부 지역에 비상사태가 발생하여 일반경찰집행기관으로는 공공의 안녕과 질서를 유지할 수 없다고 인정되는 경우에 병력(兵力) 즉, 군대가 이를 대체하게 된다.[38]

이와 관련하여 대통령은 계엄(戒嚴)을 선포하게 되고, 대통령이 임명한 계엄사령관은 당해 지역의 사법권·행정권의 전부 또는 일부를 행사하게 된다. 계엄법상 대통령이

---

37) 위의 논문, p. 13 재인용.; https://blog.naver.com/terryhong1/222449617858.

38) 허경미(2021), 경찰학, 서울: 박영사, p. 101.

선포하는 계엄은 비상계엄과 경비계엄이 있다(제2조 제1항~제3항).

㉠ **비상계엄**

대통령이 전시·사변 또는 이에 준하는 국가비상사태시 적과 교전(交戰) 상태에 있거나 사회질서가 극도로 교란(攪亂)되어 행정 및 사법(司法)기능의 수행이 현저히 곤란한 경우에 군사상 필요에 따르거나 공공의 안녕질서를 유지하기 위하여 선포

㉡ **경비계엄**

대통령이 전시·사변 또는 이에 준하는 국가비상사태시 사회질서가 교란되어 일반행정기관만으로는 치안을 확보할 수 없는 경우에 공공의 안녕질서를 유지하기 위하여 선포

제6장 경찰조직의 인사관리

제1절 경찰인사관리의 의의

1. 경찰인사관리의 개념

오늘날 전통적인 경찰의 업무라 할 수 있는 법집행, 질서유지뿐만 아니라 대민봉사 역시 중요한 경찰역할 가운데 하나로 인식되고 있다. 더욱이 최근 들어 다양한 신종범죄의 등장과 범죄수법의 고도화·흉폭화, 그리고 사회적 약자 및 불특정인을 대상으로 하는 범죄가 증가하고 있다. 이로 인해 국민들의 범죄에 대한 불안감 및 안전에 대한 욕구 등, 전반적인 치안수요가 증대되고 있다.

이러한 치안상황에 대응하기 위하여 경찰인력 또한 꾸준히 증원되고 있다. 2020년 12월 현재 경찰인력은 126,227명(경찰 1인당 담당인구: 평균 411명) 수준에 이르고 있다. 이는 지난 2001년 90,819명(1인당 담당인구 526명)과 비교해 본다면 경찰인력은 인구대비 상당히 증가하였음을 알 수 있다.

그러나 경찰인력의 증대 자체가 치안역량 강화와 직결되는 것은 아니라고 본다. 양적인 경찰인력의 증대도 중요하지만 유능한 경찰인력을 선발하고, 이들을 적재적소에 배치하는 등의 질적인 수준의 향상은 더욱 중요하기 때문이다. 그리고 특히, 형평성 있는 승진기회를 부여하는 것은 구성원들이 주어진 조직목표를 달성과 관련하여 최상의 동기부여 요인이 된다고 본다.

경찰인사관리(警察人事管理, Police Personnel Management)라는 것은 '경찰조직의 목표달성에 필요한 인적자원의 충원·유지, 근무의욕의 고취, 행동과 태도의 통제 등 상호 연관된 요소들을 체계적으로 관리하는 제반활동'을 의미한다.

경찰인사관리를 과정론적 측면에서 본다면, 경찰공무원의 모집→경찰공무원의 법적 관계 발생(신규채용·초임보직·시보임용) → 경찰공무원의 법적 관계 변경(승진·전보·강등·정직·휴직 등) → 경찰공무원의 법적 관계 소멸(퇴직·면직 등) → 경찰공무원의 퇴직관리(연금·재고용 등)와 같은 과정을 거치게 된다.

2. 경찰인사관리의 중요성

경찰조직은 조직이 지향하는 목표를 달성해야 하는데, 이를 위해서는 경찰관 개개인이 공직자(公職者)로서의 위상을 정립할 수 있도록 조직은 많은 관심과 배려를 해주어야 하며, 한편으로는 이들에 대한 적절한 통제가 이루어져야 한다고 본다.

이 때문에 경찰관의 자질과 행태, 그리고 동기부여 등에 관한 연구는 인사관리에 있어서 매우 중요한 비중을 차지하고 있다. '인사(人事)가 만사(萬事)'라는 말이 있다. 인사를 공정하고 형평성 있게 하는 것이야말로 모든 조직을 운영하는데 가장 기본이라는 의미이다. 조직의 목표, 구조설계와 관리 그리고 환경에 대한 대응은 모두 구성원의 의지와 역량에 달려있다.

따라서 우수한 인적자원을 선발하여 적재적소(適材適所)에 배치하는 것은 경찰관리자의 첫 번째 덕목이라는 점에서는 이론의 여지가 없다. 그리고 경찰인사가 공정하지 못하면 부하직원들이 불만을 드러내고 불신의 원인이 된다. 그래서 어느 조직이든 공감할 수 있는 인사를 요구하는 것이다.

더욱이 부적절한 경찰인사관리가 이루어지게 되면, 조직 내적인 문제뿐만 아니라 조직 외적으로도 심각한 결과를 초래하게 된다. 부적절한 경찰인사관리 관행이 언론 등을 통해 외부에 알려질 경우, 경찰에 대한 대국민 신뢰는 저하될 것이다. 또 관련분야의 전문성 등이 부족한 경찰관이 배치됨으로써 직무수행 능력이 떨어지고, 그것으로 인해 만약에 심각한 인권침해 등의 문제가 발생하게 되면 그 비난을 면하기 어려울 것이다. 최근에도 경찰관의 전문성과는 무관하게 승진을 위한 보직 경쟁에 의한 인사, 그리고 징계를 받은 경찰관에 대한 전문성과 전혀 무관한 좌천성 인사를 단행하는 일들이 발생하고 있음은 물론이다.

경찰조직 내적인 문제와 외적인 문제는 상호 밀접한 역학관계를 형성하고 있다고 본다. 경찰인사관리의 첫 단추인 채용단계에서 유능한 인재를 선발하지 못하고, 부적절한 교육훈련을 실시하고, 공정하지 못한 승진·전보·징계 등이 이루어지고, 적절한 경력개발을 하기 어려운 환경 속에 놓이게 되면, 경찰공무원 개개인들은 공무원 본연의 정신과 자세를 잃기 마련이다. 이로 인해, 국민을 보호해야 할 경찰이 오히려 국민을 상대로 치명적인 피해를 가져다주기도 한다.

3. 경찰인사관리의 법적 근거

경찰인사관리와 관련된 대표적인 법적 근거로서 경찰공무원법(警察公務員法, 1969년 제정)을 들 수 있다. 여기에서 경찰공무원은 제도적 의미의 국가경찰에 소속하는 공무원을 말한다. 경찰공무원법은 국가공무원법(國家公務員法, 1949년 제정)에 대한 특별법으로서, '국가경찰공무원의 책임 및 직무의 중요성과 신분 및 근무조건의 특수성에 비추어 그 임용, 교육훈련, 복무(服務), 신분보장 등에 관하여 규정하고 있다'(제1조).

그리고 경찰공무원법에 규정되어 있지 않은 사항은 국가공무원법을 준용(準用)하여 적용하고 있다. 국가공무원법은 모든 국가공무원에게 적용할 인사행정의 근본기준을 제시하고 있기 때문이다.

이 밖에도 경찰인사관리와 관련된 법규정으로서 경찰공무원 임용령, 경찰공무원 승진임용규정, 경찰공무원 징계령, 경찰공무원 교육훈련규정, 경찰공무원 복무규정 등이 있다.

제2절 경찰인사관리의 원리

1. 엽관주의와 실적주의

경찰공무원의 인사관리는 어떠한 방법으로 하는 것이 바람직한가? 이와 관련하여 엽관주의와 실적주의 차원에서 살펴보기로 한다.

1) 엽관주의

엽관주의(獵官主義, Spoils System)는 전쟁에서 승리한 집단이 전리품(spoils)을 나누어 가지듯이 정치적으로 선거 등에서 승리한 집단이 관직(官職)을 나누어 갖는 인사행정제도를 말한다. 즉, 엽관주의적 인사관리는 집권한 정당의 정치적 추종자들을 정당

활동에 대한 공헌도와 충성심의 정도에 따라 배분하는 것을 의미한다.[1)]

엽관주의는 국가 통치권자의 입장에서는 자신의 정치적·행정적 신념과 정책 등을 같이 하는 추종세력과 함께 국가를 경영한다는 점에서 장점이 있다. 그러나 다음과 같은 한계점이 지적되고 있다.[2)]

첫째, 정권이 바뀔 때마다 대량적인 인력교체가 일어나 전임자의 경험과 국가행정의 계속성에도 한계를 가져다주었다.

둘째, 행정경험이 없는 무능한 사람들이 정부에 많이 들어가 업무의 효율성을 떨어뜨리고, 무능함에 의한 부정부패의 확대, 추종자들을 위한 불필요한 관직의 증대 즉, '위인설관'(爲人設官)을 가져다주었다.

셋째, 공직의 취임은 정당이나 집권자에 대한 개인적 충성에 달려 있기 때문에 공무원의 직무의 본질인 공평하고 공정한 임무의 수행을 기대할 수 없었다.

끝으로, 엽관주의하에서는 능력과 상관없이 정당이나 집권자의 특수이익에 연결된 사람들만이 공직에 임용될 수 있기 때문에 정부관료제의 민주화에도 역행하는 것이었다.

2) 실적주의

실적주의(實績主義, Merit System)는 엽관주의나 정실주의가 아닌 개인의 능력, 자격, 성적에 기초를 두고 인사행정을 하는 제도를 말한다. 이러한 실적주의는 미국이나 영국에서 엽관주의나 정실주의를 바탕으로 한 인사행정의 폐단을 극복하기 위해 도입한 것이라고 할 수 있다. 이러한 주장을 뒷받침하는 것이 정치·행정이원론(政治·行政二元論)이다. 오늘날의 실적주의는 다음과 같은 기본명제를 가지고 출발하고 있다.[3)]

첫째, 모든 국민에게 공직취임의 기회를 균등하게 보장하고, 임용은 실적기준에 따라 공정한 공개경쟁(公開競爭)의 과정을 거쳐 이루어져야 한다.

둘째, 인사행정의 모든 국면에 걸쳐 공무원들이 공평한 처우를 받도록 하여야 하며, 공무원들의 권익을 최대한 보장해야 한다.

셋째, 일(근무실적)에 맞는 보수를 실현해야 하며, 직무성과를 높이기 위하여 적절한 인센티브(incentive)를 부여해야 한다.

---

1) 엽관주의와 정실주의 관계: 엽관주의와 정실주의(情實主義, Nepotism)를 같은 뜻으로 사용하는 사람들이 있다. 엽관주의나 정실주의에 의한 인사행정의 생리가 비슷하기 때문에 이를 동일시하는 경향이 있다. 그러나 정실주의는 엽관주의보다 넓은 의미가 있다. 정실주의는 일반적으로 실적주의(實績主義, Merit System) 이외의 요인을 고려하여 관직에 임용하는 원칙을 의미한다. 여기에서 말하는 실적주의 이외의 요인에는 엽관주의에서 중요시하는 정치적 요인뿐만 아니라 혈연, 지연, 학연, 그리고 개인적 친분 등이 포함된다. 오석홍(1996), 인사행정론, 서울: 박영사, p. 24.

2) 위의 책, pp. 26-27.

3) 위의 책, pp. 27-28.

넷째, 인사행정은 공무원들 개인의 사사로운 이익이 아닌 공익(公益)을 추구하는 방향으로 이루어져야 하며, 따라서 공무원들의 높은 윤리수준을 유지할 수 있어야 한다.

다섯째, 인사행정은 인적자원을 효율적으로 활용할 수 있도록 이루어져야 한다.

여섯째, 퇴직관리의 기준은 공무원의 실적에 바탕을 두어야 하며, 교육훈련을 통해 재직공무원들의 직무수행 능력을 향상해야 한다.

일곱째, 자의적이거나 정실로 인한 인사조치, 정당한 직무수행에 대한 보복, 정치적 압력 등으로부터 공무원을 보호하여야 한다.

끝으로, 인사행정은 외부환경의 요청에 능동적으로 대응할 수 있도록 이루어져야 한다.

3) 경찰인사관리의 적용

대한민국 정부수립 이후, 국가인사관리의 공식적 기본원칙은 실적주의에 기초하였다고 볼 수 있다. 따라서 경찰인사관리 역시 원칙적으로 능력과 자격에 따라 임용되는 실적주의를 바탕으로 한 것이라 할 수 있다.[4)]

이와 관련하여 국가공무원법에서는 공무원 임용의 원칙으로써 '시험성적·근무성적, 그 밖의 능력의 실증에 따라 행한다'고 규정하고 있다(제26조). 그리고 경찰공무원법에서는 임용 가운데 승진과 관련하여 '바로 아래 하위계급에 있는 경찰공무원 중에서 근무성적평정, 경력평정, 그 밖의 능력을 실증(實證)하여 승진임용한다'고 규정하고 있는데(제15조 제1항), 이는 모두 실적주의를 반영한 것이다.

그러나 엽관주의·정실주의가 전적으로 배제되는 것은 아니다. 경찰고위직으로 올라갈수록 이러한 요소는 크게 작용하는 것이 사실이다. 그리고 어떤 면에서 경찰고위직으로 올라갈수록 엽관주의·정실주의적인 경찰인사는 법적으로 허용되어 있다고 볼 수 있다.[5)]

생각건대, 어떠한 공직이라 할지라도 인사관리에 있어서 실적주의(신규채용 등)뿐만 아니라 엽관주의·정실주의(특히, 고위직의 승진임용 등)는 함께 작용한다고 본다. 다만, 여기서 중요한 것은 법에서 정하고 있는 기본원칙은 충실히 준수해야 한다고 본다. 경찰의 정치적 중립을 위한 최소한의 법적 규정은 보장되어야 주어진 직무에 충실할

4) 이상안(1999), 신경찰행정학, 서울: 대명출판사, pp. 40-43.

5) ① 총경 이상의 경찰공무원은 대통령이 임용하도록 규정하고 있고(경찰공무원법 제7조 제1항), 경정으로의 신규채용, 승진임용 및 면직 역시 대통령이 하도록 하고 있기 때문에(제2항), 대통령에 의한 엽관주의와 정실주의 인사관리는 기본적으로 작용한다고 본다. ② 승진(昇進)에서도 마찬가지이다. 경찰공무원의 승진은 능력의 실증(근무성적 평정, 경력평정 등)을 기본으로 하면서도(경찰공무원법 제15조 제1항), 승진심사의 대상은 경무관 이하로 규정하고 있다(제2항). 이렇게 본다면, 치안감·치안정감·치안총감의 승진에 대한 명확한 방법은 법적으로 규정되어 있지 않은 것이며, 이는 단적으로 엽관주의 또는 정실주의 인사관리가 가능하다는 것을 보여주는 것이라고 본다.

수 있기 때문이다. 국민의 삶의 질과 직결되는 '치안'(治安)은 정치적 이해관계로 해결되는 문제가 아니라, 범죄 및 무질서와 관련된 지극히 현실적인 문제이기 때문이다.

그러나 경찰은 대표적인 권력기관(權力機關)으로서 정치적인 이해관계가 크게 맞물려 있기 때문에 지배권력집단은 공식적으로는 경찰의 정치적 중립성을 표방해 왔지만, 실제 인사관리에 있어서는 그것을 실천에 옮기기는 쉽지 않다.

2. 계급제와 직위분류제

이상에서 살펴본 엽관주의와 실적주의는 경찰공무원의 임용(채용·승진·전보 등)과 관련하여 적용된다고 볼 수 있다. 그렇다면, 임용된 경찰공무원을 경찰조직에 어떻게 하면 적재적소에 배치하여 운용할 것인 가하는 문제가 제기된다. 이와 관련하여 논의되는 것이 바로 '계급제'(階級制, rank classification)와 '직위분류제'(職位分類制, position classification)라 할 수 있다(계급제와 직위분류제도 채용 등에 적용됨은 물론이다).

계급제와 직위분류제는 각각 도입 배경과 장단점을 가지고 있다. 그러나 오늘날 계급제와 직위분류제가 명확히 구분되기보다는 상호 중첩되는 부분이 없지 않다.[6] 따라서 아래에서는 이들 두 모형이 가지고 있는 본래의 특징을 중심으로 살펴보기로 한다.

1) 계급제

계급제는 아주 오랜 역사적 전통을 가지고 있으며, 오늘날에도 많은 국가의 인사관리에서 기본적으로 채택되고 있는 방식이라고 할 수 있다. 많은 국가에서 유지되고 있는 계급제도는 정치적으로 민주화가 이루어지기 훨씬 전부터 국가체제를 유지하기 위한 공직분류체계의 기본 틀로 형성되었다.

근대국가 이전의 왕이나 군주는 자신의 권력을 유지하기 위하여 엄격한 상하관계로 계층화된 분류체계를 형성하는 것이었다. 따라서 모든 국가에서는 오래전부터 관등제도(官等制度)를 마련하여 국가통치의 기본으로 삼았다.

이러한 계급제는 개인의 능력이나 역량과 관계없이 특정한 개인에게 부여된 계급에 따라 직무·직위가 부여되는 제도를 말한다. 즉, 직위가 내포하고 있는 직무가 아니라, 개인이 가지고 있는 '계급'(階級)에 따라 직무를 담당하게 하는 '사람중심제도'(person oriented system)이다.

---

6) 오석홍(1996), 앞의 책, p. 108.

2) 직위분류제

직위분류제는 조직에 있는 수많은 직위를 직무의 종류와 수준에 따라 분류하는 관리제도를 말한다. 직위분류제는 사람을 중심으로 공직체계를 분류하는 계급제와는 달리 '직무'(職務)의 특성을 가지고 공직을 분류하는 '직무중심제도'(job oriented system)라 할 수 있다.[7)]

이러한 직위분류제는 20세기 초 미국에서 시작되어 많은 나라에 확대되었다. 우리나라도 국가공무원법에서 '직위분류제는 대통령령으로 정하는 바에 따라 그 실시가 쉬운 기관, 직무의 종류 및 직위부터 단계적으로 실시할 수 있다'고 규정하고 있다(제24조).

직위분류제는 일과 책임의 단위는 직위를 기초로 그 직위에 내포된 직무의 내용이 동일하거나 유사한 직무를 종류별로 분류하고, 종류별로 분류된 직무를 토대로 각 직무가 내포하고 있는 직무수행의 곤란성이나 책임성이 동일하거나 유사한 직무로 분류하여 체계화하는 것이다. 따라서 직위분류제는 시험이나 임용, 보수, 기타 인사관리의 합리화를 위한 수단으로 활용된다.

한편, 직위분류제는 분류된 직위에 적합한 인물을 임용하는 것이기 때문에 공무원이 장기근무와 경력발전을 통하여 내부인사를 임용하는 폐쇄형 인사체계가 아니라, 외부인사의 임용이 자유로운 개방형 인사체계에 속한다고 할 수 있다.

3) 경찰인사관리의 적용

우리나라는 계급제를 원칙으로 하고 직위분류제적 요소를 가미하고 있기 때문에 양자는 상호배타적 관계가 아니라, 상호보완적 관계에 있다고 볼 수 있다. 그리고 양자는 일정한 장·단점을 가지고 있다. 따라서 경찰조직 역시 계급제를 기본으로 하고 직위분류제를 가미하고 있다.

이러한 계급제와 직위분류제의 특징을 토대로 경찰인사관리에 적용한다면, 다음과 같이 설명할 수 있을 것이다.[8)]

(1) 채용방식

경찰공무원의 채용과 관련하여 계급제는 전문적 지식을 가진 사람을 선발하기보다는 장래의 발전 가능성과 잠재력을 지닌 사람을 채용하고, 직위분류제는 당장 어떤 직위·직무에 필요한 전문가를 채용하는 것을 의미한다.

---

7) O. Glenn Stahl(1983), Public Personnel Administration, N.Y.: Harper & Row, pp. 183-184.; 강성철 외 4인(2011), 새 인사행정론, 서울: 대영문화사, p. 171.

8) 위의 책, pp. 170-216 재구성.

따라서 어떠한 구체적 직무를 특정하여 선발하기보다는 순경, 경위(경찰간부후보생·경찰대학 졸업생), 경정 이하(5급 공무원시험 합격생 등) 등 계급으로 구분하여 채용하는 방법을 기본으로 하고 있다. 그리고 부분적으로 전문성을 고려하여 직위분류제식 채용(의사, 범죄심리분석, 사이버수사, 운전·항공, 경찰특공대 등)을 하고 있다.

(2) 인사관리의 탄력성과 전문성

계급제에서는 계급만 같다면, 보수의 변동 없이 전보(동일 직위 및 자격 내에서의 근무기관이나 부서를 달리하는 임용)가 가능하며, 승진의 경우에도 동일 분야로만 이루어지는 것이 아니므로 인사관리의 탄력성이 크다. 따라서 경찰공무원은 폭넓은 시각과 이해력을 갖게 되어 자신의 경력발전 기회를 향상하게 해준다. 경찰서장 등 경찰관청으로서 조직 전체를 효율적으로 운영하기 위해서는 폭넓은 직무의 이해는 매우 중요하다고 본다.

그러나 여러 경찰기능의 관련업무를 수행하다 보면, 오랜 공직생활에도 불구하고 특정 업무에 대한 전문적인 경험과 식견이 부족할 우려가 있다. 이러한 점에서 직위분류제에 의한 특정 경찰업무의 전문화(예, 수사경과제 등)는 매우 중요한 의미가 있다.

(3) 신분보장

계급제는 임용에 있어서 일반적으로 폐쇄체제로 운영되어 장기간 근무하게 되고, 내부승진을 통하여 장기근속이 보장되므로 공무원의 신분보장과 직업공무원제도를 확립하는데 용이하다.

직위분류제는 근본적으로 특정 직위나 직무와 관련되어 있기 때문에 조직개편이나 직무의 불필요성 등으로 직무 자체가 축소 또는 폐지된 경우, 그 공무원은 다른 직무를 맡을 수 없거나 다른 부서로의 이동이 제한되므로 신분보장이 불안정해질 수 있다.

이러한 점에서 계급제를 기본으로 하는 경찰공무원제도는 의미가 있다. 그러나 신분보장으로 인해 무사안일(無事安逸)에 빠지거나, 동일 계급에 있는 경찰공무원이 직무수행보다 행정권력을 이용하여 국민을 지배하거나 자신들의 집단이익을 옹호하는 특권집단화 할 가능성이 있다.

(4) 권력성과 엘리트의식

계급제는 계급간의 구별이 분명하기 때문에 능력 있는 부하들로부터 여러 정보나 자문을 구하지 않고, 독단적으로 결정할 가능성이 있어 합리적인 의사결정이 이루어지지 못할 우려가 있다. 또 계급제상 상위 계급에 있는 경찰관리자는 엘리트 의식에 빠지기 쉽다.

직위분류제는 계급이 아닌 직무의 전문성에 따라 인사관리가 이루어지고, 주어진 직위·직무에 대한 권한과 책임, 그리고 보수체계가 결정되므로, 계급지상주의적인 조직행태는 상대적으로 약하다고 본다.

(5) 인사관리의 용이성과 성과 달성도

계급제는 인사관리(채용, 승진, 보직, 전보 등)를 계급을 기준으로 하기 때문에 직위분류제보다 인사관리가 상대적으로 용이하고 비용도 절감된다. 그러나 직무내용, 성격, 그리고 자격요건에 따라 적합한 적임자를 임용하지 못할 우려가 있기 때문에 인사관리상의 비효율성 문제가 나타날 수 있다.

직위분류제는 인사관리가 복잡하고 어려운 반면, 체계적으로 관리·운영될 수 있어 인사관리의 효율성을 꾀할 수 있는 장점이 있다.

한편, 계급제는 상명하복관계에 의한 명령체계가 명확하기 때문에 의해 급변하는 치안환경에서 신속하게 대응할 수 있다. 직위분류제는 비상시의 신속한 업무대응이 어려울 수 있다. 즉, 지나친 직무구조의 편협성과 비탄력적 분류체계 때문에 변화하는 치안환경에 적절히 대응하지 못할 우려가 있다.

3. 직업공무원제도

1) 직업공무원제도의 의의

직업공무원제도(職業公務員制度, Career Civil Service System)는 우수한 젊은 인재들을 공직에 유치하고, 그들이 공직에 근무하는 것을 명예로 인식하고 정년퇴임 시까지 장기간에 걸쳐 성실하게 근무하도록 하는 임용제도를 말한다. 이는 정권교체와 관계없이 행정의 일관성과 독자성을 유지하기 위하여 헌법과 법률에 따라 공무원의 신분 즉, 공무원의 임용이 공무원 개인의 능력이나 업적에 따라 보장되는 공무원제도를 말한다. 이는 공직의 영속성과 전문성의 확보에 공헌한다.

직업공무원제도는 공무원의 '신분보장'(身分保障)을 통한 '평생의 직업'(a life work)과 밀접한 관련성을 가지고 있다고 볼 수 있다. 오늘날의 관점에서 본다면 직업공무원제도는 실적주의를 전제로 하는 것으로 인식되고 있다.

한편, 직업공무원제도는 계급제와 폐쇄형 임용체계를 기본으로 하고 있다. 이를 위해서 원칙적으로 학력과 연령이 엄격히 제한된 젊은 인재를 최하위 직급으로 임용하여, 장기간에 걸쳐 근무하도록 하여 경력개발을 시키고, 이를 통해 단계적으로 승진시키는데 초점을 두고 있다.

이러한 점에서 조직의 중간계층에서의 신규채용은 원칙적으로 허용하지 않고, 상위직의 대부분은 내부승진에 의하도록 하고 있다. 그러나 이러한 폐쇄적 임용구조로 인한 공직의 보수화·관료주의화, 공직 분위기의 침체로 인한 공무원의 전반적인 질적 수준 저하, 외부환경 변화에 대한 수동적 대응 및 무사안일주의 등의 우려가 제기될 수 있다.

2) 경찰인사관리의 적용

경찰공무원도 당연히 직업공무원제도에 의해 신분보장을 받는다. 경찰공무원의 신분보장은 엽관주의 또는 정실주의의 폐단을 방지하고, 국민 전체의 봉사자로써 주어진 직무에 충실할 수 있도록 하고자 하는데 있다.

이에 대하여 헌법에서 '공무원의 신분은 법률이 정하는 바에 의하여 보장된다'고 규정하고 있다(제7조 제2항). 그리고 국가공무원법에서는 '공무원은 형의 선고, 징계처분 또는 이 법에서 정하는 사유에 따르지 아니하고는 본인의 의사에 반하여 휴직·강임 또는 면직을 당하지 아니한다'고 하고 있다(제68조).

헌법과 국가공무원법상에서 보장하고 있는 공무원의 신분보장은 당연히 경찰공무원에게도 적용됨은 물론이다. 다만, 경찰공무원으로서 치안총감과 치안정감과 같은 고위공무원은 위와 같은 신분보장이 되지 않는다. 그리고 시보임용(試補任用) 중인 경찰공무원 역시 시보임용의 특성으로 인해 신분보장이 되지 않는다.

제3절 경찰인사제도

1. 경찰공무원의 의의

1) 경찰공무원의 개념

공무원(公務員, Public Service Personnel)이라는 것은 사적(私的)인 일이 아닌 공적(公的)인 일 즉, '공무'(公務)를 수행하는 사람을 뜻한다. 현대 자유민주국가에서 공무원은 특정 지배집단의 이해관계를 반영하기 위하여 존재하는 것이 아니라 국민을 위해 존재한다는 점은 분명한 사실이다. 이는 판단의 문제가 아니라 당위(當爲)의 문제인 것이다.

따라서 대한민국 헌법에서도 '공무원은 국민 전체의 봉사자이며, 국민에 대하여 책임을 진다'고 규정하고 있다(제7조 제1항). 헌법에서는 이에 더하여 '모든 국민은 법률(法律)이 정하는 바에 의하여 공무담임권(公務擔任權)을 가진다'고 규정하고 있다(제25조). 따라서 공무원이 될 수 있는 권리는 정치적·경제적·사회적 신분 등과 관계없이 모든 국민에게 평등하게 보장되어야 한다.

공무담임권

공무담임권이란 입법부, 행정부, 사법부는 물론이고 지방자치단체 등 국가, 공공단체의 구성원으로서 그 직무를 담당할 수 있는 권리를 말한다.
여기서 직무를 담당한다는 것은 모든 국민이 현실적으로 그 직무를 담당할 수 있다고 하는 것이 아니라, 국민의 공무담임에 관한 자의적이지 않고 평등한 기회를 보장을 받음을 의미하는 것이다. 이러한 공무담임권의 보호영역에는 공직취임의 기회의 자의적인 배제뿐만 아니라 공무원의 신분의 부당한 박탈까지 포함되는 것이다.
공무담임권은 선거직공무원을 비롯한 모든 국가기관의 공직에 취임할 수 있는 권리이므로 여러 가지 선거에 입후보해서 당선될 수 있는 피선거권을 포함하는 개념이다.[9)]

경찰공무원(警察公務員)은 치안에 관한 공적인 업무를 수행하는 공무원으로서 국민전체의 봉사자로서, 국민전체에 대해 책임을 져야한다. 이는 비록 경찰업무가 전형적인 규제적·강제적 특징을 가지고 있음에도 불구하고, 그것은 당해 직면한 사건의 해결을 위한 수단적 조치이며, 궁극적으로는 개인과 국민전체의 자유와 권리를 보호·보장

9) 헌재 2006.2.23, 2005헌마403.

하는 봉사자로서의 위상을 가져야 함을 의미하는 것이다.

또 경찰공무원은 정치적 이해관계에 좌우되지 않고, 법에 규정된 역할을 중립적(中立的)으로 수행해야 한다. 경찰은 법치주의 원리에 따라 주어진 업무를 수행하며, 법치주의를 파괴하는 자에 대해 물리적 강제력을 행사하여 통제하는 법치주의의 수호자(守護者)라 할 수 있다.

공무원의 구분

① 국가공무원은 경력직공무원과 특수경력직공무원으로 구분한다.

② 경력직공무원이란 실적과 자격에 따라 임용되고 그 신분이 보장되며 평생 동안(근무기간을 정하여 임용하는 공무원의 경우에는 그 기간 동안을 말함) 공무원으로 근무할 것이 예정되는 공무원을 말하며, 그 종류는 다음과 같다.

㉠ 일반직공무원: 기술·연구 또는 행정 일반에 대한 업무를 담당하는 공무원

㉡ 특정직공무원: 법관, 검사, 외무공무원, 경찰공무원, 소방공무원, 교육공무원, 군인, 군무원, 헌법재판소 헌법연구관, 국가정보원의 직원, 경호공무원과 특수분야의 업무를 담당하는 공무원으로서 다른 법률에서 특정직공무원으로 지정하는 공무원

③ 특수경력직공무원이란 경력직공무원 외의 공무원을 말하며, 그 종류는 다음과 같다.

㉠ 정무직공무원

가. 선거로 취임하거나 임명할 때 국회의 동의가 필요한 공무원

나. 고도의 정책결정 업무를 담당하거나 이러한 업무를 보조하는 공무원으로서 법률이나 대통령령(대통령비서실 및 국가안보실의 조직에 관한 대통령령만 해당)에서 정무직으로 지정하는 공무원

㉡ 별정직공무원: 비서관·비서 등 보좌업무 등을 수행하거나 특정한 업무 수행을 위하여 법령에서 별정직으로 지정하는 공무원(이상 국가공무원법 제2조)

2) 경찰공무원의 성격

공무원은 국가공무원(國家公務員)과 지방공무원(地方公務員)으로 구분할 수 있다. 여기에서 국가공무원은 국가에 의해 임용되는 공무원을, 지방공무원은 지방자치단체에 의해 임용되는 공무원을 말한다.

(1) 국가공무원

현행 경찰조직은 기본적으로 국가경찰(國家警察) 형식을 띠고 있다. 따라서 국가경찰조직에 근무하는 경찰공무원은 당연히 국가공무원에 해당한다.

국가공무원에 해당하는 경찰은 원칙적으로 국가공무원법의 적용을 받게 되지만, 경찰의 책임 및 직무의 중요성과 신분 및 근무조건의 특수성에 비추어 별도로 「경찰공무원법」(警察公務員法)을 두어 그 임용, 교육훈련, 복무, 신분보장 등에 관하여 국가공무원법에 대한 특례를 규정하고 있다(경찰공무원법 제1조). 따라서 국가공무원법과 경찰공무원법은 일반법과 특별법의 관계에 있기에, 우선 경찰공무원법을 적용하고, 이 법에 규정이 없는 사항에 대해 국가공무원법을 준용하고 있다.

(2) 경력직 공무원

국가공무원은 다시 ㉠ 경력직 공무원과 ㉡ 특수경력직 공무원으로 구분하고 있는데, 경찰공무원은 이 가운데 경력직 공무원에 해당된다(국가공무원법 제2조 제1항 및 제2항).

여기에서 말하는 경력직 공무원이라는 것은 '실적과 자격에 따라 임용되고, 그 신분이 보장되며 평생 동안(근무기간을 정하여 임용하는 공무원의 경우에는 그 기간 동안을 말함) 공무원으로 근무할 것이 예정되는 공무원'을 말한다(제2조 제2항). 바꿔 말하면 경력직 공무원은 실적주의에 의해 임용되고, 직업공무원제도에 의해 신분보장이 되는 공무원을 말한다.

(3) 특정직 공무원

경력직 공무원은 ㉠ 일반직 공무원과 ㉡ 특정직 공무원으로 구분하고 있는데, 경찰공무원은 이 가운데 특정직 공무원에 해당한다(국가공무원법 제2조 제2항 제2호).

특정직 공무원이라는 것은 경찰을 포함하여 법관, 검사, 외무공무원, 소방공무원, 교육공무원, 군인, 군무원, 헌법재판소 헌법연구관, 국가정보원 직원, 경호공무원과 특수분야의 업무를 담당하는 공무원으로서 다른 법률에서 특정직 공무원으로 지정하는 공무원을 의미한다.

3) 경찰공무원제도의 기본체계

경찰은 계급제를 원칙으로 하면서, 부분적으로 직위분류제를 가미하고 있다고 볼 수 있다. 계급제(순경~치안총감)에 의해 기본적으로 체계화되고, 직위분류제(경과제도)에 의해 전문화하는 형식을 취하고 있다고 볼 수 있다.

(1) 계급제

경찰은 기본적으로 특정 직위에 임명된 사람의 신분과 자격을 중심으로 계급을 부여하여 계층이 나누어지도록 하는 계급제를 채택하고 있다.

경찰계급에 따라 직책의 난이도와 보수에 차이가 난다. 경찰계급은 순경(巡警), 경장(警長), 경사(警査), 경위(警衛), 경감(警監), 경정(警正), 총경(總警), 경무관(警務官), 치안감(治安監), 치안정감(治安正監), 치안총감(治安總監)으로 구분된다(경찰공무원법 제3조).

이러한 계급체계 아래에서 치안에 관한 경찰조직의 사무를 총괄하는 경찰청장은 치안총감으로 보하도록 하고 있다. 시·도경찰청장은 치안정감·치안감 또는 경무관으로 보하도록 하고 있으며, 경찰서장은 경무관·총경, 또는 경정으로 보하도록 하고 있다(경찰법 제14조 제1항, 제28조 제1항, 제30조 제1항).

(2) 경과제

경찰은 그 직무의 종류에 따라 경과(警科)에 따라 구분할 수 있다(경찰공무원법 제4조). 경과라는 것은 일종의 직위분류 형식으로서 경찰직무의 특성에 맞는 경찰 개개인의 능력과 경력에 따라 전문화하는 분류체계라 할 수 있다(사실, 경과제가 제대로 이루어지기 위해서는 채용단계에서부터 별도의 선발과정을 거치는 것이 바람직하다고 본다).

현행 법규정상 경찰의 경과는 크게 ㉠ 일반경과, ㉡ 수사경과, ㉢ 보안경과, ㉣ 특수경과로 구분하고 있다. 이러한 경과는 총경 이하 경찰공무원에게 부여하며, 다만 수사경과와 보안경과는 경과는 경정 이하 경찰공무원에게만 부여하고 있다(경찰공무원 임용령 제3조 제1항).

〈경찰경과의 분류 및 직무유형〉

구 분	경과별 직무 유형	적용대상
일반경과	• 기획 · 감사 · 경무·생활안전·교통·경비·작전·정보·외사나 그 밖의 직무로서 수사경과·보안경과 및 특수경과에 속하지 아니하는 직무	총경 이하
수사경과	• 범죄수사에 관한 직무	경정 이하
보안경과	• 보안경찰에 관한 직무	경정 이하
특수경과	• 항공경과 – 경찰항공기의 운영·관리에 관한 직무 • 정보통신경과 – 경찰정보통신의 운영·관리에 관한 직무 • 해양경과(삭제, 2016.12.30.) • 운전경과(삭제, 2016.12.30.)	총경 이하

* 관련근거: 경찰공무원법 제4조, 경찰공무원 임용령 제3조 및 시행규칙 제19조

* 경과 외에 특기(特技)가 경찰공무원 임용령(제3조)에 규정되어 있었으나, 오랜 기간 특별하게 이용되지 않았기 때문에 폐지(2016.12.30.)되었다.

* 해양경찰청 소속 경찰공무원에게 부여하는 경과는 따로 대통령령(해양경찰청 소속 경찰공무원 임용령 시행령 제3조)으로 정하고 있다.

2. 경찰공무원의 권리·의무·책임

1) 경찰공무원의 권리

(1) 기본권의 보장

경찰공무원에게도 국민과 마찬가지로 헌법에서 보장하는 기본권(基本權)이 원칙적으로 보장된다. 다만 경찰공무원으로서 적절한 직무수행을 위하여 일정부분 기본권의 제한이 인정되고 있다.

(2) 신분보장

경찰공무원은 법이 정한 사유와 절차에 따르지 않는 한 공무원의 신분을 박탈당하지 않는다. 경찰공무원의 신분보장에 관한 내용은 앞의 직업공무원제도에서 설명한 바와 같다. 따라서 경찰공무원은 징계처분 기타 그 의사에 반하는 불리한 처분(휴직 등)이나 부작위에 대하여 소청심사위원회(訴請審査委員會)에 소청 할 수 있고(국가공무원법 제9조), 또 관할 행정법원에 행정소송을 제기할 수 있다(행정소송법 참조). 다만, 행정소송은 소청심사위원회의 심사·결정을 거치지 아니하면 제기할 수 없다(국가공무원법 제16조 제1항).

이 밖에도 경찰공무원은 국가에 대한 재산상의 권리(보수청구권, 연금청구권, 보훈을 받을 권리 등)를 가지고 있다.[10]

2) 경찰공무원의 의무

경찰공무원은 국가공무원으로서 일정한 권리를 보장받고 있으며, 동시에 국민전체에 대한 봉사자로서 국민에 대하여 책임을 지는 등 제반 의무를 지게 된다(헌법 제7조 제1항). 이러한 경찰공무원의 의무 준수는 경찰윤리를 실천하는 구체적인 방법이 된다고 볼 수 있다.

그리고 위에서 살펴본 바와 같이, 경찰공무원이 부담하는 의무는 경찰공무원이 특별권력관계에 놓이기 때문에 법적 근거 없이도 당연히 인정되어야 한다는 논리는 타당하지 않다. 경찰공무원에게 부과되는 의무는 반드시 구체적인 법적 근거가 있어야 한다는 의미이다. 경찰공무원관계도 공법상의 법관계이고, 그 법관계는 법치주의원칙 내에서만 존재하는 것이기 때문이다.[11] 경찰공무원의 의무와 관련된 법규정으로는 국가공

10) 이에 대한 자세한 내용은 홍정선(2007), 앞의 책, pp. 183-187 참조.

11) 위의 책, p. 187.

무원법, 경찰공무원법, 공직자윤리법 등이 있다.[12)]

(1) 국가공무원법상의 의무

「국가공무원법」 상의 공무원의 의무는 모든 국가공무원을 대상으로 하는 것인데, 아래에서는 이 가운데 경찰공무원을 중심으로 살펴보기로 한다.

① 선서의 의무

국가공무원법에 따라 공무원은 취임할 때에 소속기관장 앞에서 대통령령이 정하는 바에 따라 선서(宣誓, oath)를 하여야 한다. 다만 불가피한 사유가 있으면 취임 후에 선서할 수 있다(제55조). 이에 따라서 경찰공무원은 교육훈련을 마치고 소속 기관장 앞에서 취임 선서를 하게 된다.

선 서

나는 대한민국 공무원으로서 헌법과 법령을 준수하고, 국가를 수호하며, 국민에 대한 봉사자로서의 임무를 성실히 수행할 것을 엄숙히 선서합니다.(국가공무원 복무규정(제2조) 상의 선서문)

② 법령준수 및 성실의 의무

모든 공무원은 법령을 준수하며 성실히 직무를 수행하여야 한다(제56조). 법령준수의무는 법치국가에서 공무원이 부담하는 가장 기본적인 의무 가운데 하나가 된다. 여기에서 법령이란 행정법의 법원이 되는 모든 법을 말한다. 법규명령 외에 행정규칙도 포함됨은 물론이다.

따라서 경찰공무원의 법령위반행위는 그 행위의 무효·취소, 손해배상, 그리고 자신의 개인적인 책임문제가 발생한다.

그리고 성실의무(誠實義務) 역시 공무원에게 부과된 가장 기본적인 의무 중의 하나이다. 성실이란 자신의 임무수행에 있어서 자신의 인격과 양심에 따라 최선을 다하여야 함을 뜻한다(제56조 단서).

성실의무 위반 여부의 판단은 쉬운 일이 아니다. 그러나 성실의무는 정치적·윤리적인 의무에 불과한 것이 아니라 국가공무원법에서 규정하고 있는 법적 의무임에는 분명하다.[13)]

---

12) 위의 책, pp. 189-201 재구성.
13) 대구지법 2018.10.5., 2018구합21165.

③ 복종의 의무

공무원은 직무를 수행할 때 소속 상관의 직무상 명령에 복종하여야 한다(제57조). 경찰조직은 계층적 조직체로서 상명하복(上命下服)의 원칙은 직무수행에 있어서 매우 중요한 것이다. 여기에서 소속 상관은 당해 경찰공무원의 직무에 관해서 지휘·감독할 수 있는 권한을 가진 기관을 말한다. 그리고 소속 상관은 언제나 1인만을 의미하는 것은 아니며, 또한 소속 상관은 행정관청일 수도 있고, 보조기관일 수도 있다.

이러한 직무상 명령은 하급공무원을 구속할 뿐 국민을 구속하는 것은 아니다. 소속 상관의 직무상 명령을 위반하면 징계사유가 된다(제78조 제1항 단서). 직무상 명령의 대상이 될 수 있는 사항은 ㉠ 상관의 권한에 속하고, ㉡ 부하직원의 권한에 속하는 직무에 관련이 있는 사항이다.

그러나 명백히 위법한 직무상의 명령(예: 범죄행위의 명령)에 대해서는 복종을 거부해야 하며, 만약 이에 복종하면 그 명령을 한 상관은 물론이고 그 명령을 집행한 공무원도 책임을 면할 수 없다.

④ 직장이탈금지의 의무

공무원은 소속 상관의 허가 또는 정당한 사유가 없으면 직장을 이탈하지 못한다(제58조). 경찰공무원은 직무 수행시간에 주어진 근무지에서 성실히 직무를 수행해야 함은 당연한 일이다.

⑤ 친절·공정의 의무

공무원은 국민전체의 봉사자로서 친절하고 공정하게 직무를 수행하여야 한다(제59조). 이러한 친절의무는 경찰공무원이 국민에 대해 군림하는 자세가 아닌 봉사하는 자세로 직무를 수행해야 한다는 것이며, 공정의무는 특정 국민이 아니라 모든 국민에 대하여 불편부당(不偏不黨)하게 직무를 수행해야 한다는 것을 의미한다. 이것 역시 법적 의무이다.

⑥ 종교중립의 의무

공무원은 종교에 따른 차별 없이 직무를 수행하여야 한다. 따라서 공무원은 소속 상관이 이에 위배되는 직무상 명령을 한 경우에는 이에 따르지 아니할 수 있다(제59조의2).

헌법은 모든 국민은 종교의 자유를 가지며, 국교는 인정되지 않고, 종교와 정치의 분리를 선언하고 있다(제20조). 오늘날 종교적 갈등은 정치적 갈등 못지않게 심각한 사회적 문제로 대두되고 있으며, 따라서 경찰공무원은 종교적 중립성은 매우 중요한 의미가 있다.

다만, 주의할 것은 경찰공무원의 이러한 종교중립의무는 '직무상의 의무'를 의미하는 것이지, '신분상의 의무'(즉, 경찰공무원 신분이기 때문에 종교중립이어야 한다는 것)를 의미하는 것은 결코 아니다.

⑦ 비밀엄수의 의무

공무원은 '재직 중'은 물론 '퇴직 후'에도 직무상 알게 된 비밀을 엄수(嚴守)하여야 한다(제60조). 경찰공무원이 이러한 비밀엄수의무를 위반하면 징계처분을 받을 뿐만 아니라 형사처벌을 받게 된다.

피의사실공표죄와 공무상비밀누설죄

① **피의사실공표죄**

검찰, 경찰 그 밖에 범죄수사에 관한 직무를 수행하는 자 또는 이를 감독하거나 보조하는 자가 그 직무를 수행하면서 알게 된 피의사실을 공소제기 전에 공표(公表)한 경우에는 3년 이하의 징역 또는 5년 이하의 자격정지에 처한다(형법 제125조).

② **공무상비밀누설죄**

공무원 또는 공무원이었던 자가 법령에 의한 직무상 비밀을 누설한 때에는 2년 이하의 징역이나 금고 또는 5년 이하의 자격정지에 처한다(형법 제126조).

⑧ 청렴의무

공무원은 직무와 관련하여 직접적이든 간접적이든 사례·증여 또는 향응을 주거나 받을 수 없다. 공무원은 직무상의 관계가 있든 없든 그 소속 상관에게 증여하거나 소속 공무원으로부터 증여를 받아서는 아니 된다(제61조).

경찰공무원의 청렴의무 위반은 징계사유가 될 뿐만 아니라 경우에 따라서는 형법상 뇌물에 관한 죄(제129조 수뢰죄, 사전 수뢰죄)를 구성할 수도 있다.

수뢰죄 · 사전수뢰죄
① **수뢰죄** 공무원 또는 중재인이 그 직무에 관하여 뇌물을 수수, 요구 또는 약속한 때에는 5년 이하의 징역 또는 10년 이하의 자격정지에 처한다(형법 제129조 제1항). ② **사전수뢰죄** 공무원 또는 중재인이 될 자가 그 담당할 직무에 관하여 청탁을 받고 뇌물을 수수, 요구 또는 약속한 후 공무원 또는 중재인이 된 때에는 3년 이하의 징역 또는 7년 이하의 자격정지에 처한다(형법 제129조 제2항).

⑨ 영예의 제한 의무

공무원이 외국 정부로부터 영예(榮譽)나 증여를 받을 경우에는 대통령의 허가를 받아야 한다(제62조).

⑩ 품위유지의 의무

공무원은 직무의 내외를 불문하고 그 품위가 손상되는 행위를 하여서는 아니 된다(제63조). 여기에서 품위손상행위란 국가의 권위·위신·체면·신용 등에 영향을 미칠 수 있는 경찰공공무원의 불량하거나 불건전한 행위를 말한다(예: 축첩, 도박, 마약이나 알코올 중독, 음주운전 등).

그리고 이러한 품위유지의무는 직무수행 중뿐만 아니라 직무수행과 관계없이도 존재하며(예: 휴가기간 동안의 음주운전 등), 따라서 이를 위반하면 역시 징계사유가 된다.

⑪ 영리업무 금지 및 겸직 금지(허가)의무

공무원은 공무 외에 영리(榮利)를 목적으로 하는 업무에 종사하지 못하며 소속기관장의 허가 없이 다른 직무를 겸할 수 없다. 이에 따른 공무원의 영리를 목적으로 하는 업무의 한계는 대통령령(국가공무원 복무규정)으로 정한다(제64조).

⑫ 정치운동 금지의무

공무원은 국민전체에 대한 봉사자로서 정치적 중립성을 지켜야 한다(헌법 제7조). 공무원은 정당이나 그 밖의 정치단체의 결성에 관여하거나 이에 가입할 수 없다(국가공무원법 제65조 제1항).

따라서 공무원은 선거에서 특정 정당 또는 특정인을 지지 또는 반대하기 위한 행위를 하여서는 아니 된다(제2항 각호). 아울러 공무원은 다른 공무원에게 위와 같은 사항에 위배되는 행위를 하도록 요구하거나, 정치적 행위에 대한 보상 또는 보복으로서 이익 또는 불이익을 약속하여서는 아니 된다(제3항).

⑬ 집단행위 금지의무

공무원은 노동운동이나 그 밖에 공무 외의 일을 위한 집단행위를 하여서는 아니 된다. 다만, 사실상 노무에 종사하는 공무원은 예외로 한다(제66조 제1항).

경찰공무원은 국민전체의 이익을 위해 봉사하는 자이므로 자신 또는 조직의 이익을 위한 집단행동(集團行動: 단결권·단체교섭권·단체행동권)은 금지된다.

(2) 경찰공무원법상의 의무

① 거짓보고 등의 금지 의무

경찰공무원은 직무에 관하여 거짓으로 보고나 통보를 하여서는 아니 된다. 그리고 경찰공무원은 직무를 게을리 하거나 유기(遺棄)해서는 아니 된다(경찰공무원법 제24조).

② 지휘권 남용 등의 금지 의무

전시·사변, 그 밖에 이에 준하는 비상사태이거나 작전수행 중인 경우 또는 많은 인명 손상이나 국가재산 손실의 우려가 있는 위급한 사태가 발생한 경우, 경찰공무원을 지휘·감독하는 사람은 정당한 사유 없이 그 직무수행을 거부 또는 유기하거나 경찰공무원을 지정된 근무지에서 진출·퇴각 또는 이탈하게 하여서는 아니 된다(제25조).

③ 제복착용의 의무

경찰공무원은 제복을 착용하여야 한다고 하고 있다(제26조 제1항). 이러한 점에서 경찰공무원의 제복착용 역시 의무사항이라고 본다.

한편, 경찰공무원은 직무수행을 위하여 필요한 때에는 무기를 휴대할 수 있다(제26조 제2항). 다만, 상관의 무기 휴대명령에 따른 이의 휴대는 의무의 성질을 갖는다고 볼 수 있다.

(3) 공직자윤리법상 의무

「공직자윤리법」에서는 공직자에 대한 재산등록 및 공개 등을 규정함으로써 이들의 부정한 재산증식을 방지하고 공무집행의 공정성 등을 확보하고자 하고 있다.

① 재산등록 의무

경찰공무원 가운데 총경(자치총경 포함) 이상의 공직자는 공직자윤리법이 정하는 바에 따라 재산을 등록하여야 한다(제3조 제1항 제9호). 재산등록 대상은 ㉠ 본인, ㉡ 배우자(사실상의 혼인관계에 있는 사람 포함), ㉢ 본인의 직계존속·직계비속(다만, 혼인한 직계비속인 여성과 외증조부모, 외조부모, 외손자녀 및 외증손자녀는 제외)이 해당된다(제4조 제1항 각호).

② 재산공개 의무

공직자윤리위원회는 재산등록의무자 가운데 일정한 자는 공직자 본인과 배우자 및 본인의 직계존속·직계비속의 재산에 관한 등록사항(그리고 변동사항 신고내용)을 등록기간(또는 신고기간) 만료 후 1개월 이내에 관보 또는 공보에 게재하여 공개하여야 한다.

경찰공무원으로서 재산공개 의무자는 치안감 이상의 경찰공무원, 그리고 시·도경찰청장이 이에 해당된다(제10조 제1항 제8호).

3) 경찰공무원의 책임

(1) 경찰공무원의 형사책임

① 행정법규 위반에 따른 형사책임

경찰공무원의 행정법규 위반에 따른 형사책임은 「경찰공무원법」 등을 위반한 것에 대하여 형사처벌을 받게 되는 경우를 말한다.

이와 관련하여 먼저, 경찰공무원으로서 전시·사변 그 밖의 이에 준하는 비상사태이거나 작전수행 중인 경우에 ㉠ 직무태만 또는 유기금지(경찰공무원법 제24조 제2항), ㉡ 지휘권 남용 등의 금지(제25조), ㉢ 직장 이탈금지(국가공무원법 제58조 제1항)를 위반한 경우에는 3년 이상의 징역이나 금고에 처하도록 하고 있다.

그리고 위와 같은 국가비상사태 상황에서 ㉠ 거짓보고 등의 금지(경찰공무원법 제24조 제1항), ㉡ 복종의 의무(국가공무원법 제57조)를 위반한 경우에는 7년 이하의 징역이나 금고에 처하도록 하고 있다(이상 경찰공무원법 제37조 제1항).

이상과 같은 국가비상사태의 경우 외(外)에 집단살상의 위급사태가 발생한 경우에 위에서 명시한 법규정(즉, 경찰공무원법 제24조·제25조, 국가공무원법 제57조·제58조 제1항)을 위반한 경우에는 7년 이하의 징역이나 금고에 처하도록 하고 있다(경찰공무원법 제32조 제2항).

경찰공무원이 경찰공무원법상 정치관여의 금지(제23조)를 위반하여 정당이나 정치활동에 관여하는 행위를 한 사람은 5년 이하의 징역과 5년 이하의 자격정지에 처하고, 그 죄에 대한 공소시효(公訴時效)의 기간은 형사소송법 제249조 제1항에도 불구하고 10년으로 하도록 하고 있다(제37조 제3항).

경찰공무원이 ㉠ 시험 또는 임용의 방해행위 금지(국가공무원법 제44조), ㉡ 인사에 관한 부정행위 금지(제45조)를 위반한 경우에는 1년 이하의 징역 또는 100만원 이하의 벌금에 처하도록 하고 있다.

집단행위의 금지(국가공무원법 제66조)를 위반한 경우에는 2년 이하의 징역 또는 200만원 이하의 벌금에 처하도록 하고 있다(제37조 제4항).

② 형법위반에 따른 형사책임

「형법」 위반에 따른 형사책임은 경찰공무원이 형법상의 '공무원의 직무에 관한 죄'(제122조~제135조)를 범한 경우에 받게 되는 책임을 말한다.

이와 관련하여 ㉠ 직무유기(형법 제122조, 1년 이하의 징역이나 금고 또는 3년 이하의 자격정지), ㉡ 직권남용(제123조, 5년 이하의 징역, 10년 이하의 자격정지 또는 1천만원 이하의 벌금), ㉢ 불법체포·불법감금(제124조, 7년 이하의 징역과 10년 이하의 자격정지, 미수범 처벌), ㉣ 폭행·가혹행위(제125조, 5년 이하의 징역과 10년 이하의 자격정지), ㉤ 피의사실공표(제126조, 3년 이하의 징역 또는 5년 이하의 자격정지), ㉥ 공무상 비밀의 누설(제127조, 2년 이하의 징역이나 금고 또는 5년 이하의 자격정지), ㉦ 선거방해(제128조, 10년 이하의 징역과 5년 이상의 자격정지), ㉧ 수뢰·사전수뢰(제129조, 5년 이하의 징역 또는 10년 이하의 자격정지 등), ㉨ 제3자 뇌물제공(제130조, 5년 이하의 징역 또는 10년 이하의 자격정지), ㉩ 수뢰 후 부정처사·사후수뢰(제131조, 1년 이상의 유기징역 등), ㉪ 알선수뢰(제132조, 3년 이하의 징역 또는 7년 이하의 자격정지), ㉫ 뇌물공여 등(제133조, 5년 이하의 징역 또는 2천만원 이하의 벌금), 그리고 ㉬ 몰수·추징(범인 또는 사정을 아는 제3자가 받은 뇌물 또는 뇌물로 제공하려고 한 금품, 몰수할 수 없는 경우에는 그 가액을 추징)이에 해당한다.

한편, 경찰공무원이 직권(職權)을 이용하여 이상에서 규정한 죄(즉, 제122조~제133조의 공무원의 직무에 관한 죄) 이외의 죄를 범한 때에는 그 죄에 정한 형의 2분의 1까지 가중(加重)하도록 하고 있다. 단, 공무원의 신분에 의하여 특별히 형이 규정된 때에는 예외로 한다(제135조).

(2) 경찰공무원의 민사책임: 손해배상·손실보상

① 경찰공무원의 불법행위에 대한 손해배상

경찰공무원의 직무수행상 불법행위로 타인에게 손해를 가한 경우, 국가가 경찰공무원을 대신하여 배상책임을 지도록 하고 있다(국가배상법 제2조 제1항). 그런데, 이때 경찰공무원이 직무수행상의 고의 또는 중대한 과실이 있으면, 국가나 지방자치단체는 그 공무원에게 구상(求償)할 수 있도록 하고 있다(제2조 제2항). 고의나 중대한 과실에 대해서는 해당 경찰공무원에게도 배상책임을 묻을 수 있다는 의미이다.

다만, 경찰공무원에게 경과실(輕過失: 가벼운 주의의무 위반)만 있는 경우에는 경찰공무원 개인은 손해배상책임을 부담하지 아니한다. 이는 헌법 제29조 제1항과 국가배상법 제2조의 입법취지에 조화되는 것이다.[14)]

② 경찰공무원의 적법행위에 대한 손실보상

2013년 4월 5일에 「경찰관직무집행법」이 개정되어 손실보상(損失補償) 규정이 신설(시행 2014.4.6)되었다. 이로써 경찰공무원이 적법(適法)하게 직무를 수행하는 과정에서 국민이 재산상 피해를 입은 경우 국가가 정당한 보상을 할 수 있는 길이 열린 것이다.

손실보상(경찰관무집행법 제11조의2)

① 국가는 경찰관의 적법한 직무집행으로 인하여 다음의 어느 하나에 해당하는 손실을 입은 자에 대하여 정당한 보상(補償)을 하여야 한다.

㉠ 손실발생의 원인에 대하여 책임이 없는 자가 생명·신체 또는 재산상의 손실을 입은 경우(손실발생의 원인에 대하여 책임이 없는 자가 경찰관의 직무집행에 자발적으로 협조하거나 물건을 제공하여 생명·신체 또는 재산상의 손실을 입은 경우 포함)

㉡ 손실발생의 원인에 대하여 책임이 있는 자가 자신의 책임에 상응하는 정도를 초과하는 생명·신체 또는 재산상의 손실을 입은 경우.

---

14) ① 공무원의 직무상 불법행위로 손해를 받은 국민은 법률이 정하는 바에 의하여 국가 또는 공공단체에 정당한 배상을 청구할 수 있다. 이 경우 공무원 자신의 책임은 면제되지 아니한다(헌법 제29조 제1항). ② 공무원이 고의 또는 과실로 법령을 위반하여 타인에게 손해를 입힌 경우에 공무원에게 고의 또는 중대한 과실이 있으면 국가나 지방자치단체는 그 공무원에게 구상(求償)할 수 있다(국가배상법 제2조).

② 제1항에 따른 보상을 청구할 수 있는 권리는 손실이 있음을 안 날부터 3년, 손실이 발생한 날부터 5년간 행사하지 아니하면 시효의 완성으로 소멸한다.
③ 제1항에 따른 손실보상신청 사건을 심의하기 위하여 손실보상심의위원회를 둔다(이하 생략)

그동안 국민이 경찰공무원의 '위법한' 직무수행에 대해 손해배상(損害賠償)을 청구할 수는 있었지만, '적법'한 직무수행으로 인한 손실에 대해서는 정당하게 보상받을 방법이 없었다.

소방공무원 등 타부처 공무원은 개별 법률에 이미 손실보상 규정이 마련되어 있었으나, 일반 국민을 상대로 가장 광범위하게 법집행을 하고, 업무성격상 많은 경우 재산상의 피해를 야기할 수 있는 경찰공무원의 직무집행에 대해서는 손실보상 근거 규정이 없었던 것이다. 이로 인해 국민의 재산권이 완전히 보장되지 않고, 경찰공무원의 입장에서는 사비를 들여 변상해주거나, 부득이 다른 예산 항목을 전용하여 보상해주는 사례도 빈번했다.

(3) 경찰공무원의 행정책임: 징계

경찰공무원이 자신에게 부여된 의무를 제대로 수행하지 못하였을 경우, 이에 상응하는 행정적 책임으로서 징계대상이 된다. 징계(懲戒)라는 것은 경찰공무원이 공무원으로서 부담하는 의무를 위반하였을 때, 경찰공무원관계의 질서유지를 위해 관련법에 따라 해당 공무원에게 법적인 제재 즉, 벌을 가하는 것을 말한다.

징계는 기본권으로 보장되는 공무담임권에 대한 제한을 가져오는 것이므로 법률의 근거(국가공무원법, 공무원징계령, 경찰공무원징계령 등)를 필요로 한다.[15)]

국가공무원법상의 경찰공무원에 대한 징계는 파면(罷免)·해임(解任)·강등(降等)·정직(停職)·감봉(減俸)·견책(譴責)으로 구분하고 있다(제79조).

징계 가운데 중징계(重懲戒)는 파면, 해임, 강등 및 정직을 의미하고, 경징계(輕懲戒)란 감봉 및 견책을 의미한다(경찰공무원 징계령 제2조). 징계처분을 내리는 징계권자의 징계종류의 선택은 재량적이다.[16)]

① 파면

파면은 경찰공무원의 신분을 박탈하여 공무원관계를 배제하는 징계처분을 말

15) 홍정선(2007), 앞의 책, p. 202.
16) 대법 2002.9.24., 2002두6620.

한다. 파면된 경찰공무원은 다시 경찰공무원에 임용될 수 없다(경찰공무원법 제8조 제2항 제10호). 그리고 퇴직급여·퇴직수당의 일부를 줄여 지급한다(공무원연금법 제65조 제1항).[17)]

② 해임

해임 역시 파면과 마찬가지로 경찰공무원의 신분을 박탈하여 공무원관계를 배제하는 징계처분이다. 그리고 해임된 경찰공무원은 파면과 마찬가지로 다시 경찰공무원에 임용될 수 없다(경찰공무원법 제8조 제2항 제10호).

그러나 경찰공무원으로서 해임된 경우에는 퇴직급여·수당의 감액은 없다. 다만, 금품 및 향응수수, 공금의 횡령·유용으로 해임된 경우에는 감액하여 지급한다(공무원연금법 제64조 제1항 제3호).[18)]

③ 강등

강등은 1계급 아래로 직급을 내리고(고위공무원단에 속하는 공무원은 3급으로 임용하고, 연구관 및 지도관은 연구사 및 지도사로 함) 경찰공무원신분은 보유하나 3개월간 직무에 종사하지 못하며 그 기간 중 보수의 '전액('全額)을 감하도록 하는 징계처분이다(국가공무원법 제80조 제1항).

국가공무원에 대한 강등 규정은 2008년에 신설된 징계내용이며, 2015년 12월 법개정으로 보수의 2/3에서 전액을 감하는 것으로 강화되었다. 참고로 계급을 구분하지 아니하는 공무원과 임기제공무원에 대해서는 강등을 적용하지 않는다(제80조 제1항).

④ 정직

정직은 1개월 이상 3개월 이하의 기간으로 하고, 정직 처분을 받은 자는 그 기간 중 경찰공무원의 신분은 보유하나 직무에 종사하지 못하며, 보수의 '전액'을 감하도록 하는 징계처분을 말한다(제80조 제3항). 정직 역시 법 개정으로 보수의 2/3에서 전액을 감하는 것으로 강화되었다.

---

17) ① 파면된 자로서 재직기간이 5년 미만인 사람의 퇴직급여: 그 금액의 4분의 1, ② 파면된 자로서 재직기간이 5년 이상인 사람의 퇴직급여: 그 금액의 2분의 1, ③ 파면된 자의 퇴직수당: 그 금액의 2분의 1을 감액한 후 지급한다(공무원연금법 시행령 제61조 제1항 제1호).

18) ① 해임된 자로서 재직기간이 5년 미만인 사람의 퇴직급여: 그 금액의 8분의 1, ② 해임된 자로서 재직기간이 5년 이상인 사람의 퇴직급여: 그 금액의 4분의 1, ③ 해임된 자의 퇴직수당: 그 금액의 4분의 1을 감액한 후 지급한다(공무원연금법 시행령 제61조 제1항 제2호).

⑤ 감봉

감봉은 1개월 이상 3개월 이하의 기간 동안 보수의 3분의 1을 감하는 징계처분을 말한다(제80조 제4항).

⑥ 견책

견책(譴責)은 전과(前過)에 대하여 훈계하고 회개하게 하는 징계처분을 말한다(제80조 제5항).

3. 경찰인사기관

1) 경찰임용과 임용권자

(1) 경찰임용의 의미

임용(任用)이라는 것은 '경찰공무원관계의 발생·변경·소멸의 원인이 되는 모든 행위'를 지칭한다. 경찰조직에 필요한 인적자원을 조직 내외적으로 운용하는 제반활동을 의미하는 것이다. 한편, 임용이 가장 좁은 의미로 사용되는 경우는 경찰공무원관계를 처음 발생시키는 신규채용으로서의 임명(任命)을 의미하기도 한다. 그리고 이러한 임용을 외부임용과 내부임용으로 구분하기도 한다.[19]

공무원임용령상에서 임용의 내용을 세부적으로 살펴보면, 이는 '신규채용, 승진, 전직, 전보, 겸임, 파견, 강임, 휴직, 직위해제, 정직, 강등, 복직, 면직, 해임 및 파면'을 말한다(제2조 제1호). 그리고 경찰공무원법상에서 임용의 내용은 '신규채용, 승진, 전보, 파견, 휴직, 직위해제, 정직, 강등, 복직, 면직, 해임 및 파면'을 말한다(제1조의2 제1호).

이러한 점에서 법적인 임용은 넓은 의미로 사용되고 있음을 알 수 있다. 그런데, 공무원임용령과 경찰공무원법상의 임용 내용에 다소 차이가 있음을 알 수 있다. 즉, 경찰공무원에 적용되는 경찰공무원법상의 임용 내용에는 전직, 겸임, 강임이 규정되어 있지 않다.

19) 강성철 외 4인(2011), 앞의 책, p. 246.; 조철옥(2010), 경찰학총론, 경기: 21세기사, p. 425.

〈국가(경찰)공무원 임용의 유형〉

임용	외부임용	공 개 채 용	신규채용
		경력경쟁채용	
	내부임용	수평적 이동	전직*, 전보, 파견, 겸임*
		수직적 이동	승진, 강등, 강임*
		무직으로 이동	휴직, 정직, 직위해제
		직위의 복귀	복직
		신분의 소멸	면직, 파면, 해임

* 전직, 겸임, 강임은 경찰공무원법상의 임용 내용에 규정되어 있지 않음.

(2) 경찰임용권자

경찰공무원 임용권자는 대통령, 경찰청장, 국가수사본부장, 시·도경찰청장, 경찰서장, 그리고 소속기관(경찰대학, 경찰인재개발원, 중앙경찰학교, 경찰수사연수원, 경찰병원)의 장 등을 들 수 있다(경찰공무원법 제7조, 경찰공무원 임용령 제4조).

① 대통령

먼저, 경찰공무원 임용권자로서 대통령을 들 수 있다. 총경 이상의 경찰공무원은 경찰청장의 추천을 받아 행정안전부장관의 제청으로 국무총리를 거쳐 대통령이 임용하도록 하고 있다(경찰공무원법 제7조 제1항).

이 가운데 경찰청장은 국가경찰위원회의 동의를 받아 행정안전부장관의 제청으로 국무총리를 거쳐 대통령이 임명(任命)하도록 하고 있다. 이 경우 국회의 인사청문(人事聽聞)을 거쳐야 한다(경찰법 제14조 제2항).

그리고 대통령은 경정에 대한 임용권도 일정부분 행사하고 있다. 즉, 경정의 '신규채용, 승진, 면직'은 경찰청장의 제청으로 대통령이 하도록 하고 있다(경찰공무원법 제7조 제2항).

② 경찰청장

대통령이 총경 이상의 경찰공무원에 대한 모든 임용권을 행사하는 것이 아니다. 이 가운데, 경찰청장은 '총경'의 전보, 휴직, 직위해제, 강등, 정직 및 복직에 관한 임용권을 행사하도록 하고 있다(경찰공무원법 제7조 제1항 하단).

그리고 경찰청장은 '경정 이하'의 경찰공무원을 임용하도록 하고 있다(7조조 제2항). 다만, 위에서 살펴본 바와 같이 '경정'의 신규채용, 승진, 면직은 대통령이 하도록 하고 있다. 이러한 점에서 경정의 경우에는 경찰청장은 신규채용, 승진, 면직을 제외한 임용권(전보, 파견, 휴직, 직위해제, 강등, 정직 및 복직 등)을 행사하도록 하고 있음을 알 수 있다.

③ 시·도경찰청장

경찰청장은 대통령령으로 정하는 바에 따라 경찰공무원의 임용에 관한 권한의 일부를 시·도경찰청장에게 위임(委任)할 수 있도록 하고 있다(경찰공무원법 제7조 제3항).

이러한 위임관계에 따라 시·도경찰청장은 소속 경찰공무원 가운데 경정의 전보, 파견, 휴직, 직위해제 및 복직에 관한 권한과 '경감 이하의 임용권'을 행사하도록 하고 있다(경찰공무원 임용령 제4조 제3항).

④ 경찰서장

시·도경찰청장은 소속 경감이하의 경찰공무원에 대한 해당 경찰서 안에서의 전보권(轉補權: 경찰공무원의 동일 직위 및 자격 내에서의 근무기관이나 부서를 달리하는 임용)을 경찰서장에게 위임할 수 있도록 하고 있다(경찰공무원 임용령 제4조 제6항).

⑤ 소속기관의 장

경찰청장의 관장사무를 지원하기 위해 경찰청장 소속하에 경찰대학, 경찰인재개발원, 중앙경찰학교, 경찰수사연수원, 그리고 경찰병원을 두고 있다(경찰청과 그 소속기관 직제 제2조 제1항, 제2항). 경찰청장은 대통령령으로 정하는 바에 따라 경찰공무원의 임용에 관한 권한의 일부를 이들 소속기관의 장에게 위임할 수 있도록 하고 있다(경찰공무원법 제7조 제3항).

경찰대학 등 소속기관의 장의 임용권한 내용은 시·도경찰청장과 동일하다. 즉, 소속기관의 장에게 그 소속 경찰공무원 중 경정의 전보·파견·휴직·직위해제 및 복직에 관한 권한과 경감 이하의 임용권 위임을 말한다(경찰공무원 임용령 제4조 제3항).

2) 경찰인사 관련위원회

경찰인사 관련위원회에는 경찰공무원법 및 국가공무원법상의 경찰공무원 인사위원회, 승진심사위원회, 징계위원회, 소청심사위원회, 고충심사위원회 등이 있다.

(1) 경찰공무원 인사위원회

① 인사위원회의 설치

경찰공무원의 인사에 관한 중요사항에 대하여 경찰청장의 '자문'(諮問)에 응하게 하기 위하여 경찰청에 경찰공무원 인사위원회(이하 '인사위원회')를 두고 있다(경찰공무원법 제5조 제1항). 인사위원회는 인사에 관한 의결기관이 아닌 자문기관(諮問機關)이라는 점에 주의할 필요가 있다.

② 인사위원회의 구성

인사위원회는 위원장을 포함한 5인 이상 7인 이하의 위원으로 구성되며, 위원장은 경찰청 인사담당국장이 되고, 위원은 경찰청 소속 총경 이상의 경찰공무원 중에서 경찰청장이 임명하도록 하고 있다(경찰공무원 임용령 제9조 제1항 및 제2항).

(2) 승진심사위원회

① 승진심사위원회의 설치

경찰공무원의 승진심사를 하기 위하여 경찰청에 '중앙승진심사위원회'를 두고, 경찰청과 시·도경찰청 그리고 대통령령으로 정하는 경찰기관에 '보통승진심사위원회'를 두고 있다(경찰공무원법 제17조 제1항).

승진심사위원회는 승진대상자 명부의 선순위자 순으로 승진시키려는 결원의 '5배수의 범위'에 있는 사람 중에서 승진후보자를 심사·선발하도록 하고 있다(제2항).

그런데 주의할 것은 여기에서 말하는 승진임용의 대상은 '경무관(警務官) 이하의 계급'을 대상으로 한 것이다. 경찰공무원법상의 승진은 '실적주의'(實績主義: 근무성적평정·경력평정·기타 능력의 실증)를 바탕으로 한 것이며, 이의 대상 경찰공무원은 경무관 이하의 계급으로 하고 있기 때문이다(제15조 제1항 및 제2항 단서).[20]

따라서 경무관 상위계급인 치안감·치안정감·치안총감으로의 승진은 실적주의가 아닌 엽관주의(獵官主義)·정실주의(情實主義)를 바탕으로 대통령이 임용권을 행사하며, 이에 대해서는 경찰공무원법상에서 별도의 승진 규정을 두고 있

20) 경무관 이하 계급으로의 승진은 승진심사(昇進審査)에 의하여 한다. 다만, 경정 이하 계급으로의 승진은 대통령령으로 정하는 비율에 따라 승진시험(昇進試驗)과 승진심사를 병행할 수 있다(경찰공무원법 제15조 제2항).

지 않다.

② 승진심사위원회의 구성

㉠ 중앙승진심사위원회

경찰청에 둔 중앙승진심사위원회는 위원장을 포함한 5명 이상 7명 이하의 위원으로 구성한다. 경무관으로의 승진심사를 위하여 구성되는 중앙승진심사위원회 회의에 부칠 사항을 사전에 심의하기 위하여 중앙승진심사위원회에 복수(複數)의 '승진심의위원회'를 둘 수 있다. 각각의 승진심의위원회는 위원장을 포함한 5명 이상 7명 이하의 위원으로 구성하도록 하고 있다(경찰공무원 승진임용규정 제15조 제1항 및 제2항).

㉡ 보통승진심사위원회

경찰청·소속기관등·경찰서에 둔 보통승진심사위원회는 위원장을 포함한 5명 이상 7명 이하의 위원으로 구성 한다(경찰공무원 승진임용규정 제16조 제1항 및 제2항).

보통승진심사위원회 위원은 그 보통승진심사위원회가 설치된 경찰기관의 장이 승진심사대상자보다 상위계급인 경위 이상 소속 경찰공무원 중에서 임명하며, 위원장은 위원 중 최상위계급 또는 선임인 경찰공무원이 된다(제3항).

승진심사위원회의 관할

승진심사위원회는 다음의 구분에 따라 경찰공무원의 승진심사를 관할한다. 다만, 경찰청장은 승진예정 인원 등을 고려하여 부득이할 때에는 제2호의 승진심사 중 경찰서의 보통승진심사위원회에서 실시할 경위 이하 계급으로의 승진심사를 시·도경찰청의 보통승진심사위원회에서 하게 할 수 있다.

① 총경 이상 계급으로의 승진심사: 중앙승진심사위원회
② 경정 이하 계급으로의 승진심사: 해당 경찰관이 소속한 경찰기관의 보통승진심사위원회('③'의 경우는 제외)
③ 경찰서 소속 경찰공무원의 경감 이상 계급으로의 승진심사: 시·도경찰청 보통승진심사위원회(이상 경찰공무원 승진임용규정 제17조 제1항 각호)

(3) 징계위원회

경찰공무원의 징계는 중징계인 파면·해임·강등·정직, 그리고 경징계인 감봉·견책(譴責)으로 구분하고 있다(경찰공무원 징계령 제2조).

① 징계위원회의 설치

㉠ 국무총리 소속 중앙징계위원회

경무관 이상의 경찰공무원에 대한 징계의결은 국가공무원법에 따라 국무총리 소속으로 설치된 '징계위원회'에서 하도록 하고 있다(경찰공무원법 제32조 제1항).

㉡ 경찰기관 소속 징계위원회

총경 이하의 경찰공무원에 대한 징계의결을 하기 위하여 대통령령 즉, 경찰공무원 징계령으로 정하는 경찰기관에 '경찰공무원 징계위원회'를 두도록 하고 있다(경찰공무원법 제32조 제2항).

경찰기관에 설치한 징계위원회는 '경찰공무원 중앙징계위원회'와 '경찰공무원 보통징계위원회'로 구분하고 있다(경찰공무원 징계령 제3조 제1항).

〈징계대상 경찰공무원의 계급에 따른 담당 징계위원회〉

계 급		담당 징계위원회
경무관 이상		- 국무총리 소속 중앙징계위원회
총경 이하	총경·경정	- 경찰청에 설치된 중앙징계위원회
	경감이하	- 경찰청, 시·도경찰청, 경찰대학, 경찰인재개발원, 중앙경찰학교, 경찰수사연수원, 경찰병원, 경찰서, 경찰기동대, 의무경찰대, 그리고 경찰청장이 지정하는 경감 이상의 경찰공무원을 장으로 하는 기관에 설치된 보통징계위원회

② 징계위원회의 구성

㉠ 국무총리 소속 중앙징계위원회

국무총리 소속의 중앙징계위원회는 위원장 1명을 포함하여 17명 이상 33명 이하의 공무원위원과 민간위원으로 구성하고 있다. 이 경우 민간위원의 수는 위원장을 제외한 위원 수의 2분의 1 이상이어야 한다(공무원 징계령 제4조 제1항). 그리고 중앙징계위원회의 위원장은 '인사혁신처장'이 된다(제4조 제4항).

한편, 중앙징계위원회의 회의는 위원장과 위원장이 회의마다 지정하는 8명의 위원으로 구성한다. 이 경우 민간위원이 5명 이상 포함되어야 한다(제4조 제5항).

㉡ 경찰기관 소속 징계위원회

각 징계위원회는 위원장 1명을 포함하여 11명 이상 51명 이하의 공무원위원과 민간위원으로 구성한다(경찰공무원 징계령 제6조 제1항). 그리고 징계위원회가 설치된 경찰기관의 장은 이에 따른 위원 수의 2분의 1 이상을 일정한 기준에 해당하는 사람 중에서 성별을 고려하여 민간위원으로 위촉해야 한다(제6조 제3항).

징계위원회의 회의는 위원장과 징계위원회가 설치된 경찰기관의 장이 회의마다 지정하는 4명 이상 6명 이하의 위원으로 성별을 고려하여 구성하되, 민간위원의 수는 위원장을 포함한 위원 수의 2분의 1 이상이어야 한다(경찰공무원 징계령 제7조 제1항).

③ 징계처분 등 불이익처분에 대한 불복

징계처분 등 불이익처분에 대해서 부당하다고 생각하는 자는 소청 및 행정소송의 형태로 자신의 권리를 주장할 수 있다.

(4) 소청심사위원회

① 소청심사위원회의 설치

경찰공무원 등 행정기관 소속 공무원의 징계처분, 그 밖에 그 의사에 반하는 불리한 처분(예: 직위해제·휴직 등)이나 부작위에 대한 소청을 심사·결정하기 위하여 인사혁신처에 소청심사위원회(訴請審査委員會)를 두도록 하고 있다(국가공무원법 제9조 제1항). 소청은 경찰공무원 개인의 권익보호와 행정질서의 확립을 목적으로 한다.

경찰공무원이 위에서 설명한 바와 같이 징계처분 등 불리한 처분을 받았을 때에는 그 처분이 있는 것을 안 날로부터 30일 이내에 소청심사위원회에 이에 대한 심사를 청구할 수 있다. 이 경우 변호사를 대리인으로 선임할 수 있다(국가공무원법 제76조 제1항).

② 소청심사위원회의 구성

인사혁신처에 설치된 소청심사위원회는 위원장 1명을 포함한 5명 이상 7명 이하의 상임위원과 상임위원 수의 2분의 1 이상인 비상임위원으로 구성하되, 위원장은 정무직(政務職)으로 보한다(국가공무원법 제9조 제3항). 여기에서 상임위원의 임기는 3년으로 하며, 한 번만 연임(連任)할 수 있다(제10조 제2항).

③ 소청심사위원회의 결정 기속력

소청심사위원회의 결정은 처분 행정청을 기속(羈束)한다(국가공무원법 제15조). 이에 따라 소청심사위원회는 직접 처분의 취소·변경을 하거나 처분청에 이를 명할 수 있다.

다만, 소청심사위원회가 징계처분 또는 징계부가금 부과처분(이하 '징계처분등'이라함)을 받은 자의 청구에 따라 소청을 심사할 경우에는 원징계처분보다 무거운 징계 또는 원징계부가금 부과처분보다 무거운 징계부가금을 부과하는 결정을 하지 못한다(제14조 제8항). 이를 불이익변경금지(不利益變更禁止)의 원칙이라고 한다. 이 원칙은 소청인에게 소청의 권리를 보장하기 위한 것이다.

④ 소청심사의원회의 결정에 대한 불복

소청심사위원회의 결정에 불복하는 자는 행정소송(行政訴訟)을 제기할 수 있다. 그러나 징계처분등, 그 밖에 본인의 의사에 반한 불리한 처분이나 부작위(不作爲)에 관한 행정소송은 소청심사위원회의 심사·결정을 거치지 아니하면 이를 제기할 수 없다(국가공무원법 제16조 제1항).

(5) 고충심사위원회

① 고충심사위원회의 설치

경찰공무원 등 공무원은 인사·조직·처우 등 각종 직무 조건과 그 밖에 신상 문제와 관련한 고충(苦衷)에 대하여 상담을 신청하거나 심사를 청구할 수 있으며, 누구나 기관 내 성폭력 범죄 또는 성희롱 발생 사실을 알게 된 경우 이를 신고할 수 있다. 이 경우 상담 신청이나 심사 청구 또는 신고를 이유로 불이익한 처분이나 대우를 받지 않도록 하고 있다(국가공무원법 제76조의2 제1항).

따라서 중앙인사관장기관의 장, 임용권자 또는 임용제청권자는 이에 따른 상담을 신청받은 경우에는 소속 공무원을 지정하여 상담하게 하고, 심사를 청구받은 경우에는 관할 고충심사위원회에 부쳐 심사하도록 하여야 하며, 그 결과에 따라 고충의 해소 등 공정한 처리를 위하여 노력해야 한다(제76조의2 제2항). 이러한 고충심사의 처리대상은 다음과 같다.

고충처리대상

공무원은 다음과 같은 문제와 관련된 고충의 처리를 요구할 수 있다.
① 인사·조직·처우 등 직무 조건과 관련된 신상 문제

② 「성폭력범죄의 처벌 등에 관한 특례법」 제2조에 따른 성폭력범죄
③ 「양성평등기본법」 제3조 제2호에 따른 성희롱
④ 「공무원 행동강령」 13조의3에 따른 부당한 행위 등으로 인한 신상 문제(이상 공무원 고충처리규정 제2조).

㉠ 경찰기관에 설치한 고충심사위원회

경찰공무원의 인사상담 및 고충을 심사하기 위하여 경찰청, 시·도자치경찰위원회, 시·도경찰청, 대통령령으로 정하는 경찰기관에 경찰공무원 고충심사위원회를 두고 있다(경찰공무원법 제31조 제1항).

㉡ 중앙인사기관(소청심사위원회)에 설치한 중앙고충심사위원회

경찰공무원 고충심사위원회의 심사를 거친 재심청구(再審請求)와 경정 이상의 경찰공무원의 인사상담 및 고충심사는 국가공무원법에 따라 설치된 중앙고충심사위원회에서 하도록 하고 있다(경찰공무원법 제31조 제2항). 한편, 중앙고충심사위원회의 기능은 인사혁신처 소청심사위원회에서 관장하도록 하고 있다(국가공무원법 제76조의2 제4항).

② 고충심사위원회의 구성

경찰공무원 고충심사위원회는 위원장 1명을 포함하여 7명 이상 15명 이하의 공무원위원과 민간위원으로 구성한다. 이 경우 민간위원의 수는 위원장을 제외한 위원 수의 2분의 1 이상이 되도록 하고 있다(공무원 고충처리규정 제3조의2 제2항).

③ 고충심사위원회 심사결정의 기속력

고충심사위원회가 결정한 결정서를 송부받은 설치기관의 장은 심사결과를 청구인에게 통보하는 외에 스스로 고충의 해소를 위한 조치를 하거나 관계기관의 장에게 필요한 조치를 요청하여야 한다(공무원 고충처리규정 제12조 제1항).

과거에는 공충심사위원의 심사결정이 어떠한 행정처분에 대한 위법성 여부를 다투는 것이 아니었기 때문에 그 결정에 기속력도 없으며, 다만 결정을 따르도록 하는 권고의 성격이 강했다(심사결정에 불복하여 법원에 행정소송을 제기할 수 없음은 물론이다).

그러나 고충심사위원회의 심사결정이 권고 수준에 불과한 것이라면 이러한 제도를 운영하는 취지가 퇴색됨은 물론이다. 이러한 문제를 개선하기 위하여 2019년 관련 규정을 개정하여 일정부분 실효성(實效性)을 확보하고자 하고 있다.

따라서 심사결과 중, '고충심사청구가 상당한 이유가 있다고 인정되는 경우'(제10조 제3항 제1호)에 따른 시정을 요청받은 처분청 또는 관계기관의 장은 특별한 사유가 없으면 이를 '이행'(履行)하고, 시정요청을 받은 날부터 30일 이내에 그 처리결과를 설치기관의 장에게 알리도록 하였다. 다만, 특별한 사유로 이행할 수 없는 경우 그 사유를 설치기관의 장에게 문서로 통보하도록 하였다(공무원 고충처리규정 제12조 제2항).

제4절 경찰인사관리의 과정

1. 경찰공무원의 모집

1) 공무담임권의 보장

모든 국민은 법률이 정하는 바에 의하여 공무담임권(公務擔任權)을 가진다(대한민국 헌법 제25조). 공무담임권은 행정부뿐만 아니라 입법부·사법부·지방자치단체와 기타 일체의 공공단체의 직무를 담임하는 권리를 말한다. 여기서 직무를 담당한다는 것은 모든 국민이 현실적으로 그 직무를 담당할 수 있다고 하는 의미가 아니라, 국민의 공무담임에 관한 자의적이지 않고 평등한 기회를 보장받음을 의미한다.[21]

2) 임용자격

일반적으로 공무원에게 요구되는 일반적인 자격은 두 가지를 들 수 있다. 하나는 전통적으로 요구되어 온 '지식과 기술'이며, 다른 하나는 새롭게 강조되는 '태도와 가치관'이다.[22]

---

21) 헌재 2000.8.29, 2001얼마788 등, 헌재판례집 제14권 2집, pp. 219-224.; 김철수(2006), 헌법학원론, 서울: 박영사, p. 984.

22) 박동서(1990), 인사행정론, 서울: 법문사, p. 176.

〈경찰인사관리의 기본과정〉

경찰공무원의 모집

① 공무담임권 보장
② 결격사유

⇓

경찰공무원의 법적 관계 발생

① 신규임용 : 채용
- 공개채용
- 경력경쟁채용

② 초임보직
③ 시보임용

임 용 : 신규채용, 승진, 전보, 파견, 휴직, 직위해제, 정직, 강등, 복직, 면직, 해임, 파면 등
임용권자 : 대통령, 경찰청장, 시·도경찰청장, 경찰서장 등

⇒

경찰공무원의 법적 관계 변경

① 상위직급으로의 변경
- 일반승진
- 특별승진
- 근속승진

② 동일직급 내의 변경
- 전보, 복직

③ 하위직급으로 변경
- 강등

④ 무직급으로 변경
- 휴직
- 정직
- 직위해제

징계: 파면, 해임, 강등, 정직, 감봉, 견책

⇒

경찰공무원의 법적 관계 소멸

① 당연퇴직
- 정년(연령·계급)
- 결격사유 발생

② 면직
- 의원면직
- 강제면직 : 징계면직, 직권면직

⇓

경찰공무원의 퇴직관리

① 공무원연금
② 재고용 프로그램

경찰이라는 직업은 단순히 업무수행과 관련된 지식과 기술을 갖추고 있다고 해서 되는 것이 아니라고 본다. 그 이면에는 개인의 자유와 권리의 보호 및 공공의 안녕과 질서유지를 위한 투철한 사명감과 봉사정신, 그리고 희생정신을 갖추고 있어야 한다.

이러한 점 때문에 일찍이 윌슨(O. W. Wilson)은 경찰의 자질과 관련하여 정의에 대한 명확한 신념을 갖추고, 높은 수준의 정직성, 정력, 용기, 감정적 안정성, 지혜, 그리고 자신감을 지니고 있어야 한다고 하였다. 그리고 볼머(A. Vollmer)는 경찰의 자질과 관련하여 솔로몬의 지혜, 다윗의 용기, 삼손의 체력, 욥의 인내, 모세의 리더십, 착한 사마리아인의 친절, 알렉산더의 전략, 다니엘의 신념, 링컨의 외교술, 나자레 목수의 관용, 그리고 자연과학, 생물학 및 사회과학 등 모든 분야에 깊은 지식을 가져야 한다고 하였다.[23)]

물론, 한 개인이 경찰공무원이 되기 위해서는 '법률이 정하는 일정한 자격'을 갖추고 있어야 한다. 경찰공무원이 되기 위한 기본적 자격조건은 경찰공무원법에서 규정(제7조)하고 있다.

(1) 신체 및 사상이 건전하고 품행이 방정한 자

경찰의 임용자격과 관련하여 신체 및 사상이 건전하고 품행이 방정(方正)한 사람 중에서 임용한다고 규정하고 있다(경찰공무원법 제8조 제1항). 이는 일정한 신체조건을 갖추지 못하였거나, 사상이 불건전하거나 품행이 방정하지 못한 경우에는 경찰공무원으로 임용될 수 없다는 것을 의미한다.

여기에서 신체조건은 체력시험 등을 통해 어느 정도 객관적 측정에 의해서 검증이 가능하다. 따라서 경찰공무원 채용시 신체 및 문신(文身)에 관한 기준을 두고 있다(경찰공무원 채용시험에 관한 규칙 제10조 제1항 및 별표1 참조).

한편, 사상 및 품행과 관련해서는 어떤 면에서는 객관성 확보에 있어서 한계가 있다고 본다. 이러한 객관성 등을 확보하기 위해 적성검사 및 면접 등의 방법을 실시하고 있다.

23) O. W. Wilson and R.C. Mclaren(1977), Police Administration, N.Y.: McGraw Hill Co., p. 245.; V.A. Leonard, H.W. More(1978), Police Organization and Management, N.Y.: The Foundation Press, Inc., p. 276.; 이황우(2005), 경찰행정학, 서울: 법문사, p. 322 재인용.

경찰채용 신체검사 세부기준

평가 항목	내 용		신체검사기준(불합격 판정기준)
직무에 적합한 신체	팔다리와 손·발가락		팔다리와 손·발가락이 강직, 절단 또는 변형된 기형으로 정형외과 전문의로부터 경찰 장비 및 장구 사용 등 직무수행에 적합하다는 진단을 받지 못한 사람
	척추만곡증(허리휘는 증상)		X-RAY촬영 결과 20도 이상 허리가 기울어져 있는 자로 정형외과 전문의로부터 정상판정을 받지 못한 사람
	상지관절의 정상 여부		상지 3대 관절(손목·팔꿈치·어깨관절)을 앞과 위 아래로 이동시 자연스럽지 않은 사람 중 상지의 3대 관절이 불완전하거나 관절의 기능손실이 15퍼센트 이상이거나 3대 관절의 손실 합이 15퍼센트 이상으로 정형외과 전문의로부터 정상판정을 받지 못한 사람
	하지관절의 정상 여부		하지 3대 관절(발목·무릎·고관절)을 좌우로 돌리는 것이 자연스럽지 않은 사람 중 하지의 3대 관절이 불안전하거나 관절의 기능 손실이 15퍼센트 이상이거나 3대 관절의 손실 합이 15퍼센트 이상으로 정형외과 전문의로부터 정상판정을 받지 못한 사람
문신	내용	혐오성	사회 일반인의 기준으로 판단하여 폭력적·공격적이거나 공포감을 조성할 수 있는 내용
		음란성	사회 일반인의 기준으로 판단하여 성적 수치심을 야기할 수 있는 내용
		차별성	특정 인종·종교·성별·국적·정치적 신념 등에 대한 차별적 내용
		기 타	범죄단체 상징 및 범죄를 야기·도발할 수 있거나 공직자로서의 직업윤리에 어긋나 경찰관의 이미지를 손상시킬 수 있는 내용
	노출 여부		모든 종류의 경찰 제복(성하복 포함)을 착용하였을 경우 외부에 노출되어 경찰공무원의 명예를 훼손할 수 있다고 판단되는 문신(얼굴, 목, 팔, 다리 등 포함)

* 위 신체검사 기준(불합격 판정기준) 중에서 하나 이상 해당되는 경우에는 신체검사에 불합격 한 것으로 봄

(2) 결격사유

경찰공무원은 다른 국가공무원 비해 그 직무의 특수성을 가지고 있기 때문에 보다 엄격한 자격요건을 요구하고 있다. 경찰공무원법에서는 임용상의 결격사유(缺格事由)를 구체적으로 두어, 이에 해당하는 사람은 경찰공무원으로 임용될 수 없도록 규정하고 있다(경찰공무원법 제8조 제2항).

경찰공무원의 임용 결격사유

① 대한민국 국적(國籍)을 가지지 아니한 사람

② 「국적법」 제11조의2 제1항에 따른 복수국적자

③ 피성년후견인 또는 피한정후견인
④ 파산선고를 받고 복권되지 아니한 사람
⑤ 자격정지 이상의 형(刑)을 선고받은 사람
⑥ 자격정지 이상의 형의 선고유예를 선고받고 그 유예기간 중에 있는 사람
⑦ 공무원으로 재직기간 중 직무와 관련하여 「형법」 제355조 및 제356조에 규정된 죄를 범한 자로서 300만원 이상의 벌금형을 선고받고 그 형이 확정된 후 2년이 지나지 아니한 사람
⑧ 「성폭력범죄의 처벌 등에 관한 특례법」 제2조에 규정된 죄를 범한 사람으로서 100만원 이상의 벌금형을 선고받고 그 형이 확정된 후 3년이 지나지 아니한 사람
⑨ 미성년자에 대한 다음의 어느 하나에 해당하는 죄를 저질러 형 또는 치료감호가 확정된 사람(집행유예를 선고받은 후 그 집행유예기간이 경과한 사람 포함)
  ㉠ 「성폭력범죄의 처벌 등에 관한 특례법」 제2조에 따른 성폭력범죄
  ㉡ 「아동·청소년의 성보호에 관한 법률」 제2조 제2호에 따른 아동·청소년대상 성범죄
⑩ 징계에 의하여 파면 또는 해임처분을 받은 사람(이상 경찰공무원법 제8조 제2항 각호)

이와 같은 경찰공무원이 되기 위한 능력요건이 결여된 임용 즉, 결격사유에 해당하는 자를 경찰공무원으로 임용하는 행위는 무효(無效)가 된다. 국가의 과실은 문제되지 않는다.

바꿔 말하면, 경찰공무원법에 규정되어 있는 경찰관 임용 결격사유는 경찰관으로 임용되기 위한 절대적인 소극적 요건이라 할 수 있다. 따라서 임용 당시, 경찰관 결격사유가 있었다면 비록 임용권자의 과실(過失)에 의하여 임용 결격자임을 밝혀내지 못하였다 하더라도 그 임용행위는 당연무효(當然無效)로 보아야 한다.[24)]

징계에 의하여 파면·해임의 처분을 받은 사람에 대한 임용 제한의 위헌성 여부

징계에 의하여 파면 또는 해임의 처분을 받은 사람을 경찰공무원 임용의 결격사유라고 정한 것이 과잉금지원칙에 위배되어 공무담임권에 대한 과도한 제한이라고 할 수 없다. 또한 임용 결격사유를 규정함에 있어서 다른 법률보다 경찰공무원법의 규정이 다소 강화되어 있더라도 합리적 이유 없는 자의적인 차별이라고 볼 수 없다.
따라서 이 사건 법률조항이 헌법상 과잉금지의 원칙이나 평등의 원칙에 위배되거나 공무담임권을 부당하게 침해한다고 할 수 없다.[25)]

24) 대법2005.7.28., 2003두469.
25) 헌재 2010.9.30., 2009헌바122.

2. 경찰공무원의 법적 관계 발생

1) 신규임용: 채용

채용(採用)이라는 것은 특정인에게 경찰로서의 신분을 부여하여 근무관계를 설정하는 행위를 말한다.

현행 경찰공무원의 신규채용은 크게 ㉠ 공개경쟁채용(公開競爭採用)과 ㉡ 경력경쟁채용(經歷競爭採用, 과거에는 '특별채용'이라는 용어를 사용)으로 구분할 수 있다(경찰공무원법 제10조 단서). 경찰공무원을 포함한 모든 공무원의 채용방식은 기본적으로 공개경쟁채용을 원칙으로 하고, 예외적인 경우에 경력경쟁채용으로 하는 것이 바람직하다고 본다.[26] 그것은 헌법이 보장하는 공무담임권(제25조)을 구체적으로 실현하는 방법이기 때문이다.

(1) 공개경쟁채용

공개경쟁채용이라는 것은 말 그대로 '공개경쟁시험에 의한 채용'을 의미한다.[27] 이와 관련하여 현행 경찰공무원법상 공개경쟁채용은 크게 두 가지 방식으로 이루어진다고 볼 수 있다.

㉠ 경정 및 순경의 신규채용은 공개경쟁시험으로 함(경찰공무원법 제10조 제1항)

㉡ 경위의 신규채용 가운데 하나로서 대통령령으로 정하는 자격을 갖추고 공개경쟁시험으로 선발된 사람(즉, '경찰간부후보생')(제10조 제2항 하단)

(2) 경력경쟁채용

① 경력경쟁채용의 의미

경찰공무원은 공개경쟁채용시험 방식 외에 경력경쟁채용시험으로 신규채용 할 수 있다.

경력경쟁채용시험은 '경력 등 응시요건을 정하여 같은 사유에 해당하는 다수인(多數人)을 대상으로 경쟁의 방법으로 채용하는 시험'을 말한다(경찰공무원법 제10조 제3항).[28] 이러한 경력경쟁채용 방법은 공개경쟁을 제한하는 별도의 선발절

26) 강성철 외 4인(2011), 앞의 책, p. 251.

27) 경찰공무원 채용상의 병역 조건 개정: 2020년 경찰공무원 2차 채용시험부터 병역 조건이 기존의 '병역을 필하였거나 면제가 된 자'에서 '제한 없음'으로 변경되었다. 이제 병역 미필자 역시 경찰공무원시험에 응시할 수 있게 되었음을 의미한다. 따라서 병역을 미필한 수험생이 경찰공무원시험에 합격한 경우에는 병역 복무기간 동안 임용이 유예되고, 병역 복무를 마치고 나서 경찰에 임용될 수 있게 되었다.

28) 경력경쟁채용시험이 모두 다수인을 대상으로 하는 것은 아니다. 즉, 소수의 인원만을 대상으로도 경력경쟁채

차를 거쳐 경찰공무원을 신규로 채용하는 방식이라 할 수 있다.

② 경력경쟁채용의 특징

경력경쟁채용은 공개경쟁채용제도를 보완하고 필요한 인력의 확보를 쉽게 한다는 장점이 있다. 급변하는 치안환경 속에서 효율적인 대응을 위해서는 획일적인 공개경쟁채용의 방법보다 특별한 경력 등을 가진 자들을 대상으로 제한된 경쟁을 통하여 채용하는 것이 능률적일 수도 있다. 이러한 분위기 속에서 우리나라는 전반적으로 경력경쟁채용의 범위가 확대되고 있다.

그러나 경력경쟁채용 과정에서 정치적 압력이나 정실이 개입할 가능성이 크기 때문에 실적주의를 침해하는 결과를 초래하기 쉽다. 또 실제로 경력경쟁채용이 필요하지 않은 분야 또는 상황(즉, 공개경쟁채용으로도 충분히 채용이 가능한 상황) 인데도 불구하고 이를 제도적으로 운영하는 경우도 없지 않다. 그리고 경력경쟁채용 규모가 조직 내에서 차지하는 비중이 지나치게 높을 경우, 조직 내의 사기관리 등에 있어서 어려운 문제가 제기될 수 있다.

③ 경찰공무원의 경력경쟁채용 내용

다음의 어느 하나에 해당하는 경우에는 경력경쟁채용시험으로 경찰공무원을 신규채용 할 수 있도록 하고 있다(경찰공무원법 제10조 제3항 각호).

㉠ 「국가공무원법」 70조 제1항 제3호의 사유로 퇴직하거나,[29] 같은 법 제71조 제1항 제1호의 휴직 기간 만료로 퇴직한 경찰공무원을 퇴직한 날부터 3년(공무원 재해보상법에 따른 공무상 질병 또는 부상으로 인한 휴직의 경우에는 5년) 이내에 퇴직 시에 재직한 계급의 경찰공무원으로 재임용하는 경우

㉡ 공개경쟁시험으로 임용하는 것이 부적당한 경우에 임용예정 직무에 관련된 자격증 소지자를 임용하는 경우

㉢ 임용예정직에 상응하는 근무실적 또는 연구실적이 있거나 전문지식을 가진 사람을 임용하는 경우

㉣ 「국가공무원법」에 따른 5급 공무원의 공개경쟁채용시험이나 「사법시험법」(2009년 5월 28일 법률 제9747호로 폐지되기 전의 것을 말함)에 따른

용이 가능하다는 의미이다. 경찰공무원법에서는 이와 관련하여 "다만, 다수인을 대상으로 시험을 실시하는 것이 적당하지 아니하여 대통령령으로 정하는 경우에는 다수인을 대상으로 하지 아니한 시험으로 경찰공무원을 채용할 수 있다"고 규정하고 있다(제10조 제3항 하단).

29) 직권면직: 직제와 정원의 개폐 또는 예산의 감소 등에 따라 폐직(廢職) 또는 과원(過員)이 되었을 때(국가공무원법 제70조 제1항 제3호).

사법시험에 합격한 사람을 경정 이하의 경찰공무원으로 임용하는 경우

ⓜ 섬, 외딴곳 등 특수지역에서 근무할 사람을 임용하는 경우

ⓑ 외국어에 능통한 사람을 임용하는 경우

ⓢ 제주특별자치도의 자치경찰공무원을 그 계급에 상응하는 경찰공무원으로 임용하는 경우

ⓞ 「국가경찰과 자치경찰의 조직 및 운영에 관한 법률」 제16조에 따라 경찰청 외부를 대상으로 모집하여 국가수사본부장을 임용하는 경우

2) 보직관리와 초임 보직

(1) 보직관리의 기본원칙

임용권자 또는 임용제청권자는 법령에서 따로 정하거나 일정한 경우를 제외하고는 소속 경찰공무원에게 하나의 직위(職位: 경찰공무원 개인에게 부여할 수 있는 직무와 책임)를 부여하여야 한다(경찰공무원 임용령 제22조 제1항). 경찰공무원을 보직함에 있어서는 경과·교육훈련·근무경력 등을 고려하여 능력을 적절히 발전시킬 수 있도록 해야 한다(제22조 제2항).

한편, 경찰공무원을 보직할 때에는 특별한 사정이 없으면 배우자 또는 직계존속이 거주하는 지역을 고려해야 한다(제22조 제4항).

(2) 초임 보직

① 경위 이상

경위 이상으로 신규채용 된 경찰공무원은 관리능력을 배양할 수 있도록 전공 및 적성을 고려하여 합리적으로 보직하여야 한다(경찰공무원 임용령 제23조 제1항).

② 경사 이하

경사 이하로 신규채용 된 경찰공무원은 지구대, 파출소, 기동순찰대, 경찰기동대나 그 밖에 경비업무를 수행하는 부서에 보직하여야 한다(경찰공무원 임용령 제23조 제2항).

3) 시보임용

(1) 시보임용의 의의

임용권자는 신규임용 된 경찰공무원이 경찰관으로서의 자격 등 적격성을 갖추고 있

는지를 확인하는 동시에 일정기간 경찰실무를 습득하기 위해 시험보직을 명하게 되는데 이를 시보임용(試補任用)이라고 한다.[30] 시보임용 된 공무원은 시보기간이 끝난 뒤 정식 공무원으로 임명된다. 이러한 시보제도는 선발제도의 보완이라는 목적 외에 후보자에게 기초적 적응훈련을 시킨다는 부수적 목적도 지니고 있다.[31]

(2) 시보임용의 내용

경정 이하의 경찰공무원을 신규채용 할 때에는 1년간 시보(試補)로 임용하고, 그 기간이 만료된 다음 날에 정규 경찰공무원으로 임용하도록 하고 있다(경찰공무원법 제13조 제1항). 휴직 기간, 직위해제 기간 및 징계에 의한 정직처분 또는 감봉처분을 받은 기간은 위에 따른 시보임용기간에 산입하지 아니한다(제13조 제2항).

(3) 시보임용 경찰공무원의 면직 등

임용권자 및 임용제청권자는 시보임용기간 중 경찰공무원에 대하여 근무사항을 항상 지도·감독하여야 한다(경찰공무원 임용령 제20조 제1항). 시보임용기간 중에 있는 경찰공무원이 근무성적 또는 교육훈련성적이 불량할 때에는 「국가공무원법」 제68조 및 이 법 제28조에도 불구하고,[32] 면직시키거나 면직을 제청할 수 있다(경찰공무원법 제13조 제3항).

이에 따라 임용권자 또는 임용제청권자는 시보임용 경찰공무원이 다음의 어느 하나에 해당하여 정규 경찰공무원으로 임용하는 것이 부적당하다고 인정되는경우에는 정규임용심사위원회의 심사를 거쳐 해당 시보임용 경찰공무원을 면직시키거나 면직을 제청할 수 있다(경찰공무원 임용령 제20조 제2항 각호).

㉠ 징계사유에 해당하는 경우

㉡ 실무수습 등 일정기간 동안의 교육훈련성적이 만점의 60퍼센트 미만이거나 생활기록이 극히 불량한 경우

㉢ 「경찰공무원 승진임용 규정」에 따른 제2 평정 요소의 평정점이 만점의 50퍼센트 미만인 경우

일반적으로 시보임용 된 경찰공무원이 시보기간 동안에 직위해제나 징계처분을 받은

---

30) 조철옥(2010), 앞의 책, p. 428.

31) 강성철 외 4인(2011), 앞의 책, p. 269.

32) ① 국가공무원법 제68조(의사에 반한 신분조치)에서는 '공무원은 형의 선고, 징계처분 또는 이 법에서 정하는 사유에 따르지 아니하고는 본인의 의사에 반하여 휴직·강임 또는 면직을 당하지 아니한다'고 규정하고 있다. ② 경찰공무원법 제28조(직권면직)에서는 '임용권자는 일정한 사유에 해당될 때에는 직권으로 면직시킬 수 있다'고 규정하고 있다.

경우에는 당연퇴직이 된다고 볼 수 있다. 따라서 동일한 행위(예: 음주운전·도박 등)로 정규 경찰관은 감봉 등을 받지만, 시보경찰관은 면직처분을 받을 가능성이 높다.[33)]

(4) 시보임용의 면제

그런데, 위에서 설명한 시보임용에도 불구하고, 다음의 어느 하나에 해당하는 경우에는 시보임용을 거치지 아니한다(경찰공무원법 제13조 제4항).

㉠ 경찰대학을 졸업한 사람 또는 경찰간부후보생으로서 정하여진 교육을 마친 사람을 경위로 임용하는 경우

㉡ 경찰공무원으로서 대통령령으로 정하는 상위계급으로의 승진에 필요한 자격요건을 갖추고 임용예정 계급에 상응하는 공개경쟁 채용시험에 합격한 사람을 해당 계급의 경찰공무원으로 임용하는 경우

㉢ 퇴직한 경찰공무원으로서 퇴직 시에 재직하였던 계급의 채용시험에 합격한 사람을 재임용하는 경우

㉣ 자치경찰공무원을 그 계급에 상응하는 경찰공무원으로 임용하는 경우

경찰공무원법상의 시보임용에도 불구하고 면제대상자(특히, 경찰대학 졸업한 사람 또는 경찰간부후보생)가 이상과 같다면, 결국에는 순경으로 공개채용 된 자 등이 시보임용 대상자로 남게 되어 불합리하다고 본다.[34)]

3. 경찰공무원의 법적 관계 변경

1) 상위직위로의 변경

승진(昇進, Promotion)이라는 것은 하위직급에서 상위직급으로 임용되는 것을 말한다. 승진은 일반적으로 직무의 난이도와 책임의 증대를 의미하며 보수의 증액을 수반한다. 승진은 동일한 등급 내에서 호봉만 올라가는 승급과 구분되며, 횡적 이동인 전보 등과도 구분된다.

경찰조직 내에서 승진은 단순한 결원 보충의 의미를 갖는 것이 아니고, 구성원의 동기를 유발하고 사기를 진작시키는 수단이 된다는 점에서 중요한 의미가 있다. 따라서

33) 조철옥(2010), 앞의 책, p. 428.

34) 국가공무원법의 시보임용규정에서는 ① 5급 공무원(5급에 상당하는 공무원 포함)을 신규 채용하는 경우에는 1년, ② 6급 이하의 공무원을 신규 채용하는 경우에는 6개월간 각각 시보(試補)로 임용하고 그 기간의 근무성적·교육훈련성적과 공무원으로서의 자질을 고려하여 정규 공무원으로 임용하도록 하고 있다(제29조 제1항).

합리적인 승진제도의 확립은 직업공무원제의 발전에 매우 긴요한 것이다. 경찰공무원의 승진에는 일반승진, 특별승진, 그리고 근속승진이 있다.

(1) 일반승진

① 일반승진의 의의

경찰공무원은 바로 아래 하위계급에 있는 경찰공무원 중에서 근무성적평정, 경력평정, 그 밖의 능력을 실증(實證)하여 승진임용하도록 하고 있다(경찰공무원법 제15조 제1항). 따라서 이러한 승진은 실적주의에 의하고 있음을 알 수 있다.

경찰공무원법상 실적주의에 의한 승진은 기본적으로 승진심사(昇進審査)에 의한다고 볼 수 있다. 경무관(警務官) 이하의 계급에의 승진은 승진심사에 의한다고 규정한 것이 바로 그것이다(제15조 제2항). 다만, 경정(警正) 이하의 계급으로의 승진은 대통령령으로 정하는 비율에 따라 승진시험과 승진심사를 병행할 수 있도록 하고 있다(제15조 제2항 하단).

그런데 주의할 것은 여기에서 말하는 실적주의에 의한 승진심사는 '경무관 이하의 계급'을 대상으로 한 것이라는 점이다. 바꿔 말하면, 경무관 상위계급인 치안감·치안정감·치안총감은 실적주의가 아닌 엽관주의·정실주의를 바탕으로 한 것이며, 따라서 이에 대해서는 경찰공무원법상에서 별도의 승진 규정을 두고 있지 않다는 의미이다.

② 승진 소요 최저근무연수

경찰공무원의 승진에 필요한 계급별 최저근무연수, 승진 제한에 관한 사항, 그 밖에 승진에 관하여 필요한 사항은 대통령령(경찰공무원 승진임용규정)으로 정하도록 하고 있다(경찰공무원법 제15조 제4항). 경찰공무원 승진임용규정에 따르면, 계급별 승진소요 최저 근무연수는 다음과 같다(제5조 제1항 각호).

㉠ 총경: 4년 이상

㉡ 경정 및 경감: 3년 이상

㉢ 경위 및 경사: 2년 이상

㉣ 경장 및 순경: 1년 이상

(2) 근속승진

근속승진(勤續昇進)이라는 것은 일정한 계급에서 일정한 기간 근무하면 자동으로 승진하는 것을 말한다.

경찰공무원법 제15조(승진) 제2항에 따른 승진요건(즉, 승진심사 및 승진시험)에도 불구하고 경찰청장은 해당 계급에서 다음의 기간 동안 재직한 사람을 경장, 경사, 경위, 경감으로 각각 근속승진임용할 수 있도록 하고 있다. 다만, 인사교류 경력이 있거나 주요 업무의 추진 실적이 우수한 공무원 등 경찰행정 발전에 기여한 공이 크다고 인정되는 경우에는 대통령령으로 정하는 바에 따라 그 기간을 단축(短縮)할 수 있다(경찰공무원법 제16조 제1항 각호).

㉠ 순경을 경장으로 근속승진 임용하려는 경우: 해당 계급에서 4년 이상 근속자
㉡ 경장을 경사로 근속승진 임용하려는 경우: 해당 계급에서 5년 이상 근속자
㉢ 경사를 경위로 근속승진 임용하려는 경우: 해당 계급에서 6년 6개월 이상 근속자
㉣ 경위를 경감으로 근속승진 임용하려는 경우: 해당 계급에서 8년 이상 근속자

(3) 특별승진

일반승진과 근속승진 외에 특별유공자 등에 대한 특별승진(特別昇進)이 있다. 경찰공무원으로서 다음의 어느 하나에 해당되는 사람에 대하여는 제15조(승진)에도 불구하고 1계급 특별승진시킬 수 있다. 다만, 경위 이하의 경찰공무원으로서 모든 경찰공무원의 귀감이 되는 공을 세우고 전사(戰死)하거나 순직(殉職)한 사람에 대하여는 2계급 특별승진 시킬 수 있도록 하고 있다(경찰공무원법 제19조 제1항 각호).

㉠ 「국가공무원법」 제40조의4 제1항 제1호부터 제4호까지의 규정 중 어느 하나에 해당되는 사람[35)]
㉡ 전사하거나 순직한 사람
㉢ 직무수행 중 현저한 공적을 세운 사람

경찰공무원의 특별승진의 계급범위는 요건에 따라 ㉠ 경위 이하 계급으로의 승진, ㉡ 경감 이하 계급으로의 승진, ㉢ 경정 이하의 계급으로의 승진, ㉣ 치안정감 이하의 계급으로의 승진으로 구분하고 있다(이에 대한 세부적인 내용은 경찰공무원 승진임용 규정 제37조 및 제38조 참조).

그리고 이러한 특별승진은 경찰청장이 특히 필요하다고 인정하는 경우에 수시로 실시할 수 있다(제39조). 그러나 특별승진을 빈번하게 실시할 경우, 오히려 역효과가 날

35) 우수공무원 등의 특별승진: ① 청렴하고 투철한 봉사 정신으로 직무에 모든 힘을 다하여 공무집행의 공정성을 유지하고 깨끗한 공직 사회를 구현하는 데에 다른 공무원의 귀감(龜鑑)이 되는 자, ② 직무수행 능력이 탁월하여 행정 발전에 큰 공헌을 한 자, ③ 경찰조직의 능률화·경제화에 기여하는 제안의 채택·시행으로 국가 예산을 절감하는 등 행정 운영 발전에 뚜렷한 실적이 있는 자, ④ 재직 중 공적이 특히 뚜렷한 자가 명예퇴직할 때(국가공무원법 제40조의4 제1항 각호).

우려도 있다고 본다.

2) 동일직위 내의 변경

(1) 전보

국가공무원법에서는 전보(轉補, transference)는 '같은 직급 내에서의 보직 변경 또는 고위공무원단 직위 간의 보직 변경을 말한다'고 하고 있으며(제5조 제6호), 경찰공무원법은 '경찰공무원의 동일 직위 및 자격 내에서의 근무기관이나 부서를 달리하는 임용을 말한다'고 하고 있다(제2조 제2호).

따라서 경찰공무원의 전보는 계급별로 경찰관서간의 직위 이동과 동일 관서 내에서의 직위 이동을 의미한다. 예컨대, A경찰서의 형사과장(경정)과 B경찰서의 형사과장(경정)이 인사발령에 의해 서로 자리를 맞바꾸고, A경찰서 내에서 생활안전과장과 정보과장이 서로 자리를 맞바꾸는 경우 등이 이에 해당한다.

임용권자 또는 임용제청권자는 경찰공무원의 동일 직위에서의 장기근무로 인한 직무수행의 침체현상을 방지하여 직무성과를 높일 수 있도록 하는 한편, 지나치게 잦은 전보로 인한 능률저하를 방지하여 안정적으로 직무를 수행할 수 있도록 특별한 사정이 없으면 정기적으로 전보를 실시하도록 하고 있다(경찰공무원 임용령 제26조).

(2) 복직

복직(復職, Reinstatement)은 휴직, 직위해제 또는 징계로 인한 정직(강등에 따른 정직 포함) 중에 있는 경찰공무원을 직위에 복귀시키는 것을 말한다(경찰공무원법 제2조 제3호).

3) 하위직위로의 변경

경찰공무원의 하위직급(下位職級)으로의 변경은 징계 가운데 하나인 강등(降等)을 들 수 있다. 강등은 파면, 해임, 정직과 더불어 중징계에 해당한다(경찰공무원 징계령 제2조 제1호).

강등은 1계급 아래로 직급을 내리고(고위공무원단에 속하는 공무원은 3급으로 임용하고, 연구관 및 지도관은 연구사 및 지도사로 함) 공무원신분은 보유하나 3개월간 직무에 종사하지 못하며 그 기간 중 보수는 전액을 감하도록 하는 징계조치이다(국가공무원법 제80조 제1항).

4) 무직위로의 변경

무직위(無職位)라는 것은 일정한 사유가 발생한 경우, 경찰공무원의 신분은 유지하되 직위를 부여하지 않는 것을 말한다. 여기에는 휴직, 징계 가운데 하나인 정직, 그리고 직위해제가 있다.

(1) 휴직

경찰공무원의 휴직은 본인의 의사와 관계없이 임용권자가 행하는 직권휴직과 본인의 희망에 의하여 임용권자가 행하는 의원휴직으로 구분된다.

① 직권휴직

국가공무원법상에서 임용권자는 다음과 같은 사유로 공무원 본인의 의사에도 불구하고 휴직을 명할 수 있다(국가공무원법 제71조 제1항 및 제72조).

㉠ 신체·정신상의 장애로 장기 요양이 필요할 때

㉡ 병역법에 따른 병역 복무를 마치기 위하여 징집 또는 소집된 때

㉢ 천재지변이나 전시·사변, 그 밖의 사유로 생사(生死) 또는 소재(所在)가 불명확하게 된 때(다만 경찰공무원의 경우에는 법원의 실종선고를 받는 날까지, 경찰공무원법 제29조 제1항)

㉣ 그 밖에 법률의 규정에 따른 의무를 수행하기 위하여 직무를 이탈하게 된 때

㉤ 공무원의 노동조합 설립 및 운영 등에 관한 법률 제7조에 따라 노동조합 전임자로 종사하게 된 때

이상과 같은 국가공무원법상의 직권휴직 사유 가운데 경찰공무원에 적용되는 것은 ㉠, ㉡, ㉢, ㉣에 해당한다고 볼 수 있다. 경찰공무원은 공공의 안녕과 국가안전보장에 관한 연무에 종사하는 공무원으로서 노동조합 가입대상에서 제외되기 때문이다(공무원의 노동조합 설립 및 운영 등에 관한 법률 제6조 제2항 제3호 단서).

② 의원휴직

국가공무원법상 임용권자는 공무원이 다음의 어느 하나에 해당하는 사유로 휴직을 원하면 휴직을 명할 수 있다(국가공무원법 제71조 제2항 각호).

㉠ 국제기구, 외국기관, 국내외의 대학·연구기관, 다른 국가기관 또는 대통령령으로 정하는 민간기업, 그 밖의 기관에 임시로 채용될 때

㉡ 국외 유학을 하게 된 때
㉢ 중앙인사관장기관의 장이 지정하는 연구기관이나 교육기관 등에서 연수하게 된 때
㉣ 만 8세 이하 또는 초등학교 2학년 이하의 자녀를 양육하기 위하여 필요하거나 여성공무원이 임신 또는 출산하게 된 때
㉤ 조부모, 부모(배우자의 부모 포함), 배우자, 자녀 또는 손자녀를 부양하거나 돌보기 위하여 필요한 경우. 다만, 조부모나 손자녀의 돌봄을 위하여 휴직할 수 있는 경우는 본인 외에 돌볼 사람이 없는 등 대통령령 등으로 정하는 요건을 갖춘 경우로 한정함
㉥ 외국에서 근무·유학 또는 연수하게 되는 배우자를 동반하게 된 때
㉦ 대통령령등으로 정하는 기간 동안 재직한 공무원이 직무 관련 연구과제 수행 또는 자기개발을 위하여 학습·연구 등을 하게 된 때

한편, 이상과 같은 의원휴직 사유 가운데 '㉣'의 경우(만 8세 이하 또는 초등학교 2학년 이하의 자녀를 양육하기 위하여 필요하거나 여성공무원이 임신 또는 출산하게 된 때)에는 대통령령으로 정하는 특별한 사정이 없으면 휴직을 명하여야 한다(국가공무원법 제71조 제2항 하단 단서). 그리고 이에 따른 휴직을 이유로 인사에 불리한 처우를 하여서는 아니 된다(제71조 제4항).

(2) 정직

무직위로의 변경과 관련하여 경찰공무원에 대한 징계 가운데 하나인 정직을 들 수 있다. 정직은 1개월 이상 3개월 이하의 기간으로 하고, 정직 처분을 받은 자는 그 기간 중 공무원의 신분은 보유하나 직무에 종사하지 못하며 보수는 전액을 감하도록 하고 있다(국가공무원법 제80조 제3항).

(3) 직위해제

① 직위해제의 의의

직위해제(職位解除)는 경찰공무원 본인에게 직위(직무와 책임)를 계속 보유하게 할 수 없는 일정한 귀책사유가 발생하여, 잠정적(暫定的)인 조치로서 그 경찰공무원에게 일정기간 동안 직무에 종사하지 못하도록 하는 것을 말한다.

직위해제는 휴직과는 달리 본인에게 귀책사유가 있을 때에 행하는 것이므로 일정부분 제재(制裁)적인 성격을 갖는 행정처분이라고 할 수 있다. 그리고 휴직과는 달리 복직이 보장되지 않는다.

그러나 국가공무원법상의 징계(懲戒)에 해당하는 것은 아니라는 점에 주의할 필요가 있다.[36] 직위해제는 징계처분과 법적 기초를 달리하므로 시효의 적용을 받지 않는다. 그리고 직권면직처분 또는 해임처분과 이보다 앞서 행하여진 직위해제처분은 그 목적을 달리한 각 별개의 독립된 처분이라 할 것이므로 직권면직처분 또는 해임처분이 이 직위해제처분을 사유로 하였다 하더라도 일사부재리(一事不再理)의 원칙에 위배되지 않는다.[37]

② 직위해제의 사유

임용권자는 다음과 같은 경우에 해당하는 공무원에게 직위를 부여하지 않을 수 있다(국가공무원법 제73조의3 제1항).

㉠ 직무수행 능력이 부족하거나 근무성적이 극히 나쁜 자
㉡ 파면·해임·강등 또는 정직에 해당하는 징계 의결이 요구 중인 자
㉢ 형사 사건으로 기소된 자(약식명령이 청구된 자는 제외)
㉣ 고위공무원단에 속하는 일반직공무원으로서 제70조의2 제1항 제2호부터 제5호까지의 사유로 적격심사를 요구받은 자
㉤ 금품비위, 성범죄 등 대통령령으로 정하는 비위행위로 인하여 감사원 및 검찰·경찰 등 수사기관에서 조사나 수사 중인 자로서 비위의 정도가 중대하고 이로 인하여 정상적인 업무수행을 기대하기 현저히 어려운 자

이상과 같은 직위해제 사유 가운데, '㉣'은 '고위공무원단에 속하는 일반직공무원'에게 해당되는 경우이기 때문에 경찰공무원은 제외된다고 볼 수 있다. 그리고 위의 '㉠'의 직위해제 사유와 '㉡·㉢' 또는 '㉤'의 직위해제 사유가 경합할 때에는 '㉡·㉢' 또는 '㉤'의 직위해제 처분을 하도록 하고 있다(제73조의3 제5항).

36) 대법 2003.10.10., 2003두5945.
37) 대법 1983.10.25., 83누340.; 대법 1984.2.28., 83누489.

4. 경찰공무원의 법적 관계 소멸

1) 당연퇴직

당연퇴직(當然退職)이라는 것은 임용권자의 의사와 관계없이 법이 정한 일정한 사유가 발생했을 경우, 당연히 경찰공무원관계가 소멸되는 것을 말한다.

(1) 정년

경찰공무원은 정년(停年)에 달하면 당연퇴직하게 된다. 경찰공무원의 정년에는 연령정년(年齡停年)과 계급정년(階級停年)이 있다. 경찰공무원의 연령정년과 계급정년은 다음과 같다(경찰공무원법 제30조 제1항 각호).

㉠ 연령정년: 60세

㉡ 계급정년

가. 치안감: 4년

나. 경무관: 6년

다. 총 경: 11년

라. 경 정: 14년

(2) 결격사유 발생

앞에서 살펴본 바와 같이 경찰공무원법 제8조 제2항 각호(1호~10호)에서 일정한 결격사유를 가지고 있는 사람은 경찰공무원으로 채용될 수 없도록 하고 있다. 이러한 결격사유가 경찰공무원으로 재직하는 동안 발생하게 된 경우에도 당연히 퇴직한다(경찰공무원법 제27조).

다만, 이러한 결격사유에도 불구하고, 다음과 같은 경우에는 일정한 조건에 해당될 때 당연퇴직한다(제27조 하단 단서).

㉠ 파산선고를 받은 사람으로서 「채무자 회생 및 파산에 관한 법률」에 따라 신청기한 내에 면책신청을 하지 아니하였거나 면책불허가 결정 또는 면책 취소가 확정된 경우만 해당

㉡ 「형법」 제129조부터 제132조까지, 「성폭력범죄의 처벌 등에 관한 특례법」 제2조, 「아동·청소년의 성보호에 관한 법률」 제2조 제2호 및 직무와 관련하여 「형법」 제355조 또는 제356조에 규정된 죄를 범한 사람으로서 자격정지 이상의 형의 선고유예를 받은 경우만 해당

2) 면직

면직(免職)이라는 것은 특별한 행위로 경찰공무원의 법적 관계를 소멸시키는 것을 말한다. '특별한 행위'에 의한다는 점에서 법정 사유로 인한 당연퇴직과는 다르다. 면직에는 공무원 자신의 의사에 의한 의원면직과 자신의 의사와 관계없는 직권면직이 있다.

(1) 의원면직

의원면직(依願免職)은 경찰공무원 자신의 사의 표시에 의해서 임용권자가 공무원관계를 소멸시키는 처분을 말한다. 헌법에서 보장하는 직업선택의 자유는 '선택의 자유' 뿐만 아니라 '사직의 자유' 또한 이에 해당하는 것이다. 따라서 경찰공무원이 스스로 그만두는 경우는 전적으로 개인의 자유로운 선택에 달려 있다고 본다.

한편, 의원면직의 특별한 경우로 명예퇴직(名譽退職)이 있다. 경찰공무원으로서 20년 이상 근속한 자가 정년 전에 스스로 퇴직하면, 예산의 범위에서 명예퇴직 수당을 지급할 수 있도록 하고 있다(국가공무원법 제74조의2 제1항).

(2) 강제면직

강제면직(强制免職)은 경찰공무원 본인의 의사와 관계없이 임용권자가 일방적으로 경찰공무원관계를 소멸시키는 처분을 말한다. 강제면직에는 징계면직과 직권면직이 있다.

① 징계면직

징계면직(懲戒免職)은 경찰공무원이 관계법령상 요구되는 의무를 위반할 때, 그에 대하여 가해지는 제재로서의 징계처분에 의한 파면(罷免)과 해임(解任)을 말한다.

② 직권면직

임용권자는 다음과 같은 일정한 사유에 해당될 때에는 직권(職權)으로 면직시킬 수 있다(경찰공무원법 제28조 제1항 각호).

㉠ 국가공무원법 제70조 제1항 각호의 규정 중 다음의 어느 하나에 해당될 때

가. 직제와 정원의 개폐 또는 예산의 감소 등에 따라 폐직(廢職) 또는 과원(過員)이 되었을 때

나. 휴직 기간이 끝나거나 휴직 사유가 소멸된 후에도 직무에 복귀하지 아니하거나 직무를 감당할 수 없을 때

다. 직위해제에 따라 대기 명령을 받은 자가 그 기간에 능력 또는 근무성적의 향상을 기대하기 어렵다고 인정된 때

ⓛ 경찰공무원으로는 부적합할 정도로 직무 수행능력이나 성실성이 현저하게 결여된 사람으로서 대통령령으로 정하는 사유에 해당된다고 인정될 때

ⓒ 직무를 수행하는 데에 위험을 일으킬 우려가 있을 정도의 성격적 또는 도덕적 결함이 있는 사람으로서 대통령령으로 정하는 사유에 해당된다고 인정될 때

ⓓ 해당 경과에서 직무를 수행하는 데 필요한 자격증의 효력이 상실되거나 면허가 취소되어 담당 직무를 수행할 수 없게 되었을 때.

위에서 살펴본 경찰공무원법상의 직권면직 사유 가운데 ㉠의 '다'와 'ⓛ'과 'ⓒ'으로 면직시키는 경우에는 징계위원회의 동의를 받도록 하고 있다(경찰공무원법 제28조 제2항). 생각건대, 직권면직 사유 가운데 ㉠의 '다'와 'ⓛ'과 'ⓒ'은 객관적이라기보다는 주관적 판단요소가 없지 않다고 본다. 이러한 이유로 임용권자 단독으로 면직시키기보다는 징계위원회의 동의를 거쳐 보다 객관적으로 평가하도록 하고 있음을 알 수 있다. 한편, 'ⓓ'의 경우 당연퇴직이 아니라 직권면직 사유에 해당한다는 점에 주의할 필요가 있다.

5. 경찰공무원의 퇴직관리

1) 경찰공무원 연금제도

경찰공무원의 인사관리는 퇴직 이후에도 계속된다고 할 수 있다. 퇴직으로 인해 비록 경찰공무원의 법적 신분은 소멸되지만, 국가는 퇴직한 경찰공무원들에 대한 사회보장제도로서 연금제도를 운용하고 있기 때문이다.

연금제도는 퇴직 또는 사망과 공무(公務)로 인한 부상·질병·장애에 대하여 적절한 급여를 지급함으로써, 공무원 및 그 유족의 생활안정과 복리 향상에 이바지함을 목적으로 하고 있다(공무원연금법 제1조).

2) 경찰공무원 재고용 프로그램

정부(행정안전부, 공무원연금관리공단, 고용노동부 등)는 퇴직 후 재취업을 희망하는 퇴직공무원들의 구직신청을 받아 취업알선을 주선해주고 있다. 공무원연급법의 적용을 받는 정년퇴직, 명예퇴직 경찰공무원 등은 누구나 신청할 수 있다.[38)]

한편, 경찰공무원법에서는 국가공무원법 제70조 제1항 제3호의[39)] 사유로 퇴직하거나, 같은 법 제71조 제1항 제1호의[40)] 휴직 기간 만료로 퇴직한 경찰공무원을 퇴직한 날부터 3년(공무원 재해보상법에 따른 공무상 질병 또는 부상으로 인한 휴직의 경우에는 5년) 이내에 퇴직 시에 재직한 계급의 경찰공무원으로 재임용할 수 있도록 하고 있다(경찰공무원법 제10조 제3항 제1호).

이러한 경력경쟁채용 역시 경찰공무원의 재고용 프로그램의 하나라고 할 수 있다. 다만, 이러한 퇴직경찰공무원의 경력경쟁채용을 하는데, ㉠ 종전의 재직기관에서 감봉 이상의 징계처분을 받은 자, ㉡ 계급정년에 의하여 정년퇴직한 자는 그 대상에서 제외된다(경찰공무원 임용령 제16조 제1항 각호).

---

38) 이황우(2005), 앞의 책, p. 420.

39) 직제와 정원의 개폐 또는 예산의 감소 등에 따라 폐직(廢職) 또는 과원(過員)이 되었을 때(국가공무원법 제70조 제1항 제3호).

40) 신체·정신상의 장애로 장기 요양이 필요할 때(국가공무원법 제70조 제1항 제3호).

제7장 경찰조직의 예산관리

제1절 경찰예산관리의 의의

1. 경찰예산관리의 개념

재무행정 또는 재무관리(Financial Management)라는 것은 정부가 효율적으로 자금을 조달하고 관리하여 사용하는 것과 관련된다.[1] 그런데, 접근하는 관점에 따라 다르겠지만 재무행정 또는 재무관리의 영역은 매우 포괄적이고 복잡하다. 여기에는 예산, 세무, 회계, 감사, 구매, 그리고 경제와 관련된 국가행정 등이 포함되기도 한다. 이 장에서는 이 가운데 특히, '예산'을 중심으로 살펴보기로 한다.

예산(豫算, Budget or Estimated Cost)이라는 것은 회계연도 내의 국가활동을 위한 국가의 세입(수입)과 세출(지출)에 관한 예정적인 계획을 말한다. 국가의 회계연도는 매년 1월 1일에 시작하여 12월 31일에 종료하도록 하고 있다(국가재정법 제2조).

일반적으로 국회가 가지고 있는 가장 중요한 권한은 법률을 의결하는 권한 즉, 입법권(立法權)이라 할 수 있다(헌법 제40조). 그러나 국회의 입법권 못지않게 중요한 것 가운데 하나가 바로 국가의 예산안을 심의·의결하여 확정하는 권한이라 할 수 있다(헌법 제54조 제1항).

형식적·절차적 관점에서 본다면, 국가의 예산이라는 것은 「헌법」과 「국가재정법」(國家財政法)에 의해 정부가 일정한 형식에 따라 편성하고, 국회의 심의·의결을 거쳐 확정된 회계연도의 세입과 세출을 포함한 재정계획을 의미한다.

경찰조직의 예산이라는 것은 국가예산의 일부분이라 할 수 있다. 경찰조직의 예산관리라는 것은 경찰청이 회계연도에 해야 할 사업과 활동을 위하여 필요한 비용을 기획재정부에 요청하여 국회의 심의·의결을 거쳐 배정받은 계수로 표시된 예산액을 체계적

1) James J. Fyfe et al.(1997), Police Administration, N.Y.: McGraw-Hill Company, Inc., pp. 250-251.

으로 관리하는 제반과정을 의미한다고 할 수 있다.

2. 경찰예산관리의 규모

2021년 국가예산(일반회계·특별회계)은 약 460조원이며, 이 가운데 경찰예산은 약 12조원으로 약 2.6%를 차지하고 있다.[2] 12조원(100.0%)의 경찰예산을 성질별로 보면, 인건비 9조원(약 77.0%)과 기본경비가 4,500억원(약 3.7%)로 이들 경직성 경비가 경찰예산의 약 80% 이상을 차지하고 있다.[3] 이렇게 되면 나머지 약 20% 예산을 가지고 실제 경찰활동에 필요한 주요사업을 해야 한다는 의미이다.

국가예산 가운데 경찰예산이 차지하는 비중은 큰 폭의 변동 없이 일정부분 증감(增減)하고 있다. 다만, 최근 들어 민생치안 문제가 중요한 경찰의 현안 과제로 대두되고 있는 상황에서 정부예산 대비 경찰예산 규모가 일정부분 증가해야 한다는 의견도 제기되고 있다. 그러나 중요한 것은 주어진 예산을 효율적으로 운용함으로써 경찰목표를 최대한 달성해야 한다는 점이다.

이러한 현실에서 가장 우선으로 해야 할 일은 기존 80%의 경직성 경비를 줄이는 방법을 검토해 볼 수 있다. 이의 사용에 대한 재평가를 통해서 불필요한 곳에 비합리적 또는 관행적으로 사용하고 있는 것은 아닌지를 파악해야 한다. 예컨대, 경찰교육시스템 운영에 대한 재검토, 장비의 현대화를 통에 경찰인력 조정 등이 논의될 수 있을 것이다. 그리고 주요경찰사업에 투입되는 20%의 예산을 단기적 차원과 장기적 차원에서 재검토하여 적절하게 활용할 수 있는 방법을 검토해야 할 것이다.[4]

3. 경찰예산관리의 중요성

예산이라는 것이 단순히 수입과 지출에 관련된 계획을 의미하는 것은 아니다. 이는 한정된 자원을 배분하고자 하는 의사결정과정이며, 조직의 목표달성을 위한 계획을 수치로 표시한 것이라 할 수 있다.

바꿔 말하면, 예산이라는 것은 조직이 하고자 하는 일을 효율적으로 수행하는데 필요한 자금을 조달하고 사용하는 것에 관한 의사결정이라고 볼 수 있다. 그리고 예산이라는 것은 어떤 조직의 책임자가 회계연도 동안 달성하고자 하는 목표를 자금이라는

---

2) 대한민국 국회(https://www.assembly.go.kr/assm/userMain/main.do) 예결산 자료 참조.
3) 경직성 경비라는 것은 지출규모나 방법 등이 미리 정해짐으로써 감축의 여지가 없는 경비로서 예산편성과정에서 사업비와 대비되는 개념으로 고정으로 지출되는 소모성 성격이 짙은 예산이라고 할 수 있다.
4) 신현기 외 8인(2004), 경찰학개론, 서울: 법문사, p. 280.

숫자로 표현한 것이며, 따라서 숫자로 표현한 업무계획서라고도 할 수 있다.[5)]

경찰예산관리는 경찰조직이 지향하는 목표를 달성하기 위하여 경찰에 책정된 금전적 자원을 기획, 사용, 그리고 통제하는 일련의 과정이라고 할 수 있다. 국민의 입장에서는 경찰이 국민을 위한 치안정책을 수립하고, 시행하기를 바랄 것이다.

사실, 경찰이 국민을 위한 것이라고 하면서 추진한 치안정책의 실효성 여부는 관련 예산을 어떻게 책정·집행하였는지를 조사하면 쉽게 알 수 있다. 제대로 공개된 경찰예산은 경찰조직이 제시한 어떠한 미사여구(美辭麗句)보다 정확하다는 의미이다. 따라서 경찰예산을 제대로 운영하고, 국민에게 공개하는 것이 무엇보다도 중요한 것이다.[6)]

이처럼 예산은 우리에게 실체를 가지고 있는 허상이 아닌 정보를 제공해 준다. 따라서 경찰예산의 체계적인 관리야말로 효율적인 경찰활동이 실현될 수 있는 첫걸음이 된다고 할 수 있다. 경찰예산을 제대로 이해하지 않고서는 경찰조직의 제반활동을 파악할 길이 없다.

따라서 경찰조직에 대한 이해와 파악은 조직의 예산을 파악할 수 있는 능력을 갖추는 것에서부터 시작된다. 경찰예산 담당자가 경찰조직을 가장 통찰력 있게 관찰할 수 있는 것도 이 때문이다. 따라서 경찰조직의 문제점과 약점을 해결할 수 있는 방안의 단서도 예산 속에 존재한다. 경찰조직의 장(長)이 예산에 대해 무지하면 예산을 잘 사용하지 못함은 물론이다.

4. 경찰예산관리의 법적 근거

경찰을 포함한 정부의 예산은 국민이 납부하는 세금과 사용자 요금 등과 같은 공공의 재원으로 운용되기 때문에 관련된 제반 절차와 방식은 법률에 근거를 두고 있다. 이러한 예산 운용의 가장 중요한 기본법은 납세의 의무와 조세법률주의(租稅法律主義) 등을 규정하고 있는 헌법(憲法)이라 할 수 있다.[7)]

헌법에서 규정하고 있는 이러한 원칙들을 실현하기 위해 각종 하위법이 있다. 대표적으로 예산의 심의와 집행과정 등과 관련한 상세한 내용은 국회법에 규정되어 있다. 그리고 정부의 예산을 관리하기 위한 기본법으로 「국가재정법」(國家財政法, 2006년 제정)이 있다. 국가재정법은 1961년부터 운영되었던 「예산회계법」(2006년 폐지)의 골격을 전면 개편하면서 기존의 「기금관리기본법」과 통합하여 만들어졌다.

5) 이문영·윤성식(1993), 재무행정: 예산 및 재무행정, 서울: 학현사, pp. 93-94.
6) 위의 책, pp. 60-63, pp. 90-91 재구성.
7) 김철수(2006), 헌법학개론, 서울: 박영사, pp. 1005-1006.

한편, 국가회계와 이와 관계되는 기본적인 사항을 정하여 국가회계를 투명하게 처리하고, 재정에 관한 유용하고 적정한 정보를 생산·제공하는 것을 목적으로 하는 「국가회계법」(國家會計法, 2007년 제정)이 있다.

제2절 경찰예산관리의 원리

1. 경찰예산관리의 기본원칙

경찰과 같은 정부조직이 주어진 예산을 효율적으로 운용하기 위한 몇 가지 원칙이 있다. 물론, 이는 절대적인 것은 아니며 정부의 역할에 대한 시대적 배경에 따라 다르며, 이들 원칙간에도 상충되기도 한다. 아래에서는 이와 관련된 몇 가지 중요한 원칙들을 살펴보기로 한다.[8)]

1) 예산통일의 원칙

예산통일의 원칙은 특정 수입과 특정 지출이 연계되어서는 안 된다는 것을 의미한다. 모든 국가수입은 일단 국고(國庫)에 편입된 이후, 모든 지출로 이루어져야 한다는 것이다. 다만 예외로서 특별회계, 목적세, 기금 등이 있다.

2) 예산총계주의 원칙

원칙적으로 한 회계연도의 모든 수입을 세입으로 하고, 모든 지출을 세출로 해야 한다(국가재정법 제17조 제1항). 따라서 일정한 경우를 제외하고는 세입과 세출은 모두 예산에 계상하여야 한다(제17조 제2항, 예산총계주의 원칙의 예외는 국가재정법 제53조 참조).

이러한 예산총계주의 원칙(또는 예산완전성의 원칙)은 모든 세입과 세출은 예산에 명시적으로 나열되어 있어야 한다는 것을 의미한다.

8) 이문영·윤성식(1993), 앞의 책, pp. 106-109.; 이종수·윤영진 외(2009), 새 행정학, 서울: 대영문화사, pp. 467-470.

예컨대, 지방정부가 각종 개발 부담금을 징수하여 중앙정부의 세입 장부로 이전시킬 때, 징수비용을 제외한 순수 수입만을 중앙정부 세입예산에 반영시켜서는 안 된다(100원을 징수하는 과정에서 10원의 비용이 들었다면, 100원을 보고하고 10원을 사후적으로 보상받는 방식을 채택해야 하며, 90원만 이전시켜서는 안 된다). 다만, 현물출자나 외국 차관을 정부 이름으로 대신 빌려서 실제 그 돈을 사용할 차관사업 수행자에게 그대로 넘겨주는 전대차관은 예외로 인정된다.

3) 예산단일성의 원칙

예산단일성의 원칙은 가능한 한 단일의 회계내에서 정리되어야 한다는 것을 의미한다. 여러 개의 회계장부를 두게 되면 재정구조를 이해하기 어렵기 때문이다. 다만 예외적인 장치로서 특별한 목적을 수행하기 위해 특별회계, 기금, 추가경정예산 등을 활용할 수 있다.

4) 예산공개의 원칙

예산공개의 원칙은 모든 예산은 공개되어야 한다는 의미이다. 이는 예산의 편성, 심의, 집행, 결산 그리고 감사의 모든 과정과 관련보고서가 공개되어야 함을 의미한다.

우리나라 국회 및 정부는 인터넷(대한민국국회 예결산정보시스템, 기획재정부 디지털예산회계시스템 등)에 각종 재정정보를 공개하여 이 원칙을 지키고자 하고 있다. 이러한 공개성의 원칙은 최근 더욱 강화되고 있다. 다만, 국방비·국가정보원예산 등 체제유지비의 경우 안보를 이유로 공개하지 않는 경우도 있다.

5) 회계연도 독립의 원칙

회계연도는 예산이 시작되고 종료되는 일정한 기간이라고 할 수 있다. 국가의 회계연도는 매년 1월 1일에 시작하여 12월 31일에 종료한다(국가재정법 제2조). 이러한 회계연도 내의 수입과 지출은 다른 회계연도의 수입·지출과 구분되어 운용되어야 한다.

이는 각 회계연도의 경비는 그 연도의 세입 및 세출로 충당하여야 한다는 것을 의미하는데, 이를 회계연도 독립의 원칙이라고 한다(제3조). 이 밖에도 예산결산 일치의 원칙, 예산구체성의 원칙, 예산 신축성의 원칙 등이 있다.

6) 정부의 예산편성 및 집생행시의 원칙

국가재정법은 '국가의 예산·기금·결산·성과관리 및 국가채무 등 재정에 관한 사항을 정함으로써 효율적이고 성과 지향적이며, 투명한 재정운용과 건전재정의 기틀을 확립하고 재정운용의 공공성을 증진하는 것을 목적'으로 하고 있다(국가재정법 제1조).

이러한 목적을 달성하기 위해서 정부는 예산을 편성하거나 집행할 때 다음의 원칙을 준수하도록 하고 있다(국가재정법 제16조 각호).

㉠ 정부는 재정건전성의 확보를 위하여 최선을 다하여야 한다.

㉡ 정부는 국민부담의 최소화를 위하여 최선을 다하여야 한다.

㉢ 정부는 재정을 운용할 때 재정지출 및 「조세특례제한법」 제142조의2 제1항에 따른 조세지출의 성과를 제고하여야 한다.

㉣ 정부는 예산과정의 투명성과 예산과정에의 국민참여를 제고하기 위하여 노력하여야 한다.

㉤ 정부는 「성별영향평가법」 제2조 제1호에 따른 성별영향평가의 결과를 포함하여 예산이 여성과 남성에게 미치는 효과를 평가하고, 그 결과를 정부의 예산편성에 반영하기 위하여 노력하여야 한다.

㉥ 정부는 예산이 「기후위기 대응을 위한 탄소중립·녹색성장 기본법」 제2조 제5호에 따른 온실가스 감축에 미치는 효과를 평가하고, 그 결과를 정부의 예산편성에 반영하기 위하여 노력하여야 한다.

2. 경찰예산의 종류

1) 정부의 예산을 구성하는 세 가지 공공재원

회계(會計, accounting)라는 것은 들어온 '세입(수입)과 나간 세출(지출)을 계산하는 것'을 말한다. 국가가 수행하는 사업의 성격에 따라 예산은 크게 일반회계(一般會計)와 특별회계(特別會計)로 구분된다(국가재정법 제4조 제1항). 그리고 일반회계와 특별회계 외에도 기금(基金)에 의한 방법이 있다.

아래 표에서는 2021년도 국가 전체(입법부, 행정부, 사법부) 예산(세출중심)이라 할 수 있는 일반회계·특별회계·기금, 그리고 경찰청 소관 일반회계·특별회계의 내용을 보여주고 있다.[9)]

---

9) 기획재정부(http://www.mosf.go.kr/main.do).; 일반회계, 특별회계, 기금 등에 대한 세부적인 내용은 기획

〈국가 및 경찰청 예산내용(2021)〉

구 분		예산내용
국가전체	일반회계	약 381조원
	특별회계	약 79조원
	기 금	약 773.7조원
	소 계	약 1,233.7조원
경찰청	일반회계	약 11.2조원
	특별회계(책임운영기관: 경찰병원)	약 8,000억원
	소 계	약 12조원

* 경찰 일반회계의 세입예산은 약 8,600억원으로 세출예산에 비해 규모가 매우 적음. 세입원으로는 재산수입(관유물대여료 등), 경상이전수입(벌금, 몰수금 및 과태료 등), 재화 및 용역판매수입(면허료 및 수수료 등), 관유물매각대금 등.
* 참고적으로 경찰조직의 청사 신축·증축, 관사취득 등을 위해 국유재산관리기금이 조성됨. 다만, 경찰의 국유재산관리기금은 경찰청소관이 아니라 기획재정부 소관임.

(1) 일반회계

예산통일의 원칙(豫算統一原則)에 따라 모든 세입은 원칙적으로 일반회계로 통합되어 일반회계에서 목적에 따라 지출되도록 하고 있다.

일반회계는 정부예산 시스템의 핵심이라 할 수 있다. 일반회계는 일반적 국가활동에 대한 총세입과 총세출을 망라하여 편성한 예산을 의미하는 것이기 때문이다. 일반회계 예산은 국가 고유의 기능수행을 위해 필요한 예산이므로 그 세입은 원칙적으로 조세수입(租稅收入)을 원천으로 하고 있고(국가재정법 제4조 제2항), 그 세출은 국가사업을 위한 기본적 경비지출로 구성된다.

이러한 일반회계는 통제 지향적 관점에서 중요한 의미를 갖는다. 예산통일의 원칙에 의해 원칙적으로 일반회계에 망라함으로써 일반적인 정부의 예산활동을 관리감독하는 회계라고 할 수 있다.

(2) 특별회계

특별회계는 ㉠ 국가에서 특정한 사업을 운영하고자 할 때, ㉡ 특정한 자금을 보유하여 운용하고자 할 때, ㉢ 특정한 세입으로 특정한 세출에 충당함으로써 일반회계와 구분하여 회계처리 할 필요가 있을 때에 법률로써 설치하되, 일정한 법률에 의하지 아니하고는 이를 설치할 수 없도록 하고 있다(국가재정법 제4조 제3항).[10]

재정부(2021), 나라살림: 예산 및 기금운용계획 참조.

10) 2021년 현재 농어촌구조개선 특별회계, 교통시설 특별회계, 교도작업 특별회계, 주한미군기지이전 특별회계, 혁신도시건설 특별회계, 책임운영기관 특별회계 등 20개 특별회계가 있다.

국가 재정사업의 특성에 따라 집행부의 예산 운영의 재량을 넓혀 주거나 국가의 필요에 따라 한시적으로 집중적인 재정지원이 요구되는 사업을 뒷받침하기 위해서 별도의 예외적인 정부자금을 관리할 장치가 필요한 경우가 있다.[11] 이처럼 특별회계는 한시적(限時的)으로 특정한 세입으로 특정한 세출에 충당하기 위한다는 점에서 일반회계와 차이가 있다.

오늘날 정부의 예산사업이 다양해지면서 특별회계의 수와 규모는 점차 증대되는 경향이 있다. 그러나 입법부와 국민들의 예산통제의 관점에서는 특별회계 수가 적은 것이 바람직하다고 본다. 특별회계의 규모가 과도하게 많으면 재원배분 구조를 왜곡시킬 우려가 있으며, 재정 운영에서도 일관된 기준을 적용하기 힘들게 된다. 그리고 경우에 따라서는 예산 팽창을 효과적으로 통제하지 못해 재정 인플레이션을 초래할 수도 있다.

다만, 집행부서에 따라서는 일반회계보다 예산 운영에서 유연성을 발휘할 수 있는 특별회계를 선호하는 경향이 있고, 집중적인 예산 대응이 필요한 국가적 사안에 적극적으로 대응하기에는 일반회계보다 효과적인 면에서 긍정적인 면도 있다고 본다.[12]

(3) 기금

정부의 재정활동은 일반회계와 특별회계와 같은 예산에 의해 운용된다. 그러나 특정 분야의 사업에 대해 지속적이고 안정적인 자금 지원이 필요한 경우 예산과는 별도로 정부가 직접 기금(基金, fund)을 조성·운용하거나 민간이 조성·운용하는 기금에 출연하여 정책 목적을 달성하기도 한다.

국가재정법에서는 '기금은 국가가 특정한 목적을 위하여 특정한 자금을 신축적으로 운용할 필요가 있을 때에 한정하여 법률로써 설치하되, 정부의 출연금 또는 법률에 따른 민간부담금을 재원으로 하는 기금은 관련 법률에 의하지 아니하고는 이를 설치할 수 없다고 규정하고 있다(국가재정법 제5조 제1항).[13]

사실, 국가의 예산은 원칙적으로 입법부의 엄격한 통제를 받아야 한다. 그러나 기금은 재정운영의 신축성 제고를 위한 예외로 인정되어 일반회계 및 특별회계와는 달리 세입세출예산에 의하지 않고 운영될 수 있다(국가재정법 제5조 제2항).

이처럼 세입세출예산 외로 운영되는 기금의 규모가 커지면서 일반회계, 특별회계와 함께 '제3의 예산'이라고도 불린다. 경찰의 경우에도 국유재산법에 의해 경찰조직의 청

11) 이종수·윤영진 외(2009), 앞의 책, p. 474.
12) 위의 책, p. 474.
13) 이러한 관련 법에 따라, 2021년 현재 고용보험기금, 공무원연금기금, 국민연금기금, 사립학교 교직원연금기금, 복권기금, 국민체육기금, 남북협력기금, 양성평등기금, 범죄피해자보호기금 등 67개 기금이 있다. 기획재정부(http://www.mosf.go.kr/main.do).; 기획재정부(2021), 앞의 자료, pp. 299-309 참조.

사 신축·증축, 관사취득 등을 위해 국유재산관리기금이 조성되어 있다(다만, 경찰의 국유재산관리기금은 경찰청소관이 아니라 기획재정부 소관이다).[14)]

따라서 기금의 규모가 커지면서 국회의 기금예산에 대한 통제가 강화되었다. 이와 관련하여 정부는 기금운용계획(이 법 제67조 제3항)의 규정에 따른 주요 항목 단위로 마련된 기금운용계획안을 회계연도 개시 120일 전까지 국회에 제출하도록 하고 있다(국가재정법 제68조 제1항).

한편, 기금은 지출계획의 주요 항목 지출금액의 범위 안에서 대통령령이 정하는 바에 따라서 일정부분 세부항목 지출금액을 변경할 수 있는 등 일반적인 예산과는 달리 집행부의 재량은 상대적으로 크다고 볼 수 있다(국가재정법 제70조). 이상에서 논의한 일반회계, 특별회계, 그리고 기금은 각각의 특징을 가지고 있다.[15)]

〈일반회계, 특별회계, 기금의 비교〉

구분	예산		기금
	일반회계	특별회계	
설치 사유	• 국가 고유의 일반적 재정활동	• 특정사업 목적을 위해 특정자금 운용 • 특정세입으로 특정세출 충당	• 특정목적을 위해 특정자금 운용
운용 형태	• 공권력에 의한 조세수입과 무상급부의 원칙	• 일반회계와 기금운용 형태의 혼재	• 출연금, 부담금 등 다양한 재원으로 융자사업 등 수행
예산확정 절차	• 소관부처의 예산요구 • 기획재정부가 정부예산안 편성 • 국회의 심의·의결·확정	• 좌 동	• 기금관리주체가 운영계획 수립 • 기획재정부장관 협의·조정 • 국회의 심의·의결·확정
집행 절차	• 합법성에 입각하여 엄격히 통제 • 예산의 목적외 사용 금지 원칙	• 좌 동	• 합목적성 차원에서 상대적으로 자율성과 탄력성 보장
수입지출 연계	• 특정수입과 지출의 연계 배제	• 특정수입과 지출의 연계	• 특정수입과 지출의 연계
계획 변경	• 추경예산 편성	• 좌 동	• 주요 항목 지출 금액의 20% 이상 변경시 국회의결 필요(금융성기금 30%)
결산	• 국회 결산심의 승인	• 좌 동	• 좌 동

14) 예결산정보시스템(http://www.assembly.go.kr).
15) 이종수·윤영진 외(2009), 앞의 책, pp. 475-476.

2) 예산의 성립과정에 의한 분류

(1) 본예산

본예산(本豫算, the Main Budget)은 정부가 매년 정기적으로 다음 연도의 세입과 세출을 예산안으로 최초 편성하여, 국회에서 심의·의결하여 확정된 예산을 말한다(헌법 제54조 제1항).

정부는 회계연도마다 예산안을 편성하여 회계연도 개시(매년 1월 1일) 90일 전까지 국회에 제출하고 국회는 이를 회계연도 개시 30일 전까지 의결하여야 한다(헌법 제54조 제2항). 본예산은 한 회계연도 예산을 최초로 성립시킨 예산이란 의미에서 당초예산(Original Estimates)이라고도 한다.[16)]

(2) 수정예산

수정예산(修正豫算, a Revised Budget)은 정부가 예산을 편성하여 국회에 제출한 이후, 확정되기 전에 국제정세나 국내외 여건의 변동으로 예산안의 일부 내용을 변경하여 다시 국회에 제출하는 예산을 말한다. 본예산이 국회에 제출되어 거의 2개월간의 예산심의를 받는 동안에 이미 제출한 본예산의 내용 중 일부를 변경할 필요성이 생길 수도 있기 때문에 이러한 제도를 두고 있다.

따라서 정부는 예산안을 국회에 제출한 후 부득이한 사유로 인하여 그 내용의 일부를 수정하고자 하는 때에는 국무회의의 심의를 거쳐 대통령의 승인을 얻은 수정예산안을 국회에 제출할 수 있도록 하고 있다(국가재정법 제35조).

수정예산안이 국회에 제출되면 이미 제출한 당초예산안에 흡수되어 심의·의결된다. 수정예산은 예산금액의 일부의 증감, 예산목적이나 예산총칙의 변경 등 예산 전반에 걸친 수정을 할 수는 있으나 예산금액의 합계 즉, 총액을 증가시킬 수는 없다.

한편, 수정예산안과 후술하는 추가경정예산안은 예산안의 편성이 끝난 후에 이를 변경하기 위한 제도라는 점에서는 동일하나, 수정예산안은 정부가 국회에 예산을 제출한 후 아직 예산이 의결되기 전에 정부가 제출한 예산안을 수정할 수 있도록 한 것이라는 점에서 차이가 있다.

(3) 추가경정예산

정부는 예산에 변경을 가할 필요가 있을 때에는 추가경정예산(追加更正豫算, a Revised Supplementary Budget)안을 편성하여 국회에 제출할 수 있도록 하고 있다

16) 이목훈(2010), 재무행정론, 서울: 대왕사, p. 99.

(헌법 제56조). 추가경정예산(추경예산)은 예산이 국회를 통과한 이후 예산집행 과정에 다시 제출되는 예산이다. 이는 본예산과 별개로 성립하지만 일단 성립하면 통산하여 전체로 실시된다. 그리고 마지막 추경예산을 최종예산이라고 한다.

추경예산은 예산이 국회를 통과하여 확정된 후임에도 불구하고 새로운 사유로 인하여 필요한 경비의 부족이 발생하는 등 이미 성립한 예산에 변경을 가할 필요가 있을 때에 편성할 수 있는데, 이를 자칫 오남용 할 경우 재정건전성을 저해할 우려가 있기 때문에 비교적 엄격히 제한하고 있다.

이에 따라 정부는 다음의 어느 하나에 해당하게 되어 이미 확정된 예산에 변경을 가할 필요가 있는 경우에는 추가경정예산안을 편성할 수 있도록 하고 있다(국가재정법 제89조 제1항 각호). 정부는 국회에서 추가경정예산안이 확정되기 전에 이를 미리 배정하거나 집행할 수 없다(제89조 제2항).

㉠ 전쟁이나 대규모 재해(「재난 및 안전관리 기본법」 제3조에서 정의한 자연재난과 사회재난의 발생에 따른 피해를 말한다)가 발생한 경우

㉡ 경기침체, 대량실업, 남북관계의 변화, 경제협력과 같은 대내·외 여건에 중대한 변화가 발생하였거나 발생할 우려가 있는 경우

㉢ 법령에 따라 국가가 지급하여야 하는 지출이 발생하거나 증가하는 경우

3) 예산 불성립시 예산집행을 위한 장치

국가예산이라는 것은 다음 회계연도 개시일 전까지 의결되어야 하지만, 불가피한 사유(정당간의 정치적 대립 등)로 국회가 의결하지 못해 예산이 성립되지 못하는 경우가 발생할 수 있다. 이러한 문제를 해결하기 위해서 도입한 것이 바로 '준예산'(準豫算)이다.[17]

이는 예산집행의 신축성을 부여하고 예산의 불성립으로 인한 행정의 중단을 방지하는 기능을 한다. 준예산에 의해서 정부는 국회에서 예산안이 의결될 때까지 전년도 예산에 준(準)하여 집행할 수 있다. 그러나 모든 국가경비에 대한 집행이 가능한 것은 아니다.

이와 관련하여 헌법에서는 새로운 회계연도가 개시될 때까지 예산안이 의결되지 못한 때에는 정부는 국회에서 예산안이 의결될 때까지 다음의 목적을 위한 경비는 전년도 예산에 준하여 집행할 수 있도록 규정하고 있다(헌법 제54조 제3항 각호).

㉠ 헌법이나 법률에 의하여 설치된 기관 또는 시설의 유지·운영

17) 이문영·윤성식(1993), 앞의 책, p. 112.; 이종수·윤영진 외(2009), 앞의 책, p. 477.

㉡ 법률상 지출의무의 이행

㉢ 이미 예산으로 승인된 사업의 계속

4) 세입과 세출의 구분에 의한 분류

우리나라의 예산은 총계주의원칙에 따라 기본적으로 세입예산(歲入豫算)과 세출예산(歲出豫算)으로 분리하여 관리되고 있다. 세입(수입)예산이라는 것은 한 해 동안 조세(租稅)로 인한 수입금과 차입금으로 인한 수입, 그리고 수수료나 사용료 같은 것으로 인한 기타 수입의 합계로 볼 수 있다. 주의할 것은 여기에서의 '세입'(歲入)이란 조세에 의한 수입 즉, 세입(稅入)을 의미하는 것이 아니라는 점이다.

세출(지출)예산이라는 것은 한 해 동안 국가의 지출에 대한 구체적인 분류를 해 놓은 예산의 형식을 말한다. 세입과 마찬가지로 세출(歲出)이란 세출(稅出)을 의미하는 것이 아니라는 점에 주의할 필요가 있다. 여기에서 말하는 세출이란 세금의 지출이 아니고, 세금을 포함한 세입의 지출을 말하는 것이다.

우리나라는 전통적으로 품목별 예산제도를 기본으로 하면서, 2007~2008년도부터 프로그램예산제도를 도입·적용하고 있다고 볼 수 있다. 이에 따라 기본적으로 세입예산은 관(款)－항(項)－목(目)으로 분류되고, 세출예산은 이보다는 복잡한 구조로 분류·관리되고 있다. 세출예산은 장(章, 분야)－관(款, 부문)－항(項, 프로그램)－세항(細項, 단위사업)－세세항(細細項, 세부사업)으로 분류·관리되고 있다.

예산구분에서 장·관·항은 국회의 의결 없이 과목간 예산 내역과 규모변경 즉, 이용(移用)이 불가능한 입법과목이며, 세항과 목은 행정부 재량으로 전용(轉用)이 가능한 행정과목이다.

〈세입예산 과목과 세출예산 과목(예: 경찰청)〉

<table>
<tr><th>구 분</th><th colspan="3">입법과목</th><th colspan="3">행정과목</th></tr>
<tr><td rowspan="2">세입예산</td><td>관</td><td colspan="2">항</td><td colspan="3">목</td></tr>
<tr><td>내국세
관세 등</td><td colspan="2">소득세, 상속세 등</td><td colspan="3">신고분, 원천분 등</td></tr>
<tr><td rowspan="2">세출예산</td><td>장
(분야)</td><td>관
(부문)</td><td>항
(프로그램)</td><td>세항
(단위사업)</td><td>세세항
(세부사항)</td><td>목</td></tr>
<tr><td>공공질서
및 안전</td><td>경찰</td><td>범죄수사
활동</td><td>첨단과학
수사지원</td><td>과학수사
장비보강</td><td>인건비
경상비</td></tr>
</table>

* 분야(공공질서 및 안전)는 다시 부문(관) 즉, 경찰(경찰청 소관), 해경(해양경찰청 소관), 재난관리(소방청 소관), 법무 및 검찰(법무부 소관) 등으로 구분된다.

제3절 경찰예산제도의 개혁과 변화

국가가 효율적으로 예산을 확보하여 이를 지출하는 것은 쉬운 일이 아니라고 본다. 이를 위해서 여러 가지 예산제도가 시행되어 왔고, 그 문제점을 극복하기 위하여 새로운 예산제도를 도입하는 과정을 거쳐 왔다. 아래에서는 이와 관련된 몇 가지 중요한 예산제도를 살펴보기로 한다.

1. 일괄총액예산제도

일괄총액예산제도(一括總額豫算制度, LSBS: Lum Sum Budget System)는 가장 통제가 약화 된 형태의 예산으로서, 예산을 집행하는 기관에게 사실상 모든 자유재량이 부여된 예산제도라고 할 수 있다. 이는 예산의 총액만이 예산심의의 대상이 되고, 일단 총액이 결정되면, 사실상의 세부항목에 대한 통제는 없고, 예산집행기관이 임의대로 집행하는 형식을 가지고 있는 가장 오래된 형태의 예산이라고 할 수 있다.[18)]

국가 차원에서 본다면 왕정시대(王政時代)의 예산은 일종의 총액예산이라고 볼 수 있다. 물론, 예산의 총액마저 왕의 자의적인 의사대로 결정되지만, 영국에서는 왕권에 제약을 받기 시작하면서부터 세금을 부과하는데 국회의 동의를 얻어야 하게 됨으로써 총액에 대한 중대한 제약이 가해졌다. 이처럼 세입이 제약을 받게 되니 세출의 총액은 자연히 세입의 한도 내로 정해지기 마련이고 총액을 국회가 결정하는 형태가 되었다. 그러나 세출의 총액이 이렇게 간접적으로 결정된 다음은 왕은 마음대로 예산을 집행하므로 일괄총액예산이나 다름없었다.

오늘날에는 일괄총액예산의 형태를 띠는 국가는 거의 없다고 본다. 예산에 대한 통제는 국민의 권리나 다름없고 그것을 포기하는 것은 상상할 수도 없기 때문이다.

2. 품목별예산제도

1) 품목별예산제도의 의의

대부분의 예산은 조직별로 분류하고 그다음 세출의 구체적 항목 즉, 지출대상을 기준으로 분류한다. 이처럼 지출대상을 기준으로 하는 분류를 품목별예산제도(品目別豫

18) 이문영·윤성식(1993), 앞의 책, pp. 513-514.

算制度, LIBS: Line Item Budgeting System)라고 하는데, 일괄총액예산에 비해 통제가 강화된 예산제도라고 할 수 있다.

품목별예산은 특히, 입법부의 행정부 통제를 용이하게 하는 예산제도라 할 수 있다. 이는 지출의 정확성과 합법성을 통제하는 가장 유효한 예산제도로서, 오랫동안 사용되어 왔을 뿐만 아니라 지난 수십 년 동안의 예산개혁에도 불구하고 여전히 예산제도의 가장 기본적인 형태로 남아 운영되고 있다.[19)]

경찰예산을 품목별예산 방식으로 분류·관리한다면, 지출할 품목의 대상 및 성질에 따라 인건비, 기본경비, 사업비 등으로 분류하고 인건비의 경우 다시 급여·연금·여비·상여금 등으로 품목을 구체화하여 예산을 편성하는 방식이다.

2) 품목별예산제도의 특징

품목별예산제도의 도입 초기에는 예산개혁을 위한 조치였다. 품목별예산제도는 공공부문의 자의적인 지출행위를 감소시키는 데 크게 기여한 것으로 평가되고 있다. 이는 투입 지향적 예산제도로서 사업의 성과나 예산 운영 방식보다는 비용의 통제에 초점을 두었다.

여기에서 말하는 통제는 전통적 통제 즉, 예산집행에 있어서 부정과 오류가 없는지를 확인하고 감독하는데 유용하다는 것이지 예산집행이 효율적으로 이루어졌는지를 확인하고 감독하는데 초점을 둔 것은 아니라는 점이다. 따라서 이 제도는 개별 부서의 지출을 통제하고 공무원들로 하여금 회계책임에 민감하도록 엄격하게 회계감사를 수행하도록 하는 것이 기본 목적이라고 할 수 있다.

3) 품목별예산제도의 단점

그러나 품목별예산제도는 단점이 적지 않다. 무엇보다도 지출 항목을 너무 엄격히 분류하여 전반적인 정부 기능 혹은 전체 사업에 대한 정보를 확인할 수가 없다. 따라서 정부사업의 성격을 알지 못하고 사업성과와 정부의 생산성을 정확히 평가할 수가 없다.

특히, 투입을 중심으로 예산을 편성하기 때문에 재정지출의 구체적인 목표 의식이 결여되어 있다. 품목들이 상세히 기재될수록 관리자의 유연성이 떨어지기 때문에 환경변화가 심한 경우 능동적인 대응이 어렵게 된다. 그리고 예컨대, 경찰조직에서 경찰 인건비 등을 인상해달라고 요구하지만, 품목별예산에서는 이를 반영하기가 어렵다. 경찰인건비의 증가와 경찰활동의 성과 간의 상관관계가 분명하지 않기 때문이다.

---

19) 이종수·윤영진 외(2009), 앞의 책, p. 483.

따라서 예산 담당자들은 전년도에 비해 개별 사업 항목들이 얼마나 더 증감되었는지를 확인할 뿐 특정 사업에 대한 성과 확보여부를 직접적으로 고려하지 않았다. 관리자들이 사업방법과 수단에 대해 큰 관심을 가지지 않기 때문에 예산 변경의 폭이 크지 않다.

3. 성과주의예산제도

1) 성과주의예산제도의 의의

성과주의예산제도(成果主義 豫算制度, PBS: Performance Budgeting System)는 다음에 설명할 계획예산(計劃 豫算)과 마찬가지로 투입(input)에 초점을 두었던 품목별 예산과는 달리 조직이 생산한 산출(output)을 강조하고 있다.

공공서비스의 모든 산출에 대한 측정이 쉽지 않기 때문에, 이의 실행에 어려움이 있는 것이 사실이지지만, 실시 초기에 많은 환영을 받았던 예산제도이다. 이 예산제도는 미국에서부터 시작하여 전 세계의 많은 국가에 적지 않은 영향을 끼쳤는데, 여전히 이의 시행착오를 겪고 있다.

성과주의예산은 원가(原價)를 계산하는 예산제도라고 볼 수 있다. 이는 예산투입을 정부의 산출에 연결시키는 제도로서 정부가 하려는 사업이 무엇이며, 그것에 소요되는 원가(비용)가 얼마나 되는지를 밝혀주는 예산제도이다.[20)]

2) 성과주의예산제도의 특징

성과주의예산의 장점은 국민이 정부의 활동과 목적을 이해하는데 용이하고, 자원배분의 합리성과 예산집행의 신축성을 기할 수 있다는 점이다. 각 기능별로 일정한 성과지표를 제시하고 그에 상응하는 예산을 책정하기 때문에 그것을 통해 국민들은 정부가 어떠한 일을 추진하고 있는지에 대해서 알 수 있다.

성과주의예산의 원래 취지는 부처·기관과는 상관없이 기능(function)을 중심으로 예산을 편성하는 것이다.[21)] 그렇지만 각 부처는 기능중심으로 조직되어 있기 때문에 부처와 일치할 때가 많으나, 하나의 기능이 여러 부처에 산재하는 경우도 있고, 반대로 몇 개의 기능이 한 부처에 속하기도 한다. 여기에서 말하는 기능이라는 것은 거시적으로 본다면, 일반공공행정, 공공안전·질서, 외교, 통일, 국방, 교육, 보건, 사회복지 등으로 분류할 수 있을 것이다.

---

20) 이문영·윤성식(1993), 앞의 책, p. 519.
21) 위의 책, p. 520.

이렇게 보면 성과주의예산에서 '기능'이라는 것은 앞의 세출예산에서의 '장(분야)-관(부문)'과 일맥상통하는 것이라고 볼 수 있다. 아래 표에서 보는 바와 같이, 우리나라는 분야-부문별 세출예산은 일반회계 범위 내에서 국가기관을 크게 15개 분야(그 아래 하위단위인 부문)로 구분하여 관리하고 있다. 경찰청은 이 가운데 공공질서·

안전 분야에 해당된다.

따라서 예컨대, 공공안전 및 질서를 하나의 상위기능(분야)으로 놓고, 하위기능으로 법원 및 헌재, 법무 및 검찰, 경찰(警察), 해양경찰, 재난관리(부문)로 다시 세분화시킬 수 있다. 그리고 그러한 하위기능(부문)을 다시 세분화하여 각 프로그램별(사업별, 항)로 세분화가 이루어지게 된다.

따라서 기능별 예산제도 또는 활동별 예산제도라고도 하는 성과주의예산제도는 예산과목을 사업별, 활동별로 분류하여 이를 다시 세부사업별, 세부활동별로 분류한 다음 각 세부사업별, 세부활동별로 단위원가 당 업무량을 곱하여 예산액을 구하여 편성한다. 즉, 예산편성의 공식은 '단위원가×업무량=예산액'으로 표시된다.

어떻게 보면, 성과주의예산은 운영관리를 위한 지침으로서 효과적이라고 할 수 있다. 관리자들은 산출물 기준으로 관련사업에서 무엇이 기대된다는 것을 알게 되고 생산과정을 잘 계획할 수 있게 된다. 주어진 재원에서 더 많은 산출물을 창출하면 배정되는 재원규모를 다음 연도에도 유지하거나 증액 배정받을 수도 있다.

3) 성과주의예산제도의 단점

성과주의예산은 목표관리제도와 연계되지만 이를 적용할 수 있는 영역은 제한적이다. 특히, 경찰·소방 등 공공질서 및 안전 분야에 적용하기가 어려운데, 이러한 영역은 계량화가 쉽지 않다는 근본적인 한계 때문이다. 바꿔 말하면, 양적 측면에서의 평가는 용이하지만 질적 측면에서의 평가는 용이하지 못하는 근본적인 단점이 있다.

그리고 성과주의 원리에 따라 단위사업을 구분하고, 이에 따른 단위원가를 계산하는 것도 쉽지 않다. 우선 업무의 수량적 측정이 어렵다. 공공서비스의 경우는 업무를 동질적으로 구분하기가 쉽지 않기 때문이다. 이를 위해서는 정부회계시스템에 있어서 감가상각이나 재무제표가 체계적으로 구축되어야 하는데, 이것이 쉬운 일은 아니다. 그리고 구체적인 개별적 사업만 나타나 있어, 전략적인 목표의식이 결여되어 있다는 점을 들 수 있다. 장기적인 계획과 연계보다는 당장에 눈앞의 실적만 중시하는 예산이기 때문이다.

한편, 성과주의예산에서는 효율성을 강조하고 있다. 그러나 더 근본적인 질문에 대해서는 해결하지 못하고 있다. 예컨대, 해당 사업이 정말 필요한 것인지, 제한된 자원을 유사한 사업에 대해 최적으로 배분하는 방법 등에 대해서 명확한 설명이 어렵다. 이러한 문제를 해결하기 위해 등장한 것이 계획예산제도(PPBS)라 할 수 있다.

4. 계획예산제도

1) 계획예산제도의 의의

계획예산제도(PPBS: Planning Programing and Budgeting System)는 장기적인 기획과 세부적인 사업계획 및 예산운영을 하나의 통합적인 체제로 운영하여 자원배분에 관한 의사결정을 합리적으로 일관성 있게 하려는 제도라 할 수 있다.[22] 바꿔 말하면, 일반적인 예산운영체계의 '자원투입→과정→산출→결과'라는 인과적 관계에서 성과주의 예산제도가 '과정과 산출'을 주요 대상으로 삼았다면, 계획예산제도는 '자원투입→사업→산출→결과(영향)'까지를 명시적인 대상범위로 삼고 있다.

계획예산제도는 투입요소는 물론 정부의 목적, 사업, 최종산물, 그리고 정책효과와 같은 결과영역에도 관심을 집중하면서 예산결정이 이루어져야 한다는 것을 강조하고 있다. 궁극적으로 이러한 계획예산제도는 기획·계획, 사업분석, 예산배분을 단일의 의사결정으로 통합하려는 것이라 할 수 있다.[23]

2) 계획예산제도의 특징

계획예산제도의 가장 중요한 요소는 '계획'(planning)이다. 이 제도는 범위가 확장되어 국가정책수립에 있어서 단년도에서 다년도의 관점으로 바뀌었으며, 이를 통해 예산을 심의하는데 종합적인 기반을 제공하고 있다.

계획예산제도에서 계획은 국가 정책적인 목표를 설정하고 이를 달성하기 위한 노력들을 관리하기 위한 프로그램을 개발·결정하는 데 사용된다. 즉, 계획예산제도의 핵심적 요소는 프로그래밍(programming)을 통하여 기획·계획과 예산을 연결시켜 하나의 통합체제를 구축하는 것이라 할 수 있다. 통합체제 속에서 다음과 같은 구성요소들을 유기적으로 결합시키고 있다.[24]

첫째, 목표의 명확한 규정이다. 계획예산제도의 사업구조는 정부 또는 치안사업의

22) 이종수·윤영진 외(2009), 앞의 책, pp. 607-608.; 이목훈(2010), 앞의 책, pp. 305-306.
23) 위의 책, p. 304.
24) 위의 책, pp. 304-305.

목표를 뚜렷이 밝혀야 한다. 이는 장기적 발전목표와 이를 구체화하는 중기적 목표체계로 나타난다.

둘째, 장기적인 사업-재정계획의 수립이다. 통상적인 예산운영의 기간은 1년에 불과하지만, 1년 단위의 예산을 편성하기 위해 우선 장기적인 기간을 가지고 장기적인 기획(예: 5개년 기획·계획)에 따라 일정기간 동안 기대되는 성과와 예상되는 비용을 고려하는 사업의 세부적인 시행계획과 시행일정을 정해야 한다. 이 과정에서 하나의 목표를 달성할 수 있는 여러 가지 대안을 검토하고 가장 효과적이고 능률적인 대안을 선택하게 된다.

셋째, 사업-재정계획을 바탕으로 연도별 예산을 수립하여 집행하는 것이다. 계획과 예산을 연결하는 통합적 의사결정체제로서의 계획예산제도는 효과성을 강조한다는 점이 가장 중요한 특징이다. 국가가 국가발전목표를 달성하기 위하여 각종 정책이나, 사업을 수행하는데 절약과 능률을 강조하는 것도 중요하지만, 예산사업을 수행하여 소기의 목표를 달성하는 것이 중요하다. 계획예산제도는 목표달성의 효과성을 높이기 위한 의사결정 메커니즘이라는 점에서 획기적인 예산제도라 할 수 있다. 따라서 계획예산제도는 다음과 같은 장점이 있다.

첫째, 재원배분에 관한 결정이 합리적이다. 계획예산제도는 합리모형 또는 총체주의에 이론적 근거를 두고 예산결정에서 합리성을 추구하고 있다. 계획예산제도는 정책목표, 사업, 대안, 비용, 효과 등을 종합적으로 고려하고, 과학적 분석기법을 이용하여, 장기적인 접근을 한다는 점에서 합리적인 자원배분을 달성하려는 예산제도이다.[25)]

둘째, 재원배분에 관한 결정이 일원화되어 있다. 기획-사업분석-예산결정이 단일의 통합적인 의사결정체계에 의해 이루어진다. 통합적인 의사결정은 관련 정보와 결정권이 최고관리층에 집중됨으로써 가능하게 되는데, 이는 신속하고 종합적인 의사결정을 할 수 있게 해 준다.

3) 계획예산제도의 단점

첫째, 계획예산제도는 관련정보와 의사결정권한이 과도하게 집권화되어 있다는 점이다. 이러한 집권화는 신속하고 종합적인 의사결정을 가능하게 하지만 이로 인한 문제가 발생한다. 집권화로 인해서 입법부보다는 행정부 즉, 대통령이 예산결정의 주도권을 잡게 되고, 행정부처에서는 국·과보다는 장관에게 권한이 집중되며, 지방정부보다는 중앙정부가 결정권을 행사하게 된다.

25) 이종수·윤영진 외(2009), 앞의 책, p. 609.

둘째, 사업구조를 작성하기가 어렵다. 사업구조는 계획예산제도의 핵심적인 것으로서 사업구조를 작성하는 것은 매우 중요하다. 그러나 계획예산제도와 같이 목표설정, 상위사업, 하위사업 요소들을 체계적으로 계층화하는 것은 결코 쉬운 일이 아니다.

셋째, 계량화와 환산작업이 어렵다. 사업요소는 최종산물로서 계량화되어야 하는데, 정부의 예산사업의 대부분은 산출물의 계량화가 간단하지 않다는 점이다. 또한 여러 사업에 공통적으로 투입되는 간접비는 각 사업별로 분할하여 배분하여야 하는데, 이 역시 쉬운 일이 아니다.

넷째, 과다한 자료와 정보를 산출하고 관리해야 한다. 계획예산제도는 여러 대안에 대한 비교검토 및 비용-효과분석 등을 통하여 많은 자료와 정보를 산출하고 이를 이용가능한 형태로 관리해야 한다. 이를 위해서는 많은 시간과 인력, 그리고 비용이 요구된다.

다섯째, 의회의 반대와 공무원의 이해 부족도 문제가 된다. 의회는 일반적으로 행정부에 대한 재정적인 통제를 중시하는데, 과학적 분석방법으로 정당화한 예산안의 내용을 의회가 심의과정에서 삭감하거나 통제하기가 쉽지 않다. 한편, 많은 공무원은 계획예산제도의 복잡한 분석기법과 편성방법을 이해하기가 쉽지 않다. 이렇게 되면, 사업을 계획하고 분석하는 전문가들의 영향력은 커지고, 경험 많은 관료들의 영향력은 감소하게 된다.

5. 영기준예산제도

1) 영기준예산제도의 의의

영기준예산제도(ZBBS: Zero Based Budgeting System)는 새로운 사고와 운영방식을 도입하려는 노력으로 전통적인 예산운영방식이 지닌 점증주의(漸增主義)의 단점을 보완하려는 것이라 할 수 있다.

점증적인 예산결정은 전년도의 사업을 중요한 기준으로 적용함으로써 기존의 사업들을 재평가 없이 미래에도 계속 적용하려는 경향이 있다.[26] 반면, 영기준예산은 이론적으로는 모든 지출제안서를 영점 기준에서 검토하도록 요구하고 있다.

이와 같은 영점 기준에서 사업의 우선순위를 결정하게 되는데, 이는 당해 업무를 관장하는 관리자로부터 시작하여 계층조직에 따라 차상위관리자, 중간관리자, 최고관리

26) 위의 책, p. 610.; 이목훈(2010), 앞의 책, pp. 314-311.

자로 올라가면서 결정된다. 상위층으로 올라갈수록 하위단위의 의사결정 패키지를 종합하고 이들을 대상으로 우선순위를 결정하는 방식을 취하고 있다.

영기준예산제도는 기존사업과 새로운 사업을 구분하지 않고, 모든 사업을 엄밀히 분석하여 사업의 타당성을 확보하려는 것으로서 이러한 점에서 서비스 수준분석(service level analysis)이라 불리는 예산제도이다. 서비스 수준분석은 모든 사업을 동일한 평가 방법을 거치도록 하는 예산과정으로서, 서비스 수준분석의 초점은 서비스의 제공수준이 다른 요소들을 파악하는 것이라 할 수 있다.

이 제도는 기획과 분석을 강조한다는 점에서 계획예산제도와 비슷하고, 능률적인 관리를 위하여 구성원들의 참여를 촉진한다는 점에서 목표에 의한 관리(MBO: Management By Objectives)와도 비슷하다고 할 수 있다.[27]

2) 영기준예산제도의 특징

영기준예산제도는 예산운영 단위를 식별하는 것은 관리회계에서 비용과 책임센터를 구분하는 것과 유사하다. 특히 영기준예산제도에서의 정보의 투입과 산출에 대한 요구는 전통적인 예산과는 판이하다고 볼 수 있다. 이러한 예산방식은 예산결정에 요구되는 조건들을 평가하는데 환류를 강조하고 있다. 이에 따라 영기준예산제도는 다음과 같은 장점이 있다.

첫째, 합리적인 자원배분이 가능하다. 영기준예산제도는 모든 사업에 대해 근본적인 재평가를 하며, 사업의 목표, 기획, 분석과 평가, 예산편성을 단일과정으로 통한한 예산제도이다. 이러한 종합적인 의사결정방법으로 합리적인 의사결정과 합리적인 자원배분을 달성할 수 있다. 즉, 이 제도는 신규사업뿐만 아니라 기존사업에 대해서도 철저하게 재검토함으로써 점증주의적인 예산결정과 전년도 답습주의를 극복할 수 있고, 예산낭비와 예산팽창을 억제할 수 있다.

둘째, 다양성과 신축성을 지니고 있다. 이 제도의 핵심단위인 의사결정단위가 조직단위가 될 수도 있고, 기능이나 활동 또는 사업단위가 될 수도 있기 때문이다. 조직단위를 의사결정단위로 할 때에는 여러 계층의 조직단위가 모두 의사결정단위가 될 수 있다. 사업단위를 의사결정단위로 할 때에도 이 사업과 관련된 여러 조직단위를 다시 의사결정 단위로 삼을 수 있다.

셋째, 조직구성원의 참여를 촉진한다. 의사결정 패키지의 작성과 우선순위 결정에

27) 이종수·윤영진 외(2009), 위의 책, p. 616.

구성원의 참여가 이루어지기 때문이다. 계획예산제도가 운영의 측면에서 높은 전문성을 요구한다면, 영기준예산은 이보다는 적은 전문성을 요구한다. 동시에 이는 조직구성원 모두가 참여할 수 있는 분권적인 관리체계를 필요로 한다.[28)]

3) 영기준예산제도의 단점

그러나 영기준예산제도는 다음과 같은 단점이 있다. 먼저, 과다한 노력과 시간을 요구한다는 점이다. 계획예산제도와 마찬가지로 영기준제산제도 역시 많은 노력과 시간 그리고 자료의 작성과 관리가 요구된다. 조직계층제에 따라 일선관리자로부터 최고관리자에 이르기까지 상향적으로 작업이 진행되므로 이들에게 모두 영기준예산제도에 대해 교육해야 함은 물론, 작업과정에서 과다한 시간과 노력을 기울이도록 해야 하며, 많은 문서를 산출하여 관리하도록 해야 한다.

둘째, 우선순위 결정이 쉽지 않다는 점이다. 방대한 의사결정 패키지를 대상으로 우선순위를 결정하는 것은 영기준예산제도에 있어서 가장 어려운 작업에 해당한다. 어떻게 보면 우선순위의 결정은 기본적으로 가치판단의 성격을 지닌다. 그러므로 시간적 제약 속에서 우선순위의 결정은 주관성을 면하기가 어렵다.

셋째, 영기준예산제도는 단기적인 사업에 중점을 두고 장기적 계획이나 기본정책 문제 등을 소홀하게 취급함으로써 장기적인 정책목표를 경시하는 경향이 있다.[29)]

제4절 경찰예산관리의 과정

경찰조직의 예산관리과정이라는 것은 예산이 편성되고 집행되는 모든 과정을 말한다. 이는 자원배분을 위한 의사결정과정을 말한다. 따라서 예산에 대한 의사결정은 자의적이고 비합리적인 근거에 의하지 않고, 합리적이고 경제적인 원칙에 근거해서 이루어져야 한다.

그리고 예산관리과정은 치안정책과 불가분의 관계에 있기 때문에 결국, 치안정책의 형성에서 집행 그리고 평가에 이르는 모든 과정이라 할 수 있다.

28) 위의 책, pp. 611-612.
29) 이목훈(2010), 앞의 책, pp. 314-315.

〈경찰예산관리과정〉

예산안 편성	① 사업계획서 제출: 경찰청장 → 기획재정부장관 ② 예산편성지침 통보: 기획재정부장관 → 경찰청장 ③ 예산요구서제출: 경찰청장 → 기획재정부장관 ④ 예산안 편성 및 국회제출: 기획재정부장관 → 국회
⇓	
예산안 심의·의결	① 예산결산특별위원회 구성 ② 예산결산특별위원회 종합심사 ③ 본회의의 예산안의 확정
⇓	
예산의 집행	① 예산배정요구서의 제출: 경찰청장 → 기획재정부장관 ② 예산의 배정: 기획재정부장관 → 경찰청장 ③ 배정된 예산의 탄력적 집행: 경찰청장 → 산하 기관의 장
⇓	
예산의 결산	① 경찰결산보고서 작성 및 제출: 경찰청장 → 기획재정부장관 ② 국가결산보고서 작성 및 제출: 기획재정부장관 → 감사원 ③ 결산검사 및 결산보고서 제출: 감사원 → 기획재정부장관 ④ 국가결산보고서 국회에 제출 및 국회의 결산심의

1. 경찰예산안의 편성

1) 중기사업계획서의 제출

경찰청장 등 각 중앙관서의 장은 매년 1월 31일까지 해당 회계연도부터 5회계연도 이상의 기간 동안의 신규사업 및 기획재정부장관이 정하는 주요 계속사업에 대한 중기사업계획서를 기획재정부장관에게 제출하여야 한다(국가재정법 제28조).

2) 예산편성지침의 통보

기획재정부장관은 국무회의의 심의를 거쳐 대통령의 승인을 얻은 다음 연도의 예산안편성지침을 매년 3월 31일까지 경찰청장 등 각 중앙관서의 장에게 통보하여야 한다(국가재정법 제29조 제1항).

3) 예산요구서의 제출

경찰청장 등 각 중앙관서의 장은 위에 따른 예산안편성지침에 따라 그 소관에 속하는 다음 연도의 세입세출예산·계속비·명시이월비 및 국고채무부담행위 요구서(이하 '예산요구서')를 작성하여 매년 5월 31일까지 기획재정부장관에게 제출하여야 한다(국가재정법 제31조 제1항).

4) 예산안의 편성 및 국회제출

기획재정부장관은 위의 규정에 따른 예산요구서에 따라 예산안을 편성하여 국무회의의 심의를 거친 후 대통령의 승인을 얻어야 한다(국가개정법 제32조). 그리고 정부는 대통령의 승인을 얻은 예산안을 회계연도 개시 120일 전까지 국회에 제출하여야 한다(제33조).

그리고 정부는 예산안을 국회에 제출한 후 부득이한 사유로 인하여 그 내용의 일부를 수정하고자 하는 때에는 국무회의의 심의를 거쳐 대통령의 승인을 얻은 수정예산안을 국회에 제출할 수 있다(제35조). 이를 수정예산이라고 한다.

한편, 정부는 경찰청과 같은 독립기관의 예산을 편성할 때 해당 독립기관의 장의 의견을 최대한 존중하여야 하며, 국가재정상황 등에 따라 조정이 필요한 때에는 해당 독립기관의 장과 미리 협의하여야 한다(제40조 제1항).

2. 경찰예산안의 심의·의결

1) 예산결산특별위원회의 구성

정부에서 제출한 예산안에 대해서 국회는 이를 심의·확정한다(헌법 제54조 제1항). 정부는 회계연도마다 예산안을 편성하여 회계연도 개시 90일전까지 국회에 제출되면, 예산안의 심의를 위한 국회가 개회되고, 예산안의 종합심사는 예산결산특별위원회에 의해 이루어진다.

국회는 이러한 예산안과 결산을 종합적으로 심사하기 위해 예산결산특별위원회를 두고 있는데, 실질적으로 예산안과 결산이 동 위원회에서 심의·의결된 대로 본회의에서 의결되는 경우가 대부분이므로 예산결산특별위원회는 국회의 예산안과 결산 심의에 있어서 핵심적인 역할을 하고 있다고 할 수 있다.

2) 예산결산특별위원회의 종합심사

예산결산특별위원회의 종합심사에 의해 예산안에 대한 실질적인 조정작업이 이루어지게 된다. 예산안에 대한 종합정책 질의→부처별 심의→계수조정 소위원회의 계수조정→예산결산특별위원회 전체회의에서 소위원회의 조정안 승인의 과정을 거치게 된다.

3) 예산안의 확정

예산결산특별위원회의 종합심사를 거친 예산안은 회계개시 30일 전까지 본회의의 의결을 거침으로써 확정된다(헌법 제54조 제2항). 본회의에서 확정된 예산은 정부로 이송되고 국무회의의 동의를 거쳐 대통령이 공포한다.

3. 경찰예산의 집행

예산의 집행이라는 것은 국회에서 심의·의결하여 확정된 예산에서 정한 금액을 국고에 수납하고 이를 지출하는 재정활동을 말한다.

1) 예산배정요구서의 제출

경찰청장 등 각 중앙관서의 장은 예산이 확정된 후 사업운영계획 및 이에 따른 세입세출예산·계속비와 국고채무부담행위를 포함한 예산배정요구서를 기획재정부장관에게 제출하여야 한다(국가재정법 제42조).

2) 예산의 배정

기획재정부장관은 위의 규정에 따른 예산배정요구서에 따라 분기별 예산배정계획을 작성하여 국무회의의 심의를 거친 후 대통령의 승인을 얻어야 한다(제43조 제1항). 그리고 기획재정부장관은 경찰청장 등 각 중앙관서의 장에게 예산을 배정한 때에는 감사원(監査院)에 통지하여야 한다(제43조 제2항).[30] 그리고 예산의 배정에 있어서 기획재정부장관은 일정한 조정이 가능하다.

30) 감사원은 국가의 세입·세출의 결산, 국가 및 법률이 정한 단체의 회계검사와 행정기관 및 공무원의 직무에 관한 감찰을 하기 위하여 대통령 소속하에 이를 두고 있다(헌법 제97조). 그리고 감사원은 세입·세출의 결산을 매년 검사하여 대통령과 차년도 국회에 그 결과를 보고하여야 한다(제99조). 즉, 감사원은 국가예산관리에 있어서 중요한 역할을 하고 있기 때문에 기획재정부장관은 예산배정에 있어서도 감사원에게 통지하도록 한 것이다. 감사원은 대통령 직속 기관이지만, 독립적 지위를 법률로 보장하는 합의제 감사기관이다. 1948년 정부수립과 함께 설립되었다.

한편, 기획재정부장관은 예산집행의 효율성을 높이기 위하여 매년 예산집행에 관한 지침을 작성하여 경찰청장 등 각 중앙관서의 장에게 통보하여야 한다(제44조). 그리고 경찰청장 등 각 중앙관서의 장은 세출예산이 정한 목적 외에 경비를 사용할 수 없다(제45조).

3) 배정된 예산의 탄력적 집행

예산의 성립 후에도 일어나는 상황의 변동에 즉응하고 예산을 효율적으로 관리·집행하기 위하여 세출예산에 대해 다음과 같은 일정한 융통성을 부여하고 있다.

(1) 예산의 이용·이체

① 예산의 이용

예산의 이용(移用)은 입법과목인 '장·관·항'의 상호융통을 의미한다. 따라서 각 중앙관서의 장은 예산이 정한 각 기관 간 또는 각 장·관·항 간에 상호 이용(移用)할 수 없다(국가재정법 제47조 제1항). 이는 국회에서 정한 것 즉, 입법과목이기 때문이다.

다만, 다음의 어느 하나에 해당하는 경우에 한정하여 미리 예산으로써 국회의 의결을 얻은 때에는 기획재정부장관의 승인을 얻어 이용하거나 기획재정부장관이 위임하는 범위 안에서 자체적으로 이용할 수 있다(제47조 제1항 각호).

㉠ 법령상 지출의무의 이행을 위한 경비 및 기관운영을 위한 필수적 경비의 부족액이 발생하는 경우

㉡ 환율변동·유가변동 등 사전에 예측하기 어려운 불가피한 사정이 발생하는 경우

㉢ 재해대책 재원 등으로 사용할 시급한 필요가 있는 경우

㉣ 그 밖에 대통령령으로 정하는 경우

② 예산의 이체

기획재정부장관은 정부조직 등에 관한 법령의 제정·개정 또는 폐지로 인하여 중앙관서의 직무와 권한에 변동이 있는 때에는 경찰청장 등 그 중앙관서의 장의 요구에 따라 그 예산을 상호 이용(移用)하거나 이체(移替)할 수 있다(국가재정법 제47조 제2항).

(2) 예산의 전용

예산의 전용(轉用)은 행정과목인 '세항, 세세항, 목' 간의 상호융통을 의미하는 것이다. 이에 따라 경찰청장 등 각 중앙관서의 장은 예산의 목적범위 안에서 재원의 효율적 활용을 위하여 대통령령으로 정하는 바에 따라 기획재정부장관의 '승인'(承認)을 얻어 각 세항 또는 목의 금액을 전용할 수 있다.

이 경우, 사업 간의 유사성이 있는지, 재해대책 재원 등으로 사용할 시급한 필요가 있는지, 기관운영을 위한 필수적 경비의 충당을 위한 것인지 여부 등을 종합적으로 고려하여야 한다(국가재정법 제46조 제1항).

물론, 경찰청장 등 각 중앙관서의 장은 위와 같은 규정에도 불구하고 회계연도마다 기획재정부장관이 위임하는 범위 안에서 각 세항 또는 목의 금액을 자체적으로 전용할 수 있다(제46조 제2항).

다만, 위와 같은 상황에도 불구하고 경찰청장 등 각 중앙관서의 장은 다음의 어느 하나에 해당하는 경우에는 전용할 수 없다(제46조 제3항).

㉠ 당초 예산에 계상되지 아니한 사업을 추진하는 경우

㉡ 국회가 의결한 취지와 다르게 사업 예산을 집행하는 경우

(3) 예산의 이월

예산의 이월(移越)은 예산을 다음 회계연도에 넘겨 그 회계연도의 예산으로 사용하는 것을 말한다. 그런데, 원칙적으로 매 회계연도의 세출예산은 다음 연도에 이월하여 사용할 수 없도록 하고 있다(국가재정법 제48조 제1항).

다만, 이러한 사정에도 불구하고 다음의 어느 하나에 해당하는 경비의 금액은 다음 회계연도에 이월하여 사용할 수 있다. 이 경우 이월액은 다른 용도로 사용할 수 없으며, '㉡'에 해당하는 경비의 금액은 재이월할 수 없다(제48조 제2항 각호).

㉠ 명시이월비

㉡ 연도 내에 지출원인행위를 하고 불가피한 사유로 인하여 연도 내에 지출하지 못한 경비와 지출원인행위를 하지 아니한 그 부대경비

㉢ 지출원인행위를 위하여 입찰공고를 한 경비 중 입찰공고 후 지출원인행위까지 장기간이 소요되는 경우로서 대통령령으로 정하는 경비

㉣ 공익사업의 시행에 필요한 손실보상비로서 대통령령으로 정하는 경비

㉤ 경상적 성격의 경비로서 대통령령으로 정하는 경비

여기에서 '㉠'의 명시이월이라는 것은 세출예산 가운데 경비의 성질상 당해 연도 내에 그 지출을 끝내지 못할 경우에 미리 국회의 승인을 얻어 예산을 다음 연도에 넘겨서 사용하는 것을 말한다. 그리고 '㉡'은 사고이월이라고 한다.

4. 경찰예산의 결산

예산의 결산(決算, closing)이라는 것은 회계연도 내의 국가의 세입과 세출의 실적을 확정적 계수로 표시한 결과를 말한다. 회계연도 동안의 수입과 지출을 마감하여 계산하는 것을 의미한다.

정부는 결산이 「국가회계법」에 따라 재정에 관한 유용하고 적정한 정보를 제공할 수 있도록 객관적인 자료와 증거에 따라 공정하게 이루어지게 하여야 한다(국가재정법 제56조).

1) 경찰청장의 결산보고서 작성 및 제출

경찰청장 등 각 중앙관서의 장은 국가회계법에서 정하는 바에 따라 회계연도마다 작성한 결산보고서(이하 '국가결산보고서'라 함)를 다음 연도 2월 말일까지 기획재정부장관에게 제출하여야 한다(국가재정법 제58조 제1항).

2) 국가결산보고서의 작성 및 제출

기획재정부장관은 국가회계법에서 정하는 바에 따라 회계연도마다 작성하여 대통령의 승인을 받은 국가결산보고서를 다음 연도 4월 10일까지 감사원에 제출하여야 한다(국가재정법 제59조).

3) 결산검사

감사원은 위에 따라 제출된 국가결산보고서를 검사하고 그 보고서를 다음 연도 5월 20일까지 기획재정부장관에게 송부하여야 한다(국가재정법 제60조).

4) 국가결산보고서의 국회제출

끝으로, 정부는 위에 따라 감사원의 검사를 거친 국가결산보고서를 다음 연도 5월 31일까지 국회에 제출하여야 한다(국가재정법 제61조). 이에 대한 국회의 결산승인이 나면, 정부의 예산집행 책임이 해제되고 당해 연도 예산의 기능은 완결된다.

제3편

경찰권한

제8장

경찰권한의 의의·한계, 기본체계

제1절 경찰권한의 의의

1. 국가권력과 경찰권한

경찰이 일선현장에서 관련 직무를 원활하게 수행하기 위해서는 이들에게 일정한 권한(權限, authority)을 부여해 주어야 한다. 범죄와 같은 위험방지 및 범죄수사 등의 업무를 효율적으로 수행하기 위해서는 위법한 행위 등을 한 당사자에게 일정한 '물리적 강제력'(物理的 强制力)을 행사하지 않으면 안 될 상황이 적지 않게 발생하기 때문이다.

경찰권한을 이해하기 위해서는 먼저 국가권력을 이해할 필요가 있다. 국가권력이라는 것은 주권(主權)과 통치권(統治權)을 의미한다. 주권은 국가의사를 전반적·최종적으로 결정하는 최고의 권력을 말하며, 그것은 대내적으로 최고이고 대외적으로 독립된 권력을 의미한다. 어떠한 정치적 통일체가 국가이기 위해서는 이와 같은 의미의 주권을 가져야 한다. 또한 국가이기 위해서는 국가적 조직을 유지하고, 국가적 목표를 구체적으로 실현하기 위한 현실적인 권력으로서의 지배권 즉, 통치권이 존재해야 한다.

이러한 통치권은 그 발동형식에 따라 입법권(立法權)·행정권(行政權)·사법권(司法權)으로 나누어진다. 이와 같은 통치권은 헌법에 근거를 갖는 국가의사(國家意思)의 힘이며, 일반적으로 국민에게 '명령하고 강제하는 것'을 그 본질로 한다. 그러나 통치권이 언제나 명령·강제의 형태로만 발동되는 것이 아니고, 비권력적 국가작용에 의하여 통치목적을 실현하는 경우도 있다.[1)]

통치권 가운데 행정권이라는 것은 공익 또는 국가목적을 실현하는 작용이라고 볼 수 있다. 행정을 임무 또는 목적에 따라 분류한다면, 크게 ㉠ 질서행정, ㉡ 조세행정, ㉢

1) 권영성(1991), 헌법학원론, 서울: 법문사, p. 136.

급부행정 등으로 구분할 수 있다.

국가목적의 본질은 체제유지(體制維持)에 있다고 보며, 따라서 동서양을 막론하고 국가행정의 전형은 바로 군대 및 경찰행정과 같은 질서행정과 이것을 뒷받침하기 위한 조세행정이라고 할 수 있다. 급부행정은 어떻게 보면 20세 이후 근대국가의 산물이라고 할 수 있다.

국가행정권은 국가의 통치권의 일부이기 때문에 원래 국가에 속하는 것이나, 지방자치단체 또는 사인에게 위임하는 경우도 있다. 경찰에서 본다면, 자치경찰(自治警察)과 경찰활동의 민영화(民營化)는 바로 이를 반영한 것이다.

대한민국의 행정권은 대통령을 수반(首班, the head)으로 하는 정부에 속한다(헌법 제66조 제4항). 우리가 여기에서 논의하고자 하는 경찰권한 역시 행정권의 한 형태라고 볼 수 있으며, 따라서 법제상으로 경찰권한은 행정부 수반인 대통령에게서 비롯된다고 볼 수 있다.

따라서 국가경찰에 관한 사무를 총괄하고 경찰청 업무를 관장하며, 소속 공무원 및 각급 국가경찰기관의 장을 지휘감독하고 있는 경찰청장에 대한 임명권한을 대통령이 가지고 있음은 물론이다(국가경찰과 자치경찰의 조직 및 운영에 관한 법률 제14조 제2항 및 제3항).

2. 경찰권한의 개념과 특징

1) 경찰권한의 개념

경찰권한(警察權限, police authority)이라는 것은 경찰이 하나의 기관으로서 개인과 국가를 위하여, 국민주권주의에 근거한 국가의 행위로써 유효(有效)하게 관련 업무를 처리할 수 있는 능력 또는 업무의 범위라고 할 수 있다.

이러한 점에서 경찰권한은 경찰관할(警察管轄)을 의미하는 것이다. 관할이라는 것은 경찰권한이 미치는 범위를 의미하는 것인데, 그 내용과 범위는 헌법·법률 또는 이에 근거한 명령에서 결정된다. 보통 사항적(事項的)·지역적(地域的)·인적(人的) 범위에 따라 그 한계가 일정하게 정해진다(경찰관할에 대해서는 앞에서 살펴본 바와 같다).

이와 같이 경찰이 관할 즉, 주어진 한계 내에서 범죄와 무질서 대응 등 관련업무를 처리하는 것은 그 기관의 권한인 동시에 책무(責務)라 할 수 있다. 그리고 주어진 권한을 벗어나는 행위 또는 '무권한'(無權限)의 행위는 하자가 있는 행위로서 일정한 효력이 발생하지 못한다.

그리고 경찰이 민간인과 동일한 법적 지위를 가지고 관련업무를 수행하는 것은 쉬운 일이 아니다. 따라서 경찰에게 일정한 힘(power)을 부여해줄 필요가 있다. 이러한 점에서 경찰권한은 '타인에게 명령·강제할 수 있는 합법적(合法的)인 힘'을 의미한다.

경찰권한에 대한 체계적인 접근을 위해서는 기본적으로 경찰개념을 다시 한번 정립할 필요가 있다. 경찰개념을 통해서 경찰권한의 내용과 한계를 기본적으로 설정할 수 있기 때문이다. 경찰을 개념적으로 정의하면 "범죄·무질서 등 각종 위험으로부터 개인의 자유와 권리를 보호하고, 공공의 안녕과 질서를 유지하기 위하여 통치권에 근거하여 국민(또는 개인)에게 명령·강제, 그리고 봉사하는 행정경찰작용 및 사법경찰작용"을 의미한다고 할 수 있다.

이러한 경찰개념을 분석해보면, ㉠ 범죄·무질서 등 각종 위험으로부터 국민의 자유와 권리보호, 공공의 안녕과 질서유지라는 목표(目標)를 제시하고 있다. 그리고 그러한 목표달성을 위하여, ㉡ 명령·강제와 같은 권력적(權力的)·규제적(規制的)인 수단과 봉사라는 비권력적(非權力的)·비규제적(非規制的)인 수단을 제시하고 있다. 그리고 이러한 경찰수단을 크게 ㉢ 행정작용과 사법작용 등으로 구분하고 있다. 물론, 이러한 개념정의는 형식적·제도적 경찰 즉, 경찰법상의 일반경찰기관(一般警察機關, General Police Organization)을 의미하는 것이다.

여기에서 경찰권한에 관한 논의는 경찰의 목표달성을 위한 '수단'과 관련된 것이다. 행정경찰권한(行政警察權限)은 기본적으로 범죄·무질서 등 위험과 관련하여 사전예방적 업무를 수행하기 위한 것이며, 사법경찰권한(司法警察權限)은 사후대응적 업무를 수행하기 위해 필요한 것이다.

한편, 이러한 행정경찰권한과 사법경찰권한의 성격을 동시에 가지면서, 일선에서 경찰업무를 수행하는데 요구되는 가장 핵심적인 권한을 체계화시킨 것이 바로 경찰관직무집행법상의 기본적·표준적 경찰권한(基本的·標準的 警察權限)이라고 할 수 있다.

2) 경찰권한의 특징

경찰권한은 '권한'이라는 그 자체의 속성상 본질적으로 권력적·규제적인 특징을 가지고 있다. 뒤에서 자세히 살펴보겠지만, ㉠ 즉시강제(卽時强制)의 성격을 갖는 경찰의 기본적·표준적 경찰권한, ㉡ 범죄 등 위험발생 방지와 관련된 행정경찰의 허가·명령·강제권한, ㉢ 사후대응을 위한 사법경찰의 수사권한 및 즉결심판 청구권한 등은 이와 같은 권력적·규제적인 특징을 기본적으로 가지고 있다.

물론, 모든 경찰활동이 강제력을 가진 경찰권한을 기초로 하여 이루어지지지는 않는다. 경찰활동 중에는 이와 같은 권력적·규제적 수단을 통해 상대방의 의사에 관계없이 국가의 의사를 관철하는 것이 있는가 하면, 권력적·규제적 수단을 동원하지 아니하고도 달성할 수 있는 비권력적·비규제적인 요소도 얼마든지 존재하기 때문이다.[2)]

3. 경찰권한의 근거

1) 경찰권한의 법률유보원칙

경찰은 범죄 및 무질서와 같은 위험으로부터 개인의 자유와 권리를 보호하고 공공의 안녕과 질서를 유지한다는 미명하에 일정한 원칙과 기준이 없이 자의적(恣意的)으로 권한을 행사하여 국민 또는 개인의 자유를 제한하거나 일정한 희생과 강요를 해서는 안 된다.

따라서 전형적인 침해행정(侵害行政: 인권침해의 여지가 많은 국가행정)이라 할 수 있는 경찰권한의 행사에는 당연히 법적인 근거가 있어야 한다. 이를 법률유보원칙(法律留保原則)이라고 한다. 법률유보원칙은 오늘날 법치국가(法治國家)에 널리 수용되고 있는 중요한 기본원칙 중의 하나이다.

대한민국 헌법에서도 '국민의 모든 자유와 권리는 국가안전보장·질서유지 또는 공공복리를 위하여 필요한 경우에 한하여 법률(法律)로써 제한할 수 있으며, 제한하는 경우에도 자유와 권리의 본질적인 내용을 침해할 수 없다'고 규정하고 있다(제37조 제2항).

따라서 경찰권한의 행사는 법률유보원칙에 따라 국회에서 제정한 법률의 근거와 법률이 정한 범위 내에서만 행사되어야 한다. 물론, 법률의 구체적인 위임이 있으면 행정입법(行政立法)의 형식으로 제정된 법규명령(法規命令)도 포함된다. 행정입법이란 일반적으로 입법부인 국회가 아닌 행정부 등 행정주체가 규범을 정립·제정하는 것을 말한다. 한편, 비상계엄이나 긴급명령이 발령되는 경우에는 그러한 명령도 법적 근거가 될 수 있다.

2) Denny F. Pace(1991), Community Relation Concept, Incline Village, Nev.: Copperhouse Publishing Company, pp. 20-21.; Carl B. Klockars(1985), The Idea of Police, Newbury Park: Sage Publishing Company, p. 103.; 미야타 사부로우(宮田三郞)/한귀현 역(2003), 일본경찰법, 한국법제연구원, p. 9.; 최선우(2017), 커뮤니티 경찰활동, 서울: 박영사, p. 138 재인용.

행정입법: 법규명령과 행정규칙

행정입법으로서 법규명령(法規命令)과 행정규칙(行政規則)이 있다. ㉠ 법규명령은 '법률유보상의 수권에 근거하여 행정권이 정립하는 규범으로서 국민과의 관계에서 일반구속적(외부적 구속효과)인 규범'이라 할 수 있다. 반면 ㉡ 행정규칙은 '법률유보사항 없이 행정권 내부의 고유한 권한으로서 그 조직과 활동을 규율(내부적 구속효과)하는 일반추상적인 명령으로서 법규적인 성질을 갖지 않는 것'으로 정의된다.
물론, 법률상의 수권에 근거하여 발령되는 대통령령·총리령·부령에 규정된 법규명령 중에도 사항 그 자체의 성질상 외부적 구속효과가 없고 내부적 구속효과만 있는 것도 있다. 그리고 법률상 수권 없이 대통령령·총리령·부령의 형식의 행정규칙으로 발령되는 고시에 규정되는 사항 중에 외부적 구속효과를 갖는 것도 있을 수 있기 때문에 양자의 구분이 명확하게 이루어지지는 않는다.[3)]

그러나 불문법인 관습법(慣習法)은 권력적·규제적인 경찰권한 행사의 법적인 근거가 된다고 볼 수 없다.[4)] 형법에서도 죄형법정주의(罪刑法定主義) 원칙에 따라 관습형법(慣習刑法)이 금지되어 있다. 한편, 인권침해가 없는 수익적인 경찰활동(예: 노약자 보호, 길 안내와 같은 대민봉사)은 반드시 법률적 근거가 요구되는 것은 아니다.

2) 경찰권한의 법률유보 방법과 관련 문제

이처럼 경찰이 일정한 권한을 행사하기 위해서는 법률에 근거를 두어야 하는데, 법률유보와 관련하여 다음과 같이 고려해야 할 두 가지 사항이 있다. ㉠ 경찰권한을 직접적으로 명시하지 않고 직무만을 규정한 것으로 충분히 권한을 행사할 수 있는 것인지의 문제이다. 그리고 ㉡ 경찰권한 관련규정이 명시되어 있을 때, 그것이 일반적(一般的)·개괄적(概括的)인 수권(授權)으로 충분한 것인지, 아니면 개별적(個別的)·구체적(具體的)인 수권이 필요한 것인지에 관한 것이다.

3) 행정입법에 대한 자세한 내용은 홍정선(2004), 행정법원론(상), 서울: 박영사, pp. 175-220 참조.
4) 관습법은 입법기관에 의해 제정된 것이 아니고 일상생활에서 관행으로 행해지는 법을 말한다. 이는 불문법 가운데 하나로서 제정법(制定法) 즉, 성문법(成文法)이 국가법 체계의 대부분을 차지하는 근대국가에서 입법기관에 의해 의도적으로 제정되지 않은 규범 가운데 법적 효력을 부여할 만한 규범적 실체를 말한다. 이러한 관습법은 현행법의 결함과 빈틈을 메우기 위해서 필요하다고 보고 있다. 이에 따라 현행 민법(民法)과 상법(商法)은 관습법에 대해 성문제정법에 대한 보충적 효력을 인정하고 있다(민법 제1조, 상법 제1조). 따라서 예컨대, 수목의 집단 및 미분리(未分離)된 과실의 소유권 이전에 관한 명인방법(明認方法), 관습법상의 법정지상권(法定地上權), 분묘기지권(墳墓基地權), 동산의 양도담보 등 관습법상의 제도들이 인정되고 있다. 다음백과 (http://100.daum.net/encyclopedia).

(1) 직무규정과 권한규정

경찰이 직무수행과 관련된 권한을 행사하기 위해서는 직무규정(職務規定)의 존재로 충분한 것인지, 아니면 그와 같은 직무규정 외에 별도의 특별한 권한규정(權限規定)이 필요한 것인지를 살펴볼 필요가 있다.

직무규정은 경찰이 수행하는 직무의 범위 또는 업무의 범위를 규정한 것이다. 그것은 경찰기관의 활동에 대한 외부적 한계를 나타낸 것으로, 경찰기관이 공익을 위하여 활동할 수 있는지의 '여부'(與否)를 규정한 것이다. 반면, 권한규정은 경찰에 의한 직무수행의 여부가 아니라 '방법'(方法)을 규정한 것이다. 즉, 직무는 경찰이 무엇을 하는가의 문제이고, 권한은 직무를 어떻게 수행할 수 있는가의 문제이다.[5]

여기에서 권한규정은 특히, 법치국가원리 또는 헌법 제37조 제2항에[6] 근거하여 경찰이 사인(私人)의 자유와 권리를 침해할 수 있는 법적 근거를 말하는 것으로 이해된다. 바꿔 말하면, 경찰의 직무수행이 사인의 권리를 침해하게 된다면, 침해의 근거로서 권한규정이 필요하게 되는 것이다.

따라서 직무규정과 권한규정은 구분될 필요가 있다.[7] 예컨대, 경찰이 범죄수사의 직무를 수행한다고 하여 임의적인 강제연행 등 어떠한 수단이라도 도입·적용할 수 있는 것은 아니며, 다만 법이 허용한 침해수단만을 행사할 수 있는 것과 같다. 따라서 이 문제에 관하여 두 가지로 견해가 대립하고 있다고 볼 수 있다.[8]

첫째, 「국가경찰과 자치경찰의 조직 및 운영에 관한 법률」(약칭: 경찰법) 및 「경찰관직무집행법」 상의 직무규정은 경찰관청과 그 구성원인 경찰관의 권한을 일반적·개괄적으로 규정하는 것이 보통이며, 그것은 선언적 의미를 가지고 있는 것에 불과하다. 따라서 경찰이 일정한 권한을 행사하기 위해서는 직무규정 외에 특별한 권한규정에 의한 수권(授權)이 필요하다. 이렇게 했을 때 법률유보원칙(法律留保原則)의 의의가 있다는 것이다.

둘째, 그런데 경찰이 대외적인 활동을 하기 위해서는 이처럼 직무규정 외에 별도의 권한규정을 필요로 하는 것이 원칙이지만, 직무규정에만 근거하여 활동할 수 있는 경우를 완전히 배제할 수 없다는 것이다.

---

5) 홍정선(2007), 경찰행정법, 서울: 박영사, p. 265.
6) 국민의 모든 자유와 권리는 국가안전보장 · 질서유지 또는 공공복리를 위하여 필요한 경우에 한하여 법률로써 제한할 수 있으며, 제한하는 경우에도 자유와 권리의 본질적인 내용을 침해할 수 없다(헌법 제37조 제2항).
7) 홍정선(2007), 앞의 책, p. 265.
8) 서정범(1992), 앞의 논문, p. 23 재인용.

경찰의 임무·직무의 범위

「국가경찰과 자치경찰의 조직 및 운영에 관한 법률」 제3조(경찰의 임무)와 「경찰관직무집행법」 제2조(직무의 범위)에서는 경찰의 임무 내지 직무를 다음과 같이 규정하고 있다.

① 국민의 생명·신체 및 재산의 보호
② 범죄의 예방·진압 및 수사
③ 범죄피해자의 보호
④ 경비, 요인경호 및 대간첩·대테러 작전 수행
⑤ 공공안녕에 대한 위험의 예방과 대응을 위한 정보의 수집·작성 및 배포
⑥ 교통의 단속과 위해의 방지
⑦ 외국 정부기관 및 국제기구와의 국제협력
⑧ 그 밖에 공공의 안녕과 질서유지

그렇다면, 예컨대, 경찰의 직무의 범위를 규정하고 있는 경찰관직무집행법 제2조가 권한규정의 성격도 갖는 것으로 보고, 이 조항에만 근거하여 경찰권한의 행사(권력적·규제적 작용)를 인정할 수 있는지의 여부이다.

이 문제와 관련하여 군도시과 소속 단속계 직원인 청원경찰(請願警察)이[9] 경찰관직무집행법 제2조에 따라 허가 없이 창고를 주택으로 개축하는 것을 단속한 것은 정당한 공무집행에 속한다고 한 대법원판결은 주목된다.

이 판결은 경찰관직무집행법 제2조가 단순한 직무규정인지 아니면 권한규정으로서의 성격도 함께 갖는지에 대해 분명하지 못한 상황에서 대법원이 이 조항을 권한규정의 성질을 아울러 갖는 것으로 보았다는 점에 의의가 있다.[10]

(2) 권한규정에 의한 경찰권한의 부여 방법

위에서 경찰의 직무규정과 권한규정의 관계 또는 양자의 구분 필요성 등에 대해서 살펴보았다. 그렇다면, 경찰의 권한규정이 요구될 때, 어떠한 형식으로 존재해야 하는가 하는 문제가 제기된다. 법률에 따라 '경찰권한의 부여' 즉, 수권(授權)하는 방법은 크게 3가지로 나눌 수 있다.

---

9) 청원경찰(請願警察)은 청원경찰의 배치 결정을 받은 자(즉, 청원주)와 배치된 기관·시설 또는 사업장 등의 구역을 관할하는 경찰서장의 감독을 받아 그 경비구역만의 경비를 목적으로 필요한 범위에서 경찰관직무집행법 따른 경찰관의 직무를 수행하는 자를 의미한다(청원경찰법 제3조).

10) 대법 1986.1.28., 85도2448.

경찰권한 부여 방법
① 일반경찰법상의 일반조항에 의한 일반수권(一般授權)
② 일반경찰법상의 개별조항에 의한 특별수권(特別授權)
③ 특별경찰법상의 개별조항에 의한 특별수권(特別授權)

우리나라의 법제상 위 표의 '②'와 '③'이 인정되고 있음은 의문이 없다. 그런데, '①'에 해당하는 '일반경찰법상 일반조항에 따른 권한 부여 방법'이 인정되는지의 여부에 대해서는 견해가 일치하지 않고 있다. 한편, 특별경찰법(즉, 개별경찰법)은 '특별법 우선의 원칙'에 의해 일반법에 우선하므로, '③'의 법적 근거가 '②'에 우선하고, '②'의 법적 근거가 '①'의 법적 근거에 우선한다.[11)]

① 일반경찰법상의 일반조항에 의한 권한 부여

㉠ 일반적 수권조항의 의미

일반경찰법상 일반조항에 의한 권한 부여 방식에 대해서 살펴보자. 여기에서 일반경찰법(一般警察法)이라는 것은 범죄 및 무질서 등에 대한 위험방지 및 제거 등과 관련하여 일반적인 규정을 하고 있는 법을 말한다.

일반경찰법은 형식적·제도적 의미의 경찰에 관한 일반법을 의미한다. 일반경찰법상 대표적인 권한규정은 경찰청을 정점으로 하는 경찰조직 구성원들의 활동의 근거가 되는 「경찰관직무집행법」(警察官職務執行法, 1953년 제정)을 들 수 있다.

그리고 '일반조항'(一般條項)이라는 말은 어떠한 권한과 관련하여 개별적·구체적으로 특정(特定, specification)하여 규정하지 않고, 포괄(包括的)·개괄적(概括的)으로 규정한 것을 말한다.

그런데 실질적 법치주의(實質的 法治主義) 아래에서 법이 일반적으로 규정될 경우, 법적 안정성 또는 예측 가능성은 지켜지기 어렵게 된다. 특히, 개인의 자유와 권리를 침해할 여지가 강한 경찰권한 행사와 관련된 규정을 이처럼 일반적으로 규정했을 경우 그 문제는 적지 않게 발생할 가능성을 안게 된다.

㉡ 일반적 수권조항의 존재 여부

그러나 이러한 점에도 불구하고, 경찰권한의 법적 근거는 일반적 수권조항의 형태로도 존재할 수 있다는 점에 주의할 필요가 있다.[12)]

11) 홍정선(2007), 앞의 책, pp. 215-216.

현행 우리나라 경찰법규상 권한행사와 관련된 일반조항을 찾아보기는 어렵다.[13] 다만, 경찰관직무집행법 제2조(직무의 범위)의 제7호 '그 밖에 공공의 안녕과 질서유지'는 직무를 규정한 것이지만 일정 부분 '일반조항으로서의 권한규정'의 성격을 갖는다고 볼 수 있다.[14]

그 이유는 앞에서 설명한 바와 같이, 대법원은 관련사건에서 직무규정인 경찰관직무집행법 제2조(직무의 범위)를 권한규정으로서의 성격을 아울러 가지고 있다고 판단했기 때문이다. 그리고 특히, 이 가운데 제7호 '그 밖에 공공의 안녕과 질서의 유지'를 실정법상 일반적 수권조항으로 이해하였다는 점이다.

사실, 경찰권한 행사와 관련하여 일반경찰법(一般警察法)의 지위를 가지고 있는 경찰관직무집행법에 '불법적인 건축행위'를 단속할 수 있는 구체적인 권한규정은 없다고 볼 수 있다.[15] 그러나 대법원이 경찰관직무집행법 제2조 제7호 '그 밖에 공공의 안녕과 질서의 유지'에 근거하여 경찰관(청원경찰관)이 '불법적인 건축행위를 단속한 것은 정당하다'고 판결한 것은 이를 경찰권한 행사의 일반적 수권조항으로 보았다는 것을 의미한다.

ⓒ 일반적 수권조항의 필요성

대법원의 판례에도 불구하고 경찰법에서 위와 같은 일반적 수권조항의 존재를 인정할 수 있는지, 있다면 일반적 수권조항에 근거하여 경찰권한을 행사할 수 있는지에 대해서는 여전히 찬반론이 제기되고 있다.[16]

가. 부정적 입장

부정하는 입장에서는 경찰권한의 행사는 권력적 작용으로서 법률유보(法律留保)를 본질적인 것으로 요구하기 때문에 이를 행사하기 위해서는 일반적 수권조항의 존재만으로는 불충분하다는 견해이다. 즉, 법률유보의 원칙상 경찰권한의 행사를 위해서는 개별적인 법규정에 의한 구체적인 법적 수권을 필요로 한다는 입장이다.

나. 긍정적 입장

일반적 수권조항의 필요성을 긍정하는 입장에서는 다음과 같은 근거를 제

12) 위의 책, pp. 266-267.
13) 위의 책, pp. 265-267.
14) 김남진(2002), 앞의 책, p. 132.
15) 서정범(1992), 앞의 논문, p. 24.
16) 이하 위의 논문, pp. 24-27 재구성.

시하고 있다.

첫째, 과학기술의 발전과 사회적 사정의 변화 등으로 인해 입법자가 예상할 수 없는 경찰상의 위해가 발생하는 경우, 미리 규정된 개별적인 수권규정에 의하여 해결되지 못하는 경우가 존재하므로 이를 대비하기 위하여 일반적 수권조항이 필요하다는 것이다.

둘째, 일반적 수권조항의 내용을 이루는 '불확정 법개념'(不確定 法槪念: '공공의 안녕', '질서', '위험' 등)들은 학설과 판례에 의하여 상세하게 정해질 수 있는 것이므로, 일반적 수권조항의 적용영역이 일반의 가치관에 따라 결정되는 경우, 그의 내용·목적 및 범위가 충분히 특정될 수 있다.

셋째, 일반적 수권조항에 근거하여 경찰권한의 행사가 이루어지는 경우, 적용되는 법원칙, 이른바 '조리(條理)상의 한계'가 충분히 발달되어 있다는 점이다. 따라서 일반적 수권조항의 확대해석 및 그에 근거한 경찰권한 행사의 오남용은 모두 사법심사의 대상이 되어 통제가 가능하다는 것이다.

생각건대, 일반적 수권조항은 '공공의 안녕 혹은 질서에 대한 위험'이라고 하는, 일견 막연하고 포괄적인 요건 아래 경찰권한을 행사할 수 있게 함으로써 경찰권한의 행사가 남용될 우려가 존재한다.

그러나 일반적 수권조항은 어디까지나 제2차적·보충적으로만 적용되며(이른바 '보충성의 원칙'), 또한 긍정설이 정당하게 지적하고 있는 것처럼 학설과 판례에 의하여 일반적 수권조항의 내용·목적 및 범위가 충분히 상세화되고 그의 의미도 분명해졌기 때문에 일정 부분 허용 가능하다고 본다.

② 일반경찰법상의 개별적 조항에 의한 권한 부여

㉠ 개별적 수권조항의 의미

현행법상 범죄 및 무질서 등에 대한 위험방지 및 제거 등과 관련하여 일반적인 규정을 하고 있는 일반경찰법은 경찰관직무집행법이라 할 수 있다. 위에서 경찰관직무집행법 제2조(직무의 범위)는 직무규정으로서, 그리고 일정 부분 권한규정으로서 일반적 수권(특히, '그 밖에 공공의 안녕과 질서유지')조항으로서의 의미도 아울러 가지고 있다는 점을 살펴보았다.

여기에서 논의하는 일반경찰법인 경찰관직무집행법상의 개별적(個別的) 규정은 이러한 일반적 수권조항(즉, 제2조) 외의 권한규정을 말한다. 경찰관직무집행법 제3조(불심검문)부터 이하 제10조의4(무기의 사용)에 이르는 조항 상당 부분이 이에 해당한다(이에 대한 세부적인 내용은 다음 장에서 살펴보기로 한다).

일반경찰법(경찰관직무집행법)상의 개별적 권한규정
① 불심검문 권한(제3조) ② 보호조치 등 권한(제4조) ③ 위험발생의 방지 등 권한(제5조) ④ 범죄의 예방과 제지 권한(제6조) ⑤ 위험방지를 위한 출입 권한(제7조) ⑥ 사실의 확인 등 권한(제8조) ⑦ 정보의 수집 등 권한(제8조의2) ⑧ 국제협력 권한(제8조의3) ⑨ 경찰장비의 사용 등 권한(제10조) ⑩ 경찰장구의 사용 권한(제10조의2) ⑪ 분사기 등의 사용 권한(제10조의3) ⑫ 무기의 사용 권한(제10조의4) 등

경찰의 권한규정은 원칙적으로 일반적이어서는 안 되고, 구체적(具體的)이고 개별적(個別的)인 형태로 존재하고, 그에 따른 권한행사의 한계를 명확히 해야 한다. 이렇게 함으로써 경찰권한 행사의 오남용에 따른 인권침해를 최소화할 수 있기 때문이다. 따라서 경찰관직무집행법상의 불심검문(제3조), 보호조치(제4조), ...무기사용(제10조의4) 등 각 권한규정은 개별적인 형식으로 존재함은 물론이다.

이처럼 경찰관직무집행법은 일반경찰법으로서 직무규정 이면서 일반적 수권조항(제2조)으로서, 그리고 개별적 수권조항(제3조~제10조의에서 해당 조항)으로서의 성격을 모두 가지고 있음을 알 수 있다.

㉡ 개별적 수권조항의 특징

경찰관직무집행법은 과거에서 현재에 이르는 동안 일반경찰기관인 경찰이 일선현장에서 직무를 수행하는데 요구되는 관련 권한을 '기본적·표준적'으로 규정하고 있다고 할 수 있다.[17] 따라서 경찰의 '표준적 직무행위'라는 것은 경찰

17) 한국형사정책연구원(1995), 경찰관직무집행법에 관한 연구, pp. 26-27.

이 오랜 동안 주어진 직무를 수행해 오는 동안 '경험적으로 터득한' 또는 '학습된 행동규칙'(learned behavior rules)이라고 할 수 있을 것이다.

경찰관직무집행법에 의한 개별적 수권조항에 의한 권한의 행사(즉, 표준적 직무조치)는 일반적으로 행정경찰작용(行政警察作用)으로서의 성질을 갖는 것으로 인식되고 있지만, 아울러 사법경찰작용(司法警察作用)로서의 성질(예: 불심검문, 범죄의 제지, 사실의 확인, 경찰장비의 사용 등)도 적지 않게 가지고 있음은 물론이다.

이러한 경찰권한의 행사는 상대방 등에게 작위(作爲)·부작위(不作爲)·수인(受忍)의 의무 등을 부과한다. 그리고 이러한 조치는 법관이 발부한 영장(令狀, the warrant)이 요구되지 아니한다. 영장주의(令狀主義)의 예외가 되는 셈인데, 여기에 경찰관직무집행법상의 개별적 수권에 의한 권한의 행사가 갖는 또 하나의 특징이라고 할 수 있다.[18]

불확정성을 특징으로 하는 일반적 수권조항과는 달리 개별적 수권조항은 보다 구체적이기 때문에, 이에 근거하여 경찰권한을 행사하는 경우, 이의 한계는 개별조항의 해석을 통하여 밝혀질 수 있다. 예컨대, 경찰이 경찰관직무집행법 제3조에 의해 특정인에 대한 불심검문(不審檢問)을 한다면, 이의 요건 및 한계는 이 규정 자체(제1항~7항에 이르는 내용)에 구체적으로 들어있음을 알 수 있다.

물론, 개별조항에 의하여 경찰권한을 행사하는 경우에도 재량이 인정되며, 그 한도에서 '조리상의 한계'(경찰 소극목적의 원칙, 공공의 원칙, 비례의 원칙, 평등의 원칙, 책임의 원칙, 보충성의 원칙 등)가 논해질 수 있다. 그러나 이 경우에 있어서는 일반조항에 의하여 경찰권한이 행사되는 경우와 같이 여러 법원칙 또는 조리상의 한계가 포괄적으로 적용되지는 않는다고 본다.

예컨대, 경찰관직무집행법 제3조 제1항(불심검문)에서 '수상한 행동이나 그 밖의 주위 사정을 합리적으로 판단하여 볼 때 어떠한 죄를 범하였거나 범하려 하고 있다고 의심할 만한 상당한 이유가 있는 사람, 이미 행하여진 범죄나 행하여지려고 하는 범죄행위에 관한 사실을 안다고 인정되는 사람을 정지시켜 질문할 수 있다'라고 규정하고 있는데, 이에 의하여 경찰권한을 행사(즉, 불심검문)하는 경우, 위에서 말하는 조리상의 한계가 포괄적으로 적용될 여지는 없다고 보는 것이다.

18) 홍정선(2007), 앞의 책, pp. 225-226.

여기에 바로 '경찰권한의 근거와 한계'(또는 경찰권한 행사의 요건과 효과)를 논의하는데 있어서 일반조항에 의하는 경우와 개별조항에 의하는 경우를 구분하여 살펴보는 이유가 있는 것이다.

③ 특별경찰법상의 개별적 조항에 의한 권한 부여

범죄 및 무질서 등 위험의 방지·제거 목적을 위한 법규정은 경찰관직무집행법과 같은 일반경찰법 외에 수많은 특별경찰법(개별경찰법)이 있다.

이러한 특별경찰법에는 「풍속영업의 규제에 관한 법률」, 「도로교통법」, 「총포·도검·화약류 등의 안전관리에 관한 법률」, 「집회 및 시위에 관한 법률」, 「형법」, 「경범죄처벌법」, 「가정폭력범죄의 처벌에 관한 특례법」, 「소년법」, 「국가보안법」 등 수많은 법률이 있다.

이와 같이 경찰권한 행사의 실제에 있어서 특별경찰법에 따른 경찰활동 범위는 매우 넓고 방대하다. 그리고 특별경찰법은 범죄처벌 등을 통한 범죄통제의 목적을 본질로 하는 형법·특별형법(예: 국가보안법, 경범죄처벌법 등)도 있지만 상당부분은 개별적인 행정목적을 달성하기 위해 부수적으로 벌칙규정을 두고 있는 행정법규(예: 도로교통법, 총포·도검·화약류 등의 안전관리에 관한 법률, 집회 및 시위에 관한 법률 등)이라 할 수 있다.

따라서 경찰은 이와 같은 수많은 특별경찰법에 의해 부여된 개별적 권한을 가지고 일선현장에서 관련 업무(생활안전·수사·교통·경비·정보·보안·외사 등)를 수행하게 된다. 이에 대한 세부적인 내용은 후술하는 경찰현장운용 부분에서 살펴보기로 한다.

제2절 경찰권한의 한계

1. 경찰권한 행사와 조리상의 한계

1) 조리상의 한계의 의의

이상에서 살펴본 바와 같이 권력적·규제적인 경찰권한 행사에 관한 내용을 법에 규정하고 있다고 할지라도 경찰기관은 그러한 법령의 범위 안에서 아무런 제한 없이 자유롭게 행사할 수 있는 것은 아니다.

경찰권한 행사에 대한 법규상의 한계(즉, 법률유보원칙) 외에도, 일정한 한계를 정할 필요가 있는데 이것이 바로 '조리(條理)상의 한계'이다. 조리(條理)라는 것은 사물의 본질적 법칙 즉, 상식이나 사회통념, 도리, 도덕, 신의성실 등을 의미하는 것으로 수많은 사람들이 인정하는 공통적인 규범이라 할 수 있다. 이러한 조리상의 한계 역시 경찰법을 지배하는 '법원'(法源)이라고 할 수 있으며, 따라서 이와 관련하여 상당부분 헌법상에서 규정되어 있다.

경찰법규에 경찰권한 행사와 관련된 규정들을 모두 예상하여 입법화(立法化)한다는 것은 불가능하다. 그렇기 때문에 경찰관직무집행법 제2조(직무의 범위)에 대해서 직무규정이자 권한규정 즉, 일반적 수권조항으로서 성격을 아울러 가지고 있다고 보는 것이다.

그리고 비록 개별적으로 수권규정을 두고 있다 할지라도, 각 규정을 살펴보면, '주위의 사정을 합리적으로 판단하여', '범죄의 사실을 안다고 인정되는 사람', '필요하다고 인정할 때에는 필요한 조치를 취할 수 있다' 등과 같이 추상적인 불확정개념(不確定概念)으로 규정되어 있는 것이 현실이다. 더욱이, 이에 더하여 '주의의 사정', '필요한 정도' 등과 같이 경찰의 개인적 판단에 맡기는 이른바 '재량'(裁量, discretion)을 적지 않게 부여하지 않을 수 없는 것이 현실이다.

이러한 추상적인 불확정 개념의 사용과 재량권의 행사는 비단 행정경찰작용에 국한되지 않는다고 본다. 경찰을 포함한 검찰·법원·교정에 이르는 형사사법(刑事司法) 전반에 걸쳐 재량권 행사의 여지는 적지 않다고 보며, 따라서 사법경찰작용에 있어서도 재량권의 행사는 광범위하게 이루어질 수 있다. 그렇기 때문에 헌법 차원에서 특히, 형사절차에서 야기될 수 있는 인권침해 문제를 우려하여 이에 대한 명문규정을 적지 않게 두고 있는 것이다(재량행위 문제는 후술하기로 한다).

일반적으로 경찰법원리상의 한계(즉, 조리상의 한계)와 관련하여 ㉠ 경찰소극목적의 원칙, ㉡ 경찰공공의 원칙, ㉢ 경찰비례의 원칙, ㉣ 경찰평등의 원칙, ㉤ 경찰책임의 원칙 등이 논의되고 있다.[19]

경찰권한 행사에서 논의되고 있는 조리상의 한계에 관한 논의는 독일에서 일반적 수권조항에 근거하여 경찰권한을 행사하는 경우에 적용되는 법원칙에서 발전된 것이다.[20] 이러한 점에서 볼 때, 조리상의 한계 문제는 주로 행정경찰의 권한행사와 관련된 것이라고 볼 수 있다. 그러나 이러한 조리상의 한계 문제는 사법경찰의 권한행사에 있어서도 마찬가지로 적용될 수 있음은 물론이다.

한편, 이러한 조리상 한계는 '절대적인 법칙'(法則)이 아닌 하나의 '원칙'(原則)이기 때문에 '예외'(exception)가 존재한다는 점에 주의할 필요가 있다.

2) 조리상의 한계의 종류

(1) 경찰소극목적의 원칙

경찰소극목적(警察消極目的)의 원칙이란 경찰권한은 사회공공의 안녕과 질서의 유지에 대한 위해의 방지·제거라는 소극적 목적을 위해서만 발동될 수 있다는 원칙이다.

따라서 경찰권한이 적극적인 복리증진을 위한 적극적 목적을 위하여 발동되거나 군정(軍政) 등과 같이 국가목적을 위해서는 행사될 수 없으며, 이처럼 경찰소극목적의 원칙을 벗어난 것은 위법한 것이 될 수 있다.

다만, 이 경찰소극목적의 원칙은 경찰개념(즉, 경찰국가에 대한 법치국가의 경찰개념 정립과정에서 도입된 '소극적 질서유지')으로부터 당연히 나오는 것으로서 특별한 의미를 갖는 것이 아니라는 견해도 있다. 그러나 조리상의 한계 자체가 경찰권한의 목적과 그 실질적 개념에서 도출되는 내재적인 법원칙의 천명이라는 점에서 이 원칙 역시 조리상의 한계로 보아야 할 것이다.

경찰의 소극적 개입이 갖는 의미

대륙법계의 근대경찰 형성과정에서 '소극적 질서유지'(消極的 秩序維持) 개념은 중요한 의미를 가지고 있다. 이는 대륙법계 경찰 특히, 행정경찰 영역에서 형성·발전된 것이다. 그런데, 소극적 개념은 사법경찰작용에서 당연히 적용되는 것이다. 이미 발생한 사

19) 김남진(2002), 앞의 책, pp. 135-144.; 홍정선(2007), 앞의 책, pp. 268-272.; 김창윤·이창한·최선우 외 13인 공저(2012), 경찰학, pp. 309-317.

20) 김남진(2002), 앞의 책, p. 131.

건에 대응하는 사법작용은 과거지향적인 것이며, 따라서 특별한 경우를 제외하고는 장래에 범죄를 저지를 것까지를 우려하여 적극적으로 처벌할 수는 없는 일이다.
사법경찰작용의 근거가 되는 형벌에 있어서 예비(豫備: 범행의 결의를 실천에 옮기기 위하여 물적으로 준비하는 행위)와 음모(陰謀: 2인 이상의 범행의 결의를 상호 합의 하는 행위)는 범죄실행의 착수 이전 단계에 일어나는 것이므로 원칙적으로 형사처벌의 대상이 되지 않는다. 따라서 형법에서는 '범죄의 음모 또는 예비행위가 실행의 착수에 이르지 아니한 때에는 법률에 특별한 규정이 없는 한 벌하지 아니 한다'고 규정(제28조)하고 있다.[21]

(2) 경찰공공의 원칙

경찰공공(警察公共)의 원칙이란 경찰권한은 원칙적으로 사회질서 위협에 직접적인 영향이 없는 개인의 사익(사생활·사주소, 민사상의 법률관계, 통신의 비밀 등)에 대해서는 관여할 수 없다는 것을 의미한다.

사생활·사주소불가침의 원칙은 헌법상의 원칙(제16조, 제17조, 제18조 등)을 경찰법에 적용한 것이다. 헌법에서 규정하고 있는 사주소불가침의 원칙은 특히, 형사절차와 관련된다. 즉, 모든 국민은 주거의 자유를 침해받지 아니한다고 규정하고 있는데, 이를 위해 경찰 등 형사사법기관이 주거에 대한 압수나 수색을 할 때에는 검사의 신청에 의하여 법관이 발부한 영장(令狀)을 제시하도록 하고 있다(제16조 단서).

따라서 경찰권한이 이 원칙에 위반하여 행사된 경우에는 위법한 것이 되며, 경찰권한이 이 한계를 벗어나 국민의 권리와 이익을 침해한 때에는 일반적으로 국가배상 등에 의하여 구제받을 수 있다.

① 사생활불가침의 원칙

경찰은 사회공공의 질서와 직접 관계없는 개인의 사생활(私生活)이나 행동에는 간섭해서는 안 된다. 다만 개인의 사생활일지라도 정신착란 또는 음주로 인하여 자기 또는 타인의 생명·신체·재산에 위해를 미칠 우려가 있는 자의 보호조치라든지 전염병환자에 대한 강제격리·수용조치 등 사회질서에 직접적인 관계가 있는 것은 예외적으로 경찰권한 행사의 대상이 된다.

② 사주소불가침의 원칙

경찰은 공중과 직접 접촉되지 않는 사주소(私住所) 내에서의 행동은 사회질서에 직접 영향을 미치지 않는 한 관여할 수 없다. 여기에서 사주소란 개인의 주거용

---

21) 신동운(2010), 형법총론, 서울: 법문사, p. 455.

가택뿐만 아니라 회사, 사무소, 창고, 연구실 등과 같이 비거주건축물도 포함된다. 그러나 흥행장, 음식점, 여관, 역 등과 같이 항상 불특정다수인에게 이용이 개방되어 있는 장소는 사주소에 포함되지 않는다.

원래, 이 원칙은 그 행위가 만약 공공의 장소에서 행하여진다면 당연히 금지되어야 할 행동이라도 그것이 사주소 내에서 행하여진다면 원칙적으로 사회공공의 안녕과 질서에 영향을 미치지 아니하므로 각자의 자유에 맡기고 질서유지행정권의 대상이 되지 않는다는 취지이다.

사주소불가침에도 한계가 있다. 사주소 내의 행위가 공공의 안녕이나 질서에 직접 중대한 장해를 가져오는 경우(예: 지나친 소음 및 고성, 악취, 진동 등)에는 경찰의 개입이 가능하게 된다.

③ 민사관계불간섭의 원칙

민사상의 법률관계 또는 권리관계에 경찰은 개입할 수 없다. 그것은 직접 공공의 안녕이나 질서에 위해를 가하는 것은 아니기 때문이다. 이는 개인의 재산권의 행사, 친족권의 행사, 민사상의 계약 등은 개인 사이의 사적인 관계에 그치고, 그 권리의 침해나 채무의 불이행에 대하여는 사법권에 의하여 보호되므로, 경찰이 관여할 사항이 아니라는 것을 의미한다.

따라서 예컨대, 경찰이 사인간의 가옥임대차에 관한 분쟁에 개입하거나, 민사상의 채권집행에 관여하거나 범죄의 종료 후 범죄로 인하여 생긴 손해를 배상시키려고 한 행위는 그 직무상의 행위로 볼 수 없는 위법행위라 할 것이다.

그러나 민사상의 법률관계라 할지라도 당사자의 사익에 그치지 않고 그것이 동시에 공중의 안전·위생·풍속·교통 기타 사회공공의 안녕과 질서에 영향을 미치는 경우에는 경찰의 개입이 가능하다.

예컨대, 암표매매 행위는 민사상의 특정인의 이해관계를 벗어나 사회공공에 직접적인 위해를 가하는 경우라 할 수 있다. 또 화약류의 양도·양수와 같은 민사상의 거래에 경찰상의 허가(許可)를 필요로 하는 경우도 있다.

(3) 경찰비례의 원칙

① 경찰비례원칙의 의의

비례원칙(比例原則)이란 경찰권한 행사의 목적(目的)과 그 목적을 실현하기 위한 수단(手段)의 관계에서 도출된다.

경찰수단은 경찰목적을 실현하는데 ㉠ 적합하고 또한 ㉡ 최소 침해를 가져오는 것이어야 할 뿐만 아니라, 아울러 ㉢ 그 수단의 도입으로 인해 생겨나는 침해가 의도하는 이익·효과를 능가하여서는 안 된다는 원칙을 말한다.[22] 바꿔 말하면, 경찰권한의 행사는 달성하려고 하는 공공의 안녕과 질서의 유지라는 필요성과 사인의 권리에 대한 침해가 비례관계를 가져야 한다는 의미를 말한다.

오늘날 비례원칙은 국가권력 행사의 모든 영역(입법·행정·사법)에서 고려되어야 할 헌법적 요청으로 이해되고 있다.

비례원칙의 대표적인 헌법적 근거는 제37조 제2항에서 말하는 '필요한 경우'에서 찾을 수 있으며, 그에 따라 비례원칙을 충족했는가 여부는 국가권력행사의 정당성을 판단하는 기준으로 작용하고 있다. 기본권 제한입법과 관련하여 기본권 제한의 목적·형식·방법 및 내용상의 한계를 분명히 함으로써 비례원칙을 채택하고 있는 것이다.

헌법 제37조

① 국민의 자유와 권리는 헌법에 열거되지 아니한 이유로 경시되지 아니한다.
② 국민의 모든 자유와 권리는 국가안전보장·질서유지 또는 공공복리를 위하여 '필요한 경우'에 한하여 법률로써 제한할 수 있으며, 제한하는 경우에도 자유와 권리의 본질적인 내용을 침해할 수 없다.

그리고 헌법 제12조 제1항의 적법절차(適法節次) 조항에서 수사비례원칙(搜査比例原則)을 이끌어 낼 수 있다. 범죄수사에서 비례원칙은 국가권력을 제한하고 수사절차에서 관련 당사자들의 기본권 제한을 가능한 축소시키는 역할을 한다.[23]

경찰관직무집행법에서도 제1조 2항에서 '이 법에 규정된 경찰관의 직권은 그 직무수행에 필요한 최소한도 내에서 행사되어야 하며 남용하여서는 아니 된다'는 규정은 경찰비례의 원칙을 직접적으로 규정한 것이라 할 수 있다.

② 경찰비례원칙의 내용

헌법 제37조 제2항에서 말하는 '필요한 경우'란 바로 (광의의)비례원칙(적합성의 원칙+필요성의 원칙+상당성의 원칙)을 뜻하는 것으로 행정경찰과 사법경찰 영역에서 중요한 법원칙으로서 해석된다.[24] 판례에서도 비례원칙을 인정하고 있

22) 홍정선(2007), 앞의 책, pp. 53-54.
23) 배종대·이상돈·정승환(2009), 신형사소송법, 서울: 홍문사, p. 90.
24) 홍정선(2007), 앞의 책, pp. 55-58.; 형사소송법 제199조는 '수사에 관하여는 그 목적을 달성하기 위하여

음은 물론이다.

위해성 장비의 사용

경찰관은 범인의 체포 또는 도주의 방지, 타인 또는 경찰관의 생명·신체에 대한 방호, 공무집행에 대한 항거의 억제를 위하여 필요한 때에는 최소한의 범위 안에서 가스총을 사용할 수 있다.
그러나 가스총은 통상의 용법대로 사용하는 경우 사람의 생명 또는 신체에 위해를 가할 수 있는 이른바 '위해성 장비'(危害性 裝備)로서 그 탄환은 고무마개로 막혀 있어 사람에게 근접하여 발사하는 경우에는 고무마개가 가스와 함께 발사되어 인체에 위해를 가할 가능성이 있다.
따라서 이를 사용하는 경찰관으로서는 인체에 대한 위해를 방지하기 위하여 상대방과 근접한 거리에서 상대방의 얼굴을 향하여 이를 발사하지 않는 등 가스총 사용시 요구되는 최소한의 안전수칙을 준수함으로써 장비사용으로 인한 사고발생을 미리 막아야 할 주의 의무가 있다.[25)]

㉠ 적합성의 원칙

경찰이 도입하는 수단은 그 목적을 달성하는데 법적으로나 사실상으로 적합해야 한다는 것을 의미한다. 경찰권한의 행사는 공공의 안녕질서에 대한 위험의 방지에 적합하고, 그를 시행하는 것이 사실적 혹은 법적으로 가능하여야 한다. 따라서 경찰의 직무수행에 적합하지 않거나 무용한 조치, 사실적 혹은 법적으로 불가능한 조치 등은 적합성의 원칙에 반한다고 볼 수 있다.

㉡ 필요성의 원칙

최소 침해의 원칙이라고도 하며, 이 원칙은 일정한 목적을 달성할 수 있는 수단이 여러 가지인 경우에 경찰은 개인이나 공중에게 가장 적은 침해나 부담을 주는 수단을 선택해야 한다는 것을 의미한다.

예컨대, 자동차에 의하여 야기된 교통체증이 자동차를 옮김으로 인하여 제거될 수 있다면, 그의 견인(牽引)은 허용되지 않는다.

㉢ 상당성의 원칙

이는 좁은 의미의 비례원칙이라고도 하는데, 경찰의 어떠한 권한행사가 경찰목적의 실현에 적합하고 필요한 경우라고 하더라도 이를 행사함에 따른 불

필요한 조사를 할 수 있다'고 규정하고 있는데, 여기서 '필요한'이란 비례원칙의 세 가지 부분원칙을 포괄하는 것이다. 배종대·이상돈·정승환(2009), 앞의 책, p. 90.

25) 대법 2003.3.14., 2002다57218.

이익이 그것에 의해 초래되는 이익보다 큰 경우에는 그 조치를 취해서는 안 된다는 것을 의미한다(이를 '균형성의 원칙'이라고도 한다).

'버찌나무에 앉아 있는 참새를 쫓기 위해 대포를 쏘아서는 안 된다'는 독일 고사는 이 원칙을 잘 표현하고 있다. 따라서 예컨대, 경찰이 단순 절도범을 제압할 목적으로 총기를 사용하여 사망에 이르게 하였다면, 이는 상당성을 벗어난 행위라고 할 수 있다.

상당성의 원칙의 적용에 있어 요구되는 이익형량을 함에 있어서, 특히 그때그때의 위협을 받는 보호법익의 가치와 경찰의 개입으로 인하여 위험을 야기한 사람에게 발생할 것이 예상되는 손해의 중요도 및 손해발생의 개연성 정도로 고려되어야 한다. 그 결과, 그때그때의 위협을 받는 보호법익보다 더 고차원적인 이익이 존재하는 경우에는 경찰의 개입이 부적당한 것으로 해석될 수 있다.

(4) 경찰평등의 원칙

경찰평등(警察平等)의 원칙은 경찰권한 행사에 있어서 성별·종교·사회적 신분 등을 이유로 차별이 있어서는 안 된다는 원칙을 말한다. 이는 헌법에서 규정하고 있는 평등의 원칙(제11조 제1항)을 경찰 영역에서 표현한 것이다.

헌법 제11조 제1항
모든 국민은 법 앞에 평등하다. 누구든지 성별·종교 또는 사회적 신분에 의하여 정치적·경제적·사회적·문화적 생활의 모든 영역에 있어서 차별을 받지 아니한다.

이 헌법상의 평등의 원칙은 경찰권한의 행사를 포함한 모든 국가작용에 예외 없이 적용되어야 한다. 다만, 대통령, 국회의원, 주한미군, 그리고 외교사절 등에 대해서는 일정부분 예외가 허용된다.

과거에는 이 원칙은 조리상의 한계로 거론되지 않았던 것이나, 현재는 헌법상의 명시적 원칙 또는 그에서 도출되는 헌법적 효력을 가지는 일반원리로서 권력적·침익적 작용인 경찰권한의 행사에 있어서 중요한 제한 원칙으로 인식되고 있다.

(5) 경찰책임의 원칙

경찰책임(警察責任)의 원칙이란 경찰권한은 경찰상 위험의 발생 또는 위험의 제거에 책임이 있는 자에게 행사되어야 한다는 원칙을 말한다. 경찰책임의 유형에는 행위책임, 상태책임, 혼합책임, 그리고 긴급상태책임의 경우가 있다.

행위책임은 자연인(自然人)이나 법인(法人)이 자신의 행위나 자신을 위하여 행동하는 타인의 행위를 통해서 공공의 안녕이나 질서에 위험을 야기하였다면, 그러한 장해에 대하여 지는 책임을 말한다. 상태책임은 자기의 물건으로 인해 관련 위험을 야기하였을 때 부담하는 책임을 말한다. 혼합책임은 행위책임과 상태책임이 결합하여 위험을 가져오는 경우를 말한다.

한편, 예외적으로는 경찰상 위험의 발생과 무관한 자에게 행사되는 경우도 있다. 경찰책임이 없는 자에 대해서도 책임을 물을 수 있다는 의미이다. 경찰상 긴급상태가 바로 그것이다. 경찰은 공공의 안녕이나 질서에 대한 위험의 극복을 위하여 경우에 따라서는 장해를 야기한 자가 아닌 자에 대하여 경찰권한을 행사하지 않으면 안 되는 경우도 있다.

경찰상 긴급상태에서의 경찰개입은 보다 엄격하여야 함은 물론이다. 긴급상태책임과 관련하여 예컨대, 경범죄처벌법상의 '공무원 원조불응'(公務員 援助不應)을 들 수 있다.

경찰책임의 원칙 예외: 긴급상태 책임(공무원 원조불응죄)

다음에 해당하는 사람은 10만원 이하의 벌금, 구류 또는 과료(科料)의 형으로 처벌한다. 눈·비·바람·해일·지진 등으로 인한 재해 또는 화재·교통사고·범죄 그 밖의 급작스러운 사고가 발생한 때에 그곳에 있으면서도 정당한 이유 없이 관계공무원 또는 이를 돕는 사람의 현장출입에 관한 지시에 따르지 아니하거나 공무원이 도움을 청하여도 이에 응하지 아니한 사람(경범죄처벌법 제3조 제1항 제29호).

2. 경찰권한 행사와 재량

1) 경찰재량행위의 의의

이상과 같이 경찰권한 행사는 원칙적으로 법적인 근거에 의해 이루어져야 함을 알 수 있다. 그러한 권한행사의 법적 근거는 기본적으로 개별적인 형태로 존재해야 하지만 예외적으로 일반적인 형태로도 존재할 수 있다고 볼 수 있다. 그리고 그러한 권한행사는 법적인 한계뿐만 아니라 조리상의 한계에 의해서 통제될 수 있음을 살펴보았다.

경찰은 이러한 법적인 한계와 조리상의 한계의 영역에서 일정한 '재량권'(裁量權)을 가지고 있다. 경찰권한 행사와 관련하여 법(法)과 조리(條理)에 의해 일정한 한계를 정하고 있지만, 그러한 법규정 내용과 조리의 개념(소극목적, 공공, 비례, 평등, 책임 등)

속에는 상당부분 추상적·불확정적인 개념이 들어있다.

추상적·불확정적 법개념의 예: 불심검문

경찰관은 다음의 어느 하나에 해당하는 사람을 정지시켜 질문할 수 있다.
① 수상한 행동이나 그 밖의 주위 사정을 합리적으로 판단하여 볼 때 어떠한 죄를 범하였거나 범하려 하고 있다고 의심할 만한 상당한 이유가 있는 사람
② 이미 행하여진 범죄나 행하여지려고 하는 범죄행위에 관한 사실을 안다고 인정되는 사람(이상 경찰관직무집행법 제3조 제1항)

따라서 직무수행과정에서 일차적으로 그에 대한 '판단여지(判斷餘地)의 문제'가 존재하고, 이차적으로 재량권(裁量權) 행사 문제가 남게 된다. 사실, 경찰은 직무수행과정에서 범죄 내지 사고 등 위험한 상황을 직면하게 되면, 그에 대한 판단을 해야 하고, 그러한 판단결과에 따른 적절한 재량권을 행사하여 대응해야 한다.

한편, 「도로교통법」과 같은 행정경찰 관련 법규정에는 '~할 수 있다'(can)와 같은 형식이 많이 존재하는데, 이는 법규정 자체에 경찰에 재량권을 부여한 것으로 볼 수 있다. 그리고 「형사소송법」과 같은 사법경찰 관련 법규정은 '~하여야 한다 또는 ~한다'(must)와 같은 형식으로 존재한다. 사법경찰 관련 법규정에도 '~할 수 있다'와 같은 형식이 적지 않게 존재함은 물론이다.

이러한 '~하여야 한다 또는 ~한다'와 같은 '기속행위'(羈束行爲) 법형식은 재량권의 여지가 없을 것 같지만, 그 속에서도 적지 않게 존재한다고 본다. 왜냐하면, 재량 이전에 판단의 여지는 여전히 자의적(恣意的)인 요소가 많기 때문이다.

어쨌든, 경찰은 행정경찰과 사법경찰 영역에서 관련권한을 행사하는 과정에서 광범위한 재량권을 행사하고 있는 것이 사실이다. 이러한 점에서 경찰권한 행사와 관련하여 법적인 한계, 조리상의 한계, 그리고 재량행위는 상호 밀접하게 관련되어 있음을 알 수 있다.

2) 경찰재량행위의 유형

범죄를 포함한 모든 종류의 위험방지 및 제거를 위한 수단을 법률에서 개별적으로 확정해두는 것은 불가능한 일이다. 오히려 경찰이 각종 위험에 탄력적으로 대응하기 위해 경찰에 재량권한을 부여하는 것이 효율적일 뿐만 아니라, 일정부분 불가피하다고 본다.

따라서 경찰편의주의에 따라 경찰에게 허용된 재량은 두 단계로 구성된다. 즉, 경찰에게 허용된 재량권한은 ㉠ 경찰이 특정한 상황에 개입할 것인가를 결정하는 결정재량(決定裁量)과 ㉡ 여러 가지 대안 중에서 어떤 행위를 할 것인가를 선택하는 선택재량(選擇裁量)이 바로 그것이다.

(1) 결정재량

개인의 인권 및 공공의 안녕과 질서에 대한 위험이 존재한다는 것이 확인된 경우, 경찰은 우선 자신이 개입하는 것이 공익, 균형의 원칙 및 합목적성의 원칙에 부합되는지를 판단하여, 그 판단 결과에 따라 '개입 여부'(介入 與否)를 자신의 책임 아래 결정할 수 있다.

따라서 그러한 경찰의 판단이 적절한 것이라면, 개인의 인권 또는 공공의 안녕과 질서에 대한 위험이나 장해가 있는 경우라 할지라도 '아무런 행위를 하지 않는 것'이 적법(適法)할 수도 있다.[26] 즉, 개입을 하지 않는 것도 재량이라고 할 수 있다.

따라서 예컨대, 경찰관직무집행법상 경찰에게는 일정한 재량권이 부여되어 있으므로, 경찰은 의무에 합당한 판단과 재량에 따라 권한을 행사하면 되는 것이지, 반드시 어떠한 행위를 하여야할 의무를 부담하고 있는 것은 아니다. 재량행위에 해당하는 경우, 경찰에 대한 개입청구권(介入請求權)은 존재하지 않는다고 본다.

그러나 예외적으로 재량권이 영(零, zero)으로 수축하는 경우(예: 발생한 사건이 긴박하고, 심각한 경우 등)에는 경찰의 부작위는 위법한 것이 되며, 따라서 당사자는 경찰에 대한 개입을 요구·청구할 수 있다. 이처럼 경찰권한의 행사는 원칙적으로 경찰의 독자적인 판단에 의해 이루어지지만, 예외적으로 재량권이 영으로 수축하는 경우에는 경찰에 대한 개입청구권이 존재할 수 있다.[27]

재량권 영(零)으로의 축소 예

① 윤락여성 보호에 대한 경찰의 부작위 책임

윤락녀들이 윤락업소에 감금된 채로 윤락을 강요받으면서 생활하고 있음을 쉽게 알 수 있는 상황이었다.

이러한 사정에도 불구하고 경찰관이 이러한 감금 및 윤락 강요행위를 제지하거나 윤락업주들을 체포·수사하는 등 필요한 조치를 취하지 아니하고 오히려 업주들로부터 뇌물을 수수하며 그와 같은 행위를 방치한 것은 경찰관의 직무상 의무에 위반하

26) 서정범(1992), 앞의 논문, p. 132.; 홍정선(2007), 앞의 책, p. 91.
27) 위의 책, p. 96.

여 위법하므로, 국가는 이로 인한 정신적 고통에 대하여 위자료를 지급할 의무가 있다.[28)]

② **지속적·반복적 괴롭힘에 대한 경찰의 부작위 책임**

가해자가 피해자를 살해하기 직전까지 오랜 기간에 걸쳐 원한을 품고 집요하게 피해자를 괴롭혀 왔고, 이후에도 피해자의 생명·신체에 계속 위해를 가할 것이 명백하여 피해자의 신변이 매우 위험한 상태에 있어 피해자가 살해되기 며칠 전 범죄신고와 함께 신변보호를 요청하고 가해자를 고소하였다.

이 경우, 범죄신고와 함께 신변보호요청을 받은 파출소 소속 경찰관들이나 고소장 접수에 따라 피해자를 조사한 지방경찰청 담당 경찰관들은 사태의 심각성을 깨달아 수사를 신속히 진행하여 가해자의 소재를 파악하는 등의 조치를 취해야 한다. 아울러 피해자에 대한 범죄의 위험이 일상적인 수준으로 감소할 때까지 피해자의 신변을 특별히 보호해야할 의무가 있다.[29)]

③ **살인사건에 대한 경찰의 부작위 책임**

이른바 '오원춘 사건' 당시 피해자의 신고전화를 받고도 허술하게 대응한 경찰의 행태가 결국 피해자의 사망을 초래했다고 법원이 인정하였다. 대법원은 오원춘에게 납치·살해된 ㄱ씨(28. 여)의 유족 4명이 국가를 상대로 낸 손해배상 청구소송 상고심에서 "원고에 대한 위자료뿐 아니라 재산상 손해도 인정해야 한다"며 사건을 서울고법으로 돌려보냈다.

재판부는 "사건 당시 경찰이 피해자의 신고 내용만 제대로 확인했다면 그가 살아있던 시점에 범행 현장을 발견했을 가능성이 크다"며 "경찰의 늑장 대응과 피해자 사망과의 인과관계를 인정하지 않은 원심의 판단을 받아들일 수 없다"고 하였다. 이번 판결은 향후 파기환송심에서 피해자 사망에 따른 재산상 손해까지 더 폭넓게 배상해야 한다는 취지로 풀이된다. 앞서 원심은 경찰의 늑장 대응은 인정했으나, 구조기회박탈에 따른 위자료 2,130만원만 인정하였다.[30)]

④ **독일의 띠톱판결(1960)**

행정개입청구권의 법리는 1960년 독일 연방행정재판소의 띠톱판결에서 정립되었다. 이 사안은, 주거지역에 설치된 석탄제조업체에서 사용하는 띠톱(절단용 기계)에서 배출되는 먼지와 소음 등으로 피해를 받고 있던 인근주민이 행정청에게 건축법규상

28) 대법 2004.9.23., 2003다49009.

29) 대법 1998.5.26., 98다11635.

30) 오원춘은 2012년 4월1일 ㄱ씨를 납치해 성폭행하려다 실패하자 살해하였다. ㄱ씨는 납치된 직후 전화로 구조요청을 했지만 경찰은 신고 내용을 제대로 파악하지 않고 늑장 출동해 논란이 됐다. 유족들은 "초동 수사가 미흡해 고귀한 생명을 잃었다"며 국가를 상대로 3억 6000만원의 손해배상을 청구하였다. 경향신문(2016. 07. 27.)

의 금지처분을 발할 것을 청구하였다. 이에 관할행정청은 이 업소의 조업은 건축관계법규에 위반되지 않는 것이라 하여 기각하였고, 이에 인근주민들이 기각처분에 대한 취소소송을 제기하였다.
베를린 고등법원은 원고에게는 건축법규에 기한 특정처분을 청구할 수 있는 권리가 없다고 보고 원고의 청구를 기각하였다. 그러나 연방재판소는 행정법상의 일반수권조항의 해석에 있어, 첫째 인근주민의 '무하자 재량행사 청구권'(無瑕疵 裁量行使 請求權)을 인정하고,[31)] 둘째 재량권의 영으로의 수축이론에 의거하여 원고의 청구를 인용하였다.[32)]

(2) 선택재량

경찰이 위와 같은 결정재량에 근거하여 위험방지 및 제거를 위하여 개입하겠다고 결정하였다면, 이번에는 상황에 대응하는 필요한 구체적인 조치 또는 수단 가운에 어떠한 것을 선택할지를 판단해야 한다. 왜냐하면 경찰의 구체적인 조치 또는 수단은 여러 가지 방법으로 이루어질 수 있기 때문이다.

특히, 일반적 수권조항은 경찰에게 단지 필요한 조치만을 포괄적으로 허용하고 있기 때문에, 주어진 상황에 대한 경찰의 선택재량은 구체적 사정에 따라 결정될 수밖에 없는 일이다.

이상과 같은 결정재량과 선택재량의 결과에 문제가 제기되었을 경우에는 사법심사의 대상이 됨은 물론이다. 특히, 다수의 수단 가운데 선택된 재량권한을 행사했을 경우, 법치국가의 요청인 과잉금지(過剩禁止)의 원칙(즉, 비례원칙)이 적용된다.

따라서 예컨대, 경찰관은 피의자를 체포하는 동시에 자기 또는 타인의 생명·신체에 대한 방호 등을 위하여 여러 가지 수단 가운데 총기를 선택하여 사용하였고(경찰관직무집행법 제10조의4), 그것으로 인해 피의자가 사망하였다면, 그에 대한 사법적 판단 문제(형법상의 정당방위와 업무상과실치사의 적용 여부)가 제기될 수 있는 것이다.

---

31) 무하자 재량행사 청구권(無瑕疵 裁量行使 請求權)이란 재량행위 영역에서 개인이 행정청에 대하여 종국처분에 이르는 과정에 있어서 하자 없는 적법한 재량처분을 요구하는 공권(公權)을 말한다. 이는 행정청에 재량권이 부여된 경우에(결정재량이든 선택재량이든 불문), 상대방 기타 이해관계인이 행정청에 대하여 하자 없는 재량권 행사를 청구하는 공권을 말한다(광의설, 다수설). 재량행위의 경우에는 무하자 재량행사 청구권이 인정되고, 행정개입청구권은 원칙상 인정되지 않지만 재량권이 영으로 수축하는 경우에는 무하자 재량행사 청구권이 행정개입청구권으로 전화되어 행정개입청구권이 인정된다.

32) 이 판례는 행정청의 개입 여부는 원칙적으로 재량이지만, 일정한 상황 아래에서는 재량권이 영으로 수축되고, 이 때 개인은 행정당국에 대해 당해 조치를 취할 것을 청구할 수 있는 권리를 가진다고 판시하였다는 점에서 종래 판례에 대한 획기적인 전환점을 이룬 것으로 평가되고 있다.
위키백과(https://ko.wikipedia.org).

제3절 경찰권한의 기본체계

1. 경찰권한의 체계적 접근

오늘날 사회가 복잡·다양해짐에 따라 범죄와 무질서 문제도 이에 상응하여 양적·질적으로 심화되고 있다. 이처럼 양적·질적으로 심화된 범죄와 무질서 문제에 경찰이 효율적으로 대응하기 위해서는 일정한 권한 부여되어야 함은 당연한 것이다.

따라서 여기에서는 다양한 경찰의 권한을 ㉠ 기본적·표준적 경찰권한, ㉡ 행정경찰권한, ㉢ 사법경찰권한으로 체계화시켜 살펴보기로 한다.

〈경찰권한의 체계〉

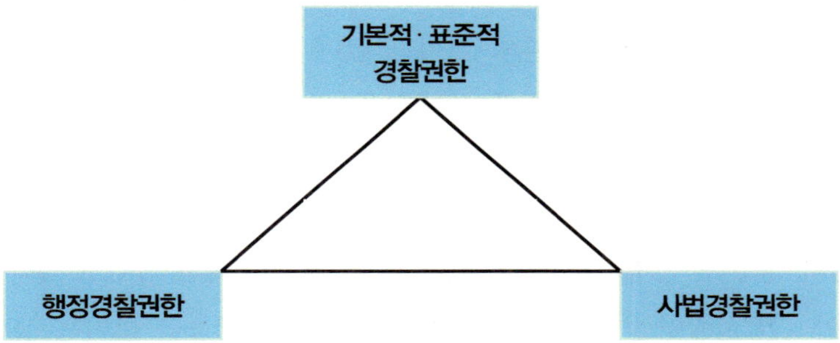

다만 주의할 것은 이러한 경찰권한의 체계화는 논의의 편의상 이루어진 것이며 상대적이다. 따라서 보는 관점에 따라 여러 가지 성격을 동시에 갖는 경우도 있고, 이의 경계가 불명확한 부분도 있음은 물론이다.[33)]

이러한 문제는 특히, 경찰관직무집행법에서 규정하고 있는 권한 내용에서 많이 나타난다. 경찰관직무집행법이라는 것이 경찰이 일선현장에서 직무수행에 필요한 가장 핵심적인 권한(즉, 기본적·표준적 권한)들을 모아서 규정하다 보니, 거기에는 여러 가지 성격이 복합적으로 나타날 수밖에 없다고 본다.

그리고 아래에서 살펴보겠지만, 행정경찰권한과 사법경찰권한으로 구분하는 것 대륙법계 특히, 프랑스의 경찰개념에서 비롯된 것이기 때문에 영미법계 국가에서는 논의 자체가 의미가 없다. 다만, 우리나라의 근대경찰의 탄생과 발전과정은 이들 대륙법계

---

33) 김남진(2002), 경찰행정법, 서울: 경세원, p. 227. 김동희(2006), 행정법(Ⅱ), 서울: 박영사, p. 198.; 정하중(2005), 행정법 각론, 경기: 법문사, p. 240.; 신동운(2005), 형사소송법, 서울: 법문사, pp. 74-75.

와 영미법계 요소를 모두 직·간접적으로 계수하였고, 따라서 이러한 특징들을 모두 가지고 있다고 본다.

2. 경찰권한의 유형화

1) 기본적·표준적 경찰권한

기본적·표준적 경찰권한이라는 것은 경찰이 직무를 수행하는 과정에서 가장 기본적으로 요구되는 것이라 할 수 있다. 이는 경찰이 과거부터 현재에 이르기까지 오랫동안 현장에서 경험적으로 주어진 직무를 수행하는 과정에서 꼭 필요한 가장 기본적인 권한이라고 할 수 있다.

일선현장에서 이루어지는 경찰활동은 예방적 차원에서 최대한의 성과를 내는 것이 가장 바람직하다. 즉, 사건이 발생하기 전에 적절한 조치가 취해지는 것이야말로 최선의 전략이라는 점에 대해서는 이론의 여지가 없다. 따라서 일선현장에서 이루어지는 경찰활동은 기본적으로 예방적 조치에 초점을 두는 것이 바람직하다.

그러나 경찰이 모든 잠재적 위험사태를 예측하여 사전예방하는 것은 한계가 있으며, 따라서 사후대응적 조치가 이루어지는 경우도 적지 않다. 그리고 경우에 따라서는 예방적 차원에서 대응한 것이 사실은 사후대응을 한 것으로 나타날 수도 있다.

예컨대, 어떠한 사람이 범죄를 행하려고 하는 수상한 행동을 보이는 상황에서 경찰이 불심검문(不審檢問, stop and frisk)을 하였는데(경찰관직무집행법 제3조), 이미 범죄를 행한 사실을 적발하게 되는 경우가 있다. 이러한 경우, 경찰이 행사한 불심검문은 예방적 차원에서 의도된 것(행정경찰작용)이지만 결과적으로 사후대응적 차원에서 이루어진 것(사법경찰작용)으로 볼 수 있다.

(1) 기본적·표준적 경찰권한의 일반법: 경찰관직무집행법

이러한 기본적·표준적 경찰권한의 행사와 관련된 일반경찰법이 바로 「경찰관직무집행법」(警察官職務執行法, 1953년 제정)이다.

경찰관직무집행법은 '국민의 자유와 권리 및 모든 개인이 가지는 불가침의 기본적 인권을 보호하고 사회공공의 질서를 유지하기 위한 경찰관의 직무수행에 필요한 사항을 규정함을 목적'으로 하고 있다(제1조 제1항).

경찰이 일선현장에서 직무를 수행할 때, 기본적으로 이 법을 적용할 상황들이 적지 않다. 따라서 이 법에 규정된 경찰관의 권한행사는 그 직무수행에 필요한 최소한도 내에서 행사되어야 하며 남용(濫用)되어서는 안 된다(제2항).

따라서 이 법에 규정된 '경찰관의 의무에 위반하거나 직권을 남용하여 다른 사람에게 해를 끼친 사람은 1년 이하의 징역이나 금고'에 처하도록 하고 있다(제12조).

(2) 기본적·표준적 경찰권한의 특징

경찰이 일선현장에서 실시하는 기본적인 직무수행과정(불심검문, 보호조치, 위험발생의 방지, 무기사용 등)은 시간적 여유를 두고 접근할 수 있는 성질의 것이 아니라 항상 예측 불가능성 및 잠재적 위험성을 띠고 있으며, 아울러 긴박성을 띠고 있다.

이러한 점 때문에 기본적·표준적 경찰권한은 상당부분 '즉시강제'(卽時强制)의 성격을 가지고 있다고 볼 수 있다. 물론, 경찰관직무집행법에서 규정하고 있는 경찰권한의 내용이 모두 즉시강제의 성격을 띠고 있는 것은 아니다.

또 일부에서는 경찰관직무집행법은 일반적으로 위험방지사무와 관련된 행정경찰(行政警察) 업무를 규정한 법이라고 본다. 대륙법계의 영향을 많이 받은 근현대 한국경찰의 역사적 관점에서 본다면 이러한 행정경찰 중심의 견해는 수긍이 간다. 그러나 경찰관직무집행법 속에는 사법경찰(司法警察)의 성격(특히, 불심검문, 범죄의 제지, 경찰장구의 사용, 분사기 등의 사용, 무기의 사용 등) 역시 분명하게 가지고 있다고 본다.

예컨대, 무기사용이 전제가 되는 경찰권한의 행사는 행정경찰작용인 위험방지 및 범죄예방에서부터 사법작용인 범인의 체포와 수사에까지 각 사례마다 다르고, 행정경찰의 목적을 달성하기 위한 경찰권한의 행사가 사법경찰로 이행되는 경우가 대단히 많다.

경찰이 무기를 사용하는 것이 경우에 따라서는 범인의 범죄행위 이후 체포를 위한 작용일 수도 있으며, 자기 또는 타인의 생명·신체에 대한 방호를 위한 작용일 수도 있는 것이다. 따라서 양자 간의 한계선을 긋고 법적 성격을 운운하는 것은 문제가 있다.[34)]

그런데 기본적·표준적 경찰권한이라는 것은 예방적 차원에서 이루어지는 행정경찰권한인지, 아니면 사후대응적 차원에서 이루어지는 사법경찰권한의 성질을 가지고 있는지를 명확히 구분하는 것은 한계가 있다고 본다. 일정한 상황에서는 이들 양자의 구분이 이루어지는 경우도 있지만 이를 구분하여 논의하는 것 자체가 의미가 없는 경우도 있기 때문이다.

기본적·표준적 경찰권한은 범죄 등 위험방지를 위한 사전예방적 행정경찰(行政警察)과 이미 발생한 범죄 등 위험의 제거를 위한 사후대응적 사법경찰(司法警察)로서의 성

---

34) 서재근(1995), "일본 행정경찰과 사법경찰에 관한 연구," 공안행정학논총(서재근박사 정년기념논문집), p. 311.

격을 아울러 가지며, 그 경찰행위의 특성상 사실행위로서 명령과 집행이 동시에 일어난다고 볼 수 있다.

기본적·표준적 경찰권한은 행정경찰권한과 사법경찰권한을 포괄하는(즉, 이의 성격 여부를 묻지 않고) 경찰이 일선 현장에서 직무를 수행하는 과정에서 필요한 가장 기본적인 권한이라고 이해하는 것이 바람직하다고 본다. 중요한 것은 이 법의 성격이 아니라 경찰직무수행에 있어서 경찰목표를 달성하기 위해서 어떻게 하면 이를 보다 효율적으로 운용해야 하는가에 있다고 본다.

(3) 기본적·표준적 경찰권한과 영장주의와의 관계

경찰관직무집행법상의 기본적·표준적 경찰권한은 상당부분이 즉시강제(卽時强制)의 성격을 가지고 있으며, 따라서 개인의 자유와 권리를 구속하는 강제력을 가지고 있다.

그런데 헌법에서 모든 국민은 신체의 자유를 가진다고 규정하고 있으며, 국민의 신체적 자유 등을 제한·구속하는 행위를 하기 위해서는 검사의 신청에 의하여 법관이 발부한 영장(令狀)을 제시하도록 하고 있다(제12조).

또 모든 국민은 헌법에 의해서 주거의 자유를 침해받지 아니한다고 규정하고 있으며, 따라서 주거에 대한 압수나 수색할 때에는 검사의 신청에 의하여 법관이 발부한 영장을 제시하도록 하고 있다(제16조).

여기에서 영장주의(令狀主義)는 사법작용에만 적용되고, 기본적·표준적 경찰권한은 행정작용에 해당되기 때문에 이의 적용을 받지 않는다거나, 헌법에서 행정작용의 경우에는 명시적으로 표현하는 바가 없다거나 하는 식의 논의는 의미가 없다고 본다. 이는 행정경찰과 사법경찰의 성격과 관련되는 것이 아니라 직무수행상의 긴박성에 따른 즉시강제 상황에 초점을 맞추어야 하기 때문이다.

따라서 엄격한 요건하에서 사전영장주의(事前令狀主義)의 예외가 인정될 수 있으며, 그 경우 헌법정신에 반하는 것은 아니다.[35]

바꿔 말하면, 경찰권한 행사 가운데 즉시강제 수단 즉, 경찰관직무집행법에서 규정하는 보호조치, 위험발생방지 등 표준처분은 영장주의의 예외 즉, 영장 없이 이루어지는 강제처분(强制處分)이라 할 수 있다.

이러한 수단은 공공의 안녕과 질서의 유지를 위해 매우 빈번히 도입되는 것으로서 그때마다 영장주의를 관철시킬 수 없는 것이고, 이 때문에 경찰관직무집행법은 표준처분이라는 특별구성요건을 둔 것이라고 이해하는 것이 합리적이기 때문이다.

---

35) 대법 1997.6.13., 96다56115.

한편, 현행범(現行犯)의 요소가 다분히 있기 때문에 영장제도의 예외사항에 해당되는 것이라고 볼 수 있다는 지적도 있다.[36] 예컨대, 한 가택에 화재가 발생하여 경찰관이 위험발생의 방지 및 피해자 구조 차원에서 출입(경찰관직무집행법 제7조)을 하였는데, 그 안에 방화범으로 간주되는 자가 있는 경우에는 그에 대한 현행범체포(사법작용)를 할 수 있을 것이다. 이 경우 당연히 영장주의가 적용되지 않는다.

2) 행정경찰권한과 사법경찰권한

(1) 행정경찰권한과 사법경찰권한의 비교·역사적 논의

경찰은 국가행정기관의 중요한 구성요소 가운데 하나로서 범죄 등 각종 위험으로부터 공공의 안녕과 질서유지와 관련된 사전예방적 차원의 행정경찰권한을 가지고 있다.

한편, 국가형벌권을 실현하는 형사사법기관의 하나로서 사후대응적인 사법경찰권한(수사권한 등)을 가지고 있다. 다만, 이러한 경찰권한의 귀속 정도는 국가마다 차이가 있다.

우리나라의 경찰제도는 문호개방(1876) 이후, 갑오개혁(1894), 그리고 일제강점기(1910~1945) 등을 거치면서 대륙법계(大陸法系)의 영향을 많이 받았다. 이에 따라 경찰은 사회공공의 안녕과 질서유지를 위하여 통치권에 의거하여 국민에게 명령·강제하는 권력적 작용으로 정의되어 왔으며, 이러한 경찰이 사용하는 통치권적 권한을 일반적으로 행정경찰권한이라고 하였다.

한편, 우리나라는 대륙법계의 영향뿐만 아니라 미군정(1945~1948)기를 거치면서 영미법계(英美法系)의 영향을 받아 경찰의 고유한 권한으로서 비록 제한적이지만 사법경찰권한을 인정하고 있다.

대륙법계는 중앙집권적인 국가경찰의 특성 때문에 경찰권한의 오남용 문제가 노정되어 왔고, 따라서 프랑스의 경우 권력분립의 논리에 따라 행정경찰과 사법경찰의 분리가 이루어졌다고 볼 수 있다. 그리고 독일의 경우, 지나치게 확대된 행정경찰의 활동범위를 점차적으로 정비하고자 하는 노력의 일환으로 행정경찰의 탈경찰화 즉, 실질적 의미의 경찰에서 형식적 의미의 경찰로 발전하면서 경찰개념을 정립하였다고 볼 수 있다.

반면, 영미법계는 지방분권적인 자치경찰의 특성을 가지고 발전하였기 때문에(또 대륙법계 국가의 경찰과 같은 방대한 행정경찰권한을 가지고 있는 것도 아니기 때문에)

36) 홍정선(2007), 경찰행정법, 서울: 박영사, pp. 424-425.

대륙법계 국가의 경찰보다는 상대적으로 권한의 오남용 문제가 상대적으로 적다고 볼 수 있다. 따라서 범죄통제를 위한 사전예방적 조치와 사후대응적 조치가 경찰이라는 단일조직에 의해 일련의 과정으로서 전개되었다고 본다.

이 때문에 영미법계에서는 행정경찰(범죄예방 기능 등)과 사법경찰(범죄수사 기능 등)의 구분 자체가 없다. 사실, 본질적으로 행정경찰과 사법경찰활동은 불가분리성(不可分離性)을 가지고 있다고 본다.

(2) 행정경찰권한과 사법경찰권한의 특징

행정경찰권한은 허가·명령·강제 등의 권력적 수단과 조사·지도·계몽 등의 비권력적 수단을 사용하여 위험을 방지하거나 제거함으로써 사회공공의 안녕과 질서유지를 위한 제반활동과 관련된 것이다. 이러한 행정경찰권한의 행사는 주로 사전예방적 차원에서 이루어진다.

반면, 사법경찰권한은 현실적으로 위험(특히, 범죄)이 발생한 경우에 형사소송법 등의 수권에 의하여 범죄사실을 수사하고, 범인 및 증거의 발견·수집·보전하기 위하여 행사하는 임의수단과 강제수단을 사용하는 제반 활동과 관련된 것이다. 사법경찰권한의 행사는 일반적으로 사후대응적 차원에서 이루어진다.[37]

경찰의 현장운용 가운데 생활안전·교통·경비경찰 등의 활동은 주로 행정경찰과 관련되며, 수사·보안경찰 등의 활동은 사법경찰과 관련된다고 본다. 그러나 조직편제상 수사기능을 별도로 구분하여 이에 전반적·중추적인 수사업무를 부여한 것이며, 따라서 다른 경찰기능 역시 일정부분 수사활동을 하고 있는 것이 현실이다. 따라서 경찰기능에 있어서 행정경찰과 사법경찰 양자를 명확하게 이분(二分)하는 것은 어려운 일이다.

이상과 같은 행정경찰과 사법경찰의 권한행사는 「풍속영업의 규제에 관한 법률」, 「도로교통법」, 「집회 및 시위에 관한 법률」, 「소년법」, 「형법」, 「형사소송법」, 「경범죄처벌법」, 「국가보안법」 등 수많은 개별법에 근거를 두고 이루어진다.

---

37) 형사소송법상 사법경찰(司法警察)은 수사경찰(搜査警察)을 의미한다. 그런데, '사법'(司法, Justice)이라는 용어는 수사(搜査, Investigation)라는 용어보다는 훨씬 포괄적이라는 점에 주의할 필요가 있다. 그리고 형사사법에 있어서 경찰이 범죄수사와 관련된 업무를 중심으로 하지만 이에 전적으로 국한되는 것은 아니다. 범죄수사 외에 경미한 범죄에 대한 처벌을 요구할 수 있는 경찰서장의 즉결심판청구 권한, 그리고 극히 일부지만 훈방 권한까지 행사할 수 있기 때문이다.

〈경찰권한의 유형 및 내용〉

구 분	권한 내용	법적 근거
기본적·표준적 경찰권한	① 즉시강제 권한 • 불심검문 • 보호조치 등 • 위험발생의 방지 등 • 범죄의 예방과 제지 • 위험방지를 위한 출입 • 경찰장구의 사용 • 분사기 등의 사용 • 무기의 사용 ② 비권력적·비규제적 권한 • 사실의 확인 등 • 정보의 수집 등 • 국제협력	일반경찰법[경찰관직무집행]에 의한 개별적 수권
	① 국민의 생명·신체 및 재산의 보호 (중간생략) ⑧ 그 밖에 공공의 안녕과 질서유지	일반경찰법[경찰관직무집행법 제2조]에 의한 일반적 수권
행정경찰 권한	① 경찰허가 권한 ② 경찰명령 권한 ③ 경찰강제 권한 • 경찰직접강제 • 경찰대집행 등 ④ 경찰조사 권한 ⑤ 경찰벌부과 권한 ⑥ 비권력적 권한 • 경찰지도 등	개별경찰법에 의한 개별적 수권
사법경찰 권한	① 범죄수사 권한 • 임의수사 • 강제수사 ② 즉결심판청구 권한 ③ 훈방 권한 등	개별경찰법에 의한 개별적 수권

제9장 기본적·표준적 경찰권한

제8장에서 경찰의 권한을 크게 기본적·표준적 경찰권한, 행정경찰권한, 사법경찰권한으로 유형화하여 설명한 바 있다. 이 장에서는 먼저 기본적·표준적 경찰권한에 대해서 살펴보기로 한다. 기본적·표준적 경찰권한은 경찰관직무집행법에 근거를 두고 있다.

경찰관직무집행법상의 기본적·표준적 경찰권한은 일반적으로 경찰이 상대방(위험발생을 야기한 사람 등)에게 어떠한 시간적 여유를 주고 조치를 취하는 것이 아니라, 경찰목적의 달성을 위한 긴박한 상황에서 즉시 어떠한 조치를 취할 필요성이 있을 때 행사된다.

이러한 점에서 일반적으로 경찰의 즉시강제(卽時强制)의 성격을 가졌다는 것은 앞에서 언급한 바와 같다. 이는 어떠한 경찰명령 내지 경찰하명에 의한 사전(事前)의 의무부과 없이 상대방의 신체 또는 재산에 실력을 가하여 경찰목적을 실현하는 권한행사를 말한다.

아래에서는 경찰관직무집행법상의 기본적·표준적 경찰권한 가운데, ㉠ 불심검문, ㉡ 보호조치, ㉢ 위험발생의 방지 등, 그리고 ㉣ 경찰장비의 사용(경찰장구·분사기·무기 등)을 중심으로 살펴보기로 한다.[1)]

제1절 불심검문

1. 불심검문의 의의

불심검문(不審檢問, stop and frisk)이라는 것은 경찰이 일정한 상황하에 특정인을 대상으로 권한을 행사하는 권력적 사실행위라 할 수 있다. 이러한 불심검문은 범죄행위의

1) 경찰관직무집행법상의 기본적·표준적 경찰권한에 대한 세부적인 내용은 최선우(2021), 경찰학총론, 경기: 그린출판사, pp. 59-105 참조.

우려가 있는 경우는 물론이고, 현실적으로 범죄행위가 행하여진 이후에도 이루어지므로 행정경찰권한의 행사와 더불어 범죄수사의 전 단계로서 이루어지는 사법경찰권한의 행사라고 볼 수 있다.

불심검문은 「경찰관직무집행법」과 「형사소송법」, 「주민등록법」, 「의무경찰대 설치 및 운영에 관한법률」 등에 근거를 두고 있다. 다만, 불심검문을 거부해도 현행법상 처벌규정이 없어 한계가 있다.[2)]

2. 불심검문 요건과 대상

현행법상 불심검문의 요건 및 대상과 관련하여 '경찰관은 다음의 어느 하나에 해당하는 사람을 정지시켜 질문할 수 있다'고 규정하고 있다(경찰관직무집행법 제3조 제1항 각호).

㉠ 수상한 행동 그 밖의 주위의 사정을 합리적으로 판단하여 어떠한 죄를 범하였거나, 범하려 하고 있다고 의심할 만한 상당한 이유가 있는 사람

㉡ 이미 행하여진 범죄나 행하여지려고 하는 범죄행위에 관하여 그 사실을 안다고 인정되는 사람

불심검문의 대상은 반드시 직접적으로 범죄행위와 관련된 사람에 국한하지 않고 이에 가세하거나 이를 목격한 사람 등에 대하여 광범위하게 행하여질 수 있다고 본다.

다만, 불심검문은 경찰관이 '수상한 거동 기타 주의의 사정을 합리적으로 판단', 즉 통상의 사회평균인이 판단할지라도 의심이 갈만한 상황이어야 하기 때문에 단순히 역이나 터미널, 노점상 등과 같은 장소에서 마구잡이식으로 이루어지는 것은 요건판단에 있어서 문제가 제기될 수 있다.

불신검문은 범죄처벌의 목적이 아니기 때문에 형사책임능력이 없는 형사미성년자(14세 미만), 심신장애자도 그 대상이 될 수 있다. 그리고 불심검문은 후술하겠지만 임의동행이나 흉기조사를 포함하며, 자동차검문도 불심검문에 해당한다고 본다.

자동차검문의 허용한계가 문제될 수 있다. 자동차검문은 교통검문·경계검문·긴급수배검문 등이 있다. 이러한 자동차검문의 경우, 트렁크 내부 등 눈에 보이지 않는 곳에 대한 검사는 상대방의 동의가 있는 경우에 한하여 가능하다. 그리고 자동차 검문시 정

2) 이하 홍정선(2007), 경찰행정법, 서울: 박영사, pp. 227-239.; 조철옥(2008), 경찰학개론, 서울: 대영문화사, pp. 172-174 재구성.

차하지 않고 도주하는 경우, 준현행범으로 간주하여 형사소송법에 의한 강제가 가능하다.[3)]

불심검문의 요건과 방법

경찰관이 경찰관직무집행법 제3조 제1항에 규정된 불심검문 대상자의 해당 여부를 판단함에 있어서는 불심검문 당시의 구체적 상황은 물론 사전에 얻은 정보나 전문적 지식 등에 기초하여 불심검문 대상자인지 여부를 객관적·합리적인 기준에 따라 판단하여야 한다.
따라서 반드시 불심검문 대상자에게 형사소송법상 체포나 구속에 이를 정도의 혐의가 있을 것을 요한다고 할 수는 없다. 그리고 경찰관은 불심검문 대상자에게 질문을 하기 위하여 범행의 경중, 범행과의 관련성, 상황의 긴박성, 혐의의 정도, 질문의 필요성 등에 비추어 그 목적 달성에 필요한 최소한의 범위 내에서 사회통념상 용인될 수 있는 상당한 방법으로 그 대상자를 정지시킬 수 있고, 질문에 수반하여 흉기의 소지 여부도 조사할 수 있다.[4)]

3. 불심검문의 방법

경찰관직무집행법에서는 경찰관이 행사할 수 있는 불심검문의 내용으로 ㉠ 정지·질문, ㉡ 흉기소지여부 조사, ㉢ 임의동행을 기본으로 하고 있다. 그리고 질문, 조사, 임의동행을 요구하는 경찰관은 당사자에게 자신의 신분을 표시하는 증표를 제시하면서 소속과 성명을 밝히고 그 목적과 이유를 설명하여야 한다(경찰관직무집행법 제3조 제4항).

이는 질문을 당하는 사람의 사익보호를 위한다는 취지도 아울러 가지고 있다. 따라서 이 조항에 반하는 경찰관의 직무집행 행위는 위법한 직무집행 행위가 되어 국가배상의 원인이 될 수 있다.

경찰관이 이러한 절차를 거쳐 질문을 하게 되면 당사자는 질문에 응해야 할 의무가 발생한다고 본다. 그러나 질문 및 흉기의 소지여부 조사, 그리고 임의동행에 의한 조사 시 당사자는 형사소송에 관한 법률에 의하지 아니하고는 신체를 구속당하지 아니하며, 그 의사에 반하여 답변을 강요당하지 아니한다(제3조 제7항). 질문자체에는 영장주의(令狀主義)가 적용되지 않지만, 신체구속에는 당연히 영장주의가 적용된다.

---

3) 조철옥(2008), 앞의 책, p. 172.
4) 대법 2012.9.13., 2010도6203.

그리고 경찰관직무집행법상의 질문은 상대방의 임의적인 협력(답변)을 전제로 하는 성격도 갖는다고 본다. 질문을 받은 당사자는 질문에 대하여 수인의 의무를 지고 정지하게 되지만, 질문에 대하여 진술의무를 부담하지는 않는다고 본다. 이처럼 불심검문 과정상의 진술과정은 강제성이 없기 때문에 과연 그 실효성(實效性)을 확보하기가 쉽지 않은 것이 사실이다.

그리고 상당히 애매한 부분이지만, 질문을 하는 경찰관은 당사자에게 진술을 거부할 수 있음을 반드시 알려야 하는 것은 아니라고 본다. 질문자체가 형사절차의 일환인 수사를 의미하는 것은 아니기 때문이다. 그러나 범죄의 증거를 수집할 목적으로 질문한다면 진술을 거부할 수 있음을 알려야 한다고 본다.

1) 정지·질문

(1) 정지

정지는 경찰관이 거동수상자를 발견한 경우에 대상자의 본래 통행행동을 일시적으로 멈추게 하는 것을 말한다. 질문을 한 정지는 피질문자에게 행동의 자유의 일시정지를 가져올 수 있다. 그러나 이러한 일시정지는 침해의 경미성(輕微性)으로 인해 헌법 제12조가 보장하는 기본권인 '신체의 자유의 침해'에 해당하지 않는다.

경찰관의 정지수단으로는 보행자의 경우는 구두나 경적 등을 통하여 가던 길을 멈추게 하고, 자동차나 자전거 등은 경적과 수신호를 통하여 정차시키고 경우에 따라서는 하차시킬 수 있다.

질문을 위한 정지의 성질은 하명(下命)에 해당하지만, 이에 불응하는 경우에 대한 강제수단은 특별하게 없다. 따라서 현행법상으로 질문을 위해 정지를 요구하였으나, 이에 불응하여도 강제적으로 정지시킬 수는 없다(형사소송절차에 따라 강제하는 것은 별개의 문제이다). 정지를 위해 경찰관이 상대방에게 가하는 행위가 '강제적인 행위'에 해당하는지의 여부는 객관적·합리적으로 판단할 사항이라고 본다.

따라서 경찰관의 정지는 원칙적으로 요구나 설득과 같은 임의수단(任意手段)에 의하여야 한다. 다만, 예외적으로 사태의 긴급성, 혐의의 정도, 필요성과 상당성 등을 고려하여 강제에 이르지 않는 정도의 유형력 행사, 즉 앞을 가로막고 정지를 시키거나 추적하거나 상대편의 팔을 잡아 정지시키는 정도는 허용된다고 할 수 있다. 그러나 실력을 행사하더라도 그것은 질문을 위한 일시적 정지에 그쳐야 한다.

(2) 질문

불심검문상의 질문은 무엇인가를 알기 위한 행위 즉, 정보수집활동이다. 따라서 질문은 성질상 경찰조사의 성질을 갖는다고 본다. 이러한 질문은 비권력적인 사실행위이며, 질문에 행정절차상의 사전통지가 필요한 것은 아니다.

질문은 불심검문의 핵심으로서 정지와 후술하는 동행요구는 질문을 위한 수단에 불과하다. 경찰관은 질문내용으로 거동수상자에게 성명, 주소, 행선지, 소지품의 내용 등을 물어 봄으로써 의심을 풀거나 경찰목적상 필요한 사항을 알아내는 것을 말한다.

2) 흉기의 소지여부 조사

경찰관은 불심검문시에 흉기의 소지여부를 조사할 수 있다(경찰관직무집행법 제3조 제3항). 흉기의 소지여부 조사는 당해인의 신체나 소지품에 대한 검색을 전제로 한다.

(1) 신체의 자유 침해에 대한 영장주의 문제

헌법에서는 '체포·구속·압수 또는 수색(搜索)을 할 때에는 적법한 절차에 따라 검사의 신청에 의하여 법관이 발부한 영장(令狀)을 제시하여야 한다. 다만, 현행범인 경우와 장기 3년 이상의 형에 해당하는 죄를 범하고 도피 또는 증거인멸의 염려가 있을 때에는 사후에 영장을 청구할 수 있다'고 규정하고 있다(헌법 제12조 제3항).

따라서 불심검문에 의한 흉기의 소지여부 조사는 헌법에서 규정한 '신체의 자유'에 대한 침해문제가 제기될 수 있다. 흉기의 소지여부 조사는 영장 없이 이루어지는 강제조사의 성격을 갖는다. 따라서 흉기의 소지여부 조사 역시 일종의 '수색'이기 때문에 논자에 따라 경찰관직무집행법 규정 자체의 문제가 있다고 보기도 한다.

그러나 흉기의 소지여부 조사는 상황의 긴박성·중요성(즉, 흉기의 사용으로 다시 범죄가 행해지는 것을 방지하는 의미) 차원에서 이루어지는 것이라 할 수 있다. 그리고 이로 인한 신체의 자유의 침해가 경미한 것으로 보아 영장주의의 예외로 보는 것이 타당하다고 본다.

(2) 흉기의 소지여부 조사방법과 한계

흉기의 소지여부 조사와 관련하여 질문 등 '의사'(意思)에 의한 조사는 특별한 문제가 없겠지만, 신체의 조사는 기본적으로 '동성'(同性)인 경찰관에 의해 이루어져야 한다고 본다. 여성에 대한 신체의 조사는 여성경찰관이 해야 한다는 의미이다. 그렇다면, 흉기의 소지여부 조사는 어디까지 이루어질 수 있는가?

구체적으로 본다면 ㉠ 신체상태 및 소지품의 외부 관찰, ㉡ 소지품에 대한 질문, ㉢ 흉기의 임의 제시, ㉣ 당사자의 의복을 가볍게 만지거나 소지품의 외부를 손으로 만지는 방법, ㉤ 당사자의 승낙 없이 호주머니에 손을 넣거나 가방 등을 직접 열어보는 방법 등이 있다.

흉기의 소지여부 조사는 영장 없이 이루어지는 강제조사라고 한다면, 이러한 방법을 모두 활용할 수 있다고 본다. 그러나 그 방법의 활용에는 비례원칙(比例原則: 수단과 목적의 균형)이 준수되어 한정된 목적 범위 내에서 필요한 최소한도의 강제력이 허용된다고 본다. 바꿔 말하면, 잠재적 위험성과 흉기소지의 개연성이 클 경우, 내부검사를 할 수 있는 것이지 무조건 허용될 수는 없는 것이다.

3) 임의동행

(1) 임의동행의 의의와 필요성

이상과 같이 경찰관은 불심검문에 의해 타인에 대해 정지·질문, 그리고 경우에 따라서는 흉기의 소지여부를 조사할 수 있다. 그런데, 그 장소에서 상기의 질문 등을 하는 것이 그 사람에게 불리하거나 교통의 방해가 된다고 인정되는 때에는 질문하기 위하여 부근의 경찰서·지구대·파출소 또는 출장소(이하 '경찰관서'라 함)에 동행할 것을 요구할 수 있다(경찰관직무집행법 제3조 제2항).

그리고 상대방의 동의가 있는 경우에는 경찰관서가 아니라도 무방하다고 본다. 예컨대, 질문 장소가 마땅하지 않을 경우 당사자의 동의 아래 인근의 다른 지역으로 장소를 옮겨 질문 할 수 있을 것이다.

한편, 질문과 마찬가지로 동행을 요구할 경우, 경찰관은 자신의 신분을 표시하는 증표를 제시하면서 소속과 성명을 밝히고 질문이나 동행의 목적과 이유를 설명하여야 하며, 동행 장소를 밝혀야 한다(제3조 제4항).

(2) 임의동행의 성질과 판단기준

임의동행(任意同行)은 강제(强制)가 아닌 말 그대로 '임의'(任意)에 의한 것이다. 따라서 경찰관의 동행요구가 있는 경우, 당해인은 경찰관의 동행요구를 '거절'할 수 있다(경찰관직무집행법 제3조 제2항). 동행요구는 당사자의 협력을 전제로 하는 비강제적인 수단이기 때문이다.

임의동행인지 강제동행인지의 판단은 평균인을 기준으로 하여 본인의 의사로서 동행에 승낙하였는가 아닌가를 판단해야 한다. 따라서 경찰의 강제나 심리적 압박에 의해 동행을 승낙하고 동행하였다면, 그러한 동행은 임의동행이 아니라 강제연행으로 불법행위가 된다. 또 경찰관이 동행요구를 거부하는 자를 강제로 동행하게 한다면, 그것은 불법행위에 해당하며, 국가는 국가배상법에 따른 배상책임을 져야 한다. 강제동행에 대항하는 행위는 공무집행방해죄를 구성하지 않는다.[5]

위법한 임의동행

긴급구속(緊急拘束) 당시에 헌법 및 형사소송법에 규정된 바와 같이 피의자에 대하여 범죄사실의 요지, 체포 또는 구속의 이유와 변호인을 선임할 수 있음을 말하고, 변명할 기회를 준 후가 아니면 긴급구속을 할 수 없다.
따라서 이러한 절차를 준수하지 않고, 연행될 것을 명백히 거부하는 피의자를 강제로 연행한 것은 임의동행에 해당된다고 볼 수 없는 부당한 신체의 구속이라고 할 것이다.[6]

(3) 임의동행의 요건

먼저, 임의동행은 그 장소에서 질문하는 것이 그 사람에게 불리하거나 교통의 방해가 된다고 인정되는 경우에 가능하다. 주의할 것은 질문하는 것이 경찰관에게 불리한 경우에 동행요구를 할 수는 없다.

다음으로 임의동행은 당사자의 '동의'(同意)를 그 요건으로 하는 것이다. 따라서 경찰관으로부터 임의동행 요구를 받은 경우, 당사자는 이를 거절할 수 있을 뿐만 아니라 임의 동행 후 언제든지 경찰관서에서 퇴거할 자유가 있다.[7]

(4) 임의동행의 시간상 제한

경찰관의 동행요구에 따라 동행을 한 경우, 경찰관은 당사자를 6시간 초과하여 경찰관서에 머무르게 할 수 없다(경찰관직무집행법 제3조 제6항). 당사자의 동의가 있다고 하여 6시간을 초과하여 계속 경찰관서에 머물게 할 수 있다면, 6시간의 제한을 둔 법의 근본 취지가 사라진다고 본다. 따라서 6시간을 초과하여 당사자를 경찰관서에 머무르게 하는 것은 불법행위에 해당한다.

그리고 6시간이 경과하기 전이라도 동행사유가 소멸되면 즉시 내보내야 함은 물론이다. 바꿔 말하면, 임의동행을 한 경우 6시간을 초과하여 경찰관서에 머물게 할 수 없다고 규정하고 있다고 하여 그 규정이 임의동행한 자를 6시간 동안 경찰관서에 구금하는

5) 경찰관이 임의동행을 요구하며 손목을 잡고 뒤로 꺾어 올리는 등으로 제압하자 거기에서 벗어나려고 몸싸움을 하는 과정에서 경찰관에게 경미한 상해를 입힌 경우, 위법성이 없는 행위이다. 대법 1999.12.28., 98도138.
6) 대법 1995.5.26., 94다37226.
7) 대법 1997.8.22., 97도1240.

것을 허용하는 것은 아니라는 점이다.[8)]

(5) 가족 등에 대한 연락기회 부여 및 변호인의 조력을 받을 권리에 대한 고지

임의동행을 한 경우, 경찰관은 당사자의 가족 또는 친지 등에게 동행한 경찰관의 신분, 동행 장소, 동행 목적과 이유를 고지하거나 본인으로 하여금 즉시 연락할 수 있는 기회를 부여해야 한다. 아울러 변호인(辯護人)의 조력을 받을 권리가 있음을 고지하여야 한다(경찰관직무집행법 제3조 제5항).

이 조항은 임의동행을 한 자의 인신보호(人身保護)를 위한 것으로서 경찰관의 직무상 의무로 규정하고 있다. 이 조항은 예외 없이 적용되어야 한다고 본다. 경찰관이 만약 이 조항이 규정하는 직무상의 의무를 불이행하게 되면, 국가배상법상 배상책임의 문제를 가져온다.

4) 질문·흉기소지여부의 조사 결과

경찰관이 질문(임의동행에 의한 질문 포함)과 흉기의 소지여부 등의 조사를 한 결과, 범죄를 범하였다는 사실이 밝혀진다면, 형사절차로 전환하게 될 것이다.

(1) 현행범·준현행범에 대한 강제처분 가능

불심검문 결과에 따라서는 현행범(現行犯) 또는 준현행범(準現行犯)으로 체포될 수도 있을 것이다. 물론, 현행범으로 체포를 하려면 피체포자가 현행범 또는 준현행범이어야 하고, 체포사유가 있어야 하고, 현행범 체포의 비례성이 있어야 한다. 다만 비례성 차원에서 볼 때, 경미한 범죄에 대해서는 인권보장 취지에서 현행범 체포가 제한된다.[9)]

현행범과 준현행범

① 현행범

범죄의 '실행 중'이거나 '실행의 즉후(卽後)'인 자를 현행범이라고 한다(형사소송법 제211조 제1항). 현행범인은 누구든지 영장 없이 체포할 수 있고, 긴급체포와 함께 영장주의의 예외에 속한다.

여기에서 범죄는 형법상의 구성요건에 해당하고 위법성조각사유와 책임조각사유가

---

8) 대법 1997.8.22., 97도1240.

9) 다액 50만원 이하의 벌금, 구류 또는 과료에 해당하는 죄의 현행범인에 대해서는 범인의 주거가 분명하지 않을 경우에만 그 체포가 허용된다(형사소송법 제214조). 물론, 현행범 체포는 구속이 아니라 구속을 포함한 수사활동 전반의 관철 가능성을 확보하기 위한 일시적인 자유박탈이므로, 구속의 비례성이 위반되는 경미한 사건에서도 현행범체포의 비례성은 충족될 수 있다. 배종대·이상돈·정승환(2009), 신형사소송법, 서울: 홍문사, p. 129.

없음이 명백한 경우를 가리킨다. 따라서 형사미성년자는 현행범인으로 체포할 수 없다. 그리고 범죄의 실행의 즉후인자는 범죄행위의 실행행위를 종료한 직후의 자를 말한다. 범행직후란 범죄혐의의 명백성과 범인의 명백성이 판단될 수 있을 정도의 시간적·공간적 접착성이 있는 경우를 말한다.[10]

② **준현행범**

준형행범은 현행범은 아니지만 형사소송법에 의해 다음과 같이 현행범인으로 간주되는 자를 말한다(제211조 제2항)

㉠ 범인으로 호창(呼唱)되어 추적되고 있는 자

㉡ 장물이나 범죄에 사용되었다고 인정함에 충분한 흉기 기타의 물건을 소지하고 있는 자

㉢ 신체 또는 의복류에 현저한 증적(證跡)이 있는 자

㉣ 누구임을 물음에 대하여 도망하려 하는 자

기타 수배자조회 등을 통하여 긴급체포(緊急逮捕)나 사전구속영장 또는 체포영장 발부자 또는 기소중지자(起訴中止者)일 경우에도 강제수사가 가능하다.

(2) 경범죄처벌법상의 처벌 가능

흉기의 소지여부 조사결과, 흉기가 발견되면 경범죄처벌법에 근거하여 체포·처벌할 수 있다. 경범죄처벌법에서는 '흉기의 은닉휴대: 칼·쇠몽둥이 등 사람의 생명 또는 신체에 중대한 해를 입히는 데 사용될 연장이나 쇠톱 등 집 그 밖의 건조물에 침입하는 데 사용될 연장을 정당한 이유 없이 숨기어 지니고 다니는 사람'에 대해서 10만원 이하의 벌금, 구류 또는 과료의 형으로 처벌할 수 있다고 규정하고 있다(제2조 제2호).

(3) 폭력행위 등 처벌에 관한 법률상의 처벌 가능

폭력행위 등 처벌에 관한 법률은 '집단적 또는 상습적으로 폭력행위 등을 범하거나 흉기 또는 그 밖의 위험한 물건을 휴대하여 폭력행위 등을 범한 사람 등을 처벌함을 목적'으로 하고 있다(제1조).

이 법에서 우범자(虞犯者: 범죄를 저지를 우려가 있는 자)에 대한 처벌규정을 두고 있다. 즉 '정당한 이유 없이 이 법에 규정된 범죄에 공용(供用)될 우려가 있는 흉기나 그 밖의 위험한 물건을 휴대하거나 제공 또는 알선한 사람은 3년 이하의 징역 또는 300만원 이하의 벌금에 처한다'고 하고 있다(제7조).

10) 위의 책, p. 127.

제2절 보호조치

1. 보호조치의 의의

경찰관은 수상한 행동이나 그 밖의 주위의 사정을 합리적으로 판단하여 '일정한 사유' 해당함이 명백하고 응급구호(應急救護)가 필요하다고 믿을 만한 상당한 이유가 있는 사람을 발견하였을 때에는 보건의료기관이나 공공구호기관에 긴급구호를 요청하거나 경찰관서에 보호하는 등 적절한 조치를 할 수 있다(경찰관직무집행법 제4조 제1항).

경찰관직무집행법에서는 이를 '보호조치'(保護措置)라고 부르고 있다. 이러한 보호조치와 관련된 경찰권한을 행사하기 위해서는 '구체적인 위험의 존재'가 필요하다. 보호조치에는 ㉠ 강제보호(强制保護)와 ㉡ 임의보호(任意保護)가 있는데, 여기에서의 보호조치는 위험방지(危險防止)를 목적으로 하는 것이며, 따라서 범죄수사의 목적으로 활용될 수는 없다고 본다.

이러한 경찰상의 보호조치가 적절하게 이루어질 경우 국민의 복리증진에도 도움이 되고, 또 사회질서유지 차원에서도 필요하다고 본다. 위험한 사람에 대해서는 강제로 감금하고, 도움을 필요로 하는 사람에 대해서는 도움을 제공해 줄 수 있기 때문이다.

그러나 그것이 오남용 되었을 경우 헌법 제12조에서 보장하고 있는 개인의 자유에 대한 침해를 가져다줄 수도 있다. 과거의 경험에 비추어 볼 때, 이를 악용할 가능성도 없지 않다고 본다. 왜냐하면 경찰이 행사하는 보호조치는 당사자에게 수인의무를 가져오는 법적 행위로서 이 가운데 특히, 강제보호조치는 '대인적 즉시강제'(對人的 卽時强制)의 성질을 갖기 때문이다. 그리고 임의보호조치는 '비권력적 사실행위'(非權力的 事實行爲)의 성질을 갖는다고 본다.

따라서 경찰이 행사하는 보호조치와 관련하여 '~적절한 조치를 취할 수 있다'고 규정하여 재량행위 형식으로 규정하고 있다. 물론, 재량권행사에 있어서 하자가 없어야 한다. 그리고 경우에 따라서는 재량권이 영(零, zero)으로 수축될 수도 있으며, 이 경우 보호조치를 하지 않은 것에 대한 책임을 진다.[11)]

11) 대법 1996.10.25., 95다45927.

2. 보호조치의 방법과 담당기관

1) 보호조치의 방법

(1) 강제보호: 감금유치

강제보호(强制保護)라는 것은 보호대상자의 의사와 관계없이 이루어지는 조치를 말한다. 강제보호는 감금을 위한 유치라고 할 수 있으며, 다음과 같은 사람을 대상으로 경찰은 적절한 조치를 할 수 있다(경찰관직무집행법 제4조 제1항 제1호 및 제2호).

㉠ 정신착란을 일으키거나 술에 취하여 자신 또는 다른 사람에게 생명·신체와 재산에 위해를 끼칠 우려가 있는 사람

㉡ 자살을 시도하는 사람

여기에서 정신착란 또는 술에 취한 상태에 있는 사람이란 모두 통상적인 의사능력, 판단능력과 통제력이 상실된 상태에 있는 사람들이다. 주의할 것은 이러한 예방적인 차원의 경찰상의 강제보호 즉, 감금유치는 범죄수사와 관련하여 허용되는 체포·구금과는 구분되어야 한다는 점이다.

(2) 임의보호: 보호유치

임의보호(任意保護)라는 것은 보호대상자의 거부의 의사표시가 없는 경우에만 이루어질 수 있는 조치를 말한다. 따라서 임의보호는 강제보호와는 달리 감금을 위한 유치가 아니라 보호를 위한 유치라 할 수 있다.

이러한 임의보호는 '미아, 병자, 부상자 등으로서 적당한 보호자가 없으며 응급구호가 필요하다고 인정되는 사람'에 대해서 이루어진다. 주의할 점은 임의보호의 특성상 당사자가 이를 거절하는 경우에는 이루어질 수가 없다는 점이다(경찰관직무집행법 제4조 제1항 제3호).

여기에서 미아·병자·부상자란 모두 스스로 집이나 병원으로 찾아갈 능력이 없다는 특징을 갖는다. 따라서 병약한 노인이나 임산부 등도 임의보호의 대상자가 될 수 있다. 그런데 문제는 당사자가 이를 거절하는 경우 보호치를 할 수 없다는 점에서 발생한다.

왜냐하면 일정한 보호자가 없고, 응급을 필요로 하는 데에도 경찰이 보호조치를 할 수 없으면 인권의 보호 및 질서유지 면에서 문제가 생기기 때문이다. 입법상 재검토할 여지가 있다고 본다.[12)]

---

12) 이상안(2005), 경찰행정학, 서울: 대명출판사, p. 8.

2) 보호조치의 담당기관

(1) 보건의료기관과 공공구호기관

경찰이 보호 사유 즉, 강제보호와 임의보호를 필요로 하는 사람을 발견한 때에는 보건의료기관 또는 공공구호기관에 긴급구호(緊急救護) 요청을 할 수 있다. 이 경우 보건의료기관이나 공공구호기관은 정당한 이유 없이 긴급구호를 거절할 수 없다(경찰관직무집행법 제4조 제1항 및 제2항).

여기에서 정당한 이유는 객관적으로 판단되어야 할 것이다. 그리고 정당한 이유 없이 거부하면, 그에 따른 형사책임을 질 수도 있다.[13)]

(2) 경찰관서의 보호 및 관련 문제

경찰관은 긴급구호를 요하는 사람을 발견하였을 때에는 경찰관서에 보호할 수 있다(경찰관직무집행법 제4조 제1항).

따라서 경찰관서에는 강제보호 및 임의보호와 같은 긴급보호를 위해서 일정한 보호실을 둘 필요가 있다. 그러나 현행법상 이에 대한 별도의 규정은 없으며, 따라서 적절한 보호실이 제대로 마련되어 있는지도 의문이다. 그렇다고 해서 유치장(留置場)에 보호할 수는 없다. 유치장보호는 위법(違法)이다.[14)]

한편, 보건의료기관이나 공공구호기관에서의 보호기간에는 제한이 없으나, 경찰관서에서의 보호는 24시간을 초과할 수 없도록 하고 있다(제4조 제7항). 경찰관서에서의 보호에 기간상의 제한을 둔 것은 혹시 있을 수도 있는 경찰권한의 오남용을 방지하는 한편, 경찰의 업무부담을 경감시키기 위한 것이라 할 수 있다. 따라서 만약 경찰관이 구속영장을 발부 받지 못하고 24시간을 초과하여 경찰관서 보호실에 유치하는 것은 위법한 구금이다.

그리고 경찰관서에 보호조치를 하는 경우에 피구호자가 휴대하고 있는 무기·흉기 등 위험을 야기할 수 있는 것으로 인정되는 물건은 경찰관서에 임시영치 할 수 있도록 하고 있다(제4조 제3항). 임시영치기간은 10일을 초과할 수 없다(제4조 제7항). 이러한 임시영치는 영장 없이 이루어지는 강제처분 즉, 대물적 즉시강제(對物的 卽時强制)의 성격을 갖는다고 볼 수 있다.

---

13) 「응급의료에 관한 법률」 제6조 제2항을 위반하여 응급의료를 거부 또는 기피한 응급의료종사자는 사람은 3년 이하의 징역 또는 3천만원 이하의 벌금에 처한다(동법 제60조 제3항 제1호).

14) 유치장은 경찰서 및 지방해양경찰관서에 법률이 정한 절차에 따라 체포·구속되거나 신체의 자유를 제한하는 판결 또는 처분을 받은 자(예: 현행범으로 체포된 자, 긴급체포된 자, 즉결심판에 의해 구류형을 선고받은 자 등)를 수용하기 위한 공간이다(경찰관직무집행법 제9조).

3) 사후조치

(1) 가족 등에 통지

경찰관이 위에서 설명한 강제보호 또는 임의보호와 같은 보호조치를 한 때에는 지체없이 이를 피구호자의 가족·친지 기타의 연고자에게 그 사실을 통지하여야 하며, 연고자가 발견되지 아니할 때에는 피보호자를 적당한 공중보건의료기관이나 공공구호기관에 즉시 인계하여야 한다(경찰관직무집행법 제4조 제4항).

(2) 경찰서장 등에 보고

경찰관은 보호조치로서 피구호자를 공중보건의료기관 또는 공공구호기관에 인계한 때에는 즉시 그 사실을 소속 경찰서장에게 보고하여야 한다(경찰관직무집행법 제4조 제5항). 경찰서장에 대한 보고는 인권침해 여지 등의 문제가 발생하지 않도록 하기 위한 조치라고 할 수 있다.

(3) 감독행정청 등에 통보

경찰관으로부터 보호조치의 보고를 받은 소속 경찰서장은 대통령령이 정하는 바에 의하여 구호대상자를 인계한 사실을 지체 없이 해당 공중보건의료기관 또는 공공구호기관의 장 및 그 감독행정청(예: 시장, 군수, 구청장 등)에 통보하여야 한다(경찰관직무집행법 제4조 제6항).

제3절 위험발생의 방지 등

1. 위험발생의 방지

1) 위험발생의 방지의 의의

경찰관은 사람의 생명 또는 신체에 위해를 미치거나 재산에 중대한 손해를 끼칠 우려가 있는 천재(天災), 사변(事變), 인공구조물의 파손이나 붕괴, 교통사고, 위험물의 폭발, 위험한 동물 등의 출현, 극도의 혼잡, 그 밖의 위험한 사태가 있을 때에는 일정한 조치를 할 수 있다(경찰관직무집행법 제5조 제1항). 경찰관직무집행법에서는 이를 위험발생의 방지라고 규정하고 있다.

2) 위험발생의 방지의 요건

위험발생의 방지 조치는 '㉠ 사람의 생명 또는 신체에 위해를 미치거나 ㉡ 재산에 중대한 손해를 끼칠 우려가 있는 위험한 사태'가 있는 경우에 가능하다(경찰관직무집행법 제5조 제1항 단서).

이러한 위험한 사태의 예로는 위에서 살펴 본 바와 같이 천재, 사변, 인공구조물의 파손이나 붕괴, 교통사고, 위험물의 폭발, 위험한 동물 등의 출현, 극도의 혼잡 등 위험한 사태를 들고 있다. 천재는 자연재해(예: 화산폭발, 대홍수 등), 사변은 사회적 변란(예: 전쟁, 내란, 폭동 등), 인공구조물의 파손이나 붕괴는 이로 인한 공작물의 불안전한 상태를 의미한다고 본다. 그리고 위험한 동물은 미친개, 멧돼지 등의 출현을 들 수 있다.

3) 위험발생의 방지의 방법

(1) 경고

위험발생의 방지를 위해 경찰관은 먼저, 그 장소에 집합한 사람(시설 이용자 등), 사물의 관리자(예: 주택 주거인, 자동차의 운전자, 동물의 주인, 흥행사업의 주최자 등) 기타 관계인에게 필요한 경고(警告)를 발할 수 있다(경찰관직무집행법 제5조 제1항 제1호).

경찰이 위험발생의 방지와 관련하여 우선 경고를 발함으로써 현장에 있는 사람들이나 관계자가 스스로의 판단으로 위해방지의 조치를 취할 것이라는 기대를 할 수 있으며, 따라서 가능한 한 강제력의 행사를 피하고자 하는 것이다. 경고를 받은 사람들은 수인의무를 부담하게 되며, 상대방이 경고에 복종하지 않을 경우에는 그 후속조치로서 강제조치를 취하는 등 그 사태에 적당한 방법을 사용할 수가 있다.[15)]

그리고 경찰은 위험발생의 방지를 위한 구체적인 방법으로서 일정한 장소를 출입하지 말 것을 또는 일정한 장소로부터 떠날 것을 명령(命令)할 수가 있다. 이는 일종의 즉시강제의 성질을 갖는다고 본다. 한편, 경고는 위험이 존재한다는 것을 알리고 동시에 위험에 대비하도록 하는 행위로서 지도·권고 등의 성격으로 보기도 한다.

15) 조철옥(2008), 앞의 책, p. 177.

(2) 억류 또는 피난

경찰관은 특히, 긴급을 요할 때에는 위해를 받을 우려가 있는 사람을 필요한 한도 내에서 억류하거나 피난시키는 조치를 취할 수 있다(제5조 제1항 제2호).

특히, 긴급을 필요로 한다는 것은 위험에 대한 사전경고를 발할 만큼 충분한 시간적 여유가 있는 것이 아니라 위험의 현실화가 목전에 직면하였다는 것을 의미한다. 필요한 한도는 일종의 비례의 원칙에 따라야 한다는 의미이다.

(3) 기타의 방법

이 밖에도 경찰관은 사람의 생명과 신체, 그리고 재산의 보호를 위해 일정한 장소에 있는 사람, 사물의 관리자, 그 밖의 관계인에게 위해를 방지하기 위하여 '필요하다고 인정되는 조치'를 하게 하거나 직접 그 조치를 할 수 있다(경찰관직무집행법 제5조 제1항 제3호).

여기에서 필요하다고 인정되는 조치는 일종의 '불확정 개념'으로서 그것이 인정되는지의 여부에 대한 판단은 객관적으로 이루어져야 할 것이다. 이러한 기타의 방법 역시 경찰명령으로서 성격을 가지며, 이에 불응하면 「경범죄처벌법」(輕犯罪處罰法)상의 처벌(공무원 원조불응죄, 제3조 제1항 제29호)을 받을 수 있다.

이처럼 경찰관이 관계자에게 위해방지를 위해 필요한 조치명령을 내릴 수도 있고, 또 경우에 따라서는 직접 조치를 취할 수도 있다. 예컨대, 최근 도심지에 자주 출몰하는 멧돼지를 유해조수(有害鳥獸) 감시단 또는 경찰이 사살(射殺)하는 경우를 들 수 있다.

이러한 경찰관의 위험발생의 방지와 관련하여 '...을 할 수 있다'라고 규정하여 재량권을 부여하고 있다. 그러나 경우에 따라서는 그러한 재량권 역시 영(零)으로 수축될 수도 있을 것이다. 그리고 재량권이 영으로 수축된 경우에는 경찰관의 부작위가 위법한 것이 되고, 따라서 국가배상책임이 인정될 수 있다.

경찰관은 이상과 같은 위험발생의 방지를 위한 조치(경고, 억류·피난, 기타)를 한 때에는 지체 없이 이를 소속 경찰관서의 장에게 보고하도록 하고 있다. 또 그러한 보고를 받은 경찰관서의 장은 관계기관의 협조를 구하는 등 적당한 조치를 하여야 한다(경찰관직무집행법 제5조 제3항 및 제4항).

4) 대간첩작전 등의 특례

위험발생의 방지에 대한 특례가 있다. 즉, 경찰관서의 장은 대간첩작전의 수행 또는 소요사태(騷擾事態)의 진압을 위하여 필요하다고 인정되는 상당한 이유가 있을 때에는 대간첩작전 지역 또는 경찰관서·무기고 등 국가중요시설(國家重要施設)에 대한 접근 또는 통행을 제한하거나 금지할 수 있도록 하고 있다(경찰관직무집행법 제5조 제2항).

대간첩작전(예: 침투간첩 체포·사살 등) 또는 소요사태 발생(예: 대규모 불법시위 등)은 일종의 위험한 상황이라고 할 수 있다. 따라서 대간첩작전 지역을 통제함으로써 불의의 사고를 방지하고, 또 소요군중들이 경찰관서·무기고 등에 난입하여 발생할 수 있는 위험상황(예: 무기탈취 등)을 예방하는 것은 매우 중요한 의미를 갖는다.

물론, 이러한 경찰조치(접근 또는 통행 제한·금지)는 그것이 필요하다고 인정되는 상당한 이유가 있을 때에 적용된다. 주의할 것은 대간첩작전 지역, 또는 경찰관서·무기고 등 국가중요시설에 대한 접근 또는 통행을 제한하거나 금지할 수 있는 권한을 가진 자는 경찰관이 아니고 '경찰관서의 장(長)'이다.

그리고 대간첩작전 지역 또는 경찰관서·무기고 등 국가중요시설에 대한 접근 또는 통행을 제한하거나 금지를 한 경찰관서의 장은 관계기관의 협조를 구하는 등 적당한 조치를 하여야 한다(제5조 제4항).

2. 범죄의 예방과 제지

1) 범죄의 예방과 제지의 의의

경찰관은 범죄행위가 목전(目前)에 행하여지려고 하고 있다고 인정될 때에는 이를 예방하기 위하여 관계인에게 필요한 '경고'(警告)를 하고, 그 행위로 인하여 사람의 생명·신체에 위해를 끼치거나 재산에 중대한 손해를 끼칠 우려가 있어 긴급한 경우에는 그 행위를 '제지'(制止) 할 수 있다(경찰관직무집행법 제6조).

앞에서는 일반적인 위험발생의 방지와 관련된 것을 살펴보았다면, 여기에서는 위험 가운데 특히, 범죄와 관련된 위험의 예방에 관한 것이라고 할 수 있다. 경찰관이 경고를 발하거나 그 행위를 제지할 수 있는 범죄행위의 종류에는 제한이 없다. 모든 종류의 범죄가 경고와 제지의 대상이 된다. 경고는 비권력적 사실행위로서 경찰지도의 성격을 갖지만, 범죄의 제지는 대인적인 즉시강제의 성격을 갖는다.

2) 범죄의 예방과 제지의 요건과 방법

(1) 예방을 위한 경고

범죄예방과 제지를 위한 경찰권한 행사는 크게 두 가지 방식으로 이루어질 수 있다.

먼저, 범죄행위가 목전에 행하여지려고 하고 있다고 인정될 때에는 이를 예방하기 위하여 관계인에게 필요한 경고를 발할 수 있다.

여기에서 목전이란 '범죄행위가 실현될 수 있는 급박함'을 의미하고, 범죄란 모든 형벌법령에 저촉되는 일체의 행위를 말한다. 범죄실행의 예비·음모의 직전도 해당한다고 볼 수 있다. 관계인은 범죄행위가 실행되려고 하는 상황에 직·간접적으로 관계가 있는 모든 사람을 의미한다.

이러한 경고의 방법(예: 구두, 경적, 확성기 사용 등)에는 특별한 제한이 없다고 본다. 경고는 비권력적 사실행위로서 행정행위는 아니다(경고의 성격은 앞에서도 언급했지만 권력적이나 비권력적이냐 하는 문제는 주어진 상황에 따라서 판단해야 할 것이다).[16]

(2) 긴급상황에 대한 제지

위와 같은 상황으로 인하여 사람의 생명·신체에 위해를 미치거나 재산상에 '중대한 손해'를 끼칠 우려가 있어 긴급을 요하는 경우에는 그 행위를 제지할 수 있도록 하고 있다.

여기에서 중대한 손해는 불확정 개념으로 판단의 여지가 적용될 수 있다. 제지라는 것은 물리적 강제력(예: 신체상의 힘, 경찰장구의 사용 등) 등을 범죄행위를 실행에 옮기지 못하도록 하는 것으로서 대인적인 즉시강제의 성격을 갖는다고 볼 수 있다.

경찰장구의 사용에는 경찰관직무집행법 제10조의2에 따라야 함은 물론이다. 그리고 제지를 위해 사전에 반드시 경고를 거쳐야 하는 것은 아니며, 제지의 수단은 비례의 원칙을 준수해야 한다.

3. 위험방지를 위한 출입

1) 위험방지를 위한 출입의 의의

위험방지를 위한 출입은 경찰이 천재지변, 사고, 범죄 등을 방지하거나 피해자를 구조하기 위하여 다른 사람의 사적 건물, 차량, 공개된 시설, 그리고 특정지역 등에 출입하는 것을 의미한다.

이때 경찰관은 출입시에 관리자 등에게 신분증을 제시해야 하며, 함부로 관계인의 정당한 업무를 방해해서는 안 된다(경찰관직무집행법 제7조 제4항).

16) 조철옥(2008), 앞의 책, p. 178.; 홍정선(2007), 앞의 책, pp. 359-361.

2) 위험방지를 위한 출입의 유형과 요건

(1) 긴급출입

경찰관은 제5조(위험발생의 방지) 및 제6조(범죄의 예방과 제지)에서 규정한 위험한 사태가 발생하여 사람의 생명·신체 또는 재산에 대한 위해가 '임박'(臨迫, impending)한 때에 그 위해를 방지하거나 피해자를 구조하기 위하여 부득이하다고 인정하면 '합리적으로 판단'하여 '필요한 한도 내'에서 다른 사람의 토지·건물·배 또는 차에 출입할 수 있다(경찰관직무집행법 제7조 제1항). 이러한 출입을 긴급출입(緊急出入)이라고 부른다.

그런데, 헌법에서는 국민의 주거(住居)의 자유(自由)를 보장하고 있다.[17] 이러한 주거권은 국민의 기본권으로서, 주거에 대한 압수나 수색을 할 때에는 검사의 신청에 의하여 법관이 발부한 영장(令狀)을 제시하도록 하고 있다(제16조). 따라서 주거자의 동의 없는 가택출입, 검색은 현재의 사람의 생명·신체·자유·물건의 안전 등에 대한 '위험방지 목적'으로만 가능하다고 할 수 있다.

이러한 긴급출입은 타인의 토지·건물 또는 선차 내에 들어가는 것을 의미한다. 긴급출입은 상대방의 동의(同意)를 요하지 않는 강제조치로서 현실적 위해를 제거할 필요가 절박하기 때문에 경찰하명(警察下命)에 의하여 의무를 부과할 시간적 여유가 없을 때 행사하는 '대가택적 즉시강제'라 할 수 있다. 따라서 타인이 경찰관의 정당한 출입을 거부하면 공무집행방해죄에 의해 처벌될 수 있다.

그런데, 이러한 긴급출입은 경찰재량에 의해 무조건적으로 가능한 것이 아니고, 직면한 위해가 '절박한 때'에 관련 위험의 방지나 피해자의 구조를 위해서만 가능하다. 또 '부득이하다고 인정할 때'에만 출입할 수 있다. 따라서 다른 적절한 방법으로 위험을 방지할 수 있다면 출입할 수 없다고 본다(보충성의 원칙).

그리고 '합리적으로 판단하여 필요한 한도 내에서' 출입할 수 있다고 규정하고 있는데, 경미한 장해제거를 위한 출입은 필요한 한도 내에 해당하지 않는다고 본다. 출입 후 위험방지의 목적을 달성하기 위하여 일정한 수단(예: 불심검문, 동행요구, 위험발생의 방지, 범죄의 제지 등)을 활용할 수 있을 것이다. 그러나 이러한 긴급출입은 위험방지를 목적으로 하기 때문에 범죄수사를 목적으로 출입할 수 없음은 물론이다.

---

17) 주거의 개념은 넓게 해석되어야 한다. 좁은 의미의 주거(예: 침실과 거실) 뿐만 아니라 그 밖의 부속공간(예: 마루, 창고, 정원 등)까지도 포함된다. 그리고 헌법상의 주거개념에는 그밖에도 천막(텐트), 호텔의 객실, 학생의 기숙사도 포함된다. 근로자, 경영자의 업무공간 역시 포함된다. 따라서 사법상의 법인(法人)도 주거권의 주체가 될 수 있다. 위의 책, p. 253.

(2) 예방출입

흥행장(興行場: 입장료를 받고 연극이나 영화, 서커스 등의 구경거리를 보여 주는 장소), 여관, 음식점, 역(驛), 그 밖에 많은 사람이 출입하는 장소의 관리자나 그에 준하는 관계인은 경찰관이 범죄나 사람의 생명·신체·재산에 대한 위해를 예방하기 위하여 해당 장소의 영업시간이나 해당 장소가 일반인에게 공개된 시간에 그 장소에 출입하겠다고 요구하면 정당한 이유 없이 그 요구를 거절할 수 없다(경찰관직무집행법 제7조 제2항).

이러한 출입을 예방출입(豫防出入)이라고 부른다. 이 경우의 출입은 기본적으로 경찰조사(警察調査)의 성격을 갖는다고 본다. 그런데, 위의 긴급출입은 위해가 절박하고 부득이한 경우에 이루어지는 것이지만 예방출입의 경우에는 단순한 조사를 위해서도 출입할 수 있다고 본다. 물론, 그것도 범죄수사 목적이 아닌 범죄 및 각종 위해에 대한 예방목적이어야 한다.

개인의 프라이버시권이 강하게 요구되는 사적(私的)인 공간·장소에 대해서 경찰이 출입하기 위해서는 위의 긴급출입과 같은 상황에서 가능하다고 본다. 즉, 이러한 공간은 경찰의 예방출입은 허용되지 않는다고 본다. 그러나 흥행장·여관·음식점·역 등 이른바 '경찰상의 공개된 장소'는 누구나 접근할 수 있는 공개된 장소이므로 일반예방 차원의 예방출입 역시 일정 조건 아래 가능하다고 본다.

따라서 위험방지의 목적으로 경찰이 개인사업장 등에 출입하는 경우 관리자 등은 정당한 이유가 없는 한 경찰관의 출입을 거절할 수 없다. 정당한 이유는 불확정 개념인데, 예컨대, 위의 공개된 장소가 아니라는 주장은 정당한 이유라고 볼 수 있다.

정당한 이유가 없는 한 관리자 등은 경찰관의 출입에 수인의무를 진다. 물론, 이 경우 상대방은 영업 또는 공개시간이 아니라는 것만을 이유로 경찰관의 출입요구를 거절할 수도 있다. 따라서 예방출입은 상대방의 동의를 요하며, 영업시간이나 공개시간이 경과한 후에 출입하고자 하는 경우에는 긴급출입의 요건을 갖추었을 때 가능하다고 본다.

(3) 대간첩작전 검색

경찰관은 대간첩작전 수행에 필요한 때에는 작전지역 안에 있어서의 제7조 제2항에 규정된 장소(흥행장·여관·역 기타 다수인이 출입하는 장소)의 안을 검색할 수 있다(경찰관직무집행법 제7조 제3항).

검색이란 물건이나 사람을 직접 찾는 행위 등을 말한다. 이처럼 대간첩작전 수행에 필요한 경우에는 공개된 장소에 한하여 법관의 영장이나 관계인의 동의 없이 영업시간이나 공개시간이 아니라도 검색이 가능하다고 본다.

제4절 경찰장비의 사용

1. 경찰장비의 의의

경찰관은 직무수행 중 경찰장비를 사용할 수 있다. 다만, 사람의 생명이나 신체에 위해를 가할 수 있는 경찰장비(이를 '위해성 경찰장비'라 함)를 사용할 때에는 필요한 안전교육과 안전검사를 받은 후 사용하여야 한다(경찰관직무집행법 제10조 제1항).

1) 경찰장비의 유형

여기에서 말하는 '경찰장비'(警察裝備)라 함은 무기, 경찰장구(警察裝具), 최루제(催淚劑)와 그 발사장치, 살수차(撒水車), 감식기구(鑑識機具), 해안 감시기구, 통신기기, 차량·선박·항공기 등 경찰이 직무수행을 위하여 필요한 장치와 기구를 말한다(경찰관직무집행법 제10조 제2항).

경찰관직무집행법 제10조에 따라 경찰공무원이 직무를 수행할 때 사용할 수 있는 사람의 생명이나 신체에 위해를 끼칠 수 있는 경찰장비의 종류·사용기준 및 안전관리 등에 관한 사항을 구체적으로 규정하기 위하여 대통령령으로 「위해성 경찰장비의 사용기준 등에 관한규정」(약칭: 위해성 경찰장비규정)을 두고 있다. 이 위해성 경찰장비규정에서는 경찰장비의 종류를 다음과 같이 구분하고 있다.

㉠ 경찰장구: 수갑, 포승(捕繩), 호송용 포승, 경찰봉, 호신용경봉, 전자충격기, 방패 및 전자방패

㉡ 무기: 권총, 소총, 기관총(기관단총을 포함), 산탄총, 유탄발사기, 박격포, 3인치포, 함포, 크레모아(Claymore mine, 대인지뢰), 수류탄, 폭약류 및 도검

㉢ 분사기·최루탄 등: 근접분사기, 가스분사기, 가스발사총(고무탄 발사겸용을 포함) 및 최루탄(그 발사장치 포함)

㉣ 기타장비: 가스차, 살수차, 특수진압차, 물포, 석궁(石弓), 다목적발사기 및 도주차량 차단장비

2) 경찰장비 사용의 성격

경찰장비의 사용은 그 자체적으로 경찰상 즉시강제(卽時强制)의 성질을 갖는다. 이러한 경찰장비의 사용은 경찰관직무집행법상의 보호조치(제4조), 위험발생의 방지(제5조), 범죄의 예방과 제지(제6조), 위험방지를 위한 출입(제7조) 등에서 규정하는 경찰목적을 달성하기 위해 활용되는 하나의 즉시강제 또는 조사수단으로서의 성질도 갖는다.[18]

경찰상의 즉시강제라는 것은 위험이 존재하거나 장해의 발생이 목전에 급박한 경우, 성질상 개인에게 의무를 명해서는 경찰목적을 달성할 수 없거나 또는 미리 의무를 명령할 시간적 여유가 없는 경우에 경찰집행기관이 직접 개인의 신체나 재산에 실력을 가하여 경찰목적 달성에 필요한 상태를 실현하기 위한 경찰권한의 행사를 말한다.

3) 경찰장비 사용의 요건

사람의 생명 또는 신체에 위해를 끼칠 수 있는 '위해성 경찰장비'는 '필요한 최소한도'에서 사용하도록 하고 있다(경찰관직무집행법 제10조 제4항). 그동안 위해성 경찰장비의 사용으로 인한 인권침해 문제가 끊임없이 제기되어 온 것이 사실이다.

따라서 경찰관직무집행법 개정(2014.5.20.)으로 이에 대한 요건과 절차로서 '위해성 경찰장비에 대한 필요한 최소한도의 사용' 내용을 명시하였다. 이는 위해성 경찰장비의 사용시 특히, 비례원칙(比例原則)이 적용되어야 한다는 것을 의미한다.

다만, 경찰관직무집행법에서는 경찰장비의 사용과 관련된 개별조항 즉, 경찰장구의 사용(제10조의2), 분사기 등의 사용(제10조의3), 무기의 사용(제10조의4) 규정에 각각 '필요한 한도' 또는 '필요한 최소한의 범위' 등의 내용으로 명확히 규정하고 있기 때문에 위와 같이 별도로 규정한 실익은 크게 없다(향후, 경찰관직무집행법상의 경찰장비 관련 규정은 개정 내지 보완할 필요가 있다고 본다).

18) 홍정선(2007), 앞의 책, p. 260.

2. 경찰장구의 사용

1) 경찰장구의 개념

경찰장구(警察裝具)라는 것은 경찰관이 휴대하여 범인 검거와 범죄 진압 등 직무수행에 사용하는 수갑, 포승(捕繩), 경찰봉, 방패 등을 말한다(경찰관직무집행법 제10조의2 제2항). 이외에도 호신용경봉, 전자충격기, 전자방패 등도 경찰장구에 포함된다(위해성 경찰장비규정 제2조 제1호).

2) 경찰장구 사용의 요건과 방법

경찰관은 다음의 직무를 수행하기 위하여 필요하다고 인정되는 상당한 이유가 있을 때에는 그 사태를 합리적으로 판단하여 필요한 한도에서 경찰장구를 사용할 수 있다(경찰관직무집행법 제10조의2 제1항 각호).

㉠ 현행범이나 사형·무기 또는 장기 3년 이상의 징역이나 금고에 해당하는 죄를 범한 범인의 체포 또는 도주의 방지

㉡ 자신이나 다른 사람의 생명·신체의 방어 및 보호

㉢ 공무집행에 대한 항거(抗拒)의 제지

(1) 수갑 등의 사용 기준

수갑·포승 또는 호송용포승은 영장집행 등의 경우에 사용할 수 있고, 또 자살방지 등을 위해서도 사용할 수 있다.

먼저, 경찰관은 체포·구속영장을 집행하거나 신체의 자유를 제한하는 판결 또는 처분을 받은 자를 법률이 정한 절차에 따라 호송하거나 수용하기 위하여 필요한 때에는 최소한의 범위 안에서 수갑·포승 또는 호송용포승을 사용할 수 있다(위해성 경찰장비규정 제4조).

수갑·포승 사용의 정당성

무죄추정(無罪推定)을 받는 피의자라고 할지라도 그에게 구속의 사유가 있어 구속영장이 발부, 집행된 이상 신체의 자유가 제한되는 것은 당연한 것이다.
특히, 수사기관에서 구속된 피의자의 도주, 항거 등을 억제하는데 필요하다고 인정할만한 상당한 이유가 있는 경우에는 필요한 한도 내에서 수갑이나 포승을 을 사용할 수 있는 것이다. 따라서 이러한 조치가 무죄추정의 원칙에 위배되는 것이라고는 할 수 없다.[19)]

그리고 경찰관은 범인·술에 취한 사람 또는 정신착란자의 자살 또는 자해기도를 방지하기 위하여 필요한 때에는 수갑·포승 또는 호송용포승을 사용할 수 있다. 이 경우 경찰관은 소속 국가경찰관서의 장(경찰청장, 시·도경찰청장, 경찰서장, 기타 경무관·총경·경정 또는 경감을 장으로 하는 국가경찰관서의 장)에게 그 사실을 보고해야 한다(위해성 경찰장비규정 제5조).

(2) 경찰봉과 호신용경봉의 사용 기준

경찰관은 불법집회·시위로 인하여 발생할 수 있는 타인 또는 경찰관의 생명·신체의 위해와 재산·공공시설의 위험을 방지하기 위하여 필요한 때에는 최소한의 범위 안에서 경찰봉 또는 호신용경봉을 사용할 수 있다(위해성 경찰장비규정 제6조).

경찰관이 경찰봉 또는 호신용경봉을 사용하는 때에는 사람의 생명 또는 신체에 대한 위해를 최소화하도록 주의하여야 한다(제7조).

(3) 전자충격기 등의 사용 제한

경찰관은 14세미만의 자 또는 임산부에 대하여 전자충격기 또는 전자방패를 사용하여서는 안 된다. 그리고 경찰관은 전극침(電極針) 발사장치가 있는 전자충격기를 사용하는 경우 상대방의 얼굴을 향하여 전극침을 발사하여서는 안 된다(위해성 경찰장비규정 제8조).

3. 분사기·최루탄의 사용

1) 분사기·최루탄의 개념

앞에서 살펴본 바와 같이 분사기·최루탄 등은 '근접분사기, 가스발사총(고무탄 발사겸용 포함) 및 최루탄(그 발사장치 포함)'으로 정의하고 있다(위해성 경찰장비규정 제2조 제3항).

2) 분사기·최루탄의 사용 요건과 한계

경찰관은 다음의 직무를 수행하기 위하여 부득이한 경우 '현장책임자(現場責任者)의 판단'으로 필요한 최소한의 범위 안에서 분사기(「총포·도검·화약류 등의 안전관리에 관한 법률」에 따른 분사기를 말하며, 그에 사용하는 최루 등의 작용제 포함함) 또는 최

---

19) 대법 1996.5.14., 96도561.

루탄을 사용할 수 있다(경찰관직무집행법 제10조의3 각호).

㉠ 범인의 체포·도주의 방지

㉡ 불법집회·시위로 인한 자신이나 다른 사람의 생명·신체와 재산 및 공공시설의 안전에 대한 현저한 위해의 발생 억제

이러한 분사기와 최루탄은 최루가스를 통해 사람의 신체와 정신에 일시적인 기능장해를 야기하는 물건이지 사람의 살상을 목적으로 하는 물건은 아니다. 그러나 분사기와 최루탄의 사용은 경우에 따라서는 사람의 생명이나 신체에 중대한 침해를 가져올 수도 있으므로, 이의 사용은 비례원칙을 준수하여야 함은 물론이다. 따라서 통상의 용법에 따라 필요한 최소한의 범위 안에서 이를 사용하여야 한다.

이러한 분사기나 최루탄, 살수차, 그리고 후술하는 경찰관직무집행법 제10조의4의 규정에 의한 무기를 사용하는 경우 그 책임자는 사용일시, 사용장소, 사용대상, 현장책임자, 종류, 수량 등을 기록하여 보관하도록 하고 있다(경찰관직무집행법 제11조).

(1) 근접분사기·가스발사총의 사용 제한

따라서 경찰관은 범인의 체포 또는 도주방지, 다른 사람 또는 경찰관의 생명·신체에 대한 방호, 공무집행에 대한 항거의 억제를 위하여 필요한 때에는 최소한의 범위 안에서 가스발사총을 사용할 수 있다. 이 경우 경찰관은 1미터 이내의 거리에서 상대방의 얼굴을 향하여 이를 발사하여서는 안 된다(위해성 경찰장비규정 제12조 제1항).

(2) 최루탄의 사용제한

경찰관은 최루탄발사기로 최루탄을 발사하는 경우 30도 이상의 발사각을 유지하여야 하고, 가스차·살수차 또는 특수진압차의 최루탄발사대로 최루탄을 발사하는 경우에는 15도 이상의 발사각을 유지하여야 한다(위해성 경찰장비규정 제12조 제2항).[20]

4. 무기의 사용

1) 무기의 개념

경찰관직무집행법상 '무기'(武器)라 함은 사람의 생명이나 신체에 위해를 가할 수 있

20) 이 밖의 ① 가스차, 살수차, 특수진압차, 물포, ② 석궁, ③ 다목적발사기, ④ 도주차량차단장비 등의 사용기준 등에 대해서는 「위해성 경찰장비규정」 제13조~제16조 참조.

도록 제작된 권총, 소총, 도검(刀劍) 등을 말한다(경찰관직무집행법 제10조의4 제2항). 위해성 경찰장비규정에서는 무기를 권총, 소총, 기관총(기관단총을 포함), 산탄총, 유탄발사기, 박격포, 3인치포, 함포, 크레모아, 수류탄, 폭약류 및 도검으로 정의 하고 있다(제10조의4 제2조 제2호).

경찰관의 무기사용은 사람의 생명이나 신체에 중대한 위해를 가져올 수 있기 때문에 공동체사회에서 중요문제가 된다. 따라서 경찰관의 무기사용에 관해서는 법률로 엄격히 규제해야 하는 것은 당연하다. 이러한 의미에서 경찰관직무집행법상의 무기사용 규정(제10조의4)은 매우 중요한 의미를 갖는다.

여기에서 무기사용의 주체는 경찰공무원이라 할 수 있으며, 특정한 직무와 계급에 국한을 두고 있지 않다. 바꿔 말하면, 모든 경찰관은 경찰공무원법(제20조 제2항)에 의해 무기를 휴대할 수 있고, 경찰관직무집행법(제10조의4)에 의하여 무기를 사용할 수 있다고 본다.

2) 무기의 사용 요건

경찰무기의 사용은 생명에 치명적인 위해를 가할 수 있기 때문에 매우 제한적으로 사용될 필요가 있다. 물론, 경찰직무수행에 있어서 최선의 방법은 가능한 한 무기를 사용하지 않고 경찰목표를 달성하는 길이라 할 수 있다. 따라서 현행법에서도 무기사용에 대해 엄격하게 규제하고 있음은 물론이다.

(1) 일반요건

경찰관의 무기사용과 관련하여 다음을 위하여 필요하다고 인정되는 상당한 이유가 있을 때에는 그 사태를 '합리적으로 판단'하여 '필요한 한도'에서 무기를 사용할 수 있도록 규정하고 있다(경찰관직무집행법 제10조의4 제1항 본문). 이러한 세 가지는 일반요건(一般要件)이라고 본다.

㉠ 범인의 체포·도주의 방지

㉡ 자신이나 다른 사람의 생명·신체에 대한 방호 및 보호

㉢ 공무집행에 대한 항거의 제지를 위하여 '필요하다고 인정되는 상당한 이유'가 있을 때

(2) 특수요건

그러나 이러한 세 가지 일반요건에 해당한다고 해서 무기사용이 모두 허용되는 것은

아니다. 다음의 어느 하나에 해당할 때를 제외하고는 사람에게 위해를 주어서는 안 된다고 하고 있기 때문이다(제10조의4 제1항 각호).[21] 이를 특수요건(特殊要件)이라고 할 수 있다.

① 형법에 규정된 정당방위와 긴급피난에 해당할 때

㉠ 정당방위

정당방위(正當防衛)라는 것은 현재의 위법한 공격에 대항하여 행사하는 정당한 방위행위를 말한다. 이와 관련그 요건을 더욱 엄격하게 판하여 형법에서는 '자기 또는 타인의 법익(法益)에 대한 현재(現在)의 부당(不當)한 침해(侵害)를 방위하기 위한 행위는 상당한 이유가 있는 때에는 벌하지 아니한다'고 규정하고 있다(제21조 제1항). 경찰관은 이러한 상황에서 무기를 사용할 수 있다.

정당방위의 법률요건은 '자기 또는 타인의 법익에 대한 현재의 부당한 침해를 방위하기 위한 행위로서 상당한 이유가 있는 때'이다. 이에 대하여 법률효과는 '벌하지 아니한다'이다. 이 때 '벌하지 아니한다'는 것은 위법성(違法性)이 조각(阻却)된다는 뜻이다. 구성요건에 해당하는 행위이지만 위법성이 조각되어 범죄가 성립하지 않는다는 것을 의미한다.[22]

㉡ 긴급피난

정당방위는 현재의 위법한 공격행위로부터 법익침해의 위험을 제거하기 위하여 인정되는 위법성조각사유이다. 그런데, 법익침해의 위험은 사람의 위법한 공격행위에 의하여 일어날 뿐만 아니라 물건이나 자연력, 그리고 경우에 따라서는 사람의 적법한 행위에 의해서도 발생할 수 있다. 이와 같은 법익침해의 위험을 발생시키는 일련의 사유를 위난(危難)이라고 한다.

긴급피난(緊急避難)이라는 것은 법익에 대한 현재의 위난을 피하기 위한 행위를 의미한다. 이와 관련하여 형법에서는 '자기 또는 타인의 법익에 대한 현재의 위난을 피하기 위한 행위는 상당한 이유가 있는 때에는 벌하지 아니한다'고 규정하고 있다(제22조 제1항). 정당방위와 마찬가지로 '벌하지 아니 한다'라고 규정한 것은 위법성이 조각되기 때문에 범죄가 성립하지 않는다는 의미

21) 장영민·박기석(1995), 경찰관직무집행법에 관한 연구, 한국형사정책연구원, p. 190.; 홍정선(2007), 앞의 책, p. 420.
22) 신동운(2010), 형법총론, 서울: 법문사, pp. 265-285.

이다.

한편, 긴급피난과 관련하여 형법에서는 '위난을 피하지 못할 책임이 있는 자에 대하여는 위의 규정을 적용하지 아니 한다'고 하고 있다(제22조 제1항, 제2항). 이처럼 위난을 피하지 못할 책임이 있는 자는 경찰, 군인, 소방관, 의사, 선장 등을 들 수 있다.

물론, 이러한 특칙은 특별한 의무로 인하여 일반인과 동일한 상태에서 피난행위를 금지할 뿐이고, 긴급피난이 절대적으로 금지되어 일방적인 희생을 강요하는 것은 아니라고 본다. 다만, 긴급피난은 정당방위에 비하여 훨씬 더 엄격한 요건 하에 인정되는 위법성조각사유라 할 수 있다.[23]

② 다음의 어느 하나에 해당할 때

다음의 어느 하나에 해당하는 때에 그 행위를 방지하거나 그 행위자를 체포하기 위하여 무기를 사용하지 아니하고는 다른 수단이 없다고 인정되는 상당한 이유가 있을 때에 무기를 사용할 수 있다(경찰관직무집행법 제10조의4 제1항 제2호 각목).

㉠ 사형·무기 또는 장기 3년 이상의 징역이나 금고에 해당하는 죄를 범하거나 범하였다고 의심할 만한 충분한 이유가 있는 사람이 경찰관의 직무집행에 항거하거나 도주하려고 할 때

㉡ 체포·구속영장과 압수·수색영장을 집행하는 과정에서 경찰관의 직무집행에 항거하거나 도주하려고 할 때

㉢ 제3자가 '㉠' 또는 '㉡'에 해당하는 사람을 도주시키려고 경찰관에게 항거할 때

㉣ 범인이나 소요를 일으킨 사람이 무기·흉기 등 위험한 물건을 지니고 경찰관으로부터 3회 이상 물건을 버리라는 명령이나 항복하라는 명령을 받고도 따르지 아니하면서 계속 항거할 때

③ 대간첩작전 수행과정

대간첩작전 수행과정에서 무장간첩이 항복하라는 경찰관의 명령을 받고도 따르지 아니할 때에 무기를 사용할 수 있다(제10조의4 제1항 제3호).

그리고 경찰관은 대간첩·대테러작전 등 국가안전에 관련되는 작전을 수행할

---

23) 위의 책, pp. 285-302.

때에는 개인화기 외에 공용화기(公用火器)를 사용할 수 있다(제10조의4 제3항).

3) 무기의 사용 절차

(1) 경고

경찰관은 경찰관직무집행법 제10조의4의 규정에 의하여 사람을 향하여 권총 또는 소총을 발사하고자 하는 때에는 미리 구두 또는 공포탄에 의한 사격으로 상대방에게 경고(警告)하여야 한다. 다만, 다음에 해당하는 경우로서 부득이한 때에는 경고하지 아니할 수 있다(위해성 경찰장비규정 제9조).

㉠ 경찰관을 급습하거나 타인의 생명·신체에 대한 중대한 위험을 야기하는 범행이 목전에 실행되고 있는 등 상황이 급박하여 특히 경고할 시간적 여유가 없는 경우

㉡ 인질·간첩 또는 테러사건에 있어서 은밀히 작전을 수행하는 경우

(2) 필요한 최소한의 범위 내 사용

경찰관은 경찰관직무집행법 제10조의4의 규정에 의하여 권총 또는 소총을 사용하는 경우에 있어서 범죄와 무관한 다중의 생명·신체에 위해를 가할 우려가 있는 때에는 이를 사용하여서는 안 된다. 다만, 권총 또는 소총을 사용하지 아니하고는 타인 또는 경찰관의 생명·신체에 대한 중대한 위험을 방지할 수 없다고 인정되는 때에는 필요한 최소한의 범위 안에서 이를 사용할 수 있다(위해성 경찰장비규정 제10조 제1항).

그리고 경찰관은 총기 또는 폭발물을 가지고 대항하는 경우를 제외하고는 14세미만의 자 또는 임산부에 대하여 권총 또는 소총을 발사하여서는 안 된다(제10조 제2항). 한편, 경찰관은 공공의 안전을 위협하는 동물을 사살하기 위하여 부득이한 때에는 권총 또는 소총을 사용할 수 있다(제11조).

4) 무기의 사용 한계

(1) 비례의 원칙

경찰관의 무기사용에 있어서 일반적으로 경찰권한 행사에서 적용되는 이른바 '조리(條理)상의 한계'가 적용될 수 있다.

이와 관련하여 경찰관직무집행법에서 '필요하다고 인정되는 상당한 이유가 있을 때에는 필요한 한도 내에서 무기를 사용할 수 있다'(제10조의4 제1항)고 하는 내용들은 비례원칙을 명시적으로 규정하고 있는 것이다. 경찰관이 무기를 사용할 때, 특히 비례원칙

을 엄격히 준수해야 한다는 의미이다.

(2) 보충성의 원칙

경찰관직무집행법에서 '...무기를 사용하지 아니하고는 다른 수단이 없다고 인정되는 상당한 이유가 있을 때...'에 무기를 사용할 수 있다(제10조의4 제1항 제1·2·3호)고 하여 보충성(補充性)의 원칙을 적용하고 있다. 바꿔 말하면, 통상의 용법에 따라 필요한 최소한의 범위 안에서 이를 사용하여야 한다.

다만 이러한 보충성의 원칙은 대간첩작전 수행에서는 적용되지 않는다고 본다(제10조의4 제1항 제4호). 무장간첩이 경찰관의 투항명령을 받고도 이에 불응하는 경우에는 무기를 사용하지 아니하고는 다른 수단이 없다고 인정되는 상당한 이유가 고려되지 않는다. 무장간첩은 국가안전 또는 공공의 안녕질서를 근본적으로 위협하는 상황이기 때문이다.

제10장 행정경찰권한

제1절 경찰허가 권한

1. 경찰허가의 의의

1) 경찰허가의 개념

경찰허가(警察許可)란 위해방지를 목적으로 일반적·상대적으로 금지되어 있는 행위를 특정한 경우에 해제하여 적법하게 일정한 행위를 할 수 있게 하는 권한의 행사를 말한다. 허가는 학문상의 개념으로 실정법상으로는 면허·인허·특허·승인 등 여러 가지 용어가 사용되고 있다.[1]

헌법상 모든 국민은 신체나 직업상 행동의 자유를 보장하고 있지만, 그러한 행동이 타인의 자유와 권리를 침해할 위험이 있는 경우에는 그에 대한 금지 또는 제한이 따르기 마련이다. 다만, 어떠한 일정한 조건을 갖추게 되면 그러한 금지 또는 제한을 해제시켜주는 경우가 있다.

예컨대, 개인의 자유를 존중한다고 해서 아무에게나 자유롭게 자동차를 운전할 수 있도록 해서는 안 된다. 자격이 없는 사람이 운전을 하게 되면, 그로 인한 불상사로 인해 수많은 인적·물적 피해가 야기될 수 있기 때문이다. 따라서 「도로교통법」에 의해 '자동차 등을 운전하고자 하는 사람은 시·도경찰청장으로부터 운전면허를 받아야 한다'고 규정함으로써(제80조), 위험방지를 위한 사전 허가조치를 취하고 있는 것이다.

마찬가지로 「사행행위 등 규제 및 처벌 특례법」에서 '사행행위영업(예: 복표, 경품, 현상공모 등)을 하려는 자는 일정한 시설 등을 갖추어 행정안전부령으로 정하는 바에

1) 이철호(2004), 경찰행정법, 서울: 푸른세상, p. 172.

따라 시·도경찰청장의 허가를 받아야 한다. 다만, 그 영업의 대상 범위가 둘 이상의 특별시·광역시·도 또는 특별자치도에 걸치는 경우에는 경찰청장의 허가를 받아야 한다'고 규정하고 있다(제4조 제1항).

2) 경찰허가의 종류

경찰허가의 종류는 ㉠ 대인적 허가, ㉡ 대물적 허가, 그리고 ㉢ 혼합적 허가로 구분할 수 있다.

대인적 허가는 운전면허와 같이 개인의 능력이나 자격과 같은 인적 요소를 기준으로 하는 허가를 말한다. 대물적 허가는 어떠한 시설물의 안전성, 적합성 등이 허가절차에서 중심이 되는 허가를 말한다. 혼합적 허가는 신청자의 자격과 동시에 시설물의 적합성과 안전성이 허가절차에서 동시에 고려되어 이루어지는 허가를 말한다.

혼합적 허가와 관련하여 예컨대, 사격장은 사격을 할 수 있도록 시설을 갖춘 특정 장소를 말하는데, 이러한 사격장(실외사격장, 실내사격장) 허가를 받고자 하는 자는 일정한 구조·위치·설비 및 기준 등을 갖추도록 하고 있다(사격 및 사격장 안전관리에 관한 법률 제5조). 아울러 사격장 허가를 받고자 하는 자가 일정한 결격사유(피성년후견인·피한정후견인·미성년자, 파산선고를 받고 복권되지 아니한 자, 마약 등 중독자, 일정한 형사처벌을 받은 자 등)은 설치허가를 받을 수 없도록 규정하고 있다(결격사유에 대한 세부적인 내용은 동법 제7조 각호 참조).

경찰허가 대상이 되는 시설은 범죄 및 위험예방 등과 관련된 특성을 반영해야 하기 때문에 혼합적인 성질을 갖는 경우가 많다고 볼 수 있다.

2. 경찰허가의 법적 성질

1) 수익적 행위

일반적으로 경찰허가는 당사자에게 불이익을 주기 위한 것이 아니라 이익(利益, benefit)을 주는 행정행위라고 할 수 있다. 물론, 경우에 따라서는 수익에 부가하여 침익을 동시에 부과하는 경찰허가도 가능하다(예: 통행금지를 일시 해제하되 통행료를 납부하도록 하는 경우).[2)]

2) 홍정선(2007), 경찰행정법, 서울: 박영사, p. 346.

2) 기속행위

경찰법령에서 일정한 요건을 구비한 경찰상 허가신청에 대하여 의무적으로 허가할 것을 규정하고 있다면, 경찰기관은 당연히 허가를 해주어야 한다. 이는 재량의 여지가 없는 기속행위(羈束行爲)인 것이다.

예컨대, 운전면허를 받으려는 사람은 운전면허시험에 합격하여야 하고, 시·도경찰청장은 운전면허시험에 합격한 사람에 대하여 행정안전부령으로 정하는 운전면허증을 발급하여야 한다(도로교통법 제85조). 여기에서 경찰기관의 재량의 여지는 없는 것이다.

그러나 예외적으로 허가관청에 판단의 여지에 따른 '재량(裁量)에 의한 허가'가 있을 수 있다. 그리고 법문에서 허가에 대한 재량권을 명백히 규정하고 있지 않다면, 원칙적으로 기속행위로 보아야 할 것이다. 왜냐하면 요건을 구비한 허가신청에 대하여 허가를 하는 것이 기본권을 최대한 보장하려는 헌법상의 취지에 부합되기 때문이다.

경찰허가의 기속행위 예외: 사행행위의 영업허가

「사행행위 등 규제 및 처벌 특례법」에서 경찰청장이나 시·도경찰청장은 사행행위영업의 허가신청을 받으면 다음의 어느 하나에 해당하는 경우에만 그 영업을 허가할 수 있다.

① 공공복리의 증진을 위하여 특별히 필요하다고 인정되는 경우
② 상품을 판매·선전하기 위하여 특별히 필요하다고 인정되는 경우
③ 관광진흥과 관광객 유치를 위하여 특별히 필요하다고 인정되는 경우(이상 사행행위 등 규제 및 처벌 특례법 제5조 제1항 각호).

3) 쌍방적 행위

일반적으로 경찰허가는 수익적인 행위이기 때문에 상대방의 신청(申請)에 의해 이루어지는 경우가 많다. 따라서 통상 신청을 필요로 하는 행위로서 협력을 요하는 행위 즉, 쌍방적 행정행위라 할 수 있다.

그러나 상대방의 신청 없이 허가가 발령되는 경우도 있다. 예컨대, 시·도경찰청장 또는 경찰서장은 보행자의 통행을 보호하기 위하여 특별히 필요한 때에는 도로에 보행자 전용도로를 설치할 수 있다(도로교통법 제28조 제1항). 그리고 차마(車馬)의 운전자는 그러한 보행자전용도로를 통행해서는 안 되지만, 시·도경찰청장 또는 경찰서장은 특별히 필요하다고 인정하는 때에는 보행자전용도로에 차마의 통행을 허용할 수 있다

(제28조 제2항).[3)]

3. 경찰허가의 효과

1) 경찰금지의 해제

경찰허가는 일반적 금지를 해제하여 자연적 자유를 회복시켜 주는 효과를 갖는다. 경찰허가 효과의 본질은 자연적 자유에 대한 제한을 해제하는데 그치는 것이며, 그로 인하여 어떠한 권리·능력 기타 법률상의 힘을 부여하는 것은 아니다.

따라서 경찰허가에 의해 사격장 영업을 허가해 준 경우, 그 허가에 의하여 새로운 영업권이 설정되는 것이 아니라 헌법에서 보장하고 있는 영업의 자유권을 적법하게 행사할 수 있는 지위를 부여한 것에 불과한 것이다.[4)]

2) 허가의 효과가 미치는 범위

(1) 대인적·대물적·혼합적 범위

대인적 허가의 효과는 허가(예: 운전면허 등)를 받는 특정인에 한하고, 다른 사람에게 이전·상속될 수 없다. 따라서 허가 받은 본인의 사망에 의하여 그 허가의 효과는 당연 소멸된다.

그러나 대물적 허가(예: 건축허가 등)는 처분의 상대방이 아닌 자에게도 미친다. 즉, 경찰허가가 물건 및 시설물의 객관적 사정에 행하여진 경우에는 그 효과는 허가받은 사람뿐만 아니라 허가의 대상이 된 시설물의 상속인 또는 양수인에게도 그 효과가 미치는 것이 원칙이다.

한편, 혼합적 허가는 인적 요소와 물적 요소를 모두 고려해서 판단할 수밖에 없다고 본다. 예컨대, 사격장, 전당포영업, 총포·화약류제조허가와 같은 혼합적 허가는 신청자의 자격과 동시에 시설물의 적합성과 안전성 등이 고려된다. 따라서 시설물이 적합성과 안전성을 갖추었다고 해서 상속이나 양도에 의해서 당연히 허가의 효과가 이전될 수 없는 것이다. 이러한 시설물이 갖는 특징(위험성 등)으로 인해 오히려 대인적인 요소(신청자의 자격요건)가 중요하게 다루어져야 한다고 본다.

---

3) 도로교통법에 의한 시·도경찰청장 또는 경찰서장의 차마의 통행의 허용은 차마의 운전자의 신청을 전제로 하지 아니하면서, 이 법 본문에 의한 법률상의 통행금지를 해제하는 경찰상 행정행위로서 허가의 성질을 갖는다. 홍정선(2007), 앞의 책, p. 349.

4) 이철호(2004), 앞의 책, p. 179.

(2) 지역적 범위

지역적으로 경찰허가의 효과는 허가관청의 관할구역 안에 미치는 것이 원칙이지만 타구역에 미치는 경우도 적지 않다. 예컨대, 도로교통법상의 운전면허를 취득한 자는 운전면허권자가 시·도경찰청장이지만, 운전면허가 있으면 전국 어디에서나 운전을 할 수 있다.

(3) 다른 법률과의 관계

경찰허가의 효과는 근거법상의 금지를 해제하는 효과만 있을 뿐 다른 법령상의 금지까지 해제하는 것은 아니라는 점에 주의할 필요가 있다. 예컨대, 경찰공무원이 총포제조업의 허가를 받았다고 해서, 국가공무원법상의 영리행위의 금지의무(제64조 제2항)가 해제되는 것은 아니므로 총포제조업의 허가만으로 영업을 할 수는 없는 것이다.[5]

제2절 경찰명령 권한

1. 경찰명령의 의의

1) 경찰명령 개념상의 문제

일반적으로 명령(命令)이라는 것은 타인에게 무엇인가를 하도록 시키는 행위(예: '해라', '하지마라' 등)라고 할 수 있다.

따라서 경찰 등 국가공권력이 행사하는 명령적 행위(命令的 行爲)란 사인이 원래부터 가지고 있는 자연적 자유를 제한하여 일정한 행위를 할 의무를 부과하거나 또는 부과된 의무를 해제하는 행위를 말한다.[6]

---

5) 위의 책, pp. 182-183.; 홍정선(2007), 앞의 책, pp. 352-353.

6) 명령(命令)과 관련하여 종래 행정법학자들은 경찰명령(警察命令), 법규명령(法規命令), 경찰하명(警察下命), 질서하명(秩序下命) 혹은 경찰처분(警察處分)이라는 용어 등을 사용해 왔으며, 그 명령의 범위와 형식에 있어서 일치된 견해를 보여주지는 못하고 있다(이에 대해서는 뒤에서 다시 살펴보기로 한다). 김남진(2002), 경찰행정법, 서울: 경세원, pp. 148-168.; 홍정선(2007), 앞의 책, pp. 304-345.

(1) 의무준수의 중요성

인간은 사회적 동물로서 사회적 상호작용을 하면서 살지 않으면 안 된다. 따라서 개인은 자기의 행위나 자기의 지배하에 있는 물건이 공공의 안녕과 질서를 해치지 않도록 노력해야 한다. 그리고 만약 자기의 행위나 물건으로 인하여 공공의 안녕과 질서에 위해가 가해질 우려가 있는 경우에는 그것을 방지하고, 이미 발생한 장해에 대해서는 그것을 제거할 '의무'(義務)를 져야 하는 것이다.[7]

이처럼 국민 또는 개인이 사회구성원으로써 준수해야할 의무는 헌법과 법률에서 보장하고 있는 개인의 자유와 권리에 대한 본질적 한계이며, 따라서 법치주의 원칙에 따라 헌법과 법률에서 이에 대한 한계를 두고 있음은 물론이다.

(2) 국민의 의무준수 방법

① 경찰법규에 의한 명령

경찰법규에 의한 명령은 법률에서 그와 관련된 의무규정을 명문으로 두고 있는 경우이다. 그렇다면, 경찰법규에서 어떠한 방법으로 국민의 준수의무를 규정하고 있는가? 이와 관련하여 예컨대, 「청소년보호법」 상의 청소년유해행위의 금지명령을 들 수 있다(제30조 각호).

법규명령의 예: 청소년 유해행위의 금지 명령

누구든지 청소년에게 다음 각 호의 어느 하나에 해당하는 행위를 하여서는 아니 된다.

① 영리를 목적으로 청소년(만 19세 미만인자)으로 하여금 신체적인 접촉 또는 은밀한 부분의 노출 등 성적 접대행위를 하게 하거나 이러한 행위를 알선·매개하는 행위
② 영리를 목적으로 청소년으로 하여금 손님과 함께 술을 마시거나 노래 또는 춤 등으로 손님의 유흥을 돋우는 접객행위를 하게 하거나 이러한 행위를 알선·매개하는 행위
③ 영리나 흥행을 목적으로 청소년에게 음란한 행위를 하게 하는 행위
④ 영리나 흥행을 목적으로 청소년의 장애나 기형 등의 모습을 일반인들에게 관람시키는 행위
⑤ 청소년에게 구걸을 시키거나 청소년을 이용하여 구걸하는 행위
⑥ 청소년을 학대하는 행위
⑦ 영리를 목적으로 청소년으로 하여금 거리에서 손님을 유인하는 행위를 하게 하는 행위
⑧ 청소년을 남녀 혼숙하게 하는 등 풍기를 문란하게 하는 영업행위를 하거나 이를 목적으로 장소를 제공하는 행위
⑨ 주로 차 종류를 조리·판매하는 업소에서 청소년으로 하여금 영업장을 벗어나 차 종

7) 김남진(2002), 앞의 책, p. 149.

류를 배달하는 행위를 하게 하거나 이를 조장하거나 묵인하는 행위(이상 청소년보호법 제30조 각호)

이는 법률에 규정되어 있는 의무로서 어디까지나 '법률형식의 입법 작용'이지 행정작용(행정의 행위형식)은 아니다. 즉, 청소년보호법에서 자체적으로 금지를 명령한 것이지 경찰이 어떠한 권력적 작용을 통해서 일반 국민을 상대로 청소년 유해행위의 금지를 명령한 것은 아니라는 점이다.

이처럼 입법 작용을 통해서 법률에서 의무를 규정한 것을 법규상의 명령, 즉 법규명령(法規命令)이라고 한다.

이러한 법규명령 위반은 자체적으로 효력이 발생하는 것이 아니라 경찰의 행정행위(예: 단속 등)를 통해서 구체화 된다. 따라서 이러한 법규명령의 실효성은 벌칙(질서법 위반에 대해서는 행정상의 제재, 형사법 위반에 대해서는 형사상의 제재)을 통해 확보됨이 보통이다.[8)]

② 경찰행위에 의한 명령

경찰행위에 의한 명령(命令)은 위의 법규상의 명령과 같이 법률에서 직접적으로 의무 또는 금지규정을 두고 있는 것이 아니라, 의무를 위반했을 때 경찰에게 그에 대한 직접적인 처분권한을 부여하는 경우이다.

이는 '경찰이 직접적으로 명령을 내린다'는 의미에서 '경찰하명'(警察下命) 또는 '경찰처분'(警察處分)이라고 한다.

이와 관련하여 예컨대, 「집회 및 시위에 관한 법률」 제20조(집회 또는 시위의 해산)에서 규정하고 있는 것을 들 수 있다.

경찰하명의 예: 집회 또는 시위의 해산 명령

관할 경찰관서장은 다음의 어느 하나에 해당하는 집회 또는 시위에 대하여는 상당한 시간 이내에 자진(自進) 해산할 것을 요청하고 이에 따르지 아니하면 해산(解散)을 명(命)할 수 있다(집회 및 시위에 관한 법률 제20조 제1항 각호).

① 헌법재판소의 결정에 따라 해산된 정당의 목적을 달성하기 위한 집회 또는 시위, 또는 집단적인 폭행, 협박, 손괴(損壞), 방화 등으로 공공의 안녕 질서에 직접적인 위협을 끼칠 것이 명백한 집회 또는 시위

8) 위의 청소년 유해행위의 금지 명령규정에서 '①'을 위반하면 1년 이상 10년 이하의 징역, '②·③'을 위반하면 10년 이하의 징역, '④·⑤·⑥'을 위반하면 5년 이하의 징역, '⑦·⑧·⑨'를 위반하면 3년 이하의 징역 또는 3천만원 이하의 벌금에 처하도록 하고 있다(청소년보호법 제55조~제58조).

> ② 해가 뜨기 전이나 해가 진 후에 행하는 옥외집회 또는 시위(제10조)[9]
> ③ 국회의사당, 각급 법원, 헌법재판소, 대통령 관저(官邸), 국회의장 공관, 대법원장 공관, 헌법재판소장 공관, 국무총리 공관(다만, 행진의 경우 제외), 국내 주재 외국의 외교기관이나 외교사절의 숙소에 해당하는 청사 또는 저택의 경계 지점으로부터 100미터 이내의 장소에서 행하는 옥외집회 또는 시위(제11조)(이하 생략)

이러한 경찰행위에 의한 명령(즉, 경찰하명 또는 경찰처분)은 일반통치권에 의거하여 경찰목적 달성을 위하여 국민에게 작위(作爲)·부작위(不作爲)·수인(受認)·급부(給付) 등의 의무를 명령하는 일체의 행위로 설명할 수 있다.

그리고 이러한 경찰행위에 의한 명령을 위반했을 경우에는 법규명령과 마찬가지로 형사상 및 행정상의 제재(강제집행, 질서벌 등)를 받게 됨은 물론이다.[10]

(2) 경찰명령 개념의 재정립

이 책에서는 경찰명령(警察命令)은 행정행위에 의한 명령 즉, 경찰하명(警察下命)을 의미하는 것으로 보고 법규명령은 제외하고자 한다. 종래 행정법 또는 경찰행정법에서는 법규명령을 경찰명령의 전형으로 보는 경향이 일반적인데, 여기에서는 행정행위에 의한 명령 즉, 경찰하명을 전형적인 경찰명령으로 보고자 한다.

이러한 경찰하명의 법적 근거는 일반경찰법으로서 「경찰관직무집행법」과 개별경찰법으로서 「풍속영업의 규제에 관한 법률」, 「도로교통법」, 「집회 및 시위에 관한 법률」 등 여러 법에서 찾아볼 수 있다.

2. 경찰명령의 형식

경찰명령(경찰하명)은 특정인이나 특정다수인에 대해 행사되는 작위, 부작위, 수인, 급부를 명령하는 처분(處分)을 말한다. 이러한 경찰하명은 경찰기관이 위험방지 등의 임무수행을 위해 활용하는 중요한 행위형식이라고 할 수 있다. 경찰하명은 경찰처분 또는 질서하명 등으로 불리기도 한다.

---

9) 다만, 집회의 성격상 부득이하여 주최자가 질서유지인(秩序維持人)을 두고 미리 신고한 경우에는 관할 경찰관서장은 질서 유지를 위한 조건을 붙여 해가 뜨기 전이나 해가 진 후에도 옥외집회를 허용할 수 있다(집회 및 시위에 관한 법률 제10조, 한정위헌).

10) 위의 집회 또는 시위가 일정한 요건 따라 해산 명령을 받았을 때에는 모든 참가자는 지체 없이 해산하여야 한다(집회 및 시위에 관한 법률 제20조 제2항). 이를 위반한 자는 6개월 이하의 징역 또는 50만원 이하의 벌금·구류 또는 과료에 처한다(동법 제24조).

(1) 작위명령

개념적으로 작위(作爲)라는 것은 '의식적으로 행한 적극적인 행위'를 말한다. 따라서 작위명령(作爲命令)이라는 것은 경찰목적을 달성하기 위하여 어떠한 대상자에게 적극적으로 어떠한 행위를 할 것을 요구하는 것이라 할 수 있다.

이러한 작위명령의 한 예로써, 경찰관직무집행법상의 위험발생의 방지를 위한 위험물 제거 명령을 들 수 있다.

이와 관련하여 "경찰관은 사람의 생명 또는 신체에 위해를 끼치거나 재산에 중대한 손해를 끼칠 우려가 있는 천재(天災), 사변(事變), 인공구조물의 파손이나 붕괴, 교통사고, 위험물의 폭발, 위험한 동물 등의 출현, 극도의 혼잡, 그 밖의 위험한 사태가 있을 때에는 … 그 장소에 있는 사람, 사물의 관리자, 그 밖의 관계인에게 위해를 방지하기 위하여 필요하다고 인정되는 조치(措置)를 하게 하거나 직접 그 조치를 할 수 있다"고 규정하고 있다(경찰관직무집행법 제5조 제1항).

(2) 부작위명령

부작위(不作爲)라는 것은 작위와 반대로 '마땅히 해야 할 것으로 기대되는 일정한 행위를 하지 않는 일'을 말한다. 따라서 부작위명령이라는 것은 경찰목적을 달성하기 위하여 어떠한 대상자에게 어떠한 행위를 하지 말 것을 요구하는 것이라 할 수 있다.

이러한 부작위명령의 예로써, 경찰관직무집행법상의 위험발생의 방지를 위한 통행제한 또는 금지 명령을 들 수 있다.

이와 관련하여 "경찰관서의 장은 대간첩 작전의 수행이나 소요(騷擾) 사태의 진압을 위하여 필요하다고 인정되는 상당한 이유가 있을 때에는 대간첩 작전지역이나 경찰관서·무기고 등 국가중요시설에 대한 접근 또는 통행을 제한(制限)하거나 금지(禁止)할 수 있다"고 규정하고 있다(경찰관직무집행법 제5조 제2항).

도로교통법상에도 그 예를 찾을 수 있다. 이와 관련하여 "경찰공무원은 도로의 파손, 화재의 발생이나 그 밖의 사정으로 인한 도로에서의 위험을 방지하기 위하여 긴급히 조치할 필요가 있을 때에는 필요한 범위에서 보행자나 차마의 통행을 일시 금지하거나 제한할 수 있다"고 규정하고 있다(도로교통법 제6조 제4항).

(3) 수인명령

수인(受認)이라는 것은 '어떠한 요구사항을 그대로 받아들이는 것' 말한다. 따라서 수인명령이라는 것은 경찰목적을 달성하기 위하여 어떠한 대상자에게 어떠한 요구를 했을 때 그대로 그 요구사항을 수용하라는 것이라 할 수 있다.

이러한 수인명령의 예로써, 경찰관직무집행법상의 불심검문에 응할 의무를 들 수 있다.

이와 관련하여 "경찰관은 ㉠ 수상한 행동이나 그 밖의 주위 사정을 합리적으로 판단하여 볼 때 어떠한 죄를 범하였거나 범하려 하고 있다고 의심할 만한 상당한 이유가 있는 사람, ㉡이미 행하여진 범죄나 행하여지려고 하는 범죄행위에 관한 사실을 안다고 인정되는 사람의 하나에 해당하는 경우 그 사람을 정지시켜 질문할 수 있다"고 규정하고 있다(경찰관직무집행법 제3조 제1항).

(4) 급부명령

급부(給付)라는 것은 '금전적인 지급 또는 이행' 등의 의미가 있다. 따라서 급부명령이라는 것은 경찰목적을 달성하기 위하여 어떠한 대상자에게 금전적인 지급 등을 요구하는 것이라 할 수 있다.

이러한 급부명령의 예로써, 도로교통법상의 과태료납부 의무 등을 들 수 있다. 이와 관련하여 도로교통법에서는 "다음의 어느 하나에 해당하는 사람에게는 20만원 이하의 과태료를 부과한다"고 규정하고 있다(도로교통법 제160조 제2항 각 호).

㉠ 물이 고인 곳을 운행할 때에는 고인 물을 튀게 하여 다른 사람에게 피해를 주는 일이 없도록 할 것

㉡ 자동차의 앞면 창유리와 운전석 좌우 옆면 창유리의 가시광선(可視光線)의 투과율이 대통령령으로 정하는 기준보다 낮아 교통안전 등에 지장을 줄 수 있는 차를 운전하지 아니할 것(다만, 요인(要人) 경호용, 구급용 및 장의용(葬儀用) 자동차는 제외)

㉢ 동승자에게 좌석안전띠를 매도록 하지 아니한 운전자 등

3. 경찰명령의 효과

작위, 부작위, 수인, 급부와 같은 경찰명령(경찰하명)은 개별사건을 규제한다. 그리고 경찰명령을 받은 상대방은 작위, 부작위, 수인, 급부 등 관련의무를 지게 된다.

이와는 달리 경찰법상의 명령(즉, 법규명령)은 불특정 다수인을 대상으로 하는 추상적인 사건을 규율한다는 점에서 차이가 있다. 물론, 외부적 효과를 갖는다는 점에서 양자는 동일하다.[11]

11) 홍정선(2007), 앞의 책, pp. 339-340.

제3절 경찰강제 권한

1. 경찰강제의 의의

1) 경찰강제의 개념

경찰강제(警察强制) 또는 경찰강제집행이라는 것은 위의 경찰명령(즉, 경찰하명)에 의한 의무(작위·부작위·수인·급부)를 부과하였는데, 의무자가 스스로 이를 이행하지 않은 경우에 이의 실효성을 확보하기 위한 수단 가운데 하나라고 볼 수 있다.[12)]

바꿔 말하면, 경찰법상 구체적인 의무 불이행이 발생한 경우, 경찰기관이 권한을 행사하여 해당 의무자에게 신체 또는 재산에 직접 실력을 가하여 그 의무를 이행하게 하거나 또는 그 의무가 이행된 것과 같은 상태를 실현하는 것을 말한다.

이러한 경찰강제는 ㉠ 직접강제와 ㉡ 대집행, 그리고 ㉢ 강제징수 및 이행강제금으로 구분할 수 있다. 우리나라는 아직까지 직접강제에 대한 일반법은 없고, 대집행에 관한 일반법으로서 「행정대집행법」과 강제징수에 관한 일반법으로서 「국세징수법」을 들 수 있다.

2) 경찰강제의 특징

경찰강제는 언제나 개별적·구체적인 의무불이행(義務不履行)을 전제로 한다. 또 경찰강제는 법원의 힘을 빌리지 아니하고 '경찰 스스로의 힘으로 의무이행을 강제' 할 수 있는 점에서 특색이 있다.

그리고 경찰강제는 미리 법규명령 또는 경찰하명을 통해서 의무를 부과하였음에도 불구하고, 상대방이 그 의무를 이행하지 않을 경우에 행해진다는 점에서, 사전에 의무를 명하지 않고 곧바로 행해지는 즉시강제(卽時强制)와 구분된다.[13)] 그러나 경찰강제(직접강제, 대집행, 강제징수)와 즉시강제 모두 '강제'(强制)를 중요수단으로 사용한다는 점에서는 동일하다고 본다.

12) 김남진(2002), 앞의 책, p. 166.
13) 위의 책, p. 226.; 홍정선(2007), 앞의 책, p. 401.

2. 경찰강제의 유형

1) 직접강제

직접강제(直接强制)라는 것은 의무자가 의무를 불이행할 때, 경찰기관이 직접 의무자의 신체 또는 재산에 실력을 가하여 의무자가 직접 의무를 이행한 것과 같은 상태를 실현하도록 하는 권한행사라고 할 수 있다. 이러한 경찰의 직접강제는 작위의무의 불이행뿐만 아니라 부작위의무나 수인의무를 불이행한 경우에도 활용될 수 있다.

이러한 직접강제는 경찰기관이 직접 행사하고, 후술하는 대집행 역시 직접행사(또는 제3자로 하여금 대신 행사 가능)토록 한다는 점에서는 동일하다고 본다.

다만, 직접강제는 시간적으로 계고(戒告)와 실행(實行)간에 긴박성이 있으며, 따라서 계고 없이 바로 직접강제를 할 수도 있다. 그러나 대집행은 목전(目前)에서 직접이루어지기 보다는 일정한 절차를 거쳐 이루어진다는 점에서 차이가 있다.

우리나라는 이러한 직접강제에 대한 일반법은 없다.[14] 최근 개별법에서 직접강제에 관하여 규정하고 있는 경우가 늘고 있으며, 따라서 경찰법에 이에 관한 일반법을 마련하는 것이 바람직하다고 본다.[15]

경찰의 직접강제와 관련된 개별법으로 「도로교통법」 상의 위험방지를 위한 조치를 들 수 있다. 즉, 경찰공무원은 자동차 등 운전자가 무면허운전 등의 금지(제43조), 술에 취한 상태에서의 운전 금지(제44조), 과로한 때 등의 운전 금지(제45조)의 규정을 위반하여 자동차 등을 운전하고 있다고 인정되는 경우에는 차를 '일시정지'시키고 그 운전자에게 '자동차 운전면허증을 제시할 것을 요구'할 수 있다(제47조 제1항).

이 경우 경찰공무원은 자동차등을 운전하는 사람에 대하여는 정상적으로 운전할 수 있는 상태가 될 때까지 운전의 금지를 명하고 차를 이동시키는 등 필요한 조치를 할 수 있도록 하고 있다(제47조 제2항).

2) 대집행

(1) 대집행의 의의

경찰 대집행(代執行)이라는 것은 경찰명령(경찰하명)을 받은 의무이행자가 이를 행

14) 독일 바이에른 「국립경찰직무법」 제5장(제53조~제69조)에 경찰강제가 규정되어 있다. 이 법에서는 직접강제의 수단으로 총기사용, 수갑 등을 들고 있다. 홍정선(2007), 앞의 책, pp. 402-404.; 앞에서 설명한 우리나라 「경찰관직무집행법」 상의 위험발생의 방지(제5조), 위험방지를 위한 출입(제7조), 무기사용(제10조의4) 등을 즉시강제가 아닌 직접강제의 성격을 갖는 것으로 보기도 한다. 김남진(2002), 앞의 책, p. 227.

15) 위의 책, p. 228.; 홍정선(2007), 앞의 책, p. 402.

하지 않은 경우, 경찰이 대신 하거나 또는 제3자로 하여금 이를 대신하도록 하는 것을 말한다. 단, 모든 의무이행을 대신하는 것이 아니라 경찰이나 제3자가 대신하여 행여도 특별한 문제가 없는 의무를 말한다.[16)]

이는 경찰청과 같은 행정청의 명령에 의한 행위로서 타인이 대신하여 행할 수 있는 행위를 의무자가 이행하지 아니하는 경우로서, 아래와 같은 때에는 당해 행정청은 스스로 의무자가 하여야 할 행위를 하거나 또는 제3자로 하여금 이를 하게 하여 그 비용을 의무자로부터 징수할 수 있다(행정대집행법 제2조 단서).

㉠ 다른 수단으로써 그 이행을 확보하기 곤란하고 또한

㉡ 그 불이행을 방치함이 심히 공익을 해할 것으로 인정될 때

「행정대집행법」은 대집행에 대한 일반법이기 때문에, 다른 법률에서 따로 정하고 있는 경우에는 그 법에 따르고, 그러한 규정이 없는 경우에는 이 법이 정하는 바에 의하도록 하고 있다(행정대집행법 제1조).

개별법으로는 「도로교통법」 상의 경찰대집행의 예를 들 수 있다. 도로교통법에서 주차위반 등의 차에 대하여 대집행에 의하여 이동·보관·공고·매각 또는 폐차 등을 규정하고 있다. 그리고 그 비용징수에 관하여는 행정대집행법 조를 적용하도록 하고 있다(도로교통법 제35조 제6항).

그리고 개별법에서 대집행과 같은 규정이 없더라도 행정대집행법이 정한 요건에 충족하는 한 경찰기관은 이를 할 수 있다고 본다.[17)] 여기에서 말하는 요건이라는 것은 경찰하명에 대한 '공법상의 의무'로서 '이행을 확보할 다른 수단이 없고', 또한 '불이행을 방치함으로써 심히 공익을 해할 것으로 인정될 때' 등을 들 수 있을 것이다.

(2) 대집행의 절차

① 계고

대집행처분을 하려함에 있어서는 먼저, 상당한 이행기한을 정하여 그 기한까지 이행되지 아니할 때에는 대집행을 한다는 뜻을 미리 문서(文書)로써 계고(戒告: 의무의 이행을 독촉)하여야 한다(행정대집행법 제3조 제1항). 이 경우, 행정청은 상당한 이행기한을 정함에 있어 의무의 성질·내용 등을 고려하여 사회통념상 해당

16) 대집행의 대상은 법률에 의거한 경찰관청의 명령에 의한 행위(즉, 경찰하명) 뿐만 아니라 법률(법률의 위임에 의한 명령, 지방자치단체의 조례 포함)에 의하여 직접명령(즉, 법규명령)되는 경우도 포함된다(행정대집행법 제2조 단서).

17) 김남진(2002), 앞의 책, p. 227.

의무를 이행하는 데 필요한 기간이 확보되도록 하여야 한다(제3조 제1항 하단).

② 통지

다음으로, 의무자가 전항의 계고를 받고 지정기한까지 그 의무를 이행하지 아니할 때에는 당해 경찰관청은 대집행영장(代執行令狀)으로써 대집행을 할 시기, 대집행을 시키기 위하여 파견하는 집행책임자의 성명과 대집행에 요하는 비용의 계산에 의한 견적액을 의무자에게 통지하여야 한다(행정대집행법 제3조 제2항).

계고·통지의 예외

「행정대집행법」에서는 비상시 또는 위험이 절박한 경우에 있어서 당해 행위의 급속한 실시를 요하여 위와 같은 수속(계고·통지)을 취할 여유가 없을 때에는 그 수속을 거치지 아니하고 대집행을 할 수 있도록 하고 있다(제3조 제3항).

예컨대, 불법주차로 인해 교통사고의 위험이 있는 경우 등 긴박한 상황에서는 이러한 통지절차 없이 실행이 가능하다는 의미이다.

③ 실행

의무자가 지정된 기한까지 의무를 이행하지 않으면, 당해 경찰관청은 스스로 의무자가 해야 할 행위를 하거나 또는 제3자로 하여금 그 행위를 하도록 하고 있다(행정대집행법 제4조 단서).

④ 비용징수

대집행에 필요한 비용은 의무자가 부담해야 한다. 대집행에 요한 비용의 징수에 있어서는 실제에 요한 비용액과 그 납기일을 정하여 의무자에게 문서로써 그 납부를 명하여야 한다(행정대집행법 제5조). 당해 경찰관청은 실제에 소요된 비용과 그 납기일을 정하여 의무자에게 문서로써 그 납부를 명하여야 한다. 의무자가 그 비용을 납부하지 않으면, 당해 경찰관청은 대집행에 소요된 비용을 국세징수법에 의하여 징수할 수 있다(제6조 제1항).

강제징수

강제징수(强制徵收)는 금전급부의무의 불이행이 있을 때, 일반적으로 「국세징수법」이 정하는 바에 따라 이루어진다.

강제징수는 예컨대, 「도로교통법」 상의 주차위반차량에 대한 대집행과정에서 이루어질 수 있다. 도로교통법에서는 주차위반차량에 대하여 대집행(이동·보관·공고·매각 또는 폐차 등)을 하고, 그 비용징수와 관련하여 「행정대집행법」의 규정을 적용한다고 규정하고 있다(제35조 제6항). 그리고 행정대집행법에서는 대집행에 요한 비용은 「국세징수법」의 예에 의하여 징수할 수 있다고 규정하고 있다(제6조 제1항). 국세징수법상의 징수는 관할 세무서장이 행한다.

제4절 경찰벌 부과 권한

1. 경찰벌의 의의

1) 경찰벌의 개념

(1) 경찰벌의 개념상의 문제

경찰벌(警察罰)이라는 것은 경찰법상의 의무위반행위에 대하여, 그 상대방에게 과하는 경찰법상의 일종의 '처벌'(處罰)을 의미한다.

일반적으로 행정경찰 권한이라는 것은 '장래'(將來, future)의 위험발생 방지와 관련하여 행사되는 것이며, 따라서 앞에서 살펴본 경찰허가, 경찰명령, 경찰강제는 모두 그러한 특성을 가지고 있다.

경찰벌은 예외적으로 장래가 아닌 '과거'(過去, past)의 의무위반 행위에 대해서 가해지는 행정경찰권한이라는 점에서 특성이 있다. 다만, 경찰벌이라는 처벌규정이 존재함으로써 의무자에게 심리적 압박을 가하여 간접적으로 의무이행을 확보하는 기능도 갖는다고 본다. 일종의 일반예방효과 기능도 한다는 의미이다.

그동안 경찰벌은 처벌내용에 따라 ㉠ 경찰형벌(警察刑罰)과 ㉡ 경찰질서벌(警察秩序罰)로 구분하고 있다.[18] 경찰형벌이란 경찰법상 의무위반에 대한 제재로서 형법에 규정(제41조)되어 있는 형벌(사형, 징역, 금고, 구류, 자격정지, 자격상실, 벌금, 과료)이 가해지는 경찰벌을 말한다. 경찰질서벌이란 경찰법상 의무위반에 대한 제재로서 형법상의 형벌이 아닌 행정법규상의 제재 즉, 과태료(過怠料) 등이 부과되는 경찰벌을 말한다.

---

18) 김남진(2002), 앞의 책, p. 243.; 홍정선(2007), 앞의 책, p. 397.; 이철호(2004), 앞의 책, p. 241.

그런데, 이러한 '경찰벌'이라는 용어 사용에 있어서 다음과 같은 점을 분명히 해야 한다. '경찰벌'이라는 용어를 사용하기 위해서는 '처벌'의 주체가 '경찰'이어야 한다는 점이다. 경찰이 어떠한 위반행위에 대해 주체적으로 처벌권을 행사 할 수 있을 때, 그것을 '경찰벌'이라고 불러야지, 경찰관련 법규에 처벌규정(벌칙)이 있다고 해서 그것을 경찰벌이라고 표현해서는 안 된다는 의미이다.

(2) 경찰벌의 개념 재정립

따라서 경찰벌이라는 것은 행정관청인 경찰기관에 관련 위반행위에 대한 처벌권한을 부여한 규정이 있을 때 성립하는 것이다. 경찰이 주체적으로 처벌권한을 행사할 수 있을 때, 그것을 경찰벌이라고 불러야 한다는 것을 의미한다.

이러한 요건을 충족한 경찰벌 부과 권한은 ㉠ 질서벌로서 과태료(過怠料) 부과 권한과 ㉡ 범칙행위에 대한 통고처분을 통한 범칙금(犯則金) 부과 권한을 들 수 있다.

다만 뒤에서 살펴보겠지만, 경찰이 행사하는 범칙금 부과 권한은 질서벌인 동시에 형벌의 성격을 아울러 가지고 있다고 볼 수 있다. 범칙금은 실제에 있어서는 질서벌이지만 형식에 있어서는 형벌로 볼 수도 있다는 의미이다.

경찰의 범칙금부과 권한을 질서벌로 간주한다면, 이는 행정경찰권한에 해당되는 것(위험방지를 목적으로 하는 행정경찰의 대표적인 예외)이며, 형벌로 간주한다면 이는 사법경찰권한으로 볼 수 있을 것이다. 아래에서는 이를 질서벌로 간주하여 살펴보기로 한다.

2) 경찰벌과 구별개념

(1) 경찰벌과 징계벌의 구별

경찰벌은 일반 사인(私人)을 대상으로 경찰법관련 의무위반에 가해지는 제재이지만 징계벌(懲戒罰)은 특별법률관계 또는 특수신분관계에 의해 경찰조직 내부질서 문란자(예: 경찰권한을 오남용한 경찰관 등)에게 가해지는 제재인 점에서 다르다.

따라서 양자는 그 목적, 대상, 권력의 기초 등에 있어 차이가 있기 때문에, 양자를 함께 부과하는 것은 일사부재리(一事不再理)원칙에 저촉되지 않는다.[19)]

(2) 경찰벌과 이행강제금의 구별

경찰벌과 이행강제금은 일종의 '금전적 제재'라는 점에서 동일하다. 그러나 경찰벌은

19) 김남진·김연태(2004), 행정법Ⅰ, 서울: 법문사, pp. 460-461.

경찰상 '과거'(過去, past)의 의무위반에 대한 제재이지만, 이행강제금은 의무불이행이 있는 경우 '장래'(將來, future)의 의무이행을 확보하기 위한 강제집행의 수단으로 과하여지는 점에서 차이가 있다.

(3) 경찰벌과 형사벌의 구별문제

경찰벌과 형사벌은 형식적인 점에서 '처벌'(處罰)이 주어진다는 점에서 양자는 동일하다. 다만, 종래의 관점과 같이 경찰벌을 경찰형벌과 경찰질서벌을 포함하는 개념을 본다면, 양자는 차이 가 있다. 그리고 이 책에서와 같이 경찰벌을 질서벌 등으로 국한시킬 때에도 형사벌과 구분됨은 물론이다.

2. 경찰벌의 유형

1) 과태료 부과 권한

(1) 과태료의 개념

경찰벌의 대표적인 형태로서 경찰법규의 의무위반에 대한 질서벌로서 과태료(過怠料) 부과 권한을 들 수 있다. 질서벌인 과태료는 '경찰상 질서위반에 대한 제재로서 의무위반의 정도가 비교적 가볍고, 간접적으로 공공질서를 교란할 위험이 있는 행위에 대하여 부과되는 금전적 처벌'로 정의할 수 있다.[20]

과태료는 과거의 의무위반에 대한 제재이지만, 의무자에게 심리적 압박을 가함으로써 간접적으로 의무이행을 강요하는 기능을 아울러 가지고 있다고 볼 수 있다. 물론, 이렇게 되기 위해서는 과태료 부과 액수가 심리적 압박을 가할 정도로 충분히 많아야 할 것이다.

그러나 한편으로는 형벌상의 벌금(5만원 이상), 과료(2천원 이상 5만원 미만)보다 질서벌인 과태료가 지나치게 많이 책정될 경우에도 문제가 있다고 본다. 다만, 우리나라는 종래 형벌에 처하였던 것을 질서벌로 대체하는 작업이 광범위하게 진행되어 왔다고 볼 수 있다. 이는 전과자의 양산을 방지하고 금전상의 징수를 용이하게 하려는 의도로 이해되기도 한다.

(2) 과태료 부과 요건과 내용

질서벌은 형벌과는 달리 반윤리성(反倫理性)이 희박하므로 고의·과실과 같은 주관적

---

20) 강구철(1998), 강의행정법(Ⅰ), 서울: 형설출판사, p. 606.

요건을 문제 삼지 않고, 객관적 법규위반이 있으면 질서벌을 과할 수 있는 것으로 보고 있다.

경찰이 질서벌로서 의무위반행위에 대한 과태료 부과·징수와 관련하여 여러 개별법에서 찾아볼 수 있다. 예컨대, 도로교통법에서는 객관적인 일정한 위반 사항에 대하여 500만원 이하의 과태료 부과(예: 교통안전교육기관 운영의 정지 및 폐지신고를 하지 아니한 사람 등) 및 20만원 이하의 과태료 부과(예: 동승자에게 좌석 안전띠를 매도록 하지 아니한 운전자 등)규정을 두고 있다(제160조 제1항~제3항 참조).

그러나 예외적으로 위반자에게 의무를 탓할 수 없는 정당한 사유가 있는 경우에는 과태료를 부과할 수 없도록 하고 있다. 따라서 도로교통법상 과태료 사유가 발생한 경우에도 불구하고 예컨대, '차 또는 노면전차를 도난당하였거나 그 밖의 부득이한 사유가 있는 경우 등'에서는 과태료 처분을 할 수 없도록 하고 있다(제160조 제4항).

한편, 과태료는 범죄에 대한 형벌이 아니므로 그 성질상 처음부터 공소시효(형사소송법 제249조)나 형의 시효(형법 제78조)에 상당하는 것은 있을 수 없고, 이에 상당하는 규정도 없으므로 일단 한번 과태료에 처해질 위반행위를 한 자는 그 처벌을 면할 수는 없는 것이다.[21]

(3) 과태료 부과 방법과 한계

과태료 부과는 ㉠ 법원이 부과결정을 하는 경우, ㉡ 경찰관청과 같은 주무관청이 부과·징수하되 상대방이 이의를 제기하면 법원이 부과결정을 하는 방법이 있다.

경찰관청과 같은 주무관청이 부과·징수하는 경우는 다음과 같다. 경찰관청으로서 시·도경찰청장 등은 도로교통법 제160조 제1항부터 제3항까지의 규정에 따른 과태료와 관련하여 부과·징수 권한을 행사하도록 하고 있다(제161조 제1항 제1호). 또 일정한 경우(예: 전용차로 통행위반, 정차 또는 주차규정을 위반한 경우 등)에는 시장 등이 이를 행사하도록 하고 있다(제3호).

또 「총포·도검·화약류 등의 안전관리에 관한 법률」 상의 의무위반에 대한 과태료는 대통령령이 정하는 바에 의하여 소관에 따라 경찰청장, 시·도경찰청장 또는 경찰서장이 부과·징수하도록 하고 있다(제74조 제2항). 여기에서 경찰청장의 과태료 부과·징수권한을 시·도경찰청장에게 위임하고 있으며, 이 경우 시·도경찰청장은 부과·징수처리 상황을 경찰청장에게 보고하도록 하고 있다(동법 시행령 제83조 제3항).

그런데, 이러한 경찰관청의 과태료 부과처분에 상대방이 이의를 제기하면 그것 자체

---

21) 대법 2000.8.24., 2000마1350.

로서 경찰관청의 부과처분은 효력을 잃게 된다. 이러한 과태료에 관한 재판은 행정소송절차가 아니다. 과태료에 관한 재판은 「비송사건절차법」에 따라 법원이 직권으로 개시하는 것이라 할 수 있다.[22)]

한편, 형벌과 질서벌(과태료)은 모두 처벌의 일종이지만, 그 목적이나 성질이 다르다고 볼 수 있다. 따라서 질서벌인 과태료 부과 후에 형벌을 부과한다고 하여도 일사부재리(一事不再理)의 원칙에 반하는 것은 아니다.[23)] 판례의 태도도 이와 같다.[24)]

2) 범칙행위에 대한 범칙금 부과 권한

(1) 범칙행위와 범칙금의 개념

형벌법규를 위반한 범죄행위(犯罪行爲)는 형벌범으로 다루어 형사처벌(사형, 징역, 금고, 자격상실, 자격정지, 벌금, 구류, 과료, 몰수)을 하고, 행정법규 상의 의무위반행위에 대해서는 질서범이라 하여 행정상 처벌(즉, 과태료)을 하고 있다.

그런데, 이것과는 별도로 현행법상 일정한 법규위반에 대해서 '범칙행위'(犯則行爲)라고 부르는 제재 또는 처벌이 존재하고 있다. 범칙행위에 대해서는 형벌(刑罰)상의 벌금·과료, 질서벌(秩序罰)상의 과태료 부과와 마찬가지로 금전상의 제재인 '범칙금'(犯則金)을 납부하도록 하고 있다.

경범죄처벌법·도로교통법상의 범칙행위

① 경범죄처벌법상의 범칙행위

「경범죄처벌법」을 보면,[25)] 이 법에서 규정하고 있는 경범죄를 저지른 자에 대해서는 10만원~60만원 이하의 벌금(罰金), 구류(拘留) 또는 과료(科料)의 형으로 처벌한다고 규정하고 있다(제3조 제1항~제3항).[26)]

---

22) 행정기관의 과태료 부과처분에 대하여 그 상대방이 이의를 제기함으로써 「비송사건절차법」(非訟事件節次法)에 의한 과태료의 재판을 하게 된다. 비송사건은 소송절차에 의하지 아니하고, 간이하고 탄력적으로 처리하는 사건을 말한다. 과태료부과 사건은 다른 법령에 특별한 규정이 없는 경우를 제외하고는 과태료에 처할 자의 주소지의 지방법원의 관할로 하고 있다(비송사건절차법 제247조).

23) 홍정선(2007), 앞의 책, p. 401.; 그러나 형벌과 질서벌은 넓은 의미의 처벌이고, 따라서 동일한 위반행위에 대한 처벌이라는 점에서 병과가 불가능하다고 보기도 한다. 김남진(2002), 앞의 책, p. 244.; 박윤흔(2004), 최신행정법강의(하), 서울: 박영사, p. 660.; 김철용(2006), 행정법(Ⅱ), 서울: 박영사, p. 390.

24) 대법 1996.4.12., 96도158.

25) 경범죄처벌법(輕犯罪處罰法)은 국민의 일상생활에서 빈번하게 발생하는 비교적 경미한 비도덕적인 범죄와 이에 대한 처벌을 규정한 실질적 의미의 형법(刑法)이라고 볼 수 있다. 김일수(1987), "경범죄처벌법의 제문제," 대한변호사협회지, p. 26.; 정덕장(1994), 경범죄처벌법, 서울: 법원사, p. 3.

26) ① 제1항에 해당하는 빈집 등에의 침입 등 40개 항목에 대해서는 10만원 이하의 벌금, 구류(1일 이상 30일 미만) 또는 과료(2천 원 이상 5만원 미만)의 형으로 처벌하고, ② 제2항에 해당하는 출판물의 부당게재, 거짓광고, 업무방해, 암표매매 4개 항목에 대해서는 20만원 이하의 벌금, 구류, 과료의 형의로 처벌하도록 하였다. 한편, 2013년 법개정으로 처벌내용이 강화되었다. 즉 ③ 제3항에 해당하는 ㉠ 관공서에서의 주취소란,

그리고 이 법에서 이러한 경범죄 가운데서 그 죄질의 정도가 경미한 위반행위를 '범칙행위'로 규정하고 있다. 범칙행위에 해당하는 것은 경범죄처벌법 제3조(경범죄의 종류) 제1항과 제2항에서 규정하고 있는 '44개 항목'에 대한 위반행위를 말한다. 예컨대, 빈집 등에의 침입, 흉기의 은닉·휴대, 관명 사칭, 쓰레기 등 투기, 노상 방뇨, 자연훼손, 음주소란 등이 이에 해당한다.

이러한 위반행위에 대해서는 비록 10~20만원 이하의 벌금, 구류 또는 과료의 형으로 처벌한다고 규정하고 있음에도 불구하고, 특별한 경우를 제외하고는 범칙금(犯則金)으로 처벌에 대신한다고 한 것이다. 이를 '경범죄 처벌의 특례'로 규정하고 있다(제6조~제9조).

② **도로교통법상의 범칙행위**

「도로교통법」에서도 범칙행위 규정을 두고 있다(제156조, 제157조상의 수많은 위반행위). 경범죄처벌법과 마찬가지로 도로교통법 제156조, 제157조를 위반한 행위에 대해서 20만원 이하의 벌금, 구류 또는 과료의 형으로 처벌한다고 규정하고 있음에도 불구하고 특별한 경우를 제외하고는 범칙금으로 처벌에 대신한다고 한 것이다. 이를 '범칙행위의 처리에 관한 특례'로 규정하고 있다(제162조~제166조).

(2) 범칙행위의 성격

이처럼 경범죄처벌법과 도로교통법 등에서 범칙행위에 대해서 폭넓게 적용하고 있음을 알 수 있다. 그런데, 이 범칙행위에 대한 범칙금 부과는 매우 독특한 위치에 놓여 있다.

관련법규 위반에 대한 금전상의 처벌이라는 것은 분명한데, 그것의 성격이 형벌법규상의 형벌범(刑罰犯)에 해당하는지 아니면 행정법규 상의 질서범(秩序犯)에 해당하는지 분명하지가 않기 때문이다.

사실, 경범죄처벌법과 도로교통법 모두 범칙행위의 처벌은 벌금·구류·과료라는 형벌에 그 근간을 두고 있다. 그러나 실제에 있어서 경미한 범죄에 대해서 형벌의 이름으로 처벌할 경우에는 수많은 전과자(前科者)를 양산해 낼 우려가 있다. 경범죄처벌법과 도로교통법상의 수많은 범칙행위는 우리가 일상생활에서 부지불식간에 위반하기 쉬운 행위들이기 때문이다. 따라서 이를 형벌이 아닌 질서벌로 전환시켜 처벌할 필요성이 있는 것이다.

ⓛ 거짓신고 2개 항목에 대해서는 60만원 이하의 벌금, 구류, 과료의 형으로 처벌하도록 한 것이다.

(3) 범칙행위에 대한 범칙금 부과 방법: 통고처분

① 통고처분의 개념과 성격

범칙행위를 한 자에 대한 범칙금 부과는 경찰관청의 통고처분(通告處分)에 의해 이루어진다. 통고처분이라는 것은 경찰관청은 일정한 범칙행위(犯則行爲)를 한 범칙자에게 범칙금(犯則金)을 납부토록 고지서를 발급하고,[27] 범칙자가 그 범칙금을 납부하면 처벌이 종료되는 과형절차를 말한다.

본질적으로 사법권(司法權)은 법관으로 구성된 법원에 속하는 것이다(헌법 제101조). 따라서 형법 및 특별형법, 그리고 (경찰)행정법을 위반한 자에 대한 처벌 권한인 형벌권은 형사법원에 있음은 물론이다. 그리고 이러한 형벌의 형벌부과 절차는 형사소송법에 의하는 것이 원칙이다. 범칙행위가 일종의 범죄행위에 해당된다면, 통고처분은 그에 대한 특별형사소송절차라고 볼 수 있겠지만, 범죄행위가 아닌 질서위반행위라면 그것은 형사소송절차에 앞선 경찰관청에 의한 사전적 처벌절차라고 할 수 있다.[28]

② 통고처분의 불이행

통고처분을 받은 범칙자가 소정의 기간 내에 통고처분의 내용을 이행하지 않으면, 당해 통고처분은 별도의 행위를 기다릴 것 없이 당연히 그 효력을 상실한다. 이때 경찰서장은 지체 없이 즉결심판(卽決審判)을 청구하여야 한다(경범죄처벌법 제9조 제1항, 도로교통법 제165조 제1항).

즉결심판절차에 따라 관할법원의 판사(지방법원, 지원 또는 시·군법원)은 '피고인'(被告人)에게 20만원 이하의 벌금, 구류 또는 과료에 처할 수 있도록 하고 있다(즉결심판에 관한 절차법 제2조). 통고처분 불이행자는 형사상의 '피고인 신분'에 놓고, 또 형사처벌을 받게 된다.

그런데, 통고처분을 받은 범칙자가 그 범칙금을 납부하면 처벌이 종료되기 때문에 논란의 여지는 여전히 남아 있다. 범칙자가 통고처분의 내용을 이행한 때에는 통고처분은 확정판결과 동일한 효력이 발생하며, 동일사건에 대하여 형사소추를 받지 않기 때문이다. 통고처분을 불복하는 경우에는 통고처분 자체는 당연히 그 효력이 소멸되므로, 행정쟁송을 제기할 수는 없다. 다만, 통고처분을 이행하지 않

27) 범칙금액은 경범죄처벌법 제3조 제1항의 위반행위에 대해서는 2만~8만원, 제2항의 위반행위에 대해서는 16만원으로 하고 있다(동법 시행령 별표 참조). 한편 도로교통법에서는 1만원~16만원으로 하고 있다(동법 시행령 별표 8·9·10 참조).

28) 김용세(2001), 앞의 논문, p. 86.

으면 경찰서장에 의해 즉결심판에 회부될 뿐이다.[29)]

한편, 통고처분의 내용을 이행하지 않은 사람은 즉결심판에서 그 통고처분의 위법·부당함을 주장할 수 있다. 그리고 즉결심판의 결과에도 불복하는 사람은 즉결심판을 받은 날로부터 7일 이내에 정식재판을 청구할 수 있다(즉결심판에 관한 절차법 제14조 제1항). 따라서 통고처분 불이행에 대한 경찰서장의 즉결심판 청구권은 일종의 '형사소추권'(刑事訴追權)이라 할 수 있다(이는 사법경찰권한에서 다시 살펴보기로 한다).

범칙행위에 대한 통고처분과 이의 불이행에 따른 절차

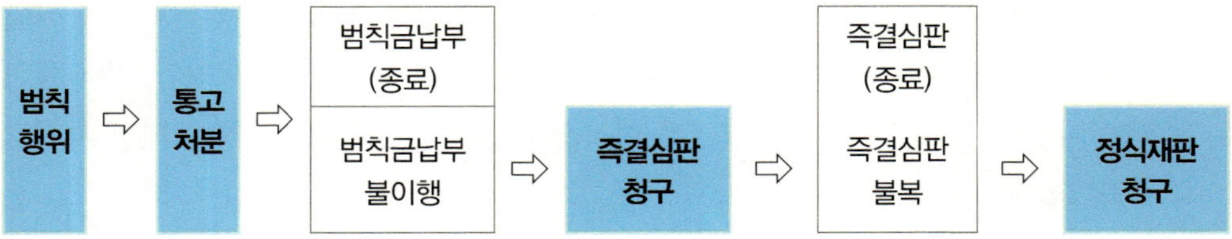

29) 대법 1995.6.29., 95누4674.; 대법 1980.10.14., 80누380.

제11장 사법경찰권한

제1절 경찰수사 권한

1. 경찰수사 권한의 의의

1) 경찰수사 권한의 개념

범죄수사(犯罪搜査, criminal investigation)라는 것은 형사절차의 제1단계로서 '범죄의 혐의 유무의 확인과 범인의 체포 및 증거수집을 위한 수사기관의 활동'을 말한다.[1] 그리고 수사활동이 연속적으로 진행되는 일련의 과정을 수사절차(搜査節次)라고 한다.

여기에서 경찰수사 권한이라는 것은 일련의 수사과정 즉, 수사개시·수사진행·수사종결 과정에서 경찰이 행사할 수 있는 법적인 권한이라고 할 수 있다.

2) 경찰수사 권한의 유형

(1) 경찰수사 개시 권한

경찰수사 개시 권한은 수사기관이 범죄의 혐의 유무를 밝히고자 범인을 발견·확보하고 증거를 수집·보전하는 등의 일을 시작할 수 있는 권한을 말한다.

경찰과 같은 수사기관은 범죄에 대한 주관적 혐의로 언제든지 수사에 착수할 수 있으며, 그러한 범죄혐의를 갖게 된 원인은 묻지 않는다. 이와 같이 범죄혐의를 두게 된 원인을 수사의 단서(端緖, clue)라고 한다.

「형사소송법」에서 규정하고 있는 수사의 단서로는 현행범, 고소, 고발, 자수, 변사자의 검시가 있다. 그러나 수사의 단서는 이에 국한되지 않는다. 불심검문(경찰관직무

1) 배종대·이상돈·정승환(2009), 신형사소송법, 서울: 홍문사, p. 41.

집행법 제3조), 자동차 검문(도로교통법 제47조) 등에 의해서도 가능하다.

(2) 경찰수사 진행 권한

수사라는 것은 일련의 연속과정에 이루어지는 것으로써 수사가 개시됨으로써 이어서 수사가 진행된다고 볼 수 있다. 이러한 수사진행은 임의수사(任意捜査)를 원칙으로 하며, 법률에 특별한 규정이 있는 경우에 강제수사(强制捜査)가 필요한 최소한도의 범위 안에서 허용된다. 예컨대, 영장(令狀)에 의한 수사가 바로 그것이다.

영장주의(令狀主義) 원칙

모든 국민은 신체의 자유를 가진다. 누구든지 법률에 의하지 아니하고는 체포·구속·압수·수색 또는 심문을 받지 아니하며, 법률과 적법한 절차에 의하지 아니하고는 처벌·보안처분 또는 강제노역을 받지 아니한다(헌법 제12조 제1항).

체포·구속·압수 또는 수색을 할 때에는 적법한 절차에 따라 검사의 신청에 의하여 법관이 발부한 영장을 제시하여야 한다. 다만, 현행범인인 경우와 장기 3년 이상의 형에 해당하는 죄를 범하고 도피 또는 증거인멸의 염려가 있을 때에는 사후에 영장을 청구할 수 있다(헌법 제12조 제3항).

(3) 경찰수사 종결 권한

범죄단서로부터 시작된 수사절차는 수사기관이 공소제기여부를 판단할 수 있는 정도로 그 혐의가 밝혀지게 되면 종결(終結)된다. 과거에는 이러한 수사종결 권한은 검사만이 할 수 있었다. 수사의 주재자는 어디까지나 검사이고, 경찰(사법경찰관)은 검사의 지휘를 받아 수할 수 있었기 때문이다.

그러나 2020년 형사소송법 개정(2021.01 시행)으로 검사의 경찰에 대한 수사지휘권이 폐지되고, 상호협력 관계로 재정립되었다. 이로써 1차 수사종결권이 경찰로 이관되었고 볼 수 있다.[2] 이에 따라 경찰은 1차적으로 수사를 종결하고 그 결과를 검사에게 송치하도록 하고 있다.

물론, 수사종결은 공소제기(公訴提起) 또는 불기소처분(不起訴處分)의 형태로 나타나기 때문에 최종 수사종결 권한은 검사가 가지고 있다고 본다. 그리고 공소제기 후에도 검사는 공소유지를 위한 수사를 할 수 있으며, 불기소처분을 한 때에도 언제든지 수사를 재개할 수 있다.

---

2) 경찰조직에서는 2021년 1월 수사경찰 즉, 사법경찰을 총괄하는 국가수사본부(國家捜査本部)를 경찰청 산하의 독립부서로 창설하여 경찰수사의 독립성과 수사역량을 제고하고자 하였다.

한편, 검사의 수사종결 권한에 대한 예외로서 경찰서장이 행사하는 즉결심판청구권한을 들 수 있다. 20만원 이하의 벌금, 구류, 과료에 처할 범죄사건으로서 즉결심판절차에 의해 처리될 경미사건의 경우에는 경찰서장이 관할판사에게 즉결심판을 청구함으로써 수사절차를 종결하게 된다(즉결심판에 관한 절차법 제3조 제1항).[3] 이 즉결심판청구권한은 일종의 소추권(訴追權)으로서의 의미를 갖는다(이에 대해서는 뒤에서 상세히 살펴보기로 한다).

3) 경찰수사 권한의 법적 근거

경찰수사 권한의 법적 근거와 관련하여 「국가경찰과 자치경찰의 조직 및 운영에 관한 법률」(약칭: 경찰법) 제3조(경찰의 임무) 및 「경찰관직무집행법」 제2조(직무의 범위)에 경찰은 '범죄의 예방·진압 및 수사'를 한다고 규정하고 있다.

그런데 이러한 규정 자체만으로 경찰이 수사 권한을 가지고 있는 것으로 보기도 하나,[4] 전술한 바와 같이 이러한 법적 근거는 권한규정이라기보다는 직무규정이기 때문에 그것만으로 수사에 관한 권한이 구체적·직접적으로 부여되어 있다고 보기는 어렵다고 본다.

따라서 수사권한 규정은 「형사소송법」에 근거를 두고 있다고 볼 수 있다. 이와 관련하여 형사소송법에서는 '경무관, 총경, 경정, 경감, 경위는 사법경찰관으로서 범죄의 혐의가 있다고 사료하는 때에는 범인, 범죄사실과 증거를 수사한다'거 규정하고 있다(제197조 제1항). 또 '검사와 사법경찰관은 수사, 공소제기 및 공소유지에 관하여 서로 협력하여야 한다'고 규정하고 있다(제195조 제1항).

2. 경찰수사 기관 등

수사기관은 위에서 살펴본 범죄수사를 할 수 있는 법적 권한이 인정되는 국가기관을 의미한다. 현행 형사소송법상으로는 수사기관으로는 검사(檢事)와 사법경찰관리(司法警察官吏)가 있다. 논의의 편의상 사법경찰관리를 먼저 살펴보기로 한다.

---

3) 배종대·이상돈·정승환(2009), 앞의 책, p. 209.
4) 신동운(2006), 형사소송법, 서울: 법문사, p. 51.

1) 사법경찰관리

사법경찰관리(司法警察官吏)는 (일반)사법경찰관리와 특별사법경찰관리가 있다. 여기에서 사법경찰관리는 '사법경찰관'(司法警察官)과 '사법경찰리'(司法警察吏)를 합친 용어이다.

(1) (일반)사법경찰관리

(일반)사법경찰관리는 경찰청 소속하에 사법경찰의 업무를 수행하는 경찰공무원을 의미한다. 형사소송법에서는 이를 사법경찰관과 사법경찰리로 구분하여 규정하고 있다(제197조).

㉠ 사법경찰관: 경무관, 총경, 경정, 경감, 경위는 사법경찰관(司法警察官)으로서 범죄의 혐의가 있다고 사료하는 때에는 범인, 범죄사실과 증거를 수사한다.

㉡ 사법경찰리: 경사, 경장, 순경은 사법경찰리(司法警察吏)로서 수사의 보조를 하여야 한다.

이처럼 경사, 경장, 순경은 사법경찰리로서 범죄수사의 독립된 주체가 아닌 보조기관으로서 사법경찰관의 지휘 및 감독을 받아 범죄수사 관련업무를 수행함을 알 수 있다.

(2) 특별사법경찰관리

한편, 특별사법경찰관리가 존재한다. 특별사법경찰관리는 경찰청 소속 사법경찰관리 외의 사법경찰의 업무를 수행하는 자를 의미한다. 형사소송법에서는 '삼림, 해사, 전매, 세무, 군수사기관, 그 밖에 특별한 사항에 관하여 사법경찰관리의 직무를 행할 특별사법경찰관리와 그 직무의 범위는 법률로 정한다'고 규정하고 있다(제245조의10 제1항).

이에 따라 특별사법경찰관리의 직무의 범위 등은 「사법경찰관리의 직무를 수행할 자와 그 직무범위에 관한 법률」(약칭: 사법경찰직무법)에 규정되어 있다. 이 법에 따른 특별사법경찰관리는 다음과 같다(제4조~제6조).

㉠ 교도소장 등

㉡ 산림 보호에 종사하는 공무원

㉢ 검사장의 지명에 의한 사법경찰관리

2) 검사

검사 역시 수사권한을 가지고 있다. 따라서 검사는 범죄의 혐의가 있다고 사료하는 때에는 범인, 범죄사실과 증거를 수사하도록 규정하고 있다(형사소송법 제196조 제1항).

다만, 검사는 사법경찰관으로부터 송치받은 사건에 관하여는 해당 사건과 동일성을 해치지 아니하는 범위 내에서 수사할 수 있다(제196조 제2항, 2022.5.9.신설).

3) 검사와 사법경찰관의 관계

(1) 검사와 (일반)사법경찰관의 상호협력 관계

형사소송법에서는 검사와 (경찰청 소속) 사법경찰관은 수사, 공소제기 및 공소유지에 관하여 서로 협력(協力)하여야 한다고 규정하고 있다(제195조 제1항).[5] 이는 2020년 2월에 형사소송법을 개정하여 새롭게 신설된 규정이다.[6]

그리고 이에 따른 수사를 위하여 준수하여야 하는 일반적 수사준칙에 관한 사항은 대통령령인 「검사와 사법경찰관의 상호협력과 일반적 수사준칙에 관한 규정」(2020.10 제정)에 정하도록 하고 있다(형사소송법 제195조 제2항).

이 규정은 형사소송법 제195조에 따라 검사와 사법경찰관의 상호협력과 일반적 수사준칙에 관한 사항을 규정함으로써 수사과정에서 국민의 인권을 보호하고, 수사절차의 투명성과 수사의 효율성을 보장함을 목적으로 하고 있다(제1조).

(2) 검사의 (일반)사법경찰관에 대한 비교우위적 권한

범죄수사에 있어서 이상과 같은 검사와 (일반)사법경찰관과의 상호협력관계에도 불구하고, 실질적으로는 검사가 비교우위적 권한을 가지고 있음은 물론이다. 이러한 내용은 헌법상의 영장청구권, 그리고 형사소송법상의 보완수사요구, 시정조치요구, 수사의 경합 등에서 찾을 수 있다.

---

5) 검찰청 직원으로서 사법경찰관리의 직무를 행하는 자 역시 (일반)사법경찰관리에 해당한다. 그러나 이들은 경찰청 소속의 사법경찰관리와는 그 위상이 다르다. 즉, 검찰청 소속 직원인 사법경찰관은 검사의 지휘를 받아 수사를 해야 한다(형사소송법 제245조의9 제2항). 그리고 검찰청 소속 직원인 사법경찰리는 검사 또는 검찰청 소속 직원인 사법경찰관의 수사를 보조하도록 하고 있다(제3항).

6) 2020년 2월 형사소송법 개정 이전에는 사법경찰관(경무관, 총경, 경정, 경감, 경위)은 '모든 수사'에 관하여 검사의 지휘를 받도록 하고 있다(舊형사소송법 제196조 제1항). 그리고 사법경찰리(경사, 경장, 순경)는 수사의 주체가 되지 못하고, 검사 또는 사법경찰관의 지휘를 받아 수사를 보조하는 수사보조기관으로서의 권한과 의무를 가질 뿐이었다(동조 제5항). 이러한 점에서 볼 때, 형사소송법의 개정을 통한 경찰(즉, 사법경찰관)의 수사 주재자로서의 위상확립은 형사사법(刑事司法)에서 매우 큰 역사적 의의가 있다고 볼 수 있다.

① 검사의 영장청구권

수사진행에 있어서 강제수사 행사의 핵심이라 할 수 있는 영장청구권(令狀請求權)은 검사에게 있다. 이와 관련하여 헌법에서는 '체포·구속·압수 또는 수색을 할 때에는 적법한 절차에 따라 검사의 신청에 의하여 법관이 발부한 영장을 제시하도록'하고 있다(헌법 제12조).

② 보완수사요구권

검사는 다음과 같은 경우에 사법경찰관에게 보완수사를 요구할 수 있다(형사소송법 제197조의2 제1항).

㉠ 송치사건의 공소제기 여부 결정 또는 공소의 유지에 관하여 필요한 경우

㉡ 사법경찰관이 신청한 영장의 청구 여부 결정에 관하여 필요한 경우

사법경찰관은 이와 같은 요구가 있는 때에는 정당한 이유가 없는 한 지체 없이 이를 이행하고, 그 결과를 검사에게 통보하여야 한다(제197조의2 제2항).

그리고 검찰총장 또는 각급 검찰청 검사장은 사법경찰관이 정당한 이유 없이 이와 같은 요구에 따르지 아니하는 때에는 권한 있는 사람에게 해당 사법경찰관의 직무배제 또는 징계를 요구할 수 있고, 그 징계 절차는 「공무원 징계령」 또는 「경찰공무원 징계령」에 따도록 하고 있다(제197조의2 제3항).

③ 시정조치요구 및 사건송치요구권

검사는 사법경찰관리의 수사과정에서 법령위반, 인권침해 또는 현저한 수사권 남용이 의심되는 사실의 신고가 있거나 그러한 사실을 인식하게 된 경우에는 사법경찰관에게 사건기록 등본의 송부를 요구할 수 있다(형사소송법 제197조의3 제1항). 이러한 송부 요구를 받은 사법경찰관은 지체 없이 검사에게 사건기록 등본을 송부하여야 한다(제197조의3 제2항).

사건기록 등본의 송부를 받은 검사는 필요하다고 인정되는 경우에는 사법경찰관에게 시정조치를 요구할 수 있다(제3항). 그리고 사법경찰관은 이러한 시정조치 요구가 있는 때에는 정당한 이유가 없으면 지체 없이 이를 이행하고, 그 결과를 검사에게 통보하도록 하고 있다(제4항).

한편, 이러한 통보를 받은 검사는 시정조치 요구가 정당한 이유 없이 이행되지 않았다고 인정되는 경우에는 사법경찰관에게 사건을 송치할 것을 요구할 수 있고(제5항), 송치 요구를 받은 사법경찰관은 검사에게 사건을 송치하여야 한다(제

6항).

그리고 검찰총장 또는 각급 검찰청 검사장은 사법경찰관리의 수사과정에서 법령위반, 인권침해 또는 현저한 수사권 남용이 있었던 때에는 권한 있는 사람에게 해당 사법경찰관리의 징계를 요구할 수 있고, 그 징계 절차는 「공무원 징계령」 또는 「경찰공무원 징계령」에 따르도록 하고 있다(제7항).

④ 수사의 경합

검사는 사법경찰관과 동일한 범죄사실을 수사하게 된 때에는 사법경찰관에게 사건을 송치할 것을 요구할 수 있다(제197조의4 제1항).

이러한 요구를 받은 사법경찰관은 지체 없이 검사에게 사건을 송치하여야 한다. 다만, 검사가 영장을 청구하기 전에 동일한 범죄사실에 관하여 사법경찰관이 영장을 신청(申請)한 경우에는 해당 영장에 기재된 범죄사실을 계속 수사할 수 있도록 하고 있다(제197조의4 제2항).

(3) 검사의 특별사법경찰관에 대한 지휘감독

이상에서 살펴본 바와 같이, 검사는 경찰청 소속 (일반)사법경찰과 상호협력관계에 있으면서도 일정부분 비교우위적 권한관계에 있음을 알 수 있다.

그런데, 이와는 달리 검사는 특별사법경찰(예: 삼림, 해사, 전매, 세무, 군수사기관 등)에 대해서는 원칙적으로 지휘·감독(指揮·監督)을 하도록 하고 있다. 이에 따라 형사소송법에서는 '특별사법경찰관은 모든 수사에 관하여 검사의 지휘를 받는다'고 규정하고 있다(형사소송법 제245조의10 제2항). 물론, 특별사법경찰관은 범죄의 혐의가 있다고 인식하는 때에는 범인, 범죄사실과 증거에 관하여 수사를 개시·진행하여야 한다고 규정함(제3항)으로써 일정부분 수사권한을 인정하고 있다.

다만, 특별사법경찰관리는 검사의 지휘가 있는 때에는 이에 따라야 하고(제4항), 특별사법경찰관은 범죄를 수사한 때에는 지체 없이 검사에게 사건을 송치하고, 관계 서류와 증거물을 송부하여야 한다고 규정하고 있다(제5항).

3. 경찰수사 권한의 행사 방법

이상과 같이 경찰은 범죄수사와 관련된 권한을 행사하는데 있어서 비록 형사소송법의 개정에 의해 일정부분 개선되었지만 일정부분 한계가 있음을 알 수 있다. 이러한 한계 내에서 경찰이 범죄수사를 하는 방법에는 임의수사(任意捜査)와 강제수사(强制捜査)

로 구분된다.

임의수사는 수사방법이 임의적으로 이루어지는 수사를 가리킨다. 이에 반해 강제수사는 강제처분에 의한 수사를 말한다. 강제처분은 형사절차의 진행과 형벌의 집행을 확보하기 위해 일반적으로 강제력을 사용하는 것을 말한다.

형사소송법은 임의수사를 원칙으로 하고, 강제수사는 법률에 '특별한 규정이 있는 경우'에 한하며, '필요한 최소한도의 범위'(비례의 원칙) 안에서만 하도록 하고 있다. 바꿔 말하면 특별한 규정이 없으면 강제처분을 하지 못한다는 것을 의미한다(형사소송법 제199조 제1항 단서).

한편, 임의수사와 강제수사의 구분이 어려운 영역이 적지 않게 존재한다는 점도 유의할 필요가 있으며, 이는 범죄수사에서도 재량권 행사의 여지가 적지 않다는 것을 의미한다.

1) 임의수사

발생한 범죄에 대한 수사기관의 임의수사 방법이 구체적으로 정해진 것은 아니다. 즉, 수사에 관하여 그 목적을 달성하기 위하여 필요한 조사를 할 수 있도록 하고 있으므로(형사소송법 제199조 제1항), 임의수사의 구체적 방법은 수사기관에서 결정한다고 본다. 다만, 형사소송법에서는 임의수사 가운데 ㉠ 공무소 등에 대한 조회, ㉡ 피의자 신문, ㉢ 참고인 조사, ㉣ 감정·통역·번역의 위촉 등에 관해서는 특별한 규정을 두고 있다.

(1) 공무소 등에의 조회

수사기관은 수사에 관하여 공무소 기타 공사단체에 조회하여 필요한 사항의 보고를 요구할 수 있다(형사소송법 제199조 제2항). 이를 공무소(公務所) 등에의 조회라고 한다. 전과조회, 신원조회 등은 여기에 해당되는 예이다.

수사기관의 조회요청이 있으면 그 상대방인 공무소 등은 이에 협조할 의무가 있으므로 이를 강제처분이라고 보는 견해도 있다. 그러나 공무소 등에 의무의 이행을 강제할 방법이 없고, 또 영장에 의하지 아니하고 조회를 요청할 수 있다는 점에서 이는 임의수사로 보아야 할 것이다.[7)]

공무소에의 조회가 제한되는 경우가 있다. 예컨대, 「금융실명거래 및 비밀보장에 관한 법률」은 "금융회사 등에 종사하는 자는 명의인(신탁의 경우에는 위탁자 또는 수익자

---

7) 신동운(2006), 앞의 책, p. 125.; 배종대·이상돈·정승환(2009), 앞의 책, p. 113.

를 말함)의 서면상의 요구나 동의를 받지 아니하고는 '그 금융거래의 내용에 대한 정보 또는 자료'(이하 '거래정보 등'이라 함)를 타인에게 제공하거나 누설하여서는 아니 되며, 누구든지 금융회사 등에 종사하는 자에게 거래정보 등의 제공을 요구하여서는 아니 된다"고 규정하고 있다(금융실명거래 및 비밀보장에 관한 법률 제4조 제1항).[8)]

다만, 이에 대한 예외 사항 가운데 하나로 '법원의 제출명령 또는 법관이 발부한 영장(令狀)에 따른 거래정보 등의 제공을 요구하는 경우'를 들 수 있다(제4조 제1항 제1호). 이 경우, 임의수사가 아닌 강제수사가 된다.

이 밖에도 「통신비밀보호법」에 의해서 '누구든지 이 법과 형사소송법 또는 군사법원법의 규정에 의하지 아니하고는 우편물의 검열·전기통신의 감청 또는 통신사실 확인자료의 제공을 하거나 공개되지 아니한 타인간의 대화를 녹음 또는 청취하지 못한다'고 하고 있다(세부적인 내용은 통신비밀보호법 제3조~6조 참조).

(2) 피의자 신문

피의자 신문(訊問, interrogation)은 검사 또는 사법경찰관이 수사에 필요한 때에 피의자의 출석을 요구하여 진술을 듣는 것을 말한다(형사소송법 제200조). 여기에서 피의자는 출석의무가 없고, 진술거부권(陳述拒否權)이 보장되어 있다.

형사절차에 따른 지위의 변화

일반시민 ⇨ 용의자 ⇨ 피의자 ⇨ 피고인 ⇨ 범죄인

① 용의자(容疑者): 공식적인 형사절차 즉, 수사가 개시되기 전의 의심이 되는 사람.
② 피의자(被疑者): 공식적으로 수사기관의 수사절차를 받아 신문(訊問) 등을 받는 사람으로서, 범죄혐의는 있으나 아직 공소제기가 되지 않은 사람.
③ 피고인(被告人): 범죄혐의가 인정되어 재판의 대상이 된 사람으로서, 검찰이 법원에 공소를 제기하면 그때부터 피고인 신분이 됨.
④ 범죄자(犯罪者): 범죄혐의가 인정되어 법원의 확정판결을 받은 사람.

이는 '모든 국민은... 형사(刑事)상 자기에게 불리한 진술을 강요당하지 아니한다'고 규정되어 있는 헌법상의 권리라고 할 수 있다(헌법 제12조 제2항). 따라서 검사 또는 사법경찰관은 피의자를 신문할 때 진술거부권 등을 고지해야 한다(형사소송법 제244조의3).

8) 이를 위반한 자는 5년 이하의 징역 또는 5천만원 이하의 벌금에 처한다. 이의 징역형과 벌금형은 병과(倂科)할 수 있다(금융실명거래 및 비밀보장에 관한 법률 제6조 제1항, 제2항).

피의자가 거부할 수 있는 진술내용에는 제한이 없다. 예컨대, 진술거부권을 고지하지 않고 작성한 피의자 신문조서(被疑者訊問調書)는 적법한 절차에 따르지 아니하고 수집된 증거로서 증거능력이 인정되지 아니한다(위법수집증거 배제, 형사소송법 제308조의2).

그리고 그 진술이 강제 등(고문, 폭행, 협박, 신체구속의 부당한 장기화 또는 기망 기타의 방법으로 임의로 진술한 것이 아니라고 의심할 만한 이유가 있는 때)에 의한 자백일 경우에는 증거능력은 인정되지 아니한다(강제 등에 의한 자백배제, 형사소송법 제309조).

물론, 피의자의 범죄혐의가 상당하고 정당한 이유 없이 출석요구에 응하지 않거나 응하지 아니할 우려가 있는 경우에는 체포영장(逮捕令狀)에 의해 체포될 수 있으므로(형사소송법 제200조의2), 그 한도 내에서는 사실상 출석의무가 인정되는 셈이다. 체포영장에 의한 체포는 임의수사가 아닌 강제수사에 해당된다.

(3) 참고인 조사

검사 또는 사법경찰관은 수사에 필요한 때에는 피의자가 아닌 자의 출석을 요구하여 진술을 들을 수 있다(제3자의 출석요구 등, 형사소송법 제221조 제1항). 이것을 참고인(參考人, witness) 조사라고 하는데, 수사절차상 참고인은 피의자가 아닌 제3자라는 점에서 넓은 의미에서 증인(證人)에 해당된다.

그러나 참고인은 수사기관에 어떠한 범죄관련 경험한 사실을 진술하고, 증인은 법원 또는 법관에 대해 진술한다는 점에서 양자는 구별된다. 참고인은 증인과 달리 강제로 소환당하거나 신문당하지 않는다. 또한 증인과 같이 법정에 출석하지 않았다는 이유로 과태료도 부과되지 않고(형사소송법 제151조), 강제로 구인(拘引)되는 제재도 받지 않는다(제152조). 참고인 조사는 어디까지나 임의수사에 속하기 때문이다.

다만, 범죄수사에 있어서 없어서는 안 될 사실을 알고 있는 자가 출석 또는 진술을 거부하면, 검사는 제1회 공판기일 전에 한(限)하여 판사에게 그에 대한 증인신문을 청구할 수 있다(제221조의2 제1항).

참고인 구인·유치제도

그런데 예외적으로 국가보안법(國家保安法)에서는 특별형사소송규정의 하나로서 참고인 구인·유치(拘引·留置制度)를 규정하고 있다.

이 법에 따라 검사 또는 사법경찰관으로부터 이 법에 정한 죄의 참고인으로 출석을 요구받은 자가 정당한 이유 없이 2회 이상 출석요구에 불응한 때에는 관할법원판사의 구속영장(拘束令狀)을 발부받아 구인할 수 있도록 하고 있다. 그리고 구속영장에 의하여 참고인을 구인하는 경우에 필요한 때에는 근접한 경찰서 기타 적당한 장소에 임시로 유치할 수 있도록 하고 있다(국가보안법 제18조).

(4) 수사상의 감정·통역·번역

검사 또는 사법경찰관은 수사에 필요한 때에는 감정(鑑定: 필체·음성·혈액감정 등)·통역 또는 번역을 위촉(委囑)할 수 있다(형사소송법 제221조 제2항).

수사기관의 위촉을 받은 자는 이를 수락할 의무가 없으며, 감정·통역·번역을 위하여 출석하였다가 퇴거하는 것도 자유이다. 그리고 감정인, 통역인, 번역인은 다른 사람으로 대신할 수 있는 대체성이 있으므로 특정인에 대하여 이를 강제할 필요도 없다. 따라서 수사기관에 의한 수사상의 감정·통역·번역은 임의수사에 속한다.

한편, 검사가 감정을 위촉하는 경우에 피의자의 정신 또는 신체에 관한 감정을 위하여 감정유치처분(鑑定留置處分)이 필요한 때에는 판사에게 이를 청구하도록 하고 있다(제221조의3 제1항).[9] 판사는 이의 청구가 상당하도 인정할 때에는 유치처분을 하도록 하고 있다(제2항). 이 경우는 전형적인 강제수사(强制搜査)로서 영장주의의 원칙이 적용된다. 감정위촉을 받은 자는 판사의 허가를 얻어 감정에 필요한 처분을 할 수 있다(제221조의4 제1항).

2) 강제수사

강제처분(强制處分)이라는 것은 소송절차의 진행이나 형벌의 집행을 확보하기 위하여 개인의 기본권을 제한하는 처분을 말한다(반드시 물리적 강제력이 수반될 필요는 없다).

강제수사(强制搜査)는 이러한 강제처분이 수반되는 수사의 형태를 말한다. 수사는 임의수사(任意搜査)를 원칙으로 하고 강제처분에 의한 강제수사는 예외적으로 인정된다(형사소송법 제199조 제1항 단서). 이에 따라서 형사소송법은 강제수사의 종류, 요건, 집행절차에 관하여 상세한 규정을 하고 있다.

현행 형사소송법에 규정된 강제처분에는 ㉠ 대인적(對人的) 강제처분인 체포와 구

9) 피의자 또는 피고인의 정신 또는 신체에 관한 감정(피의자 또는 피고인이 정신병자인가 아닌가 등의 정신상태, 신체의 상흔(傷痕) 등의 신체적 상태 또는 능력의 감정 등)이 필요한 때에 법원이 기간을 정하여 의사 등의 전문가에게 감정시키기 위하여 병원 기타 적당한 장소에 피고인을 유치하는 강제처분을 말한다(형사소송법 제172조 3항 단서).

속, ㉡ 대물적(對物的) 강제처분이라 할 수 있는 압수·수색, 그리고 검증이 있다. 그 밖에 수사절차에는 강제처분의 성격을 지니는 수사상의 증거보전(제184조)과 증인신문 청구(제221조의2)가 있다.

(1) 체포

수사경찰에 있어서 체포(逮捕, arrest)란 일반적으로 초동수사 단계에서 피의자에게 행해지는 단기간의 신체구속을 의미한다. 이에는 체포영장에 의한 체포, 긴급체포, 현행범 체포로 구분된다.

① 체포영장에 의한 체포

체포영장(逮捕令狀)에 의한 체포는 상당한 범죄혐의가 있고, 일정한 체포사유가 존재할 경우 사전영장에 의하여 일정한 시간 동안 구속(拘束)에 선행하여 피의자에게서 인신의 자유를 빼앗는 수사상의 강제처분을 말한다.

체포영장은 주로 기소중지(도주와 같이 피의자의 소재불명 등의 사유로 수사를 종결할 수 없는 경우)되어 지명수배 중인 피의자를 체포하기 위한 수단으로 이용된다.

체포영장이 청구·발부되는 요건은 다음과 같다. ㉠ 피의자가 죄를 범하였다고 의심할 만한 '상당한 이유'가 있고, ㉡ 수사기관의 '출석요구에 응하지 아니하거나 응하지 아니할 우려가 있는 때'라는 두 가지 요건이 인정되면, 검사는 자신의 청구에 의하여 그리고 사법경찰관은 검사에게 신청하여 검사의 청구에 의하여, 관할지방법원판사가 발부한 영장에 의하여 피의자를 체포할 수 있도록 하고 있다(형사소송법 제200조의2 제1항).[10)]

그리고 체포한 피의자를 구속하고자 할 때에는 체포한 때부터 '48시간 이내'에 구속영장(拘束令狀)을 청구하여야 하고, 그 기간 내에 구속영장을 청구하지 아니하는 때에는 피의자를 즉시 석방(釋放)하여야 한다(제200조의2제5항).

이러한 체포영장은 검사의 지휘에 의하여 사법경찰관리가 집행하도록 하고 있다(형사소송법 제81조 제1항 단서)

② 긴급체포

긴급체포(緊急逮捕)는 수사기관이 현행범에 해당하지 않는 피의자에 대해 사

10) 다만, 다액 50만원 이하의 벌금, 구류 또는 과료에 해당하는 사건에 관하여는 피의자가 일정한 주거가 없는 경우 또는 정당한 이유 없이 출석요구에 응하지 아니한 경우에 한한다(형사소송법 제200조의2 제1항 하단).

전에 체포영장을 발부받기 위해 시간을 지체할 수 없는 긴급한 경우에는 체포영장 없는 인신구속을 일시적으로 허용하는 제도이다.[11] 이러한 긴급체포는 '사건의 중대성'과 '사건의 긴급성'이라는 두 가지 요건이 충족될 때, 허용된다.

㉠ 사건의 중대성

검사 또는 사법경찰관은 피의자가 사형·무기 또는 장기 3년이상의 징역이나 금고에 해당하는 죄를 범하였다고 의심할 만한 상당한 이유가 있어야 한다(형사소송법 제200조의3 제1항 상단).

㉡ 사건의 긴급성

다음의 어느 하나에 해당하는 사유가 있는 경우에 긴급을 요하여 지방법원판사의 체포영장을 받을 수 없는 때에는 그 사유를 알리고 영장없이 피의자를 체포할 수 있다. 이 경우 긴급을 요한다 함은 피의자를 우연히 발견한 경우 등과 같이 체포영장을 받을 시간적 여유가 없는 때를 말한다(형사소송법 제200조의3 제1항 하단).

가. 피의자가 증거를 인멸할 염려가 있는 때

나. 피의자가 도망하거나 도망할 우려가 있는 때

위에서 살펴본 것처럼 긴급체포의 방법으로서, 검사 또는 사법경찰관은 피의자에게 체포영장이나 구속영장을 받을 수 없는 사유를 알리고 긴급체포를 해야 한다(형사소송법 제200조의3 제1항 단서). 그리고 사법경찰관이 긴급체포를 한 경우에는 즉시 검사의 승인(承認)을 얻어야 한다(제200조의3 제2항).

한편, 검사 또는 사법경찰관이 긴급체포에 의하여 피의자를 체포한 경우 피의자를 구속하고자 할 때에는 지체 없이 검사는 관할지방법원판사에게 구속영장을 청구하여야 하고, 사법경찰관은 검사에게 신청하여 검사의 청구로 관할지방법원판사에게 구속영장(拘束令狀)을 청구해야 한다. 이 경우 구속영장은 피의자를 체포한 때부터 '48시간 이내'에 청구해야 하며, 관련 긴급체포서를 첨부해야 한다(제200조의4 제1항).

따라서 긴급체포한 후 48시간 이내에 구속영장을 청구하지 않거나, 영장청구를 하였지만 발부받지 못한 때에는 피의자를 즉시 석방해야 한다(제2항).

11) 배종대·이상돈·정승환(2009), 앞의 책, p. 122.

③ 현행범 체포

범죄의 실행 중이거나 실행 직후인 자를 현행범(現行犯)이라고 한다. 현행범인은 누구든지 영장 없이 체포할 수 있다(형사소송법 제212조). 현행범에 대해 영장주의의 예외를 인정하는 것은 범행과 시간적으로 밀접해 있어서 범죄의 명백성이 인정되기 때문이다.

현행범 체포는 구속과 같이 집행에서 지켜야할 절차나 형식이 없다. 따라서 수사기관뿐만 아니라 일반시민도 현행범을 체포할 수 있음은 물론이다. 그러나 일반시민은 체포권한만 있고, 체포의무는 없다. 그리고 일반시민이 현행범을 체포한 때에는 '즉시' 검사 또는 사법경찰관리에게 인도해야 한다(제213조 제1항). 다만, 현행범으로 체포를 하기 위해서는 일정한 요건이 있어야 한다.

첫째, 피체포자가 현행범(범죄의 실행 중이거나 실행 직후인 자) 또는 준현행범(準現行犯)이어야 하고, 둘째, 체포사유가 있어야 하고,[12] 셋째, 비례성이 있어야 한다.[13]

(2) 구속

① 구속의 개념

구속(拘束, custody)은 형사절차를 진행하기 위해 피의자(被疑者) 또는 피고인(被告人)의 신체자유를 제한하는 강제처분을 말한다. 형사소송법상의 구속은 구인과 구금을 포함한다(형사소송법 제69조).

구인(拘引)은 피고인 또는 피의자에 대해 심문하기 위하여 법원 기타의 장소에 인치하는 강제처분을 말하고, 구금(拘禁)은 피고인 또는 피의자를 교도소(미결수용실) 또는 구치소(또는 경찰서 유치장)에 감금하는 강제처분을 말한다. 보통 구속이라고 할 때에는 구금을 의미한다.

구속은 위에서 살펴본 체포에 비하여 보다 장기간 계속된다. 피의자 구속은 수사절차에서 수사기관이 법관의 영장을 발부받아 하는 구속이고, 피고인 구속은 공소제기 후 법원이 피고인을 구속하는 경우이다. 아래에서는 피의자 구속을 중심으로 살펴보기로 한다.

---

12) 현행범 체포사유라 한다면, 현행범이 도망의 우려가 있거나 그의 신분이 즉각 확인될 수 없을 때 정도로 보면 족할 것이며, 따라서 구속사유인 증거인멸위험은 현행범 체포사유가 될 수 없다. 신동운(2006), 앞의 책, p. 158.; 배종대·이상돈·정승환(2009), 앞의 책, p. 129.

13) 경미한 범죄에 대해서는 인권보장의 취지에서 현행범체포가 제한된다. 즉, 다액 50만원 이하의 벌금, 구류 또는 과료에 해당하는 죄의 현행범인에 대하여는 범인의 주거가 분명하지 아니한 때에 한하여 체포할 수 있다(형사소송법 제214조).

② 구속의 요건

법원은 피의자 내지 피고인이 죄를 범하였다고 의심할 만한 상당한 이유가 있고, 일정한 구속사유가 있는 경우에는 피고인을 구속할 수 있다.

㉠ 상당한 이유

피의자 내지 피고인이 죄를 범하였다고 의심할 만한 '상당한 이유'가 있어야 한다(형사소송법 제70조 제1항).

죄를 범하였다고 의심할 만한 상당한 이유 즉, '범죄혐의'는 '수사개시의 단서가 될 수 있는 범죄혐의'만으로는 불충분하다. 피의자가 유죄판결을 받을 '고도의 개연성'이 인정될 수 있는 정도의 '현저한 범죄혐의'를 말한다. 현저한 범죄혐의 존재는 검사가 제출한 수사자료를 토대로 법관이 자유심증(自由心證, free evaluation of evidence)으로 판단한다.

㉡ 구속사유(형사소송법 제70조 제1항 각호)

가. 피고인이 일정한 주거가 없는 때[14)]

나. 피고인이 증거를 인멸할 염려가 있는 때

다. 피고인이 도망하거나 도망할 염려가 있는 때

한편, 상당한 범죄혐의가 있고 도망이나 증거인멸의 위험이 있음에도 불구하고 법관은 영장을 발부할 때 구속의 목적과 구속이라는 수단 사이에 비례관계가 인정되어야 한다.

따라서 법원은 구속사유를 심사함에 있어서 범죄의 중대성, 재범의 위험성, 피해자 및 중요 참고인 등에 대한 위해우려 등을 고려하여야 한다(형사소송법 제70조 제2항).

③ 구속의 절차

피의자가 죄를 범하였다고 의심할 만한 상당한 이유가 있고 구속사유(형사소송법 제70조 제1항)가 있을 때에는 검사는 관할 지방법원판사에게 청구하여 구속영장을 받아 피의자를 구속할 수 있고, 사법경찰관은 검사에게 신청하여 검사의 청구로 관할 지방법원판사의 구속영장을 받아 피의자를 구속할 수 있다(형사소송법 제201조 제1항).

---

14) 다액 50만원 이하의 벌금, 구류 또는 과료에 해당하는 사건에 관하여는 제1항 제1호(피고인이 일정한 주거가 없는 때)의 경우를 제한 외에는 구속할 수 없다(형사소송법 제70조 제3항).

영장주의는 구속절차를 사법적으로 통제함으로써 인권보장을 꾀하기 위한 것이다. 구속영장청구는 서면으로 하며, 검사는 구속의 필요를 인정할 수 있는 자료를 제출하도록 하고 있다(제201조 제2항). 그리고 이러한 영장청구를 받은 지방법원판사는 신속히 구속영장의 발부를 결정하고, 상당하다고 인정할 때에는 구속영장을 발부하도록 하고 있다(제3항 및 제4항).

④ 구속의 기간

㉠ 사법경찰관이 구속기관

사법경찰관이 피의자를 구속한 때에는 10일 이내에 피의자를 검사에게 인치하지 않으면 석방하여야 한다(형사소송법 제202조). 따라서 경찰단계에서 피의자를 구속할 수 있는 기간은 10일이다.

㉡ 검사의 구속기간

검사가 피의자를 구속하거나 또는 사법경찰관으로부터 피의자를 인치 받은 경우에는 10일 안에 공소(公訴)를 제기하지 않으면 석방하여야 한다(제203조).

㉢ 검사의 구속기간 연장

검사는 지방법원판사의 허가를 얻어 10일을 초과하지 않는 한도에서 1회에 한하여 구속기간을 연장할 수 있다(제205조 제1항).

따라서 검찰에서 피의자를 최대한 구속할 수 있는 기간은 20일이다. 그리고 경찰의 구속기간과 검찰의 구속기간을 합치면 최대 30일이 된다.[15)]

(3) 압수·수색

체포와 구속은 인신에 대한 강제처분 즉, 사람의 자유를 억압하는 대인적 강제처분이라면, 압수·수색·검증은 물건 등을 수집·보전하는 대물적 강제처분에 속한다. 이러한 압수·수색·검증은 법원과 수사기관에서 이루어지는데, 아래에서는 수사기관을 중심으로 살펴보기로 한다.

---

15) 형사소송법상의 사법경찰관 및 검사의 구속기간 규정에도 불구하고 국가보안법에서는 특별형사소송규정의 하나로 구속기간의 연장 규정을 또 다시 두고 있다. 국가보안법 위반사건은 구속기간이 사법경찰관의 1차 연장 신청에 의해 10일, 검사의 2차 연장 청구에 의해 20일까지 더 연장이 가능하므로 최대 구속기간은 각각 20일(사법경찰관)과 30일(검사)이 된다. 경찰의 구속기간과 검찰의 구속기간을 합치면 최대 50일이 되는 셈이다(국가보안법 제19조 단서). 다만, 국가보안법 위반사건(제3조~제10조) 가운데 제7조(찬양·고무 등) 및 제10조(불고지: 범죄행위를 한 자라는 점을 알면서 이를 수사기관에 알리지 않는 경우에 처벌)의 죄에 관한 구속기간의 연장은 인권침해의 우려가 있어 헌법에 위반된다. 헌재 1992.4.14., 90헌마82(위헌).

① 압수·수색의 개념

압수(押收, seizure)는 증거방법으로 의미가 있는 물건이나 몰수가 예상되는 물건의 점유를 취득하는 강제처분이다. 그리고 수색(搜索, search)은 압수할 물건이나 피의자 또는 피고인을 발견하기 위한 목적으로 사람의 신체나 물건 또는 일정한 장소를 뒤져 찾는 강제처분을 말한다.

수색은 주로 압수와 함께 행해지고 실무상으로도 압수수색영장(押收搜索令狀)이라는 단일영장을 사용하고 있다.

② 압수·수색의 절차

수사상의 압수·수색은 증거를 수집·보전하기 위한 강제처분(强制處分)이므로 원칙적으로 영장에 의해야 한다.[16]

㉠ 검사의 압수·수색

검사는 범죄수사에 필요한 때에는 '피의자가 죄를 범하였다고 의심할 만한 정황이 있고,' '해당 사건과 관계가 있다고 인정할 수 있는 것'에 한정하여 지방법원판사에게 청구하여 발부받은 영장에 의하여 압수·수색을 할 수 있도록 하고 있다(형사소송법 제215조 제1항).

㉡ 사법경찰관의 압수·수색

사법경찰관이 범죄수사에 필요한 때에는 '피의자가 죄를 범하였다고 의심할 만한 정황이 있고,' '해당 사건과 관계가 있다고 인정할 수 있는 것'에 한정하여 검사에게 신청하여 검사의 청구로 지방법원판사가 발부한 영장에 의하여 압수·수색을 할 수 있다(형사소송법 제215조 제2항).

(4) 검증

① 검증의 개념

검증(檢證, verification)은 사람, 물건, 장소의 성질·형상을 신체오관(身體五官: 시각·청각·후각·촉각·미각)의 작용으로 인식하는 강제처분을 말한다.

법원의 검증은 증거조사나 증거보전의 방법으로 행해지고 영장을 필요로 하지 않는다. 그러나 수사상의 검증은 증거를 수집·보전하기 위한 강제처분이므로 원

16) 다만 예외가 존재한다. 수사상의 압수·수색은 사전영장에 의한 압수·수색(형사소송법 제215조) 외에도 ① 긴급성 등으로 인한 사후영장에 의한 압수·수색(제216조 제3항), 그리고 ② 인신구속에 부수하여 영장 없이 행할 수 있는 압수·수색(제216조 제1항 제2호, 제217조 제1항)이 있다. 이에 대한 내용(검증의 예외 포함)은 배종대·이상돈·정승환(2009), 앞의 책, pp. 187-193 참조.

칙적으로 영장에 의해야 한다.[17)]

② 검증의 절차

검증의 절차는 위에서 설명한 형사소송법 제215조상의 검사와 사법경찰관의 압수·수색 절차와 동일하다.

이러한 검증의 목적물에는 아무런 제한이 없다. 신체오관의 작용에 의하여 인식가능하면 유체물, 무체물을 가리지 않는다. 인체(예: X선 촬영, 신체 내에 삼키거나 숨긴 물건, 강제채혈 등과 사체(死體, 예: 변사자 검시·분묘 발굴 등), 장소 등 어떤 것이라도 상관없다.

3) 임의수사와 강제수사의 한계영역

강제수사는 임의수사에 비하여 엄격한 법적 규제가 가해지고 있다. 따라서 형사소송법에 따른 요건과 절차를 준수하지 않는다면, 그 강제처분은 위법한 것이 된다.

수사기관의 위법행위에 대한 통제로는 형법상의 처벌을 포함하여, 국가공무원법 및 경찰공무원법상의 징계, 국가배상법상의 국가배상 등이 있다. 그렇지만, 어떠한 사건에 대한 형사절차와 관련하여 무엇보다도 중요한 장치는 위법한 수사로 인하여 수집된 증거의 능력을 배제하는 것이라고 볼 수 있다(형사소송법 제308조의2 단서).

위법수집증거 배제(違法蒐集證據 排除)의 원칙에 따라 적법절차에 따르지 아니한 위법행위를 기초하여 증거가 수집된 경우에는 해당 증거뿐만 아니라 그것을 기초로 하여 획득한 2차적 증거에 대해서도 증거능력은 부정되어야 한다는 의미이다.

이와 관련하여 과거에는 위법한 수사에 의하여 획득한 증거물의 증거능력을 부정하고 있지 않았으나,[18)] 최근에는 이를 부정하고 있다는 점에 주목할 필요가 있다.[19)]

그런데, 수사방법 가운데는 임의수사와 강제수사의 어느 영역에 속하는가에 대하여 논란이 있는 것들이 있다. 이 가운데 상대방의 동의(同意)를 구실로 한 수사기관의 피의자 연행방법인 임의동행, 전기통신의 감청, 사진촬영, 거짓말탐지기 조사 등이 문제시될 수 있다.

임의동행의 문제가 기존의 잘못된 수사관행(搜査慣行)에 대한 법적 통제의 확립을 위한 논의라면, 감청과 사진촬영 등은 새로운 과학적 수사기법의 발달에 따른 법적 대처방

17) 수사상 검증에도 압수·수색에서 설명한 바와 마찬가지로 사전영장에 의한 검증(제215조) 외에도 사후영장에 의한 검증(제216조 제3항), 그리고 영장 없이 행할 수 있는 검증(제216조 제1항 제2호, 제217조 제1항)이 있다.

18) 신동운(2006), 앞의 책, p. 111.

19) 대법 2013.3.14., 2010도2094.

안을 모색하기 위한 것이라고 할 수 있다. 이 밖에도 거짓말탐지기의 사용, 보호실유치, 음주운전측정, 계좌추적 등도 문제시된다.[20]

① 임의동행

임의동행(任意同行)은 수사기관이 피의자의 동의를 얻어 피의자를 수사기관까지 동행하는 것을 말한다. 임의동행에는 형사소송법(제199조 제1항)과 경찰관직무집행법(제3조 제2항)에 의한 두 가지가 있다.

형사소송법상의 임의동행이 긴급체포 또는 구속으로 발전하거나 경찰관직무집행법상의 임의동행이 수사로 이어질 때 그 법적 성질을 둘러싸고 견해 대립이 있으나, 당사자의 의사에 반하는 기본권 제한이 있는 순간부터 강제수사가 개시된다고 볼 수 있다.

임의동행이 말 그대로 '임의에 의한 동행'이 되기 위해서는 피의자가 동행요구를 거절할 수 있어야 한다. 그리고 동행한 경우에도 언제든지 퇴거할 수 있는 자유가 보장되어야 한다. 그렇지 않은 임의동행은 강제수사가 되고, 영장주의에 위반한 인신구속으로 위법하게 된다. 따라서 이에 위반하는 임의동행 행위는 불법체포·감금죄(不法逮捕·監禁罪)에 해당된다.[21]

따라서 법원은 임의동행이 강제연행이 아니었는가를 살피고, 강제연행으로 이루어진 피의자나 용의자의 진술은 그 증거능력을 배제해야 한다.

② 전기통신의 감청

감청(監聽, eavesdropping)은 수사기관이 다른 사람의 대화를 본인 몰래 청취하는 것을 말한다. 전화감청이 가장 일반적이고, 그 밖의 전자 장비를 이용한 전자감청도 있다. 감청의 법적 성질에 관해서 임의수사설과 강제수사설이 있지만, 「통신비밀보호법」의 제정(1994)으로 강제수사가 되었다고 볼 수 있다.

따라서 수사기관이 대화의 당사자가 되는 경우에는 반드시 영장에 의하여 감청을 청구해야 할 것이다. 판례는 통신당사자의 일방이 대화를 비밀 녹음하는 것은 처벌되지 않으나 통신당사자 일방의 동의를 얻어 제3자가 비밀 녹음하는 행위는 형사처벌의 대상이 된다는 입장을 취하고 있다.[22]

20) 감사원, 공정거래위원회, 금융감독원, 국세청 등은 관련법규에 근거하여 법관의 영장 없이 관할업무의 수행을 위하여 필요한 경우에 계좌추적을 할 수 있다. 이상과 같은 문제에 대한 자세한 논의는 신동운(2006), 앞의 책, pp. 111-124.; 배종대·이상돈·정승환(2009), 앞의 책, pp. 195-103 참조.

21) 재판, 검찰, 경찰 기타 인신구속에 관한 직무를 행하는 자 또는 이를 보조하는 자가 그 직권을 남용하여 사람을 체포 또는 감금한 때에는 7년 이하의 징역과 10년 이하의 자격정지에 처한다. 이의 미수범은 처벌한다(형법 제124조).

③ 사진촬영

피촬영자의 의사에 반하는 사진촬영은 초상권(肖像權, right of likeness)을 침해한다는 점에서 강제수사에 속한다고 볼 수 있다. 수사를 목적으로 하는 사진촬영은 상대방이 촬영을 승낙하지 않는 것이 보통일 것이다. 따라서 상대방의 의사에 반하는 사진촬영이 강제수사에 해당한다면, 영장 없이 촬영한 사진은 위법수집증거 배제법칙에 의하여 증거능력이 상실된 것이다.

사진촬영의 임의수사성 문제는 주로 범행현장에 있는 범인의 사진촬영, 특히 집회시위 참가자에 대한 사진촬영의 적법성과 관련된다. 또한 최근에는 무인속도측정기나 CCTV에 의한 사진촬영도 논란이 되고 있다. 그리고 드론(Drone: 조종사가 탑승하지 않고 무선전파 유도에 의해 비행과 조종이 가능한 비행기나 헬리콥터 모양의 무인기)에 의한 촬영도 논란의 여지가 없지 않다고 본다.

한편, 사진촬영이 사적 공간이 아닌 공공장소에서 이루어질 경우에는 임의수사라고 보기도 한다. 공개된 장소에 임하는 순간 사람은 누구나 자신의 용모가 타인에게 공개될 것을 예상하고 있다고 생각할 수 있으며, 또 사진촬영에는 피촬영자에게 물리적 강제력이 행사되거나 법적 의무가 부과되는 것도 아니기 때문이다.

그러나 강제수사의 여부를 기본권 침해(즉, 초상권 침해)를 기준으로 판단한다면, 원칙적으로 강제수사라고 볼 수도 있을 것이다. 생각건대, 이 문제는 '수사비례성의 원칙' 차원에서 검토되어야 한다고 본다.

④ 음주운전 측정

누구든지 술에 취한 상태에서 자동차, 노면전차 또는 자전거를 운전하여서는 아니 된다(도로교통법 제44조 제1항). 운전이 금지되는 술에 취한 상태의 기준은 운전자의 혈중알코올농도가 0.03% 이상인 경우로 하고 있다(제44조 제4항).

경찰공무원은 교통의 안전과 위험방지를 위하여 필요하다고 인정하거나 술에 취한 상태에서 자동차등을 운전하였다고 인정할 만한 상당한 이유가 있는 경우에는 운전자가 술에 취하였는지를 호흡조사로 측정할 수 있다. 이 경우 운전자는 경찰공무원의 측정에 응하여야 한다(제44조 제2항).

이러한 경찰조치를 거부할 경우에는 음주측정 거부죄가 성립한다. 음주운전을 한 운전자 및 경찰의 음주측정을 거부한 운전자는 형사처벌의 대상이 된다. 이러한 점에서 음주운전의 혐의가 인정된 자에 대한 경찰의 단속행위는 사법경찰작용

22) 신동운(2006), 앞의 책, p. 122.

이 된다고 볼 수 있다. 그러므로 호흡식 음주측정 요구는 강제수사(强制搜査)로 볼 여지가 있다.[23)]

음주측정 거부죄

술에 취한 상태에 있다고 인정할 만한 상당한 이유가 있는 사람으로서 제44조 제2항에 따른 경찰공무원의 측정에 응하지 아니하는 사람(자동차등 또는 노면전차를 운전하는 사람으로 한정)은 1년 이상 5년 이하의 징역이나 500만원 이상 2천만원 이하의 벌금에 처한다(도로교통법 제148조의2 제2항).

그런데 운전자가 음주운전을 하지 않고, 자발적으로 협력하지 않는 한 경찰관은 이를 강제할 권한은 없다. 바꿔 말하면, 음주운전의 혐의가 구체적이지 않은 한, 호흡식 음주측정요구는 임의수사(任意搜査)라고 볼 수 있다. 음주측정 요구 당시 적어도 혈중알코올농도 0.03% 이상의 상태에 있다고 인정할 만한 상당한 이유가 없는 경우(즉, 음주운전의 혐의가 없는 경우)에는 음주측정을 거부하더라도 죄가 되지 않는다고 본다.

경찰의 음주단속은 기본적으로 교통안전과 위험방지를 위한 예방적인 행정경찰작용이기 때문에, 임의수사로서 호흡식 음주측정의 요구도 그것이 교통안전과 위험방지에 필요한 경우에만 허용된다고 본다. 아울러 도로를 차단하고 불특정 다수인을 상대로 실시하는 일제단속식 음주단속은 비례원칙에도 위배된다.[24)] 또한 음주측정결과를 유죄의 증거로 삼으려면, 측정결과의 정확성과 객관성이 담보될 수 있는 공정한 방법과 절차에 따라 이루어져야 한다고 본다.[25)]

23) 경찰관의 음주측정 결과에 불복하는 운전자에 대하여는 그 운전자의 '동의'(同意)를 받아 혈액채취 등의 방법으로 다시 측정할 수 있다(도로교통법 제44조 제3항).
24) 헌재 2004.1.29., 2002헌마 293.
25) 대법 2006.5.26., 2005도7528.

제2절 경찰즉결심판청구 권한

1. 즉결심판의 의의

1) 즉결심판의 개념

즉결심판(卽決審判, summary decision)이란 20만원 이하의 벌금, 구류 또는 과료에 처할 수 있는 '경미한 범죄'에 대하여 지방법원, 지원 또는 시·군법원의 판사가 공판절차에 의하지 아니하고 「즉결심판에 관한 절차법」(약칭: 즉결심판법)에 의해 신속하게 처리하는 심판절차를 말한다(즉결심판에 관한 절차법 제2조).

여기에서 말하는 경미한 범죄란 주로 경범죄처벌법상의 위반행위(예: 무임승차, 허위신고 등)를 대상으로 하지만, 형법(예: 폭행, 단순도박 등) 및 행정형법상의 위반행위(예: 도로교통법상의 자동차 주정차위반금지 위반이나 향토예비군설치법상의 예비군 훈련 불참자 등)도 그 대상이 될 수 있다.

이러한 즉결심판절차를 둔 이유는 약식절차(略式節次)만으로는 폭증하는 경미한 사건에 신속하고 적절한 대응을 할 수 없기 때문이다. 즉결심판절차가 약식절차보다 더욱 사건을 신속하게 처리해도 적법절차의 이념을 깨뜨리지 않는 것은 처리대상인 사건이 주로 범죄입증 명백한 경우라는 점에 있다. 즉결심판절차의 신속한 처리는 피고인을 시간적·정신적 부담으로부터 빨리 해방시켜 줄 수 있는 장점이 있다.

즉결심판과 약식재판

① **즉결심판과 약식재판의 유사점**

경미한 사건의 신속한 처리를 위한 간이절차로 즉결심판과 약식재판이 있는데, 다음 세 가지 관점에서 유사하다.

㉠ 경미사건을 신속하게 처리하기 위하여 확정판결과 동일한 효력이 부여된다.

㉡ 간이절차에 의하는 것이 적당하지 않고 정식재판에 의하는 것이 타당하다고 인정되는 경우에는 법관이 사건을 정식재판에 회부할 수 있다.

㉢ 정식재판의 청구권이 보장된다.

② **즉결심판과 약식재판의 차이점**

㉠ 약식재판은 검사의 청구가 있을 것을 요건으로 하는 데 반해, 즉결심판의 청구권자는 경찰서장이다.

ⓛ 약식재판은 서면심리(書面審理)의 형태를 취하지만, 즉결심판은 판사가 공개된 법정에서 피고인을 직접 신문한다.
ⓒ 약식재판의 명령으로 구류형에 처할 수 없으나, 즉결심판에 의해서는 가능하다(약식명령은 벌금, 과료, 몰수의 선고만 가능).[26)]

2) 즉결심판의 법적 성격

즉결심판에 관한 절차법에 따른 경찰서장의 즉결심판청구 권한의 행사를 기소편의주의의 준용으로 보는 견해도 있다. 그러나 즉결심판절차는 형사소송법상의 공판절차가 아니라 공판 전(前) 절차이므로 그 성질상 기소편의주의의 준용으로 보는 것은 한계가 있다고 보기도 한다.

다만, 즉결심판절차는 비록 제한된 범위이기는 하지만 공개된 법정에서 구두주의(口頭主義)와 직접주의(直接主義)를 원칙으로 하여 심리가 이루어지는 점에서 약실절차보다는 공판절차에 가까운 제도이다.

그리고 즉결심판절차 역시 형법상의 형벌을 과하는 절차이며, 따라서 즉결심판이 확정된 때에는 확정판결과 동일한 효력이 부여된다(즉결심판에 관한 절차법 제16조). 이러한 점에서 즉결심판에 관한 절차법은 특별형사소송법(特別刑事訴訟法)이라고 할 수 있다.[27)]

2. 즉결심판청구의 절차

1) 즉결심판청구의 주체

관할 경찰서장은 관할법원에 즉결심판을 청구할 수 있다(즉결심판에 관한 절차법 제3조). 청구권자인 경찰서장의 즉결심판청구는 보통의 공판절차에서 검사의 공소제기에 해당되는 소송행위이다. 따라서 이는 검사의 기소독점주의(起訴獨占主義)에 대한 하나의 예외라고 볼 수 있다.

2) 즉결심판청구 및 심사 방법

즉결심판청구는 관할 경찰서장이 즉결심판청구서를 제출함으로써 이루어진다. 즉결심판청구서에는 피고인의 성명 기타 피고인을 특정할 수 있는 사항, 죄명, 범죄사실과

26) 배종대·이상돈·정승환(2009), 앞의 책, p. 864.
27) 위의 책, p. 865.

적용 법조를 기재하여야 한다(즉결심판에 관한 절차법 제3조 제2항).

이러한 청구서의 기재사항은 형사소송법상의 공소장의 필요적 기재사항과 동일하다. 약식절차에서는 선고할 형을 검사가 미리 기재해야 하나 즉결심판에서는 신고할 형량을 기재하지 않는다. 한편, 경찰서장은 즉결심판청구와 동시에 즉결심판을 함에 필요한 서류 또는 판사에게 제출해야 한다(제4조).

즉결심판사건의 관할법원은 지방법원, 지원 또는 시·군법원이다(제2조). 다만, 관할에 대한 특례가 적용되어 지방법원 또는 그 지원의 판사는 소속지방법원장의 명령을 받아 소속법원의 관할사무와 관계없이 즉결심판청구사건을 심판할 수 있다(제3조의2).

3. 즉결심판청구사건의 심판 등

1) 즉결심판청구사건의 심판

즉결심판의 청구가 있는 때에는 판사는 제5조 제1항(청구의 기각 등)의 경우를 제외하고 즉시 심판을 하여야 한다(즉결심판에 관한 절차법 제6조).

즉결심판절차에 의한 심리와 재판의 선고는 공개된 법정에서 행하되, 그 법정은 경찰관서(해양경찰관서 포함) 외의 장소에 설치되어야 한다(제7조 제1항).

2) 즉결심판청구사건의 기각 등

즉결심판청구가 있는 경우에는 판사는 사건이 즉결심판을 할 수 없거나, 즉결심판절차에 의하여 심판함이 적당하지 아니하다고 인정할 때에는 결정으로 즉결심판의 청구를 기각(棄却)하여야 한다(즉결심판에 관한 절차법 제5조 제1항).

예컨대, 청구된 사건에 대하여 벌금, 구류, 과료 이외의 형을 선고하는 것이 적당하다고 인정되는 경우나, 사건이 성질이나 양형의 특수성을 고려하여 보통의 공판절차에서 신중하게 심판하는 것이 타당하다고 인정되는 경우 등을 들 수 있다.

경찰서장은 위와 같은 이유로 즉결심판청구가 기각결정 된 경우에는 지체 없이 사건을 관할지방검찰청 또는 지청의 장에게 송치하도록 하고 있다(제5조 제2항).

3) 즉결심판청구사건의 선고·효력·집행

(1) 형의 선고

즉결심판절차에서 판사가 과할 수 있는 형의 종류는 20만원 이하의 벌금, 구류 또는 과료이다(즉결심판에 관한 절차법 제2조). 또 유죄의 선고뿐만 아니라 무죄·면소(免訴)[28] 또는 공소기각의 선고를 할 수 있다(제11조 제5항). 이는 벌금, 과료 또는 몰수 선고만 가능한 약식절차와 구별되는 점이다.

(2) 형의 효력

즉결심판은 정식재판의 청구기간의 경과, 정식재판청구권의 포기 또는 그 청구의 취하에 의하여 확정판결과 동일한 효력이 생긴다. 정식재판청구를 기각하는 재판이 확정된 때에도 같다(즉결심판에 관한 절차법 제16조).

(3) 형의 집행

㉠ 즉결심판에 의한 형의 집행은 경찰서장(警察署長)이 하고 그 집행결과를 지체 없이 검사에게 보고하여야 한다.

㉡ 구류는 경찰서유치장·구치소 또는 교도소에서 집행하며, 구치소 또는 교도소에서 집행할 때에는 검사가 이를 지휘하도록 하고 있다.

㉢ 벌금, 과료, 몰수는 그 집행을 종료하면 지체 없이 검사에게 이를 인계하여야 한다. 다만, 즉결심판 확정 후 상당기간 내에 집행할 수 없을 때에는 검사에게 통지하여야 한다. 통지를 받은 검사는 형사소송법(제477조)에 의하여 집행할 수 있다.

㉣ 형의 집행정지는 사전에 검사의 허가를 얻어야 한다(이상 제18조 제1항~제4항).

4) 정식재판의 청구

(1) 정식재판의 청구방법

① 피고인 등의 정식재판의 청구

정식재판을 청구하고자 하는 피고인(법정 대리인 등 포함)은 즉결심판의 선고·고지를 받은 날부터 7일 이내에 정식재판청구서를 경찰서장에게 제출하여야 한다. 정식재판청구서를 받은 경찰서장은 지체 없이 판사에게 이를 송부하여야 한다(즉결심판에 관한 절차법 제14조 제1항).

---

28) 면소의 판결: 다음 경우에는 판결로써 면소의 선고를 하여야 한다. ① 확정판결이 있은 때, ② 사면이 있은 때, ③ 공소의 시효가 완성되었을 때, ④ 범죄 후의 법령개폐로 형이 폐지되었을 때(형사소송법 제326조 각호).

② 경찰서장의 정식재판의 청구

경찰서장은 즉결심판에 관한 절차법 제11조 제5항의 경우에는 그 선고·고지(즉, 무죄·면소 또는 공소기각)를 한 날부터 7일 이내에 정식재판을 청구할 수 있다. 이 경우 경찰서장은 관할지방검찰청 또는 지청의 검사의 승인을 얻어 정식재판청구서를 판사에게 제출하여야 한다(즉결심판에 관한 절차법 제14조 제2항). 여기에서 검사에게는 정식재판청구권이 없다.

이처럼 경찰서장에게 통상적인 공판절차에서 법원에 심판을 청구할 수 있는 자격을 인정하는 것은 검사의 기소독점주의에 대한 예외를 인정한 것이라 할 수 있다.

(2) 정식재판의 청구 후의 절차

판사는 정식재판청구서를 받은 날부터 7일 이내에 경찰서장에게 정식재판청구서를 첨부한 사건기록과 증거물을 송부하고, 경찰서장은 지체 없이 관할지방검찰청 또는 지청의 장에게 이를 송부하여야 하며, 그 검찰청 또는 지청의 장은 지체 없이 관할법원에 이를 송부하여야 한다(즉결심판에 관한 절차법 제14조 제3항). 한편, 정식재판청구의 포기나 취하 그리고 기각결정에 대해서는 상소에 관한 규정과 약식절차에 관한 규정의 일부가 준용된다(제14조 제4항).

(3) 정식재판의 청구에 대한 심판

정식재판청구가 적법한 때에는 공판절차에 의해 심판하여야 한다. 그리고 즉결심판과 정식재판 사이에도 형사소송법상의 불이익변경금지(不利益變更禁止)원칙이 준용된다고 본다.[29]

따라서 피고인이 정식재판을 청구한 사건에 대해서는 즉결심판의 형보다 중한 형을 선고하지 못한다.[30] 그리고 정식재판청구에 의한 판결이 있는 경우 즉결심판은 효력을 상실한다(즉결심판에 관한 절차법 제15조).

---

29) 불이익변경의 금지: 피고인이 정식재판을 청구한 사건에 대하여는 약식명령의 형보다 중한 형을 선고하지 못한다(형사소송법 제457조의2).

30) 대법 1999.1.15., 98도2550.

제3절 경찰훈방 권한

1. 경찰훈방 권한의 의의

경찰의 일정한 법규위반자에 대해 훈계방면(訓戒放免, release with warning) 즉, 훈방(訓放)을 할 수 있다.

경찰훈방 권한은 어떠한 법규위반(행정법규, 형벌법규) 행위에 대해서 처벌하기보다는 주변상황을 고려하여 당사자에게 일종의 계도(啓導) 또는 지도(指導) 차원에서 이루어지는 경찰권한의 행사라고 볼 수 있다. 이는 어떤 면에서는 재판권한의 일종으로도 볼 수 있을 것이다. 물론, 이러한 경찰의 훈방 권한은 ㉠ 위반자의 범죄사실이 경미하고, ㉡ 개전의 정이 현저하며, ㉢ 피해자가 없다는 조건이 충족되어야 한다.

이와 같은 조건이 충족될 경우에 그 대상은 주로 ㉠ 60세 이상 고령자이거나 미성년자, ㉡ 정신박약자나 보행불구자 또는 질병자, ㉢ 주거 및 신원이 확실한 사람, ㉣ 임산부·유아동반자, ㉤ 공무방해나 상습범이 아닌 사람, 고의성이 없는 초범자, ㉥ 기타 경찰서장, 지구대장, 파출소장이 특히 훈방사유가 된다고 인정하는 사람이 해당된다.[31]

경찰훈방 권한은 일선 외근경찰 역시 일정부분 행사할 수 있다고 본다. 그러나 문제는 경찰훈방 권한에 대한 특별한 법적 근거가 마련되어 있지 않다는 점이다.

2. 경찰훈방 권한의 법적 근거와 한계

1) 즉결심판에 관한 절차법의 적용 문제

현행법상 경찰의 훈방 권한은 근거와 관련하여 즉결심판에 관한 절차법을 들 수 있다. 즉결심판은 '20만원 이하의 벌금, 구류 및 과료'에 처할 수 있는 경미한 범죄를 대상으로 하는 것이다(제2조).

① 기소편의주의에 의한 훈방 권한 행사

즉결심판에 관한 절차법에 따라 경찰서장은 즉결심판청구 권한을 가지고 있는데(제3조), 형사소송법의 규정준용에 따라 기소편의주의(起訴便宜主義)가 적용

31) 조철옥(2012), 경찰학개론, 서울: 대영문화사, p. 485.

된다고 본다.[32)]

따라서 경찰서장은 사안을 면밀히 검토 한 후, 사안에 따른 사정과 형편을 고려하여 훈방 권한을 행사 할 수 있다고 본다. 즉, 이 법에서 규정하고 있는 20만원 이하의 벌금, 구류, 과료의 형에 해당되는지의 여부를 고려하여 사안이 경미한 경우에는 훈방 권한을 행사할 수 있다고 본다.[33)]

② 기소법정주의에 의한 훈방 권한 무존재

경범죄처벌법(제3조 제1항 및 제2항)과 도로교통법(제156조 및 제157조) 위반하여 범칙행위로 간주되는 경우에는 경찰서장은 통고처분(通告處分)을 통해 범칙금을 납부하도록 하고 있다.

이러한 통고처분 불이행자(통고처분 받기를 거부하거나 주거 또는 신원이 확실하지 아니한 사람, 납부기간에 범칙금을 납부하지 않은 사람 등)에 대해서는 경찰서장은 '지체 없이' 즉결심판을 '청구하여야 한다'고 하고 있다(경범죄처벌법 제9조 제1항 및 도로교통법 제165조).

통고처분 불이행자에 대한 처벌은 즉결심판에 관한 절차법에서 즉, '20만원 이하의 벌금, 구류, 과료의 형'의 범위 내에서 이루어진다. 그런데, 통고처분 불이행자 등에 대한 경찰서장의 즉결심판청구 권한의 행사는 기소편의주의에 의한 재량권을 인정하지 않고 있다.

이 경우에는 기소법정주의(起訴法定主義)가 적용되며, 이는 위에서 언급한 '특별한 규정이 없는 한 그 성질에 반하지 아니한 것'에 해당하지 않은 특별한 경우인 것이다. 바꿔 말하면, 이 경우에는 형사소송법을 준용할 수 없다는 의미이다.

2) 경찰실무상의 문제

실무상에서 경찰훈방 권한의 행사는 경우에 따라서는 보다 광범위하게 이루어질 수도 있다고 본다.

예컨대, ㉠ 경범죄처벌법 제3조상의 수많은 위반행위(예: 빈집위반행위, 흉기의 은닉휴대, 폭행 등 예비, 물품강매·호객행위, 광고물 무단부착, 노상방뇨, 의식방해, 구걸행위, 음주소란 등), 그리고 ㉡ 도로교통법 제156조 및 제157조상의 수많은 위반행위

---

32) 즉결심판절차에 있어서 이 법에 특별한 규정이 없는 한 그 성질에 반하지 아니한 것은 형사소송법의 규정을 준용한다(즉결심판에 관한 절차법 제19조). 한편, 형사소송법 제247조(기소편의주의)에서 검사는 「형법」 제51조(양형의 조건)의 사항을 참작하여 공소를 제기하지 아니할 수 있다고 규정하고 있다.

33) 양형의 조건: 형을 정함에 있어서는 다음 사항을 참작하여야 한다. ① 범인의 연령·성행, 지능과 환경, ② 피해자에 대한 관계, ③ 범행의 동기, 수단과 결과, ④ 범행 후의 정황(형법 제51조).

(예: 운전자 및 보행자 준수사항 위반 등), ㉢ 그리고 형법 및 특별형법상의 경미한 위반행위(예: 도박 등)에 대해서 일선경찰은 훈방 권한을 행사할 수 있다고 본다.

이렇게 본다면, 훈방의 대상은 즉결심판에 관한 절차법상의 범위를 벗어나서도 이루어질 수 있다고 본다. 그리고 실제 형벌법규 및 행정법규 위반행위에 대해서 이루어지는 '훈방 권한의 행사'(비록 그것이 훈계방면이라는 공식적인 절차를 거치는 것은 아니지만 경찰의 묵인하에 이루어지는 경우)는 보다 광범위하다고 본다.[34)]

생각건대, 경찰훈방 권한의 행사는 통상적으로 재량권 영역이라고 볼 수 있다. 그러나 이러한 재량권 행사가 무한대로 이루어지는 것이 아니라 일정한 법적 테두리 내에서 이루어져야 함은 물론이다. 바꿔 말하면, 경찰이 재량권을 벗어난 훈방 권한을 행사했을 경우에는 그에 대한 책임을 면하기 어려울 것이다.

3) 법원의 태도

판례에서는 이에 대한 별도의 근거를 제시하지 않은 채, 사법경찰관리의 훈방 권한을 인정하고 있다. 판례는 위와 같이 경찰서장뿐만 아니라 사법경찰관리의 훈방 권한을 인정하고 있는 점이 특징이다. 판례에서 이러한 훈방 권한이 즉결심판에 관한 절차법에 의해 준용되는 형사소송법상의 기소편의주의 규정에 근거를 둔 것이라는 지적은 많지 않다.[35)]

3. 경찰훈방 권한의 법적 근거 확립 방안

아직까지 경찰훈방 권한의 행사에 대한 특별한 법적 근거가 마련되어 있는 것은 아니다. 다만, 경찰청 훈령인 「(경찰청) 범죄수사규칙」에 경찰훈방에 대한 규정이 있을 뿐이다.

이와 관련하여 즉결심판에 관한 절차법이 어느 정도 관련된다고 본다. 그러나 위에서 살펴본 바와 같이 즉결심판에 관한 절차법 역시 일정한 한계가 있음은 물론이다. 또 경범죄처벌법에 훈방 권한을 규정하는 것도 적당하지 않다고 본다. 훈방은 경범죄처벌

34) 경찰훈방 권한에 대한 조직내부 근거로는 경찰업무편람(즉결심판청구사무 편)을 들 수 있다. 여기에는 ① 경미한 사범에 대해서는 외근경찰관이 현장에서 훈방할 수 있으며(단, 지도장 활용), ② 파출소장은 외근경찰관이 동행해 온 즉심회부 대상자를 심사하여 1시간 이내에 훈방 또는 즉심회부 여부를 결정하여야 하며, ③ 파출소장이 즉결심판 출석통지서를 교부한 후 관련서류만 경찰서 생활안전과(야간 및 공휴일: 상황실)에 인계한 경우, 방범과장(야간 및 공휴일: 상황실장)은 서류에 의한 예심을 실시하여 훈방, 통고처분, 형사입건 등으로 분류하여 예심결과를 피의자에게 통지하도록 규정하고 있다. 이러한 일선경찰의 훈방 권한 행사는 경찰서장의 권한에 대한 내부위임으로 해석하는 것이 타당하다고 본다.

35) 김재광(2007), 경찰법각론, 서울: 한국법제연구원, p. 170.

법상의 위반행위에 국한되지 않기 때문이다.

형사소송법 제197조를 사법경찰권한(범죄수사권한)의 근거인 동시에 경찰의 훈방 권한의 근거로 삼을 수 있을 것이다. 이 조항에 의해 사법경찰관에게 훈방에 관한 재량권이 있다고 할 수 있기 때문이다. 그러나 이 조항 역시 훈방에 대한 직접적인 근거규정이 되기는 어렵다는 점은 마찬가지이다.

따라서 경찰의 훈방 권한에 대한 보다 명확한 근거를 두기 위해서는 경찰관직무집행법 등에 훈방관련 조항을 신설하는 방안을 검토할 필요가 있다고 본다.[36] 경찰관직무집행법은 기본적·표준적 경찰권한 행사의 근거 규정이면서도, 행정경찰권한 뿐만 아니라 사법경찰권한도 포괄하고 있기 때문에 충분히 고려할 여지가 있다고 본다.

36) 위의 책, p. 171.

제4편

경찰현장운용

제12장 생활안전경찰

제1절 생활안전경찰의 의의

1. 생활안전경찰의 개념

생활안전경찰(生活安全警察)은 국민생활의 평온한 상태를 유지하기 위하여 그 위협이 되는 범죄 및 무질서를 사전에 예방하는 경찰활동을 말한다.[1] 과거에는 이를 '방범경찰'(防犯警察)이라고 하였는데, 생활안전경찰은 방범경찰의 기능을 좀 더 확대한 포괄적인 의미를 갖는다고 본다.

생활안전경찰의 활동은 이미 발생한 범죄를 수사하여 처벌하는데 궁극적인 목적이 있는 것이 아니라 사전에 적극적으로 단속·규제하여 국민들이 이를 준수하도록 하는 예방적 목적을 1차적으로 가지고 있다고 본다(물론, 지역사회에서 발생하는 기초질서 위반사범, 풍속사범, 사행행위 사범 등 생활안전사범에 대한 사후대응적 단속활동 역시 중요한 의미를 가진다).

경찰의 범죄예방 등의 활동을 광의로 해석할 경우, 생활안전기능 활동뿐만 아니라 수사, 교통, 경비, 정보, 보안, 외사기능 등 모든 경찰활동이 포함된다고 볼 수 있다. 범죄예방이라는 것은 모든 경찰기능이 궁극적으로 지향하는 목표이기 때문이다.

여기에서는 이 가운데 생활안전기능과 관련된 경찰활동 즉, 경찰직제상 경찰청, 시·도경찰청, 경찰서 내의 관련부서의 기능과 지역경찰인 지구대·파출소에서 수행하는 활동을 중심으로 살펴보기로 한다.

---

1) 2019년 현재 경찰공무원 122,913명(100.0%) 가운데, 경찰직제상 생활안전경찰기능을 담당하는 경찰은 14,405명(약 12.0%)이며, 지구대·파출소에 근무하는 경찰은 49,808(약 41.0%)에 이르고 있다. 지구대·파출소를 생활안전에 포함시키면 64,213명(53.0%)으로 경찰활동에 있어서 매우 큰 비중을 차지하고 있음을 알 수 있다. 경찰청(2020), 경찰통계연보, p. Ⅱ.

2. 생활안전경찰의 특징

생활안전경찰은 경찰활동의 출발점과 같은 역할을 하고 있다. 따라서 이에 대한 체계적인 운영과 관리는 전반적인 경찰활동의 성패와 관련하여 매우 중요한 영향을 미친다. 생활안전 경찰활동은 다음과 같은 특징을 가지고 있다.

㉠ 활동의 전반성·전방위성: 모든 경찰기능을 1차적으로 수행하는 기능을 함

㉡ 다른 경찰기능에 대한 지원성: 생활안전 고유기능 뿐만 아니라 다른 경찰기능을 1차적으로 수행하는 경우가 많으며, 이후 해당 경찰기능에게 이관

㉢ 활동대상의 유동성: 사회환경과 국민의식의 변화에 대응한 지도·단속이 요구되므로 상황에 따라 대상 분야가 일정하지 않고 유동적임.

㉣ 관계법령의 다양성·전문성: 일선현장에서 적용되는 관련법령은 다양하고 내용도 전문적인 것이 적지 않음

㉤ 지역 주민과의 접촉성 : 다른 경찰기능에 비해 주민과 가장 밀접하게 접촉하여 관련업무를 수행함.

생활안전경찰은 범죄 및 위험발생 방지, 질서유지, 생활안전사범의 단속, 여성·청소년의 선도 및 보호, 여성대상 범죄 및 청소년범죄의 처리, 생활안전관련 정보의 수집, 민간경비업관리, 기타 지역사회 지원활동 등 여러 가지 업무를 수행하고 있다.[2)]

그리고 범죄의 수사와 범인의 체포는 수사경찰의 활동대상이지만 생활안전경찰 역시 범죄수사와 범인 검거의 상당한 부분을 차지하고 있으며, 관할지역 내의 우범지역과 범죄단체 등에 대한 정보를 수집하고 있다.

〈생활안전경찰의 활동영역〉

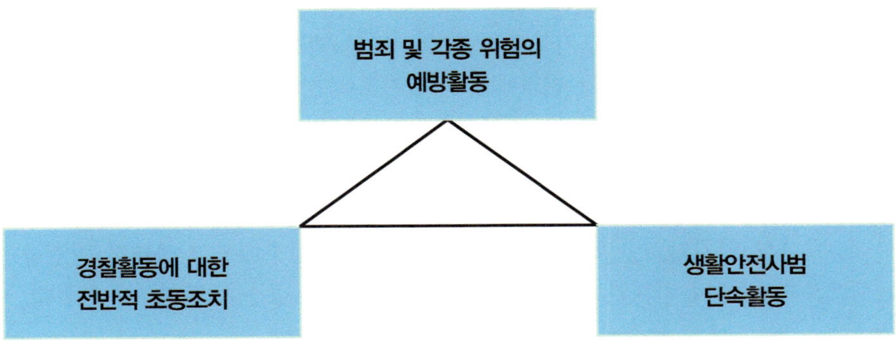

2) 김충남(2008), 경찰학개론, 서울: 박영사, pp. 384-385.

이러한 점에서 생활안전경찰은 앞의 경찰권한론에서 설명한 기본적·표준적 경찰권한, 행정경찰권한과 사법경찰권한을 포괄적으로 행사하는 경찰활동의 전형이라고 할 수 있다.

한편, 범죄예방은 경찰에게 있어서는 가장 중요하고 핵심적인 활동이며, 범죄사건이 발생한 후에 수행되는 수사경찰의 활동보다 더 중요하다고 할 수 있다. 범죄가 발생한 이후에는 범죄로 인한 피해는 회복이 어렵거나 불가능한 경우가 많으며, 범죄수사 및 범죄자의 교정에 많은 비용이 들게 된다. 그리고 범죄가 발생하면 사회적 관계에서 불안감과 불신, 두려움, 법의 권위 추락 등 부정적 환경이 조성되어 경찰과 시민, 그리고 시민과 시민 간에 부정적인 관계를 형성하여 사회해체현상을 초래할 수도 있다.

따라서 각국의 경찰에서는 전국적 차원에서 범죄예방대책을 수립하여 실시하고 있으며, 각종 범죄예방 프로그램이 개발되어 경찰을 비롯한 형사사법기관, 공공 및 사설안전관리요원, 그리고 지역사회 내의 여러 유관기관·단체 및 시민들의 참여가 활발하게 논의되고 있다. 우리나라에서도 전국적 차원의 범죄대책이 강구되어 실시되고 있으며, 따라서 경찰의 범죄예방활동에 대한 국민들의 기대가 높아지고 있음은 물론이다.

범죄유발 요인과 환경설계를 통한 범죄예방

① 범죄의 유발 요인

범죄의 원인 또는 범죄유발 요인을 설명하려는 많은 이론이 있다. 이와 관련하여 셀리(J. F. Shely)는 ㉠ 범행의 동기, ㉡ 범행의 기회, ㉢ 범행의 기술, 그리고 ㉣ 사회적 제재로부터의 자유라는 4가지 요인으로 설명하였다. 그런데 이들 각각의 요인 하나하나는 범행을 설명하는데 필요조건이지만, 충분조건은 되지 못한다. 즉, 어떠한 범행이 가능하기 위해서는 이들 요인이 동시에 상호작용하지 않으면 안 된다.[3)]

② 환경설계를 통한 범죄예방(CPTED)

범죄예방은 범죄유발 요인 가운데 어떠한 하나를 제거함으로써 가능하게 된다. 최근에 활발하게 논의되고 있는 범죄예방 전략 가운데 하나인 환경설계를 통한 범죄예방(CPTED: Crime Prevention Through Environmental Design)은 특히, 범행의 기회를 감소시키고 더 나아가 범행의 동기 등을 억제하기 위한 대안을 제시하고 있다.
이와 관련하여 1세대 CPTED는 ㉠ 자연적 감시, ㉡ 자연적 접근통제, ㉢ 영역성 강화, ㉣ 활동성지원, ㉤ 유지 및 관리 등을 통해서 보호대상의 물리적 환경을 강화함으로써 범행의 기회와 동기 등을 감소시키는데 초점을 두고 있다. 그런데, 이러

3) J. F. Sheley(1987), " Critical Elements of Criminal Behovior Explanation," in J. F. Sheley(ed.), Exploring Crime: Readings in Criminology ana Criminal Justice, C.A.: Wadsworth Publishing Company, pp. 254-262.: 이윤호(2007), 범죄학, 서울: 박영사, p. 197 재인용.

한 1세대 CPTED는 지나치게 물리적 환경을 강조하여 복잡한 사회적·경제적·문화적 측면을 간과하였고, 이로 인해 범죄예방에 일정한 한계가 있다는 점을 인식하게 되었다.
이에 따라 등장한 2세대 CPTED는 기존의 1세대 전략에 ㉠ 사회적 응집, ㉡ 연계성, ㉢ 지역공동체 문화, ㉣ 한계수용량(tipping point) 등을 추가함으로써 범죄예방의 성과를 높이고자 하였다. 이러한 변화는 범죄의 사회문화적 복합성·다양성을 반영하고, 사회적 관계를 통한 범죄예방 가능성을 제시하였다는 점에서 의의가 있다.[4)]

3. 생활안전경찰의 법적 근거와 담당 사무

1) 생활안전경찰의 법적 근거

생활안전경찰의 법적 근거는 헌법을 근간으로 하고, 일반법으로서 경찰법 제3조(경찰의 임무), 경찰관직무집행법 제2조(직무의 범위)에 개괄적으로 규정되어 있다. 그리고 생활안전경찰의 사무분장과 관련하여 「경찰청과 그 소속기관 직제」(대통령령) 제11조에 규정되어 있다.

그리고 개별법으로는 「풍속영업의 규제에 관한 법률」(약칭: 풍속영업규제법), 「경범죄처벌법」, 「성매매알선 등 행위의 처벌에 관한 법률」(약칭: 성매매처벌법), 「아동·청소년의 성보호에 관한 법률」(약칭: 청소년성보호법), 「총포·도검·화약류 등의 안전관리에 관한 법률」(약칭: 총포화약법), 「소년법」, 「청소년보호법」, 「즉결심판에 관한 절차법」(약칭: 즉결심판법), 「경비업법」 등이 있다.

2) 생활안전경찰의 담당 사무

「경찰청과 그 소속기관과 직제」 및 동 직제 시행규칙에 의하면, 생활안전경찰의 담당 사무는 매우 포괄적이며 다양하다는 것을 알 수 있다. 경찰관서(경찰청)를 기준으로 한다면, 생활안전국에 크게 ㉠ 범죄예방정책과, ㉡ 생활질서과, ㉢ 아동청소년과, ㉣ 여성안전기획과 두고 있다(직제 제11조, 시행규칙 제8조).

112시스템이나 지구대·파출소의 운영 및 관리 역시 생활안전경찰 사무를 수행하기 위한 대표적인 활동이라고 할 수 있다. 다만, 2019년 2월에 「경찰청과 그 소속기관 직제」를 개정하여 별도로 '치안상황관리관'을 신설하여 이를 관리하도록 하고 있다(제10조).[5)]

4) 한국셉테드학회 편찬위원회(2015), 셉테드 원리와 운영관리, 한국셉테드학회, pp. 15-16.

제2절 지역경찰시스템

1. 지역경찰의 의의

경찰직제상 경찰청, 시도경찰청, 경찰서 내의 생활안전기능에서 범죄예방, 생활질서, 아동청소년, 여성안전 등 관련 업무를 수행하고 있다. 이러한 경찰활동은 지역경찰시스템을 통해서 보다 현실적으로 이루어지고 있다.

지역경찰(地域警察)이라는 것은 지구대·파출소 등과 같이 지역사회와 직접적으로 상호작용을 하고 있는 최하위의 지역경찰관서를 의미한다고 볼 수 있다. 지역경찰의 조직 및 운영과 관련하여 경찰청훈령으로 「지역경찰의 조직 및 운영에 관한 규칙」에 마련되어 있다.

이러한 지역경찰은 일정한 관할구역을 기반으로 112순찰 및 도보순찰 활동 등을 통해서 지역사회 내의 범죄예방 및 대응, 질서유지, 대민봉사 등 관련된 업무를 수행하고 있다. 2019년 12월 현재 전국 255개 경찰서 내에 585개 지구대와 1,436개 파출소가 운영되고 있다.[6] 이들 지구대 및 파출소의 지역경찰은 관할구역 내에서 발생하는 대부분의 사건·사고와 관련하여 1차적·초동적인 대응을 한다.

지역경찰은 지역주민들이 거주하는 커뮤니티와 가장 직접적으로 밀착되어 있기 때문에 경범죄, 강력 범죄, 교통사고, 집회시위, 각종 위험과 재난, 그리고 대민봉사 등 수많은 업무에 직면하게 된다.

이러한 상황에서 지역경찰은 사안이 경미한 범죄 등에 대해서는 직접 처리하기도 하지만, 강력 범죄 등의 경우에는 1차적인 초동조치만을 하고 전담경찰(專擔警察)에게 인계하여 처리토록 하고 있다.[7] 이들 지역경찰과 전담경찰의 역할이 조화를 이룰 때 경찰활동의 성과는 극대화될 수 있을 것이다.

오늘날 경찰활동의 패러다임으로 인식되고 있는 커뮤니티 경찰활동(CP: Community Policing)의 관점에서 본다면, 본질적으로 모든 경찰활동(지역경찰과 전담경찰을 포함하

---

5) 치안상황관리관의 담당 사무: ① 치안 상황의 접수·상황판단, 전파 및 초동조치 등에 관한 사항, ② 치안상황실 운영에 관한 사항, ③ 112신고제도의 기획·운영 및 112치안종합상황실 운영 총괄, ④ 지구대·파출소 상황관리업무의 기획, ⑤ 안전관리·재난상황 및 위기상황 관리기관과의 연계체계 구축·운영

6) 경찰청(2020), 앞의 책, p. Ⅰ.

7) 지역경찰과 비교되는 개념은 '전담경찰'(專擔警察: 수사·교통·경비·정보·보안·외사 등)이라고 할 수 있다. 전담경찰은 말 그대로 경찰업무 가운데 특정 부분을 담당하여 그 업무를 전문적·종국적으로 처리하는 것을 말한다.

는)이 커뮤니티 지향적이어야 한다는 것을 의미하며, 이는 범죄 및 무질서 상황이 아닌 평상시의 경찰과 시민의 친밀한 상호작용을 통한 예방적 경찰활동이 핵심적인 요소로 인식되고 있다.[8)]

2. 지역경찰의 순찰활동 등

1) 순찰활동

(1) 순찰의 개념

순찰은 지역경찰이 일반적인 경찰임무를 수행하고, 지역 내의 상황을 파악하기 위하여 일정지역을 이동하면서 관찰하는 활동을 말한다. 지역경찰의 순찰활동은 범죄의 예방을 위한 적극적인 행위로서 가장 중요한 기능 가운데 하나라고 할 수 있다.

순찰활동을 통해서 경찰의 존재를 외부에 노출시킴으로써 잠재적 범죄행위를 사전에 예방하는 효과를 기대할 수 있다. 그리고 순찰과정에서 목격한 범죄자 및 위험발생자 대해 적절한 조치(현행범이나 피의자 파악 및 체포 등) 등을 취할 수 있다. 아울러 긴급한 사태에 대해 경찰의 신속한 대응(피해자 및 위난자 등의 보호)을 기대할 수 있다.

그리고 정신병자, 술에 취한 사람, 노약자 등을 보호하고 길안내 등 시민에게 도움을 제공할 수도 있으며, 교통정리 등으로 교통상황을 원활하게 만들 수 있다. 이러한 수많은 활동들이 적절하게 이루어졌을 경우 순찰경찰은 지역사회에서 시민으로부터 신뢰와 존경을 받을 수 있을 것이다.[9)]

(2) 순찰의 종류

순찰은 구별기준에 따라 다양하게 분류할 수 있는데, 실제 순찰이 이루어질 때에는 여러 가지 형태가 복합적으로 나타나게 된다. 이와 관련하여 ㉠ 순찰 수단에 의한 구분(도보순찰, 자전거순찰, 오토바이순찰, 자동차순찰 등), ㉡ 순찰노선에 의한 구분, ㉢ 순찰 인원수에 의한 구분(단독순찰, 복수순찰), ㉣ 순찰복장에 의한 구분(제복순찰, 사복순찰) 등이 있다.

여기에서는 이 가운데 순찰노선에 의한 구분을 중심으로 살펴보기로 한다.[10)] 순찰노

---

8) 거시적으로는 커뮤니티 경찰활동은 모든 경찰활동의 준거(準據)가 되는 패러다임(Paradigm)이라 할 수 있다. 미시적으로는 이는 지역경찰과 일반시민의 유기적인 상호작용의 모색이라 할 수 있다. 커뮤니티 경찰활동에 대한 제반 논의는 J.H. Skolnick and D.H. Bayley/최선우 역(2001), 지역사회 경찰활동: 각국의 이슈 및 현황, 서울: 집문당.; 최선우(2017), 커뮤니티 경찰활동, 서울: 박영사 참조.

9) 김충남(2008), 앞의 책, p. 393.

선은 정선순찰, 난선순찰, 요점순찰, 소구역순찰로 구분할 수 있다.

① 정선순찰

정선순찰(routine patrol)은 순찰구역 내의 제반 사정을 고려하여 가급적 관할구역 전반에 미칠 수 있도록 사전에 정하여진 노선을 규칙적으로 순찰하는 방법이다.

정선순찰은 순찰노선이 일정하고, 경찰관이 활동이 규칙적이기 때문에 순찰 중인 현재의 지점이 대략 추정되고, 다음 순찰시간의 추측이 가능하므로 경찰관 근무의 감독 등에 있어서 편리하다. 그러나 범죄자가 경찰관의 순찰활동을 예측할 수 있다는 단점을 가지고 있다. 따라서 정선순찰의 단점을 보완하기 위하여 '역선순찰'이 있는데, 이는 순찰의 순서만을 변화시킨 것으로 이 역시 정선순찰의 한 방법이라 할 수 있다.

② 난선순찰

난선순찰(random patrol)은 순찰노선을 사전에 정하지 않고 순찰경찰관이 임의로 순찰 당시 여러 가지 사정을 고려하여 순찰지역이나 노선을 선정하여 불규칙적으로 순찰하는 방법이다.

난선순찰은 정선순찰의 단점인 시간적·지리적 예측가능성을 방지할 수 있는 반면, 감독 등에 있어서 어려움이 있다. 경찰관리 방식의 개선과 순찰경찰관의 자율적인 근무형태가 정착된다면 범죄예방 측면 특히, 잠재적 범죄자의 범죄심리 억제 등에 있어서 다소 장점이 있을 것으로 기대된다.

③ 요점순찰

요점순찰(point patrol)은 관할구역 내에 설정된 주요 지점에서 다른 지점에 이르기까지 일정한 노선 없이, 적절한 통로를 자율적으로 순찰하는 방법이다. 이는 정선순찰과 난선순찰의 절충적인 방법이라 할 수 있다.

④ 소구역순찰

소구역순찰 또는 구역책임 자율순찰은 순찰구역 내의 범죄나 사고의 발생상황, 인구분포, 경찰활동 대상의 다소, 기타 범죄유발요인 등을 체계적으로 분석하여 순찰 소구역을 지정하고, 그 소구역에 한하여 자율적인 난선순찰을 하는 방법이다.

---

10) 위의 책, pp. 393-395.

이러한 소구역순찰은 예방적인 장점뿐만 아니라 순찰구역 내의 신고사건에 신속히 대응할 수 있고, 담당 책임구역제를 활성화시킬 수 있으며, 병행근무의 수행 등이 용이하다는 장점을 갖는다. 그러나 순찰구역을 지나치게 세분화하면 순찰인원, 장비 등이 많이 소요된다는 단점이 있다.

112시스템

① 112시스템의 구축

과거에는 주민의 112신고에 대응하기 위하여 경찰서별로 112신고센터를 설치·운영하였다. 그러나 경찰서별로 112신고를 접수할 경우, 타경찰서 관할로 이동하는 범죄 발생시 대처가 어렵고, 지역별 치안수요 차이로 인해 신고가 집중되는 일부 경찰서는 신고자가 장시간 대기해야 하는 등 국민불편을 초래하는 사례가 발생하였다. 이에 따라 지방경찰청 중심으로 112신고센터를 통합하게 되었다.

112신고센터를 지방경찰청 중심으로 통합함으로써 납치·날치기·차량절도·뺑소니 등 여러 경찰서 관할구역을 이동하는 광역성·기동성 범죄에 대한 대응역량이 높아지고, 통합112신고센터에서 신고접수시 관할에 관계없이 가장 가까운 순찰차에 출동을 지시하여 범죄·구조현장에 보다 신속하게 도착할 수 있게 되었다. 그리고 경찰서간 관할 다툼을 예방할 수 있음은 물론, 신고시 대기시간을 감소시켜 신속한 신고접수처리를 기대할 수 있게 되었다.

② 112시스템 전국표준화

그런데, 112신고처리라는 동일한 업무에도 지방경찰청별로 각기 다른 소프트웨어를 개발함에 따라 유지보수 예산이 별도로 소요되어 예산낭비를 초래하고, 112시스템이 지방경찰청별로 달라 상호간 경계를 넘나드는 범죄 발생시 효율적인 대응이 어려워 이에 대한 전국표준화가 요구되었다.

따라서 기존에 112신고시스템 통합구축사업은 각 지방경찰청별로 추진해왔으나, 2011년부터는 경찰청에서 주도하여 이를 추진하게 되었다. 이에 따라 2013년 말에 전국 지방경찰청 112신고센터 통합 및 표준화가 가능하게 되었다.[11] 참고적으로 아래 표에서는 년도별 112신고건수를 보여주고 있다.[12]

112신고건수

(단위: 천건)

구 분	2010	2015	2016	2017	2018	2019
신고건수	8,547	1,904	19,567	18,953	18,730	18,967

11) 경찰청(2012), 경찰백서, pp. 41-42.; 경찰청(2013), 경찰백서, p. 53.
12) 경찰청(2020), 앞의 책, p. Ⅳ.

③ **112요원의 전문성 제고 및 112종합 상황실 운영**

2012년 4월 1일 발생한 수원중부 부녀자 살인사건(이른바 '오원춘 사건')과 관련하여 피해자의 112신고를 접수한 112요원의 업무미숙으로 인해 현장조치가 신속하게 이루어지지 못하여 112시스템 전반에 대한 개선의 필요성이 제기되었다.

이와 관련하여 112시스템의 가장 큰 문제점으로 지적된 112요원의 전문성 부족에 대한 대책으로 112요원의 자격기준을 마련하여 기존 근무자 및 신규자를 제대로 평가할 수 있는 기준을 마련하였다. 그리고 인센티브(기존 3조 2교대에서 4조 2교대로 개편, 운영예산 증액, 특별승진·승급 배정 등)를 도입하여 우수 인재를 유입하는 한편, 실습위주의 교육과정을 개설하였고, 체계적인 '112신고 접수·지령 매뉴얼'을 제작 배포하였다.

그리고 기존에는 '치안상황실'과 '112지령실'이 분리되어 있어 중요사건 발생시 즉시성 있는 상황판단과 신속한 조치가 어려웠고, 112사건에 대한 판단·지휘에 있어 상황실장이 실질적인 컨트롤타워(control tower)로서의 역할을 수행하는데 한계가 있었다. 이에 경찰은 기존 치안상황실과 112지령실을 통합하여 「112종합상황실」로 개편함과 동시에 24시간 전담 112종합상황실장을 배치하도록 하였다.

112신고의 대응코드

① 112요원은 초기 신고내용을 최대한 합리적으로 판단하여 112신고를 분류하여 업무처리를 한다.

② 접수자는 신고내용을 토대로 사건의 긴급성과 출동필요성에 따라 다음 각 호와 같이 112신고의 대응코드를 분류한다.

㉠ code1 신고 : 다음의 사유로 인해 최우선 출동이 필요한 경우

가. 범죄로부터 인명·신체·재산 보호

나. 심각한 공공의 위험 제거 및 방지

다. 신속한 범인검거

㉡ code2 신고 : 경찰 출동요소에 의한 현장조치 필요성은 있으나 제1호의 code1 신고에 속하지 않는 경우

㉢ code3 신고 : 경찰 출동요소에 의한 현장조치 필요성이 없는 경우(이상 「112 종합상황실 운영 및 신고처리 규칙」 제9조)

(3) 순찰시 관찰대상

경찰관은 순찰시에 인적, 물적, 장소적 특정 대상에 대한 주의 깊은 관찰을 지속적으로 해야 한다.[13]

13) 김충남(2008), 앞의 책, pp. 397-398.

① 인적 대상

인적 대상으로는 경찰관직무집행법 제3조(불심검문)에 의한 불심검문 대상자, 제4조(보호조치 등)에 의한 보호조치를 필요로 하는 자, 제5조(위험발생의 방지) 및 제6조(범죄의 예방과 제지)에 의해 경고, 억류, 피난조치 등의 조치를 요하는 자(예컨대, 도로상에서 위험한 행동을 하는 자, 길거리에서 폭력을 행사하려고 하는 자) 등을 들 수 있다.

② 물적 대상

물적 대상으로는 대문·현관 등의 시건장치가 불안전한 집, 부자연한 장소에 장시간 주차하고 있는 자동차, 교통상의 장애물, 도로면의 파손, 위험한 축대나 전주 및 건축물·간판류 등, 광고·벽보 등 게시물, 도로상의 자전거와 같은 방치물건 등을 들 수 있다.

③ 장소적 대상

장소적 대상으로는 ㉠ 우범자(虞犯者)가 잠복 가능한 장소(예: 빈집, 빈터, 공사장, 공원, 교량, 공중화장실 등), ㉡ 군중 운집장소(예: 역, 극장, 유원지, 유흥시설 및 놀이시절, 대규모 음식점·주점 등), ㉢ 교통상 유의장소(예: 교차로, 교량, 건널목, 통학로 등), ㉣ 퇴폐영업이 가능한 장소(예: 도박장, 카바레, 디스코텍, 유흥음식점, 이발소, 숙박업소, 만화가게 등), ㉤ 기타 중요시설(예: 금융기관, 행정기관, 교육기관, 공장, 발전소, 위험물 취급 및 사용 장소 등) 등을 들 수 있다.

2) 방범심방·진단 등 활동

(1) 방범심방

방범심방(防犯尋訪)이라는 것은 지역경찰관이 관할 구역 내의 주택가, 기업체, 금융기관 및 금은방 등 현금다액 취급업소, 일반상가, 아파트 단지, 다중이 출입하는 건물(예: 호텔, 스포츠센터, 백화점 등), 기타 시설을 방문(訪問)하여 범죄예방, 청소년선도, 안전사고 방지 등의 지도·계몽과 상담 및 연락 등의 업무를 수행하고, 민원사항을 청취하며, 주민의 협력을 얻어 예방경찰상의 기초자료를 수집하는 활동을 말한다.

방범심방은 일출 후부터 일몰시간 전에 실시하는 것을 원칙으로 하고, 다만 주민으로부터 야간 방문요청이 있거나 특별한 사유로 인해 경찰서장의 사전 허가와 상대방의 동의를 얻은 때에는 야간에도 실시할 수 있다.

(2) 방범진단

방범진단(防犯診斷)은 위와 같은 방범심방 대상에 대하여 방범상의 제반 시설과 기구의 상황을 점검하여 방범상의 결함을 보완하도록 지도하는 경찰활동을 말한다. 방범진단을 거주자 또는 관리자의 사전승낙을 받아서 실시하되, 1차로 경찰방범활동의 기초단위인 지구대에서 순찰활동이나 방범심방을 통하여 실시하고, 경찰서는 특정 범죄의 집중발생 등 새로운 치안수요가 증가할 때에 파출소의 방범진단 결과를 토대로 2차 진단을 실시한다.

이러한 방범진단은 경찰, 주민역량 등 인적 요소와 비상벨, 보안등 등 제반 물적 요소를 총망라하여 제한 없이 실시함을 원칙으로 하되, 관내 범죄분석 자료를 바탕으로 업종별, 시간별, 죄종별, 지역별로 방범진단의 대상을 분류하고, 범죄자의 침입·도주로, 보호출입구 등 건물설계 상태, 안전장치나 경보기기의 설치 및 작동상태 등 진단대상물과 방범자원에 대한 적정성을 파악하도록 한다. 특히, 해당 대상요소에 대한 과거자료 등 고정관념을 버리고, 원점에서 외부에서 내부로, 내부에서 외부로 중첩 진단을 하는 것이 바람직하다.

(3) 방범홍보

방범홍보(防犯弘報)는 범죄수법, 범죄사례, 범죄분석 등 범죄에 대한 정보와 범죄방지대책을 지역주민에게 알려서 그들이 범죄 및 각종 안전사고의 피해자가 되는 것을 방지하고, 경찰과 지역사회와의 친밀한 관계를 유지하기 위한 제반 활동을 말한다.

방범홍보는 홍보내용에 따라 시민들이 손쉽고 자연스럽게 그 정보를 습득할 수 있는 방법으로 한다. 신문, 잡지, 포스터, 전단, 영화, 라디오, 텔레비전, 유선방송, 인터넷 등과 같은 매스미디어를 활용하는 방법과 강연회·간담회 참석, 방범심방, 순찰 등 경찰관이 직접 주민과 접촉을 통하여 홍보하는 방법, 그리고 자율방범단체나 각종 사회단체기관을 통하여 홍보하는 방법이 있다.

(4) 방범정보

방범정보(防犯情報)의 수집은 지역경찰관이 범죄예방활동을 효과적으로 수행하기 위하여 관할 구역 내의 방범에 관한 제반 자료 및 지식을 수집하는 활동으로, 이를 통해서 방범활동계획의 수립, 실행 및 평가의 자료가 된다. 따라서 지역경찰관은 직무수행 과정에서 문제가 있다고 판단된 사항 등에 대해서는 관련 정보를 수집하여 경찰서장에게 보고하는 것이 필요하다.

이를 위해 지역경찰관은 담당구역 내의 범죄발생통계 등을 분석하여 범죄의 종별, 수법, 경향, 발생시간 및 지역 등의 실태를 파악한 후, 일상근무, 방범심방·진단 등 일반적인 범죄예방활동의 기회를 활용하여 광범위하면서도 정확하게 지역주민 사이에 유포되는 범죄와 관련이 있는 사항을 청취하는 것이 바람직하다. 또한 정보원(情報源)은 어느 곳이나 존재하고 있다는 사실을 인식하고 매우 사소한 것이라도 관심을 가지고 주의를 기울일 필요가 있다.

제3절 생활안전사범의 단속

1. 생활안전사범의 의의

생활안전경찰은 지역경찰시스템에 의한 순찰 등 외근활동을 하는 동시에 관할구역 내의 경미한 범죄 위반행위, 성매매, 사행행위, 청소년 비행 등 전통적인 미풍양속(美風良俗)을 저해하는 각종 위반행위에 대한 단속·규제활동을 수행하고 있다. 이러한 위반행위를 생활안전사범(生活安全事犯)이라는 말로 표현하고 있다.

물론, 이들 생활안전사범의 단속활동이 법률상 독특한 위치에 있는 것은 아니다. 종래의 경찰행정법규와 형벌법규의 위반자에 대한 단속의 또 다른 표현이다. 다만, 종래에 생활안전경찰이 이에 대한 단속·규제업무를 전반적으로 수행해 왔기 때문에 이에 대해 생활안전사범이라는 명칭을 사용하는 것일 뿐이다.

2. 주요 생활안전사범의 단속

1) 경범죄사범의 단속

(1) 경범죄사범의 의미

경범죄사범은 「경범죄처벌법」(輕犯罪處罰法, 1954 제정)을 위반한 행위자를 말한다. 경범죄처벌법은 국민의 일상생활에서 준법정신을 높이고 사회적 도덕심을 향상시켜 사회공공의 안녕질서를 유지하고, 기초질서위반행위 등 비교적 경미한 범죄행위의 단속을 통하여 그 이후에 발생할 수 있는 더 큰 범죄 및 무질서 문제를 사전에 예방하기 위하여 제정되었다.

경범죄처벌법은 비교적 경미한 범죄와 이에 대한 형벌(刑罰)을 규정하고 있다는 점에서 형사실체법 즉, 실질적의미의 형법에 해당한다고 볼 수 있다.[14] 경범죄처벌법은 일상생활에 흔히 발생할 수 있는 도덕적 위반행위 등에 기초를 둔 것이기 때문에, 이 법이 규정하는 각종 범죄는 일반적으로 자연범의 범주에 속한다고 본다. 다만, 허위신고, 장난전화 등 일부는 법정범 또는 행정범적인 색채가 있는 것도 사실이다.[15]

그런데, 이 법을 적용할 때에는 국민의 권리를 부당하게 침해하지 아니하도록 세심한 주의를 기울여야 하며, 본래의 목적에서 벗어나 다른 목적을 위하여 이 법을 적용하여서는 아니 된다는 점을 분명히 하고 있다(제2조). 이 법은 국민이 일상적인 생활에서 빈번하게 위반하기 쉬운 행위에 대해서 규정하고 있기 때문에 경찰이 법적용을 오남용할 경우, 국민의 정상적인 삶에 상당한 불편함을 초래할 우려가 있기 때문이다.

(2) 경범죄의 종류와 처벌 내용

경범죄는 그 종류에 따라 크게 ㉠ 10만원 이하의 벌금, 구류 또는 과료(科料)의 형, ㉡ 20만원 이하의 벌금, 구류 또는 과료의 형, ㉢ 60만원 이하의 벌금, 구류 또는 과료의 형으로 구분된다(제3조 제1항~제3항).

① 10만원 이하의 벌금, 구류 또는 과료(科料)의 형(40개 위반행위)

- 빈집 등에의 침입
- 폭행 등 예비
- 도움이 필요한 사람 등의 신고불이행
- 물품강매·호객행위
- 마시는 물 사용방해
- 노상 방뇨 등
- 단체가입 강요
- 타인의 가축·기계 등 무단조작
- 구걸 행위 등
- 음주 소란 등
- 위험한 불씨 사용
- 흉기의 은닉휴대
- 시체 현장변경 등
- 관명 사칭 등
- 광고물 무단부착 등
- 쓰레기 등 투기
- 의식 방해
- 자연 훼손
- 물길의 흐름 방해
- 불안감 조성
- 인근 소란 등
- 물건 던지기 등 위험행위

14) 김일수(1987.9), "경범죄처벌법의 제문제," 대한변호사협회지, p. 26.
15) 정덕장(1994), 경범죄처벌법, 서울: 법원사, p. 3.

• 인공구조물 등의 관리 소홀	• 위험한 동물의 관리 소홀[16]
• 동물 등에 의한 행패 등	• 무단 소등
• 공중통로 안전관리 소홀	• 공무원 원조불응[17]
• 거짓 인적사항 사용	• 미신 요법
• 야간통행제한 위반	• 과다 노출
• 지문채취 불응	• 자릿세 징수 등
• 행렬 방해	• 무단 출입
• 총포 등 조작장난	• 무임승차 및 무전취식
• 장난 전화 등	• 지속적 괴롭힘[18]

② 20만원 이하의 벌금, 구류 또는 과료(科料)의 형(4개 위반행위)

• 출판물의 부당게재 등	• 거짓 광고
• 업무 방해	• 암표 매매

③ 60만원 이하의 벌금, 구류 또는 과료(科料)의 형(2개 위반행위)

• 관공서에서의 주취 소란	• 거짓 신고

한편, 이 법의 죄를 짓도록 시키거나 도와준 사람은 죄를 지은 사람에 준(準)하여 처벌하도록 하고 있다(제4조). 그리고 이 법에 따라 사람을 처벌할 때에는 그 사정과 형편을 헤아려서 그 형을 면제(免除)하거나 구류와 과료를 함께 과(科)할 수 있도록 하고 있다(제5조).

(3) 경범죄 처벌의 특례

① 범칙행위와 범칙자

그런데, 경범처벌법에서 특례를 두어 경범죄 위반행위 가운데 특별히 '범칙행위'(犯則行爲)라는 용어를 사용하고 있다. 범칙행위라는 것은 경범죄처벌법에서 규정하고 있는 '경미한 위반행'위 가운데 '보다 경미한 위반행위'로 볼 수 있다.

이러한 범칙행위 대상은 경범죄 유형 및 처벌내용 가운데 10만원 이하의 벌금·

16) 위험한 동물의 관리 소홀: 사람이나 가축에 해를 끼치는 버릇이 있는 개나 그 밖의 동물을 함부로 풀어놓거나 제대로 살피지 아니하여 나다니게 한 사람.

17) 공무원 원조불응: 눈·비·바람·해일·지진 등으로 인한 재해, 화재·교통사고·범죄, 그 밖의 급작스러운 사고가 발생하였을 때에 현장에 있으면서도 정당한 이유 없이 관계 공무원 또는 이를 돕는 사람의 현장출입에 관한 지시에 따르지 아니하거나 공무원이 도움을 요청하여도 도움을 주지 아니한 사람.

18) 지속적 괴롭힘: 상대방의 명시적 의사에 반하여 지속적으로 접근을 시도하여 면회 또는 교제를 요구하거나 지켜보기, 따라다니기, 잠복하여 기다리기 등의 행위를 반복하여 하는 사람.

과료·구류의 형, 20만원 이하의 벌금·과료·구류의 형을 그 대상으로 하고 있다(경범죄처벌법 제6조 제1항). 그리고 이러한 범칙행위를 한 자를 '범칙자'(犯則者)라서 한다.[19]

② 통고처분

이 법에서 말하는 범칙자의 조건(제6조 제1항 및 제2항)에 해당하는 자에 대해서는 경범죄처벌법에서 원칙적으로 처벌하고자 하는 형벌(벌금, 구류 또는 과료) 대신 '범칙금'(犯則金)으로 납부하도록 하고 있다(제6조 제3항).

따라서 경찰서장 등은 범칙자로 인정되는 사람에 대하여 그 이유를 명백히 나타낸 서면(書面)으로 범칙금을 부과하고, 이를 납부할 것을 통고할 수 있다(제7조 제1항). 이를 통고처분(通告處分)이라고 한다.

③ 범칙금의 납부

통고처분서를 받은 사람은 통고처분서를 받은 날부터 '10일 이내'에 경찰청장(警察廳長) 등이 지정한 은행, 그 지점이나 대리점, 우체국 등에 범칙금을 납부하여야 한다. 다만, 천재지변이나 그 밖의 부득이한 사유로 말미암아 그 기간 내에 범칙금을 납부할 수 없을 때에는 그 부득이한 사유가 없어지게 된 날부터 '5일 이내'에 납부하여야 한다(제8조 제1항).

이에 따른 납부기간에 범칙금을 납부하지 아니한 사람은 납부기간의 마지막 날의 다음 날부터 20일 이내에 통고받은 범칙금에 그 금액의 '100분의 20을 더한 금액'을 납부하여야 한다(제8조 제2항). 그리고 이에 따른 범칙금을 납부한 사람은 그 범칙행위에 대하여 다시 처벌받지 아니한다(제3항).

④ 통고처분 불이행자 등의 처리

경찰서장 등은 통고처분 불이행자 등에 대해서는 '지체 없이' 즉결심판을 청구하여야 한다.[20] 다만, 즉결심판이 청구되기 전까지 통고받은 범칙금에 그 금액의 '100분의 50을 더한 금액'을 납부한 사람에 대하여는 그러하지 아니하다(제9조 제1항).

---

19) 이러한 사정에도 불구하고 아래와 같이 일정한 경우에는 범칙자에 해당되지 않는 경우가 있다. ① 범칙행위를 상습적으로 하는 사람, ② 죄를 지은 동기나 수단 및 결과를 헤아려 볼 때 구류처분을 하는 것이 적절하다고 인정되는 사람, ③ 피해자가 있는 행위를 한 사람, ④ 18세 미만인 사람(경범죄처벌법 제6조 제2항).

20) 즉결심판 청구대상은 ① 제7조 제1항의 어느 하나에 해당하는 사람(통고처분서 받기를 거부한 사람 등), ② 납부기간에 범칙금을 납부하지 아니한 사람이 이에 해당된다(경범죄처벌법 제9조 제1항).

그리고 납부기간에 범칙금을 납부하지 아니한 이유로 즉결심판이 청구된 피고인(被告人)이 통고받은 범칙금에 그 금액의 '100분의 50을 더한 금액'을 납부하고 그 증명서류를 즉결심판 선고 전까지 제출하였을 때에는 경찰서장 등은 그 피고인에 대한 즉결심판 청구를 취소하여야 한다(제9조 제2항).

2) 풍속사범의 단속

(1) 풍속사범의 의미

풍속(風俗)이라는 것은 옛날부터 전해 내려오는 생활 전반에 관한 습관을 의미하고, 이러한 풍속 가운데 아름답고, 좋은 것을 '미풍양속'(美風良俗)이라고 한다.

따라서 풍속사범(風俗事犯)이라는 것은 '사회의 선량한 풍속 및 건전한 생활습관에 유해한 영향을 끼치는 행위'를 말하며, 이와 같은 행위를 금지·제한·단속하는 경찰을 '풍속경찰'(風俗警察)이라고 부르기도 한다. 이는 어떠한 법률적 용어가 아니라 경찰이 그러한 풍속과 관련된 위반사범을 단속한다는 의미에서 비롯된 것이다.

이러한 선량한 풍속이나 생활습관은 항상 고정된 관념이 아니라, 어느 특정 시대나 국가에서 일반적으로 용인되고 있는 도덕적 관념과 규범을 말하는 것으로 어떤 행위가 선량한 풍속에 유해한 행위인가는 그 나라의 역사적·문화적 환경에 따라 다르다고 볼 수 있다. 이러한 선량한 풍속의 파괴는 건전한 사회생활을 저해할 뿐만 아니라 범죄의 온상이 되기도 한다. 풍속사범을 처벌하는 규정은 형법에도 있으나, 범죄를 사전에 방지하고 미풍을 보전하기 위해서는 형법상의 벌칙만으로는 불충분하다고 본다.

따라서 이에 적절한 특별 행정법규를 제정하여 선량한 풍속을 해할 우려가 있는 풍속영업에 대하여는 경찰권을 행사하여 지도·감독하고, 기타 위해 행위에 대해서는 이를 단속하도록 하고 있다.

이와 관련된 대표적인 법이 바로 「풍속영업의 규제에 관한 법률」(약칭: 풍속영업규제법)이라 할 수 있다. 이 법은 '풍속영업을 하는 장소에서 선량한 풍속을 해치거나 청소년의 건전한 성장을 저해하는 행위 등을 규제하여 미풍양속을 보존하고 청소년을 유해한 환경으로부터 보호함을 목적'으로 하고 있다(제1조).

(2) 풍속영업의 범위

풍속영업의 범위는 다음의 어느 하나에 해당하는 영업을 말한다(풍속영업규제법 제2조 각호).

① 「게임산업진흥에 관한 법률」에 따른 게임제공업 및 복합유통게임 제공업

게임제공업이라는 것은 공중(公衆)이 게임물을 이용할 수 있도록 이를 제공하는 영업을 말한다. 예컨대, PC방 등이 이에 해당된다. 복합유통게임제공업이라 함은 게임제공업 또는 인터넷 컴퓨터게임 시설제공업과 이 법에 의한 다른 영업 또는 다른 법률에 의한 영업을 동일한 장소에서 함께 영위하는 영업을 말한다.

② 「영화 및 비디오물의 진흥에 관한 법률」에 따른 비디오물 감상실업

다수의 구획된 시청실과 비디오물 시청기자재를 갖추고 비디오물을 공중의 시청에 제공(이용자가 직접 시청시설을 작동하여 이용하는 경우를 포함)하는 영업을 말한다.

③ 「음악산업진흥에 관한 법률」에 따른 노래연습장업

노래연습장업이라는 것은 연주자를 두지 아니하고 반주에 맞추어 노래를 부를 수 있도록 하는 영상 또는 무영상 반주장치 등의 시설을 갖추고 공중의 이용에 제공하는 영업을 말한다. 여기에서는 주류의 판매·제공, 접대부의 고용·알선, 성매매행위 알선·제공은 금지된다.

④ 「공중위생관리법」의 규정에 따른 숙박업, 목욕장업, 이용업 중 대통령령으로 정하는 것

숙박업이라는 것은 손님이 잠을 자고 머물 수 있도록 시설 및 설비 등의 서비스를 제공하는 영업을 말한다. 다만, 농어촌 민박사업용 시설, 자연휴양림 안에 설치된 시설, 청소년수련시설, 외국인관광 도시민박업용 시설은 제외된다.

목욕장업(沐浴場業)은 물로 목욕을 할 수 있는 시설 및 설비 등의 서비스를 제공하는 영업을 말한다. 다만, 위의 숙박업 영업소에 부설된 욕실, 종합체육시설업의 체온 관리실, 그리고 위의 민박시설 등에 부설된 욕실은 제외된다.

이용업(理容業)은 손님의 머리카락 또는 수염을 깎거나 다듬는 등의 방법으로 손님의 용모를 단정하게 하는 영업을 말한다. 반면 미용업(美容業)은 손님의 얼굴·머리·피부 등을 손질하여 손님의 외모를 아름답게 꾸미는 영업을 말하는 것으로 이용업과 구분된다.

⑤ 「식품위생법」에 따른 식품접객업 중 대통령령으로 정하는 것

식품접객업 중 대통령령으로 정하는 것은 단란주점영업 및 유흥주점영업을 말한다. 단란주점은 술 판매는 가능하지만 접대부고용은 금지되며, 유흥주점은 술

판매 및 접대부고용이 가능하다.

⑥ 「체육시설의 설치·이용에 관한 법률」에 따른 무도학원업 및 무도장업

체육시설이란 체육 활동에 지속적으로 이용되는 시설과 그 부대시설을 말한다. 그리고 체육시설업이란 영리를 목적으로 체육시설을 설치·경영하거나 체육시설을 이용한 교습행위를 제공하는 업(業)을 말한다.

이러한 체육시설업에는 ㉠ 등록체육시설업(골프장업, 스키장업 등)과 ㉡ 신고체육시설업(골프연습장업, 당구장업, 무도학원업, 무도장업 등)이 있다.

⑦ 그 밖에 선량한 풍속을 해치거나 청소년의 건전한 성장을 저해할 우려가 있는 영업으로 대통령령으로 정하는 것

(3) 풍속영업자의 준수사항

이상과 같은 풍속영업을 하는 자(허가나 인가를 받지 아니하거나 등록이나 신고를 하지 아니하고 풍속영업을 하는 자를 포함) 및 대통령령으로 정하는 종사자는 '풍속영업을 하는 장소'(풍속영업소)에서 다음의 행위를 하여서는 아니 된다(풍속영업규제법 제3조).

① 「성매매알선 등 행위의 처벌에 관한 법률」에 따른 성매매알선 등 행위

성매매알선 등 행위란 '성매매를 알선·권유·유인 또는 강요하는 행위, 성매매의 장소를 제공하는 행위, 성매매에 제공되는 사실을 알면서 자금·토지 또는 건물을 제공하는 행위'를 하는 것을 말한다(성매매알선 등 행위의 처벌에 관한 법률 제2조 제1항 제2호).

이를 위반하여 풍속영업소에서 성매매알선 등 행위를 한 자는 3년 이하의 징역 또는 3천만원 이하의 벌금에 처하도록 하고 있다(제10조 제1항).

② 음란행위를 하게 하거나 이를 알선 또는 제공하는 행위

이를 위반하여 음란행위를 하게 하는 등 풍속영업소에서 준수할 사항을 지키지 아니한 자는 3년 이하의 징역 또는 2천만원 이하의 벌금에 처한다(10조 제2항).

③ 음란한 문서·도화(圖畵)·영화·음반·비디오물, 그 밖의 음란한 물건에 대한 다음의 행위

㉠ 반포(頒布)·판매·대여하거나 이를 하게 하는 행위

㉡ 관람·열람하게 하는 행위

㉢ 반포·판매·대여·관람·열람의 목적으로 진열하거나 보관하는 행위

이상과 같은 행위를 하게 하는 등 풍속영업소에서 준수할 사항을 지키지 아니한 자는 3년 이하의 징역 또는 2천만원 이하의 벌금에 처한다(10조 제2항).

④ **도박이나 그 밖의 사행(射倖)행위를 하게 하는 행위**

이와 같은 사행행위를 하게 하는 등 풍속영업소에서 준수할 사항을 지키지 아니한 자는 3년 이하의 징역 또는 2천만원 이하의 벌금에 처한다(10조 제2항).

(4) 경찰의 출입

경찰서장은 특별히 필요한 경우, 경찰공무원에게 풍속영업소에 출입하여 풍속영업자와 대통령령으로 정하는 종사자가 법에서 정한 준수사항을 지키고 있는지를 검사하게 할 수 있다(풍속영업규제법 제9조 제1항). 이에 따라 풍속영업소에 출입하여 검사하는 경찰공무원은 그 권한을 표시하는 증표를 지니고 이를 관계인에게 내보여야 한다(제9조 제2항).

(5) 양벌규정

법인의 대표자나 법인 또는 개인의 대리인, 사용인, 그 밖의 종업원이 그 법인 또는 개인의 업무에 관하여 이 법에서 정한 위반행위를 하면 그 행위자를 벌하는 외에 그 법인 또는 개인에게도 해당 규정의 벌금형을 과하도록 하고 있다. 다만, 법인 또는 개인이 그 위반행위를 방지하기 위하여 해당 업무에 관하여 상당한 주의와 감독을 게을리하지 아니한 경우에는 예외로 하고 있다(풍속영업규제법 제12조).

3) 성매매사범의 단속

(1) 성매매사범의 의미

성매매사범은 성매매, 성매매알선 등 행위, 성매매 목적의 인신매매 등과 관련된 제반 범죄행위를 말한다.

이러한 성매매사범을 단속하기 위하여 「성매매알선 등 행위의 처벌에 관한 법률」(약칭: 성매매처벌법), 「성매매방지 및 피해자보호 등에 관한 법률」(약칭: 성매매피해자보호법),

그리고 아동·청소년을 성범죄로부터 보호하고 이들이 건전한 사회구성원으로 성장

할 수 있도록 하기 위하여 「아동·청소년의 성보호에 관한 법률」(약칭: 청소년성보호법)이 마련되어 있다. 생활안전경찰은 관할구역 내에서 경찰은 이러한 성매매사범에 대한 전반적인 단속활동을 하고 있다. 아래에서는 성매매처벌법을 중심으로 이를 살펴보기로 한다.

① 성매매의 개념

성매매란 불특정인을 상대로 금품이나 그 밖의 재산상의 이익을 수수(收受)하거나 수수하기로 약속하고 다음의 어느 하나에 해당하는 행위를 하거나 그 상대방이 되는 것을 말한다(성매매처벌법 제2조 제1항 제1호).

㉠ 성교행위

㉡ 구강, 항문 등 신체의 일부 또는 도구를 이용한 유사 성교행위

② 성매매알선 등 행위

성매매알선 등 행위란 다음의 어느 하나에 해당하는 행위를 하는 것을 말한다(제2조 제1항 제2호).

㉠ 성매매를 알선, 권유, 유인 또는 강요하는 행위

㉡ 성매매의 장소를 제공하는 행위

㉢ 성매매에 제공되는 사실을 알면서 자금, 토지 또는 건물을 제공하는 행위

③ 성매매 목적의 인신매매

성매매 목적의 인신매매(人身賣買)란 다음의 어느 하나에 해당하는 행위를 하는 것을 말한다(제2조 제1항 제3호).

㉠ 성을 파는 행위 또는 「형법」 제245조에 따른 음란행위를 하게 하거나, 성교행위 등 음란한 내용을 표현하는 사진·영상물 등의 촬영 대상으로 삼을 목적으로 위계(僞計), 위력(威力), 그 밖에 이에 준하는 방법으로 대상자를 지배·관리하면서 제3자에게 인계하는 행위

㉡ '㉠'과 같은 목적으로 「청소년 보호법」 제2조 제1호에 따른 청소년, 사물을 변별하거나 의사를 결정할 능력이 없거나 미약한 사람 또는 대통령령으로 정하는 중대한 장애가 있는 사람이나 그를 보호·감독하는 사람에게 선불금 등 금품이나 그 밖의 재산상의 이익을 제공하거나 제공하기로 약속하고 대상자를 지배·관리하면서 제3자에게 인계하는 행위

㉢ '㉠' 및 '㉡'의 행위가 행하여지는 것을 알면서 '㉠'과 같은 목적이나 전매를

위하여 대상자를 인계받는 행위

㉣ '㉠'부터 '㉢'까지의 행위를 위하여 대상자를 모집·이동·은닉하는 행위

④ 성매매 피해자

성매매 피해자란 다음의 어느 하나에 해당하는 사람을 말한다(제2조 제1항 제4호).

㉠ 위계·위력, 그 밖에 이에 준하는 방법으로 성매매를 강요당한 사람

㉡ 업무관계, 고용관계, 그 밖의 관계로 인하여 보호 또는 감독하는 사람에 의하여 마약류관리에 관한 법률에 따른 마약·향정신성의약품 또는 대마에 중독되어 성매매를 한 사람

㉢ 청소년, 사물을 변별하거나 의사를 결정할 능력이 없거나 미약한 사람 또는 대통령령으로 정하는 중대한 장애가 있는 사람으로서 성매매를 하도록 알선·유인된 사람

㉣ 성매매 목적의 인신매매를 당한 사람(제2조 제1항 제4호).

(2) 금지행위

누구든지 다음의 어느 하나에 해당하는 행위를 하여서는 아니 된다(성매매처벌법 제4조 각호).

㉠ 성매매

㉡ 성매매알선 등 행위

㉢ 성매매 목적의 인신매매

㉣ 성을 파는 행위를 하게 할 목적으로 다른 사람을 고용·모집하거나 성매매가 행하여진다는 사실을 알고 직업을 소개·알선하는 행위

㉤ '㉠', '㉡' 및 '㉣'의 행위 및 그 행위가 행하여지는 업소에 대한 광고행위

성매매처벌법에서는 위와 같은 금지행위를 위반한 경우, 사안에 따라 엄격한 형사처벌을 하고 있다(제18조~제27조 참조).

(3) 성매매피해자 등의 보호

① 성매매피해자에 대한 처벌특례와 보호

성매매피해자의 성매매는 처벌하지 아니한다(성매매처벌법 제6조 제1항). 검사 또는 사법경찰관은 수사과정에서 피의자 또는 참고인이 성매매피해자에 해당

한다고 볼 만한 상당한 이유가 있을 때에는 지체 없이 법정대리인, 친족 또는 변호인에게 통지하고, 신변보호, 수사의 비공개, 친족 또는 지원시설·성매매피해상담소에의 인계 등 그 보호에 필요한 조치를 하여야 한다. 다만, 피의자 또는 참고인의 사생활 보호 등 부득이한 사유가 있는 경우에는 통지하지 않을 수 있다(제6조 제2항).

② 불법원인으로 인한 채권 무효

아래의 어느 하나에 해당하는 사람이 그 행위와 관련하여 성을 파는 행위를 하였거나 할 사람에게 가지는 채권은 그 계약의 형식이나 명목에 관계없이 무효(無效)로 한다. 그 채권을 양도하거나 그 채무를 인수한 경우에도 또한 같다(제10조 제1항).

이는 위법·부당한 방법으로 이득을 위하였기 때문에 당사자의 채권을 인정하지 않는 것이라 할 수 있다.

㉠ 성매매알선 등 행위를 한 사람

㉡ 성을 파는 행위를 할 사람을 고용·모집하거나 그 직업을 소개·알선한 사람

㉢ 성매매 목적의 인신매매를 한 사람

따라서 검사 또는 사법경찰관은 이러한 불법원인과 관련된 것으로 의심되는 채무의 불이행을 이유로 고소·고발된 사건을 수사할 때에는 금품이나 그 밖의 재산상의 이익 제공이 성매매의 유인·강요 수단이나 성매매 업소로부터의 이탈방지 수단으로 이용되었는지를 확인하여 수사에 참작해야 한다(제10조 제2항).

(4) 아동·청소년의 성보호

① 아동·청소년의 성보호에 관한 특별법 제정

성매매처벌법에서 규정한 사항에 관하여 「아동·청소년의 성보호에 관한 법률」(약칭: 청소년성보호법, 2000년 제정)에 특별한 규정이 있는 경우에는 그 법에서 정하는 바에 따르도록 하고 있다(성매매처벌법 제5조).

따라서 청소년성보호법은 특별법에 해당된다. 여기에서 아동·청소년이란 19세 미만의 자(다만, 19세에 도달하는 연도의 1월 1일을 맞이한 자는 제외)를 말한다(청소년성보호법 제2조 제1호).

② 아동·청소년대상 성범죄와 아동·청소년대상 성폭력범죄의 구분

청소년성보호법에서는 아동·청소년대상 성범죄(性犯罪)와 아동·청소년대상 성폭력범죄(性暴力犯罪)로 구분하고 있다(이에 대해서는 청소년성보호법 제2조 제2호 및 제3호 참조).

③ 아동·청소년의 성을 사는 행위

아동·청소년대상 성범죄와 관련하여 '아동·청소년의 성을 사는 행위'라는 것은 다음과 같은 의미이다.

'아동·청소년, 아동·청소년의 성(性)을 사는 행위를 알선한 자 또는 아동·청소년을 실질적으로 보호·감독하는 자 등에게 금품(金品)이나 그 밖의 재산상 이익, 직무·편의제공 등 대가를 제공하거나 약속하고 다음의 어느 하나에 해당하는 행위를 아동·청소년을 대상으로 하거나 아동·청소년으로 하여금 하게 하는 것'을 말한다(청소년성보호법 제2조 제4호).

㉠ 성교행위

㉡ 구강·항문 등 신체의 일부나 도구를 이용한 유사성교 행위

㉢ 신체의 전부 또는 일부를 접촉·노출하는 행위로서 일반인의 성적 수치심이나 혐오감을 일으키는 행위

㉣ 자위행위

④ 아동·청소년의 성착취물

그리고 아동·청소년대상 성범죄와 관련하여 '아동·청소년이용 성착취물'이라는 것은 다음과 같은 의미이다.

'아동·청소년 또는 아동·청소년으로 명백하게 인식될 수 있는 사람이나 표현물이 등장하여 위의 아동·청소년의 성을 사는 행위의 어느 하나에 해당하는 행위를 하거나 그 밖의 성적 행위를 하는 내용을 표현하는 것으로서 필름·비디오물·게임물 또는 컴퓨터나 그 밖의 통신매체(通信媒體)를 통한 화상·영상 등의 형태로 된 것'을 말한다(청소년성보호법 제2조 제5호).

⑤ 아동·청소년대상 성범죄의 처벌과 절차에 관한 특례

청소년성보호법에서는 아동·청소년 대상 성범죄의 처벌과 절차에 관한 특례를 두고 있다(제7조~제33조). 이를 통해 위에서 살펴본 성범죄 및 성폭력범죄에 대한 처벌을 강화하고, 아울러 관련 절차에서 특별규정을 둠으로써 아동·청소년을 성범죄 등으로부터 보호하고자 한 것이다.

청소년성보호법의 특례규정 일부 내용

① 신고의무자의 성범죄에 대한 가중처벌

아동·청소년 관련 기관·시설 또는 단체의 장과 그 종사자가 자기의 보호·감독 또는 진료를 받는 아동·청소년을 대상으로 성범죄를 범한 경우에는 그 죄에 정한 형의 2분의 1까지 가중처벌한다(청소년성보호법 제18조).

② 공소시효에 관한 특례

㉠ 아동·청소년대상 성범죄의 공소시효는 「형사소송법」 제252조 제1항에도 불구하고 해당 성범죄로 피해를 당한 아동·청소년이 성년(成年)에 달한 날부터 진행한다.

㉡ 아동·청소년에 대한 강간·강제추행 등의 죄(제7조)는 디엔에이(DNA)증거 등 그 죄를 증명할 수 있는 과학적인 증거가 있는 때에는 공소시효가 10년 연장된다.

㉢ 13세 미만의 사람 및 신체적인 또는 정신적인 장애가 있는 사람에 대하여 일정한 죄(강간 등 상해·치상, 강간 등 살인·치사 등)를 범한 경우에는 위 '㉠'과 '㉡'에도 불구하고 「형사소송법」 제249조부터 제253조까지 및 「군사법원법」 제291조부터 제295조까지에 규정된 공소시효를 적용하지 아니한다(이하 생략).

㉣ 일정한 죄(강간 등 살인·치사 등)를 범한 경우에는 위 '㉠'과 '㉡'에도 불구하고 「형사소송법」 제249조부터 제253조까지 및 「군사법원법」 제291조부터 제295조까지에 규정된 공소시효를 적용하지 아니한다(이하 생략)(이상 청소년성보호법 제20조).

③ 친권상실 청구 등

아동·청소년대상 성범죄 사건을 수사하는 검사는 그 사건의 가해자가 피해아동·청소년의 친권자나 후견인인 경우에 법원에 「민법」 제924조의 친권상실선고 또는 같은 법 제940조의 후견인 변경 결정을 청구하여야 한다. 다만, 친권상실선고 또는 후견인 변경 결정을 하여서는 아니 될 특별한 사정이 있는 경우에는 그러하지 아니하다(청소년보호법 제23조 제1항).

제4절 소년경찰활동

1. 소년경찰활동의 의의

소년경찰활동(少年警察活動)은 실질적으로 청소년에 대한 선도·보호, 유해환경 정화, 소년범죄 처리 등의 업무를 수행하는 제반 경찰활동을 의미한다. 경찰은 일반 형사범죄와 분리하여 청소년범죄의 특수성을 고려하여 생활안전기능에 아동청소년과를 두어 관련 사건을 처리하도록 하고 있다.

이러한 소년경찰활동은 소년의 특성을 이해하고, 소년비행 및 범죄의 예방, 비행소년의 보호, 아동학대의 예방 및 피해자 보호, 비밀의 보장, 관계자의 존중과 신뢰의 획득 등에 초점을 두고 이루어지고 있다.

청소년은 성인과는 다른 특성을 가지고 있기 때문에 생활안전경찰은 이들에 대한 단순한 단속 또는 통제보다는 선도·보호 등을 함께해야 한다. 청소년 보호 및 반사회성 있는 청소년에 대한 형사사법적 접근은 「청소년보호법」과 「소년법」에 각각 규정되어 있다. 아래에서는 이를 중심으로 살펴보기로 한다.

2. 청소년의 선도·보호

「청소년보호법」(1997년 제정)은 '청소년(青少年)에게 ㉠ 유해한 매체물과 약물 등이 청소년에게 유통되는 것과 청소년이 ㉡ 유해한 업소에 출입하는 것 등을 규제하고 청소년을 유해한 환경으로부터 보호·구제함으로써 청소년이 건전한 인격체로 성장할 수 있도록 함'을 목적으로 하기 위하여 마련되었다(제1조).

여기서 청소년이란 만 19세 미만인 사람을 말한다. 다만, 만 19세가 되는 해의 1월 1일을 맞이한 사람은 제외한다(제2조 제1호).

1) 청소년 유해매체물 등

(1) 매체물과 청소년 유해매체물

매체물이라는 것은 '영화 및 비디오물, 게임물, 음반·음악파일·음악영상물, 공연(국악공연 제외), 전기통신을 통한 부호·문언·음향·영상정보, 방송프로그램, 일간신문·

특수일간신문·특수주간신문·인터넷신문·인터넷뉴스, 잡지 등 간행물, 출판간행물·전자출판물, 옥외광고물 기타 청소년의 정신적·신체적 건강을 해칠 우려가 있어 대통령령으로 정하는 매체물'을 말한다(청소년보호법 제2조 제2호).

청소년 유해매체물이라는 것은 '청소년보호위원회가 청소년에게 유해한 것으로 결정하거나 확인하여 여성가족부장관이 고시한 매체물과 각 심의기관이 청소년에게 유해한 것으로 심의하거나 확인하여 여성가족부장관이 고시한 매체물'을 말한다(제2조 제3호).

(2) 청소년 유해약물 등

이는 청소년 유해약물과 청소년 유해물건으로 구분된다(청소년보호법 제2조 제4호).

① 청소년 유해약물

청소년 유해약물은 주류, 담배, 마약류, 환각물질, 그 밖에 중추신경에 작용하여 습관성·중독성·내성 등을 유발하여 인체에 유해하게 작용할 수 있는 약물 등을 말한다.

② 청소년 유해물건

청소년 유해물건은 청소년에게 음란한 행위를 조장하는 성(性, sex)관련 물건과 청소년에게 음란성·포악성·잔인성·사행성 등을 조장하는 완구류 등을 말한다.

(3) 청소년 유해업소

청소년 유해업소는 ㉠ 청소년의 출입과 고용이 청소년에게 유해한 것으로 인정되는 업소(청소년 출입·고용금지업소)와 ㉡ 청소년의 출입은 가능하나 고용이 청소년에게 유해한 것으로 인정되는 업소(청소년고용금지업소)를 말한다(청소년보호법 제2조 제5호).

이 경우 업소의 구분은 그 업소가 영업을 할 때 다른 법령에 따라 요구되는 허가·인가·등록·신고 등의 여부와 관계없이 실제로 이루어지고 있는 영업행위를 기준으로 한다(제2조 제5호 하단).

① 청소년 출입·고용금지 업소

㉠ 일반 게임제공업 및 복합유통 게임제공업 중 대통령령으로 정하는 것

㉡ 사행행위영업

㉢ 식품접객업 중 대통령령으로 정하는 것

㉣ 비디오물감상실업·제한관람가 비디오물 소극장업 및 복합영상물제공업
㉤ 노래연습장업 중 대통령령으로 정하는 것
㉥ 무도학원업 및 무도장업 등

② 청소년 고용금지 업소
㉠ 청소년게임 제공업 및 인터넷컴퓨터게임 시설제공업
㉡ 숙박업, 목욕장업, 이용업 중 대통령령으로 정하는 것
㉢ 식품접객업 중 대통령령으로 정하는 것
㉣ 비디오물 소극장업 등

2) 청소년 유해업소 등의 규제

(1) 청소년 고용금지 및 출입제한 등

청소년 유해업소의 업주는 청소년을 고용하여서는 아니 된다. 그리고 청소년 유해업소의 업주가 종업원을 고용하려면 미리 나이를 확인하여야 한다(청소년보호법 제29조 제1항).[21] 청소년 출입·고용금지업소의 업주와 종사자는 출입자의 나이를 확인하여 청소년이 그 업소에 출입하지 못하게 하여야 한다(제2항).[22]

청소년 고용금지업소인 숙박업을 운영하는 업주는 종사자를 배치하거나 대통령령으로 정하는 설비 등을 갖추어 출입자의 나이를 확인하고 제30조 제8호(청소년을 남녀 혼숙하게 하는 등 풍기를 문란하게 하는 영업행위를 하거나 이를 목적으로 장소를 제공하는 행위)의 우려가 있는 경우에는 청소년의 출입을 제한하여야 한다(제29조 제3항).

유흥주점 업주의 청소년 연령확인 의무

청소년보호법의 입법목적 등에 비추어 볼 때, 유흥주점과 같은 청소년 유해업소의 업주에게는 청소년 보호를 위하여 청소년을 당해 업소에 고용하여서는 아니 될 매우 엄중한 책임이 부여되어 있다.
따라서 유흥주점의 업주가 당해 유흥업소에 종업원을 고용할 때에는 주민등록증이나 이에 유사한 정도로 연령에 관한 공적 증명력이 있는 증거에 의하여 대상자의 연령을 확인하여야 한다.

21) 청소년을 청소년 유해업소에 고용한 자는 3년 이하의 징역 또는 3천만원 이하의 벌금에 처한다(청소년보호법 제58조 제4호).
22) 청소년을 출입·고용업소에 출입시킨자는 2년 이하의 징역 또는 2천만원 이하의 벌금에 처한다(청소년보호법 제59조 제8호).

그리고 만일 대상자가 제시한 주민등록증상의 사진과 실물이 다르다는 의심이 들면, 청소년이 자신의 신분과 연령을 감추고 유흥업소 취업을 감행하는 사례가 적지 않은 유흥업계의 취약한 고용실태 등에 비추어 볼 때, 업주로서는 주민등록증상의 사진과 실물을 자세히 대조하거나 주민등록증상의 주소 또는 주민등록번호를 외워보도록 하는 등 추가적인 연령확인 조치를 취하여야 할 의무가 있다.[23)]

그리고 청소년 유해업소의 업주와 종사자는 위와 같은 나이 확인을 위하여 필요한 경우 주민등록증이나 그 밖에 나이를 확인할 수 있는 증표의 제시를 요구할 수 있으며, 증표 제시를 요구받고도 정당한 사유 없이 증표를 제시하지 아니하는 사람에게는 그 업소의 출입을 제한할 수 있다(청소년보호법 제29조 제4항). 이러한 증표에는 주민등록증, 운전면허증, 여권, 외국인등록증, 장애인등록증 등이 있다.

다만, 청소년이 친권자(親權者) 등을 동반할 때에는 대통령령으로 정하는 바에 따라 출입하게 할 수 있다. 예컨대, 노래연습장 등이 이에 해당된다. 그러나 「식품위생법」에 따른 식품접객업 중 대통령령으로 정하는 업소(예: 단란주점, 유흥주점 등)의 경우에는 출입할 수 없다(제29조 제5항).

끝으로, 청소년유해업소의 업주와 종사자는 그 업소에 대통령령으로 정하는 바에 따라 청소년의 출입과 고용을 제한하는 내용을 표시하여야 한다(제29조 제6항).

(2) 청소년 유해행위의 금지

청소년보호법에 근거하여 누구든지 청소년에게 다음의 어느 하나에 해당하는 행위를 하여서는 아니 된다(제30조).

㉠ 영리를 목적으로 청소년으로 하여금 신체적인 접촉 또는 은밀한 부분의 노출 등 성적 접대행위를 하게 하거나 이러한 행위를 알선·매개하는 행위

㉡ 영리를 목적으로 청소년으로 하여금 손님과 함께 술을 마시거나 노래 또는 춤 등으로 손님의 유흥을 돋우는 접객행위를 하게 하거나 이러한 행위를 알선·매개하는 행위

㉢ 영리나 흥행을 목적으로 청소년에게 음란한 행위를 하게 하는 행위

㉣ 영리나 흥행을 목적으로 청소년의 장애나 기형 등의 모습을 일반인들에게 관람시키는 행위

㉤ 청소년에게 구걸을 시키거나 청소년을 이용하여 구걸하는 행위

23) 대법 2013.9.27., 2013도8385.

ⓑ 청소년을 학대하는 행위

ⓢ 영리를 목적으로 청소년으로 하여금 거리에서 손님을 유인하는 행위를 하게 하는 행위

ⓞ 청소년을 남녀 혼숙하게 하는 등 풍기를 문란하게 하는 영업행위를 하거나 이를 목적으로 장소를 제공하는 행위

ⓩ 주로 차 종류를 조리·판매하는 업소에서 청소년으로 하여금 영업장을 벗어나 차 종류를 배달하는 행위를 하게 하거나 이를 조장하거나 묵인하는 행위

위의 청소년 유해행위의 금지 명령규정에서 ㉠을 위반하면 1년 이상 10년 이하의 징역, ㉡·㉢을 위반하면 10년 이하의 징역, ㉣·㉤·㉥을 위반하면 5년 이하의 징역, ㉦·㉧·㉨를 위반하면 3년 이하의 징역 또는 3천만원 이하의 벌금에 처하도록 하고 있다(청소년보호법 제55조~제58조 참조).

3. 반사회성 있는 청소년의 교정

반사회성(反社會性)있는 청소년은 사회에 적응하지 못하고 범죄를 저질렀거나 그와 같은 위험성이 있는 청소년을 말한다.

이와 관련하여 「소년법」(少年法, 1958년 제정)이 있다. 소년법은 '반사회성이 있는 소년의 환경 조정과 품행 교정(矯正)을 위한 보호처분 등의 필요한 조치를 하고, 형사처분에 관한 특별조치를 함으로써 소년이 건전하게 성장하도록 돕는 것을 목적'으로 하고 있다(제1조).

여기에서 소년이란 19세 미만인 자를 말하며, 보호자란 법률상 감호교육(監護敎育)을 할 의무가 있는 자 또는 현재 감호하는 자를 말한다(제2조).

1) 소년 보호사건의 관할과 보호대상

(1) 소년 보호사건의 관할

소년 보호사건의 관할은 소년의 행위지, 거주지 또는 현재지로 하고 있다. 소년 보호사건은 가정법원소년부 또는 지방법원소년부에 속하며, 소년 보호사건의 심리와 처분 결정은 소년부 단속판사가 하도록 하고 있다(소년법 제3조). 미국은 1899년 시카고에 세계 최초로 소년법원이 설치되어 운용되고 있지만, 우리나라는 독립된 소년법원을 두

고 있지는 않다.

(2) 소년 보호사건의 대상

그리고 다음의 어느 하나에 해당하는 소년은 소년부의 보호사건으로 심리하도록 하고 있다(제4조 제1항).

㉠ 죄를 범한 소년(범죄소년: 14세 이상 19세 미만)[24]

㉡ 형벌 법령에 저촉되는 행위를 한 10세 이상 14세 미만인 소년(촉법소년)

㉢ 다음에 해당하는 사유가 있고 그의 성격이나 환경에 비추어 앞으로 형벌 법령에 저촉되는 행위를 할 우려가 있는 10세 이상인 소년(우범소년)

가. 집단적으로 몰려다니며 주위 사람들에게 불안감을 조성하는 성벽(性癖)이 있는 것

나. 정당한 이유 없이 가출하는 것

다. 술을 마시고 소란을 피우거나 유해환경에 접하는 성벽이 있는 것

위의 '㉡과 ㉢'에 해당하는 소년(즉, 촉범소년과 우범소년)이 있을 때에는 경찰서장은 직접 관할 소년부에 송치(送致)하여야 한다(소년법 제4조 제2항). 그리고 위의 '㉠·㉡·㉢'의 어느 하나에 해당하는 소년을 발견한 보호자 또는 학교·사회복리시설·보호관찰소의 장은 이를 관할 소년부에 통고할 수 있다(제3항).

2) 형사처분 등을 위한 관할 검찰청으로의 송치

(1) 형사처분

소년부는 조사 또는 심리한 결과, 금고 이상의 형에 해당하는 범죄 사실이 발견된 경우 그 동기와 죄질이 형사처분(刑事處分)을 할 필요가 있다고 인정하면 결정으로써 사건을 관할 지방법원에 대응한 검찰청 검사에게 송치하도록 하고 있다(소년법 제7조 제1항).[25]

다음 표에서는 2005년부터 2019년까지의 죄종별 소년범 현황을 보여주고 있다.[26]

---

24) 형사미성년자는 14세가 되지 않아 형법상 책임능력이 없는 것으로 간주되는 사람을 말한다. 따라서 형법에서는 '14세가 되지 아니한 자의 행위는 벌하지 아니한다'고 규정하고 있다(제9조).

25) 검사는 송치된 형사사건(刑事事件)에 대하여 소년법상의 특별한 규정이 없으면, 일반형사절차에 따라 수사 및 공소의 제기 등을 하게 된다(소년법 제48조).

26) 경찰청(2020), 앞의 책, p. 90 재구성.

죄종별 소년범 현황

(단위: 명)

구 분	계	살인	강도	강간	방화	절도	폭행 상해	체포 감금	약취 유인
2005	83,477	32	1,032	323	146	27,367	1,712	13	6
2010	94,862	23	1,198	2,029	178	37,069	6,290	33	15
2015	80,321	18	448	1,830	96	26,100	9,177	40	16
2019	66,204	19	361	1,888	99	17,151	10,231	122	20

(2) 보호처분

검사는 소년에 대한 피의사건을 수사한 결과 보호처분(保護處分)에 해당하는 사유가 있다고 인정하는 경우에는 사건을 관할 소년부에 송치하도록 하고 있다(소년법 제49조 제1항).

소년부 판사는 심리 결과 보호처분을 할 필요가 있다고 인정하면 결정으로써 다음의 어느 하나에 해당하는 처분을 하여야 한다(소년법 제32조).

① 보호처분의 결정

㉠ 보호자 또는 보호자를 대신하여 소년을 보호할 수 있는 자에게 감호 위탁

㉡ 수강명령

㉢ 사회봉사명령

㉣ 보호관찰관의 단기(短期) 보호관찰

㉤ 보호관찰관의 장기(長期) 보호관찰

㉥ 「아동복지법」에 따른 아동복지시설이나 그 밖의 소년보호시설에 감호 위탁

㉦ 병원, 요양소 또는 「보호소년 등의 처우에 관한 법률」에 따른 의료재활소년원에 위탁

㉧ 1개월 이내의 소년원 송치

㉨ 단기 소년원 송치

㉩ 장기 소년원 송치(이상 소년법 제32조 제1항 각호)

② 처분의 전부 또는 일부의 병합

위에서 결정한 보호처분의 전부 또는 일부는 병합할 수 있다.

㉠ '㉠·㉡·㉢·㉣' 처분

㉡ '㉠·㉡·㉢·㉤' 처분
㉢ '㉣·㉥' 처분
㉣ '㉤·㉥' 처분
㉤ '㉤·㉧' 처분(이상 소년법 제32조 제2항 각호)

한편, 소년부는 이에 따라 송치된 사건을 조사 또는 심리한 결과 그 동기와 죄질이 금고 이상의 형사처분을 할 필요가 있다고 인정할 때에는 결정(決定)으로서 해당 검찰청 검사에게 다시 송치할 수 있도록 하고 있다(소년법 제49조 제2항). 그리고 이렇게 송치한 사건에 대해서는 검사는 다시 소년부에 송치할 수 없도록 하고 있다(제49조 제3항).

제5절 가정폭력에 대한 경찰 대응

1. 가정폭력의 의의

1) 가정폭력의 개념

가정폭력(家庭暴力) 문제가 심각한 사회문제 가운데 하나로 떠오르고 있다. 이러한 가정폭력은 피해자뿐만 아니라 가족 전체에 영향을 미치기 때문에 피해가 심각하며, 가정을 해체시키는 원인이 되기도 한다.

이러한 가정폭력에 대한 형사정책적 대응을 위해서 「가정폭력방지 및 피해자보호 등에 관한 법률」(약칭: 가정폭력방지법, 제정 1998년) 및 「가정폭력범죄의 처벌 등에 관한 특례법」(약칭: 가정폭력처벌법, 제정 1998년)이 규정되었다.

가정폭력방지법 및 가정폭력처벌법에 의하면, 가정폭력은 '가정구성원 사이의 신체적·정신적 또는 재산상 피해를 수반하는 행위'를 말한다(제2조 제1호). 여기에서 가정구성원이란 다음의 어느 하나에 해당하는 사람을 말한다(가정폭력처벌법 제2조 제2호).

㉠ 배우자(사실상 혼인관계에 있는 사람 포함) 또는 배우자였던 사람

㉡ 자기 또는 배우자와 직계존비속관계(사실상의 양친자관계 포함)에 있거나 있었던 사람

㉢ 계부모와 자녀의 관계 또는 적모(嫡母)와 서자(庶子)의 관계에 있거나 있었던 사람

㉣ 동거하는 친족

2) 가정폭력의 특징

가정폭력은 피해자와 가해자가 함께 생활하고 있다는 측면에서 일반적인 폭력과 다르다. 이러한 가정폭력은 다음과 같은 특징을 갖는다.[27]

㉠ 은폐성: 폭력이 외부로 잘 드러나지 않음

㉡ 연속성: 가벼운 구타로 시작해 연속적으로 심각한 수준까지 발전함

㉢ 상습성: 폭력이 반복될수록 폭력의 주기가 빨라짐

㉣ 세대 전수성: 폭력을 경험한 자녀는 이후 특정 상황에서 자신도 폭력을 행사함

가정폭력 행위에는 신체적 상해나 폭행, 신체적·정서적·성적 학대, 유기, 협박 등이 있다. 상대방의 경제적 자유를 박탈하거나 상대방의 의견을 무시하고 본인의 의견을 강요하는 행위도 가정폭력에 포함된다(가정폭력의 유형에 대한 세부적인 내용은 가정폭력처벌법 제2조 제3호 참조).

2. 가정폭력에 대한 경찰의 대응 방법

가정폭력 문제는 그동안 인권침해의 사각지대로 방치되어 오다가 그 문제의 심각성으로 인해 국가의 적극적인 개입을 필요로 하고 있다. 특히, 가정폭력사건의 제1단계에서 대응하는 경찰의 적절한 역할수행이 강조되고 있음은 물론이다.

1) 경찰의 현장출동 등

현장 출동시에는 피해사실, 현재상황, 피해자, 가해자의 현재위치 등 필요한 사항을 신고접수자로부터 파악하여 경찰장구를 휴대하고 신속히 출동해야 한다. 이 경우, 돌발적인 위험상태에 처할 수 있으므로 경찰은 자기보호를 위한 대비를 철저히 해야 한다. 즉, 폭력을 행사한 당사자가 경찰출동시 극도의 흥분상태에 놓여 있을 수 있기 때

27) 다음백과(https://100.daum.net/encyclopedia).

문에 이러한 점 등을 고려해야 한다.

사법경찰관리의 현장출동 등 대응방법

① 사법경찰관리는 가정폭력범죄의 신고가 접수된 때에는 지체 없이 가정폭력의 현장에 출동하여야 한다.
② 출동한 사법경찰관리는 피해자를 보호하기 위하여 신고된 현장 또는 사건 조사를 위한 관련 장소에 출입하여 관계인에 대하여 조사를 하거나 질문을 할 수 있다.
③ 가정폭력행위자는 사법경찰관리의 현장조사를 거부하는 등 그 업무 수행을 방해하는 행위를 하여서는 아니 된다.

> 정당한 사유 없이 가정폭력방지법 제9조의4 제3항을 위반하여 현장조사를 거부·기피하는 등 업무 수행을 방해한 가정폭력행위자에게는 500만원 이하의 과태료를 부과한다(동법 제22조 제1항).

④ 현장출입, 조사 또는 질문을 하는 사법경찰관리는 그 권한을 표시하는 증표를 지니고 이를 관계인에게 내보여야 한다.
⑤ 현장출동 시 수사기관의 장은 긴급전화센터, 상담소 또는 보호시설의 장에게 가정폭력 현장에 동행하여 줄 것을 요청할 수 있고, 요청을 받은 긴급전화센터, 상담소 또는 보호시설의 장은 정당한 사유가 없으면 그 소속 상담원을 가정폭력 현장에 동행하도록 하여야 한다.
⑥ 현장조사 또는 질문을 하는 사법경찰관리는 피해자·신고자·목격자 등이 자유롭게 진술할 수 있도록 가정폭력행위자로부터 분리된 곳에서 조사하는 등 필요한 조치를 하여야 한다(이상 가정폭력방지법 제9조의4).

2) 경찰의 응급조치

진행 중인 가정폭력범죄(즉, 응급상황)에 대하여 신고를 받고 현장에 출동한 사법경찰관리는 가정폭력처벌법에 따라 다음과 같은 일정한 응급조치를 즉시 취해야 한다.

㉠ 폭력행위의 제지, 가정폭력행위자·피해자의 분리 및 범죄수사
㉡ 피해자를 가정폭력 관련 상담소 또는 보호시설로 인도(피해자가 동의한 경우만 해당)
㉢ 긴급치료가 필요한 피해자를 의료기관으로 인도
㉣ 폭력행위 재발시 임시조치를 신청할 수 있음을 통보(이상 가정폭력처벌법 제5조 각호).

3) 가정폭력에 대한 검사 및 사법경찰의 임시조치 및 긴급임시조치

그런데, 가정폭력범죄의 신고를 받고 아파트 등 가정집에 경찰이 개입하고자 할 때, 현실적으로 여러 가지 문제에 직면하게 된다. 예컨대, 가정폭력행위자가 아파트 문을 잠그고 경찰의 현장출입·조사를 거부하는 등의 문제가 발생할 수 있다.[28)]

이 경우, 경찰은 과태료(500만원 이하) 부과 등의 금전적 제재가 가해질 수 있다고 고지할 수 있는데, 그 실효성이 과연 어느 정도 이루어질지는 의문이다. 또 극단적으로 흥분한 가정폭력행위자가 아파트 출입문을 열어주지 않은 채, 피해자에게 치명적인 상해를 가할 우려도 적지 않다고 본다.

현장에 출동한 경찰은 원칙적으로 법적인 절차에 의해 대응해야 하지만 매우 긴박한 경우(예: 피해자의 비명이 계속되고, 기물이 파손되는 소리가 크게 들리는 등)에는 현장책임자의 지휘감독 및 냉철한 상황판단에 의해 재량권을 행사하여 강제적으로 물리력 내지 유형력을 행사하여 현장 출입을 할 필요가 있다고 본다.[29)] 이 경우 비례의 원칙이 적용됨은 물론이다.

가정폭력범죄가 일회성으로 그치지 않고 재발할 우려가 있다고 판단되는 경우에는 그에 따른 일정한 대응조치가 필요하다고 본다. 가정폭력의 특성상 반복되는 경우가 있고, 폭력의 정도가 심화되는 경향이 있기 때문에 현장에 출동한 사법경찰관리는 이러한 부분(예: 가해자가 지나치게 공격적이거나 심신 불안정하고, 또는 지나치게 차분한 경우 등)을 예의 주시하여 신중하게 대응할 필요가 있다고 본다. 부실한 경찰조치로 인해 극단적인 인명피해가 야기될 수도 있기 때문이다.

① 임시조치의 청구

검사는 가정폭력범죄가 재발될 우려가 있다고 인정하는 경우에는 직권으로 또는 사법경찰관의 신청에 의하여 법원에 다음과 같은 임시조치를 청구할 수 있다.

㉠ 피해자 또는 가정구성원의 주거 또는 점유하는 방실(房室)로부터의 퇴거 등 격리

㉡ 피해자 또는 가정구성원의 주거, 직장 등에서 100미터 이내의 접근 금지

㉢ 피해자 또는 가정구성원에 대한 「전기통신기본법」 제2조 제1호의 전기통신

---

28) 이하 최선우·김경태·박수양(2020), 경찰면접, 서울: 박영사, p. 192 재인용.

29) 유형력 행사 가택진입의 법적 근거로서 「형사소송법」 제216조 영장에 의하지 아니한 강제처분, 「경찰관직무집행법」 제6조 범죄의 예방과 제지, 제7조 위험방지를 위한 출입, 제11조의2 적법한 경찰조치로 인한 손실보상, 「가정폭력방지 및 피해자보호등에 관한 법률」 제9조의4 사법경찰관리의 현장출동 등의 규정을 들 수 있다.

을 이용한 접근 금지(이상 가정폭력처벌법 제8조 제1항)

그리고 검사는 가정폭력행위자가 위와 같은 청구에 의하여 결정된 임시조치(위의 ㉠·㉡·㉢)를 위반하여 가정폭력범죄가 재발(再發)될 우려가 있다고 인정하는 경우에는 직권으로 또는 사법경찰관의 신청에 의하여 법원에 '국가경찰관서의 유치장 또는 구치소에의 유치'의 임시조치를 청구할 수 있다(제8조 제2항).

② 긴급임시조치

사법경찰관은 제5조에 따른 응급조치에도 불구하고 가정폭력범죄가 재발될 우려가 있고, 긴급을 요하여 법원의 임시조치 결정을 받을 수 없을 때에는 직권 또는 피해자나 그 법정대리인의 신청에 의하여 일정한 조치(위의 ㉠·㉡·㉢)를 할 수 있다(제8조의2 제1항).

사법경찰관이 이에 따라 긴급임시조치를 한 때에는 지체 없이 검사에게 임시조치를 신청하고, 신청 받은 검사는 법원에 임시조치를 청구하여야 한다(제8조의3 제1항).

끝으로 가정폭력사건을 처리하는 과정에서 현장에 출동한 경찰이 주의해야 할 것 가운데 하나가 바로 '부적절한 언행'을 삼가야 한다는 점이다. 특히, 남성경찰들의 부지불식간에 여성비하 발언 등을 하게 되어 2차 피해를 가하는 경우가 있기 때문에 조심할 필요가 있다. 이는 비단 여성피해자뿐만 아니라 모든 사람을 대할 때 적용된다고 본다.

제13장 수사경찰

제1절 수사경찰의 의의

1. 수사경찰의 개념

수사경찰은 이미 발생한 범죄사건에 대한 자료와 증거수집, 그리고 범인 발견·체포 등 범죄수사와 관련된 제반활동을 수행하는 경찰을 말한다.[1)]

경찰의 가장 기본적이고 1차적이며 사전(事前)적인 활동이 범죄예방(犯罪豫防, crime prevention)이라면, 2차적이며 사후(事後)적인 활동은 범죄수사(犯罪搜査, crime investigation)라 할 수 있다.

이들 양자는 밀접한 관련성을 가진다. 범죄예방이 잘 이루어지면, 범죄발생이 적을 것이며, 결과적으로 범죄수사는 감소할 것이다. 그리고 고전주의적 범죄예방론과 같이 범죄수사가 신속·정확하게 이루어지고(신속성·정확성), 이에 합당한 처벌이 이루어진다면(엄격성), 잠재적 범죄자들의 범죄욕망은 억제되어 예방적 효과를 기대할 수도 있을 것이다.

법적인 의미에서 발생한 범죄에 대한 사후조사 즉, 수사라는 것은 '범죄의 혐의 유무의 확인과 범인의 체포 및 증거수집을 위한 수사기관의 활동'을 말한다. 이러한 활동을 법적으로 규정한 '절차'(process)를 수사라고 하기도 한다. 또 수사를 '과거사건의 재구성'(the reconstruction of past event)이라고 간결하게 개념정의를 내리기도 한다.[2)]

이러한 점에서 수사라는 것은 '정적'(靜的)인 것이 아니라 '동적'(動的) 활동이라 할 수 있다. 이는 수사를 포함한 형사절차의 본질적 특성이라 할 수 있다.

---

1) 2019년 현재 경찰공무원 122,913명(100.0%) 가운데, 경찰직제상 수사경찰기능을 담당하는 경찰은 21,109명(약 17.0%)에 이르고 있다. 경찰청(2020), 경찰통계연보, p. Ⅱ.

2) J. W. Osterburg, R. H. Ward(2000), Criminal Investigation: A Method for Reconstructing The Past, OH: Anderson Publishing Co., p. 5.

2. 수사경찰의 특징

범죄수사는 기본적으로 실체적 진실발견(實體的 眞實發見)과 인권보장(人權保障)이라는 양대 이념으로 이루어져 있다. 아마도 다양한 경찰활동 가운데 수사경찰의 수사활동은 인권침해문제와 가장 밀접한 관련성이 있다고 본다. 이는 역사적 경험을 통해서도 명백히 드러나 있음은 주지의 사실이다.

범죄수사과정에서 실체적 진실발견이라는 미명하에 비록 법으로 금지하고 있음에도 불구하고 위법한 강제처분(强制處分: 체포, 구속, 압수·수색 등)을 암암리에 자행해 왔다는 점이다. 이 문제는 특히, 국가권력집단의 이해관계와 결합된 국가형벌권(國家刑罰權)을 실현하기 위한 도구로써 사용되어 그 폐단이 더욱 심각하였다고 할 수 있다.

따라서 오늘날 '적법절차'를 통한 인권보장 문제는 수사절차를 포함한 형사절차에 있어서 매우 중요시되고 있다. 그래서 헌법에서도 특히, 형사절차에 있어서 많은 인권보호규정을 두고 있다. 죄형법정주의, 일사부재리원칙과 이중처벌금지의 원칙, 연좌제금지, 영장주의, 무죄추정의 원칙, 체포·구속적부심사 청구권, 변호인 조력 청구권, 고문을 받지 아니할 권리, 진술거부권 등이 바로 그것이다.[3)]

3. 수사경찰의 법적 근거

수사경찰의 법적 근거는 헌법을 근간으로 하고, 일반법으로서 경찰법 제3조(경찰의 임무), 경찰관직무집행법 제2조(직무의 범위)에 개괄적으로 규정되어 있다.

수사에 대한 구체적인 내용·방법 및 검사와 사법경찰과의 관계는 형사소송법에 규정되어 있다. 그리고 이 형사소송법 특히, 제195조(검사와 사법경찰과의 관계 등)에 따라 검사와 사법경찰관의 상호협력과 일반적 수사준칙에 관한 사항을 다루기 위하여 대통령령으로 「검사와 사법경찰관의 상호협력과 일반적 수사준칙에 관한 규정」이 제정(2020년)되었다.

한편, 수사경찰의 조직 및 사무분장과 관련하여 「경찰청과 그 소속기관 직제」(대통령령) 제16조(국가수사본부), 제17조(수사기획조정관), 제18조(과학수사관리관), 제19조(수사국), 제20조(형사국), 제21조(사이버수사국), 제22조(안보수사국) 등에 규정되어 있다. 여기에서 제22조(안보수사국)은 보안경찰의 영역이라고 볼 수 있다.

---

3) 이에 대한 세부내용은 김철수(2006), 헌법학개론, 서울: 박영사, pp. 529-582 참조.

제2절 수사의 설질과 대상

1. 수사의 성질

범죄수사는 국가가 수행하는 형벌권을 실현하기 위한 형사절차의 일환이라고 할 수 있다. 그러나 위에서 살펴본 바와 같이 그 성격상 자칫하면 일방적으로 진행되기 쉽고, 인권침해의 여지가 높다.

수사는 형사소송의 일환으로 범죄사실을 규명하는 활동이다. 또한 심증(心證: 사실관계 존재여부에 대한 주관적 인식이나 확신)의 형성과 유죄판결을 지향하며, 진실발견을 위한 창조적인 활동으로 하강과 상승의 연속이라고 할 수 있다. 이러한 점에서 수사경찰의 범죄수사는 다음과 같은 특징을 갖는다.[4)]

1) 형사소송절차의 일환

수사는 직접적으로 공소의 제기 및 수행을 위한 준비활동인 동시에, 국가가 수행하는 형벌권 행사를 뒷받침하는 형사절차의 한 부분이다. 수사는 공소제기의 준비는 물론이고 이를 수행하는 과정에서 요구되는 자료를 수집하는 것을 포함한다.

그러므로 기소 전으로 한정되지 않고, 기소 후에도 수사가 가능하다. 특히 경찰의 수사는 수사, 공소제기, 재판, 행형과 교정으로 이루어지는 형사사법체계상 맨 처음에 위치하여 형사사법의 양과 질을 결정하는 매우 중요한 기능을 한다.

2) 범죄사실을 규명하는 활동

수사는 범죄사실의 진상을 파악하여 그에 대한 형벌법규를 적용하는 활동이다. 범죄사실의 진상을 규명한다는 것은 이미 과거의 일이 된 범죄사실을 탐지하여 범인, 범행시각과 장소, 범행의 동기와 결과 등 범죄 전반을 '재구성'(再構成) 한다는 것을 의미한다. 따라서 범죄사실에 형벌법규를 적용한다는 것은 범죄사실이 각종 법규정에 명문화되어 구성요건(構成要件)을 충족하는지의 여부를 명확하게 한다는 것을 말한다.

---

4) 김충남(2008), 경찰수사론, 서울: 박영사, pp. 4-7.; 강맹진(2014), 범죄수사론, 서울: 대왕사, pp. 25-27 재인용.

3) 심증형성을 지향하는 활동

수사는 사건의 진상을 파악하고 그것을 형사사법절차에 적용시키는 활동이라고 할 수 있다. 그러므로 수사경찰은 자신이 취급하는 사건에 대하여 우선 스스로 범죄사실의 진실에 대한 확신, 즉 자신의 '심증'(心證)을 형성해야 한다.

그러기 위해서는 수사경찰이 확신한 범죄사실을 객관적이고 실증적으로 입증하여 수사의 주재자인 검사의 심증에도 영향을 미쳐 공소의 제기가 이루어지도록 해야 한다. 또한 검사의 심증형성은 물론이고, 법관의 심증형성에도 영향을 미쳐 범죄자가 지은 죄에 상응하는 처벌을 받도록 해야 한다.

4) 유죄판결을 지향하는 활동

수사의 궁극적인 목적은 저지른 죄에 대하여 유죄판결을 받게 하는데 있다. 그러므로 수사경찰은 수사의 단서를 통하여 범죄에 관한 주관적 혐의를 갖게 되면, 그에 따른 범인 및 범죄사실의 발견, 증거의 수집과 보전활동이 이루어져야 한다.

따라서 제보자나 목격자·피의자 신문은 물론이고, 과학수사를 통한 물적 증거를 치밀하게 확보하여 범죄사실에 대한 진위를 분명하게 해야 한다. 이것은 주관적 혐의에서 객관적인 혐의로 발전시킴으로써 공소의 제기 및 유지를 통하여 유죄판결을 받도록 하는 활동이다.

5) 진실발견을 위한 창조적 활동

수사는 실체적 진실을 발견해 가는 창조적 활동이라고 할 수 있다. 사건이 발생하면 일반적으로 수사경찰은 무(無)에서 유(有)를 찾는 자세로 사건에 집중하게 된다.

경미하고 간단한 사건은 해결이 쉽겠지만 복잡하고 중요한 사건은 그 해결에 어려움이 따른다. 예컨대, 지능범의 경우, 수사경찰과 범죄자와의 두뇌싸움이라고 할 수 있으며, 누가 이기느냐에 따라 사건수사의 결과가 달라질 수 있다. 결국, 수사는 진실을 규명하기 위한 수사경찰의 추적과 추리, 증거수집, 끈기와 노력을 통한 창조적 활동인 것이다.

2. 수사의 대상

범죄수사를 통하여 무엇을 탐색하고 명확하게 할 것인가 하는 목적사항을 수사의 대상이라고 한다. 즉, 수사를 받게 되는 개인이나 단체를 의미한다. 그런데 실체적인 면에서 보면 두 가지로 구분할 수 있다. 그 하나는 ㉠ 수사의 사실적 내용이고, 다른 하나는 ㉡ 수사의 법률적 내용이다.[5)]

1) 수사의 사실적 내용

이는 과거에 행하여진 범인과 범죄행동의 내용과 같은 사실행위를 확정하는 것을 말한다. 범인은 누구이고, 범인이 어떤 행위를 했는가를 밝혀내는 것과 같이 사실적 실체를 밝혀내는 과정을 의미한다.

수사의 사실적 내용 파악을 위하여 '과거의 범죄행위를 재현'하는 세 가지 사항이 있다. 이를 수사의 사실적 내용의 요소라고 하며, 수사요소의 충족, 행동의 필연성, 사건의 형태성으로 구분된다.

(1) 수사요소의 충족

범죄자의 범죄행동을 재현하기 위하여 필요한 요소 즉, 범죄사실을 구성하는 요소를 말하는데, 이와 관련하여 4하원칙, 6하원칙, 8하원칙이 사용된다. 일반적인 수사에는 6하원칙, 보다 정확한 내용의 파악을 위해서는 8하원칙을 적용할 수 있다.

㉠ 수사의 4하원칙: 누가, 언제, 어디서, 무엇을(행위·결과)

㉡ 수사의 6하원칙: 4하원칙 + 왜(동기), 어떻게 해서(수단·방법)

㉢ 수사의 8하원칙: 6하원칙 + 누구와(공범), 누구에게(객체)

(2) 행동의 필연성

개인이 어떠한 행동을 할 경우, 그에 대한 이유와 원인이 있고, 그렇게 되지 않으면 안 되는 필연적인 조건이 있다.

이는 범인이 범죄행동을 하게 된 동기·경과·조건 등을 포착하는 것으로, 범인이 왜 그 시간에 그 장소에서 그와 같은 범행을 저질렀느냐에 대한 이유를 명백히 해야 한다.

(3) 사건의 형태성

사건의 형태성은 범죄행동의 필연성에 바탕을 두고 수집된 자료들이 질서정연하게

---

5) 강맹진(2014), 앞의 책, pp. 27-30 재인용.

정리되어 사건의 전모가 생생하게 밝혀지는 전체의 모습을 말한다.

2) 수사의 법률적 내용

이는 법적인 관점에서 범죄가 성립하는가, 어떠한 범죄인가를 판단하는 것을 말한다. 수사의 사실적 내용이 파악된 후, 그 행위에 대한 범죄성립 여부, 죄명, 적용법령 등을 살펴보는 것을 의미한다.

(1) 범죄성립의 요건

형벌법령에 존재하는 위법·유책한 행위를 말하는데, 여기에는 ㉠ 구성요건 해당성, ㉡ 위법성, ㉢ 책임성을 들 수 있다.

① 구성요건 해당성

구성요건 해당성(構成要件 該當性)은 형벌법규에 추상적으로 규정된 행위유형으로, 저지른 죄와 관련된 법률이 존재하느냐를 의미한다. 법률이 존재하지 않으면 죄명도 없고, 형벌도 없다.

이와 관련하여 예컨대, 살인의 구성요건으로서 형법 제250조(살인)에서 "사람을 살해한 자는 사형, 무기 또는 5년 이상의 징역에 처한다"고 규정하고 있다(제1항). 또 강간의 구성요건으로서 형법 제297조(강간)에서 "폭행 또는 협박으로 사람을 강간한 자는 3년 이상의 유기징역에 처한다"고 규정하고 있다.

② 위법성

위법성(違法性)은 사회의 법질서를 위반함으로서 법적으로 내려지는 부정적인 가치판단이다. 즉, 누가 보더라도 법을 위반한 사실이 인정되어야 함을 말한다.[6] 구성요건에 해당하는 행위라도 위법성이 없으면 수사의 대상이 될 수 없다.

예컨대, 위법하게 공격하는 사람에 대해 정당하게 방어하는 자는 비록 그가 공격자의 권리를 침해하고, 따라서 형법 제257조 상해(傷害)의 구성요건이나 형법 제250조의 살인(殺人)의 구성요건을 실현하더라도 불법을 행한 것은 아니다. 그것은 형법 제21조의 정당방위(正當防衛)에 해당되기 때문이다.

6) 배종대(1996), 형법총론, 서울: 홍문사, p. 257.

정당방위

① 현재의 부당한 침해로부터 자기 또는 타인의 법익(法益)을 방위하기 위하여 한 행위는 상당한 이유가 있는 경우에는 벌하지 아니한다.
② 방위행위가 그 정도를 초과한 경우에는 정황(情況)에 따라 그 형을 감경하거나 면제할 수 있다.
③ 제2항의 경우에 야간이나 그 밖의 불안한 상태에서 공포를 느끼거나 경악(驚愕)하거나 흥분하거나 당황하였기 때문에 그 행위를 하였을 때에는 벌하지 아니한다(이상 형법 제21조).

③ 책임성

책임성(責任性)은 행위자에게 가해지는 비난(고의·과실, 책임능력, 위법성 인식, 기대가능성 등)으로 행위 당시에 그 행위에 대하여 책임질 만한 능력이 있었느냐는 것이다.[7] 책임성을 묻는 표식으로서는 다음과 같은 것이 있다.

㉠ 고의·과실

행위자가 자기행위를 이미 내적으로 인식하고 의욕 했다는 사실(고의), 또는 그가 실현된 결과를 원치는 않았지만 최소한 결과발생을 예견할 수 있었고(예견가능성), 그리고 필요한 주의를 게을리 하였기 때문에(주의의무 위반) 결과가 발생했다는 사실(과실)을 말한다.

㉡ 책임능력

행위자가 법규범의 의미를 이해하여 그 규범에 따라 행동할 수 있는 능력을 말한다. 형법상 이러한 책임능력이 없거나 약한 경우는 형사미성년자, 심신장애인, 청각 및 언어 장애인이 있다.

형법상 책임능력이 없거나 약한 경우

① **형사미성년자(형법 제9조)**
14세되지 아니한 자의 행위는 벌하지 아니한다.

② **심신장애인(형법 제10조)**
㉠ 심신장애로 인하여 사물을 변별할 능력이 없거나 의사를 결정할 능력이 없는 자의 행위는 벌하지 아니한다.
㉡ 심신장애로 인하여 전항의 능력이 미약한 자의 행위는 형을 감경할 수 있다.

7) 배종대(1996), 앞의 책, pp. 365-366.

㉢ 위험의 발생을 예견하고 자의(恣意)로 심신장애를 야기한 자의 행위에는 위의 규정을 적용하지 아니한다.

③ 청각 및 언어 장애인(형법 제11조)

듣거나 말하는 데 모두 장애가 있는 사람의 행위에 대해서는 형을 감경한다.

이 가운데 형사미성년자와 심신장애인 가운데 '심신상실자'는 어떠한 경우에도 형사책임을 부담하지 않는 형사책임무능력자이다. 이에 반해 심신장애인 가운데 '심신미약자', '청각 및 언어 장애인'은 책임이 감경된다는 의미에서 한정책임능력자라 할 수 있다.

㉢ 위법성의 인식

행위자는 자기행위가 규범의 금지·명령에 위반한다는 것을 인식할 수 있어야 한다. 어떤 금지된 행위를 한다는 것을 전혀 인식할 수 없었던 행위자에게 그 행위에 대한 책임을 지울 수 없기 때문이다.

㉣ 기대가능성

법이 명령하는 행위가 행위자에게 기대 가능해야 한다. 공포, 흥분, 당황 또는 강박에 의해 어쩔 수 없었던 행위는 그의 책임으로 귀속시킬 수는 없다.

(2) 가벌성 여부

범죄의 성립요건(구성요건해당성, 위법성, 책임성)에 해당하더라도 처벌을 위해서는 별도의 ㉠ 범죄 처벌조건과 ㉡ 소추조건이 요구되기도 한다.

① 범죄의 처벌조건

범죄의 처벌조건은 '객관적 처벌조건'과 '인적 처벌조각사유'로 구분할 수 있다.[8)]

㉠ 객관적 처벌조건

객관적 처벌조건은 범죄의 성립요건이 구비되어도, 과형에 있어서 일정한 객관적 사실의 발생에 의존하는 경우 그 사실에 의해 처벌하는 것을 말한다.

예컨대, 수뢰·사전수뢰죄(형법 제129조)의 적용이 이루어지기 위해서는 공무원 또는 중재인이 된 사실이 존재해야 한다.

---

8) 강맹진(2014), 앞의 책, p. 29-30 재인용.

㉡ 인적 처벌조각사유

인적 처벌조각사유는 국회의원·외교관 등 특별한 신분, 그리고 친족간의 범행과 고소(형법 제344조 등) 등을 들 수 있다.[9] 범죄는 성립되지만 범죄행위 당시에 존재하는 특별한 신분관계로 형벌을 과할 수 없는 것을 말한다.

예컨대, 국회에서 직무상 행한 국회의원 발언과 표결에 관하여 국회 외에서 책임을 지지 않도록 규정한 면책특권과 외교관의 외교특권이 여기에 해당된다.

② 범죄의 소추조건

범죄의 소추조건은 형사소송법상 일정한 요건이 필요한데, ㉠ 친고죄와 ㉡ 반의사불벌죄가 이에 해당된다.[10] 친고죄와 반의사불벌죄는 특히, 피해자의 의사(意思表示)가 중요하다.

'처벌을 원한다' 또는 '처벌을 원하지 않는다'라고 하는 피해자의 의사표시가 피의자·피고인의 형사처벌을 좌우하기 때문이다. 그리고 이러한 죄는 피해자와의 합의(合意)가 관건이다. 합의 결과에 따라 수사를 종결시키고, 재판을 중지시킬 수도 있기 때문이다.

㉠ 친고죄

친고죄(親告罪)는 피해자나 기타 법률이 정한 자의 고소가 있어야 공소를 제기할 수 있는 범죄를 말한다. 따라서 피해자가 고소를 하지 않으면 검사는 기소할 수 없고, 판사도 유무죄를 판단할 수 없는 죄가 친고죄다.

범죄가 경미하거나 공소제기가 피해자에게 불이익을 초래할 우려가 있는 경우, 피해자의 의사를 무시하면서까지 소추함이 적절하지 못하다고 판단되어 도입되었다. 따라서 친고죄의 경우에는 국가기관이 수사와 공소를 제기하려면 '처벌을 원한다'는 피해자의 의사표시(意思表示)가 반드시 필요하다.

친고죄는 범인을 알게 된 날부터 6개월을 경과하면 고소할 수 없다. 단, 고소할 수 없는 불가항력의 사유가 있는 때에는 그 사유가 없어진 날로부터 기산하도록 하고 있다(형사소송법 제230조). 이러한 고소기간을 제한하는 것은 친

9) ① 형법 제328조에 친족간의 범행과 고소라는 규정을 두어 친족 사이의 일정한 재산범죄에 대해서는 친족이라는 특수한 사정을 고려해 형을 면제하거나, 고소가 있어야만 처벌할 수 있다는 '친족상도례'(親族相盜例)를 정하고 있고, 이를 절도죄와 사기죄, 횡령죄, 배임죄 등에 준용하고 있다. ② 친족간의 범행과 고소 내용(제328조): ㉠ 직계혈족, 배우자, 동거친족, 동거가족 또는 그 배우자간의 제323조(권리행사방해)의 죄는 그 형을 면제한다. ㉡ 제1항 이외의 친족간에 제323조의 죄를 범한 때에는 고소가 있어야 공소를 제기할 수 있다. ㉢ 전 2항의 신분관계가 없는 공범에 대하여는 전 이항을 적용하지 아니한다.

10) 다음백과(http://100.daum.net/encyclopedia).; 신동운(2010), 형법총론, 서울: 법문사, p. 307.

고죄의 경우, 고소는 소송조건이므로 공소제기 여부를 오랫동안 사인(私人)의 의사에 맡겨 불확정한 상태에 두는 폐단을 방지하기 위한 것이다.

이러한 친고죄에는 절대적 친고죄와 상대적 친고죄가 있다. 절대적 친고죄에 해당하는 범죄로는 모욕죄(侮辱罪, 형법 제311조), 사자(死者)에 대한 명예훼손죄(형법 제308조), 비밀침해죄(형법 제316조) 등이 있다.

범인과 피해자 사이에 일정한 신분관계가 있어야만 친고죄가 되는 상대적 친고죄로는 권리행사방해죄, 절도죄, 야간주거침입절도죄, 특수절도죄, 횡령죄, 배임죄, 업무상횡령죄, 업무상배임죄, 배임수증죄, 점유이탈물횡령죄, 장물죄 등이 있다.[11)]

㉡ 반의사불벌죄

반의사불벌죄(反意思不罰罪)는 피해자의 의사에 반(反)해서는 처벌할 수 없는 범죄를 말한다.

반의사불벌죄의 경우, 국가기관이 수사와 공소제기 등을 통하여 일단 형벌권의 실현절차에 나아갈 수 있지만 피해자가 '처벌을 원하지 않는다'는 의사표시가 있으면, 당해 형사절차를 중단하지 않으면 안 된다. 한편, 친고죄의 경우에도 '처벌을 원한다'는 원래의 의사표시가 철회되면 국가기관은 더이상 형벌권의 실현절차에 나아갈 수 없다.

형법상 반의사불벌죄에는 외국 원수에 대한 폭행 등의 죄(형법 제107조), 외국사절에 대한 폭행 등의 죄(제108조), 외국의 국기·국장 모독죄(제109조), 폭행·존속폭행(제260조), 과실치상(제266조), 협박·존속협박(제283조), 명예훼손(제307조), 출판물 등에 의한 명예훼손(제309조) 등이 있다.

11) ① 성범죄의 경우 과거에는 친고죄에 해당했으나, 2013년 「성폭력범죄의 처벌 등에 관한 특례법」과 「형법」 등이 개정되면서 친고죄와 반의사불벌죄 관련 규정이 폐기되어 피해자가 고소하지 않아도 처벌할 수 있다. ② 한편, 간통죄(형법 제241조)는 폐지됨으로써 역시 친고죄에서 제외되었다. 국가가 법률로서 간통을 처벌하는 것은 국민의 기본권을 침해하는 것으로서 위헌이라는 헌재결정(2015.02)에 따른 것이다. 형법이 제정된 지 62년 만의 일이다.

제3절 수사경찰의 수사과정과 활동

1. 수사경찰의 수사과정

경찰의 범죄수사 과정의 단계는 광의의 개념과 협의의 개념으로 나누어 볼 수 있다. 광의의 개념은 수사의 단서에서 확정판결까지를 수사의 과정으로 본다. 협의의 개념은 수사의 단서에서 공소제기까지를 수사의 과정으로 본다.

생각건대, 범죄수사는 형사절차의 일환이므로 수사의 단서에서부터 수사활동의 전개, 증거에 의한 범죄사실의 진상파악과 범인의 체포, 공소의 제기, 재판에 의한 확정판결까지를 포함한다고 보는 것이 타당하다. 수사기관은 공소제기 후에도 공소유지를 위한 수사를 할 수 있기 때문이다.

이러한 범죄수사는 크게 ㉠ 인지사건(認知事件)과 ㉡ 신고사건(申告事件)으로 나누어 살펴볼 수 있다. 인지사건은 수사의 단서(내사), 수사의 개시, 현장관찰, 수사방침 수립, 사람과 물건 등의 조치, 조사, 송치의 단계로 수사가 전개된다.

그러나 신고사건은 내사의 단계 없이 현장관찰과 동시에 수사가 개시된다. 살인·강도·절도 등에 대한 신고로 사건현장에 출동한 경찰이 범죄사실을 현장에서 확인하면 바로 수사가 개시된다.[12)]

〈경찰의 범죄수사 과정〉

내사 (수사 전단계)	⇨	수사의 개시(입건)	⇨	수사의 진행	⇨	수사의 종결
		• 사건의 접수(입건) • 수사방침의 수립		• 수사기법의 활용 – 임의수사 – 강제수사 • 사건의 송치 • 송치후 수사		• 경찰의 1차 수사종결 • 검사의 수사종결

경찰의 범죄수사과정에 대한 내용은 「형사소송법」 그리고 「검사와 사법경찰관의 상호협력과 일반적 수사준칙에 관한 규정」(대통령령), 「경찰수사규칙」(행정안전부령), 「경찰청 범죄수사규칙」(경찰청훈령) 등에 세부적으로 규정되어 있다. 다만, 행정안전

12) 조철옥((2011), 경찰학각론, 경기: 21세기사, pp. 161-163 재구성.

부령이나 경찰청훈령 등에 의한 규정내용이 중복적이기 때문에 향후 이에 대한 조정이 필요하다고 본다.

1) 내사: 입건전 조사

내사(內査: 입건전 조사)는 수사의 전(前) 단계로서 형사입건(刑事立件)하지 아니하고 조사하는 단계를 말한다. 경찰은 범죄에 관한 신문, 출판물, 방송, 인터넷, 익명의 신고, 풍설(風說) 등에 있어 내사가 필요한 경우에는 수사부서장의 지휘를 받아 내사하도록 한다.

내사 결과, 범죄혐의가 있고 입건의 필요와 가치가 있을 때에는 수사개시의 단서가 되므로 범죄인지보고서(犯罪認知報告書)의 작성과 함께 사건접수부에 접수하여 입건하고, 혐의가 없거나 입건할 필요가 없을 때에는 내사를 종결하도록 한다.

2) 수사의 개시

수사의 개시는 '입건'(立件)이라고 하고 수사의 단서(端緖)에 의해 수사기관이 사건을 접수하고 수사를 개시하는 것을 의미한다.

경찰관은 수사를 개시할 때에는 범죄의 경중과 정상, 범인의 성격, 사건의 파급성과 모방성, 수사의 완급 등 제반 사정을 고려하여 수사의 시기 또는 방법을 신중하게 결정하여야 한다(경찰청 범죄수사규칙 제44조).

수사개시의 단서는 내사를 통한 범죄의 인지, 신고에 의한 범죄인지, 변사체 검사, 현행범 체포, 고소·고발, 자수, 타사법경찰 업무처리 관서로부터 이송사건 등이 해당된다. 여기에서 대부분의 형사사건은 범죄인지, 고소·고발로 이루어진다. 이러한 수사개시를 통해 입건된 사건의 용의자(容疑者)는 피의자(被疑者) 신분이 된다.

3) 수사의 진행

수사기관은 입건된 사건에 대하여 「형사소송법」, 「검사와 사법경찰관의 상호협력과 일반적 수사준칙에 관한 규정」(대통령령), 「경찰수사규칙」(행정안전부령), 「경찰청 범죄수사규칙」(경찰청훈령) 등 관계법령을 준수하면서 그 범위 내에서 수사를 진행해야 한다.

이러한 범죄수사의 진행은 임의수사(任意搜査)를 원칙으로 하며 예외적으로 영장청구 등에 의한 강제수사(强制搜査) 방식으로 이루어진다. 수사실행의 핵심은 범인의 특정과 체포·구속, 범죄사실의 규명, 증거수집에 있다. 구속사건은 구속한 날로부터 사법경찰과 검사 각각 10일 이내(검사는 10일 연장신청 가능)에 처리해야 한다(형사소송법 제202조, 제203조, 205조).

한편, 사법경찰관리는 고소·고발사건은 수리한 날로부터 3개월 이내에 수사를 완료해야 한다. 사법경찰관리는 이러한 기간 내에 수사를 완료하지 못한 경우에는 그 이유를 소속수사부서장에게 보고하고 수사기간 연장을 승인받아야 한다(경찰수사규칙 제24조 제1항)

4) 수사의 종결

사법경찰관은 사건에 대한 진상이 파악되고 적용법령, 처리의견을 제시할 정도이면 사건을 검사에게 송부해야 한다. 경찰의 위치에서는 사건의 검찰송부를 1차 수사종결로 본다.

범죄수사의 최종 종결권자는 검사라 할 수 있다(다만, 예외적으로 즉결심판사건의 수사종결권자는 경찰서장이다). 검사의 수사종결은 사건에 대한 기소 또는 불기소처분으로 이루어진다.

① 사법경찰관의 사건송치 등

사법경찰관은 고소·고발 사건을 포함하여 범죄를 수사한 때에는 다음의 구분에 따른다(형사소송법 제245조의5).

㉠ 범죄의 혐의가 있다고 인정되는 경우에는 지체 없이 검사에게 사건을 송치하고, 관계 서류와 증거물을 검사에게 송부하여야 한다.

㉡ 그 밖의 경우에는 그 이유를 명시한 서면과 함께 관계 서류와 증거물을 지체 없이 검사에게 송부하여야 한다. 이 경우 검사는 송부받은 날부터 90일 이내에 사법경찰관에게 반환하여야 한다.

② 검사의 재수사요청 등

검사는 형사소송법 제245조의5 제2호의 경우에 사법경찰관이 사건을 송치하지 아니한 것이 위법 또는 부당한 때에는 그 이유를 문서로 명시하여 사법경찰관에게 재수사를 요청할 수 있다(제245조의8 제1항). 사법경찰관은 제1항의 요청이 있는 때에는 사건을 재수사하여야 한다(제2항).

2. 수사경찰의 수사활동

수사경찰의 수사활동은 이상과 같은 수사과정에서 이루어지는 제반활동을 말한다.

1) 초동수사

초동수사(初動搜査)는 범죄사건이 발생했을 때 최초로 행하여지는 현장중심의 수사활동이다. 이는 사건발생 초기에 범인을 체포하고 현장관찰(現場觀察) 등을 통한 증거를 확보하기 위하여 긴급(緊急)히 행하는 수사를 말한다.

최근 범죄양상은 기동화, 광역화, 지능화되고 있다. 이에 따라 사건발생 이후 짧은 시간에도 범인은 멀리 도주하기 쉽고, 시간이 지남에 따라 증거자료의 가치는 감소되거나 소멸되어 버리게 된다. 따라서 사건발생 초기에 신속히 출동하여 범인을 검거하는 것이야말로 가장 이상적인 수사라고 할 수 있다.

현장관찰은 범죄현장에서 범죄와 관련될 수 있는 모든 유형적·무형적 자료를 발견하여 범죄사실·범인 등에 관하여 추측하고 판단함과 아울러, 관련 자료를 채취·수집하여 증거화 하는 활동을 말한다. 흔히들 말하는 '범죄프로파일링'(crime profiling)은 현장관찰과정에서 이루어진다.

따라서 현장관찰은 수사의 첫 걸음이라고 볼 수 있으며, 현장관찰이 신속하고 정확하게 행하여지느냐의 여부에 따라서 향후 수사과정에 상당한 영향을 미치게 된다. 현장관찰 도중 관련 자료와 정보가 누락되거나 잘못된 판단을 하게 되면 수사방침을 그르치게 되고, 결과적으로 사건해결을 어렵게 한다. 이러한 점에서 현장관찰은 범죄수사의 '골든타임'(golden time)인 셈이다.

주의할 것은 범죄현장은 두 번 다시 같은 상태로 관찰할 수 없으므로 첫 단계에서 철저한 현장관찰이 필요하다. 또한 자백의 신빙성에 대한 엄격한 판단과 철저한 증거주의(證據主義)가 요구되므로 현장관찰과정에서 관련증거의 확보는 무엇보다도 중요한 일이다.[13)]

초동수사가 적절하게 이루어짐으로써 명백한 증거를 확보할 수 있어 공판유지에 유리해지며, 수사경제상 이익도 된다. 그리고 범죄자의 신속한 확인은 범죄예방에 있어서도 효과적이라고 할 수 있다. 따라서 대부분의 수사는 초동수사시의 범인검거에 그 성패를 걸게 되고, 만약 초동수사에서 범인검거를 하지 못하면 다음 단계의 본격적인 수사를 위해 노력해야 한다.

13) 강맹진(2014), 앞의 책, p. 171.

2) 변사사건 처리

변사(變死)라는 것은 자연사(自然死) 이외의 다음의 어느 하나에 해당하는 사망으로 그 원인이 분명하지 않은 죽음을 말한다(변사사건 처리규칙 제2조 제1호).

㉠ 범죄와 관련되었거나 범죄가 의심되는 사망

㉡ 자연재해, 교통사고, 안전사고, 산업재해, 화재, 익사 등 사고성 사망

㉢ 자살했거나 자살했다는 의심이 드는 사망

㉣ 연행, 구금, 심문 등 법집행 과정에서 발생한 사망

㉤ 보건, 복지, 요양 관련 집단 수용 시설에서 발생한 사망

㉥ 마약, 농약, 알코올, 가스, 약물 등에 의한 급성 중독이 의심되는 사망

㉦ 그 밖에 사인이 밝혀지지 않은 사망

따라서 변사사건(變死事件)이란 변사자 또는 변사로 의심되는 시체가 발견된 사건을 말한다(변사사건 처리규칙 제2조 제2호). 그리고 검시(檢屍, autopsy)란 변사사건의 사망 원인과 '범죄 관련성'을 확인하기 위하여 경찰관이 시체와 주변 환경을 조사하는 것을 말한다(제2조 제3호).

변사체의 검시는 그 성격이 수사전의 처분으로서, 그 처분의 대상이 사체이고 또한 긴급을 요하는 처분이므로 법관의 영장 없이 행해진다. 특히 해부가 필요한 경우를 '부검'(剖檢)이라고 한다.[14]

(1) 경찰관의 보고 및 통보

사법경찰관은 변사자 또는 변사로 의심되는 시체를 발견하거나 시체가 있다는 신고를 받았을 때에는 즉시 소속 경찰관서장에게 보고하여야 한다(경찰청 범죄수사규칙 제56조).

사법경찰관은 변사자 또는 변사한 것으로 의심되는 사체가 있으면 변사사건 발생 사실을 검사에게 통보해야 한다(검사와 사법경찰관의 상호협력과 일반적 수사준칙에 관한 규정 제17조 제1항).

(2) 검사 및 사법경찰관의 변사자의 검시

변사자 또는 변사의 의심 있는 사체가 있는 때에는 그 소재지를 관할하는 지방검찰청 검사로 하여금 이를 검시(檢屍)하도록 하고 있다(형사소송법 제222조 제1항). 이러

14) 위키백과(https://ko.wikipedia.org/wiki).

한 검시로 범죄의 혐의를 인정하고 긴급을 요할 때에는 영장 없이 검증할 수 있으며, 검사는 사법경찰관에게 이상과 같은 처분을 명할 수 있다(제222조 제2항 및 제3항).

사법경찰관은 이에 따라 검시를 하는 경우에는 의사를 참여시켜야 하며, 그 의사로 하여금 검안서를 작성하게 해야 한다. 이 경우 사법경찰관은 검시 조사관을 참여시킬 수 있다(경찰수사규칙 제27조 제1항). 사법경찰관은 이에 따른 검시 또는 검증 결과, 사망의 원인이 범죄로 인한 것으로 판단하는 경우에는 신속하게 수사를 개시해야 한다(제2항).

한편, 사법경찰관리는 검시에 특별한 지장이 없다고 인정하면 변사자의 가족·친족, 이웃사람·친구, 시·군·구·읍·면·동의 공무원이나 그 밖에 필요하다고 인정하는 사람을 검시에 참여시켜야 한다(경찰수사규칙 제30조).[15)]

3) 탐문수사

탐문수사(探聞搜査, legwork)는 범죄사건과 관련한 수사자료를 얻기 위하여 수사경찰이 범인 이외의 일반인들을 대상으로 면담하거나 대화 등의 방법으로 상대방이 보고 들은 견문(見聞) 또는 직접 체험한 사실을 청취하기 위한 수사활동을 말한다.

일반적으로 범죄는 하나의 사회문제로서 범행의 성격에 따라 사회적인 여러 가지 파문(波紋)을 일으킨다. 그와 같은 파문은 다수인에게 직접 또는 간접적으로 사건에 대한 지식이나 경험을 남겨주게 된다. 따라서 이러한 지식이나 체험한 사실이 정보로서 신속하고 정확하게 그리고 완전하게 수사경찰에게 제공된다면 사건의 해결율은 높아질 것이다. 어떻게 보면 탐문수사는 수사자료의 수집을 위해 실시하는 가장 전형적이고, 가장 중요한 수사활동이라고 할 수 있다.[16)]

이러한 탐문수사가 성과를 거두기 위해서는 적절한 탐문요령(면담, 질문 등)을 터득하고, 그것을 바탕으로 자료화해야 한다. 그리고 주의할 것은 범죄수사를 위하여 도움을 주고 관련정보를 제공한 사람에 대한 보호는 매우 중요하다. 따라서 정보제공자가 피해를 입지 않도록 정보제공자의 신원·진술내용 등에 대하여 보안조치를 하고 신변보호에 만전을 기해야 하다.

---

15) ① 사법경찰관은 변사자에 대한 검시 또는 검증이 종료된 때에는 사체를 소지품 등과 함께 신속히 유족 등에게 인도한다. 다만, 사체를 인수할 사람이 없거나 변사자의 신원이 판명되지 않은 경우에는 사체가 현존하는 지역의 특별자치시장·특별자치도지사·시장·군수 또는 자치구의 구청장에게 인도해야 한다(경찰수사규칙 제31조 제1항). 한편, ② 변사체는 후일을 위하여 매장함을 원칙으로 한다(경찰청 범죄수사규칙 제59조 제2항).

16) 경찰대학(2004), 경찰수사론, p. 250.

4) 감별수사

감별수사(鑑別搜查) 또는 감수사는 범죄의 진위를 식별·구별하기 위한 것이다. 범인과 피해자, 범인과 범행장소 및 그 주변지역 간에 존재하는 어떤 사정이나 관계 등 연고에 근거를 두고 수사하는 방법을 말하며, 여기에서 범인과 어떠한 관계가 있는 것을 '감'(鑑, discrimination)이라고 한다.

범인과 피해자, 그리고 그 가족 및 피해주택과의 관계는 연고감, 범인과 범행지·주변지역 등과의 관계는 지리감, 범인과 피해자간의 밀접한 관계는 농후감(濃厚鑑), 둘 사이의 관계가 상대적으로 희박한 경우는 박감(薄鑑)이라 한다. 그리고 범인과 직접적인 관련성이 있는 것은 직접감, 직접적인 관계는 없고 들어서 알게 된 것과 같이 간접적인 관계가 있다면 간접감이라고 한다.

5) 수법수사

수법수사(手法搜查)는 범인이 범행과정이나 범행 전후에 습관적으로 나타내는 수단 등 수법에 착안하여 범죄수사에 이용하는 수사기법을 말한다.

사람이 갖고 있는 습관은 쉽게 고쳐지지 않으며, 자신도 모르는 사이에 나타나거나 반복하는 특징이 있다. 범죄행위도 범행시간이나 장소, 그리고 유사 또는 동일한 수단을 반복적으로 사용하는 등 일정한 특징이 나타난다.

한편, 범죄수법의 과학적 관리 및 공조체계(共助體系) 구축을 위하여 「범죄수법 공조자료 관리규칙」(경찰청 훈령)이 제정되어 있다.

이 규칙을 토대로 일정한 범죄(강도·절도·사기·위조·방화·강간 등)에 대하여 범죄수법 및 피해통계를 체계적으로 관리하여 경찰관서 상호간에 범인, 여죄, 장물을 발견하고 범인을 검거하기 위하여 필요한 수사자료를 서면, 전신, 영상 또는 전산자료로 행하는 수배, 통보, 조회 등이 이루어지도록 하였다.

6) 유류품수사

유류품(遺留品, articles left)은 범죄현장과 그 인근에 남아 있는 무기·흉기·옷·휴지·소지품 등 범인의 것 또는 범인의 것이 아니어도 범행에 사용되었을 것으로 추정되는 물건을 말한다.

유류품수사(遺留品搜查)는 이와 같은 유류품을 수집하고 분석하여 사건과 관련성을 추정하고 범인의 윤곽이나 범죄당시의 상황 등을 유추해 내는 수사활동을 말한다.

7) 장물수사

장물(贓物, stolen goods)은 강도, 절도, 사기 등 재산죄에 해당하는 범죄 행위에 의하여 부당하게 취득한 타인 소유의 물품을 말한다.

장물수사(贓物搜査)는 범죄의 피해품을 확정하고 종류·특징을 명백히 함으로써 그 이동경로에 따라서 장물수배, 장물품표 발행, 임검조사, 불심검문 등을 통해 범인을 발견·검거하려는 수사활동을 말한다. 한편, 장물을 취득·알선 등을 한 경우에는 형사처벌의 대상이 된다.[17)]

장물수배라는 것은 수사 중인 사건의 장물에 관하여 다른 경찰관서에 그 발견을 요청하는 수배(手配, search)를 말한다. 경찰관은 장물수배를 할 때에는 발견해야 할 장물의 명칭, 모양, 상표, 품질, 품종 그 밖의 특징 등을 명백히 하여야 하며 사진, 도면, 동일한 견본·조각을 첨부하는 등 필요한 조치를 하도록 하고 있다(경찰청 범죄수사규칙 제108조).

8) 알리바이수사

알리바이(Alibi)는 범죄가 이루어진 시각에 범죄현장에 없었거나 있을 수 없었다는 사실의 증명을 말하는데, 이를 부재증명 또는 현장부재증명(現場不在證明)이라고 한다.

영미법계에서는 현장부재의 입증이 이루어졌을 경우, 피고인이 범죄를 실행하지 않았다는 사실의 증거가 된다. 그러나 우리의 경우에는 알리바이를 주장하는 것은 범죄사실의 부인에 불과하며, 특별한 효과가 인정되지 않는다. 그러나 무죄를 추정하게 하는 유력한 정황증거가 되므로, 수사 및 공판심리를 통해서 신중한 검토를 필요로 한다.[18)]

사실, 수집된 증거가 아무리 많다 하더라도 알리바이가 성립된다면 정황증거는 물론, 직접증거도 무너질 수 있다. 반대로 알리바이수사를 통하여 결정적 반증을 제시할 수도 있으며, 알리바이를 확인하는 과정에서 의문점이 발생할 경우 수사착수 여부를 결정하기도 한다는 점에서 매우 중요하다.[19)]

---

17) 장물을 취득, 양도, 운반 또는 보관한 자는 7년 이하의 징역 또는 1천 500만원 이하의 벌금에 처한다. 이러한 행위를 알선한 자도 위의 형과 같다(형법 제362조).

18) 강맹진(2014), 앞의 책, pp. 206-207 재인용.

19) 조철옥(2011), 앞의 책, pp. 180-181.

9) 통신수사

(1) 통신·통신수사의 개념

통신(通信)이라는 것은 우편물 및 전기통신을 말한다. 우편물은 우편법에 의한 통상우편물과 소포우편물을 말한다. 전기통신이라 함은 전화·전자우편·회원제정보서비스·모사전송·무선호출 등과 같이 유선·무선·광선 및 기타의 전자적 방식에 의하여 모든 종류의 음향·문언·부호 또는 영상을 송신하거나 수신하는 것을 말한다(통신비밀보호법 제2조 제1호~제3호).

통신수사(通信捜査)는 수사상 목적을 달성하기 위하여 정보통신의 구성요소인 사용자와 장비(단말기, 송수신 장치와 회선 등) 및 통신내용에 대한 각종 정보를 수집하고 활용하는 것을 뜻한다. 보다 넓은 의미로는 수사기관이 정보통신장비와 기술을 수사상 목적으로 활용하는 것을 포함한다.

(2) 통신제한 조치

「통신비밀보호법」에서는 통신자료제공의 법적 근거와 절차를 체계적으로 규정하여, 긴급감청 요건과 절차를 보다 엄격하게 하고 있다.

따라서 '누구든지 이 법과 형사소송법 또는 군사법원법의 규정에 의하지 아니하고는 우편물의 검열·전기통신의 감청 또는 통신사실 확인 자료의 제공을 하거나 공개되지 아니한 타인간의 대화를 녹음 또는 청취하지 못한다'고 규정하고 있다(제3조 제1항).

벌칙

다음의 어느 하나에 해당하는 자는 1년 이상 10년 이하의 징역과 5년 이하의 자격정지에 처한다(통신비밀보호법 제16조 제1항 각호).

① 통신비밀보호법 제3조(통신 및 대화비밀의 보호)의 규정에 위반하여 우편물의 검열 또는 전기통신의 감청을 하거나 공개되지 아니한 타인간의 대화를 녹음 또는 청취한 자

② 이에 따라 알게 된 통신 또는 대화의 내용을 공개하거나 누설한 자

(3) 범죄수사를 위한 통신제한조치의 허가요건

우편물의 검열 또는 전기통신의 감청(이하 '통신제한조치'라 함)은 범죄수사 또는 국가안전보장을 위하여 '보충적인 수단'으로 이용되어야 하며, 국민의 통신비밀에 대한 침해가 최소한에 그치도록 노력하여야 한다(통신비밀보호법 제3조 제2항).

따라서 통신제한조치는 형법 및 관련 특별형법상에서 규정하고 있는 일정한 범죄를 '계획 또는 실행하고 있거나 실행하였다고 의심할만한 충분한 이유가 있고 다른 방법으로는 그 범죄의 실행을 저지하거나 범인의 체포 또는 증거의 수집이 어려운 경우'에 한(限)하여 허가할 수 있다(제5조 제1항).

(4) 범죄수사를 위한 통신제한조치의 허가절차 등

① 검사의 통신제한조치의 허가 청구

검사는 범죄수사를 위한 통신제한조치의 허가요건이 구비된 경우에는 법원에 대하여 각 피의자별 또는 각 피내사자별로 통신제한조치를 허가하여 줄 것을 청구할 수 있다(통신비밀보호법 제6조 제1항).

그리고 사법경찰관은 허가요건이 구비된 경우에는 검사에 대하여 각 피의자별 또는 각 피내사자별로 통신제한조치에 대한 허가를 신청하고, 검사는 법원에 대하여 그 허가를 청구할 수 있다(제6조 제2항).

② 법원의 통신제한조치의 허가

법원은 청구가 이유 있다고 인정하는 경우에는 각 피의자별 또는 각 피내사자별로 통신제한조치를 허가하고, 이를 증명하는 서류(즉, 허가서)를 청구인에게 발부하도록 하고 있다(통신비밀보호법 제6조 제5항). 허가서에는 통신제한조치의 종류·그 목적·대상·범위·기간 및 집행 장소와 방법을 특정(特定)하여 기재하여야 한다(제6항).

③ 통신제한조치의 기간

통신제한조치 기간은 2개월을 초과하지 못하고, 그 기간 중 통신제한조치의 목적이 달성되었을 경우에는 즉시 종료하여야 한다. 다만, 위의 허가요건이 존속하는 경우에는 허가 청구절차에 따라 소명자료를 첨부하여 2개월의 범위 안에서 통신제한조치기간의 연장을 청구할 수 있다(통신비밀보호법 제6조 제7항).

10) 함정수사

(1) 함정수사의 개념

함정수사(陷穽搜査)는 수사기관 또는 그 하수인이 신분을 숨기고 범죄를 교사한 후, 그 실행을 기다려 범인을 체포하고 증거를 수집하는 수사활동을 말한다.

함정수사는 마약사범이나 밀수사범과 같이 범죄행위가 은밀하여 일상적인 수사활동으로는 범인검거가 곤란한 경우에 사용되는데, 이에 대한 찬·반 논란이 제기되고 있다.

이를 찬성하는 입장은 함정수사의 방법이 임의적이며, 범죄가 발생했을 경우 미치는 사회적 파급이 큰 범죄에 한하여 필요하다는 것이다. 반면, 반대하는 입장은 수사방법상 청렴성을 상실하고, 적법절차의 법리에 위배된다는 것이다. 국민의 공공복리 증진에 최대의 적이 되고 있는 마약·밀수 등 특정범죄에 대하여는 허용해야 한다는 설이 통설이다.[20]

(2) 수사권한 남용 문제

통상적인 수사는 수사수단이 공개적이고 이해관계자인 고소인이나 피해자 등이 존재한다. 즉, 수사기관이 마음대로 하기 어렵다.

그러나 함정수사는 수사관이 누구를 수사할 것이냐에 따라 재량권을 행사할 여지가 많다. 또한 공소제기의 의도가 분명하지 않은 상태에서 이루어지는 함정수사가 사적인 의도로 이용된다면 적법성과 합리성의 문제에 직면하게 될 것이다.

한편, 함정수사를 통하여 범인을 검거하기 위하여 진행 중인 범죄에 가담했거나 이미 발생한 범죄의 피해자에 해당하는 사람에게 정보수집과 수사에 대한 도움을 이유로 일종의 '유죄협상거래'(plea bargaining)를 하는 경우 형평성과 수사권한 남용의 문제가 발생할 수 있다.[21]

11) 미행·잠복감시

미행(尾行, follow)이라는 것은 범죄의 증거와 수사자료를 수집하거나 범인의 체포·발견을 위하여 용의자나 범인 등을 은밀하게 추적하거나 감시하는 활동을 말한다.

잠복감시(潛伏監視)는 흔히 잠복이라고 하며, 미행과 동일한 목적으로 일정한 장소 또는 특정지역에 일정한 기간 동안 은신하여 비밀스럽게 감시하는 수사방법이다. 미행과 잠복감시는 범죄수사의 기본으로 범인체포와 확실한 증거수집이 가능하기 때문에 매우 중요하다.

---

20) 김충남(2008), 앞의 책, p. 359.

21) 강맹진(2014), 앞의 책, pp. 221-222.

3. 과학수사

과학수사(科學搜査, scientific investigation)는 유죄를 밝혀내기 위한 방법으로 범죄수사에 과학적인 지식과 기술, 감식시설 및 장비 등을 체계적으로 활용하여 실체적인 진실을 규명하는 활동이라고 할 수 있다.

주지하는 바와 같이 현대의 범죄수사는 주관적 판단은 의미가 없으며, 객관적이고 과학적인 근거를 요구하고 있다. 재판과정에서도 증거재판주의에 바탕을 두고 있기 때문에 증거자료의 발견과 수집과정에 과학적 지식·기술이 요구된다.

여기에서 과학의 범위는 과학수사를 뒷받침하는 모든 분야의 학문을 요구하며 이를 '법과학'(forensic science)이라고 한다.[22)]

법과학이라는 것은 이러한 과학적인 관찰과 실험 등을 통하여 수사 또는 재판에 필요한 증거자료를 제공하는 것을 의미한다. 또 법과학은 감정·감식에 관한 과학을 총칭하는 것으로, 구체적으로는 법의학, 법의병리학, 법의혈청학, 법이화학, 법생물학, 문서감정학 등으로 나눌 수 있다.

구체적으로는 과학수사를 통해 예컨대, 시체에 대한 검시를 통해서 사망원인과 시간 등을 구분할 수 있다. 또 혈흔, 타액, 정액, 모발, 대소변을 통해서 범인색출이 가능하며, 재판과정에서 피고인이 저지른 범죄를 과학적으로 입증하여 판결의 근거로 제공하기도 한다. 그리고 유전자(DNA)감식을 통해서 예컨대, 토막난 사체 유기사건에서 사체 조직들이 동일인의 조직인지를 식별하는 것도 가능하다.

과학수사의 예: 혈흔검사

범죄현장에서 발견된 혈흔 또는 핏자국(血痕, bloodstain)으로 혈액행, 성별, DNA분석이 가능하다. 혈흔검사 방법은 육안관찰 → 혈흔예비시험 → 혈흔확인시험 → 인혈증명시험 → 혈액형검사의 순서로 진행된다.

① 혈흔부착유무 확인

범죄현장에서 육안으로 혈흔부착유무 및 부착상태를 관찰한다. 혈흔은 혈색소의 변화에 따라 암적색 → 적갈색 → 녹갈색 → 회색 → 퇴색으토 변화하므로 범죄현장 주변을 주의 깊게 관찰한다.

22) 김충남(2008), 앞의 책, p. 403.; 이에 대한 자세한 내용은 강맹진(2014), 앞의 책, pp. 228-277 참조.

② **혈흔예비시험**

루미놀(luminol)시험이나 무색마라카이트 그린(leucomalachite)시험은 혈흔의 존재 여부를 파악하기 위한 예비시험이다. 물론, 이 시약들은 혈흔이 아닌 철판, 동판, 과일즙 등과도 반응하기 때문에 곧바로 혈흔이라고 단정하기는 어렵다. 혈흔으로 단정하기 위해서는 여러 가지 검사가 함께 진행되어야 한다.

그리고 육안으로 혈흔이 발견되지 않거나, 희미한 혈흔만이 발견되는 경우 루미놀 시험을 실시하도록 한다. 루미놀시약을 만들어 분무기에 넣어 대상에 분무한다. 혈흔의 혈색소는 루미놀시약과 접촉하면 '형광'을 발한다. 이 때 반드시 암실(暗室)에서 실시해야 형광을 잘 볼 수 있다.

③ **혈흔확인시험**

혈흔예비시험에서 혈흔양성반응을 나타낸 부위에 헤모크로모겐 결정체시험을 실시하여 혈흔임을 확인하도록 한다. 혈흔이라면 붉은 색깔의 꽃술 모양의 결정체가 현미경에 관찰된다.

④ **인혈증명시험**

확인된 혈흔이 사람의 혈액인지를 확인해야 한다. 사람혈액을 토끼에 면역주사해서 만든 항(抗)인간면역혈청을 이용하여 인혈(人血)인지를 확인 할 수 있다.

⑤ **혈액형검사**

사람혈액으로 확인되면, 먼저 ABO식 혈액형검사를 실시한다. ABO식 혈액형검사만으로 누구의 혈액인지 구분되지 않을 때에는 MN식, Rh식 검사를 추가로 실시하도록 한다.[23)]

23) 전대양(2015), 범죄수사Ⅱ, 도서출판 다해, pp. 142-143.

제4절 수사행정

1. 수사조직과 수사지휘체계

1) 수사조직

(1) 국가수사본부

① 국가수사본부장의 수사에 관한 지휘·감독권

「국가경찰과 자치경찰의 조직 및 운영에 관한 법률」(약칭: 경찰법)에 의해 경찰청에 국가수사본부를 두도록 하고 있다(제16조 제1항). 국가수사본부장은 「형사소송법」에 따른 경찰의 수사에 관하여 각 시·도경찰청장과 경찰서장 및 수사부서 소속 공무원을 지휘·감독(指揮·監督)한다(제2항).

② 국가수사본부장의 지휘·감독권 위임

국가수사본부장은 다음의 사항을 제외한 일반적인 사건수사에 대한 지휘는 시·도경찰청장에게 위임할 수 있다(경찰청 범죄수사규칙 제17조 각호).

㉠ 수사관할이 수 개의 시·도경찰청에 속하는 사건

㉡ 고위공직자 또는 경찰관이 연루된 비위 사건으로 해당 관서에서 수사하게 되면 수사의 공정성이 의심받을 우려가 있는 경우

㉢ 국가수사본부장이 수사본부 또는 특별수사본부를 설치하여 지정하는 사건

㉣ 그 밖에 사회적 이목이 집중되거나, 파장이 큰 사건으로 국가수사본부장이 특별히 지정하는 사건

(2) 시·도경찰청장

시·도경찰청장은 체계적인 수사 인력·장비·시설·예산 운영 및 지도 등을 통해 합리적이고 공정한 수사를 위하여 그 책임을 다하여야 한다(경찰청 범죄수사규칙 제18조).

(3) 경찰서장

경찰서장은 해당 경찰서 관할 내의 수사에 대하여 지휘·감독하며, 합리적이고 공정한 수사를 위하여 그 책임을 다하여야 한다(경찰청 범죄수사규칙 제19조).

(4) 수사간부

수사를 담당하는 경찰관서의 수사간부는 소속 경찰관서장을 보좌하고 그 명에 의하여 수사의 지휘·감독을 하여야 한다(경찰청 범죄수사규칙 제20조).

(5) 수사경찰관 등

경찰관은 소속 상관의 명을 받아 범죄의 수사에 종사한다(경찰청 범죄수사규칙 제21조 제1항). 경찰관 이외의 수사관계 직원이 경찰관을 도와 직무를 행하는 경우에는 이 규칙이 정하는 바에 따라야 한다(제2항).

2) 수사지휘체계

(1) 사건의 지휘와 수사보고 요구

경찰관서장과 수사간부(이하 '수사지휘권자'라 함)는 소속 경찰관이 담당하는 사건의 수사진행 사항에 대하여 명시적인 이유를 근거로 구체적(具體的)으로 지휘를 하여야 하며, 필요한 경우 수사진행에 관하여 소속 경찰관에게 수사보고를 요구할 수 있다(경찰청 범죄수사규칙 제22조 제1항). 이의 요구를 받은 경찰관은 이에 따라야 한다(제2항).

(2) 수사에 관한 보고

경찰관은 범죄와 관계가 있다고 인정되는 사항과 수사상 참고가 될 만한 사항을 인지한 때에는 신속히 소속 상관에게 보고하여야 한다(경찰청 범죄수사규칙 제23조 제1항).

경찰서장은 관할구역 내에서 법에서 정한 보고 및 수사지휘 대상 중요사건에 규정된 중요사건이 발생 또는 접수되거나 범인을 검거하였을 때에는 관련 보고 절차 및 방법에 따라 시·도경찰청장에게 신속히 보고하여야 한다(제23조 제2항).

(3) 수사지휘와 내용

① 수사지휘

시·도경찰청장은 경찰서에서 수사 중인 사건을 지휘할 필요성이 있다고 인정될 때에는 구체적 수사지휘를 할 수 있다(경찰청 범죄수사규칙 제24조).

② 수사지휘의 내용

수사지휘권자는 다음 각 호의 사항에 대해 구체적으로 지휘하여야 한다(경찰청 범죄수사규칙 제26조 제1항).

㉠ 범죄인지에 관한 사항
㉡ 체포·구속에 관한 사항
㉢ 영장에 의한 압수·수색·검증에 관한 사항
㉣ 법원 허가에 의한 통신수사에 관한 사항
㉤ 「수사준칙」 제51조 제1항 각 호의 결정에 관한 사항
㉥ 사건 이송 등 책임수사관서 변경에 관한 사항
㉦ 수사지휘권자와 경찰관 간 수사에 관하여 이견이 있어 지휘를 요청받은 사항
㉧ 그 밖에 수사에 관하여 지휘가 필요하다고 인정되는 사항

2. 유치장과 호송

1) 유치장

(1) 유치장의 의미

피의자·피고인·구류인·의뢰입감자의 도주와 증거인멸, 자해와 통모 그리고 도주원조 등을 방지하면서 유치인의 건강을 보호하기 위하여 신체의 자유를 구속하는 것을 '유치'(留置)라 하고, 그러한 장소를 유치장(留置場)이라 한다.[24)]

유치장과 관련하여 「경찰관직무집행법」에서는 '법률에서 정한 절차에 따라 체포·구속된 사람 또는 신체의 자유를 제한하는 판결이나 처분을 받은 사람을 수용하기 위하여 경찰서와 해양경찰서에 유치장을 둔다'고 규정하고 있다(제9조). 그리고 이에 대한 세부적인 내용은 「(경찰청) 피의자 유치 및 호송 규칙」에 규정하고 있다.

한편, 「형의 집행 및 수용자의 처우에 관한 법률」에서는 '경찰관서에 설치된 유치장은 교정시설의 미결수용실(未決收容室)로 보아 이 법을 준용한다'고 규정하고 있다(제87조).

(2) 유치장의 관리책임

유치장에서는 유치인에 대한 인권보장과 질서유지 등이 고려되어야 하고, 특히 사고가 발생하지 않도록 유의해야 한다.

따라서 경찰서장은 피의자의 유치 및 유치장의 관리에 전반적인 지휘·감독을 하여

24) 2019년 현재 유치장은 111개이며, 1,101명의 경찰관(남: 926명, 여: 175명)이 관련업무를 담당하고 있다. 유치인 수용인원은 69,873명(남: 61,993명, 여: 7,880명)에 이르고 있다. 경찰청(2020), 앞의 책, p. 208.

야 하며 그 책임을 져야 한다(피의자 유치 및 호송규칙 제4조 제1항). 그리고 경찰서 주무과장(유치인보호 주무자)은 경찰서장을 보좌하여 유치인 보호 및 유치장 관리를 담당하는 경찰관(유치인보호관)을 지휘·감독하고 피의자의 유치 및 유치장의 관리에 관한 책임을 져야 한다(제2항).

2) 호송

(1) 호송의 의미

호송(護送)은 법령에 의하여 유치되어 있는 자나 구속된 자, 즉 기결수·즉결인·형사피고인·피의자·구류인 등에 대하여 검찰청, 법원, 교도소 또는 경찰관서 등으로 연행하기 위하여 보호하면서 이동하는 것을 말한다.

(2) 호송관리 책임

호송관서의 장(시·도경찰청에 있어서는 형사, 수사과장을 말함)은 피호송자의 호송업무에 관하여 전반적인 관리 및 지휘·감독을 하여야 한다(피의자 유치 및 호송규칙 제47조 제1항).

시·도경찰청의 수사과장 또는 형사과장 및 경찰서의 수사(형사)과장은 피호송자의 호송업무에 관하여 호송주무관으로서 직접 지휘·감독하여야 하며 호송의 안전과 적정 여부를 확인하여야 한다(제47조 제2항). 경찰서장은 호송주무관으로 하여금 호송 출발 직전에 호송경찰관에게 호송임무 수행에 필요한 전반적인 교양을 반드시 실시토록 하여야 한다(제3항).

3. 공조수사와 수배·조회제도

1) 공조수사

오늘날 범죄의 광역화·기동화에 따라 범인 검거는 갈수록 어려워지고 있는 실정이다. 따라서 경찰조직 내적으로는 경찰관서와 경찰관 상호 간, 그리고 외적으로는 각 부처와 관련단체 및 국제기구, 개인의 협조 등 연결체계를 구축하여 범인 검거의 효율성을 높이는 방안이 강구되어야 한다. 이러한 점에서 공조수사(共助搜査) 즉, 수사의 협력체계를 구축하는 것은 매우 중요한 의미를 갖는다.

이러한 수사의 협력체계 구축을 위해서 경찰관은 수사에 필요하다고 인정할 때에는 피의자의 체포·출석요구·조사, 장물 등 증거물의 수배, 압수·수색·검증, 참고인의 출석요구·조사 등 그 밖의 필요한 조치에 대한 공조(共助)를 다른 경찰관에게 요청할 수 있도록 하고 있다(경찰청 범죄수사규칙 제87조).

2) 수배제도

(1) 수배의 의미

수배(手配, search)는 범죄 용의자·피의자 등을 찾거나 체포하기 위해 수사망을 가동하는 것, 또는 피의자·수사자료 등을 발견하고 확보하기 위하여 다른 경찰관서 등에 필요한 조치를 의뢰하는 것을 말한다. 수배는 공조수사의 대표적인 방법가운데 하나라고 할 수 있다.

(2) 수배의 종류

① 사건수배·긴급사건수배

경찰관은 범죄수사와 관련하여 사건의 용의자와 수사자료 그 밖의 참고사항에 관하여 다른 경찰관 및 경찰관서에 통보를 요구하거나 긴급배치 등 긴급한 조치를 의뢰할 수 있다(경찰청 범죄수사규칙 제88조).

② 지명수배

지명수배(指名手配)는 말 그대로 용의자로 짐작되는 한 사람을 지명하여 그 사람을 수배하는 것을 말한다.

사법경찰관리는 다음의 어느 하나에 해당하는 사람의 소재를 알 수 없을 때에는 지명수배를 할 수 있도록 하고 있다(경찰수사규칙 제45조 제1항).

㉠ 법정형이 사형, 무기 또는 장기 3년 이상의 징역이나 금고에 해당하는 죄를 범했다고 의심할 만한 상당한 이유가 있어 체포영장 또는 구속영장이 발부된 사람

㉡ 지명통보의 대상인 사람 중 지명수배를 할 필요가 있어 체포영장 또는 구속영장이 발부된 사람

다만, 위와 같은 사정에도 불구하고 긴급체포(緊急逮捕)를 하지 않으면 수사에 현저한 지장을 초래하는 경우에는 영장을 발부받지 않고 지명수배할 수 있다. 이 경우 지명수배 후 신속히 체포영장을 발부받아야 하며, 체포영장을 발부받지 못

한 때에는 즉시 지명수배를 해제해야 한다(경찰수사규칙 제45조 제2항).

③ 중요지명피의자 종합 공개수배

시·도경찰청장은 위와 같은 지명수배를 한 후, 6월이 경과하여도 검거하지 못한 사람들 중 다음에 해당하는 중요지명피의자를 매년 5월과 11월 연 2회 선정하여 국가수사본부장에게 중요지명피의자 종합 공개수배 보고서에 따라 보고하여야 한다(경찰청 범죄수사규칙 제101조 제1항 각호).

㉠ 강력범(살인, 강도, 성폭력, 마약, 방화, 폭력, 절도범)

㉡ 다액·다수피해 경제사범, 부정부패 사범

㉢ 그밖에 신속한 검거를 위해 전국적 공개수배가 필요하다고 판단되는 자

국가수사본부장은 공개수배 위원회를 개최하여 제1항의 중요지명피의자 종합 공개수배 대상자를 선정하고, 매년 6월과 12월 중요지명피의자 종합 공개수배 전단을 중요지명피의자 종합 공개수배에 따라 작성하여 게시하는 방법으로 공개수배 하도록 한다(경찰청 범죄수사규칙 제101조 제2항). 그리고 경찰서장은 이러한 중요지명피의자 종합 공개수배 전단을 일정한 기준에 따라 게시·관리하여야 한다(제101조 제3항 각호 참조).

④ 긴급공개수배

경찰관서의 장은 법정형이 사형·무기 또는 장기 3년 이상 징역이나 금고에 해당하는 죄를 범하였다고 의심할만한 상당한 이유가 있고, 범죄의 상습성, 사회적 관심, 공익에 대한 위험 등을 고려할 때 신속한 검거가 필요한 자에 대해 긴급공개수배 할 수 있다(경찰청 범죄수사규칙 제102조 제1항).

긴급공개수배는 사진·현상·전단 등의 방법으로 할 수 있으며, 언론매체·정보통신망 등을 이용할 수 있다(제102조 제2항).

⑤ 장물수배

장물수배란 수사 중인 사건의 장물에 관하여 다른 경찰관서에 그 발견을 요청하는 수배를 말한다(경찰청 범죄수사규칙 제108조 제1항). 경찰관은 장물수배를 할 때에는 발견해야 할 장물의 명칭, 모양, 상표, 품질, 품종 그 밖의 특징 등을 명백히 하여야 하며 사진, 도면, 동일한 견본·조각을 첨부하는 등 필요한 조치를 하여야 한다(제108조 제2항).

3) 조회제도

① 조회의 의미

조회(照會, inquire)라는 것은 무엇에 대하여 알려고 확인하는 것 또는 그 절차를 의미한다. 그러므로 수사에 있어서 조회제도는 피의자나 피해자·용의자 등에 대하여 범죄수사상 필요한 각종 자료를 확인하는 행위를 말한다. 각종 자료는 경찰이 평소 수집·분석하여 놓은 것이다. 죄회 수단은 컴퓨터 온라인, 휴대용 단말기, 경찰전화, 지문전송기 등이 있다.

이러한 조회와 관련한 근거 법규정으로 「형의 실효 등에 관한 법률」, 「범죄수사자료 조회규칙」(경찰청 예규) 등이 있다. 아래에서는 형의 실효 등에 관한 법률을 중심으로 살펴보기로 한다.

② 범죄경력조회·수사경력조회 등의 제한

「형의 실효 등에 관한 법률」(약칭: 형실효법)은 전과기록(前科記錄) 및 수사경력 자료의 관리와 형의 실효(失效)에 관한 기준을 정함으로써 전과자의 정상적인 사회복귀를 보장함을 목적으로 하고 있다(제1조).

형의 실효 등에 관한 법률에서 '범죄경력자료'라는 것은 수사자료표 중 다음에 해당하는 사항에 관한 자료를 말한다(제2조 제5호).

㉠ 벌금 이상의 형의 선고, 면제 및 선고유예

㉡ 보호감호, 치료감호, 보호관찰

㉢ 선고유예의 실효

㉣ 집행유예의 취소

㉤ 벌금 이상의 형과 함께 부과된 몰수, 추징(追徵), 사회봉사명령, 수강명령(受講命令) 등의 선고 또는 처분

한편, 수사경력자료란 벌금 미만의 형의 선고 및 검사의 불기소처분에 관한 자료 등 범죄경력자료를 제외한 나머지 자료를 말한다(제2조 제6호).

그런데, 수사자료표에 의한 범죄경력조회 및 수사경력조회와 그에 대한 회보는 예컨대, 범죄수사 또는 재판 등 일정한 경우에 '그 전부 또는 일부에 대하여 조회 목적에 필요한 최소한의 범위'에서 할 수 있도록 하고 있다(제6조 제1항).

따라서 수사자료표에 의해 범죄경력·수사경력을 관리하는 사람이나 직무상 수사자료표에 의한 범죄경력조회 또는 수사경력조회를 하는 사람은 그 수사자료표의 내용을 누설하여서는 아니 된다(제6조 제2항).[25]

25) 이를 위반하여 수사자료표의 내용을 회보하거나 누설한 사람은 5년 이하의 징역 또는 5천만원 이하의 벌금에 처한다(형의 실효 등에 관한 법률 제10조 제1항).

제14장 교통경찰

제1절 교통경찰의 의의

1. 교통경찰의 의의

1) 교통경찰의 개념

교통경찰(交通警察, Traffic Police)은 '도로교통에서 발생되는 모든 위해를 방지하고 제거함으로써 안전하고 원활한 교통을 확보하기 위하여 수행하는 경찰활동'을 말한다.[1] 즉, 교통경찰활동이라는 것은 '도로'라는 공간적 배경을 중심으로 이를 이용하고 있는 '차량(운전자)'과 '보행자' 등의 역학관계 속에서 이루어지게 된다.

이처럼 교통경찰은 도로상의 차량과 보행자 등을 교통법규에 따라서 질서 있게 진행하게 하는 정리 및 단속을 통해서 교통체증과 교통사고를 방지함으로써 원활한 소통을 목적으로 한다. 아울러 교통사고 발생시 적절한 대응을 하여 피해를 최소화하고, 철저하고 과학적인 조사를 통해 법적 책임을 규명하는 제반활동을 의미한다고 본다.

교통경찰의 활동은 기본적으로 「도로교통법」(道路交通法) 등에 그 근거를 두고 있다. 교통경찰의 활동범위는 보행자를 포함한 도로상의 모든 교통수단의 왕래와 교통기구의 설비운용에 이르기까지 광범위하다.

1) 손봉선·최선우·김경태(2008), 경찰교통론, 경기: 21세기사, p. 20.; 2019년 현재 경찰공무원 122,913명(100.0%) 가운데, 경찰직제상 교통경찰기능을 담당하는 경찰은 10,321명(약 8.4%)에 이르고 있다. 경찰청(2020), 경찰통계연보, p. Ⅱ.

〈교통사고 발생 현황〉[2)]

(단위: 건, 명)

구 분	1990년	1995년	2000년	2005년	2010년	2015	2019
발생건수	255,303	248,865	290,481	214,171	226,878	232,035	229,600
사 망 자	12,325	10,323	10,236	6,376	5,505	4,621	3,349
부 상 자	324,229	331,747	426,984	342,233	352,458	350,400	341,712

교통경찰의 역할은 최근 들어 보다 중요시되고 있다. 도로상의 교통사고나 혼잡은 국민의 생명, 신체, 재산의 손실은 물론이거니와 국민의 일상생활에 많은 불편과 교통을 초래하기 때문이다. 따라서 교통경찰 부서에서는 교통과 관련된 모든 자료를 수집, 분석하여 교통사고와 교통혼잡의 원인을 규명하고, 교통상의 위험을 조성하는 물리적 상태의 변경과 적절한 교통법규를 제정할 필요가 있다. 이를 통해 운전자와 보행자를 보호하는 동시에 교통법규 위반자에 대해서는 단속·처리할 수 있는 대책을 강구해야 할 것이다.

2. 교통경찰의 활동체계

따라서 교통경찰은 주어진 목적달성(위해방지 및 제거, 원활한 교통 확보)을 위하여 기본적으로 ㉠ 도로를 안전하게 관리하고, ㉡ 차마의 통행 유도·단속 및 운전자 의무를 준수하도록 하고, ㉢ 보행자의 통행과 보호와 관련된 활동을 하고, ㉣ 교통사고 발생시 그에 대한 조사 및 처리와 관련된 제반활동 등을 수행하고 있다. 아울러 ㉤ 운전면허 관리 등의 업무를 수행하고 있다.

교통경찰 이러한 목적과 관련행정업무를 수행하기 위하여 교통계몽, 교통정리 및 순찰, 교통지도·단속, 교통사고 조사, 그리고 교통법규 위반에 대한 제재(범칙금, 과태료, 면허정지·취소 등) 등 관련 권한을 행사하고 있다.

2) 위의 책, p. 292.

〈교통경찰의 활동체계〉

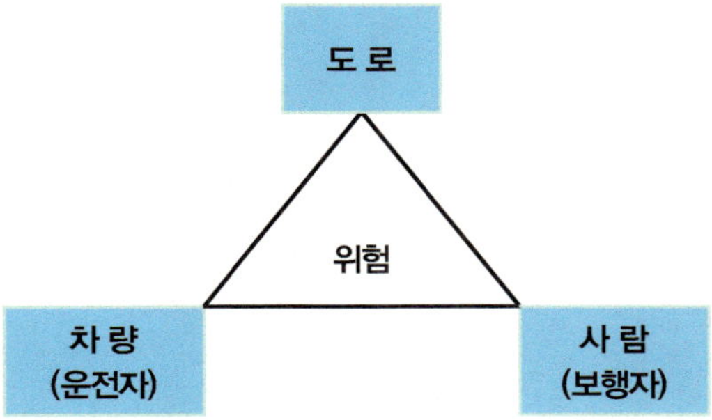

① 도로의 안전관리
② 차마의 통행과 운전자의 의무 준수
③ 보행자의 통행과 보호
④ 교통사고의 처리
⑤ 운전면허 관리 등

3. 교통경찰의 법적 근거

교통경찰의 법적 근거는 기본적으로 헌법을 근간으로 하고, 일반법으로서 경찰법 제3조(경찰의 임무), 경찰관직무집행법 제2조(직무의 범위)에 개괄적으로 규정되어 있다. 교통경찰의 분장사무와 관련하여 「경찰청과 그 소속기관 직제」(대통령령) 제12조에 규정되어 있다.

교통경찰관련 개별법으로는 대표적으로 「도로교통법」, 「교통사고처리 특례법」 등을 들 수 있다. 교통경찰의 전반적인 활동은 기본적으로 도로교통법에 근거를 두고 이루어지고 있고, 업무상과실 또는 중대한 과실로 교통사고를 일으킨 운전자에 대한 형사처벌의 특례를 규정하기 위하여 별도로 교통사고처리 특례법을 두고 있다.

제2절 도로의 의의와 안전관리

1. 도로의 의의

일반교통에 사용되는 도로(道路)는 인공적이든 자연적이든, 일정한 도로의 형태를 갖추었든 아니든, 공유지와 사유지를 불문하고 보통 출발점과 중간로 및 도착지로 구성되어 사람이나 차량 등의 통행이 가능하도록 만들어진 곳을 말한다. 도로교통법상에서는

'도로'는 다음에 해당하는 곳을 말한다(도로교통법 제2조 제1호)

㉠ 「도로법」에 의한 도로[3)]

㉡ 「유료도로법」에 의한 유료도로

㉢ 「농어촌도로 정비법」에 의한 농어촌도로

㉣ 그 밖에 현실적으로 불특정 다수의 사람 또는 차마(車馬)가 통행할 수 있도록 '공개된 장소'로서 안전하고 원활한 교통을 확보할 필요가 있는 장소

이러한 도로교통법상의 도로 개념에서 특히 '㉣'은 상당히 불확정(不確定)한 개념이라고 할 수 있으며, 따라서 사안에 따라 다르게 적용될 수 있다고 본다.

불특정 다수인 또는 차량이 자유로이 통행할 수 있는 모든 장소 즉, 농로, 임도, 광산도로, 사법상의 사도 등이 도로에 해당한다. 또한 불특정 다수인의 무제한 통행을 조건으로 하는 것이 아니라 일정한 제한이 있더라도 불특정 다수인의 출입이 허용되는 장소는 도로에 포함된다. 따라서 광장, 공지, 공원 내 도로, 해변, 하천 부지 등도 현실적으로 대중교통에 공용되고 있으면 도로에 해당한다.[4)]

2. 도로의 안전관리

1) 도로상의 신호기 등 안전시설의 설치

도로의 안전을 위하여 적절한 신호기 등의 설치 및 관리는 중요한 의미를 갖는다.

따라서 이를 위해 특별시장·광역시장·제주특별자치도지사 또는 시장·군수(광역시의 군수는 제외, 이하 '시장 등'이라 함)는 도로에서의 위험을 방지하고 교통의 안전과 원활한 소통을 확보하기 위하여 필요하다고 인정하는 경우에는 교통안전시설(신호기 및 안전표지)을 설치·관리하여야 한다. 다만, 유료도로법 제6조에 따른 유료도로에서는 시장 등의 지시에 따라 그 도로관리자가 교통안전시설을 설치·관리하도록 하고 있다(도로교통법 제3조 제1항).

3) 도로법에서 규정하는 도로에는 고속국도(고속국도의 지선 포함), 일반국도(일반국도의 지선 포함), 특별시도(특별시도)·광역시도(광역시도), 지방도, 시도, 군도, 구도가 있다(제10조). 도로법에서 말하는 도로는 차도, 보도(步道), 자전거도로, 측도(側道), 터널, 교량, 육교 등 대통령령으로 정하는 시설로 구성된 것으로서 제10조에 열거된 것을 말하며, 도로의 부속물을 포함한다(제2조 제1호, 제2호).

4) 조철옥(2012), 경찰학개론, 서울: 대영문화사, p. 523.

교통경찰관의 신호 또는 지시의 우선

도로를 통행하는 보행자와 차마 또는 노면전차의 운전자는 교통안전시설이 표시하는 신호 또는 지시를 따라야 한다. 그리고 이러한 교통안전시설의 신호뿐만 아니라 다음의 어느 하나에 해당하는 사람이 하는 신호 또는 지시를 따라야 한다(도로교통법 제5조 제1항 각호).[5)]

① 교통정리를 하는 경찰공무원(의무경찰 포함) 및 제주특별자치도의 자치경찰공무원
② 경찰공무원(자치경찰공무원 포함)을 보조하는 사람으로서 대통령령으로 정하는 사람

도로를 통행하는 보행자, 차마 또는 노면전차의 운전자는 위에 따른 교통안전시설이 표시하는 신호 또는 지시와 교통정리를 하는 경찰공무원 또는 경찰보조자의 신호 또는 지시가 서로 다른 경우에는 경찰공무원등의 신호 또는 지시에 따라야 한다(제5조 제2항).

2) 무인교통단속용 장비의 설치·관리

시·도경찰청장, 경찰서장 또는 시장 등은 도로교통법을 위반한 사실을 기록·증명하기 위하여 무인(無人)교통단속용 장비를 설치·관리할 수 있다(도로교통법 제4조의2 제1항).

3) 통행의 금지 및 제한

통행금지 및 제한과 관련하여 시·도경찰청장, 경찰서장, 그리고 경찰공무원은 일정한 조치를 취할 수 있다(도로교통법 제6조).

(1) 시·도경찰청장

시·도경찰청장은 도로에서의 위험을 방지하고 교통의 안전과 원활한 소통을 확보하기 위하여 필요하다고 인정할 때에는 구간(區間)을 정하여 보행자, 차마 또는 노면전차의 통행을 금지하거나 제한할 수 있다(제6조 제1항)

(2) 경찰서장

경찰서장은 도로에서의 위험을 방지하고 교통의 안전과 원활한 소통을 확보하기 위하여 필요하다고 인정할 때에는 우선 보행자, 차마 또는 노면전차의 통행을 금지하거나 제한한 후 그 도로관리자와 협의하여 금지 또는 제한의 대상과 구간 및 기간을 정하여 도로의 통행을 금지하거나 제한할 수 있다(제6조 제2항).

5) 대통령령으로 정하고 있는 경찰공무원을 보조하는 사람의 범위는 ① 모범운전자 ② 군사훈련 및 작전에 동원되는 부대의 이동을 유도하는 군사경찰, ③ 본래의 긴급한 용도로 운행하는 소방차·구급차를 유도하는 소방공무원을 말한다(도로교통법 시행령 제6조).

(3) 경찰공무원

경찰공무원은 도로의 파손, 화재의 발생이나 그 밖의 사정으로 인한 도로에서의 위험을 방지하기 위하여 긴급히 조치할 필요가 있을 때에는 필요한 범위에서 보행자, 차마 또는 노면전차의 통행을 일시 금지하거나 제한할 수 있다(제6조 제4항).

4) 도로에서의 금지행위

(1) 도로에서의 금지행위 등에 대한 경찰서장의 조치

도로의 안전관리를 위하여 도로에서의 일정한 행위는 금지된다. 이와 관련하여 누구든지 함부로 신호기를 조작하거나 교통안전시설을 철거·이전하거나 손괴해서는 안 되며, 교통안전시설이나 그와 비슷한 인공구조물을 도로에 설치해서는 안 된다(도로교통법 제68조 제1항). 그리고 누구든지 교통에 방해가 될 만한 물건을 도로에 함부로 내버려두어서는 안 된다(제68조 제2항).

경찰서장은 이러한 위반행위를 한 사람에 대하여 시정하도록 하거나 그 위반행위로 인하여 생긴 교통장해를 제거할 것은 명령할 수 있다. 그리고 위반행위를 한 사람을 알지 못하여 조치명령을 내릴 수 없을 때에는 스스로 이를 제거하는 등의 조치를 해야 한다(제71조 제1항 및 제2항).

(2) 도로에서의 금지행위 등에 대한 경찰공무원의 조치

누구든지 다음의 어느 하나에 해당하는 행위를 하여서는 안 된다(제68조 제3항). 경찰공무원은 이러한 행위에 대하여 지도 및 단속 등의 조치를 취할 수 있다.

㉠ 술에 취하여 도로에서 갈팡질팡하는 행위

㉡ 도로에서 교통에 방해되는 방법으로 눕거나 앉거나 서있는 행위

㉢ 교통이 빈번한 도로에서 공놀이 또는 썰매타기 등의 놀이를 하는 행위

㉣ 돌·유리병·쇳조각이나 그 밖에 도로에 있는 사람이나 차마를 손상시킬 우려가 있는 물건을 던지거나 발사하는 행위

㉤ 도로를 통행하고 있는 차마에서 밖으로 물건을 던지는 행위

㉥ 도로를 통행하고 있는 차마에 뛰어오르거나 매달리거나 차마에서 뛰어내리는 행위

㉦ 그 밖에 시·도경찰청장이 교통상의 위험을 방지하기 위하여 필요하다고 인정하여 지정·공고한 행위

제3절 차마의 통행과 운전자의 의무

1. 차마와 운전자

1) 차마의 의미

도로교통법상 차마(車馬)란 차(車)와 우마(牛馬)를 의미한다. 여기에서 차는 다음의 어느 하나에 해당하는 것을 말한다(도로교통법 제2조 제17호 가목).

㉠ 자동차[6]

㉡ 건설기계

㉢ 원동기장치 자전거[7]

㉣ 자전거

㉤ 사람 또는 가축의 힘이나 그 밖의 동력(動力)으로 도로에서 운전되는 것을 의미. 다만, 철길이나 가설(架設)된 선을 이용하여 운전되는 것, 유모차와 행정안전부령으로 정하는 보행보조용 의자차는 제외(제2조 제17호).

한편, 우마(牛馬)는 '교통이나 운수에 사용되는 가축'을 말한다(제2조 제17호 나목). 그런데 오늘날 도로교통상 우마가 특별한 의미가 있는지는 의문이다.

긴급자동차

긴급자동차란 다음의 자동차로서 그 본래의 긴급한 용도로 사용되고 있는 자동차를 말한다(도로교통법 제2조 제22호).

① 소방차

② 구급차

---

6) ① 자동차란 철길이나 가설된 선을 이용하지 아니하고 원동기를 사용하여 운전되는 차(견인되는 자동차도 자동차의 일부로 본다)로서 「자동차관리법」에 의한 ㉠ 승용자동차(10인 이하), ㉡ 승합자동차(11인 이상), ㉢ 화물자동차, ㉣ 특수자동차(다른 자동차를 견인하거나 구난작업 등을 수행하기에 적합하게 제작된 자동차), ㉤ 이륜자동차(총배기량 또는 정격출력의 크기와 관계없이 1인 또는 2인의 사람을 운송하기에 적합하게 제작된 이륜의 자동차 및 그와 유사한 구조로 되어 있는 자동차)를 말한다. 다만, 원동기장치 자전거는 자동차에서 제외한다(도로교통법 제2조 제18호 가목 및 자동차관리법 제3조 제1항). ② 한편, 도로교통법에서 '자동차등'이란 '자동차와 원동기장치 자전거'를 말한다. (제2조 제21호).

7) 원동기장치 자전거란 ① 자동차관리법 제3조에 따른 이륜자동차 가운데 배기량 125cc 이하의 이륜자동차, ② 그 밖에 배기량 125cc 이하의 원동기를 단 차(「자전거 이용 활성화에 관한 법률」 제2조 제1호의2에 따른 전기자전거 제외)

③ 혈액 공급차량
④ 그 밖에 대통령령으로 정하는 자동차

2) 운전·초보운전자의 의미

운전(運轉)이라는 것은 '도로(道路)에서 차마 또는 노면전차를[8] 그 본래의 사용방법에 따라 사용하는 것'을 말한다. 다만 경우에 따라서는(예: 음주운전, 과로운전, 사고발생시의 조치 및 관련 벌칙 적용 등) 도로 외의 곳의 사용도 운전한 것으로 본다(도로교통법 제2조 26호 단서).

운전의 성립 여부

도로교통법에서 운전이라는 것은 '도로에서 차를 그 본래의 사용 방법에 따라 사용하는 것'을 말한다고 규정하고 있다.
여기에서 말하는 운전의 개념은 그 규정의 내용에 비추어 '목적적 요소'를 포함하는 것이므로, 고의(故意)의 운전행위만을 의미하고 자동차 안에 있는 사람의 의지나 관여 없이 자동차가 움직인 경우(예: 주차 브레이크 또는 사이드브레이크가 풀려서 진행한 경우 등)에는 운전에 해당하지 않는다.
따라서 어떤 사람이 자동차를 움직이게 할 의도 없이 다른 목적(예: 날씨가 추워서 난방조작을 한 경우 등)을 위하여 자동차의 원동기(모터)의 시동을 걸었는데, 실수로 기어 등 자동차의 발진에 필요한 장치를 건드려 원동기의 추진력에 의하여 자동차가 움직이거나 또는 불안전한 주차상태나 도로여건 등으로 인하여 자동차가 움직이게 된 경우는 자동차의 운전에 해당하지 아니한다.[9]

한편, 초보운전자(初步運轉者)는 처음 운전면허를 받은 날(처음 운전면허를 받은 날부터 2년이 지나기 전에 운전면허의 취소처분을 받은 경우에는 그 후 다시 운전면허를 받은 날을 의미)부터 2년이 지나지 아니한 사람을 말한다. 이 경우 원동기장치 자전거면허만 받은 사람이 원동기장치 자전거면허 외의 운전면허를 받은 경우에는 처음 운전면허를 받은 것으로 본다(제2조 제27호).

8) 노면전차란 「도시철도법」에 따른 노면전차로서 도로에서 궤도를 이용하여 운행되는 차를 말한다(도로교통법 제2조 제17의2호).
9) 대법 2004.4.23., 2004도1109.

2. 차마의 통행 방법

1) 자동차의 속도제한

자동차등(자동차와 원동기장치 자전거를 말함: 개인형 이동장치는 제외)과[10] 노면전차의 도로 통행 속도는 행정안전부령으로 정한다(도로교통법 제17조 제1항).

다만, 경찰청장이나 시·도경찰청장은 도로에서 일어나는 위험을 방지하고 교통의 안전과 원활한 소통을 확보하기 위하여 필요하다고 인정하는 경우에는 다음의 구분에 따라 '구역이나 구간을 지정'하여 행정안전부령에서 규정한 속도를 제한할 수 있다(제17조 제2항).

㉠ 경찰청장: 고속도로

㉡ 시·도경찰청장: 고속도로를 제외한 도로

자동차등과 노면전차의 운전자는 이에 따른 최고속도보다 빠르게 운전하거나 최저속도보다 느리게 운전하여서는 아니 된다. 다만, 교통이 밀리거나 그 밖의 부득이한 사유로 최저속도보다 느리게 운전할 수밖에 없는 경우에는 그러하지 아니하다(제17조 제3항).

2) 횡단 등의 금지

차마의 운전자는 보행자나 다른 차마의 정상적인 통행을 방해할 우려가 있는 경우에는 차마를 운전하여 도로를 횡단하거나 유턴 또는 후진하여서는 안 된다(도로교통법 제18조 제1항).

이와 관련하여 시·도경찰청장은 도로에서의 위험을 방지하고 교통의 안전과 원활한 소통을 확보하기 위하여 특히 필요하다고 인정하는 경우에는 도로의 구간을 지정하여 차마의 횡단이나 유턴 또는 후진을 금지할 수 있다(제18조 제2항). 그리고 차마의 운전자는 길가의 건물이나 주차장 등에서 도로에 들어갈 때에는 일단 정지한 후에 안전한지 확인하면서 서행하여야 한다(제18조 제3항).

---

10) 개인형 이동장치란 원동기장치 자전거 중 시속 25킬로미터 이상으로 운행할 경우, 전동기가 작동하지 아니하고 차체 중량이 30킬로그램 미만인 것으로서 '행정안전부령으로 정하는 것'을 말한다(도로교통법 제2조 제19의2).; 한편, 개인형 이동장치의 기준으로서 위에서 말하는 "행정안전부령으로 정하는 것"이란 다음의 어느 하나에 해당하는 것으로서 「전기용품 및 생활용품 안전관리법」 제15조 제1항에 따라 안전확인의 신고가 된 것을 말한다(도로교통법 시행규칙 제2조의2 각호). ㉠ 전동킥보드 ㉡ 전동이륜평행차 ㉢ 전동기의 동력만으로 움직일 수 있는 자전거.

3) 안전거리 확보 등

(1) 안전거리 확보

모든 차의 운전자는 같은 방향으로 가고 있는 앞차의 뒤를 따르는 경우에는 앞차가 갑자기 정지하게 되는 경우 그 앞차와의 충돌을 피할 수 있는 필요한 거리를 확보해야 한다(도로교통법 제19조 제1항).

자동차등의 운전자는 같은 방향으로 가고 있는 자전거등(자전거와 개인형 이동장치를 말함)의 운전자에 주의하여야 하며, 그 옆을 지날 때에는 자전거등과의 충돌을 피할 수 있는 필요한 거리를 확보하여야 한다(제19조 제2항).

(2) 진로변경 금지

모든 차의 운전자는 차의 진로를 변경하려는 경우에 그 변경하려는 방향으로 오고 있는 다른 차의 정상적인 통행에 장애를 줄 우려가 있을 때에는 진로를 변경해서는 안 된다(제19조 제3항).

(3) 급제동 금지

모든 차의 운전자는 위험방지를 위한 경우와 그 밖의 부득이한 경우가 아니면 운전하는 차를 갑자기 정지시키거나 속도를 줄이는 등의 급제동을 하여서는 아니 된다(제19조 제4항).

4) 진로양보의 의무

모든 차(긴급자동차는 제외)의 운전자는 뒤에서 따라오는 차보다 느린 속도로 가려는 경우에는 '도로의 우측 가장자리'로 피하여 진로를 양보하여야 한다. 다만, 통행 구분이 설치된 도로의 경우에는 그러하지 아니한다(도로교통법 제20조 제1항).

그리고 좁은 도로에서 긴급자동차 외의 자동차가 서로 마주보고 진행할 때에는 다음의 구분에 따른 자동차가 도로의 우측 가장자리로 피하고 진로를 양보하여야 한다(제20조 제2항 각호).

㉠ 비탈진 좁은 도로에서 자동차가 서로 마주보고 진행하는 경우에는 올라가는 자동차

㉡ 비탈진 좁은 도로 외의 좁은 도로에서 사람을 태웠거나 물건을 실은 자동차와 동승자(同乘者)가 없고 물건을 싣지 아니한 자동차가 서로 마주보고 진행하는 경우에는 동승자가 없고 물건을 싣지 아니한 자동차

5) 앞지르기 방법

모든 차의 운전자는 다른 차를 앞지르려면 앞차의 좌측(左側)으로 통행하여야 한다(도로교통법 제21조 제1항).

자전거등(자전거와 개인형 이동장치를 말함)의 운전자는 서행하거나 정지한 다른 차를 앞지르려면 위의 사항에도 불구하고 앞차의 우측으로 통행할 수 있다. 이 경우 자전거등의 운전자는 정지한 차에서 승차하거나 하차하는 사람의 안전에 유의하여 서행하거나 필요한 경우 일시 정지하여야 한다(제21조 제2항).

위와 같은 상황에서 앞지르려고 하는 모든 차의 운전자는 반대방향의 교통과 앞차 앞쪽의 교통에도 주의를 충분히 기울여야 하며, 앞차의 속도·진로와 그 밖의 도로상황에 따라 방향지시기·등화 또는 경음기(警音機)를 사용하는 등 안전한 속도와 방법으로 앞지르기를 하여야 한다(제21조 제3항).

6) 앞지르기 금지의 시기 및 장소

(1) 앞지르기 금지의 시기

모든 차의 운전자는 다음의 어느 하나에 해당하는 경우에는 앞차를 앞지르지 못한다(도로교통법 제22조 제1항 각호).

㉠ 앞차의 좌측에 다른 차가 앞차와 나란히 가고 있는 경우

㉡ 앞차가 다른 차를 앞지르고 있거나 앞지르려고 하는 경우

그리고 모든 차의 운전자는 다음의 어느 하나에 해당하는 다른 차를 앞지르지 못한다(제22조 제2항 각호).

㉠ 이 법이나 이 법에 따른 명령에 따라 정지하거나 서행하고 있는 차

㉡ 경찰공무원의 지시에 따라 정지하거나 서행하고 있는 차

㉢ 위험을 방지하기 위하여 정지하거나 서행하고 있는 차

(2) 앞지르기 금지의 장소

모든 차의 운전자는 다음의 어느 하나에 해당하는 곳에서는 다른 차를 앞지르지 못한다(도로교통법 제22조 제3항 각호).

㉠ 교차로

㉡ 터널 안

㉢ 다리 위

㉣ 도로의 구부러진 곳, 비탈길의 고갯마루 부근 또는 가파른 비탈길의 내리막 등 시·도경찰청장이 도로에서의 위험을 방지하고 교통의 안전과 원활한 소통을 확보하기 위하여 필요하다고 인정하는 곳으로서 안전표지로 지정한 곳

7) 철길건널목의 통과

모든 차 또는 노면전차의 운전자는 철길 건널목을 통과하려는 경우에는 건널목 앞에서 일시 정지하여 안전한지 확인한 후에 통과하여야 한다. 다만, 신호기 등이 표시하는 신호에 따르는 경우에는 정지하지 아니하고 통과할 수 있다(도로교통법 제24조 제1항).

8) 교차로 통행방법

(1) 우회전 방법

모든 차의 운전자는 교차로에서 우회전을 하려는 경우에는 미리 도로의 우측 가장자리를 서행하면서 우회전하여야 한다. 이 경우 우회전하는 차의 운전자는 신호에 따라 정지하거나 진행하는 보행자 또는 자전거등에 주의하여야 한다(도로교통법 제25조 제1항).

(2) 좌회전 방법

모든 차의 운전자는 교차로에서 좌회전을 하려는 경우에는 미리 도로의 중앙선을 따라 서행하면서 교차로의 중심 안쪽을 이용하여 좌회전하여야 한다. 다만, 시·도경찰청장이 교차로의 상황에 따라 특히 필요하다고 인정하여 지정한 곳에서는 교차로의 중심 바깥쪽을 통과할 수 있다(제25조 제2항).

다만, 이러한 사정에도 불구하고 자전거등의 운전자는 교차로에서 좌회전하려는 경우에는 미리 도로의 우측 가장자리로 붙어 서행하면서 교차로의 가장자리 부분을 이용하여 좌회전하여야 한다(제25조 제3항).

한편, 위와 같은 규정에 따라 우회전이나 좌회전을 하기 위하여 손이나 방향지시기 또는 등화로써 신호를 하는 차가 있는 경우에 그 뒤차의 운전자는 신호를 한 앞차의 진행을 방해하여서는 아니 된다(제25조 제4항).

9) 보행자의 보호와 보행자전용도로의 설치

(1) 보행자의 보호

모든 차 또는 노면전차의 운전자는 보행자(자전거등에서 내려서 자전거등을 끌거나 들고 통행하는 자전거등의 운전자를 포함)가 ㉠ 횡단보도를 통행하고 있거나, ㉡ 통행하려고 하는 때에는 보행자의 횡단을 방해하거나 위험을 주지 아니하도록 그 횡단보도 앞(정지선이 설치되어 있는 곳에서는 그 정지선을 말함)에서 '일시정지'(一時停止)하여야 한다(2022.1.11. 개정).

한편, 모든 차 또는 노면전차의 운전자는 보행자가 횡단보도가 설치되어 있지 아니한 도로를 횡단하고 있을 때에는 안전거리를 두고 일시정지하여 보행자가 안전하게 횡단할 수 있도록 하여야 한다(제27조 제5항).

(2) 보행자전용도로의 설치

시·도경찰청장이나 경찰서장은 보행자의 통행을 보호하기 위하여 특히 필요한 경우에는 도로에 보행자전용도로를 설치할 수 있다(도로교통법 제28조 제1항).

차마 또는 노면전차의 운전자는 제1항에 따른 보행자전용도로를 통행하여서는 아니 된다. 다만, 시·도경찰청장이나 경찰서장은 특히 필요하다고 인정하는 경우에는 보행자전용도로에 차마의 통행을 허용할 수 있다(제28조 제2항).

보행자전용도로의 통행이 허용된 차마의 운전자는 보행자를 위험하게 하거나 보행자의 통행을 방해하지 아니하도록 차마를 보행자의 걸음 속도로 운행하거나 일시정지하여야 한다(제28조 제3항).

10) 긴급자동차의 우선통행과 특례

(1) 긴급자동차의 우선통행

긴급자동차(소방차, 구급차, 혈액공급차 등)는 다른 차마의 통행방법에도 불구하고 긴급하고 부득이한 경우에는 도로의 중앙이나 좌측 부분을 통행할 수 있다(도로교통법 제29조 제1항).

그리고 긴급자동차는 법규정에 따라 정지하여야 하는 경우에도 불구하고 긴급하고 부득이한 경우에는 정지하지 아니할 수 있다(제29조 제2항).[11]

11) 긴급자동차 운전자는 해당 자동차를 그 본래의 긴급한 용도로 운행하지 아니하는 경우에는 「자동차관리법」에 따라 설치된 경광등을 켜거나 사이렌을 작동하여서는 아니 된다. 다만, 대통령령으로 정하는 바에 따라 범죄 및 화재 예방 등을 위한 순찰·훈련 등을 실시하는 경우에는 그러하지 아니하다(도로교통법 제29조

(2) 긴급자동차의 특례

긴급자동차에 대하여는 다음의 사항을 적용하지 아니한다(도로교통법 제30조 각호).[12)]

㉠ 자동차등의 속도 제한(다만, 긴급자동차에 대하여 속도를 제한한 경우에는 같은 조의 규정을 적용하도록 함)

㉡ 앞지르기의 금지

㉢ 끼어들기의 금지

㉣ 신호위반

㉤ 보도침범

㉥ 중앙선 침범

㉦ 횡단 등의 금지

㉧ 안전거리 확보 등

㉨ 앞지르기 방법 등

㉩ 정차 및 주차의 금지

㉪ 주차금지

㉫ 고장 등의 조치

11) 서행과 일시정지

(1) 서행

모든 차 또는 노면전차의 운전자는 다음의 어느 하나에 해당하는 곳에서는 서행(徐行, go slow)하여야 한다(도로교통법 제31조 제1항 각호).

㉠ 교통정리를 하고 있지 아니하는 교차로

㉡ 도로가 구부러진 부근

㉢ 비탈길의 고갯마루 부근

㉣ 가파른 비탈길의 내리막

㉤ 시·도경찰청장이 도로에서의 위험을 방지하고 교통의 안전과 원활한 소통을 확보하기 위하여 필요하다고 인정하여 안전표지로 지정한 곳

제6항).

12) 다만, '㉣'부터 '㉫'까지의 사항은 긴급자동차 중 제2조 제22호 가목부터 다목까지의 자동차(즉, 소방차, 구급차, 혈액 공급차량)와 대통령령으로 정하는 경찰용 자동차에 대해서만 적용하지 아니한다(도로교통법 제30조 본문).

(2) 일시정지

모든 차 또는 노면전차의 운전자는 다음의 어느 하나에 해당하는 곳에서는 일시정지 하여야 한다(제31조 제2항 각호).

㉠ 교통정리를 하고 있지 아니하고 좌우를 확인할 수 없거나 교통이 빈번한 교차로

㉡ 시·도경찰청장이 도로에서의 위험을 방지하고 교통의 안전과 원활한 소통을 확보하기 위하여 필요하다고 인정하여 안전표지로 지정한 곳

12) 정차 및 주차의 금지 등

(1) 정차 및 주차의 금지

모든 차의 운전자는 다음의 어느 하나에 해당하는 곳에서는 차를 정차(停車)하거나 주차(駐車)하여서는 아니 된다(도로교통법 제32조 제1항 각호).[13)]

㉠ 교차로·횡단보도·건널목이나 보도와 차도가 구분된 도로의 보도(「주차장법」에 따라 차도와 보도에 걸쳐서 설치된 노상주차장은 제외)

㉡ 교차로의 가장자리나 도로의 모퉁이로부터 5미터 이내인 곳

㉢ 안전지대가 설치된 도로에서는 그 안전지대의 사방으로부터 각각 10미터 이내인 곳

㉣ 버스여객자동차의 정류지(停留地)임을 표시하는 기둥이나 표지판 또는 선이 설치된 곳으로부터 10미터 이내인 곳[14)]

㉤ 건널목의 가장자리 또는 횡단보도로부터 10미터 이내인 곳

㉥ 다음의 곳으로부터 5미터 이내인 곳

가. 「소방기본법」 따른 소방용수시설 또는 비상소화장치가 설치된 곳

나. 「소방시설 설치 및 관리에 관한 법률」에 따른 소방시설로서 대통령령으로 정하는 시설이 설치된 곳

㉦ 시·도경찰청장이 도로에서의 위험을 방지하고 교통의 안전과 원활한 소통을 확보하기 위하여 필요하다고 인정하여 지정한 곳

㉧ 시장등이 지정한 어린이 보호구역

---

13) 다만, 이 법이나 이 법에 따른 명령 또는 경찰공무원의 지시를 따르는 경우와 위험방지를 위하여 일시정지하는 경우에는 그러하지 아니하다

14) 다만, 버스여객자동차의 운전자가 그 버스여객자동차의 운행시간 중에 운행노선에 따르는 정류장에서 승객을 태우거나 내리기 위하여 차를 정차하거나 주차하는 경우에는 그러하지 아니한다(도로교통법 제32조 제4호 하단).

주차와 정차

① **주차**

주차(駐車, parking)란 운전자가 승객을 기다리거나 화물을 싣거나 차가 고장 나거나 그 밖의 사유로 차를 계속 정지 상태에 두는 것 또는 운전자가 차에서 떠나서 즉시 그 차를 운전할 수 없는 상태에 두는 것을 말한다.

② **정차**

정차(停車, a stop)란 운전자가 5분을 초과하지 아니하고 차를 정지시키는 것으로서 주차 외의 정지 상태를 말한다(이상 도로교통법 제2조 제24호 및 제25호).

(2) 주차금지의 장소

모든 차의 운전자는 다음의 어느 하나에 해당하는 곳에 차를 주차해서는 아니 된다(도로교통법 제33조 각호).

㉠ 터널 안 및 다리 위

㉡ 다음 각 목의 곳으로부터 5미터 이내인 곳

가. 도로공사를 하고 있는 경우에는 그 공사 구역의 양쪽 가장자리

나. 「다중이용업소의 안전관리에 관한 특별법」에 따른 다중이용업소의 영업장이 속한 건축물로 소방본부장의 요청에 의하여 시·도경찰청장이 지정한 곳

㉢ 시·도경찰청장이 도로에서의 위험을 방지하고 교통의 안전과 원활한 소통을 확보하기 위하여 필요하다고 인정하여 지정한 곳

(3) 주차위반에 대한 경찰 등의 조치

① 경찰공무원 등의 조치

경찰공무원, 시장 등 대통령령으로 정하는 바에 따라 임명하는 공무원은 이러한 정차 및 주차금지 사항을 위반하여 주차하고 있는 차가 교통에 위험을 일으키게 하거나 방해가 될 우려가 있을 때에는 차의 운전자 또는 관리책임자에 대해 주차 방법을 변경하거나 그곳으로부터 이동할 것을 명령(命令)할 수 있다(도로교통법 제35조 제1항).

② 경찰서장 등의 조치

경찰서장이나 시장 등은 위의 경우 차의 운전자나 관리 책임이 있는 사람이 현장에 없을 때에는 도로에서 일어나는 위험을 방지하고 교통의 안전과 원활한 소

통을 확보하기 위하여 필요한 범위에서 그 차의 주차방법을 직접 변경하거나 변경에 필요한 조치를 할 수 있으며, 부득이한 경우에는 관할 경찰서나 경찰서장 또는 시장 등이 지정하는 곳으로 이동 즉, 견인(牽引)하게 할 수 있다(도로교통법 제35조 제2항).

그리고 경찰서장이나 시장 등은 이 경우 선량한 관리자로서의 주의의무를 다하여 보관(保管)하여야 하며, 그 사실을 차의 사용자(소유자 또는 소유자로부터 차의 관리에 관한 위탁을 받은 사람)나 운전자에게 신속히 알리는 등 반환에 필요한 조치를 하여야 한다(제35조 제3항).

13) 차와 노면전차의 등화 및 차의 신호

(1) 차와 노면전차의 등화

모든 차 또는 노면전차의 운전자는 다음의 경우에는 대통령령으로 정하는 바에 따라 전조등(前照燈), 차폭등(車幅燈), 미등(尾燈)과 그 밖의 등화를 켜야 한다(도로교통법 제37조 제1항 각호).

㉠ 밤(해가 진 후부터 해가 뜨기 전까지를 말함)에 도로에서 차 또는 노면전차를 운행하거나 고장이나 그 밖의 부득이한 사유로 도로에서 차 또는 노면전차를 정차 또는 주차하는 경우

㉡ 안개가 끼거나 비 또는 눈이 올 때에 도로에서 차 또는 노면전차를 운행하거나 고장이나 그 밖의 부득이한 사유로 도로에서 차 또는 노면전차를 정차 또는 주차하는 경우

㉢ 터널 안을 운행하거나 고장 또는 그 밖의 부득이한 사유로 터널 안 도로에서 차 또는 노면전차를 정차 또는 주차하는 경우

그리고 모든 차 또는 노면전차의 운전자는 밤에 차가 서로 마주보고 진행하거나 앞차의 바로 뒤를 따라가는 경우에는 등화의 밝기를 줄이거나 잠시 등화를 끄는 등의 필요한 조작을 하여야 한다(제37조 제2항).

(2) 차의 신호

모든 차의 운전자는 좌회전·우회전·횡단·유턴·서행·정지 또는 후진을 하거나 같은 방향으로 진행하면서 진로를 바꾸려고 하는 경우에는 손이나 방향지시기 또는 등화로써 그 행위가 끝날 때까지 신호를 하여야 한다(도로교통법 제38조 제1항).

14) 승차 또는 적재 방법과 제한

(1) 승차 방법

모든 차의 운전자는 승차 인원, 적재중량 및 적재용량에 관하여 대통령령으로 정하는 운행상의 안전기준을 넘어서 승차시키거나 적재한 상태로 운전하여서는 안 된다. 다만, 출발지를 관할하는 경찰서장의 허가(許可)를 받은 경우에는 그러하지 아니하다(도로교통법 제39조 제1항).

모든 차 또는 노면전차의 운전자는 운전 중 타고 있는 사람 또는 타고 내리는 사람이 떨어지지 아니하도록 하기 위하여 문을 정확히 여닫는 등 필요한 조치를 하여야 한다(제39조 제3항).

그리고 모든 차의 운전자는 영유아나 동물을 안고 운전 장치를 조작하거나 운전석 주위에 물건을 싣는 등 안전에 지장을 줄 우려가 있는 상태로 운전하여서는 아니 된다(제39조 제5항).

(2) 적재 방법

모든 차의 운전자는 운전 중 실은 화물이 떨어지지 아니하도록 덮개를 씌우거나 묶는 등 확실하게 고정될 수 있도록 필요한 조치를 하여야 한다(도로교통법 제39조 제4항).

한편, 시·도경찰청장은 도로에서의 위험을 방지하고 교통의 안전과 원활한 소통을 확보하기 위하여 필요하다고 인정하는 경우에는 차의 운전자에 대하여 승차 인원, 적재중량 또는 적재용량을 제한할 수 있다(제39조 제6항).

15) 정비불량차의 운전금지 및 점검

(1) 정비불량차의 운전금지

모든 차의 사용자, 정비책임자 또는 운전자는 자동차관리법, 건설기계관리법이나 그 법에 따른 명령에 의한 장치가 정비되어 있지 아니한 차를 운전하도록 시키거나 운전하여서는 아니 된다(도로교통법 제40조).

(2) 경찰공무원의 점검

경찰공무원은 정비불량차에 해당한다고 인정하는 차가 운행되고 있는 경우에는 우선 그 차를 정지시킨 후, 운전자에게 그 차의 자동차등록증 또는 자동차 운전면허증을 제시하도록 요구하고 그 차의 장치를 점검할 수 있다(도로교통법 제41조 제1항).

경찰공무원은 이에 따라 점검한 결과 정비불량 사항이 발견된 경우에는 그 정비불량

상태의 정도에 따라 그 차의 운전자로 하여금 응급조치를 하게 한 후에 운전을 하도록 하거나 도로 또는 교통 상황을 고려하여 통행구간, 통행로와 위험방지를 위한 필요한 조건을 정한 후 그에 따라 운전을 계속하게 할 수 있다(제41조 제2항).

(3) 시·도경찰청장의 점검 및 조치

시·도경찰청장은 위의 사항에도 불구하고 정비 상태가 매우 불량하여 위험발생의 우려가 있는 경우에는 그 차의 자동차등록증을 보관하고 운전의 일시정지를 명할 수 있다. 이 경우 필요하면 10일의 범위에서 정비기간을 정하여 그 차의 사용을 정지(停止)시킬 수 있다(도로교통법 제41조 제3항).

3. 운전자의 의무

1) 무면허운전의 금지

누구든지 시·도경찰청장으로부터 운전면허를 받지 아니하거나 운전면허의 효력이 정지된 경우에는 자동차등을 운전해서는 안 된다(도로교통법 제43조).[15)]

2) 술에 취한 상태에서의 운전 금지와 경찰조치

(1) 술에 취한 상태에서의 운전 금지

누구든지 술에 취한 상태에서 자동차등(「건설기계관리법」에 따른 건설기계 외의 건설기계 포함), 노면전차 또는 자전거를 운전하여서는 아니 된다(도로교통법 제44조 제1항).

운전이 금지되는 술에 취한 상태의 기준은 운전자의 혈중알코올농도가 0.03퍼센트 이상인 경우로 한다(제44조 제4항).

(2) 경찰공무원의 조치

경찰공무원은 교통의 안전과 위험방지를 위하여 필요하다고 인정하거나 위의 규정을 위반하여 술에 취한 상태에서 자동차등, 노면전차 또는 자전거를 운전하였다고 인정할 만한 상당한 이유가 있는 경우에는 운전자가 술에 취하였는지를 호흡조사로 측정할 수 있다. 이 경우 운전자는 경찰공무원의 측정에 응하여야 한다(제44조 제2항).

---

15) 무면허운전을 한 사람은 1년 이하의 징역이나 300만원 이하의 벌금에 처한다(도로교통법 제152조 제1항 단서).

경찰의 측정 결과에 불복하는 운전자에 대하여는 그 운전자의 동의를 받아 혈액 채취 등의 방법으로 다시 측정할 수 있다(제44조 제3항).

음주운전에 대한 처벌

① 도로교통법 제44조 제1항 또는 제2항을 2회 이상 위반한 사람(자동차등 또는 노면전차를 운전한 사람으로 한정. 다만, 개인형 이동장치를 운전하는 경우는 제외. 이하 이 조에서 같음)은 2년 이상 5년 이하의 징역이나 1천만원 이상 2천만원 이하의 벌금에 처한다.
② 술에 취한 상태에 있다고 인정할 만한 상당한 이유가 있는 사람으로서 제44조 제2항에 따른 경찰공무원의 측정에 응하지 아니하는 사람(자동차등 또는 노면전차를 운전하는 사람으로 한정)은 1년 이상 5년 이하의 징역이나 500만원 이상 2천만원 이하의 벌금에 처한다.
③ 제44조 제1항을 위반하여 술에 취한 상태에서 자동차등 또는 노면전차를 운전한 사람은 다음의 구분에 따라 처벌한다.
  ㉠ 혈중알코올농도가 0.2퍼센트 이상인 사람은 2년 이상 5년 이하의 징역이나 1천만원 이상 2천만원 이하의 벌금
  ㉡ 혈중알코올농도가 0.08퍼센트 이상 0.2퍼센트 미만인 사람은 1년 이상 2년 이하의 징역이나 500만원 이상 1천만원 이하의 벌금
  ㉢ 혈중알코올농도가 0.03퍼센트 이상 0.08퍼센트 미만인 사람은 1년 이하의 징역이나 500만원 이하의 벌금(이상 도로교통법 제148조의2 제1항~제3항)

3) 과로한 때 등의 운전 금지

자동차등(개인형 이동장치는 제외) 또는 노면전차의 운전자는 제44조에 따른 술에 취한 상태 외에 과로, 질병 또는 약물(마약, 대마 및 향정신성의약품과 그 밖에 행정안전부령으로 정하는 것을 말함)의 영향과 그 밖의 사유로 정상적으로 운전하지 못할 우려가 있는 상태에서 자동차등 또는 노면전차를 운전하여서는 아니 된다(도로교통법 제45조).

4) 공동 위험행위의 금지

자동차등(개인형 이동장치는 제외)의 운전자는 도로에서 2명 이상이 공동으로 2대 이상의 자동차등을 정당한 사유 없이 앞뒤로 또는 좌우로 줄지어 통행하면서 다른 사람에게 위해(危害)를 끼치거나 교통상의 위험을 발생하게 하여서는 아니 된다(도로교통법 제46조 제1항).

5) 교통단속용 장비의 기능방해 금지

누구든지 교통단속을 회피할 목적으로 교통단속용 장비의 기능을 방해하는 장치를 제작·수입·판매 또는 장착해서는 안 된다(도로교통법 제46조의2).

6) 난폭운전 금지

자동차등(개인형 이동장치는 제외)의 운전자는 다음의 내용 가운데 둘 이상의 행위를 연달아 하거나, 하나의 행위를 지속 또는 반복하여 다른 사람에게 위협 또는 위해를 가하거나 교통상의 위험을 발생하게 하여서는 아니 된다(도로교통법 제46조의3).

㉠ 신호 또는 지시 위반

㉡ 중앙선 침범

㉢ 속도의 위반

㉣ 횡단·유턴·후진 금지 위반

㉤ 안전거리 미확보, 진로변경 금지 위반, 급제동 금지 위반

㉥ 앞지르기 방법 또는 앞지르기의 방해금지 위반

㉦ 정당한 사유 없는 소음 발생

㉧ 고속도로에서의 앞지르기 방법 위반

㉨ 고속도로 등에서의 횡단·유턴·후진 금지 위반

7) 위험방지를 위한 경찰조치

(1) 일시정지 및 운전면허증 제시 요구

경찰공무원은 자동차등 또는 노면전차의 운전자가 ㉠ 무면허운전(제43조), ㉡ 음주운전(제44조), ㉢ 과로한 때 등의 운전금지(제45조)의 규정을 위반하여 자동차등 또는 노면전차를 운전하고 있다고 인정되는 경우에는 자동차등 또는 노면전차를 일시정지시키고, 그 운전자에게 자동차 운전면허증을 제시할 것을 요구할 수 있다(도로교통법 제47조 제1항).

(2) 운전의 금지 명령 등

그리고 경찰공무원은 음주운전(제44조) 및 과로한 때 등의 운전금지(제45조)를 위반하여 자동차등 또는 노면전차를 운전하는 사람이나 음주운전(제44조)를 위반하여 자전거등을 운전하는 사람에 대하여는 정상적으로 운전할 수 있는 상태가 될 때까지 운전

의 금지를 명하고 차를 이동시키는 등 필요한 조치를 할 수 있다.

8) 어린이통학버스의 특별보호

어린이통학버스가 도로에 정차하여 어린이나 영유아가 타고 내리는 중임을 표시하는 점멸등 등의 장치를 작동 중일 때에는 어린이통학버스가 정차한 차로와 그 차로의 바로 옆 차로로 통행하는 차의 운전자는 어린이통학버스에 이르기 전에 일시정지하여 안전을 확인한 후 서행하여야 한다(도로교통법 제51조 제1항).

위의 경우 중앙선이 설치되지 아니한 도로와 편도 1차로인 도로에서는 반대방향에서 진행하는 차의 운전자도 어린이통학버스에 이르기 전에 일시정지하여 안전을 확인한 후 서행하여야 한다(제51조 제2항). 그리고 모든 차의 운전자는 어린이나 영유아를 태우고 있다는 표시를 한 상태로 도로를 통행하는 어린이통학버스를 앞지르지 못한다(제51조 제3항).

제4절 보행자의 통행·보호

1. 보행자 및 행렬의 통행

1) 보행자의 통행

보행자는 보도(步道)와 차도(車道)가 구분된 도로에서는 언제나 보도로 통행하여야 한다. 다만, 차도를 횡단하는 경우, 도로공사 등으로 보도의 통행이 금지된 경우나 그 밖의 부득이한 경우에는 그러하지 아니 한다(도로교통법 제8조 제1항).

보행자는 보도와 차도가 구분되지 아니한 도로에서는 차마와 마주보는 방향의 길가장자리 또는 길가장자리 구역으로 통행하여야 한다. 다만, 도로의 통행방향이 일방통행인 경우에는 차마를 마주보지 아니하고 통행할 수 있다(제8조 제2항). 보행자는 보도에서는 우측통행(右側通行)을 원칙으로 한다(제3항).

2) 행렬의 통행

학생의 대열과 그 밖에 보행자의 통행에 지장을 줄 우려가 있다고 인정하여 대통령령으로 정하는 사람이나 행렬(行列, 이하 '행렬등'이라 함)은 위의 보행자의 통행방법에도 불구하고 차도로 통행할 수 있다. 이 경우 행렬등은 차도의 우측(右側)으로 통행하여야 한다(도로교통법 제9조 제1항). 그리고 행렬등은 사회적으로 중요한 행사에 따라 시가를 행진하는 경우에는 도로의 중앙을 통행할 수 있다(제9조 제2항).

경찰공무원은 도로에서의 위험을 방지하고 교통의 안전과 원활한 소통을 확보하기 위하여 필요하다고 인정할 때에는 행렬등에 대하여 구간을 정하고 그 구간에서 행렬등이 도로 또는 차도의 우측(자전거도로가 설치되어 있는 차도에서는 자전거도로를 제외한 부분의 우측을 말함)으로 붙어서 통행할 것을 명하는 등 필요한 조치를 할 수 있다(제9조 제3항).

2. 보행자의 보호

1) 도로횡단자의 보호 및 준수사항

(1) 도로횡단자의 보호: 횡단보도의 설치

보행자는 경우에 따라서는 도로를 횡단하기도 하는데, 아무렇게나 횡단할 경우 사고의 우려가 있다.

따라서 시·도경찰청장은 도로를 횡단하는 보행자의 안전을 위하여 행정안전부령으로 정하는 기준에 따라 횡단보도(橫斷步道)를 설치할 수 있다(도로교통법 제10조 제1항).

(2) 도로횡단자의 준수사항

보행자는 횡단보도, 지하도, 육교나 그 밖의 도로 횡단시설이 설치되어 있는 도로에서는 그곳으로 횡단하여야 한다(도로교통법 제10조 제2항).

다만, 지하도나 육교 등의 도로 횡단시설을 이용할 수 없는 지체장애인의 경우에는 다른 교통에 방해가 되지 아니하는 방법으로 도로 횡단시설을 이용하지 아니하고 도로를 횡단할 수 있다(제10조 제2항 하단). 보행자는 횡단보도가 설치되어 있지 아니한 도로에서는 가장 짧은 거리로 횡단하여야 한다(제10조 제3항).

그리고 보행자는 차와 노면전차의 바로 앞이나 뒤로 횡단하여서는 안 된다. 다만, 횡단보도를 횡단하거나 신호기 또는 경찰공무원등의 신호나 지시에 따라 도로를 횡단하는 경우에는 그러하지 아니하다(제10조 제4항).

2) 어린이 등에 대한 보호

(1) 어린이의 보호

어린이의 보호자는 교통이 빈번한 도로에서 어린이를 놀게 하여서는 아니 되며, 영유아(嬰乳兒: 6세 미만인 사람을 말함)의 보호자는 교통이 빈번한 도로에서 영유아가 혼자 보행하게 하여서는 아니 된다(도로교통법 제11조 제1항).

어린이 보호구역의 지정

시장등은 교통사고의 위험으로부터 어린이를 보호하기 위하여 필요하다고 인정하는 경우에는 일정한 해당 시설의 주변도로 가운데 일정 구간을 어린이 보호구역으로 지정하여 자동차등과 노면전차의 통행속도를 '시속 30킬로미터' 이내로 제한할 수 있다(해당 시설은 도로교통법 제12조 제1항 각호 참조).

(2) 앞을 보지 못하는 사람의 보호

앞을 보지 못하는 사람(이에 준하는 사람 포함)의 보호자는 그 사람이 도로를 보행할 때에는 흰색 지팡이를 갖고 다니도록 하거나 앞을 보지 못하는 사람에게 길을 안내하는 개(장애인 보조견)로서 행정안전부령으로 정하는 개('장애인보조견')를 동반하도록 하는 등 필요한 조치를 하여야 한다(도로교통법 제11조 제2항).

(3) 경찰공무원의 조치

경찰공무원은 신체에 장애가 있는 사람이 도로를 통행하거나 횡단하기 위하여 도움을 요청하거나 도움이 필요하다고 인정하는 경우에는 그 사람이 안전하게 통행하거나 횡단할 수 있도록 필요한 조치를 하여야 한다(도로교통법 제11조 제5항).

3) 노인 및 장애인 보호구역의 지정 및 관리

시장등은 교통사고의 위험으로부터 노인 또는 장애인을 보호하기 위하여 필요하다고 인정하는 경우에는 일정한 시설의 주변도로 가운데 일정 구간을 '노인 보호구역'으로, 일정한 시설의 주변도로 가운데 일정 구간을 '장애인 보호구역'으로 각각 지정하여 차마와 노면전차의 통행을 제한하거나 금지하는 등 필요한 조치를 할 수 있다(도로교통법 제12조의2 제1항).

제5절 교통사고의 처리

1. 교통사고발생시의 조치 및 의무

1) 운전자의 조치 및 의무

(1) 사상자의 구호 등의 의무

차 또는 노면전차의 운전 등 교통으로 인하여 사람을 사상하거나 물건을 손괴(이하 '교통사고'라 함)한 경우에는 그 차 또는 노면전차의 운전자나 그 밖의 승무원(이하 '운전자등'이라 함)은 즉시 정차하여 다음의 조치를 하여야 한다(도로교통법 제54조 제1항 각호).[16)]

㉠ 사상자를 구호하는 등 필요한 조치

㉡ 피해자에게 인적 사항(성명·전화번호·주소 등을 말함) 제공

(2) 신고의무

위와 같은 경우, 그 차 또는 노면전차의 운전자등은 경찰공무원이 현장에 있을 때에는 그 경찰공무원에게, 경찰공무원이 현장에 없을 때에는 가장 가까운 국가경찰관서(지구대, 파출소 및 출장소를 포함)에 다음의 사항을 지체 없이 신고하여야 한다. 다만, 차 또는 노면전차만 손괴된 것이 분명하고 도로에서의 위험방지와 원활한 소통을 위하여 필요한 조치를 한 경우에는 그러하지 아니하다(도로교통법 제54조 제2항).

㉠ 사고가 일어난 곳

㉡ 사상자 수 및 부상 정도

㉢ 손괴한 물건 및 손괴 정도

㉣ 그 밖의 조치사항 등

(3) 긴급자동차 등의 적용

긴급자동차, 부상자를 운반 중인 차, 우편물자동차 및 노면전차 등의 운전자는 긴급한 경우에는 동승자(同乘者) 등으로 하여금 사상자 구호 등 필요한 조치 및 신고를 하

---

16) 제54조 제1항에 따른 교통사고 발생 시의 조치를 하지 아니한 사람(주·정차된 차만 손괴한 것이 분명한 경우에 제54조 제1항 제2호에 따라 피해자에게 인적 사항을 제공하지 아니한 사람은 제외)은 5년 이하의 징역이나 1천 500만원 이하의 벌금에 처한다(도로교통법 제148조).

게 하고 운전을 계속할 수 있다(도로교통법 제54조 제5항).

(4) 사고발생 시 조치에 대한 방해의 금지

교통사고가 일어난 경우에는 누구든지 운전자등의 조치 또는 신고행위를 방해하여서는 아니 된다(도로교통법 제55조).[17]

2) 경찰공무원의 조치 및 의무

운전자 등의 신고를 받은 국가경찰관서의 경찰공무원은 부상자의 구호와 그 밖의 교통위험 방지를 위하여 필요하다고 인정하면 경찰공무원(자치경찰공무원 제외)이 현장에 도착할 때까지 신고한 운전자 등에게 현장에서 대기할 것을 명(命) 할 수 있다(도로교통법 제54조 제3항).

그리고 경찰공무원은 교통사고를 낸 차의 운전자등에 대하여 그 현장에서 부상자의 구호와 교통안전을 위하여 필요한 지시를 명할 수 있다(제54조 제4항).

한편, 경찰공무원(자치경찰공무원 제외)은 교통사고가 발생한 경우에는 대통령령으로 정하는 바에 따라 필요한 조사를 해야 한다(제54조 제6항).

2. 교통사고처리 특례

1) 교통사고처리 특례의 의미

운전자가 '업무상과실' 또는 '중대한 과실'로 교통사고를 일으킨 경우에는 형사처벌 등의 특례를 정하여 교통사고로 인한 피해의 신속한 회복을 촉진하고 국민생활의 편익을 증진시키기 위하여 별도로 「교통사고처리 특례법」(交通事故處理 特例法, 1981년 제정)(약칭: 교통사고처리법)을 규정하고 있다(제1조).

2) 처벌의 특례

차의 운전자가 교통사고로 인하여 형법 제268조의 죄(업무상과실·중과실 치사상)를 범한 경우에는 5년 이하의 금고(禁錮) 또는 2천만원 이하의 벌금'에 처하도록 하고 있다(교통사고처리 특례법 제3조 제1항).

---

17) 교통사고 발생 시의 조치 또는 신고 행위를 방해한 사람은 6개월 이하의 징역이나 200만원 이하의 벌금 또는 구류에 처한다(도로교통법 제153조 제5호).

(1) 반의사 불벌죄의 일부 적용

차의 교통으로 위와 같은 형법 제268조상의 죄 가운데 업무상과실치상죄(業務上過失致傷罪) 또는 중과실치상죄(重過失致傷罪)와 '도로교통법 제151조의 죄'를[18] 범한 운전자에 대하여는 '피해자의 명시적인 의사에 반하여' 공소(公訴)를 제기할 수 없다(교통사고처리 특례법 제3조 제2항). 즉, 이는 반의사 불벌죄에 해당하는 셈이다.

(2) 반의사 불벌죄의 예외

다만, 다음의 경우에는 '피해자의 의사와 관계없이' 공소를 제기할 수 있다(제3조 제2항 하단 및 각호).

① 차의 운전자가 제1항의 죄 중 업무상과실치상죄 또는 중과실치상죄를 범하고도 피해자를 구호(救護)하는 등 「도로교통법」 제54조 제1항에 따른 조치를 하지 아니하고 도주하거나 피해자를 사고 장소로부터 옮겨 유기(遺棄)하고 도주한 경우

② 같은 죄를 범하고 「도로교통법」 제44조 제2항을 위반하여 음주측정 요구에 따르지 아니한 경우(운전자가 채혈 측정을 요청하거나 동의한 경우는 제외)

③ 다음의 어느 하나에 해당하는 행위로 인하여 같은 죄를 범한 경우

㉠ 「도로교통법」 제5조에 따른 신호기가 표시하는 신호 또는 교통정리를 하는 경찰공무원등의 신호를 위반하거나 통행금지 또는 일시정지를 내용으로 하는 안전표지가 표시하는 지시를 위반하여 운전한 경우

㉡ 「도로교통법」 제13조 제3항을 위반하여 중앙선을 침범하거나 같은 법 제62조를 위반하여 횡단, 유턴 또는 후진한 경우

㉢ 「도로교통법」 제17조 제1항 또는 제2항에 따른 제한속도를 시속 20킬로미터 초과하여 운전한 경우

㉣ 「도로교통법」 제21조 제1항, 제22조, 제23조에 따른 앞지르기의 방법·금지시기·금지장소 또는 끼어들기의 금지를 위반하거나 같은 법 제60조 제2항에 따른 고속도로에서의 앞지르기 방법을 위반하여 운전한 경우

㉤ 「도로교통법」 제24조에 따른 철길건널목 통과방법을 위반하여 운전한 경우

㉥ 「도로교통법」 제27조 제1항에 따른 횡단보도에서의 보행자 보호의무를 위반하여 운전한 경우

㉦ 「도로교통법」 제43조, 「건설기계관리법」 제26조 또는 「도로교통법」 제96조

---

18) 차 또는 노면전차의 운전자가 업무상 필요한 주의를 게을리 하거나 중대한 과실로 다른 사람의 건조물이나 그 밖의 재물을 손괴한 경우에는 2년 이하의 금고나 500만원 이하의 벌금에 처한다(도로교통법 제151조).

를 위반하여 운전면허 또는 건설기계조종사면허를 받지 아니하거나 국제운전면허증을 소지하지 아니하고 운전한 경우(이 경우 운전면허 또는 건설기계조종사면허의 효력이 정지 중이거나 운전의 금지 중인 때에는 운전면허 또는 건설기계조종사면허를 받지 아니하거나 국제운전면허증을 소지하지 아니한 것으로 봄)

ⓞ 「도로교통법」 제44조 제1항을 위반하여 술에 취한 상태에서 운전을 하거나 같은 법 제45조를 위반하여 약물의 영향으로 정상적으로 운전하지 못할 우려가 있는 상태에서 운전한 경우

ⓩ 「도로교통법」 제13조 제1항을 위반하여 보도(步道)가 설치된 도로의 보도를 침범하거나 같은 법 제13조 제2항에 따른 보도 횡단방법을 위반하여 운전한 경우

ⓒ 「도로교통법」 제39조 제3항에 따른 승객의 추락 방지의무를 위반하여 운전한 경우

ⓚ 「도로교통법」 제12조 제3항에 따른 어린이 보호구역에서 같은 조 제1항에 따른 조치를 준수하고 어린이의 안전에 유의하면서 운전하여야 할 의무를 위반하여 어린이의 신체를 상해(傷害)에 이르게 한 경우

ⓣ 「도로교통법」 제39조 제4항을 위반하여 자동차의 화물이 떨어지지 아니하도록 필요한 조치를 하지 아니하고 운전한 경우

3) 보험 등에 가입된 경우의 특례

(1) 공소제기를 할 수 없는 경우

그런데, 위와 같은 사정에도 불구하고 교통사고를 일으킨 자가 보험 등에 가입된 경우에는 특례를 규정하고 있다.

즉, 교통사고를 일으킨 차(車)가 보험업법, 여객자동차 운수사업법 또는 화물자동차 운수사업법에 따른 '보험(保險) 또는 공제(控除)'에 가입된 경우에는 교통사고처리특례법 제3조(처벌의 특례) 제2항 본문에 규정된 죄(업무상과실치상, 중과실치상 등)를 범한 차의 운전자에 대하여 공소를 제기할 수 없도록 한 것이다(교통사고처리 특례법 제4조 제1항).

이와 같이 보험 또는 공제에 가입한 경우에는 경우는 피해자의 명시적 의사(즉, 공소를 제기하고자 하는 의사)에도 불구하고 공소를 제기할 수 없다는 의미이다.

(2) 공소제기를 할 수 있는 경우

그런데, 일정한 경우에는 운전자가 관련 보험 또는 공제어 가입하였을 지라도 피해자는 공소를 제기할 수 있다.

교통사고처리 특례법에 다시 '다만, 위와 같은 사정에도 불구하고 아래의 어느 하나에 해당하는 경우에는 그러하지 아니하다'라고 하는 조항을 두고 있기 때문이다(교통사고처리 특례법 제4조 제1항 하단 및 각호).

㉠ 제3조 제2항 단서에 해당하는 경우

㉡ 피해자가 신체의 상해로 인하여 생명에 대한 위험이 발생하거나 불구(不具)가 되거나 불치(不治) 또는 난치(難治)의 질병이 생긴 경우

㉢ 보험계약 또는 공제계약이 무효로 되거나 해지되거나 계약상의 면책 규정 등으로 인하여 보험회사, 공제조합 또는 공제사업자의 보험금 또는 공제금 지급의무가 없어진 경우

제6절 운전면허행정

1. 운전면허의 의의

자동차등을 운전하려는 사람은 시·도경찰청장으로부터 운전면허(運轉免許)를 받아야 한다(도로교통법 제80조 제1항).

다만, '도로교통법 제2조 제19호 나목의 원동기를 단 차 중'[19) 「교통약자의 이동편의 증진법」 제2조 제1호에 따른 교통약자(交通弱者)가 최고속도 시속 20km 이하로만 운행될 수 있는 차를 운전하는 경우에는 그러하지 아니하다(제80조 제1항 하단).

여기에서 교통약자란 장애인, 고령자, 임산부, 영유아를 동반한 사람, 어린이 등 일상생활에서 이동에 불편을 느끼는 사람을 말한다(교통약자의 이동편의 증진법 제2조 제1호).

19) 그 밖에 배기량 125시시 이하(전기를 동력으로 하는 경우에는 최고정격출력 11킬로와트 이하)의 원동기를 단 차(「자전거 이용 활성화에 관한 법률」 제2조 제1호의2에 따른 전기자전거는 제외)를 말한다.

1) 운전면허의 종류

시·도경찰청장은 운전을 할 수 있는 차의 종류를 기준으로 다음과 같이 운전면허의 범위를 구분하고 관리하여야 한다. 이 경우 운전면허의 범위에 따라 운전할 수 있는 차의 종류는 행정안전부령으로 정한다(도로교통법 제80조 각호).

〈운전면허의 종류〉

제1종 운전면허	제2종 운전면허	연습운전면허
① 대형면허 ② 보통면허 ③ 소형면허 ④ 특수면허 ㉠ 대형 견인차 면허 ㉡ 소형 견인차 면허 ㉢ 구난차 면허	① 보통면허 ② 소형면허 ③ 원동기장치 자전거면허	① 제1종 보통연습면허 ② 제2종 보통연습면허

연습운전면허는 그 면허를 받은 날부터 1년 동안 효력을 가진다. 다만, 연습운전면허를 받은 날부터 1년 이전이라도 연습운전면허를 받은 사람이 제1종 보통면허 또는 제2종 보통면허를 받은 경우 연습운전면허는 그 효력을 잃는다(도로교통법 제81조).

2) 운전면허의 결격사유

다음에 해당하는 사람은 운전면허를 받을 수 없다(도로교통법 제82조 제1항 각호).[20)]

㉠ 18세 미만(원동기장치자전거의 경우에는 16세 미만)인 사람

㉡ 교통상의 위험과 장해를 일으킬 수 있는 정신질환자 또는 뇌전증 환자로서 대통령령으로 정하는 사람

㉢ 듣지 못하는 사람(제1종 운전면허 중 대형면허·특수면허만 해당), 앞을 보지 못하는 사람(한쪽 눈만 보지 못하는 사람의 경우에는 제1종 운전면허 중 대형면허·특수면허만 해당)이나 그 밖에 대통령령으로 정하는 신체장애인

㉣ 양쪽 팔의 팔꿈치관절 이상을 잃은 사람이나 양쪽 팔을 전혀 쓸 수 없는 사람. 다만, 본인의 신체장애 정도에 적합하게 제작된 자동차를 이용하여 정상적인 운전

20) 이 밖에도 일정한 사유에 해당하는 사람은 해당 규정된 기간이 지나지 아니하면 운전면허를 받을 수 없다. 다만, 일정한 사유로 인하여 벌금 미만의 형이 확정되거나 선고유예의 판결이 확정된 경우 또는 기소유예나 「소년법」에 따른 보호처분의 결정이 있는 경우에는 해당 규정된 기간 내라도 운전면허를 받을 수 있다(이에 대한 세부적인 내용은 도로교통법 제82조 제2항 각호 참조).

을 할 수 있는 경우에는 그러하지 아니함

㉤ 교통상의 위험과 장해를 일으킬 수 있는 마약·대마·향정신성의약품 또는 알코올 중독자로서 대통령령으로 정하는 사람

㉥ 제1종 대형면허 또는 제1종 특수면허를 받으려는 경우로서 19세 미만이거나 자동차(이륜자동차는 제외)의 운전경험이 1년 미만인 사람

㉦ 대한민국의 국적을 가지지 아니한 사람 중 「출입국관리법」에 따라 외국인등록을 하지 아니한 사람(외국인등록이 면제된 사람은 제외)이나 「재외동포의 출입국과 법적 지위에 관한 법률」에 따라 국내거소신고를 하지 아니한 사람

2. 운전면허증과 임시운전증명서

1) 운전면허증의 발급

운전면허를 받으려는 사람은 운전면허시험에 합격하여야 한다. 시·도경찰청장은 운전면허시험에 합격한 사람에 대하여 행정안전부령으로 정하는 운전면허증을 발급하여야 한다(도로교통법 제85조 제1항 및 제2항). 시·도경찰청장의 운전면허증 발급은 재량행위가 아니라 기속행위이다.

운전면허의 효력은 본인 또는 대리인이 운전면허증을 발급받은 때부터 발생한다(도로교통법 제85조 제5항).

2) 임시운전증명서의 발급

시·도경찰청장은 다음의 어느 하나의 경우에 해당하는 사람이 임시운전증명서 발급을 신청하면 행정안전부령으로 정하는 바에 따라 임시운전증명서를 발급할 수 있다(도로교통법 제91조 제1항 각호).

㉠ 운전면허증을 받은 사람이 운전면허증을 잃어버렸거나 헐어서 못쓰게 되었을 경우에 따른 재발급 신청을 한 경우

㉡ 정기 적성검사 또는 운전면허증 갱신 발급 신청을 하거나 수시 적성검사를 신청한 경우(다만, 이 경우에는 소지하고 있는 운전면허증에 행정안전부령으로 정하는 사항을 기재하여 발급함으로써 임시운전증명서 발급을 갈음할 수 있음)

㉢ 운전면허의 취소처분 또는 정지처분 대상자가 운전면허증을 제출한 경우

3. 국제운전면허증 또는 상호인정외국면허증

외국의 권한 있는 기관에서 아래의 '㉠·㉡·㉢'까지의 어느 하나에 해당하는 협약·협정 또는 약정에 따른 운전면허증(이하 '국제운전면허증'이라 함) 또는 '㉣'에 따라 인정되는 외국면허증(이하 '상호인정외국면허증'이라 함)을 발급받은 사람은 제80조 제1항에도 불구하고, 국내에 입국한 날부터 1년 동안 그 국제운전면허증 또는 상호인정외국면허증으로 자동차등을 운전할 수 있다. 이 경우 운전할 수 있는 자동차의 종류는 그 국제운전면허증 또는 상호인정외국면허증에 기재된 것으로 한정한다.

㉠ 1949년 제네바에서 체결된「도로교통에 관한 협약」

㉡ 1968년 비엔나에서 체결된「도로교통에 관한 협약」

㉢ 우리나라와 외국 간에 국제운전면허증을 상호 인정하는 협약, 협정 또는 약정

㉣ 우리나라와 외국 간에 상대방 국가에서 발급한 운전면허증을 상호 인정하는 협약·협정 또는 약정

그러나 국제운전면허증을 외국에서 발급받은 사람 또는 상호인정외국면허증으로 운전하는 사람은「여객자동차 운수사업법」또는「화물자동차 운수사업법」에 따른 사업용 자동차를 운전할 수 없다. 다만,「여객자동차 운수사업법」에 따른 대여사업용 자동차를 임차(賃借: 렌트카 등)하여 운전하는 경우에는 그러하지 아니하다.

제15장 경비경찰

제1절 경비경찰의 의의

1. 경비경찰의 개념

경비경찰(警備警察)은 그 활동영역이 광범위하여 그 개념을 명확히 정립하기가 쉽지 않다. 자경주의 차원이든 제도 차원의 경찰이든 간에 '경비'(警備)기능은 인간의 본능적인 경찰활동이라고 할 수 있다.

국가라는 실체 이전에는 사회구성원의 집단보호 목적이 강하였다고 한다면, 국가체제 성립 이후에는 이에 더하여 체제유지 및 보호의 기능이 비교우위를 차지하게 되었다고 볼 수 있다. 이러한 점에서 경비경찰은 사회적 법익(社會的 法益)과 국가적 법익(國家的 法益)의 보호 목적이 강한 경찰활동이라고 할 수 있다.

경비경찰활동의 대상은 비단 ㉠ 인위적 위해요소뿐만 아니라 ㉡ 자연적 위해요소 역시 그 대상이 된다. 따라서 경비경찰은 다중(多衆)이 운집하는 행사나 집회시위 보호와 통제, 테러대응, 요인의 신변보호, 재난(예: 폭발·방화 등)이나 재해(예: 산사태·홍수·지진 등)로부터 시민의 신체와 재산의 보호와 구호, 산악수색, 납치·유괴범이나 흉악범 검거 및 지원 작전 등 다양한 업무를 수행한다고 할 수 있다.[1)]

---

1) 조철옥(2011), 경찰학 각론, 경기: 21세기사, p. 331.; 2019년 현재 경찰공무원 122,913명(100.0%) 가운데, 경찰직제상 경비경찰기능을 담당하는 경찰은 13,348명(약 11.0%)에 이르고 있다. 경찰청(2020), 경찰통계연보, p. Ⅱ.

2. 경비경찰의 특징

이러한 점에서 경비경찰은 활동 및 조직운영상에서 다음과 같은 특징을 가지고 있다.[2)]

1) 복합기능 활동

경비경찰은 발생 가능한 위험요소와 사전에 예측하여 제거하고, 테러 및 무질서와 같은 위험사태 발생시 피해를 최소화시키는 일련의 모든 활동을 수행하게 된다. 여기에서 위험사태의 발생을 미연에 방지하기 위한 '예방적 기능'에 더 큰 비중을 두고 있음은 물론이다. 위험한 사태가 발생하게 되면 이를 회복하는데 많은 어려움과 사회적 비용이 따르게 되기 때문이다.

경비경찰활동은 경찰기능 가운데 가장 복합기능적인 성격을 가지고 있으며, 따라서 다른 여러 경찰기능과의 유기적인 연계는 매우 중요하다. 즉, 정보경찰의 정보수집활동, 교통경찰의 교통관리, 수사경찰의 범죄대응과 보안경찰의 국가안보관련 지원활동, 외사경찰의 출입국자 관리, 일선 외근경찰의 행사장 동원 등이 아울러 긴밀하게 이루어져야 한다. 그리고 경비경찰은 다른 국가기능과도 긴밀한 협조와 공조가 요구되는 활동이라고 할 수 있다.[3)]

2) 현상유지 활동

경비경찰의 활동은 기본적으로 현재의 질서상태를 보존하는 것에 목적을 둔다고 볼 수 있다. 물론, 이는 단순히 정태적·소극적 질서유지가 아니라 국가의 새로운 변화와 발전을 위한 제반 여건을 마련해준다는 의미를 아울러 가지고 있다. 따라서 경비경찰의 활동은 현상유지적인 성격이 강하며, 직접적으로 사회개혁이나 획기적인 변화를 추구하는 것은 아니라고 본다.

3) 즉응 활동

경비경찰이 대응하고자 하는 위험사태의 대응은 국가적으로나 사회적으로 중대한 영향을 주기 때문에 항상 긴급을 요하고 신속한 처리가 요구된다. 일반경찰업무 예컨대,

---

2) 경찰대학(2008), 경찰경비총서, pp. 8-10.

3) 지난 2011년 11월에 「2012 서울 핵안보정상회의」를 대비하여 공항 내에서 발생할 수 있는 모든 테러 상황을 가상해 훈련을 실시하였는데, 이 훈련에 군과 경찰, 소방당국 등 22개 기관에서 약 360명의 인원이 참가하였다. 이들 합동 훈련단은 2012년에 열릴 정상회의를 앞두고 실제 재난 상황에 대비하기 위한 훈련을 정기적으로 실시할 예정이다. MBN(2011. 11. 11.).

방범이나 수사업무는 통상 처리기한이 있어서 그 기한만 넘기지 않으면 별로 문제가 되지 않는다고 본다.

그러나 다중범죄, 테러, 경호상의 위해나 경찰작전상황 등이 발생하였을 때에는 기한을 정하여 진압할 수 없으며, 즉시 출동하여 조기에 제압해야 한다. 자연재해가 발생한 경우에도 신속한 대처가 필요한 것은 마찬가지이며, 따라서 경비경찰의 활동은 특정한 기한이 없는 그러한 사태가 종료될 때 동시에 해당업무도 종료되는 것이 하나의 특징이라고 할 수 있다.

4) 조직 · 부대활동

경비경찰은 개인단위로 활동하기보다는 보통 '조직적인 부대단위'로 대응을 한다. 여기에서 '부대'(部隊, unit)라는 것은 개인으로 구성된 집단이 지휘관의 지휘를 받는 상하조직으로 구성되는 것을 말한다.

따라서 부대활동이라는 것은 지휘관과 부하, 그리고 장비와 보급체계를 갖춘 조직적인 집단활동을 말하는 것이다. 그러므로 경비경찰은 경비사태에 효과적으로 대비하기 위한 체계적인 부대편성, 관리·운영이 그 기능의 핵심이라고 할 수 있다.

5) 하향 명령에 따른 활동

다른 경찰활동도 마찬가지이지만 경비경찰은 특히, 하향적인 명령에 의하여 움직이는 활동이다. 경비경찰은 지휘관이 있고, 참모와 중간지휘자, 그리고 지위를 받는 대원들로 구성되어 있다. 모든 경비활동은 계선조직의 지휘관이 내리는 지시나 명령에 의하여 움직인다.

경비경찰이 하향적인 명령(즉, 상명하복)을 중시하는 것은 예컨대, 다수의 군중이 불법폭력시위를 했을 경우, 이에 대한 신속한 명령체계 수립 및 적절한 대응을 하지 못하게 되면 사태의 확산은 물론이며, 경비경찰 구성원들도 많은 인적·물적 피해를 입게 되기 때문이다.

6) 사회전반의 안녕목적 활동

경비경찰의 활동은 공공의 안녕과 질서를 해치는 위험이나 경찰명령에 위반하는 사태를 제거하는 것이다. 일반적으로 생활안전이나 수사경찰은 국민 또는 개인의 생명·신체·재산을 침해하는 범죄를 예방하거나 수사하는 임무를 수행하지만, 경비경찰의 대상은 국가와 사회 전체의 질서를 파괴하는 범죄라는 점에서 차이가 있다.

경비경찰은 직접적으로 공공의 안녕과 질서를 파괴하는 위법행위가 그 대상이라는 점에서 이의 활동에 대해 '국가목적(國家目的) 치안의 수행'이라고 하기도 한다.

3. 경비경찰의 경비수단 원칙

1) 균형성의 원칙

경비사태에 대해 경비수단으로 경비경찰을 동원할 때에는 이의 운용을 균형 있게 해야 한다는 원칙이다. 따라서 경비사태의 상황과 대상에 따라 주력부대와 예비부대를 유효적절하게 활용하여 한정된 경찰력을 가지고 최대한의 성과를 낼 수 있도록 해야 한다.

2) 위치선정의 원칙

경비사태에 대해 경비경찰을 동원하여 실력을 행사할 경우, 유리한 지점과 위치를 확보해야 한다는 원칙이다. 상대하는 군중보다 유리한 지점과 위치를 선점함으로써 작전수행이나 진압을 용이하게 해준다. 지형을 무시하고 유리한 장소를 선정하지 못했을 경우, 경비사태에 대한 효율적인 대응은 어렵게 된다.

3) 적시성의 원칙

경비사태에 대해 가장 적절한 시기에 경비경찰을 동원하여 실력을 행사해야 한다는 원칙이다. 상대방의 저항이 아직 확산되지 못할 때나, 저항력이 가장 약한 시점을 포착하는 것이 중요하다.

4) 안전성의 원칙

경비사태 발생시 경비경찰 자신들과 군중들을 사고 없이 안전하게 진압해야 한다는 원칙이다. 경우에 따라서는 무리한 진압으로 인해 커다란 사회적 물의를 야기할 우려가 있으므로 안전성 확보에 특히 유의해야 한다.

4. 경비경찰의 법적 근거

경비경찰의 법적 근거는 헌법을 근간으로 하고, 일반법으로서 경찰법 제3조(경찰의 임무), 경찰관직무집행법 제2조(직무의 범위)에 개괄적으로 규정되어 있다. 경비경찰의 분장사무와 관련하여 경찰청과 그 소속기관 직제(대통령령) 제13조에 규정되어 있다.

경비경찰과 관련된 개별법으로서는 「경찰직무 응원법」, 「재난 및 안전관리기본법」(약칭: 재난안전법), 「집회 및 시위에 관한 법률」(약칭: 집시법), 「대통령 등의 경호에 관한 법률」(약칭: 대통령경호법), 「통합방위법」, 「청원경찰법」, 그리고 「국민보호와 공공안전을 위한 테러방지법」(약칭: 테러방지법) 등이 있다.

제2절 경비경찰의 주요활동

경비경찰의 주요활동과 관련하여 ㉠ 집회시위경비(다중범죄진압), ㉡ 행사안전경비(혼잡경비 등) ㉢ 선거경비, ㉣ 위기관리(비상경계·재난경비), ㉤ 경호경비, ㉥ 대테러경비 등을 중심으로 살펴보기로 한다.

1. 집회시위경비

1) 집회시위경비의 의미

대한민국 헌법 제21조는 집회의 자유를 보장하고 있다. 이는 집단적인 표현의 자유를 보장함을 선언한 것이다. 집회의 자유는 개인에게 집회하는 공권(公權)을 보장하는 것이며, 나아가 민주적 기본질서의 한 구성요건이 되는 것이다.[4)]

따라서 집회시위경비(集會示威警備)는 적법한 집회시위는 최대한 보장하고, 위법한 시위로부터 국민을 보호함으로써 집회시위의 권리보장과 공공의 안녕질서가 적절히 조화를 이루도록 하는 제반경찰활동이라고 할 수 있다(집회 및 시위에 관한 법률 제1조).

다중범죄(多衆犯罪)는 이러한 집회시위 과정에서 다중에 의해 공공의 안녕과 질서가 파괴되는 불법사태를 말한다. 그런데, 집회시위는 어떻게 보면, 우리사회가 안고 있는 모

4) 김철수(2006), 헌법학개론, 서울: 박영사, p. 752.

든 문제점들을 관련 이해당사자들이 공개적으로 표출하는 전형으로서, 그에 대한 경찰 대응은 매우 복잡한 것이 사실이다. 따라서 집회시위에는 경비경찰활동 뿐만 아니라 정보, 교통, 보안 등 여러 경찰기능이 복합적으로 운용된다. 여기에서 가장 밀접하게 관련된 것은 경비경찰이라고 할 수 있다.

2) 집회시위과정에서 불법폭력시위의 원인

시민들이 자신들의 목적달성을 위해 합법적·평화적인 방법으로 시위뿐만 아니라 불법적인 폭력시위를 행사하는 이유는 무엇인가.

일반적으로 정부의 정책결정 혹은 사회가 직면한 어떤 원인에 대하여 시민의 불법폭력시위가 일차적으로 전개되기보다는 일정기간 동안에는 사소한 저항으로 시작된다. 대부분의 문제제기(예: 이의제기, 불복, 항의, 데모 등)는 합법적으로 그리고 평화적인 시위로 시작된다.

그러나 감정이 격화되면 합법적인 장벽들을 넘어서게 되고, 전형적인 불법 폭력시위 상황으로 전개된다. 그리고 그 이전에 심각한 좌절감을 경험(예: 비정규직의 정리해고 등)한 시위자들은 극단적인 상황에서 무차별적으로 행동할 가능성도 없지 않다고 본다. 이러한 상황에서 시위자들은 자신들의 불법행위에 대해 무감각해지거나 기꺼이 처벌받을 각오를 하고 행동하게 된다.

한편, 시위대가 폭력적인 방법을 행사하는 것은 이들이 원하는 요구조건을 정부가 수용시키는데 불법이 준법보다 효과적이기 때문일지도 모른다. 실제로 동아시아연구원(EAI)이 1989년부터 2005년까지의 주요 시위 5,400건을 분석한 결과 불법시위대의 요구를 받아들인 비율이 29.1%, 준법시위대의 요구를 받아들인 비율이 25.1%였다는 점이다. 불법 폭력시위가 보다 효과적이라는 근거는 다른 나라 역시 마찬가지이다. 예컨대 갬손(Gamson, 1990)은 미국 시위역사에 있어서 폭력을 사용한 집단은 그렇지 않은 집단보다 목적을 달성하는데 보다 성공적이었다고 주장하고 있다.[5] 시위대의 입장에서 요구조건을 수용시키는데 불법이 준법보다 효과적이라는 역설적인 설명이 가능하다.

3) 집회시위에 대한 경비경찰의 접근방법

일반적으로 합법적·평화적 집회시위에 대해서는 유연하게, 불법적·폭력적적인 집회시위에 대해서는 강경하게 대응하는 것이 기본이다. 따라서 합법적·평화적 집회시위는

5) 위의 책, pp. 225-226 재인용.

경찰의 보장·보호·안내를 통해 이루어지지만, 불법적·폭력적 집회시위는 단호히 엄단하여 법질서를 확립하도록 할 필요가 있다.

아래에서는 불법적·폭력적 집회시위에 대한 경비경찰의 대응방법에 대해서 살펴보기로 한다(집회 및 시위에 관한 법률상의 경찰의 역할 및 활동에 대해서는 정보경찰에서 살펴보기로 한다).

(1) 불법시위 등에 대한 치안정책적 접근

불법시위에 대한 정책적 접근이라는 것은 불법시위의 발생을 전후에서 국가의 치안정책적 차원에서 접근하여, 관련문제를 해소하는 전략적 방법이라고 할 수 있다.[6] 이 부분은 정보경찰활동과도 밀접한 관련이 되는데, 논의의 편의상 여기에서 살펴보기로 한다.

① 선수승화법

선수승화법이란 특정한 불만집단에 대한 정보활동을 강화하여 사전에 불만 및 분쟁요인을 찾아내어 해소시켜주는 사전해결방법을 말한다. 예컨대, 특정지역의 재개발과 관련하여 일부 세입자의 집회시위가 예상될 경우, 경찰서 정보과에서 관계인 면담을 주선하여 대화에 의한 타협을 보는 경우를 들 수 있다.

② 지연정화법

지연정화법이란 불만집단의 고조된 주장을 시간을 끌어 이성적으로 생각할 기회를 부여하고 정서적으로 감정을 둔화시켜 흥분을 가라앉게 하는 방법으로, 시간을 지연시켜 해결책을 찾는 방법을 말한다.

③ 대체법

대체법(또는 전이법라고 부르기도 하는데, 개념상으로 대체라는 용어가 타당하다고 봄)이란 다중범죄의 발생 징후나 이슈가 있을 때, 집단이나 국민들의 관심을 집중시킬 수 있는 경이적인 사건을 폭로하거나 규모가 큰 행사를 개최하여 원래의 이슈가 상대적으로 약화되도록 하는 방법을 말한다.

④ 경쟁행위법

경쟁행위법이란 불만집단과 반대되는 대중 또는 집단의 의견을 크게 부각시켜, 불만집단의 주장을 희석시키는 방법을 말한다. 예컨대, 지하철노조의 파업에 대

6) 조철옥(2011), 앞의 책, pp. 363-364 재인용.

해 일반시민의 비난여론을 언론에 보도하도록 하여 파업을 철회하도록 하는 것을 들 수 있다.

(2) 불법시위에 대한 경찰진압의 기본원칙(방법)

불법시위가 발생했을 때, 경비경찰은 다음과 같은 방법에 의해서 불법시위 군중들을 통제 할 수 있을 것이다.[7)]

① 봉쇄 및 방어

군중들이 중요시설이나 기관 등 보호대상물의 점거를 기도할 경우에는 사전에 진압부대가 점령하거나 바리케이드 등으로 봉쇄하여 방어조치를 취해야 한다. 이러한 일련의 조치는 단독적으로 이루어지는 것보다 수 개의 조치가 복합적으로 취해짐으로써 군중들의 의도를 사전에 봉쇄하여 시위계획을 충돌 없이 효과적으로 무산시키는 방법이다.

② 차단 및 배제

불법시위는 다중이 모일 수 있는 교통상 편리한 특정 장소에서 시도되는 경우가 많다. 이러한 경우 군중들이 목적지에 집결하기 전에 중간에서 차단하여 집합을 못하게 하는 방법인데, 이를 효과적으로 하기 위해서는 중요 목 지점에 경찰력을 배치하고 검문검색을 실시하여 불법시위가담자를 사전에 색출·검거하거나 귀가조치시킴으로써 그 세력을 분산시키는 방법이다.

③ 세력분산

일단 시위대가 집단을 형성한 이후 진압부대가 대형으로 공격하거나 가스탄 등을 사용하여 시위집단의 지휘통제력을 차단시키고, 수개의 소집단으로 분할시켜 시위의사를 약화시킴으로써 그 세력을 분산시키는 방법이다.

④ 주동자 격리

불법시위는 특정한 지도자나 주동자의 선동에 의하여 이루어지므로, 그 주모자를 사전에 검거하거나 군중과 격리시킴으로써 군중의 집단적 결속력을 약화시켜 계속된 행동을 하지 못하게 하는 진압방법이다.

---

7) 이하 김상호 외 8인(2004), 경찰학개론, 서울: 법문사, pp. 678-679 재인용.

(3) 불법시위에 대한 경찰의 해산 명령 및 강제

관할 경찰관서장은 '일정한 위반행위를 한 경우'에 해당하는 집회 또는 시위에 대하여는 '상당한 시간 이내'에 '자진'(自進) 해산할 것을 요청하고 이에 따르지 아니하면 해산을 명할 수 있다(집회 및 시위에 관한 법률 제20조 제1항).

이러한 집회 또는 시위에 대해 위와 같은 해산 명령을 받았을 때에는 모든 참가자는 '지체 없이' 해산하여야 한다(제20조 제2항). 해산 명령을 이행하지 않았을 경우에는 경찰의 물리적 강제력이 행사될 수 있음은 물론이다.

(4) 경찰의 위법한 조치에 대한 책임

경찰의 집회 및 시위 대응 및 이와 관련된 사후조치가 모두 정당성을 갖는 것은 결코 아니다. 경찰은 헌법에서 보장하고 있는 적법한 집회 및 시위를 최대한 보장하고, 위법한 시위로부터 국민을 보호함으로써 집회 및 시위의 권리 보장과 공공의 안녕질서가 적절히 조화를 이루도록 노력해야 한다는 의미이다.

한편, 지난 2020년에 발생한 코로나사태의 심각성에도 불구하고, 이후 진보세력과 보수세력이 방역지침을 위반하고 서울 광화문 등 도심에서 정치적·경제적 목적을 위해 수차례 집회 및 시위를 하였다. 그러나 이들에 대한 경찰의 미숙한 대응(집회시위 허용가부, 집회시위 허용시 참가자 확인·인원제한·거리두기 등 방역지침 준수 여부 등)과 정치편향적 태도는 여전히 개선되지 않고 있다. 경찰은 정치적 중립성을 분명히 하고, 법과 절차에 따라 대응을 하지 않으면, 그 피해는 고스란히 국민의 몫이 될 것이다.

2. 행사안전경비

1) 행사안전경비의 의미

행사안전경비라는 것은 기념행사, 경기대회, 제례의식, 기타 각종 행사를 위해 모인 비조직화(非組織化)된 군중에 의하여 발생하는 혼란사태를 사전에 예방하고, 위험한 사태가 발생한 경우에는 신속한 대응조치를 하는 경비경찰활동을 말한다. 행사장의 혼잡한 상황에 대응한다는 점에서 혼잡경비(混雜警備)라는 말을 사용하기도 한다.

사람들이 많이 모인 장소에서는 처음에는 평온하다가 어떠한 계기에 의하여 돌발 상황이 발생하면, 군중들이 흥분하거나 급박한 혼란상태로 돌입하는 경우가 많다. 예컨대, 행사장에서 참석자 또는 관중들이 행사내용에 대하여 지나친 열광으로 과도하게 흥분하거나, 시설물의 붕괴 등으로 인하여 사고가 발생하는 경우를 들 수 있다. 따라서 경비경찰은 이러한 모든 예측 가능한 상황을 사전에 파악하여 안전대책을 수립해야 한다.

최근에는 수익성 행사의 경우 행사주최자가 주도적으로 안전활동을 수립·실행하도록 하고 있으며, 경찰이 주도적으로 안전활동을 실시하는 경우는 대규모 국가적인 행사에 국한되어 가고 있는 것이 특징이다.[8)]

2) 군중심리

(1) 정상군중심리

넓은 의미에서 군중심리는 개개인이 각 군집상황 속에서 갖게 되는 심리상태를 말한다. 불특정 다수의 대규모 군중이 운집한 상황에서 안전사고가 발생하는 이유는 시설물 자체의 결함에서 비롯되기도 하지만 경우에 따라서는 돌발 상황 등으로 인해 평상시에 가지고 있는 정상적인 심리적 균형상태가 깨지기 때문이라고 할 수 있다.

물론 불특정 다수의 군중이 모였다 할지라도 항상 위험한 상황이 발생하는 것은 아니다. 즉, 정상적인 상황에서는 군중들은 호기심, 동정심, 안전, 수치심, 집단동질성 등과 같은 정상군중심리(normal crowd psychology)를 가지고 주어진 상황을 파악하게 된다. 정상군중심리는 구성원들 상호간의 신임, 충성, 단결 등의 내적 심리기재가 작동하게 된다.[9)]

(2) 이상군중심리

그러나 대규모 군중이 운집한 상황에서 특별한 외부의 자극(욕망충동, 생명위협 등)이 주어지면 비정상적인 이상군중심리(abnormal crowd psychology)가 작동하기도 하는데, 그 중에는 불만, 항거, 냉소, 파괴 등의 행위와 관련된다.[10)] 예컨대, 격렬한 시위현장, 과열된 축구 경기장, 대형화재가 발생한 호텔 등은 그 좋은 예이다.

따라서 대규모 군중이 운집한 상황에서는 때로는 의외의 무모하고 잔인한 반사회적인 행동이 일어나는 경향이 있다. 또 상호간에 조금만 질서를 지키면 모두가 안전하게 대피할 수 있음에도 불구하고 밀고 밀리는 혼잡 와중에 대형사고를 당하는 상황이 발생하기도 한다.

이처럼 대규모 군중이 모여 있는 장소에서 흥분상황, 돌발상황, 위험상황 등이 발생했

---

8) Cunningham, William C. & Taylor, Todd H.(1985), Private Security and Police In America, The Hallcrest Report, Portland: Chancellor Press, p. 111.

9) 경찰대학(1998), 경찰경비론, pp. 10-11.; 최선우(2021), 민간경비론, p. 665 재인용.

10) 위의 책, pp. 666-667 재인용.

을 때, 사람들은 지극히 비합리적·비도덕적인 행동을 하게 된다. 그 결과 적지 않은 인명피해 등의 문제가 발생하게 된다(정상군중심리와 이상군중심리는 앞에서 살펴본 집회시위에서도 적용됨은 물론이다).

① 정서의 충동성

정서적 충동에 의해 신체는 많은 변화를 가져오게 되는데, 호흡곤란·심장박동수의 증가·혈압상승·동공확대·내분비 증가 및 근육긴장 등의 현상이 일어난다. 한 개인이 만약 정서가 지나치게 과민해지면, 감정이 불안해지거나 폭발하기 쉽고, 그 반대의 경우에는 정신위축 상태가 나타난다.

따라서 개인이 군중 속에 있을 때, 정서의 상호작용·상호전염의 결과로 그 행위는 종종 극단적으로 가는 경향이 있다. 이로 인해 군중 속에서 개인의 정서는 극히 충동적이고, 이러한 충동은 이상폭력행위를 유탈하게 되며, 일상생활 속에서 쌓였던 분노와 불만을 군중행동에 실어서 자신도 모르는 사이에 위법적인 행동으로 나아가게 된다.

② 추리의 단순성

평상시에는 이지적·이성적으로 판단하는 것이 일반적이다. 그러나 수많은 군중이 모인 상황에서는 정서적 충동에 의해 어떠한 결의나 행동을 취하는데 있어서 복잡한 판단을 필요로 하지 않는다. 따라서 그것이 옳고 그른지를 판단하지 못하게 되고, 군중이 찬성하는 방향 또는 군중이 취한 행동에 동조하여 따르게 된다. 추리의 단순성으로 인해 군중은 어떤 합리적 관찰이 결여되고, 따라서 다른 사람의 잘못된 행동을 바로 따라 하는 것이 특징이다.

③ 욕망의 확장성

욕망이라는 것은 어떠한 것을 필요로 하여 획득하기 위하여 가지는 일체의 행동의 원동력이 되는 심리상태라고 정의할 수 있다. 욕망과 감정, 그리고 이지는 매우 밀접한 관련성을 가지고 있다. 욕망이 커지면 긴장된 정서 상태를 불러오고, 격렬한 행동을 표현하게 된다. 개인이 군중 속에 있을 때 심리적으로 서로의 영향을 받기 때문에 욕망은 자연히 무한대로 확장되는 경향을 띤다.

④ 도덕적 모순성

도덕은 개인이 사회생활 중에 당연히 준수해야 할 행위규범을 의미한다. 어떤 사회든 그 나름대로 공인된 도덕적 표준행위를 가지고 있다. 그런데 개인이 군중 속에 있을 때 정서적 격동에 의하여 이지적·이성적 판단력이 약해지고 욕망이 확장됨에 따라 도덕에 대한 인식이 평소와는 다르게 나타난다.

물론 완전히 야만인이 되거나 도덕성을 상실하는 것은 아니다. 어떤 때에는 파괴·난동·잔인한 행동 등을 하고, 또 어떤 때에는 충성·의협·단결 등의 행위를 하기도 한다. 이는 바로 개인이 군중 속에 들어가면 도덕관념이 모호해져서 모순된 가치체계를 동시에 갖게 되는 특징을 말해주는 것이다.

3. 선거경비

1) 선거경비의 의미

선거경비(選擧警備)는 어떠한 공직(예: 대통령, 국회의원, 자치단체장 등)후보자의 유세 및 투표현장 등에 대한 안전관리와 관련된 제반활동을 의미한다고 볼 수 있다.

유세현장에 많은 인파가 몰려 혼란을 초래하고 입후보자와 정당대표에 대한 위해상황도 발생할 우려가 있다. 또한 투표현장에서도 언제든지 예기치 못한 돌발 상황이 발생할 수 있으므로 경비경찰은 이에 대한 대책을 마련해야 한다. 선거경비는 종합적인 경비활동이 요구된다.

따라서 경찰은 선거 공고일부터 선거종료일까지 경계를 강화하고 비상근무체계에 들어가야 한다. 이러한 선거경비는 후보자 신변보호, 투표소경비, 개표소경비 등으로 구분된다.[11)]

2) 후보자 신변보호

(1) 대통령선거 후보자

대통령선거 후보자는 을(乙)호 경호대상으로 '후보자 등록시부터 당선확정시'까지 실시하도록 한다(대통령으로 당선이 확정된 자는 갑호 경호대상이 된다). 대통령후보자의 경호는 후보자의 요청에 따라 전담 신변경호대를 편성·운영하도록 한다. 신변경호를 원하지 않는 후보자는 지방경찰청에서 경호경험이 있는 자를 선발하여 관내 유세기간 동안 근접경호를 실시하도록 한다.

11) 조철옥(2011), 앞의 책, pp. 344-345.; 경찰대학(2008), 앞의 책, pp. 354-357.

(2) 국회의원 후보자 및 지방자치단체장 후보자

각 선거구를 관할하는 경찰서에서 후보자가 원할 경우 전담 경호원을 2~3명 정도를 선발하여 배치하도록 한다.

3) 투표소경비

(1) 투표소 등의 출입제한

투표하려는 선거인·투표참관인·투표관리관, 읍·면·동 선거관리위원회 및 그 상급 선거관리위원회의 위원과 직원 및 투표사무원을 제외하고는 누구든지 투표소에 들어갈 수 없다(공직선거법 제163조 제1항).

사전투표소(기표소가 설치된 장소 포함)의 출입제한에 관하여서도 이의 규정을 준용하도록 한다(제163조 제4항).

(2) 투표소 등의 질서유지

투표관리관 또는 투표사무원은 투표소의 질서가 심히 문란하여 공정한 투표가 실시될 수 없다고 인정하는 때에는 투표소의 질서를 유지하기 위하여 정복을 한 경찰공무원 또는 경찰관서장에게 원조를 요구할 수 있다(공직선거법 제164조 제1항). 이에 따라 원조요구를 받은 경찰공무원 또는 경찰관서장은 즉시 이에 따라야 한다(제164조 제2항).

투표소안에 들어간 경찰공무원 또는 경찰관서장은 투표관리관의 지시를 받아야 하며, 질서가 회복되거나 투표관리관의 요구가 있는 때에는 즉시 투표소안에서 퇴거하여야 한다.

4) 개표소경비

(1) 개표소의 출입제한

구·시·군 선거관리위원회와 그 상급선거관리위원회의 위원·직원, 개표사무원·개표사무협조요원 및 개표참관인을 제외하고는 누구든지 개표소에 들어갈 수 없다. 다만, 관람증을 배부받은 자와 방송·신문·통신의 취재·보도요원이 일반관람인석에 들어가는 경우는 그러하지 아니하다(공직선거법 제183조 제1항).

선거관리위원회의 위원·직원, 개표사무원·개표사무협조요원 및 개표참관인이 개표소에 출입하는 때에는 중앙선거관리위원회규칙이 정하는 바에 따라 표지를 달거나 붙여야 하며, 이를 다른 사람에게 양도·양여할 수 없다(제183조 제2항).

(2) 개표소의 질서유지

구·시·군 선거관리위원회 위원장이나 위원은 개표소의 질서가 심히 문란하여 공정한 개표가 진행될 수 없다고 인정하는 때에는 개표소의 질서유지를 위하여 정복을 한 경찰공무원 또는 경찰관서장에게 원조를 요구할 수 있다(공직선거법 제183조 제3항). 이러한 경우를 제외하고는 누구든지 개표소 안에서 무기나 흉기 또는 폭발물을 지닐 수 없다(제183조 제6항).

한편, 위와 같은 상황에서 원조요구를 받은 경찰공무원 또는 경찰관서장은 즉시 이에 따라야 한다(제183조 제4항).

(3) 개표소의 질서유지 주체: 선거관리위원회 위원장

구·시·군 선거관리위원회 위원장이나 위원의 요구에 의하여 개표소 안에 들어간 경찰공무원 또는 경찰관서장은 구·시·군 선거관리위원회 위원장의 지시를 받아야 하며, 질서가 회복되거나 위원장의 요구가 있는 때에는 즉시 개표소에서 퇴거하여야 한다(공직선거법 제183조 제5항).

4. 국가위기관리

1) 국가위기관리의 의미

국가위기는 '국가주권 또는 국가를 구성하는 정치·경제·사회·문화체계 등 국가의 핵심요소나 가치에 중대한 위해가 가해질 가능성이 있거나 가해지고 있는 상태'라고 볼 수 있다.[12)]

바꿔 말하면, 국가위기라고 하는 것은 위기의 발생범위나 피해정도가 국가전체에 미치거나 대다수 국민들에게 피해를 주어 정부가 직접 나서서 필요한 제반조치를 해야 하는 상황이라고 할 수 있다. 따라서 국가위기관리는 국가위기를 사전에 예방하고 위기 발생시에는 효과적인 대응 및 복구를 통하여 그 피해를 최소화하거나 위기 이전의 상태로 복원하고자 하는 제반활동이라고 할 수 있다.[13)]

이러한 국가적 차원의 위기관리 대상은 크게 전통적 안보분야, 재난분야, 국가핵심

---

12) 조영갑(2000), 한국위기관리론, 서울: 팔복원, p. 37.; 경찰대학(2008), 앞의 책, p. 368.
13) 위의 책, p. 379.

기반 분야로 구분할 수 있다. 이를 경찰차원에서 본다면, ㉠ 경찰작전(비상경계경비), ㉡ 경찰재난경비 등으로 구분된다.

2) 경찰작전: 비상경계경비

(1) 경찰작전의 의미

1948년 해방 이후 오늘에 이르기까지 북한은 끊임없는 전쟁도발과 파괴공작을 자행해 왔으며, 이에 대해 경찰은 적절한 대응을 하지 않으면 안되는 상황이었다. 따라서 경찰작전(警察作戰)이라는 것은 다른 국가방위요소와 함께 이러한 국가안보를 위협하는 비상사태에 대응하는 제반활동과 관련된 것이라고 할 수 있다.

이와 같이 '적(敵)의 침투·도발이나 그 위협에 대응하기 위하여 국가총력전(國家總力戰)의 개념을 바탕으로 국가방위요소를 통합·운용하기 위한 통합방위 대책을 수립·시행하기 위하여 필요한 사항을 규정'하고 있는 것이 바로 「통합방위법」(統合防衛法, 1997년 제정)이다.

여기에서 통합방위작전이라는 것은 통합방위사태가 선포된 지역에서 통합방위본부장, 지역군사령관, 함대사령관 또는 시·도경찰청장(이하 '작전지휘관'이라 함)이 국가방위요소를 통합하여 지휘·통제하는 방위작전을 말한다(통합방위법 제2조 제4호). 경찰작전의 법적 근거는 이 밖에도 경찰관직무집행법 등을 들 수 있다.

(2) 경찰작전 과정

① 경계태세 발령: 군부대의 장 및 경찰관서의 장

군부대의 장 및 경찰관서의 장(이하 '발령권자'라 함)은 적의 침투·도발이나 그 위협이 예상될 경우 통합방위작전을 준비하기 위하여 경계태세(警戒態勢)를 발령할 수 있다(통합방위법 제11조 제1항). 여기에서 경찰관서의 장은 '경찰서장급'을 말한다.

이러한 경계태세가 발령된 때에는 해당 지역의 국가방위요소는 적의 침투·도발이나 그 위협에 대응하기 위하여 필요한 지휘·협조체계를 구축하여야 한다(제11조 제2항).

한편, 발령권자는 경계태세 상황이 종료되거나 상급 지휘관의 지시가 있는 경우 경계태세를 해제하여야 하고, 통합방위법 제12조에 따라 통합방위사태가 선포된 때에는 경계태세는 해제된 것으로 본다(통합방위법 제11조 제3항).

② 통합방위사태의 선포: 대통령 및 시·도지사

통합방위사태는 적의 침투·도발이나 그 위협에 대응하여 일정한 구분에 따라 선포하는 단계별 사태를 말한다(통합방위법 제2조 제3호). 이는 크게 갑종사태, 을종사태, 병종사태로 구분된다.

통합방위사태
① 갑종사태: 일정한 조직체계를 갖춘 적의 대규모 병력 침투 또는 대량살상무기 공격 등의 도발로 발생한 비상사태로서 통합방위본부장 또는 지역군사령관의 지휘·통제 하에 통합방위작전을 수행하여야 할 사태 ② 을종사태: 일부 또는 여러 지역에서 적이 침투·도발하여 단기간 내에 치안이 회복되기 어려워 지역군사령관의 지휘·통제 하에 통합방위작전을 수행하여야 할 사태 ③ 병종사태: 적의 침투·도발 위협이 예상되거나 소규모의 적이 침투하였을 때에 시·도경찰청장, 지역군사령관 또는 함대사령관의 지휘·통제 하에 통합방위작전을 수행하여 단기간 내에 치안이 회복될 수 있는 사태(이상 통합방위법 제2조 제6호~8호)

이처럼 통합방위사태는 갑종사태, 을종사태 또는 병종사태로 구분하여 선포하도록 하고 있다(통합방위법 제12조 제1항).

통합방위사태에 해당하는 상황이 발생하면, 다음의 구분에 따라 해당하는 사람은 즉시 국무총리를 거쳐 대통령에게 통합방위사태의 선포를 건의하여야 한다(제12조 제2항 각호). 대통령(大統領)은 이에 따른 건의를 받았을 때에는 중앙협의회와 국무회의의 심의를 거쳐 통합방위사태를 선포할 수 있다(제12조 제3항).

㉠ 국방부장관의 건의: 갑종사태에 해당하는 상황이 발생하였을 때 또는 둘 이상의 특별시·광역시·특별자치시·도·특별자치도(이하 '시·도'라 함)에 걸쳐 을종사태에 해당하는 상황이 발생하였을 때

㉡ 행정안전부장관 또는 국방부장관의 건의: 둘 이상의 시·도에 걸쳐 병종사태에 해당하는 상황이 발생하였을 때

한편, 시·도경찰청장, 지역군사령관 또는 함대사령관은 을종사태나 병종사태에 해당하는 상황이 발생한 때에는 즉시 시·도지사에게 통합방위사태의 선포를 건의하여야 한다. 시·도지사(市·道知事)는 이에 따른 건의를 받은 때에는 시·도 협의회의 심의를 거쳐 을종사태 또는 병종사태를 선포할 수 있다(제12조 제4항 및 제5항).

시·도지사는 이와 같은 을종사태 또는 병종사태를 선포한 때에는 지체 없이 행정안전부장관 및 국방부장관과 국무총리를 거쳐 대통령에게 그 사실을 보고하여야 한다(제12조 제6항). 그리고 시·도지사가 통합방위사태를 선포한 지역에 대하여 대통령이 통합방위사태를 선포한 때에는 그 때부터 시·도지사가 선포한 통합방위사태는 효력을 상실한다(제12조 제8항).

③ 경찰작전의 실시

이상과 같은 경계태세 및 통합방위사태의 선포 이후, 경찰은 통합방위 작전계획의 수립하고, 작전부대를 편성하여, 단계별로 작전을 실시하게 된다.

㉠ 통합방위작전 구역

통합방위작전의 관할구역은 다음과 같다(통합방위법 제15조 제1항).

가. 지상 관할구역: 특정경비지역, 군관할지역 및 경찰관할지역

나. 해상 관할구역: 특정경비해역 및 일반경비해역

다. 공중 관할구역: 비행금지공역(空域) 및 일반공역

㉡ 통합방위 작전의 실시

병종사태가 선포된 경우에는 시·도경찰청장, 지역군사령관 또는 함대사령관은 통합방위사태가 선포된 때에는 즉시 다음의 구분에 따라 통합방위작전을 신속하게 수행하여야 한다. 다만, 을종사태가 선포된 경우에는 지역군사령관이 통합방위작전을 수행하고, 갑종사태가 선포된 경우에는 통합방위본부장 또는 지역군사령관이 통합방위작전을 수행한다(통합방위법 제15조 제2항).

가. 경찰관할지역: 시·도경찰청장

나. 특정경비지역 및 군관할지역: 지역군사령관

다. 특정경비해역 및 일반경비해역: 함대사령관

라. 비행금지공역 및 일반공역: 공군작전사령관

3) 경찰재난경비

(1) 재난의 의미

재난(災難)이라는 것은 국민의 생명·신체·재산과 국가에 피해를 주거나 줄 수 있는 것을 말한다. 이러한 재난은 크게 자연재해(예: 천재지변, 폭풍우, 지진, 폭우, 폭설, 가뭄 등)와 인적 재난(예: 폭발사고, 건물붕괴, 방사능 유출, 화재, 환경오염사고 등)을 의미

하는 것이다.

그런데, 국가적 차원에서 접근하는 재난은 그 규모가 큰 것에 좀 더 의미를 두고 있다고 볼 수 있다. 이는 소규모의 재난에 대해서 국가가 관심을 갖지 않는다는 것이 아니라 대규모 재난이 발생했을 때, 보다 체계적으로 국가가 대응하여 피해를 최소화시키고자 하는 의도에서 비롯된 것이라 할 수 있다.

(2) 재난 대응기관

① 재난관리 책임기관

국가적 차원에서 재난문제에 대응하기 위하여 「재난 및 안전관리 기본법」(약칭: 재난안전법, 2004 제정)이 있다. 이 법에 따른 재난관리 책임기관은 다음과 같다(제3조 제5호).

㉠ 중앙행정기관 및 지방자치단체(「제주특별자치도 설치 및 국제자유도시 조성을 위한 특별법」에 따른 행정시 포함)

㉡ 지방행정기관·공공기관·공공단체(공공기관 및 공공단체의 지부 등 지방조직 포함) 및 재난관리의 대상이 되는 중요시설의 관리기관 등으로서 대통령령으로 정하는 기관

한편, 재난관리 주관기관이란 '재난이나 그 밖의 각종 사고에 대하여 그 유형별로 예방·대비·대응 및 복구 등의 업무를 주관하여 수행하도록 대통령령령으로 정하는 관계 중앙행정기관'을 말한다(제3조 제5호의2).

② 긴급구조기관

긴급구조(緊急救助)란 재난이 발생할 우려가 현저하거나 재난이 발생하였을 때에 국민의 생명·신체 및 재산을 보호하기 위하여 긴급구조기관과 긴급구조지원기관이 하는 인명구조, 응급처치, 그 밖에 필요한 모든 긴급한 조치를 말한다(재난안전법 제3조 제6호).

여기에서 긴급구조기관이란 소방청·소방본부 및 소방서를 말한다. 다만, 해양에서 발생한 재난의 경우에는 해양경찰청·지방해양경찰청 및 해양경찰서를 말한다(제3조 제7호).

③ 긴급구조 지원기관

긴급구조 지원기관이란 '긴급구조에 필요한 인력·시설 및 장비, 운영체계 등

긴급구조능력을 보유한 기관이나 단체로서 대통령령으로 정하는 기관과 단체'를 말한다(재난안전법 제6조 제8호). 경찰청은 긴급구조 지원기관 가운데 하나에 해당된다(동법 시행령 제4조 제1호).

경찰은 재난 및 안전관리 기본법상으로는 큰 비중을 차지하고 있지 않지만, 일반법인 경찰관직무집행법 제2조(직무의 범위) 특히, 제5조(위험발생의 방지) 등에 분명히 규정되어 있으며, 따라서 경찰은 이러한 재난경비활동에 적지 않은 역할을 수행하고 있음은 물론이다.

(3) 경찰재난경비 활동

① 인명구조

재난과 관련된 여러 경찰활동 가운데 가장 중점을 두어야 하는 것은 바로 인명구조(人命救助)라 할 수 있다. 인명구조에 있어서 먼저 위험에 빠진 피구조자의 발견이 선행되어야 하기 때문에 신속한 발견에 총력을 기울일 필요가 있다. 112 순찰요원·교통순찰요원 등 외근요원, 112타격대,[14] 재난관리부대 등을 신속하게 투입하여 인명구조활동을 펼쳐야 한다.

② 재난현장의 범죄대응 및 질서유지

재난현장에는 인명구조 및 복구 문제뿐만 아니라 치안(범죄 및 무질서)에 관한 문제가 상존하게 된다.

따라서 재난현장에서 시·군·구 긴급구조통제단장이 긴급구조활동을 지휘하도록 하고 있지만, 치안활동과 관련된 사항은 관할 경찰관서의 장과 협의하도록 하고 있다(재난안전법 제52조 제1항). 이에 따라 필요한 경우에 재난 현장에서의 범죄 등과 관련된 예방활동과 수사활동을 하게 된다.

재난현장에는 여러 가지 위험한 상황이 발생 할 수 있다. 이에 대해 경찰관직무집행법상의 즉시강제(卽時强制)의 하나로서 '경찰관은 인명 또는 신체에 위해를 미치거나 재산에 중대한 손해를 끼칠 우려가 있는 천재, 사변, 교통사고, 위험물의 폭발, 기타 위험한 사태가 있을 때에는 일정한 조치를 할 수 있도록' 하고 있다.

---

14) 경찰은 재난관리임무를 전문적으로 수행하기 위한 조직으로 상시 대기부대인 경찰서 112타격대와 상설중대 중 각 시·도경찰청별로 지정된 재난관리부대를 운영하고 있다(112타격대는 통합방위사태에서도 중요한 역할을 수행함은 물론이다). 이들의 임무는 재난발생시 최우선적으로 출동하여 현장관리와 더불어 인명구조, 실종자 수색활동을 실시하는 한편, 경찰통제선(Police Line)을 통한 현장통제, 주민대피 등 현장에서 요구되는 제반 경찰활동을 수행하도록 하고 있다. 경찰대학(2008), 앞의 책, pp. 407-408.

5. 경호경비

1) 경호경비의 의미

경호경비(警護警備)는 국가원수 등 국내외의 중요 인사의 신변을 각종 위해로부터 방지하기 위한 경찰활동을 말한다.[15] 그런데 민간차원의 경호개념은 '신변보호'(身邊保護)에 초점을 두고 정립되었다면, 국가차원의 경호개념은 신변보호와 더불어 '경비'(警備)의 개념이 포함되어 광의적으로 정립되어 있다고 볼 수 있다.

따라서 「대통령 등의 경호에 관한 법률」(약칭: 대통령경호법)에서는 '경호란 경호 대상자의 생명과 재산을 보호하기 위하여 신체에 가하여지는 위해(危害)를 방지하거나 제거하고, 특정 지역을 경계·순찰 및 방비하는 등의 모든 안전 활동을 말한다'고 규정하고 있다(제2조 제1호).

한편, 경호는 경호대상자의 신변보호를 목적 외에도 행사장의 질서유지와 혼잡방지, 경호대상자와 환영자간의 친목도모, 그리고 대외적으로 국위선양의 목적까지 달성할 수 있도록 해야 할 것이다.

2) 경호의 대상과 경호책임기관

경호대상은 국내요인과 외국귀빈의 신분과 지위에 따라서 구분하고 있다. 즉, 국내요인은 갑호·을호·병호, 외국귀빈은 A·B·C·D·E·F등급으로 나뉜다.[16]

〈경호대상과 경호책임 기관〉

경호대상			책임기관
국내 요인	갑 호	• 대통령과 그 가족 • 대통령 당선인과 그 가족(가족: 대통령 및 대통령당선인의 배우자와 직계존비속으로 한정) • 본인의 의사에 반하지 아니하는 경우에 한정하여 퇴임 후 10년 이내의 전직대통령과 그 배우자 • 대통령권한대행과 그 배우자 • 그 밖에 경호처장이 경호가 필요하다고 인정하는 국내 요인	경호처장

15) 민간차원에서 이루어지는 경호는 '신변보호'(身邊保護) 즉, 사람의 생명이나 신체에 대한 위해의 발생을 방지하고 그 신변을 보호하는 업무로 정의되고 있다(경비업법 제2조 제1호).

16) 조철옥(2011), 앞의 책, pp. 367-368.; 대통령경호처의 경호대상에 대한 세부적인 내용은 「대통령 등의 경호에 관한 법률」 제4조 및 동법 시행령 제2조 참조.

<table>
<tr><td></td><td>을 호</td><td>• 국회의장, 대법원장, 헌법재판소장, 국무총리
• 전직대통령(원칙적으로 대통령 퇴임 후 10년 이후부터)
• 대통령선거 후보자</td><td rowspan="2">경찰청장</td></tr>
<tr><td></td><td>병 호</td><td>• 갑호·을호 이외에 경찰청장이 필요하다고 인정한 사람</td></tr>
<tr><td rowspan="2">외국
귀빈</td><td>A·B·C·
D등급</td><td>• 대한민국을 방문하는 외국의 국가원수 또는 행정수반(行政首班)과 그 배우자
• 그 밖에 경호처장이 경호가 필요하다고 인정하는 국외 요인</td><td>경호처장</td></tr>
<tr><td>E·F등급</td><td>• 부총리, 왕족, 외빈, ABCD등급의 배우자 단독 방한, 전직대통령, 전직총리, 국제기구 등 장관급 이상
• 그 밖에 경찰청장이 경호가 필요하다고 인정한 사람</td><td>경찰청장</td></tr>
</table>

여기에서 국내요인은 갑호의 경우에는 대통령경호처에서 담당하고, 을호·병호는 경찰 등이 담당하도록 하고 있다. 그리고 국외귀빈은 A·B·C·D등급은 대통령경호처에서 담당하고, E·F등급은 경찰 등이 담당하도록 하고 있다.

그런데, 주의할 것은 갑호와 A·B·C·D등급과 같이 대통령경호처에서 이를 담당한다 할지라고 경찰이 개입하지 않는 것은 결코 아니라는 점이다. 대통령경호처에서 경호대상자를 경호할 때, 경찰은 대통령 등의 경호에 있어서 중요한 '소속공무원' 또는 '관계기관'으로서, 제2선과 제3선에서 경호임무를 수행한다고 볼 수 있다.

3) 경호활동의 기본원리와 경호원의 행동원칙

(1) 경호활동의 기본원리

경호의 내용과 경호기법은 각 국가별로 상이하게 때문에 모든 경호활동에 공통된 원칙을 제시하는 것은 쉬운 일이 아니다. 다만, 경호원리와 관련하여 3중경호이론 또는 3선경호원칙이 널리 적용되고 있다. 이는 경호대상자(VIP)와의 지리적·공간적 관점을 중심으로 안전구역(제1선), 경비구역(제2선), 경계구역(제3선)으로 구분된다.

① 안전구역

안전구역(제1선)은 피경호인 즉, 경호대상자가 위치하고 있는 구역을 말한다. 시설물 내부일 경우에는 건물 자체를 의미하며, 외부일 경우에는 본부석 등이 이에 해당한다. 여기에는 승하차지점과 동선이 포함된다. 안전구역은 경호대상자에게 직접적인 위해를 가할 수 있는 지역이기 때문에 이에 대한 근접경호(近接警護)는 매우 중요하다. 따라서 안전구역 출입시 금속탐지기(MD)를 설치·운용하고 비표확인 등 출입자를 감시·관찰해야 한다.

② 경비구역

경비구역(제2선)은 안전구역을 보호하기 위한 제반활동이 이루어지는 구역이라 할 수 있다. 여기에 바리케이트 등의 장애물을 설치하고, 돌발사태 대비 예비대 운영, 소방차·구급차 등을 대기시켜 유사시에 대응할 수 있도록 하고 있다.

③ 경계구역

경계구역(3선)은 안전구역과 경비구역을 보호하며, 동시에 가장 외곽에서 경계경비활동을 수행하는 곳이라 할 수 있다. 경계구역에서는 주변지역의 동향을 파악하고 주변 감제고지(瞰制高地: 주위가 두루 내려다보여 적의 활동을 감시하기에 적합한 높은 장소)를 확보하는 일이 중요하다. 여기에 감시조, 기동순찰조를 운영하고, 거동수상자에 대한 불심검문 및 차단활동 등의 업무를 수행하게 된다.

(2) 경호원의 경호업무수행상의 행동원칙

경호의 성패는 보호대상자의 안전과 직결된다. 따라서 경호대상자를 안전하게 보호하기 위해서는 경호원은 직무수행상 일정한 기본원칙을 철저하게 준수해야 한다. 물론 경호의 성패요인은 개별적 원칙의 문제라기보다는 총체적으로 관련원칙을 제대로 준수하지 못해서 발생한 것으로 보아야 할 것이다.[17)]

① 자기희생의 원칙

경호에 있어서 자기희생의 원칙이란 어떠한 대가를 치르더라도 경호대상자의 신변의 안전이 보호·유지되어야 한다는 것을 의미한다. 따라서 극단적인 상황에서는 경호원은 경호대상자가 신변의 위험에 처하게 되었을 때 살신성인(殺身成仁)의 정신으로 보호해야 한다.

② 자기담당구역 책임의 원칙

자기담당구역 책임의 원칙이라는 것은 경호원 각자가 자기담당구역 내에서 일어나는 어떠한 사태에 대해서도 자신만이 책임을 지고 완벽하게 해결해야 한다는 것을 의미한다.

따라서 원칙적으로 자기담당구역이 아닌 타 구역 상황은 결코 책임을 질 수도

17) 김두현(2003), 경호학개론, 서울: 백산출판사, pp. 57-59.

없고, 비록 인근지역에 특별한 상황이 발생했다고 해서 자기 책임구역을 이탈해서는 안 된다.

③ 하나의 통제된 지점을 통한 접근의 원칙

하나의 통제된 지점을 통한 접근의 원칙이라는 것은 경호대상자와 접근 또는 접촉할 수 있는 통로는 통제된 유일한 통로만이 필요하다는 것을 의미한다.

여러 개의 통로와 출입문은 오히려 공격자에게 접근할 수 있는 기회를 제공해 주어 취약성을 노출시키는 결과를 가져다준다. 또한 하나의 통제된 통로나 출입문을 통한 접근 역시 반드시 경호원에 의하여 확인된 후 허가절차를 밟아 이루어져야 한다.

④ 목표물보존의 원칙

목표물보존의 원칙이라는 것은 경호대상자를 공격자들로부터 격리시키는 것을 의미한다. 따라서 경호대상자가 안전하게 보호되기 위해서는 원칙적으로 경호대상자의 예정된 행사일시, 장소, 이동경로 등이 알려지지 않는 것이 좋다.

물론 일반대중과의 회합이나 중요한 공개적 행사 등과 같이 행사일시와 장소를 비공개하기가 어려운 경우가 있다. 이처럼 공개적 행사의 경우에는 경호대상자의 잠재적 위험성이 더 크다고 볼 수 있기 때문에 이동경로 등에 있어서 신중을 기하고 행사장소의 안전성 확보가 중요한 요소가 될 것이다.

따라서 습관적으로 동일한 시간과 장소에 대한 이동은 위험하기 때문에 수시로 변경시키는 것이 좋으며, 대중에게 노출된 도보이동은 가급적 제한적으로 이루어지는 것이 바람직하다.

4) 경찰의 경호경비 활동

경찰은 1948년 대한민국 정부수립 이후 대통령 경호 및 관저 경비업무를 담당하는 기구(경위부, 경무대경찰서)를 설치하여 관련업무를 수행하였다. 그러다가 1960년 6월 경무대경찰서가 폐지되어 이후에는 파견형태로 경호업무 등을 수행하였다.

이후 대통령 경호 및 관저경비 업무는 약간의 과도기를 거치다가 1963년 12월 박정희 대통령 취임과 더불어 「대통령경호실법」(大統領警護室法, 현재의 대통령 등의 경호에 관한 법률)이 제정되었고, 이에 근거하여 독립된 경호기관인 대통령경호실(현, 대통령경호처)이 창설되어 몇 차례 변화를 거치면서 오늘에 이르고 있다.

현재 우리나라 경호체계를 살펴보면, 대통령경호처를 정점으로 하여 각급 기관에서 경호업무를 분담하고 있는 상황이다. 이에 따라 경찰에서는 101경비단·202경비단, 군에서는 33헌병대·55경비대 등을 청와대에 파견하여 대통령경호처의 경호업무를 지원하고 있다.

경찰의 경호업무를 좀 더 세부적으로 살펴보면, 경찰청 경비국 경호과를 정점으로 서울경찰청에서 운용하고 있는 101경비단·202경비단, 그리고 전직대통령 경호대, 주요인사 경호대 등을 통하여 요인에 대한 경호업무를 실시하고 있다.[18)]

6. 대테러경비

위에서 살펴본 경호경비는 특히, 테러(Terror)와 밀접한 관련이 있다. 따라서 여기에서는 테러 문제를 별도로 다루어 살펴보기로 한다.

1) 테러리즘의 의미

심리학적으로 본다면 테러라는 것은 "특정한 위협이나 공포로 인해 모든 인간들이 심리적으로 느끼는 극단적인 두려움의 근원이 되는 것"이라고 정의하고 있다.[19)] 이러한 테러는 특히, 개인에 대한 위협보다는 '국가안보'(國家安保) 또는 '공공의 안전'을 위태롭게 할 목적으로 행하는 여러 행위와 관련된다. 테러는 개별행위나 사건을 표현하는 의미하고, 테러리즘은 테러를 통한 목적달성이라는 '노선'(路線)이나 '주의'(主義)을 의미하는 것으로 볼 수 있다.[20)]

오늘날 세계적으로 테러리즘(Terrorism)은 국가질서의 근간을 흔드는 위협요인으로 간주되고 있다. 일반범죄와는 달리 테러리즘은 그 공격수단과 방법, 공격대상, 피해규모가 상상을 초월하며, 이로 인한 현실적 피해뿐만 아니라 불안감과 공포감은 엄청나기 때문이다.

그런데 이러한 테러리즘의 위험성에도 불구하고 이에 대한 개념정의를 내리는 것은 쉬운 일이 아니다. 그것은 테러리즘의 양상이 시대와 장소에 따라 상이하고, 가변적이기 때문이다. 따라서 이에 대한 어떠한 획일적인 개념정의를 내리기보다는 공격수단 및 공격대상의 특성을 가지고 다양한 관점에서 설명하고 있다.

이와 관련하여 최근 '뉴테러리즘'(New Terrorism)이라는 개념이 새롭게 등장하고 있다. 이는 1995년 일본에서 독가스 테러가 발생하면서 새로운 양상의 테러리즘의 등장이

---

18) 경찰대학(2008), 앞의 책, p. 491.
19) 최진태(2006), 테러리즘의 이론과 실제, 서울: 대영문화사, p. 19 재인용.
20) 위의 책, p. 24.

예고되었다. 이러한 양상은 2001년 9월 11일 미국 세계무역센터와 펜타곤에 자행된 항공기 납치 동시다발 테러(일명 '9.11테러')와 연이은 탄저균 테러라는 이전과는 전혀 다른 형태로 나타났다.

이후 2002년 10월과 2005년 10월에 있었던 인도네시아 발리섬 폭탄테러, 2004년 3월 스페인의 열차 폭탄테러, 2005년 7월 런던 지하철 동시다발 폭탄테러, 그리고 2015년 11월에 발생한 프랑스 역사상 최악의 테러에서도 새로운 형태의 테러리즘 특징을 찾아볼 수 있다. 이러한 뉴테러리즘은 다음과 같은 특징을 갖는다.[21]

㉠ 요구조건도 없고, 정체도 밝히지 않는 '얼굴 없는 테러'로서 어떤 국가나 대상에 대한 극단적인 반감·적대감으로 나타난다.

㉡ 테러가 전쟁의 한 형태로 자행되어 무차별적인 인명살상이 이루어짐으로써 그 피해가 상상을 초월한다.

㉢ 테러조직이 여러 국가와 지역에 걸쳐 연결된 이념 결사체로 형성·발전하고, 조직 중심이 다원화되어 이의 무력화가 어렵다.

㉣ 테러수단이 종래의 총기·폭탄, 미사일뿐만 아니라 일상 주변에서 존재하는 특정되지 않는 방법을 사용하여 조기발견 및 제거가 어렵다.

㉤ '빈자(貧者)의 핵무기'라 불리는 생화학무기와 같이 제작이 용이하고, 비용이 적게 들면서도 증거인멸이 쉬운 대량살상 효과가 있는 무기가 사용될 가능성이 많다.

㉥ 테러 현장의 생생한 화면이 실시간 전 세계에 보도됨으로써 테러범이 노리는 공포가 최고조로 확산되며, 사고의 대형화로 피해국가의 정치적 부담이 증대되고 있다.

한편, 상대방의 컴퓨터나 정보기술을 해킹하거나 악성 프로그램을 의도적으로 깔아놓는 등 컴퓨터시스템과 정보통신망을 무력화하는 '사이버테러리즘'(Cyber Terrorism) 역시 뉴테러리즘의 한 형태로 볼 수도 있을 것이다.

2) 대테러정책

테러의 잠재적 위험성 등으로 인해 대테러관련 단일 법률의 제정에 대해 그동안 꾸준히 논의되어 왔으나 이에 대한 정치권력의 유지수단으로의 악용 및 인권침해 등의 문제가 제기되어 단일 법률로 제정되지 못하고 있었다. 이러한 상황 속에서 지난 2016년 3월 「국민보호와 공공안전을 위한 테러방지법」(약칭: 테러방지법)이 제정되었는데,

21) 경찰대학(2008), 앞의 책, p. 261.

앞으로 개선되어야 할 많은 발전과제가 남아 있다고 본다.

이러한 테러방지법상의 중심기관은 국가정보원이라 할 수 있다. 그리고 경찰은 이의 중요한 '관계기관'으로써 테러대응과 관련하여 많은 역할을 수행한다고 볼 수 있다.[22] 아래에서는 '테러방지법'의 내용을 중심으로 살펴보기로 한다.

(1) 기본내용

① 목적

테러방지법은 '테러의 예방 및 대응 활동 등에 관하여 필요한 사항과 테러로 인한 피해보전 등을 규정함으로써 테러로부터 국민의 생명과 재산을 보호하고 국가 및 공공의 안전을 확보하는 것을 목적'으로 하고 있다(테러방지법 제1조).

② 테러의 개념 등

여기에서 테러라는 것은 '국가·지방자치단체 또는 외국 정부(외국 지방자치단체와 조약 또는 그 밖의 국제적인 협약에 따라 설립된 국제기구 포함)의 권한행사를 방해하거나 의무 없는 일을 하게 할 목적 또는 공중을 협박할 목적으로 하는 일정한 행위'를 말한다(이에 대한 세부적인 내용은 제2조 제1호 각목 참조).

테러단체란 '국제연합(UN)이 지정한 테러단체'를 말하며(제2조 제2호), 그리고 테러위험인물이란 테러단체의 조직원이거나 테러단체 선전, 테러자금 모금·기부, 그 밖에 테러 예비·음모·선전·선동을 하였거나 하였다고 의심할 상당한 이유가 있는 사람을 말한다(제2조 제3호).[23]

한편, 대테러활동이란 이 법에서 규정한 테러 관련 정보의 수집, 테러위험인물의 관리, 테러에 이용될 수 있는 위험물질 등 테러수단의 안전관리, 인원·시설·장비의 보호, 국제행사의 안전확보, 테러위협에의 대응 및 무력진압 등 테러 예방과 대응에 관한 제반 활동을 말한다(제2조 제6호).

③ 국가 및 지방자치단체의 책무

국가 및 지방자치단체는 테러로부터 국민의 생명·신체 및 재산을 보호하기 위하여 테러의 예방과 대응에 필요한 제도와 여건을 조성하고 대책을 수립하여 이를 시행하여야 한다. 국가 및 지방자치단체는 이러한 대책을 강구함에 있어 국민

---

22) 관계기관이란 대테러활동을 수행하는 국가기관, 지방자치단체, 그 밖에 대통령령으로 정하는 기관을 말한다(테러방지법 제2조 제7호).

23) 테러자금이란 「공중 등 협박 목적 및 대량살상무기확산을 위한 자금조달행위의 금지에 관한 법률」에 따른 공중 등 협박 목적을 위한 자금을 말한다(테러방지법 제2조 제5호).

의 기본적 인권이 침해당하지 아니하도록 최선의 노력을 하여야 한다. 그리고 이 법을 집행하는 공무원은 헌법상 기본권을 존중하여 이 법을 집행하여야 하며 헌법과 법률에서 정한 적법절차를 준수할 의무가 있다(제3조 제1항~제3항).

④ 다른 법률과의 관계

이 법은 대테러활동에 관하여 다른 법률에 우선하여 적용한다(테러방지법 제4조). 바꿔 말하면, 테러방지법은 대테러활동에 관한 한 가장 우선적으로 적용되는 특별법(特別法)이라고 할 수 있다.

(2) 테러대책기구

① 국가테러대책위원회

대테러활동에 관한 정책의 중요사항을 심의·의결하기 위하여 국가테러대책위원회(이하 '대책위원회'라 함)를 두도록 하고 있다(테러방지법 제5조 제1항). 대책위원회는 국무총리 및 관계기관의 장 중 대통령령으로 정하는 사람으로 구성하고 위원장은 국무총리(國務總理)로 한다(제5조 제2항). 경찰청장도 대책위원회 위원 가운데 하나임은 물론이다. 대책위원회는 다음의 사항을 심의·의결(審議·議決)한다(제5조 제3항 각호).

㉠ 대테러활동에 관한 국가의 정책 수립 및 평가
㉡ 국가 대테러 기본계획 등 중요 중장기 대책 추진사항
㉢ 관계기관의 대테러활동 역할 분담·조정이 필요한 사항
㉣ 그 밖에 위원장 또는 위원이 대책위원회에서 심의·의결할 필요가 있다고 제의하는 사항

대테러 인권보호관의 배치

관계기관(대테러활동을 수행하는 국가기관, 지방자치단체, 그 밖에 대통령령으로 정하는 기관)의 대테러활동으로 인한 국민의 기본권 침해 방지를 위하여 대책위원회 소속으로 대테러 인권보호관 1명을 두도록 하고 있다(테러방지법 제7조 제1항).

① 인권보호관의 자격 및 임기

대테러 인권보호관은 다음의 어느 하나에 해당하는 대한민국 국민 중에서 위원장이 위촉한다(테러방지법 시행령 제7조 제1항).[24]

24) 인권보호관의 임기는 2년으로 하고, 연임(連任)할 수 있다(테러방지법 시행령 제7조 제2항). 그리고 인권보

㉠ 변호사 자격이 있는 사람으로서 10년 이상의 실무경력이 있는 사람
㉡ 인권 분야에 전문지식이 있고 「고등교육법」에 따른 학교에서 부교수 이상으로 10년 이상 재직하고 있거나 재직하였던 사람
㉢ 국가기관 또는 지방자치단체에서 3급 상당 이상의 공무원으로 재직하였던 사람 중 인권 관련 업무 경험이 있는 사람
㉣ 인권분야 비영리 민간단체·법인·국제기구에서 근무하는 등 인권 관련 활동에 10년 이상 종사한 경력이 있는 사람

② 인권보호관의 직무

인권보호관은 다음의 직무를 수행한다(시행령 제8조 제1항).

㉠ 대책위원회에 상정되는 관계기관의 대테러정책·제도 관련 안건의 인권 보호에 관한 자문 및 개선 권고
㉡ 대테러활동에 따른 인권침해 관련 민원의 처리
㉢ 그 밖에 관계기관 대상 인권 교육 등 인권 보호를 위한 활동

③ 인권보호관의 의무

인권보호관은 재직 중 및 퇴직 후에 직무상 알게 된 비밀을 엄수하여야 한다(시행령 제10조 제1항). 따라서 인권보호관은 법령에 따른 증인, 참고인, 감정인 또는 사건 당사자로서 직무상의 비밀에 관한 사항을 증언하거나 진술하려는 경우에는 미리 위원장의 승인을 받아야 한다(제2항).

② 대테러센터

대테러활동과 관련하여 다음의 사항을 수행하기 위하여 국무총리 소속으로 관계기관 공무원으로 구성되는 대테러센터를 두도록 한다(테러방지법 제6조 제1항).

㉠ 국가 대테러활동 관련 임무분담 및 협조사항 실무 조정
㉡ 장단기 국가대테러활동 지침 작성·배포
㉢ 테러경보 발령
㉣ 국가 중요행사 대테러안전대책 수립
㉤ 대책위원회의 회의 및 운영에 필요한 사무의 처리
㉥ 그 밖에 대책위원회에서 심의·의결한 사항

호관은 다음의 경우를 제외하고는 그 의사에 반하여 해촉되지 아니한다. ① 「국가공무원법」 제33조 각 호의 결격사유에 해당하는 경우, ② 직무와 관련한 형사사건으로 기소된 경우, ③ 직무상 알게 된 비밀을 누설한 경우, ④ 그 밖에 장기간의 심신쇠약으로 인권보호관의 직무를 계속 수행할 수 없는 특별한 사유가 발생한 경우(제7조 제3항 각호).

③ 전담조직

관계기관(대테러활동을 수행하는 국가기관, 지방자치단체, 그 밖에 대통령령으로 정하는 기관)의 장은 테러 예방 및 대응을 위하여 필요한 전담조직을 둘 수 있도록 하고 있다(테러방지법 제8조 제1항).

이러한 전담조직에는 지역 테러대책협의회, 공항·항만 테러대책협의회, 테러사건 대책본부, 현장지휘본부, 화생방테러 대응지원본부, 테러복구지원본부, 대테러특공대, 테러대응구조대, 테러정보통합센터, 대테러합동조사팀이 있다(테러방지법 시행령 제11조 제1항 및 제12조~제21조). 이 가운데, 테러사건 대책본부, 대테러특공대, 테러정보통합센터에 대해서 간략히 살펴보기로 한다.

㉠ 테러사건 대책본부

외교부장관, 국방부장관, 국토교통부장관, 경찰청장 및 해양경찰청장은 테러가 발생하거나 발생할 우려가 현저한 경우(국외테러의 경우는 대한민국 국민에게 중대한 피해가 발생하거나 발생할 우려가 있어 긴급한 조치가 필요한 경우에 한함)에는 다음의 구분에 따라 테러사건 대책본부를 설치·운영해야 한다(테러방지법 시행령 제14조 제1항 각호).

가. 외교부장관: 국외테러사건 대책본부

나. 국방부장관: 군사시설테러사건 대책본부

다. 국토교통부장관: 항공테러사건 대책본부

라. 경찰청장: 국내일반 테러사건 대책본부

마. 해양경찰청장: 해양테러사건 대책본부

㉡ 대테러특공대

국방부장관, 경찰청장 및 해양경찰청장은 테러사건에 신속히 대응하기 위하여 대테러특공대를 설치·운영하도록 한다(시행령 제18조 제1항). 국방부장관, 경찰청장 및 해양경찰청장은 대테러특공대를 설치·운영하려는 경우에는 대책위원회의 심의·의결을 거쳐야 한다(제2항). 이러한 대테러특공대는 다음의 임무를 수행한다(제3항 각호).

가. 대한민국 또는 국민과 관련된 국내외 테러사건 진압

나. 테러사건과 관련된 폭발물의 탐색 및 처리

다. 주요 요인 경호 및 국가 중요행사의 안전한 진행 지원

라. 그 밖에 테러사건의 예방 및 저지활동

ㄷ 테러정보통합센터

국가정보원장은 테러 관련 정보를 통합관리하기 위하여 관계기관 공무원으로 구성되는 테러정보통합센터를 설치·운영하도록 한다(시행령 제20조 제1항). 테러정보통합센터는 다음의 임무를 수행한다(제2항 각호).

가. 국내외 테러 관련 정보의 통합관리·분석 및 관계기관에의 배포

나. 24시간 테러 관련 상황 전파체계 유지

다. 테러 위험 징후 평가

라. 그 밖에 테러 관련 정보의 통합관리에 필요한 사항

(3) 테러대응절차

① 테러경보의 발령

대테러센터장은 테러 위험 징후를 포착한 경우 '테러경보' 발령의 필요성, 발령단계, 발령 범위 및 기간 등에 관하여 테러대책 실무위원회의 심의를 거쳐 테러경보를 발령하도록 한다(다만, 긴급한 경우 또는 아래의 '주의 이하'의 테러경보 발령 시에는 실무위원회의 심의 절차를 생략할 수 있다(테러방지법 시행령 제22조 제1항).

이러한 테러경보는 테러위협의 정도에 따라 '관심·주의·경계·심각'의 4단계로 구분한다. 그리고 대테러센터장은 테러경보를 발령하였을 때에는 즉시 위원장에게 보고하고, 관계기관에 전파하여야 한다(제22조 제2항 및 제3항).

② 상황 전파 및 초동 조치

경찰청장 등 관계기관의 장은 테러사건이 발생하거나 테러 위협 등 그 징후를 인지한 경우에는 관련 상황 및 조치사항을 관련기관의 장과 대테러센터장에게 '즉시' 통보하여야 한다(시행령 제23조 제1항).

관계기관의 장은 테러사건이 발생한 경우 사건의 확산 방지를 위하여 신속히 다음과 같은 초동 조치를 하여야 한다(제23조 제2항 각호).

ㄱ 사건 현장의 통제·보존 및 경비 강화

ㄴ 긴급대피 및 구조·구급

ㄷ 관계기관에 대한 지원 요청

ㄹ 그 밖에 사건 확산 방지를 위하여 필요한 사항

한편, 국내 일반테러사건의 경우에는 대책본부가 설치되기 전까지 테러사건 발생 지역 관할 경찰관서의 장이 위와 같은 초동 조치를 지휘·통제하도록 한다(시행령 제23조 제3항).

③ 테러사건 대응

경찰청장 등 테러사건 대책본부의 장은 테러사건에 대한 대응을 위하여 필요한 경우 현장지휘본부를 설치하여 상황 전파 및 대응 체계를 유지하고, 조치사항을 체계적으로 시행하도록 한다(시행령 제24조 제1항).

제16장 정보경찰

제1절 정보경찰의 의의

1. 정보경찰의 개념

정보경찰(情報警察)이란 공공의 안녕과 질서에 대한 위험 또는 경찰 법규위반 상태를 제거하기 위한 경찰활동을 위하여 그 전제가 되는 치안정보를 수집·분석·작성·배포하는 경찰을 의미한다.[1]

사실, 경찰조직 활동 그 자체가 정보에 토대를 두고 있는 것이며, 따라서 조직의 최고관리자, 중간관리자, 일선경찰에 이르기 까지 '모든 구성원들의 정보활동체제'(이른바 'TIS: Total Intelligence System')를 구축하고 있어야 한다.[2] 정보경찰의 개념을 이러한 관점에서 접근했을 경우, 생활안전, 수사, 교통, 경비, 정보, 보안, 외사 등 모든 경찰활동에 포함될 여지가 있다고 본다.

따라서 여기에서 살펴보고자 하는 정보경찰은 '형식적 의미의 정보경찰' 즉, 경찰기능으로서 정보경찰과 관련된 것으로서 경찰청 공공안전정보국을 정점으로 하여 시·도경찰청 및 경찰서 정보과 등에 소속된 경찰의 제반활동이라고 할 수 있다.[3]

2. 정보경찰의 특징

국가정보·보안체계 내에서 정보경찰은 사회안보라는 영역을 담당하는 정보기관이라 할 수 있다. 사회안보란 국내·외적인 위협으로부터 사회적 안정과 총화를 구축하고,

---

1) 경찰대학(2008b), 치안정보론(Ⅱ), p. 3.
2) 윤은기(1998), 정보력과 휴먼웨어: 정보사회의 대응전략, 서울: 아이비에스, p. 47.
3) 2019년 현재 경찰공무원 122,913명(100.0%) 가운데, 경찰직제상 정보경찰기능을 담당하는 인원은 2,991명(약 2.5%)를 차지하고 있다. 경찰청(2020), 경찰통계연보, p. Ⅱ.

이를 바탕으로 총체적인 국가안보를 강화시키는 것으로 정의될 수 있다.[4)]

이러한 사회안보와 관련하여 대통령직속의 국가정보기관인 국가정보원과 각 부문 기관들의 국가정보활동에 대한 중요한 지침을 규정하고 있는 것이 「정보 및 보안업무 기획·조정규정」(대통령령)이라 할 수 있다.

정보 및 보안업무 기획·조정규정에 의하면, 국가정보원장은 정보 및 보안업무를 관장하는 국가 여러 행정 각부(과학기술정보통신부, 외교부, 통일부, 법무부, 국방부, 행정안전부 등)에 대해서 조정하도록 하고 있다(제5조). 여기에서 행정안전부의 정보 및 보안업무의 범위는 다음과 같다(제5조 각호).

㉠ 국내 보안정보(외사정보 포함)의 수집·작성에 관한 사항

㉡ 정보사범 등의 내사·수사 및 시찰에 관한 사항

㉢ 신원조사업무에 관한 사항

㉣ 통신정보 및 통신보안 업무에 관한 사항

이와 같은 행정안전부의 정보 및 보안업무는 대부분이 행정안전부 소속의 경찰청의 업무 특히, 정보·보안·외사기능과 관련된다. 이처럼 국가정보 및 보안체계 내에서 경찰이 담당하는 업무는 정보경찰뿐만 아니라 보안경찰, 외사경찰의 기능을 포괄하고 있다고 볼 수 있다.

따라서 여기에서의 정보경찰에 대한 논의는 이들 보안경찰과 외사경찰을 제외한 영역으로 국한시켜 접근하고자 한다(보안경찰과 외사경찰은 뒤에서 각각 살펴보기로 한다).

일반적으로 경찰활동은 사전예방과 사후대응·진압이라는 두 가지 임무로 크게 나누어 볼 수 있다. 이러한 기준으로 할 때, 정보경찰은 예방경찰로서의 임무를 주로 하되 진압단계에서의 정보지원이라는 사후적인 의의와 목적도 함께 가진다고 본다.

한편, 정보경찰의 활동의 실제는 정보의 수집이나 작성 및 배포와 같은 비권력적(非權力的) 활동에 그치는 것이 원칙이다. 다만 집회 및 시위 등 집단사태의 관리에 관한 지도 및 조정의 임무를 수행하는 과정에서 일정 부분 개인의 권리와 자유의 침해를 수반하는 권력적 작용들이 포함될 수 있다.[5)]

4) 문정인 외(2002), 국가정보론, 서울: 박영사, p. 9.
5) 경찰대학(2008b), 앞의 책, p. 24.

3. 정보경찰의 법적 근거

정보경찰의 법적 근거는 헌법을 근간으로 하고, 일반법으로서 경찰법 제3조(경찰의 임무), 경찰관직무집행법 제2조(직무의 범위)에 개괄적으로 규정되어 있다. 정보경찰의 사무분장과 관련하여 경찰청과 그 소속기관 직제(대통령령) 제14조에 규정되어 있다.

그리고 개별법령으로는 「국가정보원법」, 「정보 및 보안업무기획·조정 규정」(대통령령), 「보안업무규정」(대통령령), 「채증활동규칙」(경찰청예규), 「집회 및 시위에 관한 법률」, 「국가정보자료 관리규정」(대통령령) 등을 들 수 있다.

제2절 정보경찰의 주요활동

아래에서는 정보경찰의 활동과 관련하여 정보경찰의 기본활동(치안정보의 요구·수집·생산·배포 등), 신원조사, 집회 및 시위에 관한 업무처리, 정보의 기록관리 등을 중심으로 살펴보기로 한다.

1. 정보경찰의 기본활동: 치안정보의 요구·수집·생산·배포

정보경찰은 기본적으로 치안관련 정보를 수집·분석하여 유용한 정보를 생산하는 기능을 수행하고 있다. 여기서 치안정보라는 것은 국가의 안전과 사회공공의 안녕질서유지와 관련된 정치·경제·사회·문화 등 모든 정보를 의미하는 것이다.

정보경찰이 생산하는 정보를 정보이용자가 실제적으로 이용하기까지는 여러 가지 단계적인 절차를 거치게 된다. 이처럼 정보경찰이 가공된 정보를 생산하는 과정을 지칭하여 '정보의 순환과정'이라고 한다.

정보의 세부적인 순환과정은 논자에 따라 다소 차이가 있지만, 아래에서는 ㉠ 치안정보의 요구단계, ㉡ 치안정보(첩보)의 수집단계, ㉢ 치안정보의 생산단계, ㉣ 치안정보의 배포단계로 구분하여 살펴보기로 한다.[6)]

6) 국가정보포럼(2006), 국가정보학, 서울: 박영사, pp. 36-37.; 경찰대학(2008a), 치안정보론(Ⅰ), pp. 53-97.

1) 치안정보의 요구단계

치안정보의 요구단계는 정보사용자가 필요로 하는 정보내용이 무엇인지를 파악하고 각급 사용자가 필요로 하는 시기에 정확한 정보가 제공될 수 있도록 적절한 운용계획을 수립·기획하여 수집기관에 첩보(諜報)의 수집을 명령하는 단계로 정의 할 수 있다.[7)]

정보요구단계는 정보순환과정의 출발점인 동시에 이전에 생산 및 배포된 정보에 입각한 추가 정보요구인 경우에는 이전에 이루어진 정보순환과정의 마지막 단계의 연장선이 될 수도 있다. 수요자에게 배포된 정보가 활용과정에서 관련정보의 추가적 필요성이 제기될 경우에는 다시 새로운 정보수요로 전환되는 것이다.

(1) 국가정보목표 우선순위

치안정책 등에 반영하기 위해 요구되는 정보의 우선순위를 정하는 방법은 국가마다 상이하나 대부분의 경우 국가정보기관이 주관하여 '국가정보목표 우선순위'(PNIO: Priority of National Intelligence Objectives)를 작성하게 된다.[8)]

PNIO란 '국가안전보장이나 정책에 관련되는 국가정보목표의 우선순위'로서 정부에서 기획된 연간 기본정책을 수행함에 있어서 필요로 하는 자료들을 목표로 하여 선정된다. PNIO를 작성하는데, 우선 정부 각 부처가 각자의 임무수행을 위해서 필요한 정보의 내용의 대강을 정부에 보고하는 작업이 선행된다. 이후 이를 통해 취합된 정부 각 부처의 요구되는 정보의 내용, 정보기관의 정보수집 역량 등을 고려하여 우선순위를 결정하게 된다.[9)]

(2) 첩보기본요소

일단 PNIO가 결정되면 경찰청 소속 정보경찰과 같은 각 기관에 대한 세부적인 수집임무가 부여되며 각 부문 정보기관들은 '첩보기본요소'(EEI: Essential Elements for Information)를 작성하여 수집에 임하게 된다. EEI란 '해당 부서의 정보활동을 위한 일반적인 지침'으로서 계속적·반복적으로 수집되어야 할 사항을 요구하는 방법이다.

따라서 1회의 정보수집으로 정보수요가 충족된다던지 정보수요가 발생한 배경이 일시적이거나 특정지역에 국한되는 사안이어서 정보수집의 필요성이 비항구적·비일반적

7) 정보를 산출하기 위하여 사용하는 자료를 첩보(諜報, information)라고 하고, 그 자료에 의해 산출된 결과물을 정보(情報, intelligence)라고 한다. 따라서 첩보란 평가·해석되지 않은 정보자료이며, 정보는 첩보의 평가·해석 결과로 얻은 완전한 지식이라고 할 수 있다.

8) 국가정보 및 보안업무에 관한 기획업무는 국정원장이 하도록 되어 있는데, 이의 범위는 다음과 같다. ㉠ 국가기본정보정책의 수립, ㉡. 국가정보의 중·장기 판단, ㉢ 국가정보목표 우선순위의 작성, ㉣ 국가보안방책의 수립, ㉤ 정보예산의 편성, ㉥ 정보 및 보안업무의 기본지침 수립(정보 및 보안업무 기획·조정규정 제4조 각호).

9) 문정인 외(2002), 앞의 책, p. 87.

인 경우에는 EEI 형식의 정보요구를 필요로 하지 않게 된다.

(3) 특별첩보요구

국가정보기관의 PNIO나 부문 정보기관의 EEI가 미래의 정보수요를 완전히 예측한다는 것은 현실적으로 불가능한 일이다. '특별첩보요구'(SRI: Special Requirements for Information)란 이런 경우에 대비하여 '특정지역의 특별한 돌발사항에 대한 단기적 해결을 위하여 필요한 범위 내에서 임시적이고 단편적인 첩보를 요구하는 방법'으로 활용된다. SRI로 요청된 첩보는 그 단기적 효용으로 인해 다른 첩보들에 비해 가장 우선적으로 수집되어야 할 필요성이 있다.

정보경찰과 같은 첩보 수집기관은 전술한 PNIO나 EEI에 의해 국가 정보목표를 달성하기 위한 일상적인 수집임무를 수행하게 된다. 그러나 이러한 지침 또는 계획은 치안정책 결정자가 필요로 하는 정보수요를 매일 매일 예상하여 충족시켜 줄 것으로 기대하는 것은 불가능한 일이다.

따라서 치안정책결정자의 정보요구에 따라 첩보 수집을 하는 방법 가운데 가장 실용적인 것이 SRI라고 할 수 있다. SRI를 하달할 때에는 정보수요가 발생한 배경이 되는 지식, 수집하여야 할 첩보의 내용, 첩보의 수집 가능성 등을 기준으로 한 수집기관별 주요 목표, 첩보의 보고 시기 등을 명확히 정해줄 필요가 있다.

(4) 기타정보요구

위에서 살펴본 바와 같이 국가의 정보목표 우선순위는 PNIO에 의해 결정된다. 그러나 각 정부부처가 PNIO 결정에 참여하는 과정에서 미래에 발생할 모든 정보수요를 예측한다는 것을 불가능한 일이다.

이에 따라 PNIO 결정과정에서 미처 고려하지 못한 정보수요가 대두될 경우, '기타정보요구'(OIR: Other Intelligence Requirements)의 필요성이 있게 된다. 급변하는 치안정세 등의 변화에 따라 현재의 PNIO로서는 충족시키지 못하는 정보목표의 필요성이 대두되는 경우 새로운 정보목표가 확립되어야 한다.

어떻게 보면 OIR은 PNIO에 포함되어 있지 않았거나 포함되어 있더라도 후순위의 요소로 취급되고 있어서 그 우선순위의 상향조정이 필요한 경우의 정보요구 방법이라 할 수 있다. 따라서 OIR은 PNIO에 우선하여 작성되어야 하는 정보목표라는 점에 유의할 필요가 있다.

한편, OIR은 전국가적이고 장기적인 정보목표라는 점에서 일시적이고 국지적인 성격을 나타내는 SRI와 구별된다.

2) 치안정보(첩보)의 수집단계

치안정보(첩보)의 수집단계는 필요한 정보 관련자료(즉, 첩보)를 입수하는 과정으로 치안정책의 결정 및 집행을 지원하는 정보생산을 위한 전단계로서 반드시 필요한 단계라 할 수 있다.

효과적인 정보자료의 수집을 위해서는 다양한 첩보의 출처를 개척·관리하고, 첩보 보고서 양식, 보고서 작성상의 표현 능력 등이 중요하다.[10] 첩보를 수집하는 방법은 사람을 활용하는 방법, 기술적인 수단에 의한 방법, 그리고 공개적인 수집방법 등으로 구분된다.

3) 치안정보의 생산단계

이러한 첩보가 하나의 정보로서 가치를 지니기 위해서는 ㉠ 정확성(accuracy), ㉡ 적시성(timeliness), ㉢ 완전성(completeness) 등을 갖추고 있어야 한다(정보의 3요소). 사실, 수집된 첩보는 수집자의 보고내용이므로 수집자의 주관적 의사가 개입할 가능성이 높다.

따라서 수집된 첩보는 과학적 원리와 사회통념에 가장 타당한 형태로 선택·가공되는 과정을 거쳐야 한다. 첩보내용은 그 자체만으로는 단편적, 비논리적, 부정확한 지식을 포함하고 있기 때문에 정보요구자의 의도에 맞춰 6하원칙(누가, 언제, 어디서, 무엇을, 어떻게, 왜)에 의한 논리성과 진실성을 구비할 수 있도록 해야 한다(정확성·완전성).

아울러 모든 정보자료는 시간과의 상관관계가 있으므로 수집이나 보고에 있어서 실기(失機)하지 않고 가치와 효용을 극대화할 수 있도록 해야 한다(적시성).

4) 치안정보의 배포단계

치안정보의 배포단계는 최종적으로 생산된 정보가 정보의 요구자 또는 사용자에게 전달되는 과정을 말한다. 배포단계는 정보순환과정의 마지막 단계인 동시에 출발점인 요구단계로 환류가 이루어지는 연결단계이기도 하다.

치안정보의 배포는 일정한 형식을 필요로 하지 않으며, 구두, 브리핑, 도표, 사진, 각서, 전화, 서면 등의 다양한 방법으로 이루어진다. 다만, 비밀로 분류된 정보내용에 대해서는 특별한 주의와 관리가 필요하다.

---

10) 김충남(2008), 앞의 책, pp. 523-524.

치안정보의 배포단계에서 고려해야 할 점은 '어떤 정보를 누구에게 얼마만큼, 어느 시기에 어떻게 전파해야 하느냐'하는 것이다. 정보는 알 필요가 있는 자에게만 알려야 하며, 사용자에게 필요한 시기에 전달되고, 사용자에게 필요한 만큼만 전달되어야 한다. 특히 치안정보가 국가기밀에 속하는 경우에는 보안업무규정 등의 규정을 준수해야 한다.

2. 신원조사

1) 신원조사의 의의

신원조사(身元調査)는 국가안전에 관련된 자 즉, 국가의 안전과 관련된 임무에 종사하거나 이에 관련된 행위를 하는 자 및 그 예정자에 대하여 실시하는 대인정보활동을 말한다.

신원조사는 주로 보안의 대상이 되는 사람의 국가에 대한 충성심, 성실성 및 신뢰성을 조사하여 국가의 안전보장을 확보하려는데 그 목적을 두고 있다.[11)]

이러한 신원조사는 개인의 프라이버시라는 헌법적 기본권을 국가안전이라는 조사목적 달성을 위해 법률로 유보하고 있는 제도라고 할 수 있다. 따라서 법령이 정하는 조사 대상자와 조사범위, 그리고 통보범위를 일탈하여 조사하거나 통보하는 것은 엄격히 금해진다.

2) 신원조사의 대상과 방법

국가정보원장은 국가보안을 위하여 국가에 대한 충성심·성실성 및 신뢰성을 조사하기 위하여 신원조사를 한다. 한편, 관계기관의 장은 다음에 해당하는 사람에 대하여 국가정보원장에게 신원조회를 요청해야 한다(보안업무규정 제36조 제1항 및 제3항 각호).

㉠ 공무원 임용예정자(국가안전보장에 한정된 국가기밀을 취급하는 직위에 임용될 예정인 사람으로 한정)

---

11) 신원조사는 범죄경력조회(犯罪經歷照會)와 구분된다. 범죄경력조회는 경찰(수사기능)에서 개인이 신청시 본인 여부를 확인하여 통보하여 주거나, 법령에서 관계기관의 장이 소속 직원 기타 소관업무에 관련된 자에 대하여 범죄경력을 신청하는 경우, 관련 개인의 범죄경력을 조회하여 통보하여 주는 제도이다. 예컨대, 유치원, 학교, 체육시설, 어린이집, 학원 등에서 성범죄경력조회를 신청하는 경우를 들 수 있다. 범죄경력조회와 관련하여 세부적인 내용은 사이버경찰청의 「범죄경력회보서 발급시스템」(http://crims.police.go.kr/) 참조.

㉡ 비밀취급 인가 예정자

㉢ 국가보안시설·보호장비를 관리하는 기관 등의 장(해당 국가보안시설 등의 관리 업무를 수행하는 소속 직원 포함)

㉣ 그 밖에 다른 법령에서 정하는 사람이나 각급기관의 장이 국가안전보장을 위하여 필요하다고 인정하는 사람

(1) 국가정보원장이 실시하는 신원조사

국가정보원장이 실시하는 이러한 신원조사는 모든 공무원을 대상으로 한 것이 아니라 고위공무원 등을 대상으로 한 것이다(보안업무규정 시행규칙 제56조 제1항).

(2) 국방부장관이 실시하는 신원조사

국방부장관은 군인, 군무원, 「방위사업법」에 따른 방위산업체 및 연구기관의 종사자와 그 밖의 군사보안에 관련된 사람에 대한 신원조사를 실시하고, 신원조사 월별통계를 국가정보원장에게 통보해야 한다(보안업무규정 시행규칙 제56조 제2항).

(3) 경찰청장이 실시하는 신원조사

경찰청장은 국가장보원장와 국방부장관이 실시하는 신원조사의 대상인 사람을 제외한 사람에 대하여 신원조사를 하고, 신원조사 월별통계를 국가정보원장에게 통보해야 한다(보안업무규정 시행규칙 제56조 제3항).

한편, 국가정보원장은 위와 같은 사항(즉, 신원조사 대상 조사기관의 업무 분담)에도 불구하고 필요한 사람에 대한 신원조사를 관계 조사기관에 요청할 수 있다(제56조 제4항).

3) 신원조사 결과의 처리

국가정보원장은 신원조사 결과 국가안전보장에 해를 끼칠 정보가 있음이 확인된 사람에 대해서는 관계기관의 장에게 그 사실을 통보하여야 한다(보안업무규정 제37조 제1항). 이에 따라 통보를 받은 관계기관의 장은 신원조사 결과에 따라 필요한 보안대책을 마련하여야 한다(제37조 제2항).

3. 집회시위 등 집단사태의 관리

1) 집회시위과정에서의 정보경찰의 역할

일반적으로 집회 및 시위 등의 집단사태와 가장 밀접하게 관련된 경찰기능으로는 경비경찰을 들 수 있다. 그러나 정보경찰 역시 경비경찰과 유기적인 협력관계를 구축하고 중요한 역할을 수행하고 있다.

정보경찰과 경비경찰간의 유기적인 협력관계를 의료행위에 비유한다면, 전자는 질병에 대한 진료과정, 후자는 직접적인 치료과정에 해당한다고 볼 수 있다.

정보경찰은 모든 집회시위에 대한 사전 첩보를 입수하여 이의 특성(규모·성향 등)을 분석하여 정보를 생산하고, 이렇게 생산된 정보를 바탕으로 경비경찰은 경비계획 및 대응전략을 수립하기 때문이다.[12)]

① 집회시위 개최 이전단계

정보경찰은 집회시위가 개최되기 이전 단계에서 관내의 집회시위를 포함한 집단사태가 발생할 징후에 대한 예고정보를 수집하여야 한다. 이를 위해서는 치안정책이나 사건·사고 등과 관련하여 집단적인 여론이 형성될 가능성을 지속적으로 파악하고 있어야 한다. 또한, 이렇게 형성된 여론이 집회시휘 등의 집단적인 행동으로 조직화 될 가능성이 있는 것으로 판단되면 관련정보를 구체적으로 수집하여 대응방안을 강구하여야 한다.

그리고 집회 및 시위에 관한 법률에 따라 신고의무가 있는 옥외(屋外)집회 등에 관하여 주최 측의 신고가 있는 경우에는 이를 접수하고, 일정한 경우에는 금지·제한하는 등의 행정처분을 할 수 있다. 정보경찰은 이상에서 수집된 예고정보와 신고내용 등을 바탕으로 한 행정지도를 통하여 집회시위 등의 과정에서 불법행위가 개입되지 않도록 할 필요가 있다.

② 집회시위 진행단계

정보경찰은 집회시위가 개최되는 현장에서 집회 및 시위가 신고된 대로 진행되는지 여부에 관한 정보를 수집해야 한다. 이렇게 수집된 정보는 경비경찰이 집회시위 해산과 같은 경찰권 행사를 하는데 있어서 판단의 자료가 될 수 있다. 현재 정보경찰이 담당하고 있는 집회시위 현장에서의 채증업무 가운데, 집회시위 상황

---

12) 경찰대학(2004), 경찰경비론, p. 4.; 경찰대학(2008b), 앞의 책, pp. 65-67.

전반에 대한 원거리 채증활동(採證: 증거의 수집)의 경우, 이러한 목적을 위한 정보수집활동의 일종으로 해석할 수 있다.

채증활동은 시·도경찰청과 경찰서에서 전담하며, 경찰서에 편성된 채증반은 경찰서 관할 구역 내에서 집회시위 및 치안의 위해사태에 대한 채증활동을 담당하도록 하고 있다.

시·도경찰청은 여러 경찰서 관할 구역에 걸쳐서 개최되는 집회시위 및 치안 위해사태에 대한 채증활동을 실시하거나, 경찰서에서 실시하는 채증활동을 지원하는 등의 임무를 수행하고 있다. 한편, 정보경찰은 집회시위가 진행되는 과정에서 경미한 위반행위나 신고내용에서 벗어나는 경우, 행정지도를 통해 주최자 등에게 그 시정을 요구할 수 있다.

③ 집회시위 종료 이후단계

정보경찰은 집회시위 등의 집단사태가 종료된 이후 그 진행과정에서 수집된 정보를 분석·평가하는 임무를 담당하고 있다. 정보경찰은 이와 같이 집회시위과정에서 수집된 정보를 각 경찰기능에 배포하여 활용하도록 해야 한다.

2) 옥외집회시위의 신고와 경찰의 금지·제한

(1) 옥외집회시위의 신고

옥외집회(屋外集會)라는 것은 천장이 없거나 사방이 폐쇄되지 아니한 장소에서 여는 집회를 말한다(집회 및 시위에 관한 법률 제2조 제1호).

이러한 옥외집회 또는 시위를 주최하려는 자는 그와 관련된 일정한 사항을 모두 적은 신고서(申告書)를 옥외집회나 시위를 시작하기 720시간(30일) 전부터 48시간(2일) 전에 관할 경찰서장에게 제출해야 한다(제6조 제1항).

다만, 옥외집회 또는 시위 장소가 두 곳 이상의 경찰서의 관할에 속하는 경우에는 관할 시·도경찰청장에게 제출하여야 하고, 두 곳 이상의 시·도경찰청 관할에 속하는 경우에는 주최지를 관할하는 시·도경찰청장에게 제출해야 한다(제6조 제1항 하단).

관할 경찰서장 또는 시·도경찰청장(이하 '관할 경찰관서장'이라 함)은 이에 따른 신고서를 접수하면 신고자에게 접수 일시를 적은 접수증을 '즉시' 내주어야 한다(제6조 제2항).[13]

13) 집회 및 시위에 관한 법률 적용의 일부 배제: 학문, 예술, 체육, 종교, 의식, 친목, 오락, 관혼상제(冠婚喪祭) 및 국경행사(國慶行事)에 관한 집회에는 제6조~제12조까지의 규정을 적용하지 아니한다(집회 및 시위에 관한 법률 제15조). 위와 같은 행사는 그 성격상 경찰에서 일일이 관리하는 것이 불필요하며, 실제 그러한 행사

(2) 경찰의 금지 또는 제한 통고

그런데 주최자가 신고한 집회시위가 모두 허용되는 것은 아니다. 신고서를 접수한 관할 경찰관서장은 신고된 옥외집회 또는 시위가 아래에 해당할 때에는 신고서를 접수한 때부터 48시간 이내에 집회 또는 시위를 금지(禁止)할 것을 주최자에게 통고(通告)할 수 있다(집회 및 시위에 관한 법률 제8조 제1항 각호).[14)]

경찰의 금지 또는 제한 통고
① 집회 및 시위의 금지(제5조 제1항) 사항에 위반된다고 인정할 때
② 시위의 금지시간(제10조 본문)에 위반된다고 인정할 때
③ 시위의 금지장소(제11조)에 위반된다고 인정될 때
④ 옥외집회 및 시위의 신고(제7조 제1항)에 따른 신고서 기재사항을 보완하지 아니한 때
⑤ 교통소통을 위한 제한(제12조)에 따라 금지할 집회 또는 시위라고 인정될 때

① 집회 및 시위의 금지 사항에 위반된다고 인정할 때

누구든지 다음의 어느 하나에 해당하는 집회나 시위를 주최하여서는 아니 된다(집회 및 시위에 관한 법률 제5조 각호).

㉠ 헌법재판소의 결정에 따라 해산된 정당(政黨: 정치에 대한 이념이나 정책이 일치하는 사람들이 정치적 이상을 실현하기 위하여 조직하는 단체)의 목적을 달성하기 위한 집회 또는 시위

㉡ 집단적인 폭행, 협박, 손괴(損壞), 방화 등으로 공공의 안녕 질서에 직접적인 위협을 끼칠 것이 명백한 집회 또는 시위

② 시위의 금지시간에 위반된다고 인정할 때

누구든지 해가 뜨기 전이나 해가 진 후에는 옥외집회 또는 시위를 해서는 안 된다. 다만, 집회의 성격상 부득이하여 주최자가 질서유지인(秩序維持人)을 두고 미리 신고한 경우에는 관할 경찰관서장은 질서 유지를 위한 조건을 붙여 해가 뜨기 전이나 해가 진 후에도 옥외집회를 허용할 수 있다(집회 및 시위에 관한 법률 제10조).[15)]

들을 관리한다는 것도 어려운 일이라고 본다. 물론, 이 밖의 일반적인 준수사항은 이 법에 따라 적용된다.

14) 그리고 집회시위가 집단적인 폭행, 협박, 손괴, 방화 등으로 공공의 안녕질서에 직접적인 위험을 초래한 경우에는 남은 기간의 해당 집회 또는 시위에 대하여 신고서를 접수한 때부터 48시간이 지난 경우에도 금지 통고를 할 수 있다(집회 및 시위에 관한 법률 제8조 제1항 하단).

15) 주의할 것은 시위의 금지시간과 관련하여 헌법재판소의 한정위헌 판결(2014. 4. 24. 2011헌가29) 및 그에 따른 대법원의 판결(2014.7.10., 2001도1602)에 의해서 '해가 진 후부터 같은 날 24시(자정)'까지 발생한 야간

③ 시위의 금지장소에 위반된다고 인정될 때

누구든지 다음의 어느 하나에 해당하는 청사 또는 저택의 경계 지점으로부터 100미터 이내의 장소에서는 옥외집회 또는 시위를 하여서는 아니 된다(집회 및 시위에 관한 법률 제11조 각호).[16)]

㉠ 국회의사당: 다만, 다음의 어느 하나에 해당하는 경우로서 국회의 기능이나 안녕을 침해할 우려가 없다고 인정되는 때에는 그러하지 아니함

가. 국회의 활동을 방해할 우려가 없는 경우

나. 대규모 집회 또는 시위로 확산될 우려가 없는 경우

㉡ 각급 법원, 헌법재판소: 다만, 다음의 어느 하나에 해당하는 경우로서 각급 법원, 헌법재판소의 기능이나 안녕을 침해할 우려가 없다고 인정되는 때에는 그러하지 아니함

가. 법관이나 재판관의 직무상 독립이나 구체적 사건의 재판에 영향을 미칠 우려가 없는 경우

나. 대규모 집회 또는 시위로 확산될 우려가 없는 경우

㉢ 대통령 관저(官邸), 국회의장 공관, 대법원장 공관, 헌법재판소장 공관

㉣ 국무총리 공관: 다만, 다음의 어느 하나에 해당하는 경우로서 국무총리 공관의 기능이나 안녕을 침해할 우려가 없다고 인정되는 때에는 그러하지 아니함

가. 국무총리를 대상으로 하지 아니하는 경우

나. 대규모 집회 또는 시위로 확산될 우려가 없는 경우

㉤ 국내 주재 외국의 외교기관이나 외교사절의 숙소: 다만, 다음의 어느 하나에 해당하는 경우로서 외교기관 또는 외교사절 숙소의 기능이나 안녕을 침해할 우려가 없다고 인정되는 때에는 그러하지 아니함

가. 해당 외교기관 또는 외교사절의 숙소를 대상으로 하지 아니하는 경우

나. 대규모 집회 또는 시위로 확산될 우려가 없는 경우

다. 외교기관의 업무가 없는 휴일에 개최하는 경우

시위는 무죄(無罪)가 되었다. 향후 입법적인 개정이 요구된다.

16) 2020. 6. 9. 법률 제17393호에 의하여 헌법재판소에서 헌법불합치 결정된 '㉠'과 '㉢'을 개정함.

(3) 집회시위의 금지통고에 대한 이의 신청

집회시위의 주최자는 관할 경찰관서장으로부터 위와 같은 금지통고를 받은 날부터 10일 이내에 해당 경찰관서의 바로 위의 상급경찰관서의 장에게 이의를 신청할 수 있다(집회 및 시위에 관한 법률 제9조 제1항).

이에 따른 이의 신청을 받은 경찰관서의 장은 접수 일시를 적은 접수증을 이의 신청인에게 즉시 내주고 접수한 때부터 24시간 이내에 재결(裁決, decision)을 하여야 한다. 이 경우 접수한 때부터 24시간 이내에 재결서를 발송하지 아니하면 관할 경찰관서장의 금지 통고는 소급하여 그 효력을 잃는다(제9조 제2항).

그리고 이의 신청인은 금지통고가 위법하거나 부당한 것으로 재결되거나 그 효력을 잃게 된 경우, 처음 신고한 대로 집회 또는 시위를 개최할 수 있다. 다만, 금지통고 등으로 시기를 놓친 경우에는 일시를 새로 정하여 집회 또는 시위를 시작하기 24시간 전에 관할 경찰관서장에게 신고함으로써 집회 또는 시위를 개최할 수 있다(제9조 제3항).

3) 집회시위에 대한 질서유지선의 설정

옥외집회 및 시위의 신고를 받은 관할 경찰관서장은 집회 및 시위의 보호와 공공의 질서유지를 위하여 필요하다고 인정하면 최소한의 범위를 정하여 질서유지선(秩序維持線, Police Line)을 설정할 수 있다(집회 및 시위에 관한 법률 제13조 제1항).

이에 따라 경찰관서장이 질서유지선을 설정할 때에는 주최자 또는 연락책임자에게 이를 알려야 한다(제13조 제2항).

4) 확성기 등 사용의 제한

집회 또는 시위의 주최자는 확성기, 북, 징, 꽹과리 등의 기계·기구(이하 '확성기 등')를 사용하여 타인에게 심각한 피해를 주는 소음으로서 대통령령으로 정하는 기준을 위반하는 소음을 발생시켜서는 아니 된다(집회 및 시위에 관한 법률 제14조 제1항).

따라서 관할 경찰관서장은 집회 또는 시위의 주최자가 위에 따른 기준을 초과하는 소음을 발생시켜 타인에게 피해를 주는 경우에는 그 기준 이하의 소음 유지 또는 확성기 등의 사용 중지를 명하거나 확성기 등의 일시보관 등 필요한 조치를 할 수 있다(제14조 제2항).

6) 경찰관의 출입

경찰관은 집회 또는 시위의 주최자에게 알리고 그 집회 또는 시위의 장소에 정복(正服)을 입고 출입할 수 있다. 다만, 옥내집회 장소에 출입하는 것은 직무 집행을 위하여 긴급한 경우에만 할 수 있다(집회 및 시위에 관한 법률 제19조 제1항).

그리고 집회나 시위의 주최자, 질서유지인 또는 장소관리자는 질서를 유지하기 위한 경찰관의 직무집행에 협조하여야 한다(제19조 제2항).

4. 치안정보의 기록관리

국가정보자료라는 것은 '국가정보정책의 수립에 기여할 수 있는 국내외 정치·경제·사회·문화·군사·과학·지지·통신 등 각 분야별 기본정보와 각 분야에 영향을 미칠 수 있는 인적·물적 정보 등의 내용이 수록된 자료'를 의미한다(국가정보자료 관리규정 제2조 제1호).

국가정보와 부문정보의 관계에 비추어 정보경찰의 치안정보에 대한 기록관리도 각 분야별 기본정보와 인적·물적 정보 등의 내용이 수록된 자료를 그 대상으로 한다고 볼 수 있다. 치안정보의 기록은 정보경찰의 정보활동의 결과로 얻은 제반 자료를 경찰목적에 맞게 사용할 수 있도록 문서화(文書化)한 것을 말한다.[17]

이러한 기록관리는 첫째, 기록을 필요한 시기에 적절하게 사용할 수 있도록 체계적으로 관리하기 위한 것이다. 이를 위해서 「국가정보 관리규정」(대통령령)에서는 국가정보자료의 관리에 대해서 규정하고 있다.

둘째, 기록이 변개, 도난, 내용 누설, 파괴 등의 위해로부터 보호될 수 있도록 안전한 보관, 즉 기록의 보안(保安)이 유지되어야 한다. 국가정보 기록의 취급과 관련된 비밀의 보호를 위한 조치에 관해서는 「보안업무규정」(대통령령)에서 상세하게 규정하고 있다.

---

17) 경찰대학(2008b), 앞의 책, p. 64.

제17장 보안경찰

제1절 보안경찰의 의의

1. 보안경찰의 개념

경찰기능과 관련하여 보안경찰(保安警察)이라는 것은 국가안전보장을 위태롭게 하는 간첩활동 및 안보위해사범에 대한 예방·검거활동, 경제안보 차원에서 산업기밀·전략물자 유출사범의 수사, 북한과 연계된 마약·위조지폐·총기밀매 사범의 단속 등을 하는 제반 경찰활동을 말한다. 그리고 보안경찰은 이와 더불어 북한이탈주민의 안전한 정착을 위하여 신변보호 업무를 수행하고 있다.[1)]

보안경찰의 활동 영역으로서 새롭게 등장한 보안사이버 수사요원은 사이버공간에서 이루어지는 간첩통신 및 국가보안법위반 등 국가안보 위해행위에 대한 첩보를 수집·분석·전파하고 그와 관련한 내사 및 수사활동을 수행하는 경찰을 말한다.[2)]

2. 보안경찰의 특징

보안경찰은 경찰기능 중에서 우선적으로 내란죄, 외환죄, 이적죄(利敵罪) 등 국가적 법익(國家的 法益)을 침해하는 세력으로부터 국가를 보호하는 기능이라고 할 수 있다. 국가적 법익에 대한 죄는 그 보호대상이 국가로 되어 있다. 보호법익이 국가로서 관련 범죄가 발생하였을 경우 국가가 피해자(被害者)의 지위에 서게 된다.

국가보호를 위해서 경찰은 대간첩작전 등을 비롯하여 간첩 및 폭력세력 등 반국가사

1) 2019년 현재 경찰공무원 122,913명(100.0%) 가운데, 경찰직제상 보안경찰기능을 담당하는 경찰은 2,205명(약 1.8%)에 이르고 있다. 경찰청(2020), 경찰통계연보, p. Ⅱ.
2) 최선우·류채형(2012), "북한의 사이버테러리즘에 관한 연구," 한국공안행정학회보 제46호 pp. 212-239.

범을 색출·검거하기 위한 정보수집과 수사, 이들로부터 국가기밀·시설·요인보호 뿐만 아니라, 대국민 안보의식 고취를 위한 홍보·계도 등 다양한 임무를 수행하고 있다. 보안경찰은 사물관할 면에서 다른 일반 경찰활동과는 달리, 직접 국가의 안전보장에 관련되는 범죄유형을 대상으로 하기 때문에 고도의 보안을 요구하는 비공개 활동을 그 특징으로 하고 있다.

정치형법

국가를 보호하는 법률을 '정치형법'(政治刑法)이라고 한다. 정치형법이라는 말은 헌법이 보장하는 정치질서 즉, 민주적 기본질서에 반하는 행위를 처벌한다는 의미를 가진다. 1948년에 제정되어 오늘에 이르고 있는 「국가보안법」은 대표적인 정치형법의 하나라고 볼 수 있다.

그런데, 정치형법의 내용은 국가개념에 좌우된다. 각 국가의 정치질서는 곧 그들이 바탕으로 하는 국가개념으로부터 나오기 때문이다. 그러므로 이 세상의 모든 국가는 정치형법을 가지고 있지만 그 내용은 상이할 수밖에 없다.

나아가서 국가적 법익을 보호하는 정치형법의 보호방식은 추상적 위험범(抽象的 危險犯)으로 되어 있는 것이 특징이다. 추상적 위험범은 법익침해에 대한 '일반적 위험'만으로 범죄가 성립한다. 따라서 현실적인 법익침해 또는 그 위험과 상관없이 범죄가 인정되기 때문에 피의자·피고인의 인권보장과 관련하여 법치국가(法治國家)의 문제점이 발생할 수 있다.[3)]

한편, 국가안전보장이라는 업무를 수행함에 있어서는 경찰기관 이외에도 국가정보원, 군, 일반행정부처 등 여러 국가기관의 협력을 통해서 이루어진다. 경찰기능상 국가의 안전보장과 관련된 경찰업무는 보안경찰에 국한되지 않고, 외사경찰과 정보경찰이 함께 담당하고 있다. 한국의 보안경찰은 예방경찰로서의 기능과 진압경찰기능을 같은 부서에서 담당하고 있다.

보안경찰은 일반의 공공유지를 임무로 하는 행정경찰로서의 기능과 국가사회의 안녕과 질서유지를 목적으로 하는 사법경찰로서의 기능을 갖고 범죄의 수사, 범인의 체포, 구속영장의 집행, 기타 법원·법관 또는 검사의 명령에 의하여 행하는 활동을 하고 있다.

3) 배종대(2010), 형법각론, 서울: 홍문사, pp. 777-783.

3. 보안경찰의 법적 근거

보안경찰의 법적 근거는 헌법을 근간으로 하고, 일반법으로서 경찰법 제3조(경찰의 임무), 경찰관직무집행법 제2조(직무의 범위)에 개괄적으로 규정되어 있다. 보안경찰의 사무분장과 관련하여 경찰청과 그 소속기관 직제(대통령령) 제22조(안보수사국)에 규정되어 있다.

그리고 개별법으로서는 「형법」, 「국가보안법」, 「보안관찰법」, 「북한이탈주민의 보호 및 정착지원에 관한 법률」(약칭: 북한이탈주민법), 「남북교류협력에 관한 법률」(약칭: 남북교류협력법), 그리고 「정보 및 보안업무기획·조정규정」(대통령령) 등을 들 수 있다.

제2절 보안경찰의 주요활동

보안경찰의 활동과 관련하여 ㉠ 방첩활동, ㉡ 보안수사, ㉢ 보안관찰, ㉣ 북한이탈주민관리 등을 중심으로 살펴보기로 한다.

1. 방첩활동

방첩(防諜, counter intelligence)이란 적의 첩보활동을 방지하고 자국의 정보가 적에게 새어나가지 못하게 하는 일을 말한다. 따라서 방첩은 기밀유지, 보안유지라고도 한다. 그러나 방첩활동은 기밀유지보다는 좀 더 광범위하다.

적국 또는 가상적국의 자국에 대한 간첩활동이나 정보활동을 무력화시키고 암살·테러 행위로부터 인명을 보호하며, 태업·파괴활동으로부터 시설이나 물자를 방호하고, 자국의 정보가 적국이나 가상적국 또는 제3국에 유출되는 것을 방지하기 위하여 수행되는 모든 보안통제 방책에 관계되는 활동을 의미한다.[4)]

이러한 방첩활동은 소극적 보안활동과 적극적 보안활동 모두 포함하는 종합적 활동이라 할 수 있다. 소극적 보안활동은 보안업무규정에 따른 첩보·인원·시설·물자 등을

4) 경찰대학(1991), 경찰대공론, pp. 26-27.; 조철옥(2012), 경찰학개론, 서울: 대영문화사, p. 695 재인용.

보호하기 위한 활동을 말하고, 적극적 보안활동은 적의 간첩이나 국내 불순세력 등을 색출·검거하는 활동을 말한다.

또한 방첩활동은 적의 정보활동에 대하여 자기편을 보호하는 활동으로서 간첩·태업·전복행위 등을 미연에 방지하고 적발하기 위한 조직된 활동이라 할 수 있다.

2. 보안수사

1) 보안수사의 의의

보안수사라는 것은 국가안전보장과 관련된 반국가사범인 정보사범(情報事犯)을 인지·색출·검거·신문하는 일련의 활동을 말한다. 정보사범은 국가안전보장을 위협하거나 국가안전보장에 관한 기밀이나 정보를 유출하는 것과 관련된 범죄를 범한 자를 말한다.[5)]

정보사범은 보호법익이 국가의 존립과 안전이므로 행위가 있음으로써 즉시 범죄가 성립하고, 범죄행위로 인한 결과발생을 요하지 않는 '추상적 위험범'(抽象的 危險犯)에 해당한다고 볼 수 있다.

「정보 및 보안업무기획·조정규정」(대통령령)에서 정보사범은 다음에 해당하는 죄를 범한 자와 그 혐의를 받는 자를 말한다(제2조 제5호).

㉠ 형법상의 내란의 죄(제87조~제91조)와 외환의 죄(제92조~제104조)

㉡ 군형법상의 반란의 죄(제5조~제10조)와 이적(利敵)의 죄(제11조~제17조) 그리고 군사기밀 누설죄(제80조), 암호부정사용죄(제81조)

㉢ 군사기밀보호법에 규정된 죄

㉣ 국가보안법에 규정된 죄

국가보안법 위반사범 검거 현황[6)]

(단위: 명)

구 분	2013년	2014년	2015년	2016년	2017년	2018년	2019년
검거인원	121	66	62	60	45	15	12

5) 여기에서 말하는 정보사범(情報事犯)은 보안사범(保安事犯)을 의미하는 것이며, 따라서 용어상으로 오히려 '보안사범'이 타당하다고 본다.

6) 경찰청(2020), 경찰백서, p. 307.

2) 보안수사의 대상

보안수사 또는 대공수사의 대상인 정보사범과 관련하여 「국가보안법」(國家保安法)을 중심으로 살펴보기로 한다.[7]

국가보안법은 '국가의 안전을 위태롭게 하는 반국가활동을 규제함으로써 국가의 안전과 국민의 생존 및 자유를 확보함'을 목적(제1조)으로 한 대표적인 법으로서 형법·형사소송법의 특별법(特別法)이라고 할 수 있다.

그러나 이 법으로 인해서 인권침해의 우려가 있기 때문에, 이 법을 해석·적용함에 있어서는 필요한 최소한도에 그쳐야 하며, 이를 확대해석하거나 헌법상 보장된 국민의 기본적 인권을 부당하게 제한하는 일이 있어서는 안 된다는 것을 분명히 하고 있다(국가보안법 제2조).

(1) 보안수사의 대상범죄

국가보안법에서 규정하고 있는 보안수사의 대상이 되는 범죄는 다음과 같다(국가보안법 제3조~제12조).

㉠ 반국가단체 구성 등 관련범죄[8]

㉡ 목적수행죄

㉢ 자진지원·금품수수죄

㉣ 잠입·탈출죄

㉤ 찬양·고무 등의 죄

㉥ 회합·통신 등의 죄

㉦ 편의제공의 죄

㉧ 불고지죄

㉨ 특수직무유기죄

㉩ 무고·날조죄 등

7) 1948년 12월에 제정된 국가보안법을 포함하여 우리나라 현행법률 가운데 대부분은 구법(舊法)으로 의용(依用)되던 일본법을 그대로 모방·개작하여 만들었다. 이러한 이유로 규범의 내용·편제는 일본의 그것과 거의 동일하다. 따라서 형법과 형사소송법은 물론이고, 현실적으로 가장 무서운 형벌에 속하는 국가보안법은 일제 강점기의 치안유지법(治安維持法, 1925)에 그 뿌리를 두고 있다. 그리고 후술하겠지만 보안관찰법 역시 조선사상범 보호관찰령(朝鮮思想犯 保護觀察令, 1936)에서 유래한 것이다.

8) 반국가단체(反國家團體)라는 것은 정부를 참칭(僭稱: 합법적 절차에 의하지 않고 임의로 정부를 조직하여 진정한 정부인 것처럼 사칭하는 것)하거나 국가를 변란할 것을 목적으로 하는 국내외의 결사 또는 집단으로서 지휘통솔체제(指揮統率體系)를 갖춘 단체를 말한다(국가보안법 제2조).

국가보안법의 특징

① 범죄성립 범위의 확대

㉠ 미수 및 예비·음모죄의 확대적용

형법에서 미수범과 예비·음모한 자에 대한 처벌과 관련하여 미수범(未遂犯)의 경우에는 '개개의 형벌법규에 이를 처벌하기로 하는 규정이 있을 때 처벌하고'(제29조), 예비·음모(豫備·陰謀)에 대해서는 '범죄의 음모 또는 예비행위가 실행의 착수에 이르지 아니한 때에는 법률에 특별한 규정이 없는 한 벌하지 아니 한다'고 규정하고 있다(28조). 형법에서는 예비·음모도 미수범과 마찬가지로 법률에 특별한 규정이 있을 때 처벌된다고 규정하고 있다.

그런데, 국가보안법은 이러한 처벌규정을 가장 빈번하게 규정하고 있다. 국가보안법은 일부의 죄(예: 미수범의 경우 불고지죄, 특수직무유기죄, 무고 등의 죄)를 제외하고는 대부분의 반국가적 범죄에 대하여 미수범과 예비·음모한 자에 대해서 포괄적으로 처벌규정을 두고 있다.

㉡ 특수한 범죄의 성립 인정

국가보안법은 특수한 범죄의 성립을 인정하고 있다고 볼 수 있다. 편의를 제공한 자도 종범(從犯)으로서가 아니라 별개의 독립된 편의제공죄로 처벌하고 있고(제9조), 반국가적 행위의 다양화 및 조직화·집단화에 대처하기 위하여 선동·선전행위를 별도의 범죄로 규정하여 처벌하고 있다(제4조 제1항 제6호).

그리고 일정한 범죄 즉, 반국가단체의 구성 등의 죄, 목적수행죄, 자진지원죄(금품수수죄는 제외)와 관련하여 그 죄를 범한 자라는 점을 알면서 수사기관 또는 정보기관에 고지하지 아니한 자에 대한 처벌규정을 두고 있다(제10조).

② 중형주의

㉠ 재범자의 특수가중

국가보안법, 군형법, 형법에서 규정한 반국가적 범죄를 범하여 금고(禁錮) 이상의 형의 선고를 받고 그 형의 집행을 종료하지 아니한 자 또는 그 집행을 종료하거나 집행을 받지 아니하기로 확정된 후 5년이 경과하지 아니한 자가, 국가보안법상의 일정한 죄를 다시 범한 때에는 그 죄에 대한 법정형의 최고를 사형(死刑)으로 한다고 규정하고 있다(제13조).[9]

㉡ 자격정지형의 병과

국가보안법은 동법의 죄에 관하여 유기징역형을 선고할 때에는 그 형의 장기 이하의 자격정지를 병과할 수 있도록 규정하고 있다(제14조).

---

9) 단순위헌: 국가보안법(1980. 12. 31. 법률 제3318호로 전문개정된 것) 제13조 중 '이 법, 군형법 제13조, 제15조 또는 형법 제2편 제1장 내란의 죄, 제2장 외환의 죄를 범하여 금고 이상의 형의 선고를 받고 그 형의 집행을 종료하지 아니한 자 또는 그 집행을 종료하거나 집행을 받지 아니하기로 확정된 후 5년이 경과하지 아니한 자가…제7조(찬양·고무 등) 제5항, 제1항의 죄를 범한 때에는 그 죄에 대한 법정형의 최고를 사형으로 한다'부분은 헌법에 위반된다. 헌재 2002.11.28., 2002헌가5.

㉢ 몰수·추징 및 압수물의 처분

국가보안법은 죄를 범하고 그 범죄의 대가로 보수를 받은 때에는 이를 몰수하도록 하고, 이를 몰수할 수 없을 때에는 그 가액을 추징하도록 하고 있다. 그리고 검사는 이 법의 죄를 범한 자에 대하여 불기소처분(不起訴處分)할 때에도 압수물의 폐기 또는 국고귀속을 명할 수 있도록 하고 있다(제15조).

③ 형의 감면

국가보안법은 형의 감면사유를 일반형법보다 확대하여 범인의 자수를 이끌어 내거나 고발을 촉진하여 범인을 조속히 색출·검거할 수 있도록 유도하는 등 수사의 효율성을 높이기 위한 규정을 두고 있다. 이러한 형의 감면사유로 이 법을 범한 후 자수한 때, 이 법의 죄를 범한 자가 이 법의 죄를 범한 타인을 고발하거나 타인이 이 법의 죄를 범하는 것을 방해한 때로 규정하고 있다(제16조).

(2) 형사소송법상의 특례

국가보안법에서 규정하고 있는 보안수사 대상범죄에 대해서는 특별형사소송규정을 두고 있는데, 이는 형사소송법상의 특례라고 할 수 있다.

① 참고인의 구인·유치

검사 또는 사법경찰관(司法警察官)으로부터 이 법에 정한 죄의 참고인으로 출석을 요구받은 자가 정당한 이유 없이 2회 이상 출석요구에 불응한 때에는 관할법원 판사의 구속영장을 발부받아 구인(拘引)할 수 있도록 하고 있다(국가보안법 제18조 제1항). 그리고 구속영장에 의하여 참고인을 구인하는 경우에 필요한 때에는 근접한 경찰서 기타 적당한 장소에 임시로 유치(留置)할 수 있다(제18조 제2항).

참고인조사는 형법상 임의수사 영역이라고 할 수 있다. 따라서 국가보안법상의 이와 같은 참고인 구인·유치제도는 형사소송에 있어서 예외, 즉 특례라고 할 수 있다.

② 구속기간의 연장

지방법원판사는 국가보안법 제3조~제10조의 죄(반국가단체의 구성 등의 죄~불고지죄)로서 사법경찰관이 검사에게 신청하여 검사의 청구가 있는 경우에 수사를 계속함에 상당한 이유가 있다고 인정한 때에는 형사소송법상의 구속기간의 연장을 1차에 한하여 허가할 수 있다(국가보안법 제19조 제1항).

그리고 지방법원판사는 제1항의 죄로서 검사의 청구에 의하여 수사를 계속함에 상당한 이유가 있다고 인정한 때에는 구속기간의 연장을 2차에 한하여 허가할 수 있다(제2항). 이들 1차 및 2차 구속기간의 연장은 각 10일 이내로 하고 있다(제3항).

따라서 국가보안법 위반사건은 구속기간은 형사소송법상의 구속기간(최대 30일)보다 20일이 더 연장 가능하므로 경찰단계와 검찰단계를 합하면, 최대기간은 50일이 된다고 볼 수 있다.[10)]

③ 공소보류

국가보안법은 이른바 '기소편의주의'(起訴便宜主義)에 입각한 기소유예(起訴猶豫)제도와 동일한 성격을 같은 것으로서, 이 법을 위반한 모든 자에 대하여 형법 제51조(양형의 조건)를 참작하여 공소제기를 보류할 수 있도록 하고 있다(제20조 제1항).[11)]

공소보류(公訴保留)는 기소유예의 특별형식에 속한다고 할 수 있다. 이에 따라 공소보류를 받은 자가 공소의 제기 없이 2년을 경과한 때에는 검사는 소추할 수 없다(제20조 제2항).

한편, 검사의 공소보류를 받은 자가 법무부장관이 정한 감시·보도에 관한 규칙에 위반한 때에는 공소보류를 취소할 수 있다(제20조 제3항). 이에 따라 공소보류가 취소된 경우에는 형사소송법의 재구속의 제한 규정에도 불구하고 동일한 범죄사실로 재구속 할 수 있다(제20조 제4항).[12)]

3. 보안관찰

1) 보안관찰의 의의

이상에서 살펴본 바와 같이 형법 및 국가보안법과 같은 특별형법에서 정보사범에 대한 처벌규정을 두고 해당 위법행위를 했을 경우, 그에 상응하는 처벌을 하고 있음을 알

10) 단순위헌(과도한 구속기간 연장에 대한 위헌판결): 헌법이 정하는 무죄추정의 원칙에서 볼 때, 불구속수사가 원칙이고 구속수사는 예외적인 경우에만 허용되는 것으로 보아야 하며, 구속수사의 경우도 구속기간을 제한하는 것은 신체의 자유와 신속한 재판을 받을 권리를 보장하기 위한 불가결한 조건이다. 그런데, 국가보안법상의 구속기간 연장규정을 구성요건이 비교적 단순한 제7조 찬양·고무와 제10조 불고지의 죄에도 적용함으로써 피의자에 대한 구속기간을 통상의 경우보다 20일 더 연장해서 최장 50일까지 구속할 수 있도록 한 것은 헌법 제37조 제2항이 정하는 기본권 제한입법의 한계를 넘어서서 피의자의 신체의 자유, 무죄추정의 자유, 신속한 재판을 받을 권리를 침해한 것이다. 헌재 1992.4.14., 90헌마82.

11) 양형의 조건: 형을 정함에 있어서는 ① 범인의 연령, 성행, 지능과 환경, ② 피해자에 대한 관계, ③ 범행의 동기, 수단과 결과, ④ 범행후의 정황 등을 참작하여야 한다(형법 제51조).

12) 검사 또는 사법경찰관에 의하여 구속되었다가 석방된 자는 다른 중요한 증거를 발견한 경우를 제외하고는 동일한 범죄사실에 관하여 재차 구속하지 못한다. 이 경우에는 1개의 목적을 위하여 동시 또는 수단결과의 관계에서 행하여진 행위는 동일한 범죄사실로 간주한다(형사소송법 제208조).

수 있다.

그런데, 이와 같은 법에 의한 처벌을 받았음에도 불구하고, 추가적으로 보안관찰법(保安觀察法)에 의한 '보안처분'(保安處分)을 인정함으로써 형사제재의 이원주의(二元主義)를 취하고 있다는 점이다.

이러한 보안처분이 필요한 이유는 무엇인가? 형벌이라는 것은 범죄자가 과거에 저지른 범죄행위에 대한 책임(責任)을 전제로 한 것이며, 따라서 아무리 형법적으로 중요한 목적이라 할지라도 이 '책임정도'를 초과하여 처벌할 수는 없는 것이다. 바꿔 말하면 이러한 형벌의 전제조건은 범죄자의 장래에 속한 인격발전까지 양형(量刑)과정에서 고려할 수 없게 한다.

따라서 예컨대, 형법 제250조 살인죄의 형을 양정(量定)할 때, 범죄자가 장래에 그의 성격적 결함 때문에 특별히 교화개선 할 필요가 있다든가 또는 특별히 재범위험성이 높다든가 하는 요소가 고려될 수 없다. 뿐만 아니라 형법은 책임 무능력자에 대해서는 형벌을 부과할 수 없다. 따라서 그가 아무리 사회적으로 범죄행위 위험성이 높더라도 사회가 필요로 하는 보안(保安: 재범방지), 개선(改善), 그리고 치료(治療)의 목적은 과거의 책임을 기초로 하는 형벌로는 달성할 수 없는 일이다.

여기에서 형법의 적극적 법익보호 목적은 책임상한선 안의 과거지향적 형벌만으로는 불충분하고, 미래의 범죄행위에 대한 형법의 예방적 필요성, 즉 범죄예방(犯罪豫防)에 의한 법익보호(法益保護)의 보충이 필요하다는 것이다. 왜냐하면 장래의 높은 위험성이 곧 과거의 높은 책임과 일치하는 것은 아니기 때문이다. 따라서 책임과 무관하게, 오로지 행위자의 장래위험성을 기준으로 형벌의 부족한 법익보호 부분을 보충하는 것이 바로 보안처분(保安處分)제도이다.[13)]

요약건대, 형벌은 '과거'에 일어난 책임을 전제로 하여 일정한 목적을 추구하고, 보안처분은 '장래'의 행위자로부터 나오는 범죄의 '위험성'(危險性)을 겨냥하는 일종의 역할분담을 한다. 그러므로 보안처분은 오직 행위자를 지향하는 특별예방적 목적처분(特別豫防的 目的處分)이라는 점에 대해 의문의 여지가 없다.

2) 보안관찰의 내용

보안관찰법(保安觀察法)은 이상과 같은 취지를 반영하여 '특정범죄를 범한 자에 대

13) 그러나 이러한 보안처분의 필요성 외에도 이의 정당성이 요구된다. 보안처분은 법치주의 원리에 의해 정형화되어야 하고(이의 입법, 해석·적용과정은 비례원칙에 구속되어야 함), 국가제재의 최후의 후단으로서 이를 적용해야 할 만큼 긴급한 필요가 있어야 하고, 이러한 수단적용이 헌법적 가치질서와 일치하는 방향으로 실현되어야 한다. 배종대(1996), 앞의 책, pp. 27-29.

하여 재범의 위험성을 예방하고 건전한 사회복귀를 촉진하기 위하여 보안관찰처분을 함으로써 국가의 안전과 사회의 안녕을 유지함을 목적으로 한다'고 규정하고 있다(제1조).

(1) 보안관찰 해당범죄

보안관찰법에서 규정하는 특정범죄, 즉 보안관찰에 해당되는 범죄는 다음에 해당하는 죄를 말한다(보안관찰법 제2조 각호).

㉠ 형법상의 내란의 죄와 외환의 죄 가운데 일정한 죄

㉡ 군형법상의 반란의 죄와 이적의 죄 가운데 일정한 죄

㉢ 국가보안법상의 일정한 죄

(2) 보안관찰처분 대상과 요건 등

① 보안관찰처분 대상자

보안관찰처분 대상자라 함은 보안관찰 해당범죄 또는 이와 경합된 범죄로 금고 이상의 형의 선고를 받고, 그 형기 합계가 3년 이상인 자로서 형의 전부 또는 일부의 집행을 받은 사실이 있는 자를 말한다(보안관찰법 제3조).

② 보안관찰처분 요건

물론, 이들 모두가 보안관찰처분 대상이 되는 것은 아니다. 보안관찰처분 대상자 가운데 보안관찰 해당범죄를 다시 범할 위험성이 있다고 인정할 충분한 이유가 있어 재범의 방지를 위한 관찰이 필요한 자에 대하여는 보안관찰처분을 하는 것이다(보안관찰법 제4조 제1항).

(3) 보안관찰처분 과정과 기간

① 보안관찰처분 과정

보안관찰처분은 검사의 청구(보안관찰법 제7조)로 보안관찰심의위원회의 의결을 거쳐(제12조), 법무부장관이 결정하도록 하고 있다(제14조 제1항). 이때 법무부장관은 위원회의 의결과 다른 결정을 할 수 없다. 다만, 보안관찰처분 대상자에 대하여 위원회의 의결보다 유리한 결정을 하는 때에는 그러하지 아니한다(제14조 제2항).

법무부장관은 보안관찰처분 대상자 가운데 ㉠ 준법정신이 확립되어 있는 자, ㉡ 일정한 주거와 생업이 있는 자, ㉢ 대통령령이 정하는 신원보증이 있는 자에

대하여는 면제결정을 할 수 있도록 하고 있다(보안관찰법 제11조 제1항 각호).

② 보안관찰처분 기간

보안관찰처분의 기간은 2년으로 하는데, 법무부장관은 검사의 청구가 있는 때에는 보안관찰처분심의위원회의 의결을 거쳐 그 기간을 갱신(更新)할 수 있도록 하고 있다(보안관찰법 제5조 제1항 및 제2항).

(4) 보안관찰처분의 집행

보안관찰처분을 받은 자는 이 법이 정하는 바에 따라 소정의 사항을 주거지 관할 경찰서장에게 신고하고, 재범방지에 필요한 범위 안에서 그 지시에 따라 보안관찰을 받아야 한다(보안관찰법 제4조 제2항). 보안관찰처분의 집행은 검사가 지휘하도록 하고 있다(제17조 제1항).

구체적으로 보안관찰의 집행은 검사 및 사법경찰관리에 의해 지도(제19조), 보호(제20조), 경고(제22조), 그리고 응급구호(제21조) 등의 방법으로 이루어진다.

4. 북한이탈주민의 관리 및 남북교류에 따른 보안활동

1) 북한이탈주민의 관리

북한이탈주민의 국내입국은 1993년까지 연평균 10여명 내외였으나, 이후 입국자가 급증하여 2019년 말 현재 누적인원 33,523명에 이르고 있다. 그리고 이 가운데 여성입국자가 약 2만 4천여명(72.1%)를 차지하고 있다.[14)]

이처럼 북한이탈주민의 입국이 증가하는 것은 북한의 경제사정 악화에 따른 남한사회에 대한 동경, 제3국에 불법체류하면서 느끼는 신변불안 등에서 비롯된 것으로 보인다.

정부에서는 군사분계선 이북지역에서 벗어나 대한민국의 보호를 받으려는 군사분계선 이북지역의 주민(즉, 북한이탈주민)이 정치·경제·사회·문화 등 모든 생활 영역에서 신속히 적응·정착하는 데 필요한 보호 및 지원을 하기 위하여 「북한이탈주민의 보호 및 정착지원에 관한 법률」(1997)을 제정하였다.

북한이탈주민에 대해서 보안경찰은 이들의 신변보호와 정착지원을 위해 통일부·지방자치단체 등 관계기관과 유기적인 협조체제를 구축하고 있다. 아울러 이들 북한이탈

14) 경찰청(2020), 앞의 책, p. 310.

주민이 정착과정에서 겪는 여러 가지 정신적·육체적·물질적 어려움에 대해 민간차원에서의 실질적인 도움을 주기 위해 경찰서별로 '보안협력위원회'를 운영하고 있다.

그러나 경찰서 단위의 보안경찰은 단순히 이들에 대한 보호·지원뿐만 아니라 이들의 동향을 감시·통제하여 보안경찰의 본연의 임무를 수행하는 기능 역시 중요하다고 본다.

2) 남북교류에 따른 보안활동

그동안 남한과 북한 간의 상호 이해관계를 바탕으로 협력증진 등을 통한 동반성장을 위해서 교류가 이루어져 왔다. 이에 따라 그동안 개성공단을 중심으로 남북 간 경제교류가 꾸준히 이어졌지만, 북한의 통행제한 조치 및 '금강산 관광객 피살' 등의 사건에 따라 중단되었다.

이러한 이면에는 남북 간의 정치적 갈등이 내재해 있다고 볼 수 있는데, 이로 인해 공식적인 방북인원도 크게 감소하였고, 이산가족 상봉 등은 인도적 차원에서 이루어지기도 하였다.

남북교류협력에 관한 법률

① 남북교류협력법 제정 배경

우리 정부는 군사분계선 이남지역과 그 이북지역 간의 상호 교류와 협력을 촉진하기 위하여 필요한 사항을 규정함으로써 한반도의 평화와 통일에 이바지하기 위하여 「남북교류협력에 관한 법률」(약칭: 남북교류협력법)」이 1990년 제정하였다.

② 남북교류협력법의 특징

이 법에 따라 '남한과 북한의 왕래·접촉·교역·협력사업 및 통신 역무(役務)의 제공 등 남한과 북한 간의 상호 교류와 협력을 목적으로 하는 행위'에 관하여는 '이 법률의 목적 범위'에서 다른 법률에 우선하여 이 법을 적용하도록 하고 있다(제3조).
따라서 남북교류협력에 관한 법률은 특별법으로서, 이 법에 따른 교류가 정당하고 적법하게 이루어지는 범위 내에서는 예컨대, 국가보안법이 적용되지 않는다는 의미이다.

보안경찰은 이러한 남북 간의 교류가 이루어지는 공식적 통과 접점인 남북출입사무소(CIQ: 경의선·동해선)를 통과 인원에 대한 보안검색 강화, 남북교류행사 관련 주요 인사에 대한 근접보안·경호활동을 수행하고 있다.[15)]

이를 통해 안보위해요소의 반입·출입을 통제하고, 미신고 접촉행위, 침투공작 기도 등을 차단·저지하는 활동 등을 수행하고 있다. 남북출입사무소는 북한을 방문하는 인원에 대한 통행관리와 반출입 물자의 통관 지원 등의 업무를 처리하고 있는데, 주무 부처인 통일부를 비롯해 법무부, 관세청, 경찰청 등 관계기관이 합동 근무 중이다.

15) 경찰청(2020), 앞의 책, p. 309.

제18장 외사경찰

제1절 외사경찰의 의의

1. 외사경찰의 개념

외사경찰(外事警察)은 대한민국의 안전과 사회 공공의 안녕 및 질서보호를 목적으로 외국인, 외국사절, 외국기관, 외국상사단체, 외국인이나 외국과 관련된 내국인, 그리고 해외여행자 및 해외동포 등을 대상으로 외사정보를 수집하고 이와 관련된 범죄를 예방·수사하는 경찰활동을 말한다. 아울러 국제경찰공조(인터폴, 범죄인인도, 국제형사사법공조), 주한미군 지위협정(SOFA)에 따른 미군범죄 대응 등을 주된 임무로 하는 경찰활동을 말한다.[1)]

교통 및 정보통신의 발달 그리고 세계화·국제화 논리 속에서 각 국가 간의 인적·물적 교류는 크게 확대되고 있는 것이 현실이다. 그러나 이러한 상황 속에서 외국인 범죄, 산업정보의 유출, 밀수사범 등 외사 치안수요 또한 증가하고 있어 대책 마련이 절실하다.

최근 재외국민 해외여행자가 증가하면서 해외에서의 테러·재해발생 등으로 인한 자국민의 피해가 급증하고 있고, 범죄의 물리적·공간적 제약의 붕괴, 범죄수법의 공유 등으로 인한 범죄의 탈국경화(脫國境化) 현상이 두드러지면서 예전과는 달리 그 피해규모와 파급효과가 크므로 이에 대한 국제사회의 공동협력 및 대응이 요구된다.[2)]

---

1) 김충남(2008), 경찰학개론, 서울: 박영사, p. 559.; 조철옥(2012), 경찰학개론, 서울: 대영문화사, p. 668.; 2019년 현재 경찰공무원 122,913명(100.0%) 가운데, 경찰직제상 외사경찰기능을 담당하는 경찰은 1,575명(약 1.3%)에 이르고 있다. 경찰청(2020), 경찰통계연보, p. Ⅱ.

2) ① 출입국자 수는 큰 폭으로 매년 증가하고 있다. 2010년에 전체 출입국자는 약 4,300만명(입국: 약 2,150만명, 출국: 약 2,150만명)수준이었는데, 2015년에는 약 6,600만명(입국: 약 3,300만명, 출국: 약 3,300만명) 수준에 이르고 있다. 그리고 2019년에는 약 9,350만명(입국: 약 4,670만명, 출국: 4,680만명)에 이르고 있다. ② 참고적으로 불법체류 외국인은 2015년에는 214,168명이었는데, 2019년에는 390,281명으로 그 수가 크게

2. 외사경찰의 특징

외사경찰은 외사사건과 관련된 정보 및 수사활동 등을 수행한다. 경찰기능과 관련하여 볼 때, 생활안전, 수사, 교통, 경비, 보안 등은 말 그대로 기능별로 분류 되어있으나 외사는 대상인물, 지역을 중심으로 분류되어 다른 기능과 중복되는 특징을 가지고 있다. 따라서 외사경찰은 정보경찰, 수사경찰, 보안경찰과 유사하나 활동대상이 외국인 또는 외국기관, 그리고 외국과 연계된 내국인 등이라는 점에서 차이가 있다고 본다.

외사경찰은 국내에 체류하고 있는 외국인, 해외교포 및 외국인과 관련된 범죄의 수사나 정보를 대상으로 하기 때문에 다른 나라와 외교적 마찰을 야기할 우려가 있고, 국제법과 외교관계규정 등 외사관련 법규 및 국제정치·경제·치안정세에 관한 식견이나 전문지식이 있어야 한다. 그리고 외국어 구사능력이 부족하면 업무수행 능력이 극히 어렵고 문제발생 소지가 많다고 본다.[3)]

3. 외사경찰의 법적 근거

외사경찰의 법적 근거는 일반법으로서 경찰법 제3조(경찰의 임무), 경찰관직무집행법 제2조(직무의 범위)에 개괄적으로 규정되어 있고, 분장사무와 관련하여 경찰청과 그 소속기관 직제(대통령령) 제15조에 규정되어 있다.

외사경찰과 관련된 개별법으로서는 「출입국관리법」, 「범죄인인도법」, 「국제형사사법공조법」, 「여권법」, 「국가보안법」, 「국내재산 도피방지법」, 「밀항단속법」, 「외국환거래법」 등이 있다.

조약으로는 「주한미군 지위협정」(한미 SOFA), 범죄인인도조약」, 「형사사법공조조약」, 「외교관계에 관한 비엔나협약」, 「영사관계에 관한 비엔나협약」 등이 있다.[4)]

증가하였다. 경찰청(2020), 경찰백서, pp. 180-183.

3) 김충남(2008), 앞의 책, pp. 559-560.

4) ① 「외교관계에 관한 비엔나 협약」(Vienna Convention on Diplomatic Relations)은 1961년 4월 오스트리아 비엔나에서 채택되어 1964년 6월 발효된 조약으로 외교 사절단의 파견에 관한 사항과 그 특권 및 면제 사항 등을 규정하고 있다. ② 「영사관계에 관한 비엔나 협약」(Vienna Convention on Consular Relations)은 1963년 4월 오스트리아 비엔나에서 채택되어 1977년 4월 발효된 조약으로 영사관 파견에 관한 사항과 그 특권 및 면제 사항을 규정하고 있다.

제2절 외사경찰의 주요활동

아래에서는 ㉠ 외사정보의 수집, ㉡ 외사범죄의 예방, ㉢ 외사범죄의 수사, ㉣ 국제경찰공조 등을 중심으로 살펴보기로 한다.

1. 외사정보의 수집

1) 외사정보의 의의

일반적으로 외사정보의 수집활동은 외국인(대한민국 국적을 갖지 않은 모든 사람, 무국적자(無國籍者)도 이에 포함), 해외동포, 주한 외국기관, 외국인과 관계있는 내국인, 국내외 출입국자 등을 대상으로 한다. 이들을 대상으로 정치·경제·사회·문화 등 일반첩보는 물론이고, 외국인에 의한 반국가활동, 출입국관련 범죄, 국제성 범죄 등에 관련된 첩보·정보를 수집·작성 및 배포하는 활동을 말한다.

2) 외사정보의 수집 방법

외사정보의 수집은 일반정보 활동과 같은 방법으로 실시하나 외국인과의 접촉, 대화 및 출입 등에서 많은 제약을 받기 때문에 평소에 수집 용의대상이나 지역 등을 파악하고 개척하여 첩보원을 확보해 두는 등 세심한 배려가 있어야 한다.[5)]

그리고 외국공관지역이나 외국기관 및 기타 외교특권 향유지역은 불가침 지역이며, 공관장의 동의 없이는 출입할 수 없다는 「외교관계에 관한 비엔나협약」을 숙지하고 있어야 한다. 따라서 이러한 지역에는 연락관(liaison officer)으로 지정받아 공식적으로 공관을 출입할 수 있는 외사경찰 이외에는 출입을 삼가야 한다.

기타 중요 대상 예컨대, 외국인 상사단체 등에 대하여는 경찰기관장이 발행한 업무지시서를 휴대하고 근무시간 내에 출입함을 원칙으로 한다. 특히, 첩보원에 대하여는 신속·정확하게 신분을 파악하여 신분에 맞는 처우와 외교특권, 상호주의(相互主義: 국제법상의 상호호혜주의로서 상대국의 대우에 맞게 대응하도록 함)를 존중하여야 하며, 국제관계 등을 고려하여 편의제공과 신변보호 등에도 유의해야 한다.

그리고 국가보안법 등 위반으로 혐의를 받은 외국인, 기타 반국가적인 행위를 할 우려가 있는 외국인 등에 대한 정기적인 관찰, 외국인·외국기관·외국상사단체, 신원이

5) 김충남(2008), 앞의 책 pp. 560-561.

특이한 출입국자 등에 대한 동향파악과 밀항사범 및 외사관찰 대상자 등은 주의 깊게 관찰하여 기록을 유지하고 필요시에는 비밀공작활동으로 전환하여야 한다.

2. 외사범죄의 예방

외사경찰은 외사범죄 관련 다양한 범죄에 대한 예방활동을 담당하고 있다. 여기에서 말하는 외사범죄는 다음과 같은 것을 들 수 있다.[6)]

㉠ 외국인 또는 외국기관·단체가 대한민국 내에서 저지르는 범죄(예: 외국인 폭력사범, 불법체류 외국인 범죄, SOFA사범 등)

㉡ 내국인 또는 해외교포가 외국에서 저지르는 범죄[7)]

㉢ 내국인이 외국인 또는 외국기관·단체 등과 연계하여 저지른 범죄(예: 산업기술유출사범 등)

㉣ 외국인이 외국에서 대한민국 또는 대한민국 국민을 대상으로 저지른 범죄

㉤ 내국인이 국내에서 외국인 또는 외국기관을 대상으로 저지른 범죄

㉥ 간첩·불순분자 등의 제3국을 통한 우회침투의 방지·색출, 무장·과격분자 또는 국제범죄단체 등에 의한 테러와 납치 등 국제성 범죄에 대한 대응

외사경찰은 외교사절도 그 대상으로 하고 있는 바, 외교사절은 일반체류 외국인과는 달리 특별한 지위를 누리고 있으므로 업무 취급상 특별한 주의를 요한다.

외사범죄에 대한 외사경찰의 예방활동 역시 다른 범죄예방과 마찬가지로 복잡하고 다양한 형태로 이루어지고 있다. 그리고 외사범죄는 외국인과 직·간접적으로 연결되어 있기 때문에 이러한 특성을 반영하여 경찰활동을 수행하는 것이 바람직하다고 본다.

예컨대, 국내에 거주하는 외국인이 범죄피해를 당하지 않도록 적절한 범죄예방 및 대응 교육을 실시하는 것이 요구된다. 이를 위해서는 무엇보다도 이들과의 의사소통(意思疏通)은 중요한 요소가 된다. 따라서 외사경찰의 전문성 확보는 무엇보다도 중요

---

6) 경찰대학(2002), 경찰학개론, p. 389.

7) 2004년 「성매매특별법」 시행 이후, 이에 대한 단속강화로 성매매 여성들이 미국·일본·호주 등 해외 성매매 업소에 취업하는 수가 증가하고 있어, 외사경찰은 이와 관련하여 여권·비자 불법알선 브로커 등에 대한 단속을 강화하고 있다. 아울러 해외 경찰주재관을 통해 성매매 첩보를 입수하는 한편, 인터넷을 통한 해외 성매매 알선행위를 단속·수사하고 있다. 해외성매매 집중 단속과 관련하여 예컨대, 서울경찰청 외사경찰은 2019년 4월 일본 도쿄에서 성매매업소를 운영하며, 한국인 여성 등을 고용하여 성을 매수하고자 하는 남자가 지정하는 숙박업소까지 태워주는 방법으로 일본인과의 성매매를 알선한 피의자 일당을 검거하기도 하였다. 경찰청(2020), 경찰백서, p. 185.

한 일이다.

그리고 이를 위한 일환으로 경찰조직은 귀화경찰관(歸化警察官)을 선발하여 외국인 근로자, 유학생, 다문화가정을 상대로 범죄신고 요령 등 범죄예방 순회교육을 실시하고 있다.

이를 통해 외국인의 인권의식을 함양하고 피해신고를 활성화함으로써 외국인 범죄가 발생할 수 있는 환경을 사전에 차단하고자 하고 있다. 아울러 외국인 범죄발생이 용이한 환경에 대한 집중관리·점검을 통해서 외국인 범죄의 토착화(土着化)를 방지하고 있다.

그리고 국가 간 교류 증대에 따른 해외 범죄조직의 국내조직과의 연계 등 위법행위를 차단하고자 노력하고 있다. 이를 위해 외사경찰은 유흥업소 관리, 도박장 운영, 마약밀매, 성매매, 환치기,[8] 여권밀매 등 조직적 범죄행위 가능성을 파악하는 한편, 동아시아권 출신 외국인들 가운데 폭력사범이 많기 때문에 이들 국가와 연계하여 정보를 공유하고 이에 대한 공동대책을 마련하고 있다.

한편, 외사경찰은 국제테러의 위협에 대응하여 대테러활동을 강화하고 있다. 이를 위해 미국 FBI, 주한미군, 국가정보원, 인터폴 등 국내외 정보·수사기관과 공조체제를 구축하여 활발한 첩보활동을 수행하고 있다.

그리고 중국·일본·러시아 등과도 양자간 또는 다자간 대테러 협의회를 통해 실질적인 교류폭을 확대하고 있다. 또한 안보위해 우려자에 대한 입국 차단 및 항공테러 예방을 위한 보안검색 등 국제공항·항만의 외사보안 활동을 강화하고 있다.

3. 외사범죄의 수사

외국인 관련범죄 또는 우리나라 국민의 국외범, 대사관·공사관에 관한 범죄 그 외 외국에 관한 범죄(이하 '외국인 등 관련범죄'라 함)의 수사에 관하여 ㉠ 조약, 협정 그 밖의 특별한 규정이 있을 때에는 그에 따르고, ㉡ 특별한 규정이 없을 때에는 본 절의 규정에 의하는 외에 일반적인 수사절차를 따른다(경찰청 범죄수사규칙 제206조).

국내에서 발생한 2019년 현재 외국인 범죄 죄종별 검거현황을 살펴보면 다음과 같다. 지난 2018년에는 외국인 범죄 검거인원이 34,832명인 것을 감안 한다면, 외국인 범죄가 빠르게 증가(12.7%)가 하고 있음을 알 수 있다.[9]

8) 환치기는 통화가 서로 다른 나라에서 금융기관을 거치지 않고 개인 간에 이뤄지는 불법 외환거래를 뜻한다. 수수료 차익을 보거나 비자금 조성, 범죄 자산 은닉 등을 위해 하는 경우가 많다.

9) 경찰청(2020), 앞의 책, p. 183.

외국인 범죄 죄종별 검거현황(2019)

(단위: 명)

구분	계	살인	강도	성범죄	절도	폭력	지능범	교통	기타
피의자수	39,249	83	85	768	3,395	9,141	5,686	7,904	12,187

1) 일반 외국인 범죄 수사

일반 외국인에 의한 범죄는 개별법(예: 출입국관리법, 여권법 등)과 형사소송법, 경찰수사규칙(행정안전부령), 그리고 경찰청 범죄수사규칙(경찰청훈령) 제5절 '외국인 등 관련범죄에 관한 특칙'의 일반적인 수사절차에 따라 수사하게 된다.

일반 외국인 범죄수사에 있어서는 언어, 풍속과 습관의 차이를 고려해야 하며, 외국인을 체포·구속하였을 때에는 지체 없이 그 자에 대한 변호인선임권, 진술거부권 등 일반적인 사항을 고지해야 한다.

그리고 경찰관은 외국인 등 관련 범죄 중 중요한 범죄에 관하여는 미리 국가수사본부장에게 보고하여 그 지시를 받아 수사에 착수하여야 한다. 다만, 급속을 요하는 경우에는 필요한 처분을 한 후 신속히 국가수사본부장의 지시를 받아야 한다(경찰청 범죄수사규칙 제208조).

그러나 경찰은 외국인 등 관련범죄의 수사를 함에 있어서는 국제법과 국제조약에 위배되는 일이 없도록 유의해야 한다(경찰청 범죄수사규칙 제232조). 따라서 외국인 등의 관련범죄 수사에 있어서 「영사관계에 관한 비엔나 협약」에서 규정하고 내용을 준수해야 한다. 이 협약에 의해서 영사관원은 파견국의 국민이 비록 범죄를 저질렀지만, 일정부분 형사절차상의 권리보호 등을 해 줄 수 있도록 하고 있다.[10)]

한편, 경찰관은 대한민국의 영해에 있는 외국 선박내에서 발생한 범죄로서 다음의 어느 하나에 해당하는 경우에는 수사를 하여야 한다(경찰청 범죄수사규칙 제214조 각호).

㉠ 대한민국 육상이나 항내의 안전을 해할 때

㉡ 승무원 이외의 사람이나 대한민국의 국민에 관계가 있을 때

㉢ 중대한 범죄가 행하여졌을 때

---

10) 영사(領事, Consul)는 외국에 있으면서 외교부장관과 특명전권대사 또는 공사의 지시를 받아 자국의 무역통상 이익을 도모하며, 주재국(駐在國)에 있는 자국민 보호를 하는 것이 주요 임무이다. 영사는 총영사, 영사, 부영사, 영사대리 등으로 분류가 된다. 외교사절은 본국을 대표하는 기관이므로 광범위한 특권과 면제가 인정되지만, 영사는 본국을 대표하는 것이 아니기 때문에 특권과 면제가 다소 제한적이다.

그리고 경찰관(사법경찰관리)는 외국인을 조사하는 경우에는 조사를 받는 외국인이 이해할 수 있는 언어로 통역해 주어야 한다(경찰수사규칙 제91조 제1항). 경찰관(사법경찰관리)는 외국인을 체포·구속하는 경우 국내 법령을 위반하지 않는 범위에서 영사관원과 자유롭게 접견·교통할 수 있고, 체포·구속된 사실을 영사기관에 통보해 줄 것을 요청할 수 있다는 사실을 알려야 한다(제91조 제2항).

2) 외교사절 등의 범죄수사

외교사절(外交使節)은 「외교관계에 관한 비엔나 협약」에 의해 다음과 같은 일정한 외교특권(外交特權)을 가지고 있기 때문에 이들에 대한 범죄수사에서 이를 준수하고, 대외보안에도 유의해야 한다.

㉠ 공관과 주거의 불가침(제22조, 제30조)

㉡ 신체의 불가침(제29조)

㉢ 재판관할권으로부터의 면제(제31조) 등

(1) 대사·공사 등에 관한 특칙

경찰관은 외국인 등 관련범죄를 수사함에 있어서는 다음의 어느 하나에 해당하는 사람의 외교 특권을 침해하는 일이 없도록 주의하여야 한다(경찰청 범죄수사규칙 제209조 제1항 각호).

㉠ 외교관 또는 외교관의 가족

㉡ 그 밖의 외교의 특권을 가진 사람

경찰관은 위에 규정된 사람의 사용인을 체포하거나 조사할 필요가 있다고 인정될 때에는 현행범인의 체포 그 밖의 긴급 부득이한 경우를 제외하고는 미리 국가수사본부장에게 보고하여 그 지시를 받아야 한다(제209조 제2항). 그리고 경찰관은 피의자가 외교 특권을 가진 사람인지 여부가 의심스러운 경우에는 신속히 국가수사본부장에게 보고하여 그 지시를 받아야 한다(제209조 제3항).

경찰관은 대·공사관과 대·공사나 대·공사관원의 사택 별장 혹은 그 숙박하는 장소에 관하여는 해당 대·공사나 대·공사관원의 '청구'(請求)가 있을 경우 이외에는 출입해서는 아니 된다. 다만, 중대한 범죄를 범한 자를 추적 중 그 사람이 위 장소에 들어간 경우에 지체할 수 없을 때에는 대·공사, 대·공사관원 또는 이를 대리할 권한을 가진 사람의 '사전 동의'(事前同意)를 얻어 수색하여야 한다(경찰청 범죄수사규칙 제210조 제1항).

경찰관이 위에 따라 수색을 행할 때에는 지체 없이 국가수사본부장에게 보고하여 그 지시를 받아야 한다(제210조 제2항).

(2) 외국군함의 승무원에 대한 특칙

경찰관은 외국군함에 속하는 군인이나 군속이 그 군함을 떠나 대한민국의 영해 또는 영토 내에서 죄를 범한 경우에는 신속히 국가수사본부장에게 보고하여 그 지시를 받아야 한다(경찰청 범죄수사규칙 제212조).

다만, 현행범 그 밖의 급속을 요하는 때에는 체포 그 밖의 수사상 필요한 조치를 한 후 신속히 국가수사본부장에게 보고하여 그 지시를 받아야 한다(제212조 하단).

경찰관은 외국군함에 관하여는 해당 군함의 함장의 '청구'가 있는 경우 외에는 이에 출입해서는 아니 된다(경찰청 범죄수사규칙 제211조 제1항).

그리고 경찰관은 중대한 범죄를 범한 사람이 도주하여 대한민국의 영해에 있는 외국군함으로 들어갔을 때에는 신속히 국가수사본부장에게 보고하여 그 지시를 받아야 한다. 다만, 급속을 요할 때에는 해당 군함의 함장에게 범죄자의 임의의 인도를 요구할 수 있다(제211조 제2항).

(3) 영사 등에 관한 특칙

경찰관은 임명국의 국적을 가진 대한민국 주재의 총영사, 영사 또는 부영사에 대한 사건에 관하여 구속 또는 조사할 필요가 있다고 인정될 때에는 미리 국가수사본부장에게 보고하여 그 지시를 받아야 한다(경찰청 범죄수사규칙 제213조 제1항).

경찰관은 총영사, 영사 또는 부영사의 사무소는 해당 영사의 청구나 동의가 있는 경우 외에는 이에 출입해서는 아니 된다(제213조 제2항).

경찰관은 총영사, 영사 또는 부영사의 사택이나 명예영사의 사무소 혹은 사택에서 수사할 필요가 있다고 인정될 때에는 미리 국가수사본부장에게 보고하여 그 지시를 받아야 한다(제213조 제3항).

3) 주한미군 등의 범죄수사

(1) 주한미군 지위협정에 의한 주한미군의 법적 지위

주한미군(駐韓美軍)은 법적 지위는 「주한미군 지위협정」(SOFA: Status Of Forces Agreement)에 의하고 있다. 이 협정에 따라 한국에 주둔하고 있는 미군의 범죄사건에 대해서는 그 처리과정에서 경찰 등 한국 형사사법기관의 개입 여지가 매우 제한된다.

SOFA는 미국에서는 행정협정이지만 우리나라에서는 국회비준을 거친 정식 조약(條約)에 해당한다.[11)]

(2) 주한미군 지위협정의 인적 범위

① 미국군대의 구성원

대한민국 영역 안에 있는 미국군대의 구성원으로서 현역 군인을 말한다. 대한민국 영역 안에서 복무하고 있는 것이 아닌, 공적인 목적 또는 사적인 목적으로 우리나라에 방문한 미군은 제외된다. 그리고 준외교특권을 향유하는 미국 대사관 소속의 군인과 군사고문단 협정에 그 신분이 인정된 자는 제외된다(협정 제1조).

② 군속

군속(軍屬)이란 미국의 국적을 가진 민간인으로서, 대한민국에 주둔하고 있는 미군에 고용되어 있거나 동반하고 있는 자를 말한다.

다만, 통상적으로 대한민국에 거주하고 있는 자는 제외된다. 그리고 한미 양국의 국적을 모두 가진 이중 국적자 및 특정기술자로서 미국에 의하여 고용될 목적만으로 대한민국에 들어온 자는 본 협정의 적용대상이 된다.

③ 가족

원칙적으로 가족이란 미군과 군속의 배우자 및 21세 미만의 자녀를 말한다. 다만, 부모 및 21세 이상의 자녀 또는 기타 친척으로서 그 생계비의 반액 이상을 미군의 구성원 또는 군속에 의존하는 자는 가족의 범위에 포함된다.

④ 초청계약자

미군 및 미군으로부터 군수지원을 받는 주한 외국군대 등과의 계약이행만을 위하여 대한민국에 체류하고 미국정부가 지정한 자와 그 가족을 말한다.

---

11) 이하 조철옥(2011), 경찰학각론, 경기: 21세기사, pp. 435-442 재구성.: SOFA는 대한민국과 미합중국의 상호이익을 위하여 전문 및 31개조로 구성된 협정서가 1966년에 체결(1967년 발효)되었다. 현재 미국은 한국을 비롯해 일본, 호주, 그리스 등 40여 개 국가와 SOFA를 맺고 있다. 한국과 맺은 SOFA는 2차례 개정(제1차 1991.1.4., 제2차 2001.1.18.)이 이루어졌다. 2002년 미군이 훈련 중 탱크로 여중생 두 명을 사망하게 한 사건이 발생하자 미군 측은 작전 중에 일어난 사고라고 하면서 가해 미군에게 무죄를 선고하였다. 이 사건은 국민들의 감정을 자극해 최대 규모의 SOFA 개정 시위로 이어져 대통령 선거와 한미 외교에 주요 쟁점으로 부각되었다. 2012년 이명박 정부와 미국 당국은 이 협정에 대한 개정에 합의하였으나 아직 개정이 이루어지지 못하고 오늘에 이르고 있다.

(3) 형사재판권과 재판전 형사절차

① 형사재판권

주둔군(즉, 주한 미군)에 대한 접수국(즉, 대한민국)의 형사재판권에 관한 국제관례는 접수국의 관할에 속하는 것이 원칙이다. 다만 주둔의 이유 등을 고려하여 접수국과 파견국간의 협정에 따라 관할권이 나누어지는 것이 일반적인 현상이다. 이러한 재판 분장의 원칙에 의해 대한민국과 미군당국이 모두 재판권 행사의 주체가 되고 있다.

따라서 양자 간에 전속적·배타적 재판권을 인정하고 있다. 즉, SOFA의 적용대상이 되는 자(미군, 군속, 가족, 초청계약자 등)들이 범죄를 저질렀을 경우, 사안에 따라서 형사재판권이 인정된다. 이와 관련하여 주한미군 지위협정 제22조에 의해 다음과 같이 규정하고 있다.

㉠ 미국의 전속 재판권

주한 미군의 구성원이나 군속이나 그 사람들의 가족이 대한민국 내에서 죄를 범한 때 그것이 미국 법령에 의하여서는 처벌할 수 있으나 대한민국 법령에 의해서는 처벌할 수 없는 범죄(미국의 안전에 관한 범죄 포함)일 때에는, 미국이 전속(傳屬)된 재판권을 행사할 권리가 있다.

㉡ 대한민국의 전속 재판권

대한민국 법령에 의해서는 처벌할 수 있으나 미국 법령에 의해서는 처벌할 수 없는 범죄(대한민국의 안전에 관한 범죄 포함)일 때에는, 대한민국이 전속된 재판권을 행사할 권리가 있다.

㉢ 재판권 경합의 경우

재판권을 행사할 권리가 경합하는 경우에는 미국의 재산이나 안전을 대상으로 한 범죄와 미군나 군속이나 그 가족의 신체나 재산을 대상으로 한 범죄, 공무집행 중 작위나 부작위에 의한 범죄는 미국이 제1차 재판권이 있다.

기타 범죄는 대한민국이 제1차 재판권이 있으나 합의 의정서에서는 대한민국은 미군 당국이 요청할 때, 재판권 행사가 중요하다고 결정하는 때를 제외하고는, 이 제1차 권리를 포기한다고 규정하고 있다.

② 재판전 형사절차

㉠ 미군 당국이 체포한 경우

피의자 구금 및 인도와 관련하여 미군 당국이 체포한 경우에는 원칙적으로 대한민국의 요청이 있으면, 미군 당국은 이를 '호의적으로 고려해야 한다'고 규정하고 있다. 따라서 대한민국 당국이 구금을 요청할 때까지 미군당국이 계속 구금 할 수 있다.

다만, 12개 중요범죄(살인, 강간, 방화, 흉기휴대 강도, 마약류범죄, 갈취목적 유괴, 폭행치사, 상해치사, 음주운전치사, 교통사고치사 후 도주 등)인 경우에는 경찰의 조사가 끝나고 검찰에 사건 송치 후, 검찰이 구속의 상당한 이유와 필요가 있고 재판확정 전에 신병을 인도받는 것이 상당하다고 판단되는 경우에는 검찰총장의 승인을 받아 구속영장을 청구하여 미군 당국으로부터 신병을 인도받을 수 있다. 이 경우 24시간 이내에 기소해야 한다(협정 제22조 제5항).

㉡ 대한민국 당국이 체포한 경우

대한민국 당국이 체포한 경우에는 원칙적으로 미군 당국의 요청이 있으면,[12] '인도해야 한다'고 규정하고 있으므로 미군 당국에 인도해야 한다. 대한민국은 재판절차가 종료된 후에 미군 당국에 인도요청을 하여 신병을 인도 받는다.

다만, 12개 중요범죄를 저지른 피의자를 대한민국 경찰이 현행범으로 체포한 경우, 구속의 이유와 필요가 있을 시(증거인멸, 도주 우려, 피해자나 증인의 피해가능성 등)에는 신병을 미군 당국에 인도하지 않고 계속 구금하여 수사가 가능하다(협정 제22조 제5항).

4. 국제경찰공조

국제경찰공조는 인터폴을 통한 공조, 외교경로(즉, 범죄인 인도조약과 범죄인 인도법, 형사사법 공조조약과 국제형사사법 공조법), 그리고 해외주재관을 통한 공조 등을 들 수 있다.

---

12) 범죄를 저지른 SOFA 대상자의 체포와 인도에 있어 상호협력의 취지가 명시되어 있고, 관련 범죄자를 체포한 경우 상호 통고 및 통지의무를 명시하고 있다. 이에 따라 대한민국의 경우에는 즉결심판사안을 제외한 모든 사건을 가장 인접한 주한미군 헌병대에 통고해야 하고, 미국의 경우에는 한국이 1차적 재판권을 가질 경우에만 한국 측에 통고하도록 하고 있다.

1) 인터폴

(1) 인터폴의 의의

현대사회의 교통, 통신, 전산시스템의 발달은 범죄자들로 하여금 국경을 초월한 범죄활동을 가능하게 하였고, 이러한 범죄의 '무국경화'(無國境化)현상은 국제교류의 지속적인 증가로 더욱 뚜렷해지고 있다. 이로 인해 발생하는 범죄를 이른바 '국제범죄'라고 부르고 있다.

국제범죄를 수사하여 그 범인들을 추적, 체포한다는 것은 결코 쉬운 일이 아니다. 왜냐하면 이를 위해서는 각 국가마다 상이한 형사사법절차, 수사체제, 문화와 관습, 언어 등의 문제를 극복하고 관련 국가의 경찰 및 형사사법기관이 다방면에 걸쳐서 서로 협력하지 않으면 안 되기 때문이다.

인터폴은 국제범죄의 예방과 진압을 위하여 인터폴 헌장과 각 회원국의 국내법이 허용하는 범위 내에서 국제범죄에 관한 정보를 교환하고 범죄자 체포 및 인도에 대하여 상호 협력하는 정부간 국제기구인 '국제형사경찰기구'(ICPO-INTERPOL: International Criminal Police Organization)를 말한다.[13)]

그런데, 인터폴은 일반인들이 생각하는 것처럼 자체 내에 수사관을 두고 초국가적 범죄에 대한 수사권(搜査權)을 행사하는 '국제경찰'을 의미하는 것은 아니다.

(2) 인터폴의 지위

① 국제기구로서의 지위

인터폴은 창설 초기 각국 경찰기관의 정례적 협의체에 불과한 비정부간 기구에 불과하였다. 그러나 국제범죄에 대한 활동과 역할이 그 중요성을 더해감에 따라 인터폴은 국제경찰협력의 주체인 정부간 기구로서의 지위를 인정받게 되었다.

1971년 5월 UN의 경제사회이사회는 결의안에서 인터폴을 정부간 국제기구로 공식인정 한 후 인터폴과 '상호협력을 위한 특별약정'을 체결하였다. 1996년 10월에 UN은 인터폴에 옵서버(observer: 회의 등에 정식참가자로 인정되지는 않으나, 특별히 참석이 허용된 사람) 자격으로 UN총회의 회기와 업무에 참여할 수 있는 권한을 부여하였다. 또한 UN의 교육·과학·문화기구(UNESCO, 유네스코)도 인터폴과 체결한 양해각서를 통하여 인터폴을 정부간 기구로 인정하였다. 그리고 인터폴 본부가 소재한 프랑스 및 지역사무분국이 소재한 태국 등 5개 국가는 인

13) 2018년 현재 전 세계 194개국이 회원국으로 가입하고 있으며, 우리나라는 1964년 인터폴에 가입하였다. 경찰청(2002), 인터폴(Interpol), pp. 3-8.; 다음백과(https://100.daum.net/encyclopedia).

터폴 직원 및 시설물에 대하여 일정한 면책특권을 부여하고 있다는 점 역시 인터폴이 정부간 국제기구라는 사실을 뒷받침하고 있다.[14)]

② 법적 지위: 권한

인터폴은 인터폴 헌장(憲章, Constitution), 일반규정 및 각 회원국의 국내법에 의거하여 국제경찰협력을 위해 활동하는 정부간 기구이나, 그 성립 및 활동이 국제조약(國際條約), 협약(協約) 또는 이와 유사한 기속력 있는 법적 근거에 의한 것은 아니다. 그리고 그 헌장 역시 외교적 서명이나 각 회원국 정부의 비준을 요청하는 것이 아니다.[15)]

이러한 인터폴의 특성으로 인해 인터폴은 기구 자체가 체포, 압수, 수색 등 범죄수사권을 행사할 수는 없으며, 단지 그러한 권한은 인터폴 사무총국이나 타 국가중앙사무국으로부터 공조수사를 의뢰받은 회원국이 자국 법령이 인정하는 한도 내에서 행사할 수 있을 뿐이다.

다만 인터폴은 정부간 국제기구로서 국제법상 그 자신의 고유한 권한과 특권을 보유하고 있다고 할 수 있다. 즉, 1990년 12월 UN총회에서 채택한 「범죄인 인도에 관한 유엔모델 조약」은 효과적인 범죄통제를 위해 긴급한 경우 범죄인 인도청구서를 송부하기 전에 범죄인에 대한 긴급인도구속을 인터폴의 통신수단에 요청할 수 있다고 함으로써 범죄인 인도에 관한 인터폴의 법적인 지위를 인정하였고, 범죄인 인도에 대한 대표적인 다자간 조약인 「범죄인 인도 유럽협약」도 인터폴을 통하여 긴급인도구속을 '청구'(請求)할 수 있도록 규정하고 있다.

또한 1998년 7월 로마에서 채택된 국제형사재판소(ICC: International Criminal Court) 규정에도 당사국에 대한 협력요청을 인터폴을 통하여 전달할 수 있다고 명시되어 있는 등 여러 국제조약에서 인터폴의 법적 주체성을 인정하고 있다.

우리나라도 국내법인 「범죄인 인도법」이 제정(1988년)되어 범죄인인도에 관한 범위와 절차를 규정하고 있는데, 이를 근거로 하여 외국과 개별적인 범죄인 인도조약을 체결해 오고 있다. 이 중 캐나다, 아르헨티나, 파라과이, 스페인, 뉴질랜드 등의 국가와 맺은 범죄인 인도조약은 인터폴을 통한 범죄인 긴급인도구속청구 절차를 명시하고 있다.

14) 경찰청(2002), 앞의 책, pp. 13-14.
15) 위의 책, pp. 14-15.

뒤에서 살펴보겠지만, 우리나라의 범죄인 인도법상 범죄인의 인도심사 및 그 청구와 관련된 사건은 서울고등법원과 서울고등검찰청의 전속관할(專屬管轄)로 되어 있다(범죄인 인도법 제3조 단서). 이러한 문제는 범죄수사권한이 검찰에게 귀속되어 있기 때문에 비롯된 문제라고 보며, 따라서 향후 수사권한의 재조정 또는 합리화가 이루어져야 한다고 본다.

한편, 우리나라는 범죄인 인도법과는 별도로 「국제형사사법 공조법」(1991)이 제정되어 있어, 이 법에 따라 형사사건의 수사 또는 재판과 관련하여 외국정부로부터 요청을 받거나 우리나라에서 외국에 요청하는 형사사법 공조의 범위와 절차 등을 규정함으로써 범죄의 예방 및 진압을 위한 국제적인 협력증진을 도모하고 있다.

(3) 인터폴의 조직과 행정

인터폴은 비상설기관인 총회 및 집행위원회와 상설기관인 사무총국 및 각 회원국이 자체적으로 구성하는 국가중앙사무국(NCB: National Central Bureau)으로 구성된다.[16] 이 가운데 사무총국과 국가중앙사무국을 중심으로 살펴보기로 한다.

① 사무총국

사무총국은 인터폴의 상설 행정기관임과 동시에 기술기관으로서, 국제범죄 예방과 진압을 위하여 각 회원국 및 국제기관과 긴밀한 협조관계를 유지하면서 각종 국제범죄에 관한 정보를 교환하는 인터폴의 추진체라고 할 수 있다.

사무총국은 사무총장의 지휘하에 각국에서 파견된 현직 경찰관과 현지에서 채용된 기술 및 행정요원들에 의해 운영되고 있다. 우리나라도 1990년 1월부터 경찰관을 파견(2019년 현재 3명: 총경 1명, 경감 2명)하여 관련 업무를 수행하도록 하고 있다.

② 국가중앙사무국

국가중앙사무국은 인터폴 회원국 산하 기구로 설치되어 있는 상설기구라 할 있다. 국가중앙사무국은 회원국 경찰기관을 대표하여 사무총국 또는 회원국 간의 국제수사공조에 대해 상호협력 하는 창구역할을 수행한다.

따라서 인터폴 사무총국이나 외국경찰 기관과의 범죄정보 교환이나 수사협조 등 국제적 경찰협력은 각 회원국의 국가중앙사무국을 경유해야 하며, 그렇지 않

16) 위의 책, pp. 16-30.; 인터폴홈페이지(https://www.interpol.int).

을 경우에는 정확하고 신뢰성 있는 협력을 보장받을 수 없게 된다. 우리나라는 1965년 5월(내무부예규 제43호)에 경찰청에 「인터폴 대한민국 국가중앙사무국」을 설치·운영해오고 있으며, 경찰청 외사관리관이 국가중앙사무국장을 맡고 있다.

(4) 인터폴 활동

인터폴 사무총국은 각 회원국으로부터 접수되는 각종 국제범죄정보를 기록·축적·분석·정리하여, 회원국의 요청 및 필요에 따라 시의적절하게 제공하고 있다. 이를 위해 국제범죄정보를 다각적(범죄자 신원, 범죄간 연계성, 범죄추세 등)으로 분석하고, 최신 법과학지원시스템(지문 자동감식시스템, 유전자지문(DNA), 재난희생자 신원확인 등)을 활용하고 있다.

그리고 사무총국은 각국 국가중앙사무국이 송부한 자료에 근거하여 국제수배서를 발행하고 있다. 사무총국에서 발행된 국제수배서는 전 회원국에 배포되어 피수배자의 검거, 동향 감시 및 주의 촉구 등의 수단으로 활용된다.

국제수배서 종류

① 적색수배서(Red Notice): 수배서 가운데 가장 중요한 수배서로 오른쪽 위 모서리에 적색의 마크가 표시되어 있어 적색수배서라 한다. 적색수배서는 일반 형법을 위반하여 체포영장이나 구속영장이 발부되고, 범죄인 인도(Extradition)를 목적으로 하는 경우에 한하여 발행된다. 따라서 수배서 신청국가와 범조인 인도조약이 체결된 국가의 경찰이 피수배자를 발견시 적색수배서를 근거로 피수배자를 긴급인도구속(Provisional Arrest) 할 수 있으며, 그 후에는 범죄인 인도조약에 의한 구금의 청구, 정식 인도유구 등의 절차가 진행되게 된다.

② 청색수배서(Blue Notice): 청색수배서는 피수배자의 신원 및 전과확인, 일반 형법 위반자로서 범죄인 인도청구 가능성이 있는 범죄자의 소재확인 요청을 위해 발행된다.

③ 녹색수배서(Green Notice): 녹색수배서는 여러 국가에서 상습적으로 범행을 하였거나 또는 그럴 가능성이 있는 국제범죄자의 동향을 파악하게 하여 사전에 그 범행을 방지하게 할 목적으로 발행된다. 다만, 전과의 정도, 죄종, 국제범죄조직의 구성원 여부 등을 고려하여 중요한 국제범죄자에 한해 발행한다.

④ 황색수배서(Yellow Notice): 황색수배서는 가출인의 소재확인 또는 심신상실자의 신원확인 목적으로 발행되는 수배서이다.

⑤ 흑색수배서(Black Notice): 흑색수배서는 사망자의 신원을 확인할 수 없거나 사망자가 가명을 사용하였을 경우, 정확한 신원확인을 목적으로 발생하는 수배서이다. 여기에는 사체의 사진과 지문, 치아상태, 문신, 용모의 특성, 의복 및 소지품의 상

표 등 사망자 신원파악에 도움이 될 수 있는 자료에 관한 내용이 수록되어 있다.

⑥ 장물수배서(Stolen Property Notice): 장물수배서는 도난 또는 불법적으로 취득한 것으로 보이는 물건(도난차량 등), 문화재(미술품, 고대유물 등)에 대해 발행되는 수배서이다.

⑦ 범죄수법수배서(Modus Notice): 세계 각국에서 범죄인들이 범행시 사용한 특이 범죄수법 등을 사무총국에서 분석·관리하고 그 수법을 각 회원국에 배포하여 각국 수사기관으로 하여금 범죄예방 및 수사의 기초자료, 그리고 교육 자료로 활용하게 할 목적으로 발행하는 수배서이다. 사무총국에서는 이를 국제수배서의 일종으로 분류하고 있으나 사실상 수배서라기보다는 단순 범죄정보자료라고 할 수 있다. 수배서 가운데에 엷은 자주색 4각 마크가 표시되어 있다.[17]

한편, 인터폴은 국제범죄자(마약사범, 조직범죄, 국제테러리즘, 재정·경제사범, 인신매매 및 아동성학대범, 도피사범 등) 수사를 입체적으로 지원하는 역할을 한다.

예컨대, 한국경찰이 필리핀 국적의 피의자에 대하여 필리핀 경찰 및 사무총국에 신원조회를 의뢰할 경우, 사무총국에서 보관 중인 자체 데이터를 검색하여 해당 범죄자가 소속국인 필리핀 이외의 제3국 등지에서 범죄를 범한 경력이 있는지 여부와 수배여부에 대하여 한국에 회신하도록 하고 있다. 이러한 제3국에서의 범죄정보는 해당 범죄자 소속국가의 경찰에서는 파악되지 않는 경우가 있어 국제적인 상습범죄자의 수사 등에 크게 기여하고 있다.

2) 범죄인 인도

(1) 범죄인 인도의 의의

범죄인 인도(犯罪人 引渡, extradition)는 한 나라의 형법 기타 법을 위반한 범죄자가 다른 나라에 있는 경우, 범죄인의 현재지 국가가 범죄지 국가의 요청에 따라 그 범죄인을 인도하는 것을 말한다.

범죄인 인도는 원칙적으로 국가 간의 「범죄인 인도조약」(다자간의 조약 포함)에 의하여 행하여지며, 국내적으로는 인도의무 이행 등 구체적인 절차 등을 규정하기 위하여 「범죄인 인도법」(1988)이 제정되었다.

범죄인 인도법은 범죄인 인도에 관하여 그 범위와 절차 등을 정함으로써 범죄 진압 과정에서의 국제적인 협력을 증진하기 위한 것이다(제1조).[18] 이러한 범죄인 인도법에

17) 경찰청(2002), 앞의 책, p. 56.

18) 상호주의(相互主義, the principle of reciprocity) 원칙에 따라 범죄인 인도조약이 체결되어 있지 아니한 경우에도 범죄인의 인도를 청구하는 국가가 같은 종류 또는 유사한 인도범죄에 대한 대한민국의 범죄인 인도청

규정된 범죄인의 인도심사 및 그 청구와 관련된 사건은 서울고등법원과 서울고등검찰청의 전속관할(專屬管轄)로 하고 있다(제3조).

한편, 범죄인 인도에 관하여 인도조약에 이 법과 다른 규정이 있는 경우에는 그 규정에 따른다(제3조의2). 따라서 범죄인 인도조약의 규정은 범죄인 인도법에 우선한다고 볼 수 있다.

(2) 외국으로의 범죄인 인도

대한민국 영역에 있는 범죄인은 범죄인 인도법에서 정하는 바에 따라 청구국의 인도청구에 의하여 소추(訴追), 재판 또는 형의 집행을 위하여 청구국에 인도할 수 있다(범죄인 인도법 제5조).

인도대상 범죄는 모든 범죄가 가능한 것이 아니라, 대한민국과 청구국의 법률에 따라 인도범죄가 사형, 무기징역, 무기금고, 장기(長期) 1년 이상의 징역 또는 금고에 해당하는 경우에만 범죄인을 인도할 수 있다(제6조). 따라서 아래와 같이 일정한 경우에는 범죄인을 인도해서는 안되며, 또 인도하지 아니할 수 있다.

① 절대적 인도 거절사유

다음의 어느 하나에 해당하는 경우에는 범죄인을 인도하여서는 아니 된다(범죄인 인도법 제7조 각호).

㉠ 대한민국 또는 청구국의 법률에 따라 인도범죄에 관한 공소시효 또는 형의 시효가 완성된 경우

㉡ 인도범죄에 관하여 대한민국 법원에서 재판이 계속(係屬) 중이거나 재판이 확정된 경우

㉢ 범죄인이 인도범죄를 범하였다고 의심할 만한 상당한 이유가 없는 경우. 다만, 인도범죄에 관하여 청구국에서 유죄의 재판이 있는 경우는 제외함

㉣ 범죄인이 인종, 종교, 국적, 성별, 정치적 신념 또는 특정 사회단체에 속한 것 등을 이유로 처벌되거나 그 밖의 불리한 처분을 받을 염려가 있다고 인정되는 경우

② 정치적 성격을 지닌 범죄 등의 인도 거절

인도범죄가 정치적 성격을 지닌 범죄이거나 그와 관련된 범죄인 경우에는 범죄인을 인도하여서는 아니 된다. 다만, 인도범죄가 다음의 어느 하나에 해당하는 경

구에 응한다는 보증을 하는 경우에는 이 법을 적용하도록 하고 있다(범죄인 인도법 제4조).

우에는 그러하지 아니하다(범죄인 인도법 제8조 제1항 각호).

㉠ 국가원수(國家元首)·정부수반(政府首班) 또는 그 가족의 생명·신체를 침해하거나 위협하는 범죄

㉡ 다자간 조약에 따라 대한민국이 범죄인에 대하여 재판권을 행사하거나 범죄인을 인도할 의무를 부담하고 있는 범죄

㉢ 여러 사람의 생명·신체를 침해·위협하거나 이에 대한 위험을 발생시키는 범죄

한편, 인도청구가 범죄인이 범한 정치적 성격을 지닌 다른 범죄에 대하여 재판을 하거나 그러한 범죄에 대하여 이미 확정된 형을 집행할 목적으로 행하여진 것이라고 인정되는 경우에는 범죄인을 인도하여서는 아니 된다(제8조 제2항).

③ 임의적 인도거절

다음의 어느 하나에 해당하는 경우에는 범죄인을 인도하지 아니할 수 있다(범죄인 인도법 제9조 각호).

㉠ 범죄인이 대한민국 국민인 경우

㉡ 인도범죄의 전부 또는 일부가 대한민국 영역에서 범한 것인 경우

㉢ 범죄인의 인도범죄 외의 범죄에 관하여 대한민국 법원에 재판이 계속 중인 경우 또는 범죄인이 형을 선고받고 그 집행이 끝나지 아니하거나 면제되지 아니한 경우

㉣ 범죄인이 인도범죄에 관하여 제3국(청구국이 아닌 외국을 말함)에서 재판을 받고 처벌되었거나 처벌받지 아니하기로 확정된 경우

㉤ 인도범죄의 성격과 범죄인이 처한 환경 등에 비추어 범죄인을 인도하는 것이 비인도적(非人道的)이라고 인정되는 경우

④ 외국으로의 범죄인 인도 절차

이러한 외국으로부터 범죄인 인도청구는 외교부장관을 거치도록 하고 있다. 따라서 범죄인 인도청구를 받은 외교부장관은 청구국으로부터 범죄인의 인도청구를 받았을 때에는 인도청구서와 관련 자료를 법무부장관에게 송부하여야 한다(범죄인 인도법 제11조).

법무부장관은 외교부장관으로부터 위와 같은 인도청구서 등을 받았을 때에는 이를 서울고등검찰청 검사장(檢事長)에게 송부하고, 그 소속 검사로 하여금 서울

고등법원에 범죄인의 인도허가 여부에 관한 심사를 청구하도록 명하여야 한다(제12조 제1항). 그리고 법원은 인도심사의 청구를 받았을 때에는 지체 없이 인도심사를 시작하여야 한다(제14조 제1항).

(3) 외국에 대한 범죄인 인도 청구

① 법무부장관의 청구

법무부장관은 대한민국 법률을 위반한 범죄인이 외국에 있는 경우 그 외국에 대하여 범죄인 인도 또는 긴급인도구속을 청구할 수 있다(범죄인 인도법 제42조 제1항).

법무부장관은 외국에 대한 범죄인 인도청구 또는 긴급인도구속청구 등과 관련하여 필요하다고 판단할 때에는 적절하다고 인정되는 검사장·지청장 또는 고위공직자 범죄수사처장 등에게 필요한 조치를 명하거나 요구할 수 있다(제42조 제2항).

② 검사 또는 고위공직자 범죄수사처장의 건의·청구

검사 또는 고위공직자 범죄수사처장은 외국에 대한 범죄인 인도청구 또는 긴급인도구속청구가 타당하다고 판단할 때에는 법무부장관에게 외국에 대한 범죄인 인도청구 또는 긴급인도구속청구를 건의 또는 요청할 수 있다(제43조의3 제1항).

③ 외국에 대한 동의 요청

법무부장관은 외국으로부터 인도받은 범죄인을 인도가 허용된 범죄 외의 범죄로도 처벌할 필요가 있다고 판단하는 경우에는 그 외국에 대하여 처벌에 대한 동의를 요청할 수 있다(범죄인 인도법 제42조의4 제1항)).

그리고 검사 또는 고위공직자범죄수사처장은 위에 따른 동의 요청이 필요하다고 판단하는 경우에는 법무부장관에게 동의 요청을 건의 또는 요청할 수 있다(제42조의4 제2항).

④ 인도청구서 등의 송부 및 외교부장관의 조치

법무부장관은 제42조 및 제42조의4에 따라 범죄인 인도청구, 긴급인도구속청구, 동의 요청 등을 결정한 경우에는 인도청구서 등과 관계 자료를 외교부장관에게 송부하여야 한다(범죄인 인도법 제43조).

외교부장관은 법무부장관으로부터 인도청구서 등을 송부받았을 때에는 이를 해당 국가에 송부하여야 한다(제44조).

3) 국제형사사법 공조

(1) 국제형사사법 공조의 의의

국제형사공조는 범죄인 인도와 마찬가지로 범죄의 국제화 현상에 효율적으로 대처하기 위하여 각 국가 간의 '형사사법 공조조약'이 체결되고 있으며, 이를 위해 우리나라는 「국제형사사법 공조법」(1991)을 제정하였다.

국제형사사법 공조법은 형사사건의 수사 또는 재판과 관련하여 외국의 요청에 따라 실시하는 공조(共助) 및 외국에 대하여 요청하는 공조의 범위와 절차 등을 정함으로써 범죄를 진압하고 예방하는 데에 국제적인 협력을 증진하기 위한 것이다(제1조).

그리고 범죄인 인도와 마찬가지로 형사사법 공조와 관련하여 공조조약이 이 법에 우선하여 적용된다(국제형사사법 공조법 제3조). 이 법 역시 상호주의(相互主義)원칙에 따르도록 하고 있다. 공조조약이 체결되어 있지 아니한 경우에도 동일하거나 유사한 사항에 관하여 대한민국의 공조요청에 따른다는 요청국의 보증이 있는 경우에는 이 법을 적용하도록 한 것이다(제4조).

(2) 국제형사사법 공조의 범위와 제한

① 국제형사사법 공조의 범위

형사사법공조의 범위는 다음과 같이 규정하고 있다(국제형사사법 공조법 제5조 각호).

㉠ 사람 또는 물건의 소재에 대한 수사

㉡ 서류·기록의 제공

㉢ 서류 등의 송달

㉣ 증거 수집, 압수·수색 또는 검증

㉤ 증거물 등 물건의 인도(引渡)

㉥ 진술 청취, 그 밖에 요청국에서 증언하게 하거나 수사에 협조하게 하는 조치

② 국제형사사법 공조의 제한

그러나 다음의 어느 하나에 해당하는 경우에는 공조를 하지 아니할 수 있다(국제형사사법 공조법 제6조 각호).

㉠ 대한민국의 주권, 국가안전보장, 안녕질서 또는 미풍양속을 해칠 우려가 있

는 경우

㉡ 인종, 국적, 성별, 종교, 사회적 신분 또는 특정 사회단체에 속한다는 사실이나 정치적 견해를 달리한다는 이유로 처벌되거나 형사상 불리한 처분을 받을 우려가 있다고 인정되는 경우

㉢ 공조범죄가 정치적 성격을 지닌 범죄이거나, 공조요청이 정치적 성격을 지닌 다른 범죄에 대한 수사 또는 재판을 할 목적으로 한 것이라고 인정되는 경우

㉣ 공조범죄가 대한민국의 법률에 의해서는 범죄를 구성하지 아니하거나 공소를 제기할 수 없는 범죄인 경우

㉤ 이 법에 요청국이 보증하도록 규정되어 있음에도 불구하고 요청국의 보증이 없는 경우

(3) 국제형사사법 공조 과정

① 외국의 요청에 따른 수사 및 형사재판의 공조

㉠ 외국의 요청에 따른 수사 공조

공조요청 접수 및 요청국에 대한 공조 자료의 송부는 외교부장관이 하도록 하고 있다. 다만, 긴급한 조치가 필요한 경우나 특별한 사정이 있는 경우에는 법무부장관이 외교부장관의 동의를 받아 이를 할 수 있다(국제형사사법 공조법 제11조).

외교부장관은 요청국으로부터 형사사건의 수사에 관한 공조요청을 받았을 때에는 공조요청서에 관계 자료 및 의견을 첨부하여 법무부장관에게 송부하여야 한다(제14조).

공조요청서를 받은 법무부장관은 공조요청에 응하는 것이 타당하다고 인정하는 경우에는 '제2항의 경우'를[19] 제외하고는 다음의 어느 하나의 조치를 해야 한다(제15조 제1항).

가. 공조를 위하여 적절하다고 인정되는 지방검찰청 검사장 또는 고위공직자 범죄수사처장에게 관계 자료를 송부하고 공조에 필요한 조치를 하도록 명하거나 요구하는 것

나. 교정시설에서 형을 받고 있는 경우에는 수형자가 수용되어 있는 교정시

19) 법무부장관은 공조요청이 법원이나 검사 또는 고위공직자범죄수사처장이 보관하는 소송서류의 제공에 관한 것일 경우에는 그 서류를 보관하고 있는 법원이나 검사 또는 고위공직자범죄수사처장에게 공조요청서를 송부하여야 한다(국가형사사법 공조법 제15조 제2항).

설의 장에게 수형자의 이송에 필요한 조치를 명하는 것

㉡ 외국의 요청에 따른 형사재판의 공조

법무부장관은 법원에서 하여야 할 형사재판에 관한 공조요청서를 받았을 때에는 이를 법원행정처장에게 송부하여야 한다. 다만, 이 법 또는 공조조약에 따라 공조할 수 없거나 공조하지 아니하는 것이 타당하다고 인정하는 경우에는 그러하지 아니하다(국제형사사법 공조법 제23조 제1항).

법원행정처장은 법무부장관으로부터 공조요청서를 받았을 때에는 이를 관할 지방법원장에게 송부하여야 한다(제24조).

② 외국에 대한 수사 및 형사재판의 공조 요청

㉠ 외국에 대한 수사 공조 요청

검사 또는 고위공직자범죄수사처장은 외국에 수사에 관한 공조요청을 하려면 법무부장관에게 공조요청서를 송부하여야 하고, 사법경찰관은 검사에게 신청하여 법무부장관에게 공조요청서를 송부하여야 한다(국제형사사법 공조법 제29조).

이에 따른 공조요청서를 받은 법무부장관은 외국에 공조요청 하는 것이 타당하다고 인정하는 경우에는 그 공조요청서를 외교부장관에게 송부해야 한다. 다만, 긴급한 조치가 필요한 경우나 특별한 사정이 있는 경우에는 외교부장관의 동의를 받아 공조요청서를 직접 외국에 송부할 수 있다(제30조).

외교부장관은 법무부장관으로부터 이에 따른 공조요청서를 받았을 때에는 이를 외국에 송부하여야 한다. 다만, 외교 관계상 공조요청 하는 것이 타당하지 아니하다고 인정하는 경우에는 이에 관하여 법무부장관과 협의하도록 하고 있다(제31조).

㉡ 외국에 대한 형사재판 공조 요청

법원이 형사재판에 관하여 외국에 공조요청을 하는 경우에는 법원행정처장에게 공조요청서를 송부하여야 한다. 이 경우 법원은 그 사실을 검사에게 통지하여야 한다. 법원행정처장은 이에 따른 공조요청서를 받았을 때에는 법무부장관에게 이를 송부하도록 하고 있다(제33조).

공조요청서를 받은 법무부장관은 외국에 공조요청을 하는 것이 타당하지 아니하다고 인정하는 경우에는 법원행정처장과 협의하여야 한다(제34조).

4) 경찰주재관의 공조 및 재외국민 보호활동

경찰은 해외에서 테러 및 사건·사고로 인해 재외국민과 해외여행 중인 자국민이 피해를 입었을 경우 신속하고 체계적인 보호를 하기 위해 여러 가지 활동을 하고 있다. 이와 관련하여 대표적으로 경찰주재관을 들 수 있다.

경찰은 2019년 현재 35개국 52개 공관(중국: 9, 미국: 5, 일본: 3, 필리핀: 2, 베트남: 2, 러시아: 2, 기타 1개)에 64명의 경찰주재관(경무관 4명, 총경 16명, 경정 15명, 경감 29명)을 파견하고 있다.[20)]

과거에 비해 경찰주재관이 파견된 국가 및 공관수가 증가했다고는 하나, 우리 국민의 해외 진출현황 등을 고려해 볼 때, 여전히 미비한 수준이라고 할 수 있다.

이들 경찰주재관은 주재국 경찰기관과의 협력체제를 견고히 함으로써 범죄피해시 현지 경찰에 협조를 요청하고, 현지 경찰과의 공조수사를 통하여 우리 국민과 관련된 사건·사고를 신속하고 효과적으로 대응하고자 노력하고 있다. 또 국외도피사범의 검거·송환활동을 위해 국제공조수사를 강화하고 마약·테러 등 국제범죄와 관련된 해외 치안정보를 수집하고 있다.

20) 경찰청(2020), 경찰통계연보, p. 324.

제19장 결 론

개인의 자유와 권리보호를 본질로 하는 민주주의 이념을 바탕으로 한 근대국가(近代國家)가 성립한 이래로, 국가는 범죄와 무질서 문제 등에 대해 제도적으로 전문화·독립화되어 있는 조직을 만들어 이를 효율적으로 통제하고자 노력을 하고 있다. 경찰을 포함한 검찰·법원·교정과 같은 형사사법기관(刑事司法機關, Criminal Justice System)이 바로 그것이다.

이러한 형사사법기관의 민주적·체계적인 운영으로 우리사회가 범죄 및 무질서의 위협으로부터 일정부분 안전하고 평화롭게 유지되고 있음은 부인하기 어려운 사실이다. 그리고 비록 각각의 형사사법기관이 제도적으로 전문화·독립화되어 운용되고 있지만, 일련의 형사절차는 '견제와 균형'(check and balance)의 원칙 아래 하나의 '연속체'로써 이루어져야 한다. 범죄예방에서부터 수사, 기소, 재판, 그리고 행형·교정에 이르는 과정에서 어느 하나의 기능이라도 잘 못된다면, 소기의 성과를 거둘 수 없기 때문이다. 형사사법기관의 유기적인 상호작용이 무엇보다도 중요하다는 의미이다.

경찰은 형사사법시스템의 제1단계에 위치한 '입구'(入口, intake valve)로서, 예컨대 경찰의 범죄예방과 수사의 결과 여하에 따라 다음 단계인 기소와 재판 그리고 행형과 교정대상의 양(量)과 질(質)을 좌우하게 된다.[1]

경찰의 범죄예방 관련활동이 어느 정도의 성과를 거두느냐에 따라, 또 범죄 수사과정의 인권존중과 증거확보의 정도에 따라 유죄와 양형의 결정 등 형사사법의 질을 좌우하게 된다는 의미이다.[2] 그렇기 때문에 경찰은 범죄통제에 있어서 가장 본질적이고, 대표적인 치안서비스를 제공하는 공식적 조직 가운데 하나로 인식된다. 경찰은 범죄예방과 수사, 무질서 문제 등에 대응하기 위해 국민과 가장 직접적이고 빈번하게 상호작용하고 있다. 경찰은 이러한 목표를 달성하기 위하여 일선현장에서 적지 않은 재량권을 가지고 '물리적 강제력'(物理的 强制力)을 행사하고 있으며, 따라서 공정한 법집행과 인권보호 등은 무엇보다도 중요한 일이다.

그런데, 경찰이 주어진 목표를 달성하기 위해서 이들에게 단순히 물리적 강제력과 재량권만을 부여하는 것으로 되는 것은 아니다. 경찰관 개개인의 국가 및 국민에 대한

1) 백형조, "한국형사사법행정의 문제점과 대책: 경찰의 역할을 중심으로," 서재근 편저, 한국 형사사법행정의 발전과 그 과제, 서울: 신흥출판사, 1985, p. 25.

2) 최선우(2017), 커뮤니티 경찰활동: 경찰과 커뮤니티, 서울: 박영사, p. 18.

사명감, 직업적 윤리의식 함양 및 전문성 확립은 물론이거니와 경찰조직의 체계적인 구축과 경찰인사·조직·예산관리가 효율적으로 이루어져야 한다는 의미이다.

경찰은 거대한 조직체계(국가경찰·자치경찰과 관계없이 전체 조직규모 면에서 볼 때)를 갖추고, 다른 어떠한 국가기관보다도 많은 권한을 행사하고 있다. 이러한 과정에서 경찰은 그 권한을 오남용하여 인권을 침해하고, 또 국가권력집단의 체제유지 수단으로 전락하기도 하였다. 이러한 점에서 경찰활동의 정당성(正當性)은 국가이념·경찰이념 차원의 형이상학에서 시작되어, 현장대응의 적절성 및 기술적 차원의 형이하학에까지 이르는 과정에서 찾아야 한다는 어려움이 있다.

경찰학(警察學, Police Science)은 이러한 경찰현상을 학문적으로 정립함으로써, 보다 체계적·과학적으로 경찰실무에 적용하기 위한 이론체계라 할 수 있다. 그런데, 경찰현상은 매우 복잡·다양하기 때문에 경찰학 영역 역시 방대한 것이 사실이다. 경찰학에 관심이 있는 사람이라면, 이의 연구대상 및 방법이 다른 어떠한 학문보다 복잡하고 포괄적이라는 사실을 인식하고 있을 것이다. 경찰학은 단일의 학문적 성격을 갖기보다는 철학, 법학, 행정학, 정치학, 범죄학(범죄사회학·심리학·생물학), 역사학, 그리고 자연과학에 이르기까지 다른 여러 관련분야의 지식기반을 총체적으로 이용하는 복합학문적(interdisciplinary) 성격을 가지고 있다. 이러한 이유로 학문적 정체성을 확립하는 것을 결코 쉬운 일이 아니다.

이 책 제1편에서는 경찰학의 학문적 기초로써 경찰의 의의와 기본이념·윤리, 경찰의 역사적 발전과정을 살펴보았다, 그리고 제2편에서는 경찰조직의 이론적 토대를 바탕으로 경찰조직구조·인사관리·예산관리 등을 살펴보았다. 제3편에서는 경찰현장운용에 필요한 경찰권한과 관련하여 의의·한계·기본체계, 기본적·표준적 경찰권한, 행정경찰권한, 사법경찰권한에 대해서 살펴보았다. 끝으로 제4편에서는 경찰현장운용과 관련하여 생활안전·수사·교통·경비·정보·보안·외사경찰로 유형화하여 살펴보았다.

이러한 접근방법은 논의의 편의를 위한 것이며, 실제에 있어서는 매우 복합적으로 상호작용하기 때문에 이를 명확히 구분한다는 것 자체가 쉬운 일이 아니라고 본다.

생각건대, 경찰이 일선현장에서 직무를 제대로 수행하기 위해서는 '경찰과 시민의 관계 정립'이 무엇보다도 중요하다고 본다. 경찰과 시민의 관계정립이라는 것은 경찰이 주어진 직무를 객관적이고 공정하게 수행함으로써, 시민들로부터 신뢰(信賴)와 존경을 받고, 결과적으로 경찰의 위상이 올바르게 확립되는 것을 의미한다.

경찰은 군대와는 달리 시민들을 대상으로 제반활동을 하는 것이며, 그 속에서 준법시민(準法市民)과 불법시민(不法市民)을 구분하여 적절하게 법을 집행하고, 위험에 빠진 시민에게 '도움을 주는 것'(대민봉사)이라 할 수 있다. 문제는 준법시민과 불법시민은 본래부터 명확히 구분되는 것이 아니라, 준법시민이 곧 불법시민이 될 수 있고, 불법시민 또한 얼마든지 준법시민이 될 수 있다는 점이다.

이러한 점에서 경찰의 현장운용은 대단히 어렵게 될 수밖에 없다고 본다. '피아'(彼我)의 구분이 없는 상황에서, 경찰은 어떻게 하면 민주질서의 가치를 수호하면서 자신들의 직업적 정체성을 확립해 나갈 수 있을 것인가 하는 본질적인 문제에 직면하게 되는 것이다.

민주국가에서 경찰과 시민의 관계개선은 결코 쉬운 일이 아니다. 민주주의는 '개인의 자유와 권리보장'을 바탕으로 한 것인데, 이는 근본적으로 '존재론'(存在論)에 기초를 두고 있다고 할 수 있다. 존재론적 구성원리는 개별적 존재를 세계의 기본단위로 인식하고, 그 개별적 존재에 실체성(實體性)을 부여하는 것이다. 그리고 개인이든 집단이든 국가든 간에 개별적 존재는 부단히 자기를 강화해 가는 운동원리를 갖는다. 그것은 '자기증식'(自己增殖)을 운동원리로 하는 자본운동의 표현이라 할 수도 있다.

서구의 근대사회는 자본주의 사회이고, 자본의 운동원리가 관철되는 체계이다. 따라서 근대사회의 '사회론'(社會論)이란 이러한 존재론적 세계 인식을 전제한 다음 개별 존재들 간의 충돌을 최소화하는 질서를 만들어 내는 것이라 할 수 있다.[3)]

종래 논의 되어온 경찰과 시민의 관계는 바로 이러한 존재론적 시각에서 출발하였다. 1960년대 이후 미국에서 논의 되어온 '경찰과 커뮤니티 관계개선'(PCR: Police Community Relations)과 1980년대 이후 논의 되어온 '커뮤니티 경찰활동'(CP: Community Policing)은 그러한 결과물이라고 할 수 있다.

경찰과 시민이라는 개별적 존재의 세계를 전제로 하고 양자의 충돌을 최소화하면서 조화를 모색하는 추구해온 것이라 할 수 있다. 이 책의 서론에서 언급한 것처럼 민주주의라는 것이 '개인의 자유와 권리의 보호'를 본질로 하고, 거기에 사회적·국가적 권리라 할 수 있는 공공의 안녕과 질서유지를 도모하고 있는데, 양자는 빈번하게 가치 갈등의 여지가 있을 수밖에 없다.

양자의 존재성을 인정한 것이라면, 양자 간에는 차이가 존재하기 마련이고, 그런 점에서 차이를 보려는 시각은 결국 한쪽을 부당하게 왜곡할 수밖에 없기 때문이다. 물론 본질적인 부분에서 차이를 보이고 있는 경우도 없지 않겠지만, 그러한 경우보다는 그 형식이나 표현에 있어서의 차이, 즉 지엽적인 부분이 비교되는 경우가 많다. 차이에 주목하는 것은 부분을 확대하는 것에 불과하다. 그러나 엄밀한 의미에서 대등한 비교는

3) 신영복(2006), 강의: 나의 동양고전 독법, 경기: 돌베개, pp. 30-31.; 최선우(2009), "연기론의 관점에서 접근한 경찰과 시민의 관계," 한국교수불자연합회학회지 제15권 제1호, p. 277.

존재하지 않는다. 비교나 차이는 본질적으로 비대칭적일 수밖에 없는 것이다.

이러한 관점에서 본다면, '현대경찰의 아버지'라 불리는 로버트 필(Robert Peel)이 1829년 제시한 영국경찰의 기본 원리는 우리에게 시사하는 바가 크다. 그는 "경찰은 시민(커뮤니티)과 별개가 아닌 하나의 존재로서, 시민의 경찰활동에 대한 참여 없이는 완전한 경찰활동이 불가능하며, 경찰은 국가권력의 대변자가 아닌 참된 민주주의를 유지하는 수단이다. 이러한 의미는 곧 경찰이 시민의 일부로서 시민의 모든 어려움을 해결해주는 민주주의의 수호자로서 그 중요성을 갖는다"고 하였다.[4]

따라서 경찰과 시민과의 관계를 상호불신과 대립관계에서 출발한 전통적 경찰활동(TP: Traditional Policing)의 관점이든, 이들 상호간의 관계개선을 토대로 출발한 경찰과 커뮤니티 관계개선(PCR)과 커뮤니티 경찰활동(CP)의 관점이든 간에 여전히 각자가 독립된 개체로 존재하는 형태로 남을 수밖에 없는 것이다. 따라서 양자 간의 차이의 존재와 그로 인한 갈등의 여지는 상존할 수밖에 없다. 이로 인해서 선진국이라 할 수 있는 미국과 영국은 막대한 국가적 비용을 들여가면서도, 여전히 범죄와 무질서 문제로 고민을 하고 있는 것이 현실이다.

따라서 오늘날 우리사회가 직면한 범죄와 무질서 문제(더 나아가 세계적·국가적 갈등문제)를 해결하기 위해서는 본질적인 개별 주체의 성찰(省察) 또는 인식전환(認識轉換)이 요구된다.

한편, 미국에서 전개된 경찰과 커뮤니티의 관계개선(PCR)과 커뮤니티 경찰활동(CP)은 사회구조적으로 이른바 '중산층'(middle class)을 대상으로 한 것이 아니라 '하위계층'(low class) 또는 '소수집단'(minority group)을 대상으로 하여 이들이 안고 있는 잠재적 문제(사회적 차별, 범죄화 및 피해자화 가능성 등)를 근본적으로 해결하기 위한 것이다.

그런데 이러한 노력은 경찰의 근본적인 개혁 또는 인식전환이라기보다는 전통적 경찰활동(TP)의 전략적·전술적 변화라고 볼 수 있다. 여전히 존재론적 패러다임(Paradigm)에 기초하고 있기 때문이다. 따라서 근본적으로 발상을 전환하여 관계론적 사고에서 출발한다면, 그 성과는 더욱 높을 것이라고 본다.

관계론적 구성원리는 개별적 존재가 존재의 궁극적 형식이 아니라는 세계관을 가지고 있다. 경찰과 시민을 포함한 세상의 모든 존재는 일정한 관계망(關係網)으로서 존재한다는 것이다. 이 경우 배타적 독립성이나 개별적 주체성·정체성에 주목하는 것이 아니라, 최대한의 관계성을 존재의 본질로 규정하는 것이 관계론적 구성원리라 할 수 있

4) Robert Reiner(1996), Policing, Vol. I, England: Dartmouth Publishing Company, p. 10.

다. '인(人)'은 '간'(間)이다. 인간(人間)에 있어서 '인'(人)이 중요한 것이 아니라 '간'(間)이 중요한 것이다. 그래서 인간인 것이며, '인'은 '간'으로만 규정될 뿐이다. 관계가 없는 인은 존재할 수가 없다. 서구의 근대 자유민주주의 사상은 예외 없이 모두 '간'이 단절된 '인', 즉 절대적 자아인 '개인'(個人)에서부터 출발하고 있기 때문에 문제가 있는 것이다.[5)]

상응(相應, correspondence)의 원리라는 것이 있다. 이는 시간·공간·존재라는 각기 다른 3차원이 서로 연결되어 있다는 원리로 설명되는데, 그 좋은 예가 카오스이론(Chaos Theory)이다. 오늘날 자연과학 그리고 사회과학 영역에서도 이에 대한 논의를 활발하게 전개시키고 있다. 나비의 날개짓으로 인한 파장이 폭풍우로 변할 수 있다는 것을 예측하는 것은 거의 불가능하기 때문에 이것은 이른바 '혼돈'으로 인식된다.

그러나 중요한 것은 그러한 혼돈현상의 이면에도 어떠한 '질서'(cosmos)가 작동하고 있다는 것이다. 언뜻 보기에는 혼돈 같지만, 깊이 들어가 보면 상응관계에 있다는 사실을 파악해야 하는 것이다. 상응의 원리에 의하면 만물은 거미줄과 같은 미세한 끈으로 연결되어 있어서 한쪽을 잡아 흔들면 다른 한쪽이 흔들린다고 설명하기도 한다. 따라서 상응의 원리에서 중요한 것은 징조를 파악하는 것이다. 어떤 일이 앞으로 어떻게 전개될 것인가에 대한 단서가 징조라고 한다면, 징조를 파악함으로써 결과에 대한 사전 예측이 가능할 것이다.

경찰의 입장에서 볼 때에도 우리사회에 발생하고 있는 수많은 강력사건의 원인과 해결의 실마리가 의외의 사소함에서 발견되기 때문이다. 물론, 이것은 사소한 사태가 아닐 수도 있다. 다만, 사소한 것이든 중대한 것이든, 중요한 것은 모두 일련의 관계망(마치 거미줄과 같이 한 쪽 끝에서 미세한 떨림이 있으면 다른 전체에 전달되듯)에서 이루어지고 있다는 점이다.

위에서는 존재론과 관계론의 문제를 경찰과 시민 상호간에서 찾고 있는데, 이는 경찰과 시민의 관계뿐만 아니라 경찰조직 내의 구성원 상호간에도 찾을 수 있고, 시민과 시민 상호간에도 찾을 수 있다고 본다.

요약건대, 관계론적 사고를 바탕으로 국가와 국가, 국가와 시민, 경찰과 경찰, 경찰과 시민 간의 상호작용이 이루어진다면, 우리가 직면하고 있는 많은 범죄 및 무질서와 같은 사회문제를 적지 않게 해결할 수 있을 것으로 기대된다. 따라서 관계론적 사고와 이의 실천이야 말로 경찰학의 학문적 정체성을 확립하고, 경찰목표를 달성하는데 매우 중요한 요소가 된다는 점은 이론(異論)의 여지가 없다고 본다.

---

5) 김용옥(1999), 의산문답: 기옹은 이렇게 말했다, 서울: 통나무, p. 123.

I/N/D/E/X

(ㄱ)

(ㄴ)

(ㄷ)

(ㄹ)

(ㅁ)

(ㅂ)

(ㅅ)

(ㅇ)

저/자/소/개

최선우(崔善羽)

- 동국대학교 경찰행정학과 졸업
- 동국대학교 경찰행정학과 대학원 졸업(법학박사, 경찰학전공)
- 치안연구소 연구원(외래)
- 경찰간부후보생·순경 시험출제위원
- 행정고시, 7급·9급 교정직 시험출제위원
- 경비지도사·청원경찰 시험출제·선정위원
- 동국대, 경찰대, 관동대, 광운대, 대불대, 순천향대, 원광대, 인천대 등 외래교수
- 경찰수사연수원, 공무원교육원 외래교수
- 현재 광주대학교 경찰·행정학부 교수

[주요저서 및 논문]

저서
경찰학총론(2021)
경찰학각론(2021)
경호학(2021, 개정판)
민간경비론(2021, 제6판)
환경설계와 범죄예방: 지속가능한 도시발전과 CPTED(2020)
경찰면접(2020, 공저)
커뮤니티 경찰활동: 경찰과 커뮤니티(2017)
경찰학(2017, 제3판)
경찰과 커뮤니티(2010, 개정판)
경찰교통론(2008, 공저)
치안서비스 공동생산론(2002)
지역사회 경찰활동: 각국의 이슈 및 현황(2001, 역서)

논문
색채가 인간심리에 미치는 특성 연구(2021)
인간의 본성에 대한 연구(2019)
경찰공무원의 독직폭행에 관한 연구(2017)
방어공간의 영역성 연구(2017)
권력모델에 의한 형사사법 연구(2017)
영국경찰의 정당성 확보와 저하에 관한 역사적 연구(2016)
수사구조의 근대성과 미군정기의 수사구조 형성과정 연구(2015)
영국 근대경찰의 형성에 관한 연구(2015)
개화기 근대 해양경찰의 등장과 역사적 함의(2015)
국가중요시설의 위험요소 평가 및 대응전략(2015)
영국 민간경비산업의 제도적 정비와 민간조사에 관한 연구(2014)
경찰학의 정체성과 학문분류체계에 관한 연구(2014)
민간경비의 자율적 운영에 관한 연구(2013)
경찰정신에 관한 연구: 차일혁을 중심으로(2012, 공동)
북한의 사이버테러리즘에 관한 연구(2012, 공동)
공동주거 단지의 범죄발생 특성에 관한 연구(2012)
경찰조직의 진단과 건강성 연구(2011)
국가질서와 시민불복종 연구: 소로우의 사상을 중심으로(2011, 공동)
다문화사회의 범죄문제와 경찰의 대응(2011)
성범죄에 대한 진화심리학적 접근(2010) 외 다수

도서출판
그린

경찰학개론 - 이론과 실제 -

1판1쇄 인쇄 ▶	2022년 8월 29일
1판1쇄 발행 ▶	2022년 8월 31일
저 자 ▶	최 선 우
발행처 ▶	도서출판 **그린**
발행인 ▶	윤 덕 우
출판등록 ▶	제8-161호(1995. 5. 3.)
주소 ▶	경기 파주시 가람로116번길 107 운정한강듀클래스 411호 (우) 10896
전화 ▶	02) 333-2574, 2575
Fax ▶	02) 333-2561
E-mail ▶	greenpress@greenpress.co.kr
Homepage ▶	http://www.greenpress.co.kr

정가 : 32,000원

ISBN 978-89-5727-352-4

※ 이 연구는 2022년도 광주대학교 대학 연구비의 지원을 받아 수행되었음